Diseño Web
Guía de referencia

O'REILLY

Título de la obra original:
Web Design in a Nutshell

Responsable editorial:
Víctor Manuel Ruiz Calderón

Traducción:
Virginia Maza
José Abel Tamayo Pañeda

Diseño Web
Guía de referencia

Jennifer Niederst Robbins

ANAYA
MULTIMEDIA

Juan Ignacio Luca de Tena, 15. 28027 Madrid.
Depósito legal: M-33.776-2006
ISBN: 84-415-2076-3
Printed in Spain.
Imprime: Artes Gráficas Guemo, S.L.
Febrero, 32. 28022 Madrid.

Agradecimientos

Como siempre, este libro es producto de los esfuerzos de un pequeño ejército. En primer lugar quiero dar las gracias a mi editor ejecutivo, Steve Weiss, que me ayudó a seguir adelante y supo darme un poco más de tiempo cuando fue necesario. Una gran ovación para Linda Laflamme, editora de desarrollo que mantuvo todo en movimiento y fue más allá de su deber sin ninguna queja. Fue mi aliada y mi heroína, y no podría haber hecho este libro sin su ayuda.

Estoy encantada de haber tenido conmigo a los expertos y defensores más destacados del diseño Web basado en estándares como editores técnicos de esta edición. Toda mi gratitud para Molly Holzschlag, que es una de las responsables de este libro. Supo darme un pequeño puntapié en el trasero cuando hizo las primeras revisiones, y era exactamente lo que el libro (y yo) necesitábamos para no traicionar el pensamiento y terminología actuales. También estoy enormemente agradecida a Tantek Çelik no sólo por el tratamiento tan preciso que dio a los capítulos sino también por su apoyo y por la sensación de total confianza que supo darme. En los momentos difíciles, esa sensación me ayudó a seguir adelante.

Es muy duro escribir un libro tan completo como este, y sé reconocer cuando estoy fuera de mi terreno. Me considero muy afortunada por tener capítulos escritos por los mayores expertos en esos campos. Gracias a Derek Featherstone por aportar experiencia real y sabios consejos en su capítulo sobre la accesibilidad y a Todd Marks, un importantísimo autor sobre Flash y Dreamweaver, por su excelente capítulo sobre la plataforma Flash (capítulo 35). Por último, aunque no menos importante, quiero dar unas gracias muy especiales y sinceras a Aaron Gustafson que me salvó la vida en más de una ocasión. Sus tres capítulos consecutivos (25, 26 y 27) son un "solo" con una información completísima. También ayudó en la revisión de los capítulos y siempre estaba dispuesto a responder "la pregunta CSS del día".

Gracias también a quienes aplicaron sus áreas de conocimiento a la revisión de los capítulos misceláneos: Bill Sanders (Flash y toda la segunda parte del libro), Jeremy Keith por su cuidadosa revisión de los capítulos de JavaScript y DOM, Jason Carlin por su revisión de los capítulos de CSS y por ser mi fuente de información sobre CSS (y sobre la música que debería escuchar) y Matthew Klauschie con todo su conocimiento sobre el uso de vídeo en la Web.

Sobre la autora

Jennifer Niederst Robbbins fue una de las primeras personas dedicadas al diseño Web. Como diseñadora del GNN (*Global Network Navigator*) de O'Reilly, el primer sitio Web comercial, ha estado diseñado para la Web desde mediados de 1993. Poco después se convirtió en directora creativa de Songline Studios (filial de O'Reilly) y fundó, a continuación, su propia compañía de diseño y consultoría, Littlechair, Inc., en 1996. Tiene varios libros dedicados a diseño Web y (X)HTML, ha impartido cursos de diseño Web en el Massachusetts College of Art de Boston y en la Universidad Johnson & Wales de Providence. Ha participado como conferenciante en South by Southwest Interactive de Austin, en congresos del AIGA (Instituto Americano de Artes Gráficas), en los Seybold Seminars y en el congreso GRAFILL de Noruega. Jennifer combina su pasión por la cocina, la música rock independiente y la colaboración en su proyecto, The Jenville Show (alias "Cooking with Rockstars") en `www.thejenvilleshow.com`. Su última producción es el denominado "Arlo". Puede visitar a Jennifer en la red en `www.littelchair.com` y `www.jenville.com`.

Colaboradores

Tantek Çelik

Tantek Çelik colaboró en el apéndice E. También fue el principal editor técnico del libro. Su biografía aparece recogida en la sección dedicada a los revisores técnicos.

Derek Featherstone

Derek es un instructor, ponente y desarrollador muy conocido, con experiencia en el entrenamiento y consulta de la accesibilidad Web. Se dedica al asesoramiento de muchas agencias gubernamentales, instituciones educativas y compañías privadas, a los que ofrece comprobaciones de accesibilidad y revisiones y recomendaciones para la mejora de la accesibilidad de sus sitios Web. Como miembro del *Web Standards Project* (Proyecto de Estándares Web, `www.webstandards.org`), trabaja en dos aspectos fundamentales: dispositivos de accesibilidad y asistencia y programación DOM. Es un ardiente defensor de los estándares que garantizan un acceso sencillo y asequible para todos a las tecnologías Web. Derek escribió el capítulo 5 dedicado a la accesibilidad.

Aaron Gustafson

Aaron Gustafson ha trabajado en la Web desde 1996 para numerosas compañías como Delta Airlines, Gartner, IBM, Konica Minolta y para la Agencia de Protección Ambiental de los Estados Unidos. Es un defensor de los estándares Web y de los lenguajes abiertos, temas sobre los que ha escrito en distintas publicaciones como *Digital Web Magazine* y en su blog, `www.easy-reader.net`. Cuando no está sentado frente a un escritorio, puede encontrársele cantando las maravillas de los estándares Web en compañía de Molly E. Holzschlag. Él y su mujer, Kelly, residen en Conneticut, donde Aaron trabaja como diseñador y desarrollador Web sénior para Cronin and Company. Aaron fue el encargado de escribir los capítulos 25, 26 y 27.

Todd Marks

Todd Marks es un voraz diseñador, desarrollador, instructor, autor y administrador de tecnologías de muestra de información. En 2002 fundó MindGrub Technologies, LLC donde creó sistemas de muestra en pantalla de información Flash para clientes como Oracle, Zurich y ARINC. Actualmente trabaja como administrador de productos para la división mediaEdge de Exceptional Software donde supervisa el desarrollo de aplicaciones de entrenamiento de Media Edge. Todd es un desarrollador certificado, diseñador y experto de Macromedia y ha escrito y contribuido en distintos libros dedicados a Flash MX Video, Dreamweaver, PHP para Flash MX. Fue el encargado de escribir capítulo 35 de este libro.

Directores de la edición técnica

Tantek Çelik

Tantek Çelik es el jefe del departamento tecnológico de la empresa Technorati (`www.technorati.com`) donde dirige el diseño y desarrollo de nuevos estándares y tecnologías. Antes de formar parte de Technorati fue representante de Microsoft en el *World Wide Web Consortium* (W3C), desde donde también ayudó a la dirección del desarrollo del premiado Internet Explorer para Macintosh. Como cofundador de la comunidad `www.microformats.org` y del *Global Multimedia Protocols Group* (`www.gmpg.org`), y como miembro del comité directivo del Proyecto de Estándares Web (`WaSP, www.webstandards.org`) y experto invitado al grupo de trabajo CSS del W3C, Tantek está dedicado al progreso de los estándares abiertos y de formatos de datos más simples para la Web.

Molly E. Holzchlag

Molly E. Holzschlag es una conocida defensora de los estándares Web, instructora y autora. Es directora de grupo del Proyecto de Estándares Web y experta invitada al grupo de trabajo GEO del W3C. Entre sus obras más conocidas se encuentra la dedicada a los diseños más progresistas de `www.csszengarden.com`. Una persona dinámica y popular a la que puede acercarse a través de su blog (`www.molly.com`).

Revisores técnicos

También colaboraron en la revisión de los capítulos y en la forma final del libro: Bill Sanders (Parte II y capítulo 35), Aaron Gustafson (capítulos 7 y 24), Jeremy Keith (capítulos 26 y 27), Jason Carlin (capítulos 16 y 24), Jeffrey Robbins (capítulo 33) y Matthew Klauschie (capítulo 34).

Contenido

Prólogo

Me veo hace muchos años sentado en mi escritorio: luchando con una pieza de marcado HTML, alguien pasó a mi lado y dejó caer un disquete. En la etiqueta, escrito en mayúsculas, podía leerse "Netscape .9b", una versión beta *prerelease* de lo que se convertiría en el navegador más utilizado del mundo. Lo instalé y me puse a navegar, recuerdo haber pensado: "Vaya. Mi trabajo acaba de cambiar por completo".

Hasta ese punto de la historia de la World Wide Web sólo había habido un navegador por el que preocuparse. Casi todo el mundo utilizaba Mosaic, y mientras mis páginas fueran funcionales en un navegador de texto como Lynx podía olvidarme del diseño Web. Pero, de repente, surgió la competencia. Y con ella nuevas preocupaciones sobre el renderizado, el soporte de funciones... y los fallos.

Esto acabaría siendo uno de los innumerables hitos en más de una década de crecimiento y evolución de la Web como la plataforma tecnológica que habría de cambiar el mundo. Poco tiempo después de que Netscape lanzara su navegador, mi trabajo tendría que cambiar por completo, una y otra vez. Primero vinieron fuentes y colores, luego marcos, JavaScript, aplicaciones Web dinámicas basadas en bases de datos, XML, CSS, Flash, marcado semántico... y todas esas innovaciones fueron reapareciendo en innumerables nuevas versiones. Si hay una cosa cierta en la vida de un diseñador Web es que todos los días cambia algo que creía conocer. Y poco después cambia de nuevo.

En todos los viajes (literales o metafóricos) conviene buscar un sitio elevado y mirar todo lo que ya se ha recorrido y hasta dónde se quiere llegar. También nosotros hemos hecho un largo viaje en la Web, pero todavía hay mucho que aprender.

Los primeros días de la Web eran el imperio del Webmaster. En ese tiempo, la Web se veía como otro servicio suministrado como infraestructura técnica (como el servidor de correo electrónico o el cortafuegos). Los deberes del Webmaster incluían el mantenimiento del servidor HTTP y de la seguridad, monitorizar el uso del ancho de banda y, claro está, crear las páginas HTML para su nuevo servicio. Por entonces, el diseño Web era, simplemente, la presentación de un servidor Web. Y el departamento técnico se veía en la posición de tener que crear páginas Web e incluso tener que utilizar Photoshop. Eran tiempos extraños.

A mediados de los años 90, la Web pasó de la ingeniería al marketing. Todas las compañías necesitaban un sitio Web si querían sobrevivir y reinaba la confusión sobre el desarrollo de las denominadas "estrategias interactivas". Era la era del diseñador Web de transición, cuando la gente con experiencia en diseño más tradicional se acercaron a Internet e intentaban adaptarse a ella. Así, ante problemas como la falta de control sobre la tipografía, podían encontrarse soluciones como la construcción de toda la página como una imagen. ¿El diseño de la página no corresponde a los estándares? Vamos recortando tablas y encajando archivos GIF invisibles hasta que todo encaje. La Web no respondía muy bien a este asedio. Los fundamentos del diseño digital (usabilidad, reutilización del contenido, accesibilidad) se hundían bajo el yugo de los artistas gráficos.

Hoy en día se mantienen tanto las magníficas oportunidades como una importante turbación para quienes se llaman a sí mismos diseñadores Web. El legado de las llamadas "guerras de los navegadores" ha quedado atrás y tenemos una plataforma fuerte y estable para la creación con una sofisticación creciente. Una fundación de estándares reconocidos y bien implementados ofrece la constancia con la que antes sólo podíamos soñar. Pero, al mismo tiempo, la Web tiene facetas de innovación que se despliegan en innumerables direcciones. Los buenos diseñadores no se preocupan tanto por la semántica, el agnosticismo de dispositivos o las interacciones de estilo Ájax, como lo hacen por el color, la tipografía y el diseño. Es un tiempo que atemoriza.

El peso de este libro es un buen testimonio de esa complejidad. Y si el número de páginas puede parecer desalentador, le animará el hecho de que no puede haber un mejor guía que su autora. Jennifer Robbins ha estado dedicada al diseño Web antes de cualquier otra persona que yo conozca. Durante años ha sido la persona a la que dirigirse para buscar ayuda y claridad cuando nuestra industria se lanzaba hacia el futuro.

Jennifer es, sin duda alguna, la persona en la que más confío para mostrarnos el camino recorrido y hacia dónde nos dirigimos. Usted también debería hacerlo.

Jeffrey Veen

Diciembre de 2005, San Francisco

Introducción

Si cree que puede coger un libro sobre diseño Web escrito en 2001 y "adaptarlo" para volver a sacarlo a la luz en 2006, se equivoca. Puedo asegurárselo... lo he intentado.

En mi primer bosquejo de los capítulos XHTML tomé el contenido de la última edición y añadí algunos consejos sobre alternativas CSS para fuentes y algunos otros elementos y atributos. Después de todo (pensaba) las Recomendaciones (X)HTML no habían cambiado desde 1999... ¿verdad?

Cuando acabé, y mientras estaba ocupada en otras cosas, como el diseño de identidades corporativas y teniendo hijos (bueno, la verdad es que sólo uno) se produjo un cambio fundamental en el mundo del diseño Web. Mis pequeños consejos sobre alternativas CSS, se convirtieron en una tirita para una herida abierta, tal y como señaló Molly Holzschlag en su revisión técnica de esos primeros capítulos. Me había quedado muy atrás respecto a la actualidad del diseño Web y tenía mucho trabajo por hacer.

Aprendí que si bien la recomendación era la misma, lo que había cambiado era su uso por parte de la comunidad de diseñadores Web profesionales. Ya no utilizaban (X)HTML como herramienta de diseño sino como un medio de definición del significado y de la estructura del contenido. CSS ya no se consideraba un "juguete" interesante sino que era tenido por un método fiable para trabajar los distintos aspectos de la presentación, desde las fuentes y colores hasta el diseño global de la página. Esa noción ideal de "mantener el estilo separado del contenido", sobre la que había escrito durante años, no sólo era una posibilidad, se había hecho realidad.

Dediqué los meses siguientes a sumergirme en el mundo del diseño Web dirigido por estándares, a leer todos los libros que llegaban a mis manos, a explorar los océanos de los recursos en línea y, por supuesto, a estudiar con detenimiento los detalles del W3C (X)HTML y las Recomendaciones CSS.

Como resultado, este libro no sólo ha sido "adaptado", sino que se ha visto completamente transformado. Así, se abre ahora con una visión general de los estándares Web y de las ventajas del diseño de sitios guiados por estándares. Los capítulos dedicados al (X)HTML han sido completamente reescritos, fomentando el uso semántico correcto de todos los elementos y minimizando de forma radical el HTML de presentación y el modo en el que los elementos se renderizan por defecto en los navegadores. Ahora hay también 10 capítulos dedicados a CSS (la edición anterior sólo tenía uno). Además, incluimos dos nuevos capítulos sobre JavaScript y DOM (escritos por Aaron Gustafson), con un examen de estos temas mucho más detallado que en ediciones anteriores.

Todas las demás secciones del libro han sido actualizadas, reflejando avances significativos (como enfoques de accesibilidad, soporte para el formato gráfico PNG y hojas de estilos específicas para la impresión, por nombrar algunos) así como cambios menores (como líneas guía sobre gráficos Web y producción multimedia) que han tenido lugar desde la última edición.

El relato del cambio no termina con el libro. Su autora también se ha transformado. Sabiendo lo que ahora sé, me estremezco al mirar el primer bosquejo del libro y aún más cuando veo mis sitios Web, con sus capas de tablas y de archivos GIF para definir el espacio y de marcado sin significado. ¿Me avergüenzo? No especialmente, no era muy diferente del resto de diseñadores Web de finales de los años 90. Siempre llega el momento de aprender y en mi caso, este libro fue el que me hizo despertar.

Sospecho de todos los diseñadores que afirman no haber utilizado nunca una tabla para el diseño, son muchos más los que, como yo, necesitan reaprender su trabajo. Es algo de esperar en un medio tan nuevo y con un desarrollo tan rápido como la Web. He escrito este libro para que constituya el recurso definitivo para los diseñadores que están embarcados en el diseño Web dirigido por estándares y para aquellos que todavía están haciendo la transición.

Y ahora, si me disculpa, tengo que rediseñar algunas páginas.

El contenido del libro

Este libro se centra en temas fundamentales del diseño y del desarrollo Web: marcado, hojas de estilos, producción de imágenes, multimedia, etc. Irónicamente, y pese a su título, encontrará muy pocos consejos sobre el "diseño" en sí. Más bien intenta ser una referencia para los detalles y requisitos técnicos a los que nos enfrentamos en el trabajo diario de diseño y desarrollo de contenidos Web.

Este libro se divide en seis partes (más apéndices), cada una de ellas dedicada a un área general de contenidos.

- **Parte I. El Entorno Web:** El capítulo 1, "Estándares Web", describe los enfoques actuales del diseño Web y define el marco básico para el resto del libro. Es imprescindible leerlo. Los capítulos sobre el diseño para los distintos navegadores proporcionan vistas generales muy útiles sobre los retos a los que se enfrentan los desarrolladores Web. El capítulo 5, "Accesibilidad", y el capítulo 6, "Internacionalización", sirven como introducciones a los modos en los que se puede crear el contenido Web para llegar a todos los usuarios, sin importar la habilidad, el dispositivo de navegación o el lenguaje. El capítulo 4, "Introducción básica al servidor", versa sobre funciones básicas de servidor, comandos de sistema, y subida y tipos de archivo.
- **Parte II. La capa estructural: XML y (X)HTML:** Esta parte del libro se dedica al marcado de documentos, normalmente referido como la capa estructural porque suministra la base sobre la que se aplican la presentación (estilos) y los comportamientos (*scripts*). Le recomiendo comenzar por el capítulo 7, "Introducción al XML", porque cubre conceptos esenciales y determinantes del modo de trabajo actual en el diseño Web con (X)MTML. Los capítulos 8 a 15 se centran en el marcado HTML y XHTML, e incluyen descripciones detalladas de todos los elementos y del modo en que deberían utilizarse en el diseño Web basado en estándares.
- **Parte III. La capa de presentación: CSS:** Esta tercera parte proporciona una guía sobre el uso de Hojas de estilo en cascada (CSS) para controlar la presentación del contenido Web, prestando especial atención a los medios visuales. Comienza con una visión general de los principios básicos (capítulo 16) y con una introducción a los selectores CSS (capítulo 17). Los capítulos 18 a 23 proporcionan descripciones detalladas de todas las propiedades visuales de la especificación CSS 2.1. Por último, le ofrecemos ejemplos del uso de CSS en el mundo real en los capítulos 24 y 25.
- **Parte IV. La capa de comportamientos: JavaScript y DOM:** La parte IV está dedicada a añadir interactividad a las páginas con JavaScript. El capítulo 26 es una introducción a JavaScript, cubriendo los aspectos relacionados con la sintaxis, estructuras de control, orientación de objetos y razones y modos del *script* no intrusivo. El capítulo 27 presenta el DOM (*Document Object Model*, Modelo de Objetos del Documento) y le muestra cómo utilizarlo para manipular contenido y diseño. Como un suplemento del capítulo 27 hemos incluido una breve introducción a las técnicas Ajax que le ayudarán en la creación de aplicaciones de Internet ricas.

- **Parte V. Gráficos Web:** Los capítulos de esta parte del libro contienen información esencial sobre el trabajo con color RGB y sobre la elección de los formatos de archivo gráfico adecuados. Los capítulos dedicados a gráficos GIF, JPEG y PNG ofrecen trucos prácticos sobre la producción y optimización gráfica basados en esquemas de compresión utilizados por cada uno de los formatos. El capítulo dedicado a los GIF animados es un examen más detallado de las posibilidades abiertas por la animación GIF.
- **Parte VI. Medios:** Como la Web no se limita a textos e imágenes, la parte VI del libro pretende constituir una introducción básica a la adición de audio, vídeo y películas Flash a las páginas Web. También hay un capítulo sobre la impresión desde páginas Web utilizando hojas de estilo CSS específicas para la impresión, así como una introducción al formato PDF para la distribución de documentos.
- **Apéndices:** Seguro que va a recurrir con frecuencia a los apéndices del libro. El apéndice A es un listado alfabético de todos los elementos y atributos de la recomendación HTML 4.01 así como de algunos elementos no estándares que están bien soportados y que son de uso común. El apéndice B es un listado alfabético de todas las propiedades definidas en la especificación CSS 2.1. El apéndice C lista todas las entidades de caracteres definidas en HTML 4.01 y XHTML 1.0 con sus referencias numéricas. El apéndice D proporciona una explicación detalladas de todos los nombres de color y valores cromáticos RGB utilizados en (X)HTML y CSS. Por último, el apéndice E, obra de Tantek Çelik, describe el futuro del XHTML y de Microformatos.

Convenciones utilizadas en este libro

En este libro se utilizan las siguientes convenciones tipográficas:

- `Fuente monoespacial`: Se utiliza para los ejemplos de código, para las referencias al código en el texto (incluyendo etiquetas, elementos, variables, etc), y para los nombres de archivo, de directorio, URL y términos del glosario.
- *`Fuente monoespacial en cursiva`*: Indica texto remplazable en el código, nombres de archivo y de directorio, URL y términos del glosario.
- **`Fuente monoespacial en negrita`**: Utilizada para destacar el código sobre el que se está hablando.
- **Negrita**: En negrita aparecerán las combinaciones de teclas (**Control-C**) y los botones de la interfaz.

Así mismo, indicaremos convenientemente las notas, sugerencias y advertencias relacionadas con el texto.

Convenciones de propiedades CSS

Los capítulos de CSS utilizan la misma sintaxis para indicar valores de propiedades permitidos que se utilizan en la Recomendación CSS 2.1 del W3C. Estos son algunos ejemplos:

```
Valor: [<family-name>,]* <family-name>
Valor: <uri> [mix || repeat ]? | auto | none | inherit
Valor: [ <border-style> || <border-width> || <border-color> ] | inherit
Valor: [<color>|transparent]{1,4}|inherit
```

La notación indica las opciones y requisitos del valor, pero no siempre es intuitiva. Aquí se describen brevemente las distintas convenciones:

- Las palabras deben aparecer aisladas (por ejemplo inherit) y los valores de palabra clave deben aparecer literalmente, sin comillas.
- Si en la opción aparece puntuación como comas o barras (/) deben utilizarse literalmente en el valor, como se ha indicado.
- Las palabras entre los símbolos< > indican un tipo de valor (como<color> y <uri>) o una referencia a otra propiedad (como en el caso de <border-style>).
- Si una barra vertical separa valores (por ejemplo, X | Y | Z) alguno de ellos debe ocurrir.
- Una barra doble vertical (X | | Y) indica que X, Y o ambos deben ocurrir, pero pueden aparecer en cualquier orden.
- Los corchetes ([...]) crean grupos de valores.

Todas las palabras o un grupo entre corchetes pueden ir seguidas por uno de estos modificadores.

- Un asterisco (*) indica que el valor o grupo que le precede esta repetido cero o más veces.
- Un signo más (+) indica que el valor o grupo que le precede está repetido una o más veces.
- Un signo de interrogación (?) indica que el valor o grupo que le precede es opcional.
- Un par de números entre llaves ({X, Y}) indica que el valor o grupo que le precede está repetido al menos X y como máximo Y veces.

En función de estas reglas sintácticas, los ejemplos de arriba deberían interpretarse de este modo:

Valor: [<family-name>,]* <family-name>

El valor puede ser un apellido precedido de cero o más apellidos adicionales, cada uno de ellos seguidos por una coma.

Valor:<uri> [mix | | repeat]? | auto | none | inherit

El valor puede ser una de las opciones de palabra clave auto, none o inherit, o puede ser un URI (*Uniform Resource Identifier*, Identificador Uniforme de Recursos) seguido (opcionalmente) por las palabras clavemix, repeat o ambas.

Valor: [<border-style> | | <border-width> | | <border-color>] | inherit

El valor puede ser la palabra clave inherit o cualquier combinación de valores para border-style, border-width o border-color, en cualquier orden.

Valor: [<color>|transparente] {1,4}|inherit

El valor puede ser la palabra claveinherit o uno, dos, tres o cuatro valores de "color". Cada valor "color" se proporciona como la palabra clave transparent o como uno de los métodos estándar para especificar <color> (como un nombre de color o valor RGB).

Quiero reconocer la gran ayuda que he tenido con las figuras de este libro. Travis Young creó los ejemplos de CSS y las capturas para los capítulos 18 a 23. Un gran aplauso también para el ilustrador Chris Reilly que tomó mis materiales y los convirtió en oro puro. He trabajado con Chris en todos mis libros y siempre he quedado impresionada con su trabajo.

Quiero dar las gracias a Alan, Courtney, Dan, Danielle, Jessica, Jillian, Kate, Megan, Melanie y a toda mi pandilla de Seekonk, Massachusetts, por pagarme todos los cafés que alimentaron la escritura de este libro. Gracias a Jamie, Diane, Joanna y a todas las mujeres de la guardería por cuidar tanto de mi pequeño para que su padre pudiera trabajar todo el día sin preocuparse. Y gracias a la biblioteca pública de Seekonk por su conexión inalámbrica a Internet.

Y, como siempre, gracias a mi madre, a mi padre, a Liam y a Audrey por su apoyo incondicional y por su inspiración. Gracias infinitas y unos masajes en los pies a mi marido, Jeff Robbins, que tuvo que cargar con muchas cosas este año. Soy afortunada por tener un marido que sabe convertirse en el "superpapi" para que yo pueda dedicar mis noches y fines de semana a escribir. Jeff también actualizó el capítulo 33. Por último, gracias a mi querido Arlo por el placer que me da todos los días y por recordarme qué es lo realmente importante.

Jennifer Niederst Robbins

Diciembre de 2004, Massachusetts

Parte I

El entorno Web

Capítulo 1

Estándares Web

En los últimos seis o siete años, es decir, desde la primera edición de este libro, se ha producido un gran cambio en el desarrollo Web. Hoy en día, hablar de diseño Web es hablar de adecuación a los estándares. Tras unos años de competición entre navegadores, de piratería HTML, y de otras prácticas surgidas de la ausencia de principios reguladores, finalmente se están reconociendo las ventajas de la adecuación a las normas. Esto implica el uso de HTML o XHTML claro y lógico para el marcado del contenido, de CSS para cualquier aspecto relacionado con la presentación y del Modelo de Objetos de Documento (DOM) para la programación.

En este momento, todavía estamos en un periodo de transición. Debemos aprender nuevos enfoques y desechar viejos hábitos. Es de esperar que el diseño basado en estándares consiga arraigarse por completo. La buena noticia es que los desarrolladores de las herramientas que utilizamos para ver y crear páginas Web están haciendo grandes avances hacia el desarrollo de un soporte completo de los estándares. Es a través de ese acuerdo como la producción Web aumenta su eficiencia y compatibilidad proactiva. Este capítulo presenta los estándares Web actuales y su influencia en el diseño Web.

¿Qué son los estándares?

El World Wide Web Consortium (W3C) crea y supervisa el desarrollo de tecnologías Web, incluyendo XML, HTML y sus distintas aplicaciones. También controla problemas de más alto nivel como la accesibilidad de los contenidos al mayor número posible de dispositivos y usuarios, así como el fijar una base común para desarrollos futuros haciendo el contenido Web "compatible a largo plazo".

El W3C no es un cuerpo oficial de estándares, sino un esfuerzo común por parte de los expertos en materias relacionadas con la Web para poner orden en el desarrollo de las tecnologías Web. El W3C emite sus dictámenes sobre el tratamiento de distintas tareas (como el marcado HTML) a través de documentos llamados "recomendaciones". La mayoría de estas recomendaciones se convierten en los estándares de hecho para el desarrollo Web. Hay otros cuerpos de estándares que también afectan a la Web y al Internet en general. Entre ellos:

- **ISO (*International Organization for Standardization*,Organización Internacional para la Estandarización):** ISO es una auténtica organización de estándares que administra más de 10.000 estándares, desde todo lo relacionado con sistemas de información y conjuntos de caracteres hasta las dimensiones de una película de formato 220 y el tamaño del grano de las tiras adhesivas. Su sello de aprobación ayuda a mantener la compatibilidad de las tecnologías comerciales y de la información en todo el mundo.
- **IETF (*Internet Engineering Task Force*, Grupo de Trabajo en Ingeniería de Internet):** El IETF es una comunidad internacional de diseñadores, operadores, distribuidores e investigadores de redes preocupados por la evolución de Internet como conjunto. Publica *Request for Comments* (RFC) que definen protocolos sobre distintas cuestiones como FTP, TCP/IP, HTTP y correo electrónico.
- **Ecma International:** Esta asociación europea para la estandarización de los sistemas de información y comunicación era conocida antes como ECMA (*European Computer Manufacturers Association*, Asociación Europea de Fabricantes de Ordenadores). Ecma Internactional administra estándares de tecnología de información, entre ellos ECMAScript, la versión estandarizada de JavaScript.
- **Unicode Consortium:** Este cuerpo administra el estándar Unicode para conjuntos de caracteres multilingües.
- **ANSI (*American National Standards Institute*, Instituto Nacional Estadounidense de Estándares):** El ANSI cubre un amplio abanico de estándares, entre ellos el ASCII, acrónimo de *American Standard Code for Information Interchange* o Código Estadounidense Estándar para el Intercambio de Información.

El proceso de los estándares

Internet está construido sobre la base de los estándares. Como el Internet no es propiedad ni está operado por una sola persona o compañía, las decisiones sobre cómo realizar las distintas tareas, han sido tomadas, tradicionalmente, a través de un esfuerzo cooperativo de invención, discusión y adopción final del modo de resolver una determinada tarea.

Incluso antes de la Web, los estándares de Internet como protocolos, sistemas de nombres y otras tecnologías de red han sido administrados por el IETF. El proceso comienza cuando se identifica como necesaria una determinada función (adjuntos de correo electrónico, por ejemplo) y una persona o grupo propone un sistema para hacer que funcione. Tras una fase de discusión, la propuesta se hace pública en forma de un RFC (recordemos que eran las siglas de *Request for Comments*). Cuando se ha trabajado en todos sus entresijos y se ha llegado a un acuerdo, la tecnología se convierte en el estándar. Esto es, por supuesto, una explicación muy simplificada. Si está interesado en aprender más sobre el proceso de aprobación de estándares o en descubrir qué nuevas tecnologías están actualmente en desarrollo, visite la página oficial del IETF (`www.ietf.org`).

Un comienzo difícil

La Web fue sometida al mismo proceso de desarrollo que el resto de protocolos de Internet. El problema era que la explosión de entusiasmo y oportunismo de sus orígenes causó el desarrollo del HTML y de otras tecnologías a un ritmo superior al que era propio de la aprobación de estándares. De este modo, cuando el W3C comenzaba a trabajar con los estándares HTML en 1994, las compañías de navegadores no esperaban a su aprobación.

Para controlar el mercado de navegadores, Netscape hizo su aparición en escena con su propio grupo de etiquetas HTML propietarias que mejoró ampliamente la apariencia de las páginas Web. Microsoft respondió con su propio grupo de etiquetas y funciones para competir con Netscape... había estallado la Guerra de los Navegadores. Ambas compañías pecaban de la mentalidad "da a la gente lo que quiere", sin preocuparse demasiado por su impacto a largo plazo en el medio. El problema empeoró cuando el diseño Web superó el simple HTML y pasó a abarcar tecnologías Web más ricas como CSS, JavaScript y DHTML.

Como resultado, hemos heredado un montón de etiquetas y tecnologías que sólo funcionan en un navegador así como distintos elementos (`<font>` es el más notorio) que no hacen nada para describir la estructura del documento, algo claramente en contra de las pretensiones originales de HTML: describir la estructura de los contenidos de un documento, no su presentación visual. Si bien los estándares Web ya están mejor establecidos, el W3C sigue trabajando por contrarrestar el efecto de todos estos años.

No hizo falta mucho tiempo para que la comunidad de desarrollo se dijera "ya es suficiente" y demandara que los creadores de navegadores echaran el freno y se atuvieran a las recomendaciones del W3C. El principal defensor de este esfuerzo es el *Web Standards Project* (Proyecto de Estándares Web o WaSP, `www.webstandards.org`) un colectivo de desarrolladores Web fundado en 1998, que presiona a los desarrolladores de navegadores y herramientas y a la comunidad de diseñadores para adoptar acuerdos. Sus acciones parecen verse recompensadas y el esfuerzo de estandarización ha ganado muchísima fuerza.

El soporte de los estándares a día de hoy

La buena noticia es que las versiones actuales de los navegadores han sumado esfuerzos en el soporte de los estándares de marcado HTML y XHTML disponibles. Sigue habiendo etiquetas específicas pero al menos no se crean otras nuevas. El nuevo reto es proporcionar un soporte consistente para CSS. Afortunadamente, la especificación de Nivel 1 es soportada por los navegadores más recientes (y por la amplia mayoría de los navegadores en uso). Por desgracia, sigue habiendo un poco de confusión sobre la implementación de determinadas funciones del Nivel 2, como el posicionamiento absoluto, y actualmente no hay ningún navegador que soporte todas las propiedades y valores disponibles en la recomendación CSS 2.1. Casi todos los navegadores, incluso las versiones adaptadas a los estándares, tienen fallos conocidos, pero todas las esperanzas de un soporte consistente se vuelcan hacia el Internet Explorer de Microsoft porque es el que domina el tráfico Web. En el capítulo 25 estudiaremos con detalle los fallos de los navegadores y sus soluciones provisionales.

Las ventajas de los estándares

Seguimos esperando el día en el que los navegadores se adherirán llenos de fe y de fidelidad a las recomendaciones del W3C, pero no hay ninguna razón para no comenzar a crear contenidos que sigan ya esas recomendaciones. Los estándares ofrecen ventajas fantásticas que puede comenzar a aprovechar desde hoy mismo.

Accesibilidad

Su contenido Web será visto por muchísimos navegadores y dispositivos. Además de los navegadores gráficos con los que estamos familiarizados, podrá mostrarse en dispositivos alternativos como los teléfonos móviles, los PDA, y otros dispositivos como lectores de pantalla para discapacitados. Creando documentos con un marcado bien estructurado y lógico que siga las reglas de accesibilidad, mejora la experiencia de un mayor número de usuarios. Consulte el capítulo 2 para ver distintos problemas relacionados con los distintos navegadores. El capítulo 5 muestra los modos en los que los estándares Web actuales están siendo desarrollados en materia de accesibilidad.

Compatibilidad proactiva

Los estándares futuros estarán basados en los estándares actuales; por tanto, el contenido que se atenga estrictamente a los estándares actuales seguirá vivo cuando los elementos y atributos depreciados ya no tengan soporte. Todo el mundo deberá despedirse algún día de sus diseños basados en tablas así que, ¿por qué no empezar a hacerlo ya mismo?

Desarrollo más rápido y sencillo

Durante años, los desarrolladores Web tenían que hacer acrobacias para compensar las diferencias en el soporte de los navegadores, teniendo incluso que crear distintas versiones de todo el sitio para resolver la falta de soporte de un navegador. El marcado adecuado de la estructura de los documentos y el uso estratégico de hojas de estilo le permite crear una sola versión del contenido que sirva para todos los visitantes. Y como el documento que controla el estilo visual es independiente del contenido, el diseño y el desarrollo editorial pueden trabajar en tándem, acortando potencialmente los plazos de producción. Acortando estos plazos de desarrollo, la adecuación a los estándares tiene un claro sentido comercial.

Descarga y muestra en pantalla más rápidas

Los documentos que utilizan HTML no estándar para controlar la presentación (como tablas, etiquetas `font` e imágenes transparentes) tienden a hincharse en exceso. Recortar estos elementos y utilizar hojas de estilo para controlar la presentación suele dar lugar a archivos mucho más pequeños que se descargan más rápido y que ayudan a ahorrar ancho de banda. Los navegadores modernos renderizan las páginas más rápido en modo estándar que en modo compatible retroactivamente. Si desea más información sobre las ventajas de las hojas de estilo consulte el capítulo 16.

Estándares Web actuales

Muy bien, los estándares son geniales, pero... ¿de qué estándares estamos hablando? Esta sección presenta los estándares actuales para los aspectos estructural, de comportamiento y de presentación del diseño Web.

Suele hablarse de diseño y el desarrollo Web en términos de "capas", adoptando un modelo de capas del que suele utilizarse para describir protocolos de redes. El marcado de documentos conforma la "capa estructural", que es la base sobre la que se aplican el resto de capas. A continuación sigue la "capa presentación", especificada con hojas de estilo en cascada (CSS) y que suministra las instrucciones sobre el aspecto del documento en la pantalla, sobre el sonido o sobre el modo en el que será formateado si va a ser impreso. Además de estas dos capas puede aparecer una capa comportamiento, el *scripting* y programación que añade interactividad y efectos dinámicos a un sitio. Este libro se organiza de acuerdo a este nuevo modelo mental de diseño Web.

A continuación presentamos un resumen de las recomendaciones de tecnología Web a la hora de la publicación de este libro. Puede compararlas con desarrollos futuros de estas tecnologías en la página Web del W3C (`www.w3.org`).

Capa estructural

Después de unos años en los que los desarrolladores de navegadores se entregaron a la creación de etiquetas, la comunidad Web está regresando a la concepción original del HTML como un lenguaje de marcado: para describir la estructura del documento y no para proporcionar instrucciones sobre su aspecto. El marcado estructural del documento conforma la base sobre la que se aplicarán las capas presentación y comportamiento.

Estos son los lenguajes estándar actuales para el marcado estructural.

- **XHTML 1.0 y XHTML 1.1:** XHTML son las siglas de *Extensible Hypertext Markup Language* o Lenguaje Extensible de Marcado de Hipertexto. XHTML 1.0 es simplemente HTML 4.0 reescrito de acuerdo a las reglas de sintaxis más estrictas de XML. XHTML 1.1 se libera de elementos y atributos depreciados y se ha modularizado para facilitar expansiones futuras. XHTML todavía está en desarrollo. La última versión de HTML fue HTML 4.01, que sigue siendo soportado universalmente por los navegadores actuales, pero no será compatible a largo plazo. La parte II de este libro examina con detalle estos lenguajes. Puede encontrar vínculos a todas las especificaciones XHTML 1.0, XHTML 1.1 y HTML 4.01 en la página `www.w3.org/MarkUp/`.
- **XML 1.0:** XML (*Extensible Markup Language*, Lenguaje Extensible de Marcado) es un grupo de reglas para la creación de nuevos lenguajes de marcado. Permite a los desarrolladores crear grupos personalizados de etiquetas para usos especiales. Consulte el capítulo 7 para obtener más información o vaya a la fuente en `www.w3.org/XML/`.

Capa presentación

Ahora que todas las instrucciones de presentación se han eliminado del estándar de marcado, esta información pasa a ser un trabajo exclusivo de las hojas de estilo en cascada. Los estándares de las hojas de estilos se están desarrollando en fases, de este modo:

- **CSS Nivel 1:** Este estándar de hojas de estilo ha sido una recomendación desde 1996 y ahora tiene soporte completo por las versiones actuales de los navegadores. El nivel 1 contiene reglas que controlan la presentación en pantalla del texto, márgenes y bordes.
- **CSS Nivel 2.1:** Esta recomendación es conocida por la adición del posicionamiento absoluto de los elementos de la página Web. El nivel 2 alcanzó el estatus de recomendación en 1998 y a la hora de escribir este libro la versión 2.1 es candidata a recomendación. El soporte para CSS 2.1 sigue siendo bastante inconsistente en las versiones actuales de los navegadores.
- **CSS Nivel 3:** El nivel 3 se construye sobre el nivel 2, pero está modularizado para facilitar expansiones futuras y para permitir a los dispositivos soportar subconjuntos lógicos. Esta versión todavía está en desarrollo.

Puede encontrar vínculos a estas tres especificaciones CSS en la página `www.w3.org/Style/CSS`. La parte III del libro está dedicada a las hojas de estilo.

Capa comportamiento

El *scripting* y programación de esta capa añaden interactividad y efectos dinámicos a un sitio.

Modelos de objeto

El DOM (*Document Object Model*, Modelo de Objetos del Documento) permite a *scripts* y aplicaciones acceder y actualizar el contenido, estructura y estilo de un documento nombrando formalmente cada una de sus partes, sus atributos y el modo en el que el objeto puede ser manipulado. Al principio, cada uno de los navegadores principales tenía su propio DOM, dificultando la creación de efectos interactivos para todos los navegadores

- **Modelo de Objetos del Documento (Núcleo) Nivel 1:** Esta versión incluye documentos HTML y XML así como la manipulación y navegación de documentos. Esta especificación puede encontrarse en `www.w3c.org/TR/REC-DOM-Level-1/`.
- **Modelo de Objetos del Documento Nivel 2:** El Nivel 2 incluye un modelo de objetos de hoja de estilos, permitiendo manipular información de estilo. En `www.w3.org/DOM/DOMTR` pueden encontrarse vínculos al núcleo y otros módulos de la especificación de Modelo de Objetos del Documento Nivel 2.

Scripting

Netscape introdujo su lenguaje de programación Web, JavaScript, con su navegador Navigator 2.0. Originalmente se llamaba "Livescript" pero cuando la marca pasó a ser compartida por Sun, se añadió "Java" al nombre. Microsoft respondió con su propio JScript mientras soportaba algunos niveles de JavaScript en la versión 3.0 de su navegador. Se necesitaba, claramente, un estándar válido para los distintos navegadores.

- **JavaScript 1.5/ECMAScript 262:** El W3C está desarrollando una versión estandarizada de JavaScript en coordinación con Ecma International, una asociación internacional de industria dedicada a la estandarización de sistemas de información y comunicación. De acuerdo al sitio de Mozilla, el JavaScript de Netscape es un supergrupo del lenguaje de programación estándar de ECMAScript con diferencias muy suaves respecto al estándar publicado. En la práctica común, la mayoría de los desarrolladores se refieren simplemente a "JavaScript", siendo implícita la implementación estándar.

Puede encontrar la especificación completa en la dirección `www.ecma-international.org/publications/standards/Ecma-262.htm`.

Otras tecnologías basadas en XML

XML es un metalenguaje utilizado para crear otras aplicaciones y lenguajes de marcado. Esta potente herramienta ha permitido el desarrollo de algunos estándares especializados. Estos son sólo unos pocos y si desea ver otras tecnologías XML, visite el sito de W3C. Con la modularización de XHTML y de otras especificaciones XML quizás sea posible mezclar módulos XML en un solo ducumento, por ejemplo XHTML, SVG y MathML.

- **SVG 1.1 (Scalable Vector Graphics):** Es un lenguaje XML para definir gráficos vectoriales bidimensionales y gráficos híbridos vector/ráster. En el capítulo 7 hablamos brevemente del SVG. Si desea información más detallada consulte la especificación en `www.w3.org/TR/SVG11/`.
- **MathML 2.0 (Mathematical Markup Lenguage):** Como su propio nombre indica, Lenguaje de Marcado Matemático, es un lenguaje XML para definir los elementos de notaciones matemáticas, en estructura y contenido para que las matemáticas sean comunicadas y procesadas en la Web. Si desea más información consulte `www.w3.org/Math/`.
- **SMIL 1.0 y SMIL 2.0:** SMIL son las siglas de *Synchornized Media Integration Language*, un lenguaje XML destinado a la creación de presentaciones

multimedia que combinen imágenes, texto, audio y vídeo en presentaciones en las que se especifique el momento en el cual varios componentes multimedia deben ser ejecutados juntos en una secuencia. Puede encontrar más información en `www.w3.org/AudioVideo/`.

Diseño dirigido por estándares

Ahora que la amplia mayoría de los usuarios utilizan navegadores guiados por estándares (en el capítulo 2 puede encontrar unas estadísticas a este respecto) es el momento para que los diseñadores y desarrolladores comiencen a crear contenido basado en los estándares. Las siguientes secciones presentan algunos consejos para hacer la transición al diseño basado en estándares.

Separar presentación y estructura

El mayor cambio que deben dar los diseñadores y desarrolladores Web a la hora de crear sitios basados en estándares, es mantener la presentación separada de la estructura.

Era difícil reconocer el HTML como un lenguaje estructural cuando todavía estaba lleno de elementos y atributos (como `color`, `align` y `font`) que definían el aspecto de los elementos en la página. El W3C ha depreciado esos elementos en la recomendación HTML 4.01 y los ha eliminado por completo del XHTML 1.1. Lo que queda es un lenguaje de marcado adecuado para el propósito original de descripción lógica del significado de los elementos de contenido (marcado semántico) y de establecer la estructura jerárquica básica del documento. El modo de la presentación visual (o auditiva) del documento debería quedar exclusivamente en manos de las hojas de estilo.

Estas son algunos principios básicos para el diseño con estándares Web.

- **No seleccione un elemento en función de su aspecto en el navegador:** Ahora que puede hacer que cualquier elemento tenga el aspecto deseado con una regla de hoja de estilos, no hay ninguna razón para utilizar un `h3` porque tenga mejor aspecto que un `h1` o `blockquote` sólo porque quiera un sangrado. Tómese tiempo para reflexionar sobre el significado o función de cada elemento del documento y para marcarlo adecuadamente.
- **No deje elementos sin definir:** No se limite a componer una página utilizando etiquetas `<font>` y `<br>` para crear la apariencia de encabezados o listas. Reflexione, de nuevo, sobre el significado del texto y márquelo consecuentemente. Los documentos con un marcado semántico con con-

tenido son entendidos por la mayor parte de los dispositivos de visualización, incluyendo navegadores Web, teléfonos móviles o lectores de pantalla.

- **Evite elementos y atributos depreciados:** Hay una propiedad CSS con buen soporte para remplazar cada elemento y atributo que haya sido depreciado en la especificación HTML 4.01. Utilizar una hoja de estilo le dará mayor control y puede facilitar los cambios futuros.
- **Evite utilizar tablas para el diseño:** Idealmente las tablas sólo deberían utilizarse para datos tabulares. Ya es completamente posible crear diseños ricos utilizando exclusivamente CSS sin tablas. El capítulo 24 incluye varios ejemplos de diseños multicolumna junto con referencias a presentaciones de diseño CSS en línea. Además de ser incorrectas semánticamente, las tablas anidadas dan lugar a archivos muy grandes y exigen a los navegadores seguir varios pasos para mostrarlas en pantallas. Para quienes estén acostumbrados a pensar en términos de tablas, exige reaprender el diseño de páginas desde cero, pero ya es hora de comenzar a hacerlo.

Utilice una declaración DOCTYPE

Todos los documentos HTML y XHTML deberían comenzar con una declaración DOCTYPE que indique al navegador en qué lenguaje está escrito el documento. Este es un ejemplo de una declaración DOCTYPE para un documento escrito en XHTML 1.0 estricto.

```
<! DOCTYPE html PUBLIC "-//W3C//DTD XHTML 1.0 Strict//EN"
"http://w3c.org/TR/xhtml1/DTD/xhtml1-strict.dtd">
```

Esta no sólo es la forma correcta de hacerlo de acuerdo al W3C sino que los navegadores actuales pueden cambiar entre distintos modos de renderizado (estándar, casi estándar, transicional, *quirks*) en función del DOCTYPE. Omitir el DOCTYPE puede afectar de forma negativa el modo en el que la página se renderiza en el navegador. En el capítulo 9 examinaremos con más detalle las declaraciones DOCTYPE disponibles y el cambio de DOCTYPE.

Valide el marcado

No puede ir "a lo loco" con los estándares estrictos como sí podía con el viejo HTML. El código escrito de forma incorrecta puede renderizarse de forma rara o no hacerlo. Mientras que el HTML estaba siempre pensado para ser validado ahora es más importante validar el marcado antes de publicar el contenido en la Web.

Algunos editores HTML como BBEdit de BareBones Software tenían validadores integrados. También puede utilizar las herramientas gratuitas de validación del

W3C para HTML/XHTML (validator.w3.org) y CSS (jigsaw.w3.org/css-validator).

Sea precavido: los mensajes de error que muestra un validador pueden ser aplastantes. Uno de los problemas es que los errores se heredan, así que si comete desde el inicio (como olvidar cerrar una etiqueta) el validador lo reporta en muchas líneas de error. Intente corregir estos errores y volver a validarlos de nuevo, hay oportunidades de que la lista de errores se reduzca.

Los mensajes de error también pueden ser algo confusos. El W3C ha publicado un listado de los mensajes de error más comunes y cómo interpretarlos en validator.w3.org/docs/errors.html.

Para seguir leyendo

Si esta introducción a los estándares le ha sabido a poco y necesita más detalles, puede encontrar exámenes más detallados en la Web.

Recursos Web

Con tantos profesionales de la comunidad en línea aprendiendo a diseñar con estándares, no le sorprenderá la cantidad de trucos, tutoriales y recursos disponibles en la Web.

- **Web Standards Project (www.webstandards.org)**: Se trata de una organización fundada en 1998 para mover la industria hacia la estandarización. Esta página ofrece numerosos artículos y recursos muy útiles.
- **A List Apart (www.alistapart.com)**: Es una revista en línea por y para diseñadores Web con cientos de excelentes artículos sobre los más distintos temas.
- **"Developing with Web Standards; Recommendations and Best Practices" (www.456bereastreet.com/lab/developing_with_web_standards)**: Este artículo contiene una gran cantidad de información y vínculos a otros recursos en línea. Fue esencial para la creación de este capítulo. La página 456bereastreet.com de Roger Johansson es una fuente recomendada para los problemas relativos a estándares.
- **World Wide Web Consortium (www.w3.org)**: Si quiere conocer los detalles sobre los estándares Web actuales, diríjase directamente a la fuente.

Capítulo 2

Diseñar para distintos navegadores

La mayoría de los autores Web coinciden a la hora de señalar que el mayor reto en el diseño Web es tratar con una auténtica multitud de navegadores y su distinto soporte de los estándares Web. ¿Una página diseñada para ser funcional en todos los navegadores tiene que ser necesariamente aburrida? ¿Es posible gustar a todos? Y si no lo es, ¿dónde se traza la línea divisoria? ¿A cuántas versiones pasadas del navegador hay que atender en los diseños?

La situación ha mejorado en los últimos años, pero el problema no ha terminado. Por ejemplo, ahora puede confiar en que el 99 por cien de los usuarios tendrá navegadores que soporten casi todo el HTML 4. Por desgracia sigue habiendo inconsistencias en el modo en el que se implementan las hojas de estilo en cascada. Y, por supuesto, las versiones anteriores a los estándares actuales tardan mucho en desaparecer por completo.

Este capítulo proporciona información básica, estadísticas y aprendizajes de los diseñadores Web profesionales que le ayudarán a tratar con estas diferencias entre navegadores. Se centra en los navegadores tradicionales para ordenadores gráficos. Los clientes de navegación Web para dispositivos móviles son el centro de atención del capítulo 3 y el capítulo 5 está dedicado a los dispositivos de navegación con asistencia para los discapacitados.

Historia de los navegadores

La historia de los navegadores constituye el contexto adecuado para estudiar el modo en el que se desarrollan y diseñan en la actualidad los sitios Web. Esta breve y simplificada cronología destaca algunos de los acontecimientos más importantes del desarrollo de los principales navegadores que han conducido al entorno actual del diseño Web.

Nota: Si está interesado en la historia de los navegadores y de la Web eche un vistazo a la cronología y a los emuladores de antiguos navegadores de Deja Vu (`www.dejavu.org`).

- **1991 a 1993, el nacimiento de la World Wide Web:** Tim Berners-Lee comenzó su administración de información basada en hipertexto trabajando como investigador en el Laboratorio Europeo de Física de Partículas (CERN) de Ginebra. Las páginas de sólo texto podían verse utilizando un navegador de modo lineal.
- **1993, NCSA Mosaic:** El navegador Mosaic fue creado por Marc Andreessen, un estudiante del NCSA (*National Center for Supercomputing Applications*). Aunque no fue el primer navegador en permitir la visualización de imágenes en una página fue sin duda el más popular por ser una aplicación multiplataforma. La capacidad de añadir imágenes a los documentos fue una de las claves del rápido aumento de popularidad de la Web. Mosaic también soportaba sonido, vídeo, marcadores y formularios. Hasta entonces, todas las páginas Web se mostraban en texto negro sobre fondo gris.
- **1994, Netscape 0.9:** Marc Andreessen fundó Mosaic Communications Corp. (que más tarde se convirtió en Netscape Communications) y sacó a la luz el navegador Netscape 0.9. Los primeros navegadores no eran gratuitos (excepto para estudiantes y profesores). Con el fin de ofrecer una mejor experiencia sobre los navegadores gratuitos como Mosaic y atraer así a los consumidores, Netscape creó sus propias etiquetas HTML sin preocuparse por el proceso de estandarización. Por ejemplo, Netscape 1.1 incluyó etiquetas para cambiar el color de fondo de una página Web y dar formato al texto con tablas.
- **1996, Microsoft Internet Explorer 3.0:** Finalmente, Microsoft se incorporó a la Web con su primer navegador competitivo, con su propio grupo de etiquetas y funciones. Fue también el primer navegador en soportar hojas de estilo, por aquel entonces una oscura técnica de autoría.
- **1996 a 1999, estalla la guerra de los navegadores:** Durante años, el mundo del desarrollo Web asistió a una batalla entre Netscape y Microsoft por el mercado de los navegadores. El resultado fue una colección de etiquetas HTML propietarias y de implementaciones incompatibles de nuevas tecnologías como JavaScript, CSS y HTML Dinámico. La competición entre Netscape y Microsoft tuvo también consecuencias positivas, como el rápido avance del medio como conjunto.

- **1998, Netscape saca a la luz su Communicator con una licencia de fuente abierta:** Un movimiento audaz que permitió a miles de desarrolladores participar en la mejora del Communicator. Al final decidieron borrarlo del todo y comenzar desde cero. El grupo Mozilla, integrado en buena medida por empleados de Netscape, guió el desarrollo del navegador de fuente abierta y pronto se expandió a una plataforma para aplicaciones.
- **2000, sale a la luz el Internet Explorer 5 para Mac:** Un hecho de gran importancia porque estamos ante el primer navegador que soportaba totalmente las recomendaciones HTML 4.01 y CSS 1, poniendo el listón muy alto para otros navegadores en términos de adecuación a los estándares. Es también el primer navegador en soportar completamente el formato PNG con transparencia alfa.
- **2000, AOL adquiere Netscape:** Fue considerado como la derrota oficial de Netscape frente a Microsoft en la guerra de los navegadores. Presente en el sistema operativo de todos los PC con Windows, Internet Explorer era un adversario formidable. Netscape perdió mucho terreno sacando a la luz aplicaciones integradas muy extensas y dedicando varios años a la reescritura desde cero de su navegador para la emisión de Netscape 6. A la hora de escribir este libro, la presencia de Netscape es prácticamente insignificante en el uso de navegadores con un simple 1 por cien de todas sus versiones frente al 90 por cien de todas las versiones de Internet Explorer.
- **2003, se forma Mozilla Foundation:** El código Mozilla, de fuente abierta, continuó su desarrollo con la Mozilla Foundation (fundada en parte por AOL).
- **2005, el navegador Firefox de Mozilla sale a la luz:** Firefox 1.0 produjo un gran estruendo en la comunidad de desarrollo por su fuerte soporte de los estándares Web y las mejoras en la seguridad frente al Internet Explorer. Firefox es importante porque fue el primer navegador en herir significativamente la preeminencia de Microsoft en el mercado de los navegadores.

Motores de renderizado

Un motor de renderizado es el código que le muestra al navegador cómo debe mostrar en pantalla el contenido Web correspondiente y la información de estilo disponible en la ventana del navegador. El motor de renderizado es el responsable de establecer el tamaño de un encabezado `h1` sin estilo o de definir el aspecto que debe mostrar en la página una regla horizontal. También es la clave para la implementación adecuada de CSS y de otros estándares Web.

El primer motor de renderizado reutilizable por varios navegadores fue Gecko, sacado a la luz por los desarrolladores de Mozilla en 1998. Fue destacable por su pequeño tamaño y por su excelente soporte de los estándares. Ahora los desarrolladores Web prestan atención a los motores de renderizado subyacentes como la clave para comprender el rendimiento de un navegador.

La Wikipedia, una conocida enciclopedia en línea, tiene una comparación detallada de estos motores de renderizado, dónde se utilizan y qué soportan en `en.wikipedia.org/wiki/Comparison_of_layout_engines` (esta dirección está en inglés, pero si lo desea puede encontrar artículos sobre los distintos motores, esta vez en castellano en `es.wikipedia.org/wiki/Motor_de_renderizado`).

Pasando lista de los navegadores

Es fundamental que los desarrolladores Web profesionales estén familiarizados con los navegadores principales más populares y no solamente con los que ellos mismos utilicen. En esta sección, le proporcionaremos la información básica sobre los navegadores por los que deberían preocuparse los desarrolladores Web, ya sea por su presencia en el uso total de la Web (el caso de Internet Explorer 6 para Windows), o porque su tecnología y soporte de los estándares sea importante para la comunidad de desarrollo (como en el caso de Opera). Los navegadores de esta lista representan más del 99 por cien del uso total a la hora de desarrollar los contenidos de este libro.

Nota: Hay otros navegadores menos comunes, algunos con seguidores totalmente fieles, así como versiones más antiguas que todavía están en uso. Por desgracia no es posible ofrecer un listado de todos ellos en este capítulo. `www.evolt.org`, una página para la comunidad de desarrolladores Web, alberga en su interior un archivo completo de todos los navegadores en `browsers.evolt.org`.

La tabla 2.1 de la siguiente página ofrece un listado de los navegadores y de la fecha de su salida a la luz, las plataformas para las que está desarrollado, motores de renderizado y nivel de soporte de los estándares. A continuación se describe cada navegador con detalle.

Tabla 2.1. Distintos navegadores Web.

Navegador	Fecha	Plataforma	Motor de renderizado	Soporte de estándares
Microsoft Internet Explorer 6	2001	Window, Linux, Unix	Trident IV	CSS1, parte de CSS2 y CSS3, ECMA-Script, DOM (con implementaciones propietarias).
Microsofft Internet Explorer 5 y 5.5 (Windows)	1999(5), 2001 (5.5)	Windows, Linux, Unix	Trident II (5) y III (5.5)	Casi todo CSS1, parte de CSS 2 (con fallos), soporte parcial de ECMAScript/DOM.
Microsoft Internet Explorer 5 (Mac)	2000	Macintosh	Tasman	CSS1, parte de CSS2 y CSS3, ECMAScript, DOM (con fallos e incompleto).
Netscape Navigator 7	2002	Windows, Mac, Linux, Unix	Gecko	CSS1, la mayor parte de CSS2, ECMAScript, DOM.
Netscape Navigator 4	1997	Windows, Linux, Mac, Unix	N/A	Parte de CSS1 básico, JavaScript, sin DOM porque éste se escribió tras su salida a la luz.
Firefox 1.0	2005 (versiones anteriores en 2004)	Windows, Linux, Unix, Mac	Gecko	CSS1, mayor parte de CSS2, algo de CSS3, ECMAScript, DOM.
Opera 8.5	2005	Windows, Linux, Unix, Mac	Presto	CSS1, mayor parte de CSS2, ECMAScript, DOM (Opera 7 fue la primera versión con soporte DOM).

Navegador	Fecha	Plataforma	Motor de renderizado	Soporte de estándares
Safari	2002	Macintosh OS X	KHTML	La mayor parte de CSS1, algo de CSS2 y CSS3, ECMA-Script, DOM (con fallos).
America Online	Varias	Windows (hay una versión Mac pero no tiene buen soporte)	Trident	CSS1, algo de CSS2, ECMA-Script, DOM (como Internet Explorer pero con muchos fallos).
Lynx	1993	Unix, Windows, Macintosh	N/A	N/A.

Microsoft Internet Explorer 6

Internet Explorer 6 es el navegador incluido con Windows XP, aunque también está disponible para versiones anteriores de Windows. A la hora de imprimir este libro, la versión 6 cuenta con más de la mitad del uso total de la Web. Por desgracia es también notorio su inconsistente soporte de los estándares. Microsoft planea sacar a la luz la versión 7 de este navegador que promete mayor seguridad (el talón de Aquiles de las versiones anteriores) y mejor soporte de los estándares prestando especial atención a las hojas de estilo en cascada Nivel 2.

Encontrará más información sobre el diseño de Internet Explorer visitando el centro de desarrollo, parte del MSDN (`msdn.microsoft.com/ie/default.aspx`, MSDN España en `www.microsoft.com/spanish/msdn/default.asp`). Si desea más información sobre este producto visite las páginas de Microsoft para el mismo `www.microsoft.com/windows/ie_intl/es/default.mspx`.

Microsoft Internet Explorer 5 y 5.5 (Windows)

La versión 5 de este navegador, que vio la luz a comienzos de 1999, fue el primer navegador importante con soporte XML. Como está integrado en varias versiones antiguas deWindows sigue contando con un porcentaje de entre el 5 y el 10 por cien de los navegadores.

Microsoft Internet Explorer 5 (Macintosh)

Internet Explorer 5 para Macintosh salió a la luz en 2000 y ofreció niveles de adecuación a los estándares hasta entonces nunca vistos así como funciones que ni siquiera ha logrado alcanzar la versión 6 del navegador para Windows. Microsoft detuvo el desarrollo con la versión 5.2.3 pero sigue ofreciendo descargas gratuitas de las últimas versiones de IE 5/Mac para OS X (5.2.3) y OS 9 (5.1.7).

Netscape Navigator 7

La última versión del Navigator salió a la luz en 2002 con revisiones adicionales en 2003 y 2004. Es esencialmente el navegador Mozilla albergado por la marca Netscape. Tiene una participación bastante escasa en el tráfico Web (menos del 1 por cien). La versión anterior realmente significativa de Netscape fue la 6, que consumió varios años de desarrollo y tuvo varios problemas con los estándares fracasando en el intento de recuperar un mercado controlado por el Internet Explorer durante esos largos años de desarrollo. En el momento de escribir este libro hay disponible una beta de la versión 8.

Si desea obtener más información sobre este navegador visite la página Web `browser.netscape.com`. A partir de octubre de 2004 Netscape cerró sus recursos en línea para desarrolladores. Mozilla.org está intentando obtener derechos para archivar y publicar esos documentos.

Netscape Navigator 4

Netscape Navigator y Communicator 4 fue un día el rey del mundo de los navegadores. Ahora su base de usuarios se ha reducido a una fracción de un 1 por cien. A pesar de ello, los desarrolladores Web deben tomar en cuenta el rendimiento de un sitio en Navigator 4 porque es típico de los navegadores con soporte mínimo para los estándares actuales como CSS. Los desarrolladores Web también pueden suponer que los usuarios que siguen utilizando Netscape 4 lo hacen porque no les queda otra alternativa, por ejemplo, porque está instalado por su organización o integrado en una aplicación. Si bien los diseñadores no suelen preocuparse porque sus diseños encajen perfectamente en Netscape 4, sí es de vital importancia que el contenido no se pierda y que el CSS avanzado o las técnicas de *scripting* no hagan que se bloquee el navegador.

Firefox 1.0

Firefox (antes Firebird) es un navegador de fuente abierta basado en el código de Mozilla. Su popularidad se disparó entre la comunidad de desarrolladores por ser pequeño, rápido y muy adecuado a los estándares. Ofrece distintas funciones como la navegación en pestañas, bloqueo de ventanas emergentes, búsqueda Google integrada y mayor seguridad que el Internet Explorer, lo que le permite ser el primer navegador que ha arrebatado algo de cuota de mercado a IE. Como la fuente es abierta se han creado muchísimas extensiones útiles (vea la siguiente nota).

Descargas y más información en la página Web de Mozilla, `www.mozilla.org`.

Extensión Web Developer para Firefox

Los desarrolladores Web están fascinados por la extensión Web Developer para Firefox, creada por Chris Pederick. La extensión añade una barra de herramientas al navegador con herramientas que le permiten analizar y manipular cualquier página de la ventana. Por ejemplo, puede editar la hoja de estilo de la página que está visitando o aplicar una propia. Puede obtener información sobre el HTML y las imágenes de la página. También le permite validar el CSS, el HTML y la accesibilidad de la página Web.

Descargue la extensión Web Developer en `www.chrispederick.com/work/firefox/webdeveloper/`. También puede descargarla en castellano en `nave.escomposlinux.org/productos/extensiones/webdeveloper/`.

Para obtener un listado completo de las extensiones Firefox, incluyendo otras para desarrolladores Web, vaya a `addons.update.mozilla.org/extensions/?application=firefox/`.

Opera 8.5

Opera es un navegador sólido creado por Opera Software de Oslo, Noruega. Es muy respetado por su fidelidad a los estándares HTML y CSS, sus tiempos de descarga extremadamente cortos y por exigir muy poco espacio de disco. Es gratuito si no le importa tener *banners* en la interfaz. También puede registrar el navegador y obtener asistencia por 24 euros. Tiene una presencia bastante minoritaria en las estadísticas de los navegadores, sin embargo, son muchos los desarrolladores que siguen probando sus sitios en Opera para asegurarse de que su código está limpio. El navegador Opera es también muy importante en el mercado de dispositivos de mano. Si desea más información viste `www.opera.com`.

Safari

Safari es el navegador integrado en Mac OS X. Utiliza el motor de renderizado KHTML desarrollado originalmente para el entorno de escritorio Konqueror. Es muy rápido y ofrece un soporte bastante sólido de estándares aunque tiene sus propios fallos.

Para descargas y más información viste `www.apple.com/safari/`.

America Online

Comenzando con Windows AOL 3.0 (32 bits), el cliente AOL no tiene un navegador incrustado pero utiliza en su lugar el navegador Internet Explorer que los usuarios ya tenían instalado en sus sistemas. Además, la compatibilidad del navegador es independiente de la versión AOL específica de un usuario. El escaso 1 ó 2 por cien de los subscritores AOL con Mac utiliza un navegador AOL construido con Gecko.

A la hora de escribir este libro, un 97 por cien de los usuarios AOL veían la Web en sistemas Windows utilizando Internet Explorer 5 o superior. Por desgracia, la funcionalidad de Internet Explorer está en parte limitada cuando se utiliza en unión con el cliente AOL. Esto es debido al modo en el que los clientes específicos AOL interactúan con el navegador y la dependencia de AOL en servidores proxy y en técnicas de compresión de imagen.

AOL publica un sitio dedicado específicamente a desarrolladores Web que deseen hacer accesibles y atractivos sus sitios para los usuarios AOL. Este sitio de desarrollo Web de AOL puede encontrarse en `webmaster.info.aol.com`.

Lynx

Lynx es el "navegador sólo-texto" más conocido. Existe desde prácticamente el nacimiento de la Web y ha sido actualizado para incluir soporte para tablas, formularios e incluso JavaScript. Lynx es útil para que los desarrolladores prueben la funcionalidad básica de un sitio en un entorno no gráfico. Es importante garantizar la accesibilidad para aquellos visitantes con discapacidades que puedan estar utilizando Lynx con un dispositivo Braille o de voz.

Lynx no está actualizado para todas las plataformas pero podrá encontrar versiones beta o no actualizadas. Otra opción sería ver la página en un emulador Lynx en línea en `www.delorie.com/web/lynxview.html`.

La página Extremely Lynx (`www.subir.com/lynx.html`) es un buen punto de partida para encontrar información de desarrollo para Lynx.

Nota: Un recurso excelente para hacer un seguimiento de las ediciones y la historia de los navegadores es Browser News en la página `www.upsdell.com/browsernews/`.

Reuniendo estadísticas de uso

Los desarrolladores Web atienden a este tipo de análisis para la Web en general y para sus sitios específicos porque afecta directamente al modo en el que crean sus páginas. Hay varios métodos para rastrear el uso de los navegadores: listados estadísticos generales gratuitos, herramientas de análisis de sesiones del servidor que puede ejecutar en su propio servidor y servicios estadísticos profesionales.

Estadísticas globales de navegadores

Si está interesado en un análisis general del uso global de los navegadores hay un gran número de sitios Web que ofrecen listados gratuitos. También ofrecen estadísticas de uso basadas en otros criterios como la resolución de pantalla y distintas tecnologías Web.

El Counter (`www.thecounter.com/stats`) basa su estadística global en millones de visitantes que utilizan miles de sitios Web registrados con su servicio. Es un modo fácil (y gratuito) de hacerse con una buena visión general del uso de los navegadores.

Otro recurso útil para obtener información sobre los navegadores (y tutoriales sobre distintos temas Web) es el sitio W3 Schools (`www.w3schools.com/browsers`). Sus estadísticas parecen tender hacia la comunidad de desarrolladores y para la "Intelligentzia" técnica, tal y como evidencia el hecho de que el navegador Firefox represente casi el 20 por cien del uso total, comparado con el escaso 8 por cien de Counter.com, con un espectro mucho más general.

Análisis de sesiones del servidor

Las estadísticas más significativas son las que se seleccionan desde el uso de su propia página. Hay herramientas de software diseñadas con este fin y todas funcionan básicamente del mismo modo.

Cuando un navegador accede a los archivos de un servidor deja un registro de esa transacción en el servidor, incluyendo algunos datos sobre sí mismo: específicamente su versión y la plataforma. Esta información es conocida como "cadena usuario-agente" y se utiliza por el software de análisis para generar estadísticas sobre el uso de los navegadores para ese sitio. Este sería el ejemplo de una cadena usuario-agente típica:

```
Mozilla/4.0 (compatible; MSIE 5.5; Windows 98)
```

Hay docenas de herramientas de análisis de sesiones disponibles a muy distintos precios. Muchas compañías de alojamiento Web incluyen algún nivel de estadísticas de servidor como parte de sus paquetes de alojamiento. También puede instalar su propio software para obtener mejores informes. Una búsqueda con las palabras clave "análisis estadísticas web" debería ser suficiente para encontrar lo que necesita.

Otra opción es darse de alta en un servicio como The Counter (ya mencionado) que pondrá un contador en su página Web y le proporcionará estadísticas de uso a cambio de poner publicidad en su página.

El legado de Mozilla

Hoy en día, Mozilla es conocida como la fundación que guía el desarrollo del software abierto de Mozilla. Por eso puede ser un poco confuso ver Mozilla al comienzo de una cadena agente-usuario para Internet Explorer, como ocurría en el ejemplo anterior.

El identificador Mozilla al comienzo de una cadena usuario-agente típica es una estrategia interesantísima de los primeros días de la guerra de los navegadores. Netscape sacó su navegador a la luz por primera vez con el nombre en código de Mozilla (una combinación cifrada de "asesino de Mosaic" y Godzilla). En aquel tiempo Mozilla era un navegador muy potente, así que los Webmasters comenzaron a dirigir su contenido a él específicamente.

Cuando los navegadores en competición (sobre todo Internet Explorer de Microsoft) comenzaron a incluir capacidades semejantes a las de Mozilla, no quisieron quedar fuera de esta selección de objetivos por parte de los Webmasters, así que incorporaron la palabra "Mozilla" en su identificación usuario-agente. Llegó un momento en el que todos lo hacían, así que el único modo de identificar la verdadera versión del navegador fue incluirla entre paréntesis (como el MSIE 5.5 del ejemplo anterior).

El nombre "Mozilla" estuvo unido al navegador Netscape en sus días de gloria y continuó luego hasta su salida a la luz como software de fuente abierta. Si desea más información sobre la fundación Mozilla visite la página `www.mozilla.org`.

Consultas estadísticas con objetivos definidos

Si quiere estadísticas de uso muy precisas, pero su sitio todavía no está funcionando, quizás le interesa contratar los servicios de un consultor de tendencias de usuarios para analizar el uso de sitios parecidos o dentro de un sector concreto del negocio. Un punto de arranque es la Web Analytics Association (en la dirección `www.webanalyticsassociation.org`) que ofrece un listado de los miembros que proporcionan informes de tendencias de uso.

Aprender de las estadísticas de navegadores

Sea cual sea el modo en el que reúne sus estadísticas, le darán información muy importante sobre su público y sobre el modo en el que experimentan la Web. Observe la tabla 2.2 que proporciona unas estadísticas típicas de finales del año 2005. Estas estadísticas pueden no ser significativas cuando lea el libro, pero si no está familiarizado con los análisis clásicos de los navegadores le ayudará a hacerse con una buena idea de los mismos.

Tabla 2.2. Estadísticas de navegadores para diciembre de 2005.
Fuente The Counter.com.

Navegador	Uso
Microsoft Internet Explorer 6	83%
Microsoft Internet Explorer 5	3%
Mozilla/Firefox	8%
Safari	2%
Desconocido	1%
Opera x.x	1%
Netscape 7	1%
Compatible con Netscape	<1%
Microsoft Internet Explorer 4.x	<1%
Netscape 4.x	<1%
Konqueror	<1%
Netscape 6 (y versiones anteriores)	<1%

Lo que puede aprender

Con las estadísticas en la mano, ¿qué conclusiones puede extraer? Incluso las estadísticas tan generales como las de la tabla 2.2 constituyen un punto de partida excelente para reflexionar sobre su impacto en el diseño.

Soporte de estándares

La buena noticia es que el 99 por cien de los navegadores en uso hoy en día soportan cierto nivel de los estándares actuales, al menos sobre el papel. Por desgracia, la realidad es que incluso los navegadores con amplio soporte de estándares tienen sus propias implementaciones y fallos que exigen a los desarrolladores hacer auténticas acrobacias, especialmente con CSS, ECMAScript (JavaScript) y DOM. En el capítulo 25 se examinan con detalle las técnicas para resolver los fallos de los navegadores con CSS.

Dominio de Windows y de Internet Explorer

En el momento de escribir este libro, la amplia mayoría (83% de acuerdo con estas estadísticas, un porcentaje que varía en otras) del tráfico Web se da en ordenadores con Windows como sistema operativo y que utilizan Internet Explorer 6. Esto quiere decir que no puede pretender ignorar sus comportamientos y requisitos exclusivos. Por ejemplo, saber que más del 80 por cien de los visitantes de sus páginas no podrá ampliar el texto cuando su tamaño se ha especificado en unidades de píxeles debería influir el modo en el que determina el tamaño del texto con las hojas de estilo. En el capítulo 25 podrá encontrar más ejemplos de las necesidades específicas de Internet Explorer.

La versión 7 está a punto de ver la luz y el Internet Explorer 6 pasará a ocupar casi con toda seguridad el segundo puesto de este rango, pero siempre transcurren varios años hasta que un navegador deja de utilizarse por completo.

Persistencia de versiones antiguas

Las estadísticas de la tabla 2.2 muestran que navegadores como Netscape 4 (de 1997) todavía siguen con vida.

Con el gran volumen de tráfico Web, un porcentaje menor al 1 por cien sigue significando millones de usuarios. Si sus ingresos dependen de ellos no puede olvidarse de ellos y debe asegurarse de que su sitio es al menos funcional incluso en los navegadores más antiguos.

Tendencias de uso de los navegadores

Lo que las estadísticas de la tabla 2.2 no nos muestran son los desarrollos de los navegadores a lo largo del tiempo. La tendencia más drástica, por supuesto, es el control del mercado por parte de Microsoft. A mediados de 1997 Netscape Navigator disfrutaba de un 70-80 por cien del uso global (de acuerdo a sitios de estadísticas como los listados anteriormente); en 1998 el porcentaje se había reducido al 50% y ahora, todas sus versiones no superan el 1 por cien.

Internet Explorar parecía imparable y lo fue hasta 2005 cuando sufrió su primera caída ante el Firefox gratuito de Mozilla. Hubo una campaña de base para promocionar Firefox (`www.spreadfirefox.com`) como un navegador alternativo para los que no estaban satisfechos con los fallos en la seguridad de Internet Explorer. El uso de Firefox aumentó rápidamente del 5 al 10 por cien en el total de los navegadores (en función de las estadísticas que se utilicen). Este aumento está frenándose. Aún así ha hecho que Microsoft reconozca la necesidad de mejorar su seguridad y continuar desarrollando una aplicación autónoma. Microsoft tiene planes para integrar tanto las funciones de navegación Web en su sistema operativo que nuestro concepto de navegador pronto podría quedar obsoleto.

Tratar con las diferencias entre navegadores

¿Cómo se las arreglan los diseñadores y desarrolladores Web profesionales con la multitud de navegadores y sus distintas capacidades?

En el pasado, exigía tomar decisiones difíciles o mucho trabajo extra. Era frecuente crear varias versiones de un sitio para garantizar una funcionalidad semejante. Algunos diseñadores iban a lo seguro y evitaban cualquier tecnología Web más avanzada que el HTML básico. En el otro extremo del espectro estaban los diseñadores que decidían diseñar sitios de vanguardia para las últimas versiones de un navegador concreto. Este caos fue el principal producto de la guerra de los navegadores de finales de los noventa.

Los estándares Web (o, lo que es más importante, el hecho de que los desarrolladores de los principales navegadores hayan comenzado a soportarlos) ha simplificado el modo en el que los diseñadores trabajan con la multitud de navegadores en uso. Han pasado ya los días en los que había que elegir un bando o bien crear varias versiones del mismo sitio. Hoy en día es posible crear sitios accesibles al 100 por cien de los navegadores y con buen aspecto en la mayoría de ellos. El truco consiste en seguir los estándares al escribir, dar estilo y programar el contenido.

Observe que decimos que es "posible", y no "fácil", crear sitios para todos los navegadores. El entorno Web tiene una clara tendencia a la adecuación a los estándares, pero es una tendencia, no una realidad clara y diáfana. Sigue habiendo inconsistencias, incluso en las versiones más actuales, que exigen hacer auténticas maravillas con la codificación si se quiere dar una experiencia consistente en los distintos navegadores. Mientras sigamos en este periodo de transición seguirán en pie algunas técnicas de "vieja escuela" que son de práctica común o incluso completamente necesarias a pesar de ir en contra de las recomendaciones del W3C.

Dejando a un lado los fallos, ser fiel a los estándares sigue siendo una herramienta clave para asegurar que el sitio sea utilizable por todos los usuarios y en todos los navegadores. Hay que seguir también ciertas estrategias específicas para resolver las capacidades variables de los navegadores.

Un poco de ayuda de las herramientas de autoría

Tanto Adobe GoLive como Macromedia Dreamweaver proporcionan herramientas que le darán información sobre el rendimiento de su diseño en distintos navegadores. GoLive proporciona un listado completo de los perfiles de navegador que cambian la apariencia del documento en la ventana de presentación. Seleccione un perfil desde la paleta de vista y la ventana de presentación simulará el aspecto de la página en ese navegador. Esto puede permitirle hacer ciertos ajustes en tiempo real sin tener que abir varios navegadores para hacer las pruebas.

Dreamweaver tiene una función Comprobar navegador que compara su código con un listado de los perfiles de navegadores para ver si hay etiquetas o atributos que no sean soportados, pasando a generar un informe con sus conclusiones. Para facilitar el trabajo, Dreamweaver le permite seleccionar un navegador concreto. Dreamweaver limita entonces los comportamientos que puede seleccionar a aquellos soportados en ese navegador. El programa también incluye funciones integradas para ejecutar la detección de navegador.

Autoría de documento

Es importante recordar que el objetivo principal en la Web es la comunicación. Aunque no sea posible conseguir que el aspecto de la página sea el mismo en todos los navegadores, debe asegurarse de que el contenido es accesible y utilizable siguiendo las recomendaciones para el marcado del contenido.

- **Comience con un buen marcado:** Cuando un documento HTML está escrito en orden lógico y sus elementos están marcados con significado, será utilizable incluso en Mosaic 1.0 (inténtelo usted mismo en el emulador de Mosaic de Dejavu.org). Además, tiene que pensar que aunque un usuario utilice Netscape 2.0 la página no se visualizará peor que en otro navegador.
- **Siga los principios de accesibilidad:** Las técnicas que hacen accesible su sitio a las personas con discapacidades también garantizan que el sitio pueda ser visto en todos los navegadores, hasta las versiones más antiguas, navegadores sólo-texto y micronavegadores de dispositivos de

mano. Consulte el capítulo 5 para obtener más información sobre accesibilidad.

Tácticas de hojas de estilo

Ahora que el HTML ha asumido el papel de proporcionar la estructura al documento, las hojas de estilo en cascada se encargan de suministrar diseños y formatos de página consistentes. La buena noticia es que la amplia mayoría de los navegadores soportan CSS Nivel 1, así que puede dar el formato básico estando seguro de que la mayoría de los visitantes lo verán del modo que usted desea.

La mala noticia es que sigue habiendo inconsistencias en el modo en el que se implementa mucha de la especificación, incluso en aquellos navegadores que pretenden tener pleno soporte CSS. Por tanto, la implementación CSS sigue necesitando algún esfuerzo extra para lograr resultados consistentes. En algunos casos sólo es necesario que un navegador muestre los elementos con menos píxeles. Recuerde, el objetivo principal es la comunicación, unos pocos píxeles no deberían importar demasiado.

El capítulo 25 se dedica a ver los aspectos concretos sobre fallos, limitaciones y los modos de afrontarlos, así que no pasaremos aquí a su análisis detallado. Pero sí vamos a mostrarle una estrategia general para resolver las necesidades especiales de todos los navegadores, una técnica procede del maestro de los estándares Jeffrey Zeldman.

El quid de la cuestión (además del uso adecuado de XHTML y CSS) es diseñar para su navegador favorito, con muchas funciones y adecuado a los estándares. Es una ruptura respecto a la antigua práctica de comenzar comprobando el aspecto de las páginas en el mínimo denominador común de los navegadores. Pruebe la página para asegurarse de que tiene el aspecto y funciona igual en navegadores comparables. Si no tiene el mismo aspecto deberá usar algún truco CSS para resolver los problemas.

Cuando haya conseguido que el diseño funcione aceptablemente en los navegadores modernos (usados por la amplia mayoría de los usuarios), échele un vistazo en un navegador que no sea fiel a los estándares, como Netscape 4. Si tiene buen aspecto ya ha terminado. Si no es así, la solución consiste en dividir la hoja de estilo en dos hojas: una con las funciones CSS básicas y otra con las reglas avanzadas para navegadores que las comprendan. Vincule la hoja de estilo avanzada utilizando `@import` para ocultarla a los navegadores que no sabrían qué hacer con ella.

Saber cuáles son las reglas básicas y cuáles las avanzadas lleva algo de trabajo y práctica. A través de pruebas y errores debería poder diseñar un sitio que se visualice como usted desee en los navegadores más avanzados y que sea siendo aceptable en las versiones más antiguas.

Programar

Los estándares que regulan los comportamientos Web son el lenguaje de programación ECMAScript (tan cercano a JavaScript 1.5 que normalmente se suele hacer referencia a él como JavaScript) y el Modelo de Objetos del Documento (DOM) que define los componentes de una página Web que pueden manipularse.

Las buenas y malas noticias son las mismas para ambos. Aunque el 99 por cien de los navegadores ofrecen soporte de estándares, están llenos de fallos e inconsistencias. Así, algunos navegadores no soportan determinadas funciones JavaScript, Microsoft ha añadido sus propias extensiones al DOM que sólo funcionan en el Internet Explorer, etc.

Respecto al restante 1 por cien de los navegadores que no soportan el DOM (a saber, los navegadores de versión 4), no hay ningún modo sencillo de resolver el problema. Suele ser necesario utilizar una versión alternativa de la página que utilice funciones de programación que puedan entender esos navegadores u ofrecer una página, sin *scripts* y que pueda ser entendida por cualquier navegador, que explique el problema para la visualización de la página.

Conozca a su público

Aunque siguiendo las técnicas de desarrollo guiadas por estándares garantiza que el sitio será utilizable por todos los visitantes, quizás decida adoptar o evitar determinadas tecnologías en función del conocimiento que tenga de su público. Antes de diseñar un nuevo sitio, dedique algo de tiempo a investigar las plataformas, navegadores, capacidad técnica y velocidad de conexión potenciales de los usuarios a los que se dirige. Si está rediseñando una página ya existente, dedique algo de tiempo a las sesiones de servidor para analizar el uso del sitio.

No hay reglas que puedan anticipar todas las situaciones del diseño, sin embargo estos son algunos de los casos a tener en cuenta:

- Si su sitio está orientado a un público de consumidores (por ejemplo, un sitio que venda juguetes educativos y que esté dirigido a los padres) deberá garantizar el rendimiento del sitio en los navegadores AOL o en versiones antiguas con conexiones por módem.
- Si está diseñando para un entorno controlado, como una intranet o un punto de venta basado en la Web, ¡ya lo tiene todo hecho! Conocer el navegador y la plataforma de los usuarios le permite aprovechar todos los elementos de diseño de ese navegador. Sólo tiene que asegurarse de que el diseño no bloqueará el navegador.

- Si su sitio es sobre la tecnología que se está utilizando, como imágenes SVG o animaciones Flash tiene todo el derecho de esperar que los usuarios utilizarán el navegador o plugin adecuado para su contenido. Aún así puede ser conveniente proporcionar algunas capturas de pantalla u otro tipo de contenido alternativo para el resto de usuarios.
- Si está diseñando un sitio público deberá hacer que sus páginas sean accesibles a todos los dispositivos. Si desea más información consulte el capítulo 5.

¡Pruebas!

La última palabra en el dilema del diseño para distintos navegadores la tienen las pruebas. Pruebe siempre el sitio en tantos navegadores, versiones o configuraciones como pueda.

Las firmas de diseño Web profesional imponen a sus sitios una fase de prueba destinada a garantizar la calidad antes de colgarlas en la red. Suelen tener un banco de ordenadores con distintas plataformas y potencias con tantas versiones de navegadores (inclusive Lynx) como sea posible.

Otra opción es suscribir un servicio de capturas de pantalla como Browser Cam, que ofrecen sus servicios de forma gratuita durante un mes. Puede introducir el URL de la página que desee comprobar y Browser Cam crea capturas de pantalla de la página en todos los sistemas operativos y navegadores seleccionados. Permite saber qué navegadores tienen problemas sin tener que tener copias de todos ellos. Para más información visite `www.browsercam.com`.

Si sus recursos son muy limitados haga un sitio de prueba y véalo en los ordenadores de sus amigos. Por ejemplo, puede verlo desde el trabajo, con un ordenador potentísimo, Internet Explorer 6 y una conexión de ADSL 2 y luego desde casa de su amigo con AOL y un módem de 56K. Además, siempre es una buena excusa para alejarse de su ordenador y visitar a viejos amigos.

Aunque las páginas serán distintas en los distintos entornos, la idea es garantizar que nada es un auténtico desastre y que el contenido se comunica con total claridad.

Capítulo 3

Diseñar para distintos dispositivos de visualización

La publicación Web tiene una clara dependencia de la configuración del software y hardware de los usuarios. Una página que tiene un aspecto excelente en su ordenador puede ser radicalmente distinta cuando es vista con otra configuración. Se debe en parte a la funcionalidad del navegador (como se vio en el capítulo 2) y a las preferencias del usuario (fuente, tamaño, colores, etc.), pero el propio dispositivo de visualización también juega un papel fundamental.

En este capítulo se examinan los modos en los que las decisiones tomadas sobre el diseño están influidas por un amplio espectro de dispositivos y de condiciones de visualización. Las diferencias en la muestra en pantalla dependen del tamaño del monitor (o, más exactamente, de su resolución), del color y de las preferencias personales del usuario. Sin embargo, es importante recordar que la diversidad no termina ahí. Algunos usuarios pueden estar viendo la página Web en un televisor y otros en un PDA o en un teléfono móvil. Puede haber incluso usuarios con discapacidad visual que escuchen la página.

Así pues, ¿cómo crear una página que funcione en un monitor panorámico y en la diminuta pantalla de un teléfono móvil? La respuesta, de nuevo, reside en los estándares. El W3C guía el desarrollo de las tecnologías Web de un modo que garantiza que la Web sea accesible a todo tipo de dispositivos. Como diseñadores y desarrolladores, nuestro trabajo consiste en crear documentos de modo que tengan sentido en cualquier entorno. Esto implica un marcado lógico y bien estructurado, ordenado por instrucciones de presentación que quizás no sean las adecuadas para un medio concreto. De hecho, las hojas de estilo en casada incluyen una función que le permite crear distintas hojas de estilo orientadas a medios concretos como la impresión, la pantalla y los dispositivos de mano. Como la mayor parte de la visualización se da en monitores de ordenador, este capítulo se abre atendiendo al modo en el que la resolución de un monitor influye sobre el diseño de las páginas Web.

Diseñar para resoluciones de monitor no conocidas

El tamaño de las ventanas del navegador puede cambiar a cualquier dimensión, el único límite es el tamaño del monitor. Diseñar para unas dimensiones desconocidas es un reto exclusivo del diseño Web y especialmente problemático para los diseñadores acostumbrados a la página impresa.

Muchos diseñadores Web quieren saber para qué resolución están diseñando. Como ocurre con casi todos los problemas relacionados con el diseño Web, no hay ningún modo "correcto" de diseñar y las decisiones siempre deberían estar guiadas por su conocimiento del público al que está dirigida la página y por sus objetivos. Aún así es útil comprender el entorno y cómo será manipulado por los usuarios.

En esta sección se examina el rango de resoluciones y presenta las teorías actuales sobre la toma de decisiones de diseño adecuadas.

Tamaños y resoluciones de monitor estándar

El primer paso para determinar el tamaño de su página Web es atender a la cantidad máxima de espacio del monitor. Los monitores tienen distintos tamaños estándar, normalmente medidos en pulgadas, desde las 12 pulgadas del monitor de un ordenador portátil hasta las 30 pulgadas de los grandes monitores.

Una medida más significativa, sin embargo, es la resolución del monitor: el número total de píxeles disponibles en la pantalla. Cuanto más alta sea la resolución, más detalle puede renderizarse en la misma. La resolución está relacionada, aunque no determinada, por el tamaño del monitor. En función de la tarjeta gráfica, un mismo monitor puede mostrar distintas resoluciones. Por ejemplo, un monitor de 17" puede mostrar 800 x 600 píxeles, 1024 x 768 píxeles o resoluciones aún más altas. A continuación presentamos un listado de algunas resoluciones estándar soportadas por las plataformas Windows y Macintosh. No es un listado completo sino las configuraciones más frecuentes:

- 640 x 480
- 800 x 600
- 1024 x 768
- 1152 x 870
- 1280 x 1024
- 1600 x 1200

Es importante recordar que cuanto mayor sea la resolución de un ordenador, más píxeles habrá en el espacio de pantalla disponible. Así, los píxeles serán más pequeños y las imágenes y elementos de página también parecerán más pequeños. Por esta razón, las medidas Web se hacen en píxeles y no en pulgadas. Un elemento que parece tener una pulgada en su sistema puede parecer más pequeño o más grande en otra pantalla. El capítulo 28 examina con más detalle el modo en el que se aplica la resolución a las imágenes.

Espacio real en la ventana del navegador

Conocer el tamaño del monitor sólo es el comienzo. El sistema operativo y los componentes de interfaz del propio navegador ocupan bastante cantidad del espacio de la pantalla. La cantidad de espacio realmente disponible en la ventana del navegador (el lienzo) depende del sistema operativo del ordenador, del navegador y de las preferencias de configuración del usuario.

La tabla 3.1 ofrece un listado de la cantidad de espacio de lienzo disponible en resoluciones de monitor estándar. Las medidas fueron tomadas con la ventana del navegador maximizada y con todos los elementos de interfaz del navegador (botones, barras de localización y barras deslizantes) visibles. En cierto modo puede considerarse las peores condiciones para el espacio (teniendo la ventana maximizada).

Recuerde que estos son casos extremos teóricos y que las dimensiones de ventana reales pueden variar. Los usuarios pueden tener ocultos algunos botones o activar y desactivar automáticamente las barras deslizantes. Además, los usuarios con resoluciones altas (1024 x 1024) puede que no abran las ventanas maximizadas sino que tengan distintas ventanas abiertas al mismo tiempo.

Tabla 3.1. Dimensiones mínimas de lienzo a distintas resoluciones de monitor.

Navegador	640 x 480	800 x 600	1024 x 768	1280 x 1024
Windows				
Internet Explorer 6	620 x 309	**780 x 429**	1004 x 597	1260 x 853
Firefox 1.0	621 x 291	781 x 421	1005 x 579	1261 x 835
Netscape 7(a)	625 x 258	785 x 378	1009 x 546	1265 x 802
Macintosh(b)				
Safari	625 x 352	785 x 472	1009 x 640	1265 x 896
Firefox 1.0	625 x 328	785 x 448	1009 x 616	1265 x 872

Navegador	640 x 480	800 x 600	1024 x 768	1280 x 1024
Internet Explorer 5.2	625 x 334	785 x 454	1009 x 622	1265 x 878
Netscape 7(a)	625 x 340	785 x 460	1009 x 628	1265 x 884

(**a**) Las medidas para Netscape se han tomado con MySidebar oculta, esta barra lateral ocupa 170 píxeles de espacio horizontal.

(**b**) Los anchos de Macintosh se miden sin la barra de controladores a un lado de la pantalla.

Las dimensiones del Internet Explorer 6 en un monitor 800 x 600 están en negrita porque representan el área de lienzo disponible para un usuario típico con el mínimo común denominador. Como un 80 por cien del tráfico Web utiliza Internet Explorer en Windows, y como una cuarta parte de los usuarios tienen monitores 800 x 600, es una práctica común en el diseño Web actual asegurar que las páginas se ajustan perfectamente a 780 x 429 píxeles para no dejar fuera a este importante número de usuarios. Más adelante veremos como diseñar para responder a tamaños de ventana específicos.

Diseño fijo contra diseño líquido

Directamente relacionada con el tema de las distintas resoluciones de monitor se encuentra la cuestión de si las páginas Web deberían diseñarse para ser líquidas (que cambian de tamaño y se adaptan a distintos tamaños de ventana) o fijas, con un tamaño determinado (ofreciendo más control al diseñador sobre las dimensiones de la página). Los argumentos en defensa de cada una de estas opciones son muy fuertes y hay buenas razones para utilizar cualquiera de las dos.

Quizás decida utilizar una estructura fija en determinadas páginas y una líquida en otra, o quizás tenga fuertes convicciones sobre la superioridad de una de las opciones. En cualquier caso, conviene estar familiarizado con todas las opiniones de la comunidad de diseñadores Web. Esta sección prende ser una visión general objetiva sobre este debate.

El debate sobre el diseño

La comunidad de diseño Web se ha entregado a un apasionado debate sobre cuál sea el mejor de los diseños, líquido o fijo, para las páginas Web. Hay una innegable tendencia hacia los diseños de ancho fijo (presumiblemente debido al deseo de controlar la longitud de línea) pero sigue habiendo ardientes defensores del diseño líquido como la mejor opción para un

> medio en el que no se conozca el tamaño del lienzo. Para conocer las dos posturas comience leyendo estos artículos y entradas de blog (en inglés, incluyen además vínculos a otros puntos de vista):
>
> - "On Fixed vs. Liquid Design", de Doug Browman (experimentos con diseño fijo en `www.stopdesign.com/log/2003/12/15/fixedorliquid.html`).
> - "More on fixed widths", de Richard Rutter (artículo en defensa del diseño líquido en `www.clagnut.com/blog/269/`).
> - "Fixed Fashion", de Jeremy Keith (defensa del diseño líquido en la dirección Web `www.adactio.com/journal/display.php/20050415012704.xml`).
> - "The Benefits of a Fixed Width Design", de Mike Golding (véase `www.notestips.com/80256B3A007F2692/1/TAIO-5TT34F`).

Diseños líquidos

Las páginas Web son líquidas por defecto. El comportamiento del "flujo normal" de un documento Web es fluir en la ventana de un navegador, esto es, llenar todo el espacio disponible en el área de lienzo. Si cambia el tamaño de la ventana del navegador, los elementos fluyen de nuevo para adaptarse a las nuevas dimensiones. Muchos diseñadores toman la decisión consciente de construir páginas que se adapten a esos cambios de tamaño de las ventanas del navegador. Este enfoque tiene ventajas y desventajas.

Pros y contras de las páginas Web fluidas

Entre las ventajas de un diseño flexible se incluyen:

- No debe preocuparse por seleccionar una resolución de monitor.
- Se llena toda la ventana sin que quede ningún espacio vacío como sí puede ocurrir con muchos diseños de ancho fijo.
- Diseñar páginas líquidas es mantenerse en el espíritu y esencia del medio. Un "buen" diseño de página Web siguiendo estos estándares es una página funcional para el mayor número de usuarios.

Recuerde, eso sí, estas posibles desventajas:

- En monitores grandes la longitud de línea de texto puede descontrolarse si el texto llena el ancho del navegador. Es especialmente incómodo leer líneas de texto largas en una pantalla. (Observese que la longitud de línea en los diseños líquidos podría controlarse por la propiedad CSS `max-width` pero esta función no está soportada por la versión 6 o anteriores de Internet Explorer 6. Esperemos que algún día pueda convertirse en una excelente herramienta para resolver este problema.)

- En monitores grandes, los elementos flotan por la pantalla, haciendo el diseño menos coherente y más difícil de usar potencialmente. Asimismo, en monitores muy pequeños, los elementos pueden quedar apretados.
- Los resultados del diseño flexible son impredecibles y la experiencia de los usuarios puede ser totalmente distinta.

Crear páginas flexibles

La clave para crear páginas Web que cambien de tamaño de forma proporcional para llenar el navegador consiste en utilizar medidas relativas (como porcentajes) en las hojas de estilo, tablas o marcos, y no medidas específicas, permitiendo a los elementos cambiar su tamaño automáticamente.

Por ejemplo, pensemos en una página Web dividida en dos secciones: una columna principal de contenidos y una columna de vínculos (véase la figura 3.1). Utilizando valores porcentuales para los `divs`, las celdas de tabla o las medidas de marco, las columnas y elementos se mantendrán proporcionales entre sí. En este ejemplo, la columna de contenido principal ocupa el 75 por cien de la pantalla sea cual sea el tamaño de la ventana del navegador. Observe que el contenido de esa columna vuelve a fluir para llenar el ancho disponible.

Utilizando hojas de estilo también es posible ajustar los contenidos de la página para que se adaptan a las preferencias de tamaño de texto del usuario utilizando la unidad de medida "em", una unidad utilizada en impresión para indicar el ancho de una M mayúscula. En CSS un "em" equivale al tamaño de fuente; en otras palabras una unidad "em" en un texto de 12 puntos es un cuadrado de 12 puntos. Utilizar esta unidad para las dimensiones de los elementos, para márgenes, alturas de líneas, etc., garantiza que los elementos de la página se escalarán proporcionalmente a la preferencia de texto seleccionada por el usuario.

Diseño de ancho fijo

Si quiere tener más control sobre el diseño de una página puede optar por diseñar una página Web con ancho fijo. Esa página será igual para todos los usuarios, sea cual sea la resolución del monitor o el tamaño de ventana del navegador. Esta opción se basa en los principios de diseño aprendidos en la impresión como una malla constante, la relación de los elementos de página y longitudes de línea cómodos. Es una opción muy popular en el diseño basado en estándares pero quizás sólo se trate de una tendencia y no del enfoque que termine siendo dominante en el diseño de páginas Web.

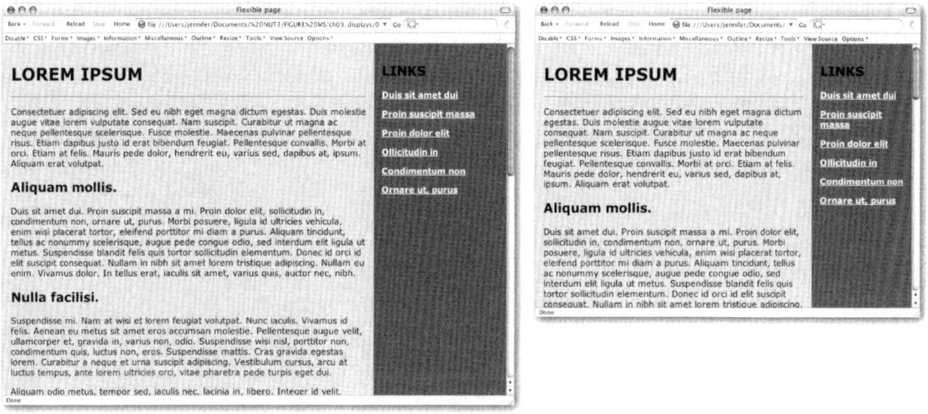

Figura 3.1. Una página Web flexible con columnas proporcionales.

Pros y contras del diseño de ancho fijo

Estas son las ventajas del diseño de ancho fijo:

- El diseño básico de la página sigue siendo igual sin importar el tamaño del lienzo. Puede ser una prioridad para aquellas compañías interesadas en presentar una imagen corporativa consistente.
- Las páginas y columnas de ancho fijo dan mayor control sobre la longitud de línea, evitando que sean demasiado largas cuando la página se ve en un monitor grande.

Tenga también en cuenta estas desventajas:

- Si la ventana del navegador es más pequeña que la malla de la página, no se verán determinadas partes de la página y quizás haya que hacer desplazamientos horizontales. Este tipo de desplazamiento es bastante molesto así que conviene evitarlo (una opciones sería elegir un tamaño de página que sirva para la mayoría de usuarios, tal y como veremos un poco más adelante).
- Los elementos pueden cambiar de forma impredecible si el tamaño de fuente del navegador es más grande o más pequeño que el tamaño de fuente utilizado en el proceso de diseño.

- Intentar ejercer un control absoluto sobre la visualización de una página Web es, en cierto modo, un intento de forzar el medio. La Web no es como la impresión, tiene sus peculiaridades y puntos fuertes.

Crear páginas fijas

Los diseños fijos se crean utilizando medidas exactas de píxeles para todos los elementos de la página. La figura 3.2 muestra una página Web de dos columnas parecida a la de la figura 3.1. Sin embargo, en este caso, se ha definido el tamaño a 900 píxeles de ancho, teniendo cada una de las columnas 700 y 200 píxeles respectivamente.

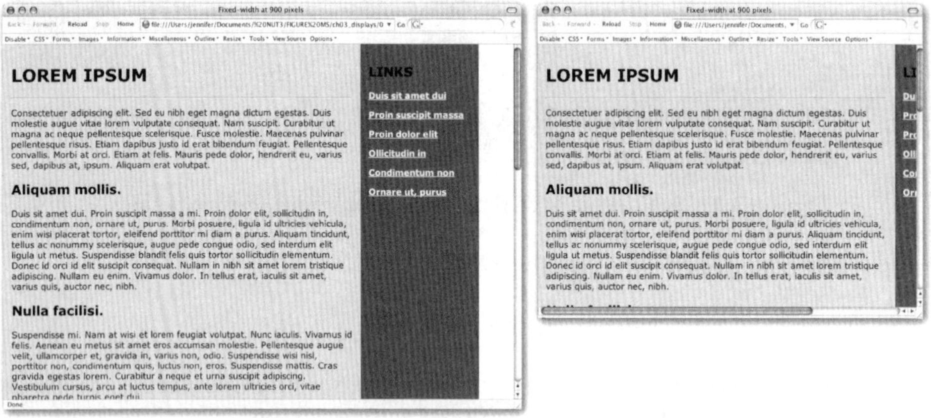

Figura 3.2. Una página Web de ancho fijo con medidas de píxeles exactas vista en un monitor grande (izquierda) y pequeño (derecha).

Las hojas de estilo ofrecen el mejor grupo de herramientas para los diseños fijos. En el pasado, los diseñadores recurrían a trucos como imágenes transparentes para crear "espacios en blanco" y tablas anidadas para controlar el espacio alrededor de los elementos. Por fortuna ya no son necesarias este tipo de soluciones.

Las hojas de estilo le permiten establecer medidas de píxeles específicas para la página, columnas, márgenes, etc. También puede especificar el tamaño de la fuente en píxeles, garantizando que el texto será parecido en la mayoría de usuarios.

Nota: Utilizar medidas de píxeles para el tamaño de la fuente es algo problemático porque los usuarios de Internet Explorer (versión 6 y anteriores en Windows) no pueden cambiar el tamaño del texto ajustado en píxeles en la ventana del navegador. Podría dar como resultado problemas de accesibilidad para usuarios con discapacidades visuales que necesiten aumentar el texto. Internet Explorer 7 soportará esta función pero hasta entonces, las unidades "em" son la mejor opción. Para más detalles, consulte el capítulo 18.

La especificación CSS Nivel 2 proporciona herramientas para el posicionamiento preciso de elementos en la página. Las hojas de estilo son una excelente noticia para los diseñadores que deseen controlar el diseño.

Algunas herramientas de autoría HTML facilitan crear diseños de ancho fijo. Adobe GoLive (`www.adobe.com/products/golive/main.html`) tiene una opción para diseñar la página en una malla como si fuera un programa de diseño de páginas. GoLive pasa a generar automáticamente la tabla correspondiente (a menudo muy complicada). Macromedia Dreamweaver (`www.macromedia.com/software/dreamweaver/`) también incluye un modo de diseño con la opción de generar el diseño utilizando tablas u hojas de estilo con posicionamiento absoluto.

¿Alineación a la izquierda o centrado?

Si ajusta su contenido a un ancho específico deberá tener en cuenta donde debería aparecer en la ventana del navegador. Por defecto será alineado al margen izquierdo, con el espacio extra de la ventana del navegador a la derecha. Algunos diseñadores optan por centrar la página, dividiendo el espacio extra en los márgenes izquierdo y derecho. Centrar la página puede crear la sensación de que la página rellena mejor la ventana del navegador. La figura 3.3 muestra ejemplos de cada una de estas opciones. Ninguna de ellas es obligatoriamente mejor que la otra: es sólo una decisión de diseño que queda en sus manos.

Nota: Tenga en cuenta que hay muchos problemas con centrar el contenido en la ventana del navegador de los navegadores modernos. Hablaremos de ello en el capítulo 21.

Ventanas emergentes y redimensionadas

Para lo último en control del diseño de página de ancho fijo, no sólo puede especificar el tamaño de la página Web sino también el tamaño de la propia ventana del navegador.

Un modo de conseguirlo es abrir una nueva ventana de forma automática (que se conoce con el nombre de ventana emergente) ajustada a unas dimensiones de píxeles específicas. El inconveniente de esta técnica es que las ventanas emergentes se han asociado con *banners* publicitarios y molestos. Muchos usuarios han aprendido a cerrar las ventanas emergentes antes de que el contenido llegue siquiera a cargarse o incluso a bloquear este tipo de ventanas. Otros usuarios tendrán desactivado JavaScript por razones de seguridad. La lección que se desprende es no poner contenido de gran importancia en una ventana emergente y, si lo hace, describir el vínculo claramente para que los usuarios sepan de esa importancia.

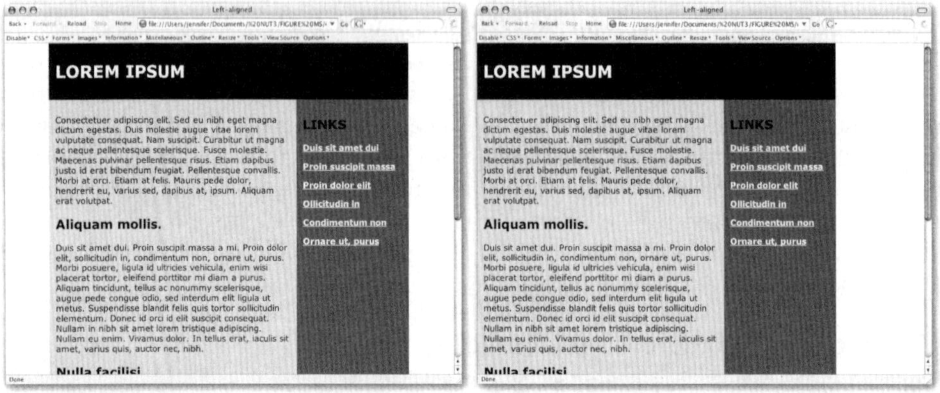

Figura 3.3. Posicionar contenido de ancho fijo en la página.

Otro enfoque, algo más drástico, es ejecutar un JavaScript que cambie el tamaño de la ventana del navegador del usuario para acomodar el diseño. En nuestra opinión son muy malas maneras (es como visitar la casa de alguien y cambiar los muebles de sitio sin preguntar). Pero queremos aclarar esta afirmación señalando que no hay ninguna técnica que se pueda descartar por completo. A veces una práctica en general inadecuada puede ser la solución más acertada. Este caso en concreto, es decir, cambiar automáticamente el tamaño de la ventana del navegador, puede ser una buena técnica para garantizar que un puesto de venta basado en la Web siempre tenga el tamaño adecuado.

Páginas de combinación

Las páginas Web, claro está, no necesitan ser exclusivamente líquidas o fijas. Es posible crear páginas que resulten de una combinación de ambas opciones ajustando un tamaño específico en píxeles para un elemento de mucha importancia y permitiendo al resto de la página cambiar de tamaño para llenar la ventana del navegador. En la figura 3.4, la columna de la derecha se ha ajustado para que permanezca en 200 píxeles dejando siempre visible el listado de vínculos; sin embargo, la columna de contenido principal puede cambiar de tamaño para llenar el espacio disponible en la ventana del navegador.

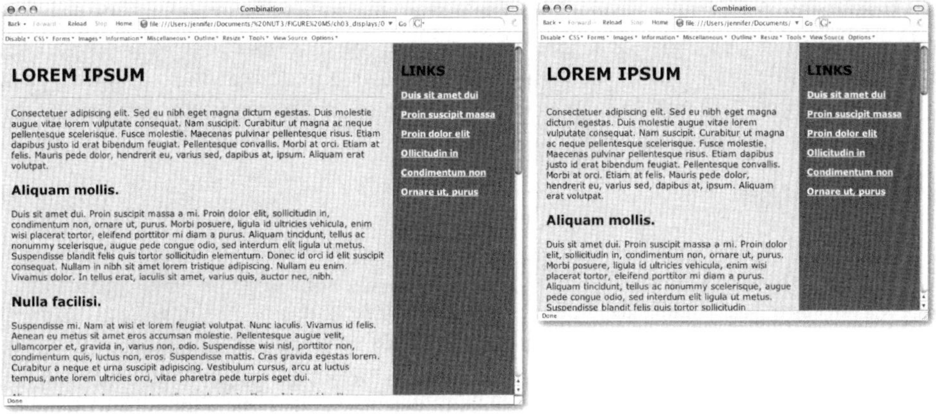

Figura 3.4. Página Web con una columna izquierda líquida y derecha de ancho fijo.

Seleccionar un tamaño de página

Obviamente, si decide diseñar una página a un tamaño fijo, deberá decidir cómo será de grande. Si es demasiado ancha, correrá el riesgo de que los usuarios con monitores de baja resolución pierdan algo del contenido, tal y como veíamos en la figura 3.2. Es conveniente diseñar la página para que encaje cómodamente en los monitores más pequeños y eliminar la necesidad de desplazar la página en sentido horizontal. Aquí es donde se hacen más útiles las estadísticas sobre tráfico Web.

Las estadísticas

La tabla 3.2 muestra las estadísticas de los usuarios que navegan por la Web con distintas resoluciones de monitor a finales de 2005, de acuerdo a The Counter (`www.thecounter.com`).

Tabla 3.2. Estadísticas de resolución en diciembre de 2005 (www.thecounter.com).

Resolución	Uso
640 x 480	<1%
800 x 600	20%
1024 x 768	56%
1152 x 864	3%
1280 x 1024	14%
1600 x 1200	<1%
Desconocido	2%

Por supuesto, esto es sólo un valor aproximado basado en el tráfico de un grupo limitado de sitios Web. Las únicas estadísticas realmente válidas son las que extraiga de las sesiones de su propio servidor. Puede instalar software para comprobar por sí mismo la resolución o suscribirse a un servicio de rastreo como The Counter (gratuito a cambio de publicidad).

Práctica actual

A partir de estas estadísticas, la única conclusión definitiva es que ha llegado la hora de no preocuparse por la apariencia de la página en monitores de 640 x 480 (a menos, por supuesto, que sepa que el público al que va dirigido su sitio va a utilizar con toda probabilidad configuraciones de hardware antiguas).

A la hora de escribir este libro, los desarrolladores Web profesionales tienden a diseñar páginas que encajen a la perfección en monitores de 800 x 600. Aunque el porcentaje de gente con esta resolución está descendiendo claramente, con sólo una quinta parte del tráfico total, sigue siendo una población demasiado elevada como para correr el riesgo de ignorarla. Por esta razón, observará que la mayoría de los sitios Web dirigidos a consumidores o con una orientación comercial, están diseñados para tener un ancho aproximado de 750 píxeles.

Si sabe que la mayoría de sus visitantes tendrán una resolución más alta (como por ejemplo los diseñadores gráficos) o si el borde derecho del diseño no contiene elementos de gran importancia, puede diseñar para llenar el espacio de un monitor 1024 x 768. Hoy en día hay muy pocos sitios diseñados para llenar 1280 x 1024.

Sospechamos que cuando los monitores de 800 x 600 sigan el camino de los de 640x480, veremos páginas Web cada vez mayores. Por ahora, sin embargo, considere 800 x 600 como la resolución de monitor que supone el mínimo común denominador.

Herramientas de desarrollo para un diseño adecuado al tamaño

Hay muy pocas herramientas de desarrollo que le permitan ver el aspecto de la página a distintos tamaños de navegador sin tener que cambiar la resolución de su monitor.

Una de las mejores herramientas es la extensión Web Developer para Firefox y Mozilla. Esta extensión añade una barra de herramientas al navegador con herramientas muy útiles para los desarrolladores Web. Una de las herramientas permite cambiar las dimensiones de la ventana del navegador de acuerdo con sus especificaciones. Puede descargar esta extensión de forma gratuita en la dirección `www.chrispederick.com/work/firefox/webdeveloper/`, o en castellano desde `nave.escomposlinux.org/productos/extensiones/webdeveloper/`.

Macromedia Dreamweaver también ofrece una herramienta que cambia el tamaño de la ventana de documentos a un número de resoluciones estándar de monitor. Esto le permite ver cómo encajará su página en el espacio disponible al diseñarla. El tamaño de ventana está listado como una dimensión de píxeles (digamos, 760 x 420) en la esquina inferior derecha de la ventana de documentos. Si pulsa sobre el botón se abrirá un menú emergente de resoluciones estándar.

En Adobe GoLive CS, las dimensiones de la página en la que está trabajando se muestran en la esquina inferior derecha. Hay un menú desplegable que le permite ajustar la ventana de diseño al espacio disponible para distintos anchos estándar (como 720 píxeles para encajar en un monitor 800 x 600) o añadir un ancho usted mismo. Cuando se selecciona una resolución cambia el tamaño de la ventana de diseño.

Diseñar "above the fold"

Los editores de prensa escrita siempre han diseñado la portada de sus publicaciones con los elementos más importantes "above the fold", esto es "por encima del doblez" o "por encima de la marca", es decir, visible cuando el papel está doblado y en un expositor.

Del mismo modo, la primera pantalla de una página Web es la más importante de todo el sitio, se trate de una página flexible o de una página fija. Es en ella donde el usuario decide continuar explorando el sitio o pulsar el botón **Retroceder** del navegador para ir a otro lado. Los diseñadores Web han adoptado el término "above the fold", tomado de la prensa escrita, para aplicarlo a los contenidos que se muestran en esa primera pantalla.

Como se ha visto, el significado de "pantalla completa" puede ser muy distinto en función de la resolución del monitor. Para ir a lo seguro, considere el espacio disponible en un monitor 800 x 600 con la resolución que constituye el mínimo común denominador (aproximadamente 780 x 400 píxeles). No es demasiado espacio.

Algunos de los elementos que deberían ocupar esta área son:

- El nombre del sitio.
- El mensaje principal.
- Alguna indicación sobre el contenido del sitio. Por ejemplo, si es un sitio comercial, debería colocar los logotipos de tarjetas de crédito o un carro de la compra en la esquina superior, para comunicar instantáneamente que "aquí se puede comprar".

- Navegación a otras partes del sitio. Si todo el dispositivo de navegación (como una lista de vínculos en la parte izquierda de la página) no encaja, deje al menos que comience en esta primera pantalla, con algo de suerte los usuarios utilizarán las barras de desplazamiento para ver el resto. Si queda totalmente fuera de vista es mucho más probable que se lo eche de menos.
- Cualquier otra información crucial para los visitantes del sitio, como un número de teléfono gratuito o promociones especiales.
- Publicidad. Los anunciantes pueden exigir que sus anuncios aparezcan en la parte superior de la página.

Problemas relacionados con el color del monitor

Las diferencias en el número de colores que puede mostrar un monitor (profundidad de color) y cómo pueden ser de oscuros y claros (gama) también pueden influir en sus decisiones acerca del diseño. En el capítulo 28 veremos como resolver este tipo de cuestiones.

Dispositivos móviles

El aumento de la popularidad y utilidad de la Web, combinado con la creciente confianza en los dispositivos de comunicación de mano (como PDA o teléfonos móviles) ha hecho que los navegadores Web se reduzcan a los espacios más ínfimos. El avance tecnológico y la reducción de los costes de producción han hecho de las pantallas de color a alta resolución y de los navegadores Web incrustados un estándar en casi todos los nuevos teléfonos y PDA. Supone una gran mejora frente a las pantallas en blanco y negro y de sólo texto de hace tan sólo unos años, y está creando una gran demanda de contenido Web adecuado a los dispositivos móviles.

Resolución de dispositivos de visualización móviles

Como cada fabricante crea sus propios dispositivos de visualización, no hay resoluciones de pantalla estándar para los dispositivos móviles como sí existen para los monitores de ordenador. Pero para entrar en el terreno de juego, eche un vistazo a algunas de las especificaciones actuales. En el extremo más bajo están los teléfonos móviles estándar con dimensiones de pantalla de 128 x 128 píxeles. Los teléfonos con más funciones suelen tener resoluciones de 176 x 208, 176 x 220, 208 x 208 o hasta 240 x 320. Los dispositivos de mano, como el BlackBerry, ostentan tamaños de pantalla de 240 x 160 ó 240 x 240.

Navegadores móviles

Los navegadores incrustados en los teléfonos móviles y PDA (también conocidos como "micronavegadores") están diseñados para acomodarse a una mínima capacidad de memoria, a capacidades bajas de ancho de banda y a la limitada área del dispositivo de visualización de estos dispositivos. Algunos son navegadores WAP con soporte HTML limitado y algunos son navegadores con muchas funciones que soportan los estándares Web actuales y que permiten acceder al mismo contenido Web disponible desde el navegador de un PC. (Al final de esta sección le ofrecemos un listado de algunos de los navegadores móviles más conocidos y sus direcciones Web.)

Soporte de estándares

El importante desarrollo en la tecnología de navegación móvil es el abandono del WAP (siglas de *Wireless Application Protocol*, Protocolo de Aplicaciones Inalámbricas) y de su lenguaje de autoría WML (*Wireless Markup Language*, Lenguaje de Marcado Inalámbrico) a favor del mismo conjunto de estándares de autoría expuestos por el W3C para el contenido Web. La Open Mobile Alliance (`www.openmobilealliance.org`), la organización que guía los estándares para la industria móvil ha estado trabajando en cooperación con el W3C para garantizar que las tecnologías Web toman en cuenta las necesidades del entorno móvil. De hecho, el W3C ha formado un grupo de trabajo sobre la independencia de dispositivos (Device Independence Working Group, `www.w3c.org/2001/di`) para promover el acceso a una "Web unificada desde cualquier dispositivo, en cualquier contexto y por cualquier persona".

Los teléfonos móviles modernos y otros dispositivos de mano soportarán el perfil móvil de XHTML (XHTML Mobile Profile, XHTML menos las etiquetas sin sentido para el entorno móvil), ECMAScript Mobile Profile, CSS Inalámbrico, SVG Tiny (una versión de SVG especial para dispositivos móviles) y otros estándares. Son muy buenas noticias porque los desarrolladores de contenido Web ya no tendrán que aprender ningún lenguaje especial para hacer accesible el contenido al creciente público móvil. Los dispositivos quizás continúen también soportando páginas HTML creadas de forma menos estricta como un legado del WML.

WAP y WML

WAP, el Protocolo de Aplicaciones Inalámbricas, es una colección de protocolos y especificaciones elaboradas para dar acceso a los teléfonos móviles a una información de modo parecido al Internet. WAP utiliza el lenguaje WML para crear aplicaciones inalámbricas del mismo modo que el HTML se utiliza para crear páginas Web. WML es una aplicación del XML, lo que significa que está definido en una definición de tipo de documento.

WAP suele utilizarse para crear aplicaciones adaptadas a dispositivos de mano y no páginas Web clásicas. WAP es ideal para suministrar datos cortos y de pocos bits, como un listado de precios, marcadores deportivos, horarios de un cine, etc. No es útil para documentos complejos con presentaciones visuales.

WAP y WML se están haciendo obsoletos ahora que la industria móvil ha adoptado las tecnologías Web estándar en los dispositivos móviles.

Adaptar el contenido Web a pantallas pequeñas

¿Qué ocurre si un teléfono móvil accede a una página Web tradicional? Basicamente, hace todo lo que puede. Uno de los mayores retos de los navegadores móviles es renderizar grandes páginas Web en pequeñas pantallas. Los desarrolladores de navegadores y dispositivos han creado unas cuantas soluciones para este problema.

- **Reducir:** El método más sofisticado consiste en reducir la página Web para adaptarla a la anchura disponible del dispositivo de visualización. Lo consiguen mostrando los contenidos del documento fuente HTML secuencialmente y reduciendo las imágenes. Los navegadores más conocidos que utilizan esta técnica son la tecnología SSR (*Small-Screen Rendering*) de Opera y el navegador NetFront de Access System con su SmartFit Rendering.
- **Permitir desplazamiento horizontal:** Otra opción es mostrar en pantalla la página Web a su tamaño real y permitir el desplazamiento horizontal y vertical para verla toda. Algunos dispositivos ofrecen una opción para que sea el usuario el que decida si quiere desplazar la página horizontalmente (que puede ser necesario para contenido de tablas) o para hacer que las páginas fluyan en el limitado ancho de la pantalla.

Diseñar para dispositivos móviles

No debería ser una sorpresa que la receta para optimizar la experiencia de los visitantes en el entorno móvil sea crear un contenido fiel a los estándares. Estos son algunos consejos.

Escriba HTML claro

El mejor modo para acomodarse a las limitaciones de los navegadores de mano son marcar los documentos semántica y lógicamente para evitar que el texto se mezcle con las imágenes (algo que siempre debería evitar, por supuesto). El objetivo es crear una página que funcione y tenga sentido aunque se eliminen las imágenes y las tablas.

Un ejemplo del modo en el que el marcado semántico puede servir a todos los públicos es la práctica de marcar opciones de navegación como una lista sin ordenar en la fuente del documento. Puede utilizarse CSS para presentar la lista como una barra de navegación horizontal (también puede elegir que sea con imágenes) para navegadores gráficos, mientras que los micronavegadores y otros dispositivos de navegación alternativos verán una lista tradicional de vínculos. Hablaremos de esta técnica en el capítulo 24.

Utilice tipos de medios

Lo que tiene una presentación fantástica en un monitor de PC puede no funcionar en la pequeña pantalla de un PDA. Por fortuna puede dar al PDA su propio grupo de instrucciones de presentación creando una hoja de estilo específica para los dispositivos de mano. El atributo `media` de HTML le permite orientarse a distintos medios, entre ellos pantalla, impresión, proyección y mano. En el capítulo 16 estudiaremos con más detalle los tipos de medios de CSS. Para crear un vínculo a una hoja de estilo que sólo se utiliza por dispositivos de mano, utilice el código:

```
<link rel-"stylesheet" href="smaller.css" media="handheld" />
```

Recursos en línea

Si desea más información sobre el estado del mundo de la navegación móvil, eche un vistazo a estos sitios Web.

Estándares móviles

Estas organizaciones supervisan la tecnología que continúa mejorando la experiencia Web móvil.

- Open Mobile Alliance (`www.openmobilealliance.org`).
- Grupo de trabajo sobre la independencia de dispositivos del W3C (`www.w3.org/di`).

Navegadores móviles

Estos son algunos de los navegadores móviles incrustados más populares.

- Opera (Opera Software, `www.opera.com`).
- NetFront (Access Systems, `www.access-sys-eu.com`).

- Nokia (Nokia, `www.forum.nokia.com`).
- Openwave Mobile Browser (Openwave, `www.openwave.com`).
- Pocket Internet Explorer (Microsoft, `www.microsoft.com`).
- Picsel (Picsel Technologies, `www.picsel.com`).

Fabricantes de dispositivos móviles

Los principales fabricantes de dispositivos de información publican información sobre sus productos y tecnologías para desarrolladores. Para comenzar, algunos de los más populares son:

- Foro Nokia (`www.forum.nokia.com`).
- Ericsson Mobility World (`www.ericsson.com/mobilityworld`).
- Páginas de desarrollo de BlackBerry (`www.blackberry.com/developers`).

La Web en televisión

También hay quien accede a la Web a través de su televisor utilizando una *set-top box*, esto es, un descodificador conectado al televisor, y una conexión a Internet por cable o módem. Aunque no tiene tantas funciones ni es tan versátil como la navegación en PC, puede ser una opción conveniente o incluso más adecuada para algunos usuarios. Las consolas de videojuegos son otra opción para utilizar la televisión como el dispositivo de visualización del contenido de Internet.

El único actor importante en este escenario es MSN TV (antes conocido como WebTV, que entró en el mercado en 1996). A la hora de escribir este libro tiene una presencia muy pequeña en el uso total pero sigue teniendo millones de usuarios. Algunos sitios están diseñados específicamente para MSN TV.

MSN TV utiliza un televisor y no un monitor como dispositivo de visualización. El área de lienzo en este navegador es de unos escasos 544 x 372 píxeles. Se aplican los principios del diseño de imágenes legibles en un televisor, como el uso de texto claro sobre fondos oscuros y no a la inversa, y el evitar elementos que tengan menos de dos píxeles de ancho. En la página `developer.msntv.com` encontrará estos y otros principios.

También tiene interés el MSN-TV Viewer que le muestra cómo será la página en MSN TV, desde su propio ordenador. Es gratuito tanto para Windows como para Mac (aunque la versión Mac está anticuada y no va a ser actualizada). Si desea más información sobre el MSN-TV Viewer puede visitar la página Web `developer.msntv.com/TOOLS/msnvvwr.asp`.

Capítulo 4

Una guía del servidor para principiantes

Aunque se concentre en el llamado "frontend web" (documentos HTML y gráficos Web), el servidor y su configuración influirán decisivamente sobre su trabajo. En la mayoría de los casos no hay modo de evitar tomar contacto de primera mano con el servador, aunque sólo sea para subir archivos.

Por esta razón, todos los diseñadores Web deberían estar familiarizados mínimamente con los servidores y con su funcionamiento. Al menos esto le permitirá comunicarse de forma más clara con el administrador de su servidor. Si tiene permitido un mayor acceso al servidor podría tener que asumir ciertas tareas sin tener que esperar a obtener ayuda.

Este capítulo ofrece una introducción a las funciones y terminología del servidor, nombres de ruta tipos de archivo (MIME). También explica cómo subir archivos y establecer permisos.

Servidores 101

Un "servidor" es un ordenador que ejecuta un software que le permita responder solicitudes de documentos u otros datos. Los programas que hacen esas consultas y muestran documentos (como un navegador) son denominados "clientes". Los términos "lado cliente" y "lado servidor", respecto a estas funciones específicas, se refieren al papel de un ordenador en el proceso. Las funciones de lado del cliente se dan en el ordenador del usuario, las funciones del lado del servidor suceden en el ordenador remoto.

Los servidores Web responden a solicitudes de los navegadores (el programa cliente), extraen el archivo especificado (o ejecutan un *script*) y devuelven los resultados, el documento o *scripts*. Los navegadores y servidores Web se comunican a través del HTTP (*Hypertext Transfer Protocol*, Protocolo de Transferencia de Hipertexto).

Software de servidor popular

Cualquier ordenador puede ser un servidor siempre que ejecute el software adecuado. Hoy en día existen muchos paquetes de servidor, pero los líderes indiscutibles son Apache y el IIS (*Internet Information Server*, Servidor de Información de Internet) de Microsoft.

- **Apache:** La mayoría de los servidores actuales (aproximadamente el 70 por cien) ejecutan Apache, muy potente y con numerosas funciones y totalmente gratuito. Está dirigido fundamentalmente a la plataforma Unix, pero también está disponible para otras plataformas como Windows NT/ 2000 y Mac OS X.

  La instalación principal de Apache tiene una funcionalidad limitada, pero puede expandirse y personalizarse fácilmente a través de módulos. Apache dedica cada uno de los módulos a realizar una tarea dedicada, como la autenticación de usuarios o las consultas de base de datos. Puede obtener una copia del servidor Apache y de su documentación desde la página Web `www.apache.org`.
- **IIS:** Es un paquete de servidor de Microsoft, también gratuito. IIS se ejecuta sobre la plataforma Windows NT. Se ha convertido en una opción potente y estable que es algo más fácil de configurar y de mantener que su competidor Unix. Tiene muchas funciones avanzadas, como el ASP (*Active Server Pages*) para la programación del lado del servidor. En el momento de escribir este libro, aproximadamente el 20 por cien de los sitios Web se ejecutaban en servidores IIS. Si desea más información consulte la página de Microsoft (`www.microsoft.com/windowsserversystem/`).

Le recomendamos dos páginas para obtener información y estadísticas sobre servidores populares: ServerWatch (`www.serverwatch.com`) y Netcraft (`www.netcraft.com/survey/`).

La marca del servidor no tiene ninguna influencia sobre la mayor parte del trabajo de los diseñadores, como la creación de imágenes o el desarrollo de archivos HTML básicos. Sí que influye sobre técnicas de creación de sitios Web más avanzadas como SSI (*Server Side Includes*), añadir tipos MIME (hablaremos de ellos más adelante) y páginas Web dirigidas por bases de datos. No dude en contactar con el administrador de su servidor si está utilizando el servidor en modos que sobrepasan la simple administración de archivos gráficos y HTML.

Funciones básicas de servidor

Como diseñador Web es importante estar algo familiarizado con los siguientes elementos del servidor Web.

Directorio raíz del servidor Web

Cuando un navegador solicita un documento, el servidor lo localiza, comenzando con el directorio raíz del servidor. Este es el directorio que se ha configurado para contener todos los documentos que van a ser compartidos a través de la Web. El directorio raíz no tiene que aparecer en el URL que señala el documento, así que es importante saber cuál es el directorio raíz al subir los archivos.

Por ejemplo, si el directorio raíz de `example.com` es `/users/httpd/www/` y un navegador solicita `www.example.com/super/cool.html`, el servidor hace una solicitud de `/users/httpd/www/super/cool.html`, algo que, por supuesto, el usuario no puede ver.

Archivos índice

Una barra invertida (/) al final de un URL indica que el URL señala a un directorio y no a un archivo. Si no se ha identificado un documento específico, la mayoría de los servidores muestran los contenidos de un archivo predeterminado (o archivo índice). Este archivo suele llamarse `index.html`, pero en algunos servidores puede llamarse `welcome.html` o `default.html`. Suele haber una jerarquía de nombres de archivo índice que el navegador comprueba, pasando a utilizar el que tenga la prioridad más alta. Por ejemplo, si un directorio contiene `index.html` e `index.php`, el servidor puede estar configurado para mostrar `index.php` automáticamente. Es otra pequeña variante que deberá consultar con el administrador de su sitio.

Algunos servidores pueden estar configurados para mostrar los contenidos del directorio si no se encuentra un archivo índice. Esto hace que los archivos resulten vulnerables y por ello es conveniente realizar siempre una llamada a una página del directorio (normalmente la página principal) `index.html` (u otro nombre especificado). Una ventaja es que así el URL de la página principal se abrevia (`www.sillita.com` en lugar de `www.sillita.com/homepage.html`, por ejemplo).

Nota: Otra opción a consultar con su administrador es si el servidor ha sido configurado para ser sensible al caso. En este tipo de servidores los archivos `index.htm` e `Index.htm` no son equivalentes y pueden darse errores.

Cabecera de respuesta HTTP

Cuando el servidor localiza el archivo, envía los contenidos de ese archivo de vuelta al navegador, precedidos de cabeceras de respuesta HTTP. Las cabeceras suministran al navegador información sobre el archivo, incluyendo su tipo de medio (también llamado "tipo de contenido" o "tipo MIME"). Normalmente, el servidor determina el formato a partir del sufijo del archivo. Por ejemplo, supone que un archivo con el sufijo `.gif` será un archivo de imagen.

El navegador lee esta información y determina cómo tratar el archivo, si mostrándolo en la ventana o ejecutando las aplicaciones o el plugin adecuados. Más adelante estudiaremos con más detalle los tipos MIME.

Programación del lado del servidor

Las páginas y sitios Web se han hecho mucho más interactivas que en los días en los que sólo se compartían documentos HTML. Ahora, los sitios Web sirven como portales de intercambio de información en dos direcciones, comercio electrónico, motores de búsqueda y contenido generado de forma dinámica. Esta funcionalidad descansa en programas y *scripts* procesados en el servidor. Hay muchas opciones de programación del lado del servidor, las más comunes son CGI, ASP, PHP y Java servlets/JSP.

CGI (Common Gateway Interface)

En lugar de apuntar a un archivo HTML un URL puede solicitar que se ejecute un programa CGI. CGI (siglas de *Common Gateway Interface*, Pasarela de Interfaz Común) es lo que permite al servidor Web comunicarse con otros programas (*scripts* CGI) que se estén ejecutando en el servidor. Los *scripts* CGI suelen escribirse en lenguaje Perl, C o C++.

Los *scripts* CGI son el método tradicional para realizar muchísimas funciones como búsqueda, mapas de imagen del lado del servidor y juegos; sin embargo, su uso más común es el procesado de formularios (información introducida por el usuario a través de campos de entrada del documento). Con la aparición de otras opciones más potentes para la interacción a través de la interfaz con bases de datos (como ASP, PHP y Java servlets), la programación CGI tradicional está perdiendo peso.

La mayoría de los administradores de servidor siguen la convención de mantener los *scripts* CGI en un directorio específico llamado `cgi-bin` (abreviatura de CGI-binarios). De este modo es más fácil administrar y garantizar la seguridad del servidor. Cuando un navegador solicita un *script* CGI, el servidor lo ejecuta y devuelve al navegador el contenido dinámico producido por el *script*.

ASP (Active Server Pages)

ASP (*Active Server Pages* ,Páginas de Servidor Activas) es un entorno de programación para el IIS de Microsoft. Se usa fundamentalmente para interactuar a través de la interfaz con datos del servidor para generar páginas Web de forma dinámica. También puede configurarse para procesar información de formularios.

A menudo se encontrará con documentos Web con la extensión `.asp` (como opuesto a `.html`). Esta extensión indica que es un archivo de texto que contiene HTML y *scripts* (normalmente escritos en VBScript) configurados para interactuar con ASP en el servidor.

Si desea más información consulte la página de la red de desarrollo de Microsoft titulada "ASP from A to Z" en `msdn.microsoft.com/workshop/server/asp/aspatoz.asp`. Otro recurso muy útil es ASP 101 (`www.asp101.com`).

PHP

PHP es otro lenguaje de programación que le permite crear páginas Web generadas dinámicamente (parecido al ASP). PHP es un proyecto de la fundación Apache Software, y por tanto es una fuente abierta y gratuita. PHP funciona con muchos servidores Web, pero se utiliza sobre todo con Apache.

El código PHP, similar a Perl o ASP, puede incrustarse en el documento HTML utilizando etiquetas PHP especiales. La ventaja de PHP sobre la programación CGI es que es muy sencillo incluir unos pocos bits de código PHP directamente en una página Web para procesar datos de formulario o extraer información de una base de datos por ejemplo.

Si desea obtener más información sobre PHP consulte la página oficial de PHP, `www.php.net`.

Java servlets y JSP

Aunque Java es conocido por sus pequeñas aplicaciones para la Web (conocidas como "applets"), es un lenguaje de programación completo y complejo utilizado más a menudo para el desarrollo de aplicaciones grandes y a escala empresarial. Con un servidor Web que tenga Java habilitado, un programador puede escribir Java servlets que produzcan contenido Web dinámico.

JSP (*JavaServer Pages*) es una tecnología relacionada y similar a ASP. El código JSP se incrusta directamente en las páginas Web y ofrece a los autores Web una forma sencilla de acceder a la funcionalidad de los complejos servlets que se están ejecutando en el servidor Web.

Si desea más información consulte `java.sun.com/products/servlet/` y `java.sun.com/products/jsp/`.

LAMP

En su viaje por el diseño Web puede encontrarse con el acrónimo LAMP, aplicado a cuatro programas de fuente abierta:

- **Linux:** Un sistema operativo.
- **Apache:** Software de servidor Web.
- **MySQL:** Un servidor de base de datos.
- **PHP (o Perl o Python):** Un lenguaje de programación.

Aunque no están diseñados específicamente como paquete, estos programas suelen usarse unidos para crear contenido y aplicaciones Web dinámicos. Para más información sobre el desarrollo LAMP consulte "LAMP. Desarrollo Web con Linux, Apache, MySQL y PHP 5", de Anaya Multimedia.

Estructuras de directorio Unix

Como la Web se ha desarrollado a partir del entorno Unix, sigue muchas de sus convenciones. La estructura de directorios y la sintaxis de nombres de ruta son ejemplos claros. Es importante que todos los diseñadores Web comprendan cómo se indican las estructuras de directorio en la plataforma Unix porque los nombres de ruta se utilizan en hipervínculos e indicadores a imágenes y otros recursos.

Los directorios ("lugares" para almacenar archivos) se organizan en una estructura jerárquica en forma de árbol, en esquema vertical. El directorio que se encuentra en la parte superior del esquema es conocido como la raíz y se escribe como una barra inclinada (/). La raíz puede contener varios directorios, y cada uno de ellos puede contener subdirectorios (a su vez con más subdirectorios, etc.). Se dice que un subdirectorio es el "hijo" del directorio que lo alberga (su "padre"). La figura 4.1 muestra un sistema con cinco directorios bajo la raíz. El directorio `users` contiene dos subdirectorios `jen` y `richard`. Dentro de `jen` hay otros dos subdirectorios `work` y `pers` y dentro de `pers` encontramos el archivo `art.html`.

Un nombre de ruta es la notación utilizada para señalar a un archivo o directorio determinado, indica la ruta de directorios que se debe recorrer para llegar al destino indicado. Hay dos tipos de nombre de ruta: absoluto y relativo.

Nombres de ruta absolutos

Un nombre de ruta absoluto siempre comienza desde el directorio raíz, indicado por una barra inclinada (/). Así, por ejemplo, el nombre de ruta para el directorio `pers` es `/users/jen/pers`, tal y como muestra la figura 4.2. La primera barra inclinada indica que está comenzando en la raíz y es necesaria para indicar que un nombre de ruta es absoluto.

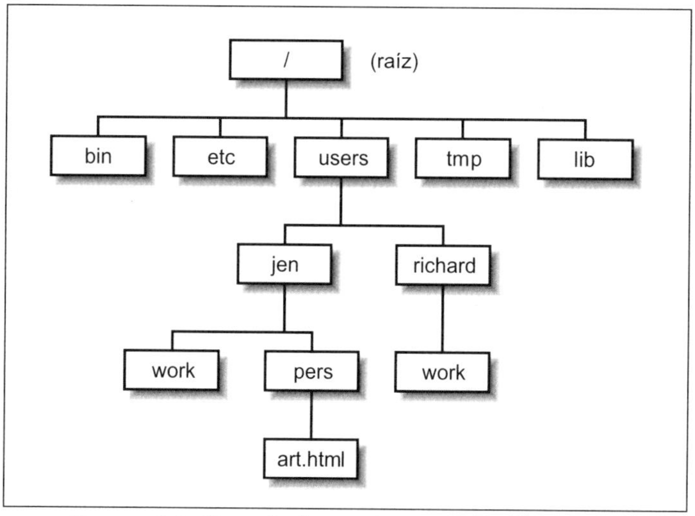

Figura 4.1. Ejemplo de una jerarquía de directorio.

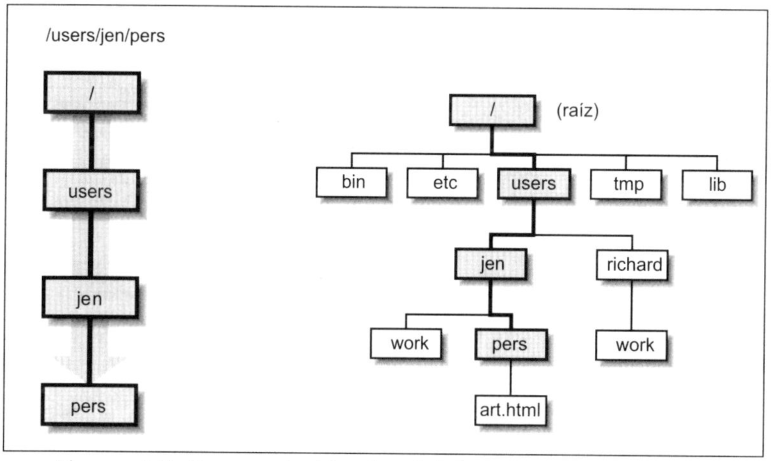

Figura 4.2. Representación visual de la ruta /users/jen/pers.

La ventaja de utilizar nombres de ruta absolutos en vínculos, etiquetas de imagen y otros lugares en los que se proporciona el URL de un archivo en el servidor es la movilidad. Como el nombre de ruta comienza en la parte superior de la jerarquía del servidor, pude mover el archivo a otro directorio en el servidor y los vínculos no se romperán. El inconveniente es que hace más difícil probar las páginas en el ordenador local porque puede tener un directorio raíz diferente al del servidor de destino.

Nombres de ruta relativos

Un nombre de ruta relativo apunta a un archivo o directorio relativo al directorio actual de trabajo. Al crear un sitio Web en un único servidor, los nombres de rutas relativos suelen utilizarse en URL para indicar archivos en otros directorios del servidor.

A menos que especifique un nombre de ruta absoluto (que comienza con una barra inclinada), el servidor asume que está utilizando un nombre relativo. Comenzando en la localización actual (el directorio de trabajo), puede recorrer hacia arriba y hacia abajo la jerarquía del directorio. Lo verá más claro con el siguiente ejemplo.

Si estoy trabajando en el directorio `jen` y quiero indicar el archivo `art.html`, el nombre de ruta relativo es `pers/art.html` porque el archivo `art.html` está en el directorio `pers`, que a su vez está en el directorio en el que estoy trabajando, `jen`. Es lo que ilustra la figura 4.3.

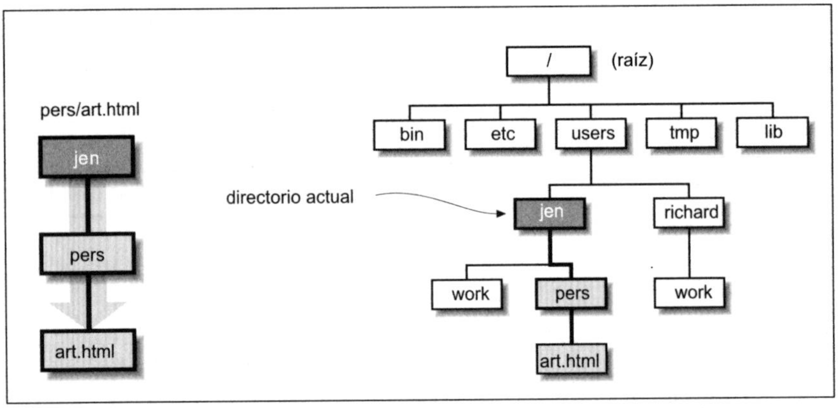

Figura 4.3. La ruta pers/art.html relativa al directorio jen.

Subir de nuevo por la jerarquía es algo más complicado. Sube un nivel utilizando dos puntos (..) para el directorio padre. Utilizamos de nuevo un ejemplo basado en la figura 4.1.

Si estoy trabajando en el directorio `jen`, y quiero indicar el directorio `richard/work`, el nombre de ruta es `../richard/work`. Los dos puntos del comienzo de la ruta hacen que suba un nivel hasta el directorio `users` y, desde ahí, encuentro el directorio llamado `richard`, y luego el subdirectorio `work`, tal y como muestra la figura 4.4.

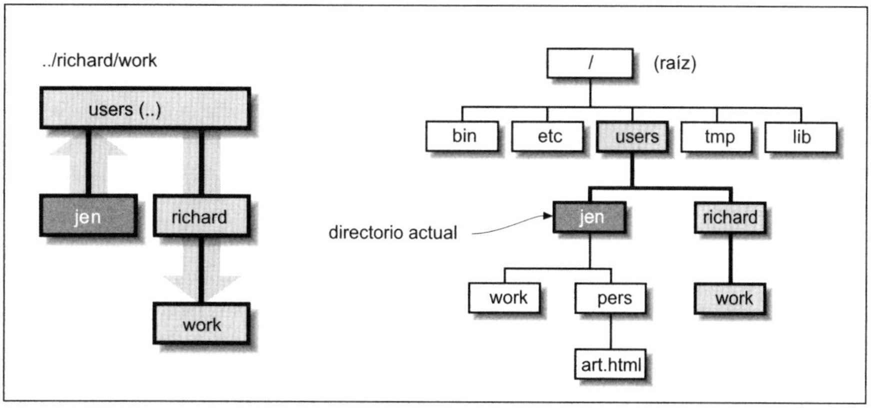

Figura 4.4. La ruta ../richard/work, relativa al directorio jen.

Si estoy trabajando en mi directorio `pers` y quiero indicar el directorio `work` de Richard, debo subir dos niveles, por lo que la ruta sería `../../richard/work`, tal y como muestra la figura 4.5.

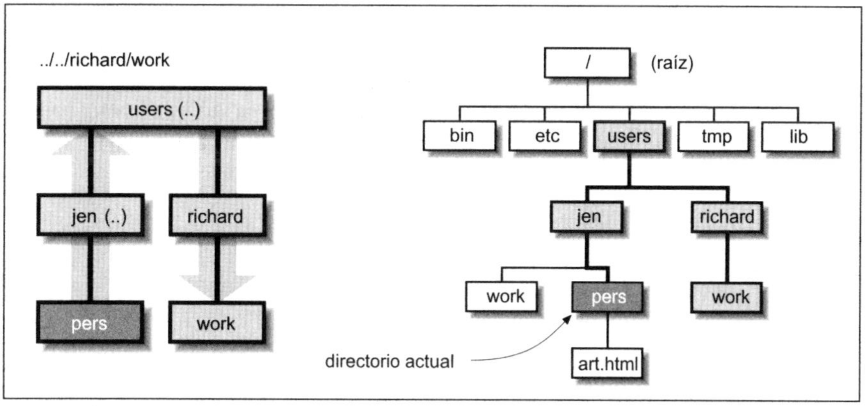

Figura 4.5. La ruta ../../richard/work, relativa al directorio pers.

Observe que la ruta absoluta `/users/richard/work` hace la misma tarea. La decisión de usar una u otra opción suele basarse en lo que le resulte más sencillo y si van a moverse archivos y directorios. Los nombres de ruta relativos pueden romperse si se mueven los archivos o directorios.

Utilizar nombres de ruta relativos en HTML

Al apuntar a otra página o recurso (como una imagen) Web de su propio servidor, suele utilizarse un URL relativo, que apunta al nuevo recurso relativo al documento actual. Los URL relativos siguen la sintaxis para nombres de ruta descrita antes. Por ejemplo, un vínculo de hipertexto a `art.html` desde otro documento del directorio `pers` sería:

```
<a href="art.html">
```

El URL para el vínculo también podría escribirse comenzando desde el directorio raíz:

```
<a href="/users/jen/pers/art.html">
```

Las etiquetas de imagen también utilizan nombres de ruta para apuntar al archivo gráfico que ha de visualizarse. Por ejemplo, esta etiqueta de imagen del documento `art.html`:

```
<img src="../../daisy.gif">
```

apunta a una imagen llamada `daisy.gif` localizada en el directorio `jen`. El doble uso de `../` indica que el archivo de imagen se encuentra en un directorio que está dos niveles por encima del documento actual (`art.html`).

Si planea hacer algo del marcado HTML a mano, la sintaxis del nombre de ruta acabará haciéndosele totalmente natural con algo de práctica. Si está utilizando una herramienta de autoría WYSIWYG (como Macromedia Dreamweaver, Adobe GoLive o Microsoft FrontPage), disfrutará del lujo de que sea la herramienta la encargada de construir por usted los nombres de ruta relativos. Hay incluso herramientas de administración que ajustan automáticamente los nombres de ruta si se mueven documentos.

Convenciones de nombrado de archivos

Para que sus archivos recorran sin problema la red, debe nombrarlos de acuerdo a ciertas convenciones:

- Evitar espacios en los nombres de archivos. Aunque es perfectamente aceptable para los archivos locales en un ordenador Macintosh o Windows, los espacios no se reconocen en otros sistemas. Suele utilizarse un guión bajo o normal para separar visualmente las palabras de los nombres de archivos como `andre-bio.html` o `andre_bio.html`. Suelen preferirse los guiones porque tienden a facilitar el trabajo de indexado de los motores de búsqueda en un nombre de archivo.

- Evite caracteres especiales como ?, %, # y : en los nombres de archivos. Es mejor limitarlos a letras, números, guiones y puntos.
- Utilice las extensiones de archivo apropiadas. Los documentos HTML deberían almacenarse con la extensión `.html` (`.htm` también funciona en la mayoría de los servidores Web. Los archivos de imagen en formato GIF utilizan el sufijo `.gif` y los archivos con formato JPEG `.jpg` o `.jpeg`. Si los archivos no tienen la extensión correcta, puede que el servidor no envíe la cabecera de tipo de contenido HTTP adecuada y así el navegador puede no reconocer los archivos como archivos basados en la Web. Más adelante ofrecemos un listado de las extemsiones de los tipos de archivo más utilizados.
- Utilice minúsculas en los nombres de archivo, si bien no es estrictamente necesario, es más fácil de recordar. Además, los nombres de archivo son sensibles al caso en algunos servidores, así que utilizar las minúsculas evita problemas potenciales.
- Utilice nombres de archivo tan cortos como le sea posible. Se suman al tamaño del archivo y pueden ser difíciles de recordar.

Subir documentos (FTP)

La transacción más común que hará un diseñador Web con un servidor es la subida de documentos HTML, imágenes y otros archivos. Los archivos se transfieren entre ordenadores sobre una red a través de un método llamado FTP (*File Transfer Protocol*, Protocolo de Transferencia de Archivos).

Si está trabajando en una sesión Telnet en Unix, puede ejecutar el programa FTP y transferir archivos con una considerable cantidad de argumentos de línea de comandos (no los vemos en este libro).

Afortunadamente, si trabaja en un Mac o en un PC, hay varios programas FTP con interfaces gráficas que le ahorran el trabajo de transferir archivos utilizando la línea de comandos Unix. De hecho, las funciones FTP están integradas en herramientas de autoría Web como GoLive, Dreamweaver y FrontPage, entre otras. En los Mac, son bastante populares los programas dedicados que permiten una transferencia de archivos "arrastrando y soltando", como Fetch e Interarchy (antes Anarchie). En los PC hay muchos programas FTP como CuteFTP, WS_FTP, AceFTP y Transmit. Estos (entre otros) pueden descargarse en la dirección de Internet `www.shareware.com` (llevando a cabo una búsqueda con el término clave "ftp").

El proceso FTP

Sea cual sea la herramienta que utilice, los principios y procesos básicos son los mismos. Antes de comenzar, debe tener una cuenta con permiso para cargar archivos al servidor. Consulte con su administrador para asegurarse de tener un nombre de usuario y una contraseña.

Si el servidor está configurado como sitio FTP "anónimo", no es necesario tener una cuenta para cargar y descargar archivos. Sin embargo, y debido a claras implicaciones de seguridad, asegúrese de que sus directorios personales no están configurados para hacerlos accesibles a todos los usuarios anónimos.

1. Ejecute el programa FTP que desee y abra una conexión con el servidor. Deberá introducir el nombre exacto del servidor, su nombre de usuario y contraseña.
2. Localice el directorio adecuado al que quiere copiar los archivos. También puede elegir crear un nuevo directorio o eliminar archivos y directorios existentes en el servidor remoto utilizando los controles del programa FTP (tenga en cuenta que algunos servidores le permitirán introducir el nombre de ruta completo al directorio antes de iniciar sesión).
3. Especifique el modo de transferencia. La decisión más importante a hacer durante una subida es especificar si los datos se transferirán en modo binario o ASCII.

   Los archivos ASCII se componen de caracteres alfanuméricos. Algunos programas FTP se refieren a estos archivos como archivos "de texto". La mayoría de los documentos HTML pueden transferirse como ASCII o como texto. Sin embargo, cada vez son más los documentos HTML escritos utilizando Unicode (en concreto UTF-8) y los archivos Unicode pueden corromperse si se envían como ASCII o texto. Para tales archivos, consulte la siguiente sección.

   Los archivos binarios están compuestos de datos compilados (unos y ceros); algunos ejemplos son programas ejecutables, imágenes gráficas, películas, etc. Algunos programas se refieren al modo binario como "datos raw" o "imagen". Todas las imágenes (`.gif`, `.jpg`, etc.), los archivos multimedia y archivos (X)HTML codificados en Unicode (p.e. UTF-8) deberían transferirse como datos raw o binarios. La tabla 4.1 incluye un listado del modo de transferencia para varios tipos de archivo populares.

   En Fetch (disponible en `www.fetchsoftworks.com`, el programa está disponible en castellano para su versión 4.02, aunque ya ha salido la versión 5.05 del programa) podrá ver una opción MacBinary que transfiere el archivo con su parte de recursos (*fork*), esto es, el bit del archivo que contiene elementos de escritorio y otros datos específicos de Mac). Debería utilizarse sólo al transferir entre dos Mac. Esta parte de recursos se elimina de los archivos de medios generados por Mac cuando se transfieren con el modo de datos raw estándar.

Algunos programas FTP también ofrecen una opción Auto que le permite transferir directorios completos que contengan archivos de ambos tipos. El programa examina cada archivo y decide si transferirlo como texto o como información binaria. Esta función no es totalmente fiable en todos los programas, así que utilícela con precaución hasta que está seguro de que da buenos resultados.

4. Suba los archivos al servidor. El FTP estándar utiliza la terminología "hacia" (*put*, cargar archivos desde su ordenador al servidor) y "desde" (*get*, descargar archivos desde el servidor a su ordenador), así que su programa FTP también puede utilizar estos términos. Puede subir varios archivos al mismo tiempo.
5. Desconecte. Cuando haya terminado la transferencia, asegúrese de desconectarse del servidor. Quizás quiera comprobar la subida en un navegador para asegurarse de que la transferencia ha tenido éxito.

Establecer permisos

Cuando suba archivos a un servidor, deberá asegurarse de que los permisos están ajustados para que todo el mundo pueda leer los archivos. Los permisos controlan quién puede leer, escribir (editar) o ejecutar (si es un programa) un archivo, y deben establecerse para el propietario del archivo, para el grupo de archivos o para "todo el mundo". Normalmente, al crear o subir un archivo, se convierte automáticamente en el propietario, lo que significa que puede establecer los permisos. La mayoría de los servidores Web ostentan los permisos por defecto del sistema operativo para determinar qué archivos pueden ser leídos, escritos y ejecutados.

Algunos programas FTP le permiten ajustar los permisos de subida a través de un cuadro de diálogo. La figura 4.6 muestra el cuadro de diálogo correspondiente de Fetch. Para la mayoría de los objetivos del trabajo en la Web, querrá garantizarse privilegios completos y restringir al resto de usuarios a privilegios de sólo lectura. Quizás tenga que consultar con su administrador para saber si aprueba estos ajustes.

El servidor debe configurarse especialmente para reconocer estos comandos de privilegios, así que consulte con su administrador para ver si puede utilizar este método. El administrador le dará instrucciones si se necesita alguna configuración especial.

Figura 4.6. Ajuste estándar de privilegios (utilizando Fetch).

Nota: Si un CGI o un archivo de *script* no funciona adecuadamente, suelen ser responsables los privilegios. Deberá habilitar la ejecución para ejecutar estos archivos. Resista la tentación de habilitar todos los privilegios para todos los archivos y directorios porque podría hacer que los usuarios pudieran cargar sus propios *scripts* y ejecutarlos, con lo que podrían eliminar todos sus archivos, desfigurar el sitio o crear su propio servidor de correo para enviar *spam*.

Tipos de archivo (MIME)

Los servidores añaden una cabecera a todos los documentos que indica al servidor el tipo de archivo que está enviando. El navegador determina cómo tratar el archivo a partir de esa información (por ejemplo, si mostrar los contenidos en la ventana o ejecutar la aplicación o plugin adecuado).

El sistema para comunicar tipos de medios se asemeja al MIME (*Multipurpose Internet Mail Extension*, Extensión Multipropósito del Correo Internet) que se desarrolló originalmente para enviar documentos adjuntos en el correo electrónico. El servidor debe configurarse para reconocer todos los tipos MIME y poder así comunicar acertadamente el tipo de medios al servidor.

Si quiere enviar medios que estén más allá de los simples archivos HTML e imágenes (como un archivo de audio o una película Shockwave Flash) debería contactar con el administrador del servidor para asegurarse de que el servidor puede soportar ese tipo MIME. La mayoría de los formatos están integrados en las versiones actuales de software de servidor, pero si el formato aún no lo está, el administrador puede configurarlo fácilmente si le da la información necesaria.

La sintaxis exacta para configurar tipos MIME varía entre los distintos softwares, sin embargo todos necesitan la misma información básica: tipo, subtipo y extensión. Los tipos son categorías extensas de archivos. Incluyen texto, imagen, audio, vídeo, aplicación, etc. Dentro de cada categoría hay distintos subtipos. Por ejemplo, el tipo de archivo `image` incluye los subtipos gif, jpeg. La extensión se refiere al sufijo del archivo que el servidor utiliza para determinar el tipo y subtipo de archivo. No todas las extensiones están estandarizadas.

La tabla 4.1 ofrece un listado de los tipos y subtipos MIME para los tipos de medios más comunes. Se suministra también la información ASCII/binaria para ayudar a tomar las decisiones de carga.

Por supuesto, cada día aparecen nuevas tecnologías y tipos de archivo, así que no olvide que es responsabilidad del diseñador Web asegurarse de que comunica al administrador del servidor la información adecuada para cada tipo de medio. Si desea una lista completa de los tipos MIME registrados, consulte el sitio de la IANA (Internet Assigned Numbers Authority) en `www.iana.org/assignments/media-types/`.

Tabla 4.1. Tipos y subtipos MIME.

Tipo/subtipo	**Extensión**	**Descripción**	**ASCII/ binario**
application/excel	.xl	Microsoft Excel	B
application/mac-binhex40	.hqx	archivo Mac BinHex	B
application/msword	.doc, .dot, .word, .w6w	documento Microsoft Word	B
application/pdf	.pdf	PDF (archivo Adobe Acrobat)	B
application/postscript	.ai	visor PostScript	A
application/postscript	.eps	PostScript Encapsulado	A
application/postscript	.ps	archivo PostScript	A
application/powerpoint	.ppt, .pot	archivo PowerPoint	B
application/rtf	.rtf	RTF (Microsoft Word)	A
application/vnd.ms-excel	.xll, .xls	archivo Microsoft Excel	B
application/xml	.xml	XML genérico	A
application/xml+xhtml	.htm, .html	documento XHTML	A
application/x-director	.dcr, .dir, .dxr	archivos Shockwave	B
application/x-gzip	.gz, .gzip	zip GNU (descompresor Unix)	B
application/x-msdownload	.exe	archivo autoextraíble o ejecutable	B
application/x-perl	.pl	archivo fuente Perl	A

Tipo/subtipo	**Extensión**	**Descripción**	**ASCII/ binario**
application/x-sea	.sea	archivo autoextraible (archivo StuffIt)	B
application/x-sit	.sit	archivo StuffIt	B
application/x-shockwave-flash	.swf	archivo Shockwave Flash	B
application/x.stuffit	.sit	archivo StuffIt	B
application/x-tar	.tar	archivo comprimido	B
application/x-zip (o application/x-zip-compressed)	.zip	archivo comprimido (a descomprimir con WinZip o StuffIt en Mac)	B
audio/aifc	.aifc	archivo AIFF comprimido	B
audio/basic	.au	archivo de sonido con ley-μ	B
audio/basic	.snd	archivo de sonido digitalizado	B
audio/midi o audio/x-mdi	.mid	archivo de audio MIDI	B
audio/x-aiff	.aif, .aiff	archivo AIFF	B
audio/x-mpeg	.mp3	archivo de audio MP3	B
audio/x-ms-wma	.wma	archivo de audio Windows Media	B
audio/x-ms-wax	.wax	metaarchivo de audio Windows Media	B
audio/x-pn-realaudio	.ra, .ram	archivo RealAudio (y metaarchivo)	B
audio/x-pn-realaudio-plugin	.rpm	RealAudio (plugin)	B
audio/x-wav	.wav, .aiff	archivo de audio Windows WAV	B
image/gif	.gif	imagen en formato GIF	B
image/jpeg	.jpg, .jpeg, .jpe, .jfif, .pjpeg, .pjp	imagen en formato JPEG	B
image/tiff	.tif, .tiff	imagen TIFF (exige visor externo)	B

Tipo/subtipo	Extensión	Descripción	ASCII/ binario
image/x-MS-bmp	.bmp	archivo Microsoft BMP	B
image/x-photo-cd	.pcd	imagen Kodak PhotoCD	B
image/x-pict	.pic	archivo de imagen PICT	B
image/x-png o image/png	.png	imagen en formato PNG	B
image/x-portable-bitmap	.pbm	imagen PBM	B
text/html	.htm	documento HTML	A
text/plain	.txt	archivo de texto ASCII	A
text/richtext	.rtx	formato RTF (Microsoft Word)	A
text/xml	.xml	documento XML genérico	A
video/avi o video/x-msvideo	.avi	archivo de vídeo AVI	B
video/mpeg	.mpg, .mpe, .mpeg, .m1v, .mp2, .mp3, .mpa	película MPEG	B
video/quicktime	.mov	película QuickTime	B
video/quicktime	.qt	película QuickTime	B
video/x-ms-asf	.asf	Windows Media (legacy)	B
video/x-ms-asx	.asx	metaarchivo Windows Media (legacy)	B
video/x-ms-wmv	.wmv	archivo de vídeo Windows Media	B
video/x-ms-wmx	.wmx	metarchivo de vídeo Windows Media	B
video/x-sgi-movie	.movie	película Silicon Graphics	B
x-world/x-vrml	.wrl, .wrz	archivo VRML 3D (exige visor VRML)	B

Capítulo 5

Accesibilidad

-Por Derek Featherstone

En esencia, la accesibilidad Web consiste en la creación de sitios, aplicaciones y páginas Web con tan pocas barreras como sea posible para todos, sea cual sea su capacidad y el dispositivo utilizado para acceder a la información. La accesibilidad Web también persigue la creación de una Web apta para personas con discapacidades. Muchas de las técnicas y principios aplicados por los diseñadores para hacer el contenido Web más accesible a las personas con discapacidades, mejoran también la accesibilidad de quienes usan conexiones más lentas (y que pueden quitar las imágenes) así como la interoperabilidad con los dispositivos de mano.

Para que los sitios sean accesibles hay que comenzar desechando la idea de que sabemos cómo van a ser utilizados. Tenemos que comprender la naturaleza del medio en el que trabajamos. Debemos adherirnos al principio de "diseño universal" y utilizar las técnicas y el código de desarrollo Web que soporten la accesibilidad.

Tipos de discapacidades

Hay cuatro grandes categorías de discapacidades que influyen en el modo de interacción con un sitio Web: visual, motriz, auditiva y cognitiva.

- **Discapacidad visual:** Los ciegos o discapacitados visuales utilizan distintos tipos de tecnología para acceder al contenido de la pantalla, incluyendo lectores de pantalla, dispositivos Braille, ampliadores de pantalla o combinaciones de todos ellos.

- **Discapacidad motriz:** Este tipo de discapacidad puede ir desde problemas para mover las manos hasta problemas serios con el control motriz. Distintas soluciones de hardware incluyen teclados y ratones modificados, pedales, joysticks... y las soluciones de software van desde sistemas de reconocimiento de voz, seguimiento de movimientos faciales o macros de teclado.
- **Discapacidad auditiva:** Este tipo de discapacidad parece no tener demasiado impacto en el uso de la Web, dado que la mayoría del contenido es texto e imágenes. Sin embargo, una persona que nunca ha podido oír, puede procesar el lenguaje de forma totalmente distinta a un oyente o a alguien que perdió el sentido del oído más tarde. Es necesario hacer que los archivos multimedia o de audio sean accesibles a todo el mundo.
- **Discapacidad cognitiva:** Este tipo de discapacidad implica problemas de memoria, comprensión lectora, procesado matemático, comprensión visual, resolución de problemas y atención y los problemas de accesibilidad asociados a ella son los menos comprendidos. Aunque no hay un cuerpo extenso de literatura ni de investigación a este respecto, el consejo general es centrarse en la sencillez y claridad para ayudar a resolver alguno de estos problemas y a hacer sus páginas, sitios y aplicaciones más comprensibles para todo el mundo.

Visión general de la tecnología asistencial

Por tecnología asistencial se entiende cualquier herramienta que ayude a una persona con algún tipo de discapacidad a realizar más fácilmente sus tareas cotidianas, por ejemplo un cuchillo especial que facilite cortar la comida con ayuda de una sola mano. En términos informáticos, la tecnología asistencial ayuda a realizar dos tareas fundamentales: entrada y salida. Estas herramientas no son específicas de la Web, ésta es sólo un componente de su utilidad global.

Nota: No pase por alto la capacidad de su propio ordenador. Windows XP y Mac OS X incluyen un amplio soporte de accesibilidad por defecto y Solaris 10 de Sun Microsystems incluye soporte completo con funciones de voz, ampliación de pantalla y funciones de teclado en pantalla.

Dispositivos de entrada

La tecnología asistencia para entrada funciona para suministrar el mismo tipo de funcionalidad que un teclado o un ratón. Lo que esto significa para un diseñador o desarrollador Web es que sólo se tienen que asegurar de que lo que crean es operable por teclado y por ratón. Si puede hacerlo, la tecnología asistencial se ocupará de todo lo demás (aunque más adelante veremos alguna consideración más detallada).

Algunos ejemplos son:

- **Teclados alternativos:** Estos teclados pueden tener un diseño de teclas más funcional, estar coloreados para las personas con discapacidades cognitivas, ser más grandes o tener indicaciones que ayuden a elegir la tecla adecuada o estar diseñados para utilizarlos con una sola mano.
- **Teclados virtuales:** Un teclado virtual aparece en la pantalla para ayudar a las personas con problemas para escribir sobre un teclado clásico pero que pueden utilizar un ratón a algún tipo de dispositivo semejante. Windows XP incluye un teclado básico de pantalla.
- **Software de reconocimiento de voz:** Este software facilita utilizar las funciones de audio del ordenador para detectar la voz de una persona con dos objetivos fundamentales: transcribir a texto y escuchar comandos operativos. El reconocimiento de comandos de voz está disponible a nivel de sistema operativo (Mac OS X) y en determinados navegadores Web como las versiones más recientes de Opera.

Enfoques en materia de reconocimiento de voz

El software de reconocimiento de voz se ha desarrollado significativamente en la última década. Para activar un vínculo Web sólo debe leerse en voz alta el texto del vínculo. El software de reconocimiento de voz busca por los vínculos de la página hasta encontrar el correcto y estimula un "clic" en el vínculo. De este modo, ¿qué ocurre si tiene varios vínculos con el mismo texto? El software podría seleccionar todos los vínculos y poner un número al lado de cada uno de ellos, permitiéndole indicar el número del vínculo que quiere seguir.

Para rellenar un formulario, podría pronunciar el nombre del campo que quiere rellenar y el cursor se situará automáticamente en el campo de texto o control de formulario adecuado. Como veremos en el capítulo 15, los controles de formulario deben estar etiquetados adecuadamente para que el software de reconocimiento de voz sepa exactamente a qué campo dirigirse.

Algunos paquetes de reconocimiento permiten a los usuarios poner una red 3 x 3 numerada en la pantalla. El usuario indica el número de celda en el que está interesado. El software vuelve a poner una nueva red 3 x 3 numerada en ese espacio y el cursor del ratón se mueve por la pantalla. Este proceso continúa hasta que la red es lo suficientemente pequeña como para poner el cursor del ratón donde desee el usuario y éste dará la orden de hacer clic o doble clic.

- **Licornios y apuntadores de boca:** Son varitas o pajitas para pulsar las teclas del teclado regular o modificado (normalmente se llevan en la cabeza o sujetas a la boca). Estos dispositivos de entrada suelen usarse con una función común del sistema operativo conocida como *sticky keys* que permite al usuario pulsar y soltar un modificador de tecla (como **Control**) y pulsar luego otra tecla tratando la secuencia de teclas como si hubiera sucedido al unísono.
- **Seguimiento de ojos y cara:** Esta tecnología suele utilizar software para seguir los ojos o la cara de una persona con movilidad limitada y que es incapaz de hablar con la suficiente claridad como para utilizar software de reconocimiento de voz. Cuando el usuario mueve los ojos, el cursor del ratón sigue ese movimiento. Puede utilizarse distintas acciones como un clic o doble clic. Para ver algún ejemplo visite la página `www.qualilife.com`.
- **Pulsadores o conmutadores:** Son mecanismos altamente especializados entre los que puede encontrarse un sencillo ratón con un solo ratón, pedales o hasta complejos sistemas de soplar y absorber. Puede utilizarse junto con software especializado para permitir un control total de todas las funciones de un ordenador, incluyendo la escritura con predicción automática de palabras.

Dispositivos de salida

Las fuentes normales para la salida del ordenador son el monitor y los altavoces. El subtitulado y las transcripciones pueden ser asistenciales. Así mismo, los usuarios pueden valerse de:

- **Lectores de pantalla:** La mayoría de los lectores de pantalla son programas que interpretan e interactúan con las acciones que ocurren dentro del sistema operativo y en las aplicaciones que se están ejecutando. Proporcionan una amplia funcionalidad a través de combinaciones de teclas y otros modos específicos para funciones específicas. Por ejemplo, el JAWS de Freedom Scientific (`www.freedomscientific.com`) incluye lectura normal, lectura de tablas y modos de formulario. Generalmente leen alguna combinación del HTML renderizado en la pantalla y lo hacen basándose en el orden de fuente. Otros lectores serían: Window Eyes (GW Micro, www.gwmicro.com), HAL (Automated Living, www.automatedliving.com) y SuperNova (Dolphin Computer Access, www.dolphincomputeraccess.com).

- **Ampliadores de pantalla:** Utilizado por las personas con problemas de visión, este software proporciona una vista ampliada del texto e imágenes en pantalla. Algunos ejemplos serían ZoomText (Ai Squared Software, www.aisquared.com), SuperNova y MAGic (Freedom Scientific).
- **Navegadores aurales:** Con una función similar a la de los lectores de pantalla, los navegadores aurales están especializados para su uso en la Web y proporcionan menos funcionalidad que un lector de pantalla. Algunos ejemplos son Home Page Reader (IBM, www-3.ibm.com/able/solution_offerings/hpr.html) que es un programa autónomo y Connect Outloud (Freedom Scientific) y Browsealoud (Texthelp Systems, www.browsealoud.com) que son plugins para Internet Explorer.
- **Relieve en Braille:** Estos dispositivos convierten la salida del ordenador a Braille, mostrando en relieve la línea de texto de pantalla. Estos dispositivos suelen utilizarse combinados con un lector de pantalla. Por ejemplo la lectura de JAWS podría enviarse a un relieve en Braille.

¿Quién es responsable de la accesibilidad?

En términos generales, hay cuatro grupos responsables de la accesibilidad:

- **Diseñadores Web:** Sí, nosotros, los encargados de diseñar, programar y crear páginas Web. Utilizar las Pautas de Accesibilidad al Contenido en la Web del W3C (WCAG, *Web Content Accesibility Guidelines*) podemos tomar decisiones conscientes para hacer los sitios accesibles.
- **Fabricantes de navegadores, lectores de pantalla y otros agentes de usuario:** Responsables de garantizar la accesibilidad de sus herramientas para la Web. Las Pautas de Accesibilidad para Agentes de Usuario (UAAG, *User Agent Accesibility Guidelines*) ayudan a los fabricantes de navegadores a crear sus herramientas para apoyar el contenido de los desarrolladores.
- **Distribuidores de software:** Este grupo desempeña un papel clave pues crean las herramientas que desarrolladores, diseñadores y autores utilizarán para crear el contenido Web. Este grupo atiende a las Pautas de Accesibilidad para Herramientas de Autor (ATAG, *Authoring Tool Accesibility Guidelines*) en la creación del software.
- **Usuarios:** Los discapacitados no quedan fuera de responsabilidad. Es completamente lógico suponer que los usuarios de tecnología asistencial saben cómo utilizarla de modo adecuado y eficiente.

De este modo, y si desarrolladores, diseñadores y autores son parcialmente responsables, ¿cómo podemos cumplir con esas responsabilidades y hacer nuestros sitios accesibles? En primer lugar, debemos comenzar comprendiendo cuál es nuestro objetivo para poder así aplicarlo a la creación de los sitios. Afortunadamente contamos con las Pautas de Accesibilidad al Contenido en la Web 1.0 del W3C (WCAG 1.0).

Pautas de Accesibilidad al Contenido en la Web

Las Pautas de Accesibilidad al Contenido en la Web fueron creadas por la Iniciativa de Accesibilidad Web (WAI, *Web Accessibility Initiative*) del W3C. Las directrices se convirtieron formalmente en recomendaciones en 1999 y es poco lo que ha cambiado desde entonces. Algunas de las técnicas defendidas en las Técnicas para WCAG 1.0 han quedado obsoletas y ya no pueden aplicarse del mismo modo que se recomienda en las Pautas.

Cada una de estas pautas tienen varios puntos de verificación organizados de acuerdo a tres niveles de prioridad, desde Prioridad 1 (el más importante para la accesibilidad Web) hasta la Prioridad 3 (también importante pero con menos influencia en la accesibilidad global). En `www.w3.org/TR/1999/WAI-WEBCONTENT-19990505` encontrará un listado de estos puntos de verificación junto con las pautas y su nivel de prioridad (en español en la página `www.discapnet.es/web_accesible/wcag10/WAI-WEBCONTENT-19990505_es.html`). Si desea ver los puntos de verificación organizados de acuerdo a su nivel de prioridad, visite la página `www.w3.org/TR/WCAG10/full-checklist.html` (en español en `www.discapnet.es/web_accesible/wcag10/full-checklist.html`).

- **Pauta 1: Proporcione alternativas equivalentes para el contenido visual y auditivo:** Seguir esta regla garantiza que las personas con discapacidades visuales podrán acceder al contenido que no son capaces de percibir. Con "alternativas equivalentes" se hace referencia a garantizar que las imágenes tienen un texto `alt` adecuado que represente la imagen, que el contenido de audio incluya subtítulos y que el vídeo incluya descripción sonora. Recuerde que al decidir qué es una alternativa equivalente debe tener en cuenta tanto el contenido como la función del original.
- **Pauta 2: No se base sólo en el color:** Si sólo se basa en el color para presentar la información en una página Web, limita la utilidad de esa información. En lugar de utilizar sólo el color para mostrar qué campos de un formulario son obligatorios, marque las etiquetas en rojo y con negritas o con un asterisco junto a ellas, para garantizar que la gente que no pueda ver el color rojo tenga otros medios de hacerse con la mis-

ma información. Además, contraste convenientemente el color de primer plano y de fono para garantizar que el texto (incluso como parte de una imagen, de una película Flash o de otros componentes multimedia) sea legible.

- **Pauta 3: Utilice marcadores y hojas de estilo y hágalo apropiadamente:** En otras palabras, valide su código para asegurarse de que tiene la sintaxis correcta, utilice los elementos HTML adecuados para las tareas para las que están diseñados y utilice HTML para el contenido, CSS para la presentación y ECMAScript para la interacción y comportamientos (JavaScript es la implementación más conocida de ECMAScript). Esto no solamente implica el uso correcto del marcado (utilizar `<blockquote>...</blockquote>` para rodear una cita, por ejemplo) y una mejora de la accesibilidad, sino que también implica no usar el marcado de forma incorrecta (utilizar `<blockquote>...</blockquote>` para sangrar texto, por ejemplo), ya que se podría reducir la accesibilidad.
- **Pauta 4: Identifique el idioma usado:** Identifique el idioma del documento y marque las excepciones como palabras de otro idioma, abreviaturas y acrónimos. Así facilita la tarea de interpretación del contenido de los dispositivos lectores y de otras tecnologías asistenciales. De hecho, algunos lectores de pantalla cambian al vuelo su idioma para leer el contenido con la pronunciación y acentos adecuados. Por supuesto, el número de idiomas soportado es limitado. Para ver más detalles sobre los códigos de idioma consulte el capítulo 6.
- **Pauta 5: Cree tablas que se transformen correctamente:** Hace cinco años era frecuente ver tablas utilizadas para el diseño porque el soporte de los navegadores para diseños basados en hojas de estilo en cascada era muy poco satisfactorio. Las modernas técnicas de desarrollo Web basadas en estándares sugieren que limitemos el uso de tablas a la muestra de datos tabulares (¡después de todo las tablas están diseñadas para ello!). El capítulo 13 incluye consejos para garantizar que las tablas sean tan accesibles como sea posible.
- **Pauta 6: Asegúrese de que las páginas que incorporan nuevas tecnologías se transformen correctamente:** Considere esta pauta como una preparación de su página Web para lo peor, garantizando que es compatible tanto con tecnologías futuras/nuevas como compatible retroactivamente.

  Seguir esta pauta es como hacer un plan de contingencia, prepararse para un hecho muy real: que no sabemos cómo se utilizarán nuestras páginas. ¿Seguirá funcionando el sitio con CSS deshabilitado o cuando ya sea obsoleto? ¿funciona correctamente con JavaScript deshabilitado? ¿qué pasa si no está disponible un determinado plugin? ¿hay una alternativa adecuada?

Esta pauta también trata de garantizar que las páginas Web que implemente no necesitarán el uso de ningún dispositivo de entrada específico. Por ejemplo, además de permitir un ratón para controlar o activar determinados *scripts* o controles (como reproducir una película) debe permitir el uso del teclado.

- **Pauta 7: Asegure al usuario el control sobre los cambios de los contenidos tempo-dependientes:** En el nivel más básico, esta pauta trata de proporcionar a todos los usuarios el control que necesitan tener sobre el contenido a su ritmo propio. Piense en un sitio Web que incluya un espacio con noticias en el que aparezca cada dos segundos un nuevo titular, ¿qué ocurre si alguien no puede terminar de leer el titular en ese tiempo? Permitir al usuario controlar este tipo de contenido ayuda a todos. Otro caso frecuente es el de una página Web que utilice una etiqueta `<meta>` y un `http-equiv="refresh"` para redirigir a los usuarios a una nueva página cuando transcurra un tiempo determinado y tras mostrar un mensaje del tipo "La página ha sido eliminada. Será redirigido en cinco segundos. Si no es así, pulse este vínculo". Esta técnica no es una buena práctica porque presupone que todo el mundo podrá leer el mensaje tan rápidamente.

  Además de estos temas relacionados con el ritmo y la legibilidad, esta pauta sugiere evitar el uso de objetos o páginas que se muevan, parpadeen o desplacen. No sólo pueden distraer a las personas con problemas de lectura, además, los usuarios con epilepsia fotosensitiva pueden tener ataques desencadenados por parpadeos o destellos que oscilen entre los 4 y los 59 destellos por segundo (hertzios), con un nivel máximo a los 20 destellos por segundo.

- **Pauta 8: Asegure la accesibilidad directa de las interfaces de usuario incrustradas:** Esto implica, esencialmente, que si crea su propia interfaz en el navegador utilizando Flash o una técnica parecida, la interfaz debería cumplir todos los principios básicos de accesibilidad. La interfaz incrustrada debería proporcionar acceso independiente del contenido a todos sus contenidos y controles y el contenido de la interfaz incrustrada debería hacerse disponible para la tecnología asistencial como, por ejemplo, lectores de pantalla.

- **Pauta 9: Diseñe para la independencia del dispositivo:** En términos generales, las páginas Web escritas en HTML o XHTML son independientes del dispositivo. Puede activar vínculos, pasar a campos de formulario y enviar formularios utilizando el ratón o el teclado. HTML es independiente del dispositivo por defecto. Sólo al añadir elementos no basados en HTML (Flash, Java o JavaScript) surgen los problemas. Al implementar *scripts* y otros elementos que se alejan del HTML básico, recuerde que hay gente que no puede utilizar un ratón y que pulsan un vínculo con la tecla **Intro** o los botones con la barra espaciadora del teclado. No lo olvide. Los licornios, pulsadores, teclados alternativos, sistemas de reconocimiento de voz y otros dispositivos de entrada suelen emular las pulsaciones del teclado o del escritorio. Si puede garantizar que estas dos acciones están permitidas no necesita hacer más ajustes para la tecnología asistencial y dispositivos de entrada alternativos.

Nota: Muchas de las pautas y técnicas de este capítulo están siendo cuestionadas a medida que avanza el conocimiento sobre el modo de utilización de los lectores de pantalla y de teclados alternativos en la Web. Con el aumento de la popularidad de las técnicas basadas en estándares que utilizan CSS para el diseño, cada vez se utiliza menos el atributo `tabindex`, antes muy utilizado. La mayoría de las veces ya no es necesario. Hay también varios argumentos que defienden que el uso de teclas de acceso, tal y como se recomienda en la Pauta 9, no es tan útil como parece.

- **Pauta 10: Utilice soluciones provisionales:** Una de las áreas más difíciles a la hora de hacer páginas Web accesibles; esta pauta parece sugerir el uso de técnicas obsoletas diseñadas para compensar por el uso de navegadores antiguos y de lectores de pantalla. Es así por una interpretación literal de las pautas sin reconocer porqué surgieron.

  Todos los puntos de verificación de esta pauta incluyen la frase "hasta que las aplicaciones de usuario". Esto significa que cuando las pautas fueron publicadas, las soluciones provisionales sugeridas eran válidas y útiles pero se reconocía que esas técnicas ya no podrían recomendarse cuando las aplicaciones de usuario y la tecnología asistencial se desarrollaran. Así pues, al leer estas soluciones, asegúrese de que las técnicas siguen siendo válidas y útiles.
- **Pauta 11: Utilice las tecnologías y pautas W3C:** Las especificaciones W3C fueron diseñadas con funciones de accesibilidad integradas. Así que seguir esas especificaciones debería tener como resultado mayor accesibilidad para todos.

  En esencia, esta pauta sugiere que el mínimo común denominador (HTML) es el mejor y más accesible formato de entrega. Y, en esencia, es cierto.

  Sin embargo, sabemos que no siempre es posible ni es verdad. Así pues el mejor consejo a partir de esta pauta es utilizar las tecnologías W3C y hacerlas accesibles y si utiliza otras tecnologías utilice sus funciones de accesibilidad integradas, y proporcione una versión alternativa a la versión no-W3C que es accesible.
- **Pauta 12: Proporcione información de contexto y orientación:** Esta pauta incluye el uso de títulos para marcos con el fin de garantizar la

declaración clara del propósito de cada marco; el uso de elementos, como `optgroup`, en un control de formulario de selección para agrupar opciones relacionadas; el uso de `fieldset` para agrupar controles de formulario relacionados; la descripción de contenidos `fieldset` con una leyenda y asociar explícitamente controles de formulario a través de etiquetas.

Todas estas técnicas mejoran la accesibilidad para todos proporcionando información sobre los componentes y sus relaciones.

- **Pauta 13: Proporcione mecanismos claros de navegación:** Los menús de navegación marcados claramente que son constantes en un sitio pueden ser mejorados utilizando un mapa del sitio, proporcionando metadatos a través de relaciones de vínculos e información sobre el autor, fecha de publicación y tipo de contenido.

  Hay implicaciones también para la creación del contenido: el texto de los vínculos debería ser claro e identificar a dónde conduce el vínculo, y las cabeceras, párrafos y listados deberían tener una frase o contenido identificativo al comienzo.
- **Pauta 14: Asegúrese de que los documentos sean claros y simples:** Esta pauta está diseñada para ayudar a todo el mundo a hacer documentos más legibles y comprensibles. La claridad suele lograrse a través de la combinación de palabras y de ilustraciones o imágenes bien diseñadas que ayuden a facilitar la comprensión de la página (con texto `alt` adecuado, por supuesto).

Pautas de Accesibilidad al Contenido en la Web 2.0 (WCAG 2.0)

En el momento de escribir este libro el borrador de estas Pautas estaba entrando en la última fase de aprobación.

Los cuatro principios básicos de la WCAG 2.0 son:

- El contenido debe ser perceptible.
- Los elementos de la interfaz en el contenido deben ser manejables.
- El contenido y los controles deben ser comprensibles.
- El contenido debe ser suficientemente robusto para funcionar con las tecnologías actuales y las del futuro.

No supone una diferencia radical respecto al WCAG 1.0 y se aplican los mismos principios básicos. En muchos sentidos es una reorganización para hacer más comprensibles todas las pautas de accesibilidad. Además, la WCAG 2.0 intenta ser una mejor guía para los autores de contenido Web al eliminar ciertas ambigüedades de la WCAG 1.0. Puede encontrar una comparación entre ambas en `www.w3.org/WAI/GL/2005/06/30-mapping.html`.

Recuerde, sin embargo, que el borrador de trabajo la WCAG 2.0 está sujeto a revisiones a partir de revisiones y comentarios públicos.

Variaciones en los estándares y la Sección 508

Algunos países tienen sus propias versiones de los estándares de accesibilidad Web, la mayoría de cuales derivan de la WCAG 1.0. Canadá, Australia, el Reino Unido y Europa, por ejemplo, tienen estándares de accesibilidad que concuerdan, en general, con los puntos más importantes (Prioridad 1 y 2) de la WCAG 1.0. Uno de los estándares más conocidos, y que se aleja de esto, es la sección 508 de los Estados Unidos, que utiliza los puntos de verificación de Prioridad 1 así como algunos otros puntos de verificación elegidos de forma selectiva.

Muchos contemplan la Sección 508 como una interpretación más literal y estricta de los puntos de verificación de Prioridad 1 y 2. En esencia, sin embargo, los principios de la Sección 508 suelen ser fieles a la Prioridad 1 de la WCAG 1.0 aunque el enunciado pueda ser ligeramente distinto.

La siguiente lista es un extracto de la subsección 1194.22 de la sección 508 para información y aplicaciones de Internet e intranet basada en la Web (`www.section508.gov/index.cfm?FuseAction=Content&ID=12#Web`, en español en `www.access-board.gov/sec508/language/spanish.html#Head2-7`).

- (a) Se proveerá de un texto equivalente para cada elemento no textual (por ejemplo, por medio de los parámetros de HTML `alt`, `longdesc` o el contenido del elemento).
- (b) Alternativas equivalentes para cualquier presentación multimedia se sincronizarán con la presentación.
- (c) Las páginas Web serán diseñadas de modo que toda la información transmitida con color, también esté disponible sin color, por ejemplo a través del contenido o marcado.
- (d) Los documentos serán organizados a fin de que sean legibles sin necesidad de una hoja de estilo asociada.
- (e) Se suministrarán enlaces de texto redundantes para cada región activa de un mapa imagen del servidor.
- (f) Se proveerán mapas imagen en el cliente, en lugar de mapas imagen en el servidor, excepto cuando las regiones no puedan ser definidas con una forma geométrica disponible.

- (g) Se identifican encabezamientos de fila y columna en las tablas de datos.
- (h) El marcado será usado para asociar celdas de datos y celdas de encabezamientos para tablas de datos que tengan dos o más niveles lógicos de encabezamiento de fila o columna.
- (i) Los marcos serán titulados con texto que facilite la identificación del marco y la navegación.
- (j) Las páginas serán diseñadas para evitar que la pantalla parpadee con una frecuencia mayor que 2Hz y menor que 55 Hz.
- (k) Una página solo de texto, con información o funcionalidad equivalente será provista para hacer que un sitio de Web cumpla con las provisiones de esta parte, cuando el cumplimiento no pueda ser alcanzado de ninguna otra manera. El contenido de una página sólo de texto será actualizado cada vez que la página primaria cambie.
- (l) Cuando las páginas utilicen lenguajes de *script* para mostrar contenido o para crear elementos de interfaz, la información provista por el *script* será identificada con un texto funcional que pueda ser leído por la tecnología de asistencia.
- (m) Cuando una página Web requiera que un applet, plugin u otro programa esté presente en el sistema cliente para interpretar el contenido de la página, la página deberá proveer un enlace a un plugin o applet que cumpla con §1194.21(a) a (l).
- (n) Cuando los formularios electrónicos estén diseñados para ser completados en línea, el formulario deberá permitir a la gente que usa tecnología de asistencia acceder a la información, los elementos de campo y la funcionalidad requeridos para completar y enviar el formulario, incluyendo todas las instrucciones y guías.
- (o) Se proveerá un método que permita a los usuarios omitir enlaces de navegación repetitivos.
- (p) Cuando la respuesta sea requerida en un determinado tiempo, el usuario deberá ser alertado y se le dará suficiente tiempo para indicar que necesita más tiempo.

Técnicas de accesibilidad Web

Las pautas y puntos de verificación oficiales son vitales, pero no dicen mucho sobre la práctica ni sobre las técnicas de implementación. Por ello, el W3C ofrece documentos de referencia sobre técnicas fundamentales, HTML y CSS en `www.w3.org/WAI/intro/wcag.php`.

- **Comience con significado:** En otras palabras, utilice los elementos HTML con los fines para los que fueron diseñados, esto es, proporcionar una descripción semántica del contenido de un documento. Como ya vimos en las pautas, utilice cabeceras (de `h1` a `h6`), listas y citas para dar estructura a las páginas. Utilice el marcado de tabla adecuadamente (tal y como veremos en el capítulo 13). Los lectores de pantalla y otro software inferirán el significado y proporcionará la funcionalidad a partir de este marcado.
- **Proporcione alternativas:** Asegúrese de proporcionar algún tipo de alternativa (texto `alt`, `longdesc`, transcripciones de los archivos de audio y subtítulos de vídeo) para los usuarios con discapacidades. Si antes su coste era realmente prohibitivo, hoy en día los subtítulos y transcripciones tienen un coste muy razonable y benefician considerablemente a los usuarios que necesitan tipos de medios alternativos.
- **Utilice diseños con zoom:** Utilizado normalmente para usuarios con problemas de visión, este tipo de diseño es una vista alternativa del mismo contenido. Los usuarios con software de ampliación de pantalla tienen una visión limitada de lo que hay en la pantalla y problemas para seguir el contenido en varias columnas. Un formato de una sola columna puede resultar muy útil. Si desea más información, la página de Joe Clark (`www.joeclark.org/access/webaccess/zomm/to`) es un buen comienzo.
- **Recuerde que el orden es importante:** Asegurar el orden lógico en una página y de los componentes de la página es de gran ayuda a los usuarios con lectores de pantalla y diseños zoom. Un lector de pantalla o un navegador aural tienden a leer en el orden de la fuente (aunque hay excepciones). Asegúrese de aplicar un orden lógico no sólo a la página sino también a sus componentes, como grupos de vínculos o campos de formulario.
- **Haga explícitos los formularios:** Aunque determinadas tecnologías asistenciales pueden hacer suposiciones sobre los campos de formulario que van con etiquetas, es mejor hacer la relación explícita. Lo mejor es utilizar `fieldset` y `legend` para agrupar controles de formulario relacionados. También puede utilizar el elemento `label` para todos los controles del formulario. Encontrará más información en el capítulo 15. Si no desea tener la etiqueta visible en la pantalla, oculte la etiqueta de la pantalla visible utilizando posicionamiento CSS o utilice el atributo `title` en lugar de proporcionar un texto para el control del formulario.
- **Pruebe extensivamente JavaScript:** Al utilizar JavaScript debería probarlo con el soporte activado y desactivado para asegurar la mayor interoperabilidad. Sin embargo no caiga en la trampa de pensar que si la página funciona correctamente en estas dos condiciones el trabajo ya ha terminado. Recuerde que los usuarios de lectores de pantalla utilizarán

probablemente Internet Explorer con *scripting* activado. La interacción entre lo que ocurra con los *scripts* y el lector de pantalla puede sorprenderle. Es necesario probar las páginas con lectores de pantalla si está haciendo un intento realmente serio de accesibilidad.

- **Facilite a los usuarios moverse por la pantalla:** Esto incluye a todos los usuarios, pero es especialmente útil para los usuarios con discapacidades visuales y motrices que utilizan el teclado para la navegación. Proporcionar vínculos dentro de la misma página se ha convertido en la mejor práctica, es decir, vínculo para saltar al contenido principal o a la navegación. Puede aparecer un vínculo de paso al contenido principal en la página:

```
<a href="#content">Skip to main content</a>
```

Un vínculo visible solamente a lectores de pantalla a través de posicionamiento CSS:

```
<a style="position: absolute; left: -999em;" href="#content">Skip to
main content</a>
```

O sólo visible a lectores de pantalla por el uso de un texto `alt` basado en imágenes:

```
<a href="#content"><img src="1x1.gif" atl="Skip to main content" />
</a>
```

Cada una de estas técnicas tiene sus pros y sus contras. Lo más accesible y útil es hacer el vínculo disponible a todos los usuarios y no centrarse exclusivamente en los lectores de pantalla.

- **Permitir escalar el texto:** A pesar de que los píxeles son una unidad relativa, especificar el texto en CSS utilizando unidades de píxel implica que los usuarios de Internet Explorer para Windows (versión 6 y anteriores) no podrán escalar el texto sin una intervención. Los tamaños específicos de texto en unidades "em" o porcentuales permite escalar el texto en IE para Windows y en otros navegadores modernos y se considera mejor opción.
- **Utilice el foco para los vínculos:** Cuando un usuario que utiliza el teclado para la navegación navega a través de los vínculos de una página Web mediante un mecanismo integrado del navegador, podemos proporcionar información visual para mostrar el vínculo que está seleccionado en cada momento. Así la página Web es más fácil de usar. Esto suele verse en barras de menú que añaden un efecto `hover` CSS para los usuarios de ratón:

```
a:link {
  color: #000;
  background-color: #fff;
```

```
}
a:hover {
  color: #fff;
  background-color: #000;
}
```

Para proporcionar la misma información a los usuarios de teclado, añada el código:

```
a:focus {
  color: #fff;
  background-color: #000;
}
```

Advertencia: Aunque la técnica `:focus` funciona para los vínculos de los navegadores modernos fieles a los estándares, Internet Explorer para Windows no reconoce el selector pseudoclase `:focus`. En su lugar debe utilizar la pseudoclase `:active` para proporcionar la misma información visual:

```
a:active {
  color: #fff;
  background-color: #000;
}
```

- **Utilice los colores de forma inteligente:** Declare los colores por parejas y no sólo en CSS. Si está especificando un color de fondo en el CSS y un color de primer plano en el HTML pueden surgir conflictos si las hojas de estilo están desactivadas, no soportadas o ya han quedado obsoletas. Además, si declara sus colores de fondo y de primer plano en CSS, asegúrese de que hay un contraste razonable entre ellos (vea los analizadores de contraste de color disponibles en JuicyStudio: `www.juicystudio.com/services/colourcontrast.php`).
- **Utilice con cuidado las imágenes de fondo CSS:** Las técnicas creativas para el uso de imágenes de fondo en CSS ayuda a crear accesibilidad al permitirnos utilizar texto para botones, pestañas, y otros lugares que antes estaban en manos de imágenes. Permiten escalar el texto y no necesita texto `alt`. Hay un inconveniente: si la imagen contiene contenido no la utilice como imagen de fondo porque no hay ningún modo de especificar texto alternativo para imágenes de fondo. Las excepciones son distintas técnicas de sustitución de imagen cuya utilizad es bastante discutida. Al usar una imagen de fondo CSS asegúrese de especificar también un `background-color` para asegurarse de que hay suficiente contraste entre el texto de primer plano y el fondo cuando las imágenes están desactivadas o no se han cargado.

Probar la accesibilidad

Una de las mejores formas de asegurar la buena implementación de estas pautas es haciendo evaluaciones. ¿Cómo si no sabría si ha acertado a la hora de proporcionar contenido accesible? Hay cuatro métodos principales de poner a prueba la accesibilidad: por los desarrolladores, a través de una revisión de expertos, usuarios reales y con herramientas automatizadas.

Evaluaciones llevadas a cabo por los desarrolladores

Puede encontrar herramientas de evaluación de accesibilidad en línea y para su ordenador que van desde pequeñas pruebas hasta herramientas de nivel empresarial que le permiten rastrear el progreso a través del tiempo, automatizar los informes y le permiten una revisión manual combinada con evaluaciones automatizadas.

Estos elementos deberían estar en la caja de herramientas de todos los desarrolladores Web. Además de su uso para hacer pruebas informales de accesibilidad también son utilizados para el desarrollo Web en general.

- **Barra de herramientas Web Developer para Firefox/Mozilla (`addons.mozilla.org/extensions`):** Recordemos que esta extensión tenía una traducción al español disponible en `nave.escomposlinux.org/productos/extensiones/webdeveloper/`. Proporciona una serie de herramientas útiles para comprobar la accesibilidad a bajo nivel. Le permite deshabilitar CSS y JavaScript así como remplazar imágenes con su texto `alt`. Son unas herramientas de fácil acceso que le ayudarán a confrontar su trabajo con las pautas presentadas en este capítulo.
- **Barra de herramientas de accesibilidad para Internet Explorer (`www.nils.org.au/ais/web/resources/toolbar/`):** Versión española en `www.technosite.es/descargas/Accessibility_Toolbar_ESV1.exe`. Parecida a la extensión Web Developer para Firefox y Mozilla, esta barra de herramientas está diseñada para funcionar con Internet Explorer para Windows. Ofrece un acceso rápido a muchas de las herramientas de la barra de herramientas Web Developer así como a varios servicios en línea que le permiten analizar la legibilidad de pasajes de texto, análisis de contraste cromático y a herramientas de evaluación automatizadas en línea.
- **Navegador Opera (`www.opera.com`):** Opera es en sí una herramienta de evaluación bastante buena. Incluye acceso rápido a varios "modos" de navegador muy útiles para probar vistas basadas en texto del sitio Web. También incluye comandos de reconocimiento de voz y de lectura en su navegador, muy útiles para este tipo de evaluaciones de accesibilidad.

- **Herramientas y servicios en línea WAT-C (`www.wat-c.org/tools/`):** En septiembre de 2005 un grupo de desarrolladores Web y de especialistas en accesibilidad formaron el WAT-C (*Web Accessibility Tool Consortium*, Consorcio para Herramientas de Accesibilidad Web) para proporcionar herramientas que pueden utilizarse tanto para probar la accesibilidad como para fines educativos. Estas herramientas incluyen la Barra de Herramientas de Accesibilidad para Internet Explorer y otros servicios en líneas desarrollados por Gez Lemon de Juicy Studio (`www.juicystudio.com`).

Revisión a cargo de expertos

La revisión a cargo de expertos supone que uno o más especialistas en accesibilidad revisarán un sitio, página o grupo de páginas Web para realizar una evaluación y un examen heurístico de su conformidad con un grupo de criterios como los estándares del W3C o de la Sección 508. El análisis se basa en la experiencia y en reglas generales en términos de accesibilidad. Cuando la revisión termina, los revisores suelen preparar un informe que destaca temas específicos, métodos para mejorar la accesibilidad y áreas a poner a prueba por usuarios con distintas discapacidades. Pueden o no asignar un grado de "severidad" a los problemas pero probablemente priorizarán recomendaciones sobre los elementos que deberían resolverse en primer lugar y sobre aquellos que son menos importantes.

Evaluaciones por parte de usuarios

Aunque es conveniente que un experto revise un sitio, la información más valiosa es la que viene de aquellos que utilizan tecnología asistencial en su día a día.

Las pruebas de usuarios tienen dos categorías: revisión general y pruebas de tareas específicas. La revisión general tiende a centrarse en proporcionar una impresión general de la accesibilidad de un sitio pero sin tener objetivos determinados. Aunque puede ser muy útil para encontrar problemas "obvios" de accesibilidad, como la ausencia de texto `alt`, errores de escritura y un orden confuso de contenido o de lectura, puede no ser demasiado útil para probar tareas específicas como:

- Inicio de la aplicación.
- Encontrar la dirección de correo electrónico para soporte/ayuda.
- Realizar una transacción típica como determinar el balance bancario o pagar un producto determinado.
- Crear una nueva cuenta.

Las evaluaciones de usuario que proporcionan una impresión global de la accesibilidad a un sitio pueden ser útiles pero no ofrecen demasiada información sobre las dificultades que puede tener un usuario para completar tareas de vital importancia para utilizar un sitio o aplicación.

En las evaluaciones de tareas específicas pueden ofrecerse varios tipos de información: un observador hace anotaciones sobre áreas difíciles, determina el grado en el que ha podido realizar una tarea (terminada, terminada con problemas, terminada con ayuda, no terminada, por ejemplo) y el código se revisa para identificar áreas que deben ser mejoradas.

No debe creerse que las pruebas llevadas a acabo por los usuarios estén en última fase de desarrollo, por tanto, ¿cuántas pruebas deberían hacerse? ¡Tantas como quiera y pueda! Una es mejor que ninguna. Si sólo puede acceder a una revisión por expertos o poner a prueba su sitio por un puñado de expertos, hágalo.

Herramientas de evaluación automatizadas

Si las utiliza con la precaución adecuada las herramientas automatizadas pueden ser muy útiles para determinar problemas de accesibilidad de un sitio, para rastrear el progreso en el tiempo y para identificar posibles problemas que exijan una investigación más detallada. El W3C mantiene un listado extensivo de herramientas disponibles en `www.w3.org/WAI/ER/existingtools.html`. Recuerde, sin embargo, que capacidad y discapacidad son términos relativos así que probar a partir de principios absolutos (blanco-negro, sí-no, posible-imposible) suele ser problemático y controvertido.

Es importante recordar que en algunos casos puede ver problemas que no se aplican a su sitio o que son difíciles de probar. Por ejemplo, tras escanear una página con JavaScript, muchas herramientas de evaluación automatizadas determinarán que ha utilizado JavaScript en la página y que por tanto debe incluir una alternativa utilizando un bloque `<noscript>...</noscript>` en la página. El problema es que la evaluación automatizada no sabe lo que está haciendo el *script* y cuál sería el resultado si la página se utiliza con JavaScript activado y desactivado.

Este es otro ejemplo: una herramienta de evaluación automatizada puede evaluar la presencia de texto alternativo para una imagen. Puede incluso hacer una evaluación para ver si hay otras imágenes con el mismo texto alternativo y puede hacer una evaluación para ver si esa imagen es parte de un vínculo. Sin embargo, no puede hacer ninguna evaluación que determine si el texto alternativo es adecuado para la imagen. Ahí radica el problema con la evaluación automatizada. Sigue necesitándose el razonamiento humano y éste debe ser considerado como un factor intrínseco en la evaluación.

Lo mejor es, desde luego, combinar métodos de evaluación automatizados, herramientas basadas en el navegador, revisión de expertos y realización de tareas por usuarios.

Capítulo 6

Internacionalización

Si la Web pretende alcanzar a un público mundial debe poder soportar la muestra en pantalla de todos los idiomas del mundo, con sus alfabetos y símbolos, direccionalidad y puntuación específica. Los esfuerzos del W3C para la internacionalización (a menudo referida como "i18n", esto es, una "i", 18 letras y una "n") garantizan que los formatos y protocolos definidos por el W3C serán utilizables en todo el mundo y en todos los idiomas y sistemas de escritura.

A menudo, escuchará unidos los términos de internacionalización (o globalización) y localización. El W3C define la localización como el proceso de adaptación de una tecnología o contenido a una cultura, región o idioma concretos. La internacionalización se refiere al diseño y desarrollo de contenido y tecnologías Web que permitan una localización sencilla para públicos seleccionados como objetivo. La localización implica más que una simple traducción. También tiene en cuenta detalles entre los que se encuentran (aunque no de forma exclusiva):

- Formatos de hora y fecha.
- Monedas.
- Uso del teclado.
- Interpretaciones culturales de símbolos, iconos y colores.
- Contenido que puede ser malinterpretado o considerado ofensivo.
- Diferencia en las exigencias legales.

La creación de sitios Web multilingües y de versiones localizadas del contenido de un sitio superan el contenido de este libro. Este capítulo se centra en dos problemas fundamentales relacionados con la internacionalización. El primero es la utilización de conjuntos de caracteres alternativos que pueden tener en cuenta todos los sistemas de escritura del mundo, incluyendo codificación de caracteres y referencias de caracteres. El segundo se refiere a las funciones integradas en HTML 4.0 y CSS 2.1 para la especificación de idiomas y sus requisitos específicos de presentación.

Codificación y conjuntos de caracteres

El primer reto de la internacionalización es el manejo del imponente número de formas de caracteres (llamados glifos) de los sistemas de escritura mundiales. Se incluyen no sólo alfabetos, sino también ideogramas (caracteres que indican una palabra o concepto) para lenguajes como el chino, el japonés y el coreano. También hay caracteres invisibles que indican una determinada función dentro de una palabra o línea de texto, como los caracteres que indican que los caracteres adyacentes deberían estar unidos.

Para comprender la relación de la codificación de caracteres con HTML, XHTML y XML debería antes familiarizarse con algunos conceptos y términos básicos.

- **Conjunto de caracteres:** Un conjunto de caracteres es una colección o repertorio de caracteres que se utilizan para una función determinada. Muchos conjuntos de caracteres han sido estandarizados, como el ASCII que incluye 128 caracteres, en su mayoría del alfabeto romano utilizado en el inglés moderno.
- **Conjunto de caracteres codificado:** Cuando un número determinado se asigna a los distintos caracteres de un conjunto, se convierte en un conjunto de caracteres codificado. Todas las posiciones (o unidad numerada) de un conjunto de caracteres codificado se llama "punto de código" (o posición de código). En Unicode (del que hablaremos luego con más detalle) el punto de código del símbolo "mayor que" (>) es 3E en hexadecimal y 62 en decimal. Los punto de código Unicode suelen indicarse como U+hhhh, siendo hhhh una secuencia de al menos cuatro y a veces seis dígitos hexadecimales.
- **Codificación de caracteres:** Se refiere al modo en el que los caracteres y sus puntos de código se convierten en bytes para ser utilizados por los ordenadores. La codificación de caracteres transforma la cadena de caracteres de un documento en una cadena de bytes que es interpretada por las aplicaciones de usuario y reorganizadas de nuevo como una cadena de caracteres para el usuario.

  El número de caracteres disponible en un conjunto de caracteres está limitado por la profundidad de bits de su codificación. Por ejemplo, 8 bits pueden describir 256 (28) caracteres únicos, 16 bits pueden describir 65.536 (2^{16}) caracteres distintos, etc.

Muchos conjuntos de caracteres y sus codificaciones han sido estandarizados para la interoperabilidad a nivel mundial. El conjunto de caracteres más importante para la Web es el Unicode (ISO/IEC 106460-1) que incluye más de 50.000 caracteres de todos los idiomas modernos vivos. En la siguiente sección lo estudiaremos con más detalle.

Los documentos Web también pueden emplear codificaciones más especializadas y adecuadas a sus idiomas de autoría. En la tabla 6.1 aparecen listadas algunas codificaciones comunes. Observe que todas ellas son subconjuntos de 8 bits (256 caracteres) de Unicode.

Tabla 6.1. Las codificaciones de caracteres de 8 bits más frecuentes.

Codificación	Descripción
ISO 8859-1 (a.k.a. Latin-1)	Caracteres latinos utilizados en la mayoría de los idiomas occidentales (incluye ASCII)
ISO 8859-5	Cirílico
ISO 8859-6	Árabe
ISO 8859-7	Griego
ISO 8859-8	Hebreo
ISO-2022-JP	Japonés
SHIFT_JIS	Japonés
EUC-JP	Japonés

HTML 2.0 y 3.0 estaban basados en el conjunto de caracteres Latin-1 (ISO 8859-1) de 8 bits. Ya desde el momento de escribir el HTML 2.0 el W3C era consciente de la inadecuación de sus 256 caracteres para el intercambio de información a escala global y ya tenía puestos los ojos en un conjunto de caracteres llamado Unicode. Por desgracia, Unicode no estuvo listo para ser incluido en una recomendación HTML hasta la versión 4.0 (1996).

Unicode (ISO/IEC 10646-1)

Se necesitan lenguajes de marcado basados en SGML para definir un conjunto de caractes de documento que sirva como base para interpretar caracteres. El conjunto de caracteres de documento para HTML (4 y 4.01), XHTML y XML es el UCS (*Universal Character Set*, Conjunto de Caracteres Universal) que es un superconjunto de todos los conjuntos de caracteres estándar utilizados en el mundo.

El USC se define por los estándares Unicode e ISO/IEC 10646. Los puntos de código de Unicode e ISO/IEC 10646 son idénticos y los estándares se desarrollan en paralelo. La diferencia es que Unicode añade algunas reglas sobre el uso de los caracteres. También se utiliza como referencia para determinados problemas tales como el algoritmo de texto bidireccional para determinar la dirección de lectura en un texto. El estándar Unicode está definido por el Consorcio Unicode (`www.unicode.org`).

Nota: En la práctica, y a lo largo del libro, se hace referencia al UCS como "Unicode".

Como Unicode es el conjunto de caracteres de documento para todos los documentos (X)HTML, las referencias a caracteres numéricos en los documentos Web siempre se interpretan de acuerdo a los puntos de código Unicode, sea cual sea la codificación del documento.

Puntos de código Unicode

Originalmente, Unicode pretendía ser un conjunto de caracteres codificado de 16 bits, pero pronto se advirtió que 65.536 posiciones de código no eran suficientes, así que se extendió para incluir más de un millón de puntos de código (no todos estaban asignados, por supuesto) en planos suplementarios.

Se hace referencia a los primeros 16 bits (o 65.536 posiciones) de Unicode como el BMP (*Basic Multilingual Plane*, Plano Multilingüe Básico). El BMP incluye la mayoría de los caracteres más comunes como conjuntos de caracteres para las lenguas latinas, griego, cirílico, devangari, hirgana, katakana, cherokee y otros, así como caracteres misceláneos o matemáticos. También están ahí la mayoría de los ideogramas, aunque debido a su gran número muchos de ellos han pasado al Plano Ideográfico Suplementario.

Unicode fue creado con compatibilidad retroactiva. Los primeros 256 puntos de código del BMP eran idénticos al conjunto de caracteres Latin-1, y los primeros 128 coincidían con el estándar ASCII establecido.

Codificaciones Unicode

Muchos conjuntos de caracteres sólo tienen un método de codificación como la serie ISO 8859. Unicode, sin embargo, puede codificarse de distintas formas. Así que aunque los puntos de código nunca cambien pueden representarse con 1, 2 ó 4 bytes. Las formas de codificación para Unicode son:

- **UTF-8:** Es un formato que utiliza 1 byte para los caracteres del conjunto ASCII, 2 bytes para rangos de caracteres adicionales y 3 bytes para el resto del BMP. Los planos suplementarios utilizan 4 bytes. UTF-8 es la codificación Unicode recomendada para documentos Web y otras tecnologías de Internet.
- **UTF-16:** Utiliza 2 bytes para caracteres BMP y 4 bytes para caracteres suplementarios. UTF-16 es otra opción para los documentos Web.
- **UTB-32:** Utiliza 4 bytes para todos los caracteres.

De este modo, si el punto de código para el signo de tanto por cien (%) es U+0025, estaría representado por el valor de bytes 25 en UTF-8, 00 25 en UTF-16 y 00 00 00 25 en UTF-32. Por supuesto, hay más cosas en funcionamiento en la codificación, pero este ejemplo sirve para mostrar la diferencia en las formas de codificación.

Seleccionar una codificación

El W3C recomienda la codificación UTF-8 para todos los documentos (X)HTML y XML porque puede acomodar el mayor número de caracteres y tiene un buen soporte en los navegadores. Permite mezclar muchos idiomas en un mismo documento.

Sin embargo, no todos los documentos Web tienen que ser codificados utilizando UTF-8. Si está creando un documento en un idioma que utilice muchos caracteres no ASCII, quizás desee seleccionar una codificación que minimice la necesidad de representar numéricamente esos caracteres específicos.

Recuerde, sin embargo, que sea cual sea la codificación que decida elegir, todos los caracteres del documento serán interpretados de acuerdo a los puntos de código Unicode.

Nota: Si desea más información sobre el uso de conjuntos y codificación de caracteres en los documentos Web, consulte la recomendación del W3C Modelo de Caracteres del World Wide Web (`www.w3.org/TR/charmod/`, encontrará también información en español en la página `www.w3c.es/Prensa/2005/nota050215_ModeloCaracteres.html`).

Especificar la codificación de caracteres

El W3C recomienda a los autores especificar la codificación de caracteres para todos los documentos Web, incluso en aquellos que utilicen la codificación Unicode UTF-8. Hay distintos modos de declarar la codificación de caracteres para los documentos: en la cabecera HTTP suministrada por el servidor, en la declaración XML (sólo para documentos XHTML y XML) o en un elemento `meta` en el `head` del documento. Esta sección describe todos estos métodos y proporciona pautas de uso.

Cabeceras HTTP

Cuando un servidor envía un documento a una aplicación de usuario (como un navegador) también envía información sobre el documento en una porción del documento llamada "cabecera HTTP". Este sería un ejemplo típico de cabecera HTTP:

```
HTTP/1.x 200 OK
Date: Mon, 14 Nov 2005 19:45:33 GMT
Server: Apache/2.0.46 (Red Hat)
Accept-Ranges: bytes
Connection: Close
Transfer-Encoding: chunked
Content-Type: text/html, charset=UTF-8
```

Observe que uno de los bits de información enviados por el servidor es el `Content-Type` del documento utilizando una etiqueta de tipo MIME. Por ejemplo, los documentos HTML siempre se suministran como tipo `text/html`. (los tipos MIME para los documentos XHTML no son tan claros, como veremos más adelante). La entrada `Content-Type` también puede contener la codificación de caracteres del documento utilizando el parámetro `charset`, tal y como mostraba el ejemplo anterior.

El método para configurar un servidor con la codificación de caracteres que usted prefiera varía en función del software de servidor, así que lo mejor es consultar al administrador. Para los servidores Apache, la codificación de caracteres por defecto puede ajustarse para todos los documentos con la extensión `.html` añadiendo esta línea al archivo `.htaccess`.

```
AddType 'text/html; charset=UTF-8' html
```

Las ventajas de establecer codificaciones de caracteres en las cabeceras HTTP son que la información es fácilmente accesible a las aplicaciones de usuario y que la información de cabecera tiene la prioridad más alta en caso de conflicto. Como desventaja señalaríamos que no siempre es fácil para los autores acceder a los ajustes del servidor y es posible que los ajustes por defecto del servidor cambien sin que lo sepa el autor.

La información de codificación de caracteres también puede separarse del documento, por lo que se recomienda que la codificación de caracteres se proporcione también dentro del propio documento, tal y como describimos a continuación.

Servir XHTML

Los documentos XHTML 1.0 pueden servirse como documentos XML o HTML. Aunque XML es el método adecuado, muchos autores eligen suministrar archivos XHTML 1.0 con el tipo MIME `text/html` utilizado para los documentos HTML por razones de compatibilidad retroactiva, por la falta de soporte para archivos XML en los navegadores o por otros problemas relacionados con la interpretación XHTML. Cuando los documentos XHTML se sirven de esta manera pueden no ser analizados sintácticamente como documentos XML.

Los archivos XHTML 1.0 también pueden servirse como XML y los archivos XHTML 1.1 siempre deben servirse como XML. Los documentos XHTML que se sirven como XML pueden utilizar los tipos MIME `application/xhtml+xml`, `application/xml` o `text/xml`. El W3C sólo recomienda el uso de `application/xhtml+xml`.

Si sirve un documento XHTML como un tipo de archivo HTML o XML cambia la forma en la que especifica la codificación de caracteres, tal y como veremos un poco más adelante.

Declaración XML

Los documentos XHTML (y otros XML) suelen comenzar con una declaración XML antes de la declaración DOCTYPE. La declaración XML no es necesaria. Puede incluir la codificación del documento, tal y como muestra este ejemplo:

```
<?xml version="1.0" encoding="UTF-8"?>
<!DOCTYPE html PUBLIC "-//W3C//DTD XHTML 1.0 Strict//EN"
   "http://w3.org/TR/xhtml1/DTD/xhtml1-strict.dtd">
```

La declaración XML puede proporcionarse incluso para documentos XHTML servidos como `text/html`.

Como la codificación predeterminada para todos los documentos XML es UTF-8 o UTF-16, no se necesita la información de codificación de la declaración XML para estas codificaciones y puede omitirse como una optimización destinada a ahorrar espacio.

Además, aunque técnicamente es correcto incluir la declaración XML en tales documentos, el Apéndice C de la especificación XHTML 1.0, "Pautas de compatibilidad HTML", recomienda evitarla y muchos autores deciden omitirla por problemas de soporte de los navegadores. Por ejemplo, cuando Internet Explorer 6 para Windows detecta una línea de texto antes de la declaración DOCTYPE lo convierte a Modo Quirks (ver el capítulo 9 para más detalles) lo que puede tener un efecto dañino en el renderizado de los estilos de los documentos (al parecer se ha corregido este problema en el IE 7). Sólo es necesaria si el documento utiliza una codificación distinta a UTF-8 p UTF-16 y la codificación no ha sido establecida en el servidor.

El elemento META

En el caso de los documentos HTML y de los documentos XHTML servidos como `text/html`, la codificación siempre debería especificarse utilizando un elemento `meta` en la cabecera del documento. El atributo `http-equiv` pasa información a la aplicación de usuario como si apareciera en la cabecera HTTP. De nuevo, la codificación se suministra con el valor `charset` tal y como muestra este ejemplo:

```
<head>
   <meta http-equiv="content-type" content="text/html; charset=utf-8" />
   <title>Document Title</title>
</head>
```

Aunque el elemento `meta` que declara el tipo de contenido no es un elemento necesario en las DTD (*Document Type Definition*, Definición de Tipo de Contenido) HTML y XHTML, se recomienda su uso para identificar con claridad la codificación de caracteres y mantener esa información con el documento. Es especialmente útil para los editores de texto normales (como BBEdit) que utilizan el elemento `meta` para identificar la codificación de caracteres del documento al abrirlo para su edición. Con este método, todas las codificaciones de caracteres deben especificarse de forma explícita, incluyendo UTF-8 y UTF-16.

Elegir el método de declaración

El método de declaración depende del tipo de documento que se está creando y de su método de codificación.

- **Documentos HTML:** La codificación debería especificarse en el servidor y en el documento con un elemento `meta`. Así se asegura que se puede acceder fácilmente a la codificación y que ésta permanece en el documento para usos posteriores.
- **Documentos XHTML 1.0 servidos como HTML:** La codificación debería especificarse en el servidor y en el documento con un elemento `meta`. Si la codificación no es UTF-8 ni UTF-16, y el documento probablemente sea analizado sintácticamente como XML (no como HTML), incluya también la codificación en la cabecera XML. Tenga en cuenta que la inclusión de la declaración XML puede dar lugar a problemas de renderizado en algunos navegadores.

- **Documentos XHTML (1.0 y 1.1) servidos como XML:** La codificación debería especificarse en el servidor con el atributo de codificación en la declaración XML. Aunque no es estrictamente necesario hacerlo con las codificaciones UTF-8 y UTF-16, es mejor hacerlo siempre de forma sistemática.

Nota: Esta estrategia de declaración de codificaciones de caracteres está perfilada en un tutorial del sitio de Internacionalización del W3C (`www.w3.org/International/tutorials/tutorial-char-enc/`). Puede encontrar otro enfoque en el artículo titulado "WaSP Asks the W3C: Specifying Character Encoding" del sitio del Proyecto de Estándares Web (`webstandards.org/learn/askw3c/dec2002.html`).

Referencias de caracteres

Los documentos HTML y XHTML utilizan el conjunto de caracteres estándar ASCII (los caracteres que puede ver en las teclas de su teclado). Para representar los caracteres que están fuera del rango del ASCII, debe referirse al caracter utilizando una referencia. Es lo que se conoce como caracteres de escape.

En los documentos HTML y XML, algunos caracteres ASCII que pretenda renderizar en el navegador como parte del contenido de texto deben definirse como caracteres de escape para que no sean interpretados como código por la aplicación de usuario. Por ejemplo, el símbolo "menor que" (<) debe ser definido de este modo para que no sea confundido con el inicio de una etiqueta de inicio de elemento. Otros caracteres de este tipo serían el símbolo "mayor que" (>), el símbolo ampersand (&), la comilla simple (') y comilla doble ("). En los documentos XML todos los ampersand deben ser "escapados" o no se validarán.

Hay dos tipos de referencias de caracteres: NCR (*Numeric Character References*, Referencias Numéricas de Carácter) y entidades de caracteres.

Declarar la codificación en las hojas de estilo

También es posible declarar la codificación de una hoja de estilo externa incluyendo una declaración al principio del documento `.css` (debe ser el primer elemento del archivo):

```
@charset "utf-8";
```

Es importante hacerlo si su hoja de estilo incluye caracteres no-ASCII en valores de propiedad como caracteres de cita utilizados en contenido generado, nombres de fuente, etc.

Referencias Numéricas de Caracter

Una referencia numérica de caracter indica el caracter por su punto de código Unicode (del que ya hablamos en este mismo capítulo). Estas referencias numéricas siempre van precedidas por # y terminan con un punto y coma (`;`). El valor numérico puede ser decimal o hexadecimal. Los valores hexadecimales están indicados con una `x` antes del valor.

Por ejemplo, el símbolo de copyright (©), que ocupa la posición 169 en Unicode (U+00A9), puede representarse por su referencia numérica hexadecimal (`©`) o por su equivalente decimal (`©`). Los valores decimales son más frecuentes en la práctica. Observe que los ceros al comienzo del punto de código pueden omitirse en la referencia numérica de caracter.

Nota: Jens Brueckmann, en su sitio J-A-B.net, ofrece numerosas tablas con todos los caracteres del Plano Multilingüe Básico. Proporciona además el punto de código Unicode y la referencia numérica hexadecimal y decimal de todos los caracteres. Puede encontrarlo en `www.j-a-b.net/web/char/char-unicode-bmp`.

Entidades de caracteres

Las entidades de caracteres utilizan abreviaturas o palabras en lugar de números para representar caracteres, para recordarlos más fácilmente que a través de números. En este sentido, las entidades se utilizan por mera conveniencia. Las entidades de caracteres deben estar predefinidas en la declaración de tipo de documento de un lenguaje de marcado para poder utilizarse. Por ejemplo, el símbolo de copyright (©) puede ser indicado como `©` porque esa entidad ha sido declarada en la DTD. En el Apéndice C de este libro aparece un listado de las entidades de caracteres definidas en HTML 4.01 y XHTML (el capítulo 10 también ofrece una lista de las más frecuentes). XML define cinco entidades de caracteres para utilizar con todos los lenguajes XML:

`<`
: Menor que (<)

`>`
: Mayor que (>)

`&`
: Ampersand (&)

`'`
: Apóstrofe (')

`"`
    Comillas dobles (")

Escapes en CSS

Puede ser necesario escapar un caracter en una hoja de estilos si el valor de una propiedad contiene un caracter no ASCII. En CSS, el mecanismo de escape es una barra invertida (\) seguida por el valor hexadecimal del punto de código Unicode. El escape termina con un espacio en blanco en lugar de con un punto y coma. Por ejemplo, un nombre de fuente que comience con una letra mayúscula C con cedilla (Ç) debe escaparse en la regla de estilo, tal y como mostramos a continuación:

```
p { font-family: \C7 elikfont; }
```

Si el caracter especial aparece en un valor de atributo `style`, se puede utilizar su referencia numérica, entidad o escape CSS. Se recomienda utilizar el escape CSS para facilitar moverlo después a una hoja de estilo.

Nota: Encontrará pautas sobre la declaración de codificaciones de caracteres y el uso de escapes en las Técnicas de Autoría del W3C para la Internacionalización XHTML y HTML, disponibles en `www.w3.org/TR/i18n-html-tech-char/`.

Funciones de idioma

Coordinar conjuntos de caracteres es sólo la primera parte del desafío. Incluso los idiomas que comparten un conjunto de caracteres pueden tener distintas reglas de acentuación, espaciado, signos de interrogación y exclamación, puntuación, etc. Además de las formas de los caracteres (glifos) hay que tener en cuenta problemas como el de la direccionalidad (si el texto se lee de derecha a izquierda o de izquierda a derecha) y de comportamiento de las uniones en escritura cursiva. Esta sección presenta algunas funciones incluídas en HTML 4.01 y XHTML 1.0 y posteriores que atienen a las necesidades de una Web multilingüe.

Especificación de idioma

Se recomienda firmemente que los autores especifiquen el idioma de todos los documentos XHTML y HTML. Para especificar un idioma para los documentos XHTML utilice el atributo `xml:lang` en el elemento raíz `html`. Los documentos

HTML utilizan el atributo `lang` para el mismo propósito. Para garantizar la compatibilidad retroactiva, la convención consiste simplemente en utilizar los dos atributos tal y como mostramos en el siguiente ejemplo, que especifica el idioma francés para el documento:

```
<html xml:lang="fr" lang="fr" xmlns="http://www.w3.org/1999/xhtml" >
```

Nota: Los usuarios pueden ajustar preferencias de idioma en sus navegadores. Esta información de preferencias se transmite al servidor cuando el usuario solicita un documento. El servidor puede utilizarla para devolver un documento en el idioma preferido (si lo hay).

Los atributos de idioma pueden utilizarse en un elemento concreto para ignorar la declaración de idioma del documento. En este ejemplo, se proporciona una cita larga en noruego:

```
<blockquote xml:lang="no" lang="no">...</blockquote>
```

Valores de idioma

El valor de los atributos `lang` y `xml:lang` es una etiqueta de idioma tal y como se definió en la norma RFC 3066 sobre Etiquetas para la Identificación de Idiomas. Las etiquetas de idiomas consisten en una subetiqueta principal que identifica el idioma de acuerdo a un código de idioma de dos o tres letras (de acuerdo al estándar ISO 639), por ejemplo `fr` para francés o `no` para noruego. Cuando un idioma tiene un código tanto de dos como de tres letras, debería utilizarse el de dos letras.

La lista completa de los códigos de idioma ISO 639 está disponible en la página Web de la Librería del Congreso de los Estados Unidos (`www.loc.gov/standards/iso639-2/langcodes.html`). También encontrará los códigos de dos letras más comunes en la tabla 6.2.

Una etiqueta de idioma también puede contener una subetiqueta opcional que clasifica con más detalle el idioma en función del país, dialecto o escritura, tal y como muestran estos ejemplos:

`en-GB`
: Inglés de Gran Bretaña

`en-scouse`
: Inglés con dialecto Scouse (de Liverpool)

`bs-Cyrl`
: Bosnio con escritura cirílica (con caracteres latinos sería `bs-Latn`)

El estándar ISO 3166 proporciona los códigos para los nombres de país y están disponibles en `www.iso.org/iso/en/prods-services/iso3166ma/02iso-3166-code-lists/list-en1.html`. Las etiquetas de idioma y dialecto están registradas con la IANA (*Internet Assigned Numbers Authority*, Autoridad de Números de Internet Asignados) y están disponibles en `www.iana.org/assignments/language-tags`.

Tabla 6.2. Códigos de dos letras de nombres de idioma.

Idioma	Código	Idioma	Código	Idioma	Código
Afar	aa	Húngaro	hu	Ossetiano	os
Abkhaziano	ab	Armenio	hy	Punjabi	pa
Avéstico	ae	Herero	hz	Pali	pi
Afrikaans	af	Interlingua	ia	Polaco	pl
Akan	ak	Indonesio	id (antes in)	Pastún	ps
Amárico		Interlingue	ie	Portugués	pt
Aragonés	an	Igbo	ig	Quechua	qu
Árabe	ar	Sichuan Yi	ii	Reto-romance	rm
Asamés	as	Inupiak	ik	Kirundi	rn
Aymara	ay	Inuktitut	iu	Rumano	ro
Azerí	az	Japonés	jw	Ruso	ru
Bashkir	ba	Georgiano	ka	Kinyarwanda	rw
Bielorruso	be	Congolés	kg	Sánscrito	sa
Búlgaro	bg	Kikuyu	ki	Sardo	sc
Bihari	bh	Kuanyama	kj	Sindhi	sd
Bislama	bi	Kazaj	kk	Sami septentrional	se
Bambnara	bm	Groenlandés	kl	Sango	sg
Bengalí	bn	Camboyano	km	Servo-croata	sh
Tibetano	bo	Kannada	kn	Singalés	si
Bretón	br	Coreano	ko	Eslovaco	sk
Bosnio	bs	Kanuri	kr	Eslovenio	sl
Catalán	ca	Cachemir	ks	Samoano	sm
Chechenio	ce	Curdo	ku	Shona	sn
Chamorro	ch	Komi	kv	Somalí	so
Corso	co	Cornish	kw	Albanés	sq

Idioma	Código	Idioma	Código	Idioma	Código
Cree	cr	Kirghiz	ky	Serbio	sr
Checo	cs	Latín	la	Siswati	ss
Eslavo Antiguo	cu	Luxemburgués	lb	Sesotho	st
Chuvash	cv	Ganda	lg	Sudanés	su
Galés	cy	Limburgano	li	Sueco	sv
Danés	da	Lingala	lm	Swahili	sw
Alemán	de	Lingala	ln	Tamil	ta
Divehi	dv	Laosiano	lo	Telugu	te
Bhutaní	dz	Lituano	lt	Tayik	tg
Ewe	ee	Luba Katanga	lu	Thai	th
Griego	el	Letón	lv	Tigrinya	ti
Inglés	en	Malgache	mg	Turcmeno	tk
Esperanto	eo	Marsellés	mh	Tagalo	tl
Español	es	Maorí	mi	Setchwana	tn
Estonio	et	Macedonio	mk	Tonga	to
Vasco	eu	Malayalam	ml	Turco	tr
Farsi	fa	Mongol	mn	Tsonga	ts
Fulah	ff	Moldavo	mo	Tatar	tt
Finlandés	fi	Maratí	mr	Twi	tw
Fidji	fj	Malayo	ms	Tahitiano	ty
Faroés	fo	Maltés	mt	Uigur	ug
Francés	fr	Birmano	my	Ucraniano	uk
Frisón	fy	Naurí	na	Urdu	ur
Irlandés	ga	Nepalés	ne	Uzbeko	uz
Gaélico escocés	gd	Ndonga	ng	Venda	ve
Gallego	gl	Holandés	nl	Vietnamita	vi
Guaraní	gn	Nynorsk	nn	Volapuk	vo
Gujarati	gu	Noruego	no	Walloon	wa
Gaélico de la Isla de Man	gv	Ndebele	nr	Uolof	wo
Hausa	ha	Navajo	nv	Xhosa	xh
Hebreo	he (antes ji)	Chichewa	ny	Yidish	yi

Idioma	Código	Idioma	Código	Idioma	Código
Hindi	hi	Occitano	oc	Yoruba	yo
Hiri Motu	ho	Ojibwa	oj	Zhuang	za
Croata	hr	Oromo	om	Chino	zh
Haitiano	ht	Oriya	or	Zulú	zu

Direccionalidad

HTML 4.01 y XHTML tienen en cuenta que muchos idiomas se leen de derecha a izquierda y proporcionan atributos para el manejo de la direccionalidad del texto. La direccionalidad es parte de la codificación de caracteres en Unicode.

El atributo `dir` se utiliza para especificar la dirección en la que debería interpretarse el texto. Puede utilizarse combinado con el atributo `lang` y se puede añadir en las etiquetas de la mayoría de los elementos. El valor aceptado para la dirección es `ltr` (izquierda a derecha) o `rtl` (derecha a izquierda). Por ejemplo, este código indica que el párrafo va a mostrarse en árabe y que se leerá de derecha a izquierda:

```
<p lang="ar" xml:lang="ar" dir="rtl">...</p>
```

El elemento `bdo`, introducido en HTML 4.01, también trata específicamente con documentos que contienen combinaciones de texto que se lee en ambas direcciones (texto bidireccional). El elemento `bdo` se utiliza para ignorar la bidireccionalidad, esto es, especifica un fragmento de texto que debería ignorar la dirección intrínseca (como legado de Unicode) del texto que contiene. El elemento `bdo` utiliza el atributo `dir` de este modo:

```
<bdo dir="ltr">Frase inglesa en un texto por lo demás hebreo</bdo>...
```

Comportamiento de uniones en escritura cursiva

En algunos sistemas de escritura la forma de los caracteres varía en función de su posición en la palabra. Por ejemplo, en árabe, un caracter utilizado al comienzo de una palabra es totalmente distinto a si se utiliza al final de una palabra. Generalmente, este comportamiento se resuelve en el software, pero hay caracteres Unicode que dan un control preciso sobre el mismo. Tienen una anchura de cero y se sitúan entre caracteres para especificar si deberían estar unidos.

HTML 4.01 proporciona entidades de caracteres mnemotécnicas para estos caracteres, tal y como muestra la tabla 6.3.

Tabla 6.3. Caracteres Unicode para el comportamiento de uniones.

Entidad	Numérico	Nombre	Descripción
`‌`	`‌`	ancho cero, no unión	Evita la unión de caracteres que de otra forma estarían unidos.
`‍`	`‍`	ancho cero, unión	Une caracteres que de otra forma no estarían unidos.

Funciones de idioma de hojas de estilo

La primera versión de CSS no incluía mecanismos para tratar nada que no fueran idiomas occidentales leídos de izquierda a derecha. CSS Nivel 2 introduce algunos controles dirigidos específicamente al multilingüismo.

- **Direccionalidad**: Las propiedades `direction` y `unicode-bidi` de CSS permiten a los autores especificar la dirección del texto, de modo parecido a los elementos `dir` y `bdo` de HTML.
- **Comillas:** La propiedad `quotes` se utiliza para especificar el tipo de comillas adecuado al idioma del texto. Las comillas serán estudiadas en el capítulo 23.

CSS Nivel 3 incluye atributos de idioma avanzados como una especificación detallada de esquemas internacionales de numeración, texto vertical y justificación de texto basada en el idioma. Los esquemas internacionales de numeración están publicados en el Modulo Listas de CSS 3 (`www.w3.org/TR/css3-lists`). Los efectos de texto adecuados a los esfuerzos de internacionalización están publicados en el Módulo de Efectos de Texto de CSS 3 (`www.w3.org/TR/css3-text/`).

CSS 3 también incluye un módulo para anotaciones Ruby. "Ruby" son comandos cortos de texto al lado del texto base y sirve como anotación o guía de pronunciación como en el caso de los caracteres fonéticos japoneses que van junto a los ideogramas kanji para ayudar a los lectores que no comprenden los ideogramas. Puede encontrar más información en `www.w3.org/TR/css3-ruby` (y en español en `www.riblo.com/`).

Para seguir leyendo

Si está interesado en aprender más, visite la página del W3C `www.w3.org/International/`, un excelente punto de partida para seguir investigando.

Otra fuente excelente es Babel, un proyecto conjunto de Alis Technologies y de la Internet Society para internacionalizar el Internet. Puede encontrarlo en `alis.isoc.org/index.en.html`.

Parte II

La capa estructural: XML y (X)HTML

Capítulo 7

Introducción al XML

Si está pensando en saltarse este capítulo, piénselo un poco más despacio. Posiblemente nunca necesite ser un experto en XML, pero los conceptos básicos de este capítulo le ayudarán a comprender por qué las cosas se hacen como se hacen en el mundo de la autoría de documentos Web. Lo que es más, acercándose al XML podrá comprender la lógica que influye en el diseño Web contemporáneo y en las recomendaciones del W3C sobre la materia desde XHTML a CSS 2 y posteriores.

XML (*Extensible Markup Language*, Lenguaje Extensible de Marcado) es un estándar W3C para el marcado de documentos de texto. No es en sí mismo un lenguaje (como el HTML) sino, más bien, un conjunto de reglas para la creación de otros lenguajes de marcado. En otras palabras, es un metalenguaje de marcado. Los lenguajes escritos de acuerdo a la sintaxis XML se denominan "aplicaciones XML" (un uso confuso de la palabra "aplicación", pero es un legado del SGML). Puede sonar un poco abstracto, si es así piense de este modo: XML proporciona las herramientas para hacer conjuntos y subconjuntos personalizados de etiquetas.

Aunque XML comenzó como un esfuerzo para mejorar la estructura de la información y de su manejo en la Web, pronto conquistó todo el mundo informático. De hecho, hoy hay más XML utilizado fuera de la Web que en ella. XML se utiliza para compartir documentos y para almacenar datos en campos tan diversos como las finanzas, la física, viajes, seguros y el mundo académico, por citar tan sólo algunos ejemplos. También hay archivos XML funcionando entre bastidores en un número creciente de aplicaciones de software como Microsoft Office, Macromedia Flash y Apple iTunes. Esto es sólo una muestra de la flexibilidad y la robustez de XML.

XML también tiene gran peso en la Web. Es el pilar de la visión del W3C para el futuro del intercambio de información en redes.

XML es un tema complejo que queda fuera del alcance de este libro de diseño Web. Este capítulo ofrece una introducción, centrándose en los aspectos de XML que son útiles para los diseñadores y desarrolladores Web, como el modo en el que funciona, sintaxis básica y aplicaciones XML basadas en la Web.

El mejor modo de acercarse a él es a través de un ejemplo.

Principios básicos de XML

Éste es un documento XML muy simple marcado con etiquetas creadas para describir las cubiertas para mis famosas recopilaciones de música para fin de año.

```
<?xml version="1.0"?>
<compilation>
<title>Oh Baby! Jen's Favorites</title>
<year>2005</year>
<image source="ohbabycover.jpg"/>
<tracklist>
   <track number="1">
      <artist>The Wrens</artist>
      <song>
         <song_title>Hopeless</song_title> from
         <album_title>The Meadowlands</album_title>,
         <release_date>2003</release_date>
      </song>
      <comments>Me encantan The Wrens, musical y personalmente.
      </comments>
   </track>
<!--añadir aquí más pistas-->
</tracklist>
</compilation>
```

Si ha visto un documento HTML habrá muchas cosas en este ejemplo que le serán familiares. En primer lugar, es un documento de texto y como tal puede crearse o editarse en un editor de texto. También utiliza etiquetas entre comillas francesas o anguladas (<>) para indicar el comienzo y el final de los elementos de contenido del documento. Por ejemplo este elemento:

```
<artist>The Wrens</artist>
```

El elemento incluye el contenido (en este caso los datos de caracteres "The Wrens") y su marcado (la etiqueta de inicio `<artist>` y la etiqueta de cierre `</artist>`). En XML, las etiquetas dependen del caso, así que `<ARTIST>`, `<Artist>` y `<artist>` serían analizadas sintácticamente como tres elementos distintos. Los elementos pueden contener datos de caracteres, otros elementos o ambos. Algunos elementos están vacíos, es decir, que no tienen contenido. `<meta/ >` es un ejemplo de un elemento vacío en XHTML. Los elementos pueden ser clarificados a través de atributos que proporcionan información adicional sobre el elemento. En el ejemplo anterior, el elemento `image` utiliza el atributo `source` para proporcionar la localización del archivo de imagen.

Marcado con significado

Lo más importante a tener en cuenta es que las etiquetas describen la información que contienen de modo significativo. En XML, los nombres de los elementos pretender ser sencillos, descriptivos y legibles por los seres humanos y por las máquinas. Observe también que las etiquetas no dan ninguna indicación del aspecto del documento. Su propósito es sólo ofrecer una descripción semántica (del significado) de sus contenidos. Los documentos XML confían en hojas de estilo para las cuestiones relativas a la presentación.

Unidos, los elementos de un documento crean su estructura. En el ejemplo observe que algunos elementos contienen otros elementos, que a su vez pueden contener nuevos elementos. Esta jerarquía es denominada esquema o árbol del documento. Comienza con un elemento raíz (`compilation` en nuestro ejemplo) y se divide en capas de relaciones padre/hijo. Todos los documentos XML deben tener un elemento raíz, sin ancestros. En el capítulo 16 estudiaremos con más detalle la estructura del documento.

Nota: Los conceptos de marcado semántico y de estructura del documento son fundamentales en el diseño Web. HTML y XHTML son lenguajes de marcado para describir documentos de texto cuyos "datos" consisten en párrafos, cabeceras, listas, etc. En un marcado HTML adecuado, los elementos deberían describir con precisión su contenido y no deberían elegirse para lograr un determinado efecto visual en un navegador. Además, tener conciencia de la estructura del documento será muy útil a la hora de planificar y escribir hojas de estilo.

Texto como datos, datos como texto

En nuestro sencillo ejemplo puede incluso verse cómo el marcado XML trata el contenido de un documento de texto como datos. Así este documento puede mostrarse en un formato de página o almacenarse en una base de datos (un uso común de la información en formato XML).

Por el otro lado, XML permite que los datos sean almacenados en formato de texto. Es la clave de su éxito en el mundo informático. Los datos que antes eran almacenados en formatos propietarios ahora pueden marcarse en un archivo de texto y compartirse entre sistemas incompatibles. También aumenta la longevidad. Los documentos XML son intuitivos y no están vinculados a un formato ni sistema que pudiera quedar obsoleto.

Cómo funciona

XML tiene cuatro componentes básicos:

- Un documento marcado en un lenguaje XML.
- Una DTD o esquema XML opcionales que definan los elementos y reglas para su uso en ese idioma.
- Hojas de estilo para instrucciones de presentación.
- Analizadores sintácticos que interpreten el documento XML.

Vemos detenidamente cada uno de ellos.

Documentos XML

Los documentos XML pueden utilizarse para muchos tipos de contenido. Un documento puede basarse en texto (como el artículo de una revista) o contener únicamente datos numéricos a transferir de una base de datos o aplicación a otra. Un documento XML también puede contener una estructura abstracta, como una determinada forma gráfica vectorial (como en SVG) o una ecuación matemática (como en MathML).

Es importante tener en cuenta que un documento XML no se limita a un archivo físico. Puede componerse de contenido de varios archivos integrados a través de marcado especial o puede existir sólo como registros de una base de datos reunidos al vuelo. El resultado final siempre es contenido de texto marcado.

Breve historia del XML

Tanto el XML como el HTML hunden sus raíces en el SGML (*Standard Generalized Markup Language*, Lenguaje de Marcado Generalizado Estándar), un conjunto muy extenso y exhaustivo de reglas de sintaxis para el marcado de documentos y datos que ha existido como un estándar ISO desde 1986. Es el pez gordo de los metalenguajes. Para más información sobre SGML, además de su historia, consulte `www.oasis-open.org/cover/general.html`.

Cuando Tim Berners-Lee necesitó un lenguaje de marcado que indicara a los navegadores cómo mostrar en pantalla el contenido, utilizó SGML para crear HTML. En otras palabras, HTML es una aplicación SGML, aunque bastante simplificada.

Cuando la Web fue madurando, surgió la necesidad de disponer de lenguajes de marcado más versátiles. SGML proporcionó un buen modelo, pero era demasiado amplio y complejo, tenía muchas funciones redundantes, demasiado complejas o inútiles. XML es una versión reducida y simplificada de SGML.

Gran parte del mérito de la creación de XML, puede atribuirse a Jon Bosak de Sun Microsystems que comenzó el grupo de trabajo del W3C responsable de la reducción del SGML. Otros agentes fueron James Clark, director técnico del grupo de trabajo, y Tim Bray, Michael Sperberg-McQueen y Jean Paoli, coeditores de la especificación XML.

XML 1.0 se convirtió en una recomendación W3C el 10 de febrero de 1998 y ha tenido tres revisiones. La tercera edición vio la luz en 2004. En esa fecha el W3C sacó a la luz XML 1.1, dirigido a temas relacionados, entre otras cosas, con Unicode. Se sigue animando a los desarrolladores a utilizar XML 1.0 si no necesitan las funciones más nuevas. Distintos aspectos y módulos de XML siguen en desarrollo. Para más información y actualizaciones sobre el progreso de XML, consulte la página Web del W3C en `www.w3.org/XML`.

Definición del Tipo de Documento (DTD)

Algunos lenguajes XML también incluyen una Definición del Tipo de Documento (DTD) que define los elementos permitidos en el documento junto con sus atributos y reglas de uso. Una aplicación fiel al XML puede comparar el documento con su DTD para "decodificar" el marcado y asegurarse de que sigue sus propias reglas. De un documento conforme a su DTD se dice que es "válido". En este mismo capítulo estudiaremos con detalle las DTD.

Un método actualizado que sirve para definir elementos XML y la estructura del documento son los Esquemas XML. Un caso concreto de Esquema XML es la conocida como Definición de Esquema XML (XSD). La diferencia es que las XSD se basan en XML y las DTD (una forma anterior de esquema) se crean de acuerdo a las reglas del SGML. Las XSD son más potentes para describir lenguajes XML pero también tienden a ser más complejas y difíciles de escribir y leer. Los Esquemas XML quedan fuera del alcance de este capítulo introductorio, pero puede encontrar más información en la página Web del consorcio W3C en `www.w3.org/XML/Schema/`.

Hojas de estilo y XML

Un lenguaje de marcado sólo describe la estructura de un documento, no se preocupa por su aspecto. Como los documentos HTML, los documentos XML pueden usar Hojas de Estilo en Cascada (CSS) para la presentación. De hecho, la recomendación CSS Nivel 2 se ha ampliado para ser utilizada con todas las aplicaciones XML, no sólo documentos Web. Estudiaremos CSS en la tercera parte de este libro.

Otro lenguaje de hojas de estilo es el llamado XSL (*Extensible Stylesheet Language*, Lenguaje de Hojas de estilo Extensible) dedicado a los documentos XML. XSL crea un tiempo de procesamiento para la ejecución de comandos muy extenso, mientras que CSS es rápido y sencillo.

XSL es útil cuando los contenidos del documento XML deben ser "transformados" antes de la muestra final en pantalla. Transformar indica, generalmente, el proceso de convertir un lenguaje XML en otro, como convertir un lenguaje XML determinado en XHTML al vuelo, pero también puede utilizarse para transformaciones tan simples como sustituir palabras. Una hoja de estilo XSLT (*Extensible Stylesheet Language Transformations*, Transformaciones del Lenguaje de Hojas de estilo Extensible) funciona como traductora en el proceso de transformación. Este capítulo no se ocupa de XSL, si desea más información consulte la página Web del W3C en `www.w3.org/Style/XSL/`.

Analizadores sintácticos

El software que interpreta la información de los documentos XML se denomina procesador o analizador sintáctico (*parser*) XML. Los analizadores sintácticos suelen estar integrados en otras aplicaciones XML (como navegadores Web o servidores de bases de datos) aunque también existen analizadores sintácticos XML autónomos. Su tarea es transmitir elementos y sus contenidos a la aplicación pieza a pieza para que su ejecución o muestra en pantalla.

Una de sus labores es garantizar que el documento XML esté bien formado, es decir, que sigue todas las reglas de la sintaxis de marcado XML. Si un documento no está bien formado, los analizadores sintácticos no lo procesan. Algunos analizadores sintácticos también son analizadores sintácticos validadores, es decir, que comprueban la validez de un documento con una DTD.

Sintaxis de los documentos XML

Vemos ahora algunos detalles de la sintaxis XML utilizando este sencillo documento XML:

```
<?xml version="1.0" encoding="US-ASCII" standalone="no"?>
<!DOCTYPE accounts SYSTEM "simple.dtd">
<accounts>
<customer>
   <name>
      <firstname>Bobby</firstname>
      <lastname>Five</lastname>
   </name>
   <accountNumber>4456</accountNumber>
   <balance>111.32</balance>
</customer>
<!-- pronto se añadirán mas clientes -->
<?php print date ('Fj,Y') ?>
</accounts>
```

Nota: Como XHTML es una aplicación XML, todas las convenciones de sintaxis que veamos aquí se aplicarán también a los documentos Web escritos en XHTML.

Bien formado vs. válido

En pocas palabras, los documentos bien formados cumplen las reglas de marcado de documentos de acuerdo al XML, de forma independiente a un lenguaje específico. Por ejemplo, todos los elementos están anidados correctamente y no se superponen.

Los documentos válidos están bien formados y se atienen a las reglas de una Definición del Tipo de Documento para un lenguaje XML determinado. Por ejemplo, en XHTML, no es válido poner un elemento body en un elemento.

Un documento XML debe estar bien formado y debería ser válido, pero la validez no es obligatoria.

Declaración XML

La primera línea del ejemplo es la declaración XML:

```
<?xml version="1.0" enconding="US-ASCII" standalone="no"?>
```

La declaración XML contiene información especial para el analizador sintáctico XML. En primer lugar, el atributo `version` indica al analizador sintáctico que es un documento XML conforme a la versión 1.0 del estándar XML (que, incidentalmente, es la única opción disponible).

Además, el atributo `encoding` especifica qué codificación de caracteres utiliza el documento. Por defecto, XML utiliza la codificación UTF-8 del conjunto de caracteres Unicode (el conjunto de caracteres más completo que incluye glifos de la mayoría de idiomas del mundo). También pueden especificarse otras codificaciones, como ISO-8859-1 (Latin-1) que es un conjunto que contiene caracteres de la mayoría de los idiomas de Europa Occidental. En el capítulo 6 se estudiaron con detalle las codificaciones de caracteres.

Por último, el atributo opcional `standalone="no"` indica al programa que se necesita una DTD externa para interpretar correctamente el documento. Si el valor de `standalone` es `yes`, significa que no hay DTD o que la DTD está incluida en el documento.

Los documentos XML deberían comenzar con una declaración XML pero no es obligatorio hacerlo.

Advertencia: En los documentos XHTML la presencia de una declaración XML hará que Internet Explorer 6 renderice en modo Quirks, incluso aunque se proporcione una declaración DOCTYPE. Por esta razón suele omitirse. Este problema ha sido resuelto en Internet Explorer 7. Otros navegadores pueden renderizar la declaración XML o tener otro tipo de problemas. Si es posible, evite utilizar la declaración XML en sus documentos XHTML.

Declaración del Tipo de Documento

El ejemplo también incluye una declaración del tipo de documento (`DOCTYPE`).

```
<!DOCTYPE accounts SYSTEM "simple.dtd">
```

El propósito de la declaración `DOCTYPE` es indicar la DTD con la que debería ser comparado el documento para comprobar su validez. La declaración identifica el elemento raíz del documento (`accounts` en el ejemplo). También proporciona un indicador a la DTD en sí. Más adelante, en la sección "Sintaxis de las Declaraciones del Tipo de Documento", estudiaremos con detalle las declaraciones `DOCTYPE` y en el capítulo 9 veremos cómo se aplican a XHTML.

Unidas, las declaraciones XML y `DOCTYPE` suelen ser denominadas "prólogo del documento". Para los lenguajes XML que no utilizan DTD, el prólogo es opcional. Para los lenguajes con DTD, la declaración `DOCTYPE` es necesaria para que se valide el documento.

Comentarios

Puede dejar notas en un documento XML en forma de comentario. Los comentarios comienzan con `<!--` y terminan con `-->`. Si ha utilizado comentarios en HTML, estará familiarizado ya con su sintaxis. El documento del ejemplo contiene el comentario:

```
<!-- pronto se añadirán mas clientes -->
```

Los comentarios no son elementos y, por tanto, no afectan a la estructura del documento. Pueden colocarse en cualquier parte del documento excepto antes de una declaración XML o dentro de una etiqueta o de otro comentario.

Instrucciones de procesado

Una instrucción de procesado es un método de transmisión de información a aplicaciones que pueden leer el documento. También incluye el programa o *script* en sí. A diferencia de los comentarios, que son para las personas, las instrucciones de procesado son para los programas o *scripts* informáticos. Las instrucciones de procesado se indican con un <? al comienzo y un ?> al final de la instrucción.

El documento del ejemplo incluye una instrucción de procesado para un comando PHP simple que muestra la fecha actual:

```
<?php print date('Fj, Y'); ?>
```

Referencias de entidad

Los caracteres aislados de marcado (como <, & y >) no están permitidos en el texto de un documento XML y deben ser escapados utilizando una Referencia Numérica de Caracter o con una entidad predefinida de caracter. Se hace así para evitar que el analizador sintáctico XML interprete un símbolo < como el comienzo de una nueva etiqueta. Además de utilizar referencias de entidad en el contenido del documento debe utilizarlas en valores de atributo.

XML define cinco entidades de caracteres para utilizarlas en todos los lenguajes XML (véase la tabla 7.1). En una declaración del tipo de documento pueden definirse más entidades.

Tabla 7.1. Entidades de caracteres predefinidas en XML.

Entidad	Caracter	Notas
&	&	No debe utilizarse dentro de instrucciones de procesado.
<	<	Utilizar en valores de atributo recogidos entre comillas (").
>	>	Utilizar tras]] en texto normal y dentro de instrucciones de procesado.

Entidad	Caracter	Notas
`"`	"	Utilizar en valores de atributo recogidos entre comillas simples (').
`'`	'	Utilizar en valores de atributo recogidos entre comillas (").

Si tiene un documento que utilice muchos caracteres especiales, como un ejemplo de código fuente, puede indicar al analizador sintáctico XML que el texto es una secuencia CDATA y no debería analizarse sintácticamente. Para proteger el contenido del análisis sintáctico, recójalo en una sección CDATA, indicada por `<![CDATA]]>`. Este ejemplo XHTML utiliza una sección CDATA para mostrar marcado de muestra en una página Web sin tener que escapar todos los caracteres < and >.

```
<p>This is sample XMIL markup:</p>
<![CDATA[
<audio src="audio_file.mp3" begin="0s" />
   <seq>
      <img src="image_1.jpg" begin=0s" />
      <img src="image_2.jpg" begin=5s" />
   </seq>
]]>
```

Los cinco caracteres reservados (listados en la tabla 7.1) también se utilizan mucho al escribir *script* (como JavaScript); su uso es necesario para designar los bloques de contenido como CDATA para que no sean ignorados por los analizadores sintácticos XML.

XML bien formado

Los navegadores suelen superar el HTML ilegal o mal escrito. No ocurre lo miso con los documentos XML. Como los lenguajes XML varían, las reglas de codificación del documento deben seguirse literalmente para garantizar la interpretación adecuada por parte del cliente XML. De hecho, la especificación XML prohíbe estrictamente a los analizadores sintácticos XML que intenten leer o renderizar documentos con errores sintácticos. Cuando un documento sigue las reglas sintácticas de marcado XML se dice de él que está "bien formado". Los documentos con sintaxis errónea son "malformados".

Las reglas principales para un documento XML bien formado son:

- No puede haber espacios en blanco (entre caracteres o salto de línea) antes de la declaración XML, si la hay.

- Un elemento debe tener una etiqueta de apertura y otra de cierre a menos que sea un elemento vacío.
- Si un elemento está vacío debe contener una barra invertida de cierre (/) antes del final de la etiqueta (por ejemplo <br/>).
- Todas las etiquetas de apertura y de cierre deben anidarse correctamente y no se pueden superponer.
- No puede haber espacios en blanco entre la comilla francesa de apertura (<) y el nombre del elemento de una etiqueta.
- Todos los valores de atributo de elemento deben estar recogidos entre comillas (sencillas o dobles).
- Un elemento no puede tener dos atributos con el mismo nombre.
- Los comentarios e instrucciones de procesado no pueden aparecer dentro de etiquetas.
- No pueden aparecer signos < o & no escapados en los datos de caracter de un elemento o atributo.
- El documento sólo puede tener un elemento raíz, un único elemento que recoja todo el documento. El elemento raíz sólo puede utilizarse una vez en el documento.

Esta no pretende ser una lista exhaustiva. Hay más de cien criterios que debe cumplir un documento para ser bien formado, pero muchos de ellos sólo siguen las reglas del sentido común; por ejemplo, debe haber al menos un caracter entre las comillas francesas <>. Pero como las reglas sintácticas deben ser leídas por máquinas (que no tienen sentido común), las reglas deben explicitarse.

Puede comprobar si la sintaxis de su documento XML es correcta utilizando un verificador (llamados analizadores sintácticos no validadores). Puede encontrar una lista de estos verificadores en la Librería Virtual del Web Developer: `www.wdvl.com/Software/XML/parsers.html`.

Definición del Tipo de Documento (DTD)

Una Definición del Tipo de Documento (DTD) es un archivo asociado a los documentos SGML y XML y que define cómo deben interpretarse las etiquetas de marcado por parte de la aplicación encargada de leer el documento. La definición DTD utiliza la sintaxis SGML para explicar con precisión qué elementos y atributos pueden aparecer en un documento y el contexto en el que pueden utilizarse. Ya hablamos brevemente de las DTD. En esta sección las estudiaremos con más detalle.

Una DTD es un documento de texto que contiene un conjunto de reglas, conocidas formalmente como "declaraciones de elementos", declaraciones de atributos (`attlist`) y declaraciones de entidades. Las DTD suelen almacenarse en un archivo separado (con el sufijo `.dtd`) y ser compartidas por varios documentos; sin embargo, la información DTD puede incluirse también dentro del documento XML. Más adelante mostraremos estas dos opciones.

Leer las Declaraciones del Tipo de Documento

Aunque quizás nunca necesite escribir una DTD, saber cómo leerlas es muy útil si quiere sentirse cómodo trabajando con XHTML o con cualquier otra DTD emitida por el W3C. Este capítulo será un buen comienzo, pero quizás esté interesado en consultar estos recursos en línea:

- "How to Read W3C Specs", J. David Eisenberg, en la dirección `www.alistapart.com/articles/readspec/`.
- Tutorial DTD de W3Schools en `www.w3schools.com/dtd/default.asp`.

Declaraciones del Tipo de Documento

Los documentos XML especifican qué DTD utilizan a través de una Declaración del Tipo de Documento (también llamada declaración `DOCTYPE`).

Cuando la DTD es un documento externo, la declaración `DOCTYPE` identifica el elemento raíz del documento, lista el método utilizado para identificar la DTD (`SYSTEM` o `PUBLIC`) y por último proporciona la localización o nombre de la DTD en sí. Al usar una DTD externa se recomienda incluir el atributo `standalone` ajustado a `"no"` en la declaración XML.

Un identificador `SYSTEM` señala el archivo DTD por su localización (su URL) tal y como muestra este ejemplo:

```
<?xml version="1.0" standalone="no"?>
<!DOCTYPE complilation SYSTEM "http://www.sillita.com/notreal/comp.dtd">
```

La DTD también puede incluirse en el propio documento XML en lugar de hacerlo como un documento `.dtd` externo. Se hace colocando la DTD dentro de comillas angulares en la declaración del tipo de documento, tal y como muestra este ejemplo:

```
<?xml version="1.0"?>
<!DOCTYPE phonebook [
```

```
    <!ELEMENT listing (name, number)>
    <!ELEMENT name (#PCDATA)>
    <!ELEMENT number (#PCDATA>
]>
```

Un documento XML puede combinar subconjuntos DTD externos e internos.

XML válido

Cuando un documento XML cumple todas las reglas establecidas en la DTD es un documento "válido", es decir, que todos los elementos se usan correctamente.

Nota: Un documento bien formado no es necesariamente uno válido, pero si un documento es válido, también está bien formado.

Si el documento utiliza una DTD puede buscar errores utilizando un analizador sintáctico validador. El analizador sintáctico compara el documento con la DTD en busca de errores contextuales como elementos ausentes o un orden incorrecto de elementos. Algunos de los analizadores sintácticos más usados son Xerces, del proyecto Apache XML (disponible en `xml.apache.org`) y Microsoft MSXML (`msdn.microsoft.com/xml/default.asp`). También puede encontrar una lista completa de este tipo de analizadores sintácticos en la librería virtual de Web Developer en `wdvl.com/Software/XML/parsers.html`.

También, y en lugar de descargar su propio analizador sintáctico, puede utilizar un servicio de análisis sintáctico gratuito en línea. Sólo tiene que introducir las localizaciones de sus documentos en estas páginas:

- Formulario de Validación XML del Brown University Scholarly Technology Group (`www.stg.brown.edu/service/xmlvalid/`).
- Validador XML de W3Schools (basado en MSXML) en la dirección `www.w3schools.com/dom/dom_validate.asp`).

Nombres XML

Al dar nombres a los elementos y atributos (y otras construcciones XML menos comunes) debe seguir las reglas para el nombrado XML:

- Los nombres pueden contener letras, números o glifos de caracteres no ingleses (como Ø).
- Los nombres pueden contener tres signos de puntuación: guión bajo (_), guión (-) o punto (.). No se permiten otros signos de puntuación.

- Los nombres no pueden comenzar con un número o signo de puntuación, excepto guión bajo (_).
- Los nombres no pueden comenzar con "xml".
- Los nombres no pueden contener ningún tipo de espacio en blanco (espacios, retorno de carro, salto de línea, etc.).

Sintaxis de las Declaraciones del Tipo de Documento

El siguiente ejemplo se compone de líneas tomadas de la DTD XHTML Strict (la DTD completa ocupa más de 1.500 líneas). Contiene ejemplos de declaraciones de elementos, atributos (attlist) y entidades.

```
<!ELEMENT title (#PCDATA)>
<!ELEMENT meta EMPTY>
<!ELEMENT ul (li)+>

<!ENTITY % i18n
   "lang        %LanguageCode;     #IMPLIED
   xml:lang    %LanguageCode;     #IMPLIED
   dir         (ltr/rtl)          #IMPLIED"

<!ATTLIST title
   %i18n;
   id          ID                 #IMPLIED
   >

<!ATTLIST meta
   %i18n;
   id          ID                 #IMPLIED
   http-equiv  CDATA              #IMPLIED
   name        CDATA              #IMPLIED
   content     CDATA              #REQUIRED
   scheme      CDATA              #IMPLIED
   >
```

Declaraciones de elementos

Las declaraciones de elementos son el corazón de la DTD. Todos los elementos deben tener una declaración de elementos para validar el documento. Observe las partes de esta declaración para el elemento `title`:

```
<!ELEMENT title (#PCDATA)>
```

`!ELEMENT` identifica la línea como una declaración de elementos. La siguiente parte proporciona el nombre del elemento (en este caso `title`) que se utilizará en la etiqueta de marcado. Por último, lo que se recoge entre paréntesis identifica el modelo de contenido del elemento, en otras palabras, indica qué tipo de contenido puede contener. En este ejemplo, el modelo de contenido para el elemento title deberá ser #PCDATA, sigas de *Parsed Character Data*, es decir, texto normal, una cadena de caracteres que puede tener o no entidades de caracteres escapadas (como < y & para < y & respectivamente) pero que no puede incluir ningún otro tipo de elementos.

Otros modelos de contenido serían:

- **Un único elemento hijo:** También puede poner otros nombres de elemento en el paréntesis. En la siguiente declaración de elementos (no XHTML) el contenido del elemento birth debe ser exactamente un elemento year:

```
<!ELEMENT birth (year)>
```

- **Secuencias:** Más a menudo, los elementos contienen varios elementos. Cuando en el paréntesis aparecen nombres de elemento separados por comas, deben aparecer en el orden indicado. No puede omitirse ninguno de los elementos listados o el documento será inválido.

```
<!ELEMENT birth (month, year)>
```

- **Número de elementos hijo:** La sintaxis DTD permite indicar distintos números de elementos utilizando estos sufijos:
  - ?: Permite cero o un elemento.
  - *: Permite cero o más elementos.
  - +: Permite uno o más elementos.

  En el ejemplo XHTML, la siguiente declaración indica que el elemento lista no numerada (ul) puede contener uno o más elementos de lista (li) tal y como indica el sufijo +. A su vez, un ul sin elementos li no sería válido:

```
<!ELEMENT ul (li)+>
```

- **Una lista de opciones:** Una lista de elementos separados por barras verticales indica opciones disponibles, de las cuales sólo se puede utilizar una. En este ejemplo no XHTML, el elemento season puede contener uno de los elementos hijo (winter, spring, summer o fall).

```
<!ELEMENT season (winter|spring|summer|fall)>
```

- **Combinaciones de opciones y/o secuencias:** Las opciones y secuencias pueden agruparse entre paréntesis para combinarlos con otras opciones o sufijos. En este ejemplo (no XHTML), el elemento martini comienza con un elemento gin o vodka, seguido por cero o más olive u onion, a su vez seguidos por un elemento vermouth opcional:

```
<!ELEMENT martini ((gin|vodka)),(olive|onion)*,vermoth?)>
```

- **Contenido mixto:** Es frecuente para los elementos que contienen una mezcla de datos de caracteres y elementos hijo. Se declara combinando #PCDATA y los elementos hijo permitidos en un grupo de opciones. El sufijo * permite cero o más de los elementos elegidos, en orden no especificado. En este ejemplo no XHTML, el elemento description puede incluir texto y/o cualquier número de hijos date. No hay ningún modo de especificar el orden o número de los elementos hijo para un elemento de contenido mixto.

```
<!ELEMENT description (#PCDATA|date)*>
```

- **Elementos vacíos:** Los elementos vacíos no tienen contenido. Se indican con la palabra clave EMPTY. En el ejemplo XHTML el elemento meta se encuentra vacío:

```
<!ELEMENT meta EMPTY>
```

Declaraciones de atributos (attlist)

Las declaraciones de atributos (ATTLIST) se utilizan para declarar los atributos permitidos para un determinado elemento. La siguiente declaración de atributos del ejemplo XHTML anterior dice que el elemento meta puede utilizar los atributos id, http-equiv, name, content y scheme. %i18n es una entidad que representa aún más atributos disponibles (más adelante veremos con más detalle las entidades).

```
<!ATTLIST meta
   %i18n;
   id          ID       #IMPLIED
   http-equiv  CDATA    #IMPLIED
   name        CDATA    #IMPLIED
   content     CDATA    #REQUIRED
   scheme      CDATA    #IMPLIED
   >
```

Detrás de los nombres de atributo aparece el tipo de atributo que indica el tipo de información que puede contener su valor. Los tipos de atributo más comunes son CDATA (datos de caracteres) y una lista enumera de valores posibles (por ejemplo (left|right|center)). Otros tipos de atributo serían ID, IDREF, IDREFS, NMTOKEN, NMTOKENS, ENTITY, ENTITIES, NOTATION y xml: (un valor XML predefinido).

Por último se proporciona un valor predeterminado para los atributos. El valor preterminado puede ser listado o puede indicarse si es necesario en elemento (#REQUIRED), optativo (#IMPLIED) o fijo (#FIXED).

Declaraciones de entidades

En XML una entidad es una cadena de caracteres que sustituye a otra cosa. Una entidad puede utilizarse para representar un solo caracter o una selección de contenido marcado, como un pie de foto con información de copyright. Las declaraciones de entidades proporcionan el nombre de la entidad (que debe ser un nombre XML legal, consulte la nota dedicada a los nombres XML) y el texto al que remplaza. Las cinco entidades de caracteres aprobadas por XML estaban listadas en la tabla 7.1.

Las "entidades generales" insertan el texto al que sustituyen en el cuerpo de un documento XML. La sintaxis de estas entidades es:

```
<!ENTITY address "1005 Gravenstein Highway, North Sebastopol, CA 95472">
```

De este modo, si el autor pone una entidad `&address;` en la fuente XML, se remplazará por la dirección completa en la muestra en pantalla. El contenido puede incluir etiquetas de marcado (asegúrese eso sí de que si utiliza comillas dobles para delimitar el valor de entidad, utiliza comillas simple en el contenido recogido, o a la inversa). El contenido de una entidad también puede residir en un archivo separado y externo que se indica en la declaración de entidad a través de su URL.

El ejemplo XHTML que veíamos al comienzo de esta sección incluye otro tipo de entidad llamada "entidad parámetro":

```
<!ENTITY % i18n
   "lang     %LanguageCode;   #IMPLIED
   xml:lang %LanguageCode;   #IMPLIED
   dir      (ltr/rtl)        #IMPLIED"
   >
```

Las entidades parámetro sólo se utilizan en la DTD para declarar grupos de elementos o entidades que se repitan a través de la DTD. Están indicadas por el símbolo `%` (y no `&`). La declaración de entidades de este ejemplo crea una entidad parámetro llamada `%i18n` (abreviatura de "internacionalización") que incluye tres atributos relacionados con el idioma. Como estos tres atributos se aplican a casi todos los elementos XHTML, en lugar de repetirlos en todas las declaraciones `ATTLIST`, puede utilizarse en su lugar una entidad parámetro para reducir las repeticiones. Puede verlo en uso en la declaración de atributo para el elemento `meta`.

Cuándo utilizar una DTD

Si crea un lenguaje de marcado en XML, no es obligatorio tener una DTD. De hecho, las DTD tienen algunos inconvenientes. Son útiles si tiene exigencias de marcado específicas que aplicar a un gran número de documentos. Una DTD puede garantizar que determinados campos de datos se representen o suministren en un formato determinado. También puede querer dedicar algo de tiempo a preparar una DTD si necesita coordinar contenido de varias fuentes y autores. Tener una DTD hace más fácil encontrar errores de código.

Las desventajas de las DTD es que exigen tiempo y esfuerzo de desarrollo y son difíciles de mantener (especialmente mientras el lenguaje XML siga fluyendo). Las DTD ralentizan los tiempos de procesado y pueden ser demasiado restrictivas. Otro problema es que no son compatibles con la convención de espacios de nombre (que veremos a continuación). Los elementos y atributos de otro espacio de nombre no se validarán en una DTD a menos que la DTD los incluya explícitamente. Si está creando unos pocos documentos XML puede decidir no crear una DTD. Si está utilizando espacios de nombres y necesita tener documentado su vocabulario XML debe utilizar un Esquema XML.

Nota: Como XHTML es un lenguaje de marcado utilizado a escala global, fue necesario definir el idioma y sus distintas versiones en las DTD. Un documento XHTML debe incluir una declaración `DOCTYPE` para especificar qué DTD sigue para su validación.

Nombres de espacios XML

Un documento XML puede utilizar etiquetas tomadas de distintas aplicaciones o aplicaciones XML. Por ejemplo, quizás tenga un documento XHTML que contenga también expresiones matemáticas escritas con MathML. Pero, en este caso, el analizador sintáctico debe diferenciar entre un elemento procedente de XHTML (ancla) y un elemento procedente de MathML (un valor absoluto).

El W3C anticipó este tipo de conflictos y respondió con la creación de la convención de espacios de nombres (véase la recomendación en `www.w3.org/TR/REC-xml-names`, en español en `html.conclase.net/w3c/xml-names-es/`). Un espacio de nombres proporciona un nombre para un determinado "vocabulario" XML, el grupo de nombres de atributos y elementos utilizados en una aplicación XML. Permite utilizar varios vocabularios XML en un solo documento XML.

Cuando hace referencia a elementos y atributos en su documento, el navegador los busca en el espacio de nombres para ver cómo deberían ser utilizados. Los espacios de nombres tienen nombres con el aspecto de URL (pero no son vínculos a documentos) para garantizar que son únicos y proporcionan información sobre la organización que mantiene el espacio de nombres.

Los espacios de nombres se declaran en un documento XML utilizando el atributo `xmlns`. Puede establecer el espacio de nombres para todo el documento o para un elemento en concreto. Normalmente, el valor del atributo `xmlns` es una referencia al espacio de nombres en forma de URL.

Este ejemplo establece el espacio de nombres predeterminado para el documento para que sea XHTML transicional:

```
<html xmlns="http://www.w3.org/1999/xhtml">
```

Si necesita incluir marcado matemático, puede aplicar el atributo `xmlns` en la etiqueta específica de modo que el navegador sepa buscar el elemento en la DTD MathML (no XHTML):

```
<a xmlns="http://www.w3.org/1998/Math/MathML">46/100</a>
```

Si pretende referirse repetidamente a un espacio de nombres en un documento, puede delarar el espacio de nombres y darle un título al comienzo del documento. Así podrá referirse a él en las etiquetas colocando el título antes del nombre de etiqueta separados por dos puntos (:), por ejemplo:

```
<html xmlns="http://www.w3.org/1999/xhtml"
   xmlns:math="http://www.w3.org/1998/Math/MathML">
```

Ahora todo el espacio de nombres puede abreviarse como `math` en el resto del documento, por lo que se reduce el volumen del código y el tamaño de archivo:

```
<math:a>46/100</math:a>
```

XML en la Web

Como dijimos antes, XML acabó teniendo usos que van más allá de los documentos Web, pero sigue siendo la herramienta principal del W3C para optimizar el intercambio de información en la Web. XML se utiliza en la Web de varias maneras.

La más común es XHTML, una reformulación de HTML de acuerdo a las reglas de sintaxis más estrictas de XML. Haremos una introducción formal al XHTML en el siguiente apartado y es analizado con detalle entre los capítulos 8 al 15.

XHTML 1.1 puede combinarse en documentos con otros vocabularios XML como MathML y SVG (*Scalable Vector Graphics*, Gráficos Vectoriales Dimensionables, que estudiaremos a continuación). Los espacios de nombres ayudan al analizador sintáctico a determinar qué elementos pertenecen a qué aplicación (tenga en cuenta que se requiere un navegador que soporte espacios de nombres).

Los documentos XML también pueden mostrarse en pantalla directamente en los navegadores Web que soporten XML. El siguiente apartado ofrece más información sobre el trato de los navegadores con XML.

Por último, no de los usos más difundidos de un formato basado en XML para el contenido Web es en forma de RSS Feed que permite compartir o leer (con lectores especiales) índices de contenido Web (o el propio contenido) con otros sitios.

Nota: El W3C mantiene un directorio de DTD con uso recomendado en los documentos Web en `www.w3.org/QA/2002/04/valid-dtd-list.html`.

Soporte de navegadores

Todas las versiones actuales de los navegadores producidos por Microsoft, Mozilla y Opera soportan de algún modo XML. La tabla 7.2 lista todos los navegadores y las funciones XML que soportan.

Tabla 7.2. Soporte de los navegadores para XML.

Navegador	XML 1.0	XML+CSS	XSL	Espacios de nombres
Internet Explorer 6 (Windows)	Sí	Sí	Sí	Sí
IE 5 para Macintosh	Sí	Sí	Sí	No
IE 5 y 5.5 para Windows	Sí	No	No	No
Firefox 1.0	Sí	Sí	Sí	Sí
Mozilla 1.8	Sí	Sí	Sí	Sí
Netscape 8	Sí	Sí	Sí	Sí
Netscape 6 y 7	Sí	Sí	No	Sí
Opera 7 y 8	Sí	Sí	No	Sí
Safari 2.0	Sí	Sí	Sí	Sí

Ver XML en navegadores Web

Cuando un navegador que soporta XML se encuentra con un documento XML sin hoja de estilo, suele mostrar los contenidos del archivo, incluyendo el marcado.

Todos los navegadores de la tabla 7.2 utilizan también algún tipo de código cromático para mejorar la legibilidad, para hacer que el marcado destaque frente al contenido o para indicar las relaciones padre hijo (los códigos cromáticos de Netscape 6 sólo aparecen al seleccionar Vista de Código fuente. Todos ellos, excepto Opera, también muestran signos más (+) y menos (-) junto a los elementos padre que permiten al usuario expandir o colapsar los contenidos del elemento. La figura 7.1 muestra un documento XML sin estilo en Firefox 1.0.

Figura 7.1. Un documento XML sin estilo mostrado en Firefox 1.0.

Si el documento XML tiene una hoja de estilo CSS, los navegadores que soporten XML+CSS utilizarán la hoja de estilo para mostrar en pantalla los contenidos del documento de acuerdo a las instrucciones de presentación. Cuando se utiliza una hoja de estilo, el marcado queda oculto. La figura 7.2 muestra el mismo documento XML, esta vez con una hoja de estilo CSS. Los documentos XML con hojas de estilo XSLT pueden convertirse en XHTML antes de ser mostradas en pantalla en el navegador.

Aplicaciones XML relacionadas con la Web

XML ya está siendo aplicado a la Web. Algunos lenguajes, como XHTML y RSS, están expandiendo las posibilidades del contenido basado en la Web y cambiando el modo en el que utilizamos la propia Web. Otros lenguajes tienen un uso limitado (como SMIL y MathML) o todavía tienen que desarrollar todo su potencial (como SVG). Esta sección presenta estos lenguajes XML y otros con importancia para la Web.

Figura 7.2. Un documento XML con una hoja de estilos CSS mostrada en pantalla en Firefox 1.0.

XHTML (Extensible Hypertext Markup Language)

El XHTML, o Lenguaje Extensible de Marcado de Hipertexto, es, en el contexto del XML, un lenguaje para describir el contenido de los documentos de hipertexto que van a ser vistos o leídos en algún tipo de cliente de navegación. Utiliza una DTD que declara elementos como párrafos, cabeceras, listas e hipervínculos. Utiliza el espacio de nombres `http://www.w3.org/1999/xhtml`.

En el contexto del diseño Web, XHTML es la versión actualizada de HTML y es la recomendación W3C actual para la creación de páginas Web. Tiene los mismos elementos y atributos que la recomendación HTML 4.01, pero si HTML fue escrito de acuerdo a las reglas del SGML, XHTML ha sido reescrito de acuerdo a la sintaxis XML. Esto significa que los documentos XHTML deben estar bien formados, lo que implica prácticas de marcado más estrictas. XHTML es el uso predominante de XML en la Web.

Los capítulos 8 a 15 están dedicados al estudio pormenorizado de XHTML.

RSS (Really Simple Syndication o RDF Site Summary)

RSS es un lenguaje XML y un formato de archivos para la sindicación del contenido Web. Los elementos del vocabulario RSS proporcionan metadatos sobre el contenido (como su cabecera, autor, descripción y sitio original) que permiten compartir el contenido en forma de datos, conocidos como *RSS feed*. Si su finalidad era originariamente los titulares e índices breves, algunos *feeds* RSS contienen ahora el contenido completo, incluyendo contenido XHTHMK con marcado. El contenido pasa a estar ahora en manos del autor.

Pueden utilizarse *feeds* RSS para mostrar información procedente de otros sitios en una página Web, como titulares de Slashdot en un sitio dedicado a la tecnología. También pueden leerse utilizando programas especiales denominados "lectores de *feeds*". Los lectores pueden estar basados en la Web o ser aplicaciones de escritorio autónomas. Los sitios Web que combinan *feeds* de muchas fuentes suelen llamarse "agregadores". Algunos lectores de *feeds* muy populares son el SharpReader (Windows), NetNewsWire (Mac) y el Bloglines. Una búsqueda de "lectores RSS" le ayudará a dar con muchos más. Algunos navegadores como Firefox 1.0 y Safari RSS incluyen lectores RSS integrados.

Cómo funciona

Para comprender cómo funciona RSS tome este ejemplo. Supongamos que tiene un sitio de noticias preferido que se actualiza varias veces en un día y que no quiere perderse el momento en el que se anuncien las nominaciones a los Oscars. Podría usar su navegador para visitar la página cada veinte minutos y buscar nuevos artículos pero perdería mucho tiempo. En lugar de ello, y si el sitio tiene habilitado RSS, cada vez que publiquen un nuevo artículo, aparecerá un listado del artículo en los lectores de *feeds* RSS que se hayan suscrito al sitio y que comprueban el sitio cada hora, por ejemplo. Utilizando estos lectores podría ver qué artículos se publican y saber cuándo se publica una noticia dedicada a las nominaciones.

RSS se desarrolló originalmente para crear "canales" Web en los días de las llamadas *push technologies* y los nuevos sitios fueron los primeros en utilizarlo ampliamente. Pero no fue hasta el estallido del fenómeno de los blogs cuando el acrónimo RSS se hizo tan familiar como el de HTML.

Como el software de creación de blogs (como Blogger y Movable Type) hizo muy fácil la publicación de contenido en forma de *feeds* RSS, la mayoría de los bloggers pusieron disponible su contenido tanto en una página Web como a través de un *feed* RSS (mire los omnipresentes iconos naranjas de RSS o XML). De esta forma puede utilizar un lector de *feeds* para ver cuándo aparecen nuevas entradas sin tener que visitar las páginas de todos los blogs diariamente. Además, a menudo puede leer el contenido desde el propio lector, sin tener que saltar de un sitio a otro.

Muchos usuarios Web han convertido el tiempo dedicado a los lectores de *feeds* en parte de su rutina diaria. Los *bloggers* han descubierto que un número creciente de visitantes está leyendo sus sitios a través de los *feeds* RSS y no en el contexto de una página diseñada. De este modo, RSS ha tenido un impacto decisivo en el modo de producción y consumo de la información.

Problemas para la creación de un estándar RSS

La historia del desarrollo de RSS tiene todos los ingredientes de un drama. En el camino, los desarrollos RSS se han dividido en dos campos y ambos reclaman el derecho de utilizar las siglas RSS para sus especificaciones. Como resultado tenemos dos estándares recientes, RSS 1.0 y RSS 2.0, que parecen secuenciales pero que en realidad están en conflicto. Además, hay varios tipos anteriores e incompatibles de RSS (0.91, 0.92 y 0.93 entre otros) que siguen en uso.

Nota: La historia de la bifurcación del RSS está bien documentada y es una lectura muy interesante. Consulte el examen pormenarizado de Mark Prilgrim en `www.diveintomark.org/archives/2002/09/06/history_of_the_rss_fork`. También puede encontrar una historia más general del RSS, de Joseph Reagle, en `www.goatee.net/2003/rss-history.html`.

RSS 1.0 es resultado del grupo de trabajo RSS-DEV. De este grupo formaban parte algunas personas que habían trabajado ya en distintas versiones de RSS desde sus orígenes. Su visión de RSS (*RDF Site Summary*) es que debería aprovechar todas las posibilidades del RDF (una sintaxis de metadatos de la que luego hablaremos) y de los espacios de nombres XML para maximizar el potencial de XML. Añadieron estas funciones al desarrollo de RSS 0.91 y llamaron al resultado RSS 1.0.

En el otro lado del debate se encuentra David Winer (de Userland Software). Para él la razón de la popularidad de RSS reside, ante todo, en su sencillez de creación y uso. Esta simplicidad respondía, sobre todo, a no incluir RDF ni espacios de nombres, y David, junto con otros, querían permanecer fieles a ese principio. David hizo cambios menores a RSS 0.91 y llamó al resultado RSS 2.0, siendo esta vez RSS las siglas de *Really Simple Syndication*. RSS 2.0 no está basado en RDF pero acepta espacios de nombres.

Los desarrolladores de estas dos facciones coinciden en que la tecnología es demasiado útil como para sufrir la presencia de estándares en conflicto y confusos. En el momento de escribir este libro se ha acordado trabajar hacia un método unificado o al menos hacia el uso de nombres distintivos para la sindicación Web.

Atom

En junio de 2003, Sam Ruby creó un wiki para estudiar y diseñar una "entrada log bien formada". Muchos de los que estaban frustrados con el drama político y con las limitaciones técnicas del RSS se sumaron a este esfuerzo y en junio de 2004 se acabó dando forma al grupo de trabajo Atompub del IETF (*Internet Engineering Task Force*, Grupo de Trabajo en Ingeniería de Internet, una organización voluntaria que desarrolla estándares de Internet) para desarrollar y formalizar un nuevo formato y protocolo de publicación de *feeds* llamado Atom (antes Echo). El objetivo del grupo de trabajo Atompub es crear un estándar único para los *feeds* de contenido sindicado basados en la experiencia ganada con RSS.

En el momento de escribir este libro, Atom 1.0 ha sido publicado y aceptado como una propuesta de estándar. Ha sido implementado y reforzado por distintos desarrolladores de herramientas de sindicación como Google y Technorati.

Para seguir leyendo

Si desea más información sobre RSS y Atom visite estos recursos en línea:

Especificación RSS 1.0: `web.resource.org/rss/1.0/`.

Especificación RSS 2.0: `blog.law.harvard.edu/tech/rss/`.

Una comparación de las especificaciones RSS: `www.intertwingly.net/slides/2003/rssQuickSummary.html`.

Formato de publicación y protocolos Atom del IETF: `ietf.org/html.charters/atompub-charter.html`.

Proyecto Atom: `www.intertwingly.net/wiki/pie/FrontPage/`.

RDF (Resource Description Framework)

RDF es una aplicación XML utilizada para definir la estructura de los metadatos para los documentos, por ejemplo los datos útiles para indexar, navegar y buscar un sitio. Un método estándar para describir los contenidos de un sitio, página o recurso Web podrían ser útiles para agentes automatizados que busquen en la Web información específica.

Los metadatos podrían utilizarse de estos modos:

- Para la descripción de recursos con el fin de mejorar la capacidad de los motores de búsqueda.
- En la catalogación, para describir el contenido y relaciones de contenido disponibles en un determinado sitio o página Web o en una librería digital.
- Para describir colecciones de páginas que representan un único "documento" lógico.
- Para firmas digitales que permiten el comercio electrónico, la colaboración y otras aplicaciones.

Un documento RDF que proporcione información sobre un libro sería así:

```
<rdf: RDF xmlns:rdf="http://www.w3.org/1999/02/22-rdf-syntax-ns#">
<rdf:Description about="urn:isbn:0596000588">
   <author>Elliotte Rusty Harold</author>
   <author>W. Schott Means</author>
</rdf:Description>
</rdf:RDF>
```

La primera línea de código declara el espacio de nombres para RDF como `www.w3.org/1999/02/22-rdf-syntax-ns#`. Para más información sobre RDF consulte las páginas del W3C en `www.w3.org/RDF/`.

SVG (Scalable Vector Graphics)

El W3C está desarrollando el estándar SVG (Gráficos Vectoriales Escalables) para describir gráficos bidimensionales en XML. SVG permite tres tipos de objetos gráficos: formas gráficas vectoriales (rutas consistentes en líneas rectas y curvas), imágenes y texto. El siguiente ejemplo de código SVG (tomado de la recomendación W3C) crea un fragmento de documento SVG que contiene un círculo rojo con un borde azul.

```
<?xml version="1.0" standalone="no"?>
<!DOCTYPE svg PUBLIC "-//W3C//DTD SVG 20001102//EN"
"http://www.w3.org/TR/2000/CR-SVG-20001102/DTD/svg-20001102.dtd">
<svg width="12cm" height="4cm">
   <desc>Example circle01 - circle expressed in physical units</desc>
   <circle cx="6cm" cy="2cm" r="1cm"
      style="fill:red; stroke:blue; stroke-width:0.1cm" />
</svg>
```

El estándar SVG proporciona formas de describir rutas, distintas formas, filtros especiales, texto y animación básica. Al usar SVG en otro tipo de documento XML identifique su espacio de nombres como `www.w3.org/2000/svg/`.

Para ver imágenes SVG debe tener instalado un visor SVG. El más popular es SVG Viewer de Adobe (descarga gratuita en `www.adoble.com`) que permite mostrar los documentos SVG en una ventana de navegador. Adobe también incluye herramientas para la creación de archivos SVG en Illustrator y GoLive (en el momento de escribir estas líneas no está claro si Adobe seguirá soportando GoLive ahora que ha adquirido Macromedia). Para obtener más información sobre SVG y listas de los visores disponibles, editores y conversores, visite las páginas del W3C en `www.w3.org/Graphics/SVG/`.

SMIL (Synchronized Multimedia Integration Language)

El SMIL, o Lenguaje Sincronizado de Integración Multimedia, es un lenguaje XML para combinar audio, vídeo, texto, animación e imágenes de forma precisa y sincronizada. Un archivo SMIL indica al cliente que extraiga elementos de medios que se encuentran en el servidor como archivos autónomos. Esos elementos separados se reúnen y son reproducidos por el reproductor SMIL.

La recomendación SMIL 1.0, publicada en junio de 1998, fue una de las primeras DTD basadas en XML propuestas por el W3C. La recomendación SMIL 2.0, publicada en junio de 2005, amplía muchísimo las funciones establecidas en la primera especificación. Está dividida en módulos para utilizarse con XHTML 1.1.

Cómo funciona SMIL

La mejor forma de comprender SMIL es a través de un ejemplo. El siguiente código SMIL crea un pase de diapositivas de 15 segundos con narración, en el que una pista de audio se reproduce al mismo tiempo que una serie de tres imágenes:

```
<par dur="15s">
<audio src="audio_file.mp3" begin="0s" />
   <seq>
      <img src="image_1.jpg" begin="0s" />
      <img src="image_2.jpg" begin="5s" />
      <img src="image_3.jpg" begin="10s" />
   </seq>
</par>
```

Viendo este código es fácil distinguir los elementos de audio y de imagen. Cada uno de ellos indica un archivo de medios distinto en el servidor.

Todos los elementos del elemento `<par>` se reproducen en paralelo (a la vez); además, el audio se seguirá reproduciendo mientras se muestren imágenes. Los elementos de imagen están contenidos en el elemento `<seq>`, lo que quiere decir que se reproducirán uno detrás de otro (en secuencia). El atributo `begin` da instrucciones temporales para la muestra en pantalla de los elementos. En este ejemplo, las imágenes se mostrarán en modo de pase de diapositivas cada cinco segundos.

Para más información sobre SMIL consulte estos recursos en línea:

- **Recursos SMIL del W3C:** Vaya directamente a las fuentes o manténgase al día en los últimos desarrollos. Consulte `www.w3.org/AudioVideo/`. Para una explicación general de los elementos SMIL, y de sus atributos y valores consulte la recomendación SMIL 2.0 en `www.w3.org/TR/smil20/cover.html`.
- **JustSMIL Home (ahora parte de Streaming Media World):** Incluye tutoriales, revisiones de productos, noticias, consejos y otra información sobre SMIL. Visite la página `smw.internet.com/smil/smilhome.html`.

MathML (Mathematical Markup Language)

MathML (Lenguaje de Marcado Matemático) es una aplicación XML para describir notaciones matemáticas y para capturar tanto su estructura como su contenido. El objetivo de MathML es permitir servir, recibir y procesar las matemáticas en la World Wide Web. La recomendación MathML 2.0 fue publicada por el W3C en octubre de 2003.

Como no hay ninguna forma de reproducir las ecuaciones matemáticas directamente utilizando HTML, los autores decidieron insertar imágenes gráficas de ecuaciones en el flujo del texto. Así se eliminaba la información de la estructura del documento. MathML permite que la información permanezca en el documento sin perder significado. Con hojas de estilo adecuadas, la notación matemática puede formatearse para una presentación visual de alta calidad. Varios distribuidores proporcionan applets y plugins que permiten mostrar en pantalla información MathML en las ventanas de los navegadores.

Consulte la recomendación del W3C, para encontrar más ejemplos de MathML en `www.w3.org/TR/2003/REC-MathML2-20031021/`. La página principal de MathML es también un buen punto de partida (`www.w3.org/Math`).

Otras aplicaciones XML

Hay demasiadas aplicaciones XML como para listarlas todas en un libro. Sin embargo cuantos más sean los lenguajes de los que tiene conocimiento, mejor comprenderá las posibilidades de XML. Esto es sólo una muestra de aplicaciones:

- **DocBook:** DocBook es una DTD para publicaciones técnicas y documentación de software. DocBook es mantenido oficialmente por el Comité Técnico DocBook de OASIS y puede encontrar la página Web oficial en `www.oasis-open.org/comittees/docbook/`.
- **Chemical Markup Language (CML):** CML se utiliza para administrar y presentar información molecular y técnica en red. Para más información consulte `www.xml-cml.org`.
- **Open Financial Exchange (OFX):** OFX es un proyecto de Microsoft, Intuit y Checkfree. Es una aplicación XML para transacciones financieras en Internet. Para más información consulte `www.ofx.net/ofx/default.asp`.

Dónde puede seguir aprendiendo

Si está interesado en aprender más sobre XML consulte estos recursos en línea:

- **World Wide Web Consortium (`www.w3.org`):** Página Web oficial del W3C es el mejor lugar para conocer las últimas noticias sobre los estándares XML.
- **XML.com (`www.xml.com`):** XML.com es parte de la Red O'Reilly, reúne artículos e información sobre XML.
- **XML Cover Pages (`www.oasis-open.org/cover/xml.html`):** Albergadas por Oasis, estas páginas ofrecen referencias exhaustivas sobre los distintos temas relacionados con el XML.

Capítulo 8

HTML y XHTML. Una visión general

HTML (*Hypertext Markup Language*, Lenguaje de Marcado de Hipertexto) es el lenguaje de marcado utilizado para convertir documentos de texto en páginas Web. HTML permite a los autores identificar elementos que estructuran los documentos, como cabeceras, párrafos, listas, etc. Otros elementos actúan como mecanismos para la adición de vínculos de hipertexto, formularios interactivos y medios como audio y vídeo a las páginas Web.

HTML ha hecho un largo viaje desde su creación en 1991 (por Tim Berners-Lee) como un modo sencillo de indicar el significado y estructura de los documentos de hipertexto. No llevó mucho tiempo para que los desarrolladores de los navegadores añadieran nuevos elementos HTML al conjunto inicial o para que los primeros diseñadores Web pasaran a concebir HTML como una herramienta de diseño visual.

XHTML es una reformulación de HTML en XML. En otras palabras, utiliza el mismo vocabulario (los mismos elementos y atributos) que HTML pero con reglas sintácticas tomadas de XML, mucho más estrictas.

Pero antes de sumergirnos en la sintaxis HTML y XHTML vamos a atender al importante papel desempeñado hoy en día por (X)HTML y al respeto del que goza en el entorno del diseño Web guiado por estándares.

El W3C

Advirtiendo la necesidad de poner orden en el desarrollo del HTML, Berners-Lee fundó en 1994 el World Wide Web Consortium (W3C). El W3C supervisa el SHTML y tecnologías Web relacionadas y desde 1995 ha sacado a la luz versiones actualizadas y estandarizadas de HTML en publicaciones conocidas como "Recomendaciones". Los estándares actuales son HTML 4.01 (1999) y XHTML 1.0 (2000).

El papel del HTML

El documento HTML con marcado se denomina la "capa estructural" de una página Web. Es la base sobre la que se aplican la "capa de presentación" (instrucciones sobre el suministro o muestra en pantalla de los elementos) y la "capa de comportamiento" (programación e interactividad).

Si ha leído el capítulo anterior, dedicado al XML, le será aquí de gran utilidad porque hay muchos conceptos basados en XML que guían el uso del HTML en el diseño Web actual. Uno de ellos es el objetivo fundamental del HTML como un lenguaje de marcado, esto es, proporcionar una descripción semántica (el significado) del contenido y establecer una estructura del documento. No se ocupa de la presentación, que queda en manos de las hojas de estilo en cascada (CSS).

Las instrucciones de presentación deberían estar separadas del marcado estructural y semántico. Un principio que no es nada nuevo y que ha estado presente desde los orígenes del HTML como una aplicación de SGML. Lo que sí es nuevo es que la comunidad Web está advirtiendo las ventajas (en términos de tiempo y dinero) de utilizar HTML para aquello para lo que está diseñado, y para nada más.

Mantener la presentación separada de la estructura del documento

Antes de HTML había un SGML (*Standard Generalized Markup Language*, Lenguaje de Marcado Generalizado Estándar) que establecía un complejo lenguaje para la descripción de documentos en función de su estructura, independientemente de su apariencia. SGML es un amplio conjunto de reglas para el desarrollo de lenguajes de marcado como el HTML, pero es tan exhaustivo que HTML sólo utiliza un pequeño subconjunto de todas sus funciones.

Como HTML es un ejemplo de un sistema de marcado SGML, hereda el principio de mantener la información de presentación separada de la de la estructura del documento. En los primeros años del desarrollo Web este ideal estuvo en peligro por la creación de etiquetas HTML que contenían instrucciones de estilo explícitas, como el elemento `font` y el atributo `bgcolor`.

El W3C ha tomado varias medidas para corregir esto. En primer lugar, la creación de hojas de estilo en cascada (CSS) ofrece a los autores una buena solución para especificar la información de estilo y mantenerla separada del contenido del documento. Además, con cada nueva recomendación HTML, los elementos y atributos relacionados con la presentación han sido depreciados y finalmente eliminados.

Con este sistema, el W3C está obteniendo buenos resultados en su intento por devolver el estándar HTML a su propósito original. Y poco a poco los desarrolladores de herramientas de autoría y de navegadores se están sumando a este esfuerzo. Ahora son los desarrolladores y diseñadores Web los que deben apoyar también estas iniciativas creando un contenido limpio.

Comenzar con un "buen" marcado

En el intento de crear una base sólida, escribir documentos (X)HTML sin presentación, lógicos y bien estructurados se ha convertido en la piedra angular del diseño Web fiel a los estándares. Se recomienda a los autores Web trabajar hacia cuatro objetivos al marcar contenido para su distribución en la Web.

Escriba documentos de acuerdo a los estándares

Implica el uso de marcado HTML o XHTML de acuerdo a las reglas fijadas en las recomendaciones y asegurarse de que los documentos se validan con una DTD declarada. Seguir los estándares garantizará que los documentos serán compatibles de forma proactiva cuando las tecnologías Web y las capacidades de los navegadores se desarrollen.

Utilice marcado semántico

También es importante marcar los elementos del documento semánticamente, esto es, de forma que sean descriptivos y tengan significado. Hay un énfasis renovado en la selección de elementos que describan adecuadamente el contenido y que no se limiten a los efectos de su presentación en el navegador. Técnicas antes comunes, como el marcado de contenido como una lista para sangrar el texto, se consideran ahora totalmente inaceptables.

El marcado semántico no es lo mismo que la adecuación a los estándares. Se puede crear un documento a partir de elementos `font`, `br` e `i` que se valide sin problema, pero será inaceptable semánticamente. Un documento marcado semánticamente garantiza la accesibilidad en el mayor número de entornos de navegación, desde ordenadores de escritorio hasta teléfonos móviles y lectores de pantalla. También permite a los lectores no humanos, como motores de búsqueda, indexar funciones para analizar sintácticamente el contenido correctamente y tomar decisiones sobre cómo tratarlo.

Estructure lógicamente los documentos

Asegúrese de que el contenido se lee en orden lógico en la fuente para mejorar su legibilidad en todos los entornos de navegación. La información que debería ser leída en primer lugar debe estar al comienzo del documento. También puede utilizar hojas de estilo para posicionar los elementos donde quiera que se muestren visualmente.

Mantenga la presentación separada de la estructura

Utilice hojas de estilo para controlar la presentación. Mantener toda la información de presentación en una hoja de estilo separada facilita rediseñar el contenido. En términos de marcado, esto implica evitar emplear atributos y elementos (X)HTML de presentación presentes en las recomendaciones (como `b` para negrita) y usar una alternativa semántica adecuada (como `strong`) con una regla de hojas de estilo.

Principios básicos del marcado

Un documento HTML o XHTML es un documento ASCII (texto) o Unicode (p.e. UTF-8) marcado con etiquetas que indican elementos y otras declaraciones necesarias (como el lenguaje de marcado en el que está escrito). Un elemento es un componente estructural (como un párrafo) o un comportamiento deseado (como un salto de línea). Esta sección presenta los comportamientos y componentes clave de los documentos HTML (como elementos y atributos) y cómo pueden anidarse los documentos y la información de un documento que ignoran los navegadores.

Elementos

Los elementos van indicados en la fuente del texto con la inserción de etiquetas HTML. La mayoría de los elementos siguen esta sintaxis:

```
<elemento-nombre>contenido</elemento-nombre>
```

El nombre del elemento aparece en la etiqueta de apertura y de nuevo en la etiqueta de cierre, esta vez precedido por una barra invertida (/). La etiqueta de cierre "apaga" el elemento. Nada de lo que está recogido entre las comillas angulares (< >) se muestra por el navegador o por la aplicación de usuario. Es importante tener en cuenta que el elemento incluye tanto el contenido como su marcado (etiquetas de apertura y cierre).

Nota: En XHTML los nombres de atributos y de elementos deben ir en minúsculas. HTML no es sensible al caso.

Tome este ejemplo HTML que identifica el contenido del comienzo de la sección como un elemento de encabezado de segundo nivel y un elemento de párrafo:

```
<h2>Elements</h2>

<p>Elements are denoted in the text source by the insertion of special
bracketed HTML tags. Most elements follow this syntax</p>
```

Nota: En HTML 4.01 y anteriores la etiqueta de cierre de algunos elementos es opcional y el navegador determina cuándo termina la etiqueta a partir del contexto. Esta práctica es común con el elemento `p` (párrafo). La mayoría de los navegadores cierran un párrafo automáticamente cuando encuentran una nueva etiqueta de apertura. En XHTML, siempre son necesarias las etiquetas de cierre.

Algunos elementos no tienen contenido porque se utilizan para proporcionar una directiva sencilla. Estos elementos son elementos "vacíos". El elemento de imagen (`img`) es un ejemplo de este tipo de elementos. Indica al navegador traer a la página a un archivo de imagen que esté en una localización externa. Otros elementos vacíos serían el salto de línea (`br`), regla horizontal (`hr`) y elementos que proporcionan información sobre un documento y no afectan al contenido que aparece en pantalla, como los elementos `meta` y `base`. La tabla 8.1 ofrece un listado de los elementos vacíos de HTML.

Tabla 8.1. Elementos vacíos.

<area />	<frame />	<link />
<base />	<hr />	<meta />
<basefont />	<img />	<param />
 	<input />	
<col />	<isindex />	

En HTML 4.01 y anteriores, los elementos vacíos no tenían etiqueta de cierre. En XML todos los elementos deben tener un cierre. La convención consiste en utilizar una barra inclinada (/) para indicar el fin del elemento, como en `<img />`,

 y <hr />. Por razones de compatibilidad retroactiva, se recomienda añadir un espacio en blanco antes de la barra invertida, tal y como muestra la tabla 8.1. Este espacio en blanco es necesario si está enviando el XHTML con el Content-Type HTTP text/html.

Nota: Un excelente recurso para obtener información sobre los elementos HTML es Index DOT Html (www.blooberry.com/indexdot/html/) creado mantenido por Brian Wilson. Proporciona un listado alfabético de todos los elementos HTML y de sus atributos con explicaciones, detalles estándares e información sobre soporte por los navegadores.

Atributos

Un atributo permite aclarar y modificar las acciones de un elemento. Los atributos se indican por pares de nombre y valor añadidos a la etiqueta de apertura del elemento (las etiquetas de cierre nunca contienen atributos). Los nombres de atributo y sus valores aceptados se declaran en la DTD; en otras palabras no puede hacer los suyos propios. Puede añadir varios atributos en una sola etiqueta de apertura. Los atributos, si los hay, siguen al nombre de la etiqueta y están separados por uno o más espacios. Su orden de aparición no tiene importancia.

La sintaxis de un elemento con atributos es así:

```
<elemento atributo= "valor">contenido</elemento>
```

Estos son algunos ejemplos de elementos que contienen atributos:

```
<head profile="http://gmpg.org/xfn/11">...</head>
<img src="graphics/pixie.gif" alt="pixie" />
<table summary="This is a conference schedule.">...</table>
```

La mayoría de los navegadores no pueden trabajar con valores de atributo que tengan más de 1024 caracteres. Los valores pueden ser sensibles al caso, especialmente los nombres de archivo o URL.

XHTML necesita que todos los valores de atributo estén recogidos entre comillas. Pueden utilizarse comillas sencillas o dobles siempre que el uso sea coherente a lo largo de todo el documento.

En HTML 4.01 y anteriores algunos valores pueden ir sin comillas. Por ejemplo, si el valor es una sola palabra que contenga únicamente letras (a-z o A-Z), cifras (0-9), guiones (-), puntos (.), guiones bajos (_) o dos puntos (:). La mejor opción es recoger entre comillas todos los valores sea cual sea la recomendación que está siguiendo.

Advertencia: Procure no olvidar las comillas de cierre o todo el contenido desde la comilla de apertura hasta que el navegador encuentre unas nuevas comillas será interpretado como parte del valor y no será mostrado en pantalla. Es un error muy sencillo que puede darle grandes dolores de cabeza.

Elementos anidados

Los elementos HTML pueden contener otros elementos. Son los llamados elementos anidados y para que sean correctos, todo el elemento (incluyendo el marcado) debe estar en las etiquetas de apertura y cierre del elemento que le contiene (el padre). Es uno de los criterios de un documento bien formado (un requisito de XHTML).

En este ejemplo, hay elementos lista (`li`) anidados en un elemento lista no numerada (`ul`).

```
<ul>
   <li>Example 1</li>
   <li>Example 2</li>
</ul>
```

Un error frecuente al anidar elementos es cerrar el elemento padre antes de cerrar el elemento que contiene (su hijo). El resultado es una superposición incorrecta de elementos que provocaría la malformación del documento XHTML y problemas de renderizado de los documentos HTML. En este ejemplo, los elementos están mal anidados porque el elemento `strong` debería haberse cerrado antes que el `a` (ancla).

```
<a href="#">Click <strong>here.</a></strong>
```

Información que ignoran los navegadores

Determinada información de un documento HTML, incluyendo cierto marcado, se ignora o no tiene demasiado impacto en la presentación cuando el documento es visto en un navegador o en otra aplicación de usuario. Estos son algunos ejemplos:

- **Saltos de línea:** En los documentos HTML los saltos de línea se tratan como espacios lo que suele colapsar con otros espacios. El texto y los elementos se extienden sin solución de continuidad hasta que encuentran un elemento `p` o `br` en el flujo del texto del documento. Sin embargo, los saltos de línea se muestran en pantalla cuando el texto está marcado como un elemento preformateado (`pre`) o al que se ha dado estilo con el `white-space`, propiedad `pre` en una hoja de estilo.

- **Espacios múltiples y tabulaciones:** Cuando un agente de usuario encuentra más de un espacio en blanco consecutivo en un documento HTML lo muestra como un espacio sencillo. Así, si el documento contiene:

```
far,     far       away
```

El navegador mostrará:

```
far, far away
```

Pueden añadirse espacios adicionales en el flujo de texto utilizando la entidad ` ` espacio que no produce saltos de línea. Sin embargo, se muestran espacios múltiples cuando el texto está marcado como texto preformateado (`pre`) o con el `white-space`, propiedad `pre` en una hoja de estilos. Las tabulaciones del documento fuente son problemáticas en algunos navegadores y lo mejor es evitarlas.

- **Elementos `p` vacíos:** Los elementos de párrafo vacíos (`<p>...</p>`) sin texto entre ellos se interpretan como redundantes en todos los navegadores y se muestran como si sólo fueran un salto de párrafo. La mayoría de los navegadores muestran varios elementos `br` como varios salots de línea.
- **Elementos no reconocidos:** Un navegador ignora los elementos que no comprende o que están mal especificados. En función del elemento y del navegador puede tener distintos resultados. Los navegadores suelen mostrar en pantalla los contenidos del elemento y su marcado como si fueran texto normal aunque algunos navegadores antiguos no muestran nada.
- **Texto en comentarios:** Los navegadores no muestran en pantalla el texto que esté entre los elementos `<!--` y `-->`, utilizados para indicar un "comentario". Este es un ejemplo de comentario:

```
<!-- Esto es un comentario -->
<!-- Esto es
un comentario en varias líneas
que termina aquí. -->
```

Debe haber un espacio en blanco después del `<!--` inicial y antes del `-->` final, pero, por lo demás, puede poner casi cualquier cosa dentro del comentario. No puede anidar comentarios. Los comentarios son útiles para dejar anotaciones en un archivo HTML largo, por ejemplo:

```
<!-- la tabla de navegación empieza aquí -->
```

El marcado HTML contenido en los comentarios no se mostrará en pantalla, por tanto los comentarios pueden ser útiles para ocultar temporalmente contenido sin tener que eliminarlo definitivamente del documento.

Introducción al XHTML

Con la recomendación XML (consulte el capítulo 7), el W3C había logrado desarrollar un estándar lógico y útil para la Web para definir lenguajes de marcado. No debería sorprender que una de las principales prioridades fuera la reformulación del HTML (una aplicación SGML) en una aplicación XML. El resultado fue el XHTML.

XHTML 1.0 contiene la misma lista de elementos y atributos que HTML 4.01. Incluso tiene las mismas DTD asociadas: estricta, transicional y con marcos. La diferencia es que, como con todas las aplicaciones XML, la sintaxis correcta es de una importancia fundamental. Así, mientras que los navegadores aceptan ciertas faltas en HTML, los documentos XHTML deben estar bien formados. Las diferentes exigencias sintácticas entre HTML y XHTML aparecen listadas más adelante. El W3C reconoce las ventajas de tener un estándar profesional más estricto y uno menos estricto para cualquiera que quiera publicar en la Web, así que los estándares HTML y XHTML están soportados y mantenidos por los navegadores actuales.

La familia XHTML

XHTML no es sólo uno sino una familia de tipos de documento. Entre enero de 2000 y junio de 2001, el W3C produjo cuatro recomendaciones XHTML: XHTML 1.0, XHTML Basic, Modularización de XHTML y XHTML 1.1. Actualmente están revisando XHTML 2.0 y XHTML-Print, ambos basados en XHTML modular. Esta sección describe brevemente cada uno de ellos. Puede encontrar información más detallada y actualizada en la página del W3C en `www.w3c.org/MarkUp` (por ejemplo el 27 de mayo de 2005, se publicó el séptimo borrador de trabajo de XHTML 2.0).

XHTML 1.0

La recomendación XHTML 1.0 (publicada en enero de 2000) es sólo una reformulación de la especificación HTML 4.01 de acuerdo a las reglas de XML. Como HTML 4.01, XHTML 1.0 tiene tres variantes: estricto, transicional y con marcos, cada una de ellas definida por su propia DTD. Son descritas en la siguiente sección.

Modularización de XHTML

En un mundo en el que el contenido HTML se puede utilizar en dispositivos tan variados como teléfonos móviles, ordenadores de escritorio, paneles de frigoríficos, consolas, etc., un lenguaje de marcado de contenido con un tamaño fijo dejan de ser útiles. La modularización es la solución ideal para todo este tipo de problemas. En lugar de un conjunto extenso de elementos, esta recomendación define un modo de dividir el XHTML en módulos con tareas específicas. Un módulo es un conjunto de elementos que tratan un aspecto o tipo de objetos de un documento.

La modularización es el futuro de los estándares de marcado y tiene varias ventajas:

- Determinados dispositivos y aplicaciones pueden mezclar y combinar módulos en función de sus necesidades y limitaciones.
- Evita lenguajes específicos de dispositivo y fragmentados. Los autores pueden crear sus propios módulos XML sin alterar el estándar XHTML.
- Permite documentos "híbridos" que utilicen varias DTD combinadas. Por ejemplo permite que los documentos Web tengan módulos SVG o MathMal mezclados con el contenido XHTML aunque los detalles para hacerlo todavía no están demasiado claros.

La modularización de la recomendación XHTML se publicó por primera vez en 2001. En febrero de 2004 se presentó una segunda edición de la recomendación como borrador de trabajo.

XHTML Basic

Esta recomendación (publicada en diciembre de 2000) es una versión simplificada el XHTML modularizado. Es un subconjunto de elementos XHTML adecuados para clientes Web móviles como teléfonos móviles o dispositivos de mano. La definición de un estándar, aún extensible, compuesto de módulos XHTML para desarrolladores de aplicaciones móviles y clientes permite que este tipo de documento sea compartido en estas comunidades de desarrollo. Les ofrece un punto de partida común. Consulte la página `www.w3.org/TR/xhtml-basic/` para obtener más información.

XHTML 1.1

La recomendación XHTML 1.1, publicada en 2001, es una reformulación de XHTML 1.0 (estricto) utilizando los módulos XHTML. Es también el primer lenguaje de marcado liberado completamente de la funcionalidad heredada de HTML eliminando por completo los elementos y atributos que controlan la presentación. Los autores deben poner toda la información de estilo y presentación en CSS.

Entre algunos de los ejemplos de módulos en XHTML 1.1 incluyen estructura, texto, hipertexto, listas, objeto, imagen, formularios, tablas, objetos y mapas de imagen.

En el momento de publicar este libro, son pocos los navegadores con soporte para documentos XHTML 1.1 si están identificados adecuadamente como aplicación XML. Por esta razón, aunque XHTML 1.1 es la recomendación más reciente, la mayoría de los desarrolladores profesionales utilizan XHTML 1.0 porque puede ser etiquetado como texto HTML. Los tipos de medios XHTML serán estudiados con más detalle en el capítulo 9.

XHTML-Print

Este documento especifica una cadena de datos basados en XHTML adecuada para ser impresa en entornos en los que no es factible instalar un *driver* de impresión específico y en los que es aceptable alguna variación en el formato de salida. Está diseñado para imprimir contenido básico sin tomar en consideración el diseño o presentación. Esta recomendación sigue en desarrollo.

XHTML 2.0

XHTML 2.0 es un lenguaje de marcado para aplicaciones ricas y portátiles basadas en la Web. No está pensado para ser compatible de forma retroactiva. En este momento XHTML 2.0 sigue en desarrollo como borrador de trabajo.

Tres tipos de HTML 4.0 y XHTML 1.0

Aunque el W3C tiene nociones claras sobre el modo en el que "debería" funcionar HTML, también es consciente de que va a ser necesario algo de tiempo para que los viejos navegadores vayan desapareciendo y para que los autores Web comiencen a marcar el contenido adecuadamente. Por esta razón, las recomendaciones HTML 4.01 y XHTML 1.0 reúnen tres documentos de especificación ligeramente distintos: estricto, transicional y para documentos con marcos. Estos documentos, llamados DTD o Definiciones del Tipo de Documento, definen todos los elementos, atributos y entidades junto con sus reglas de uso. Las DTD XHTML han sido escritas siguiendo las reglas y convenciones del XML, y las DTD HTML siguen la sintaxis SGML. Consulte el capítulo 7 para obtener más información sobre el XML. El navegador utiliza la DTD para descodificar el marcado y comprobar su validez.

- **DTD estricta:** Esta versión excluye todos los elementos y atributos depreciados (como `font` y `align`) para reforzar la separación de la estructura y de la presentación del documento. Lo ideal sería que los documentos se etiquetaran estrictamente en lo relativo a su significado y estructura, dejando todo lo referente a la presentación en manos de las hojas de estilo.

- **DTD transicional:** La DTD transicional incluye todos los elementos y atributos depreciados para que sea compatible retroactivamente con el comportamiento heredado de la mayoría de los navegadores. Los elementos y atributos depreciados están permitidos pero no se recomienda su uso. Esta DTD ayuda a los autores Web a librarse de sus hábitos y avanzar hacia la adecuación plena a los estándares. Muchos autores Web eligen esta DTD hasta que los navegadores ofrezcan un soporte CSS pleno y consistente y hasta que desaparezcan los antiguos navegadores.
- **DTD con marcos:** Esta DTD incluye los mismos elementos que la DTD transicional, pero añadiendo elementos para crear páginas Web con marcos (`frameset`, `frame` y `noframe`). Esta DTD es independiente porque la estructura de un documento con marcos (donde `frameset` sustituye a `body`) es completamente distinta a la de los documentos HTML ordinarios. Estudiaremos los marcos con más detalle en el capítulo 14.

Es fundamental especificar qué versión se está utilizando en un documento con una declaración `DOCTYPE`, porque los navegadores modernos pueden utilizar esta información para activar el formateo "estricto" adecuado a los estándares (Modo Estándares), opuesto al comportamiento del HTML antiguo, no estándar (Modo Quirks). Por supuesto, si especifica la DTD debe respetarla en todo el documento para que éste sea válido (es decir, no puede romper ninguna de las reglas definidas en la DTD). En el capítulo 9 estudiaremos con más detalle las declaraciones `DOCTYPE`.

¿Qué estándar es el adecuado?

Con tantas recomendaciones, puede ser difícil elegir la mejor para sus objetivos. Este es un resumen para ver las distintas opciones con algo de perspectiva:

- **XHTML 1.0 Transicional:** Utilice este estándar si su estilo de autoría utiliza atributos o elementos depreciados (como `font`, `bgcolor` o `align`) y puede garantizar (a través de su experiencia o con herramientas de autoría) que el documento estará bien formado. Es la elección más frecuente de los desarrolladores Web profesionales porque es compatible de forma proactiva, pero sigue permitiendo algunas técnicas heredadas para controlar la presentación en los navegadores más actuales.
- **XHTML 1.0 Estricto:** Utilice este estándar si tiene que utilizar hojas de estilo para presentación y diseño porque todas las etiquetas depreciadas

han sido eliminadas de esta recomendación. Los documentos, por supuesto, también deben estar bien formados.

- **HTML 4.01:** Utilice las variantes transicional, estricta o con marcos si no le preocupa la longevidad del sitio, si no está usando herramientas de autoría actualizadas o si no es capaz de cerrar un elemento `li`.
- **XHTML 1.0 con marcos o HTML 4.01 con marcos:** Utilice estos estándares si está creando un sitio con marcos. Recoge los atributos depreciados.
- **XHTML 1.1:** Está ya disponible pero es difícil de hacerlo funcionar con efectividad porque los navegadores no soportan los identificadores XML que necesitan los documentos que utilicen este estándar. Por ello los desarrolladores no suelen utilizarlo.

XHTML bien formado

Los navegadores Web son bastante tolerantes con un HTML "descuidado", pero XHTML (al ser una aplicación XML) exige seguir las rígidas reglas de la sintaxis de marcado XML. Lo que distingue a los documentos XHTML de los documentos HTML es que debe estar completamente seguro de que el documento sigue las reglas sintácticas del XML (en otras palabras, de que está bien formado). Esta sección resume los requisitos del XHTML bien formado y algunos consejos para garantizar la compatibilidad retroactiva con los viejos navegadores.

Minúsculas para los nombres de atributos y de elementos

En XML, todos los nombres de elementos y de atributos son sensibles al caso, por lo que `<img>`, `<Img>` y `<IMG>` son analizados sintácticamente como elementos distintos. En la reformulación de HTML en XHTML, todos los elementos fueron interpretados para estar en minúsculas. Al escribir documentos XHTML (y sus hojas de estilo asociadas), asegúrese de que todas las etiquetas y nombres de atributo están en minúsculas. Los valores de atributo no tienen que ser sensibles al caso.

Nota: Si quiere convertir las etiquetas escritas en mayúsculas o con mayúsculas y minúsculas de un archivo HTML en etiquetas en minúsculas y bien formadas, pruebe la utilidad HTML Tidy (`tidy.sourceforge.net/`) o Barebones Software BBEdit (sólo para Macintosh, `www.bbedit.com`) que pueden automatizar el proceso.

Comillas para los valores de atributo

XHTML necesita que todos los valores de atributo estén recogidos entre comillas. Se aceptan comillas simples o dobles pero su uso debe ser coherente a lo largo del documento. Así que si antes se podía omitir las comillas que recogían una sola palabra o valores numéricos, ahora debe cujidar de que todos los valores de atributo tengan sus comillas.

Cierre de elementos

En el lenguaje HTML se puede omitir la etiqueta de cierre para determinados elementos como `p` y `li`. El comienzo de un nuevo elemento de bloque es suficiente para que el navegador considere cerrado el anterior. No es así en XHTML. Para estar bien formados, todos los elementos deben tener una etiqueta de cierre o será registrado como error y el documento se renderiza como no fiel a los estándares.

Elementos vacíos

Esta exigencia se extiende también a los elementos vacíos. Así pues, en lugar de insertar un salto de línea mediante la etiqueta `<br>` XHTML exige que el elemento se cierre. Puede añadir una barra inclinada (/) antes de la comilla angular de cierre, indicando el final del elemento. Así, en XHTML un salto de línea se introduce como `<br/>`.

La noción de cierre de elementos vacíos puede crear problemas en algunos navegadores (en concreto Netscape 4), otros tienen problemas si el contenido se envía como `text/html`. Para evitar estos problemas asegúrese de añadir un espacio en blanco antes de la barra (`<br />`). Esto permite que la etiqueta vacía cerrada pase sin problemas. La tabla 8.1 ofrece un listado completo de elementos vacíos.

Valores de atributo explícitos

XML (y por tanto XHTML) no soporta la "minimización de atributos", una práctica SGML por la que determinados atributos pueden reducirse a un simple valor de atributo. Así, mientras HTML tiene muchos atributos minimizados como `checked` y `nowrap`, en XHTML, los valores deben ser declarados explícitamente como `checked="checked"` y `nowrap="nowrap"`. La tabla 8.2 muestra una lista de atributos que pueden minimizarse en HTML pero necesitan valores en XHTML.

Tabla 8.2. Valores de atributo explícitos.

`checked="checked"`	`disabled="disabled"`	`noresize="noresize"`
`compact="compact"`	`ismap="ismap"`	`nowrap="nowrap"`
`declare="declare"`	`multiple="multiple"`	`readonly="readonly"`
`defer="defer"`	`noshade="noshade"`	`selected="selected"`

Requisitos de anidamiento

En HTML siempre ha sido una norma el que los elementos debían estar correctamente anidados en otros. La etiqueta de cierre de un elemento contenido siempre debía aparecer antes de la etiqueta de cierre del elemento que lo contenía. En XHTML esta regla se refuerza mucho. Así que asegúrese de que todos los elementos están bien anidados, de este modo:

```
<p>I can <em>fly!</em></p>.
```

Y que no se superponen, como aquí:

```
<p>I can <em>fly!</p></em>
```

Además XHTML refuerzas otras restricciones de anidamiento que siempre han formado parte de la especificación HTML. La DTD XHTML incluye una nota especial dedicada a modelos de contenido para exclusiones que refuerza estos aspectos:

- Un elemento `a` no puede contener otro elemento `a`.
- El elemento `pre` no puede contener `img`, `object`, `applet`, `big`, `small`, `sub`, `sup`, `font` o `basefont`.
- Un elemento `button` no puede contener `a`, `form`, `input`, `select`, `textarea`, `label`, `button`, `iframe` o `isindex`.
- El elemento `label` no puede contener otros elementos `label`.

Entidades de caracteres

XHTML (en cuanto función de XML) es quisquilloso con los caracteres especiales como `<`, `>` y `&`. Todos los caracteres especiales deben representarse en el documento XHTML con sus entidades de caracteres. Las entidades de caracteres más comunes aparecen en la tabla 10.3 y el listado completo aparece en el Apéndice C.

Las referencias de entidades de caracteres deberían utilizarse en lugar de caracteres como `<` y `&` en el contenido de texto normal, tal y como muestran estos ejemplos:

```
<p> the value of A &lt; B </p>
<p> Laverne &amp; Shirley </p>
```

Donde suelen utilizarse caracteres especiales, como en el título de un documento o en un valor de atributo, es necesario utilizar la entidad de caracteres. Por ejemplo, esta línea funcionaba sin ningún problema en HTML, a pesar de no ser válida:

```
<img src="puppets.jpg" alt="Crocco & Lynch">
```

Pero en XHTML, el valor debe escribirse así:

```
<img src="puppets.jpg" alt= "Crocco &amp; Lynch" />
```

También se aplica a los carácteres ampersand de una URL:

```
<a href="mailto: jen@example.com ? subject=subject&amp;cc=person ">
   Email Jen<a/>
```

Proteger Scripts

Es una práctica común recoger *scripts* y hojas de estilo en comentarios (entre `<!--` y `-->`). Por desgracia, el software XML considera a los comentarios como información sin importancia y elimina los comentarios del documento antes de procesarlo. Para evitar este problema utilice una sección XML CDATA. El contenido recogido en `<![CDATA[...]]>` es considerado como caracteres de texto y no es analizado sintácticamente (para más información consulte el capítulo 7). Por ejemplo:

```
<script language="JavaScript">
<![CDATA[
...JavaScript aquí...
]]>
</script>
```

El problema de este método es la compatibilidad retroactiva. Los navegadores HTML ignoran los contenidos de la sección XML CDATA mientras que los navegadores XML ignoran los contenidos de los *scritps* y hojas de estilo recogidos en comentarios. Así que no es posible satisfacer a todos. Una solución consiste en poner los *scripts* y estilos en archivos separados e indicarlos en el documento con vínculos externos. La práctica más común es evitar todos los CDATA y comentarios y mantener a los *scripts* y estilos externalizados. Aunque no es necesario es muy recomendarlo hacerlo en la administración de documentos y XHTML.

Atributos name e id

En HTML el atributo `name` podía utilizar para los elementos `a`, `applet`, `form`, `frame`, `iframe`, `img` y `map`. El atributo `name` y el atributo `id` podrían utilizarse en HTML para identificar fragmentos de documento. En XML sólo `id` puede utilizarse para fragmentos y sólo puede haber un atributo `id` por elemento. Los documentos XHTML deben utilizar `id` en lugar de `name` para identificar fragmentos de documento en los elementos antes mencionados. De hecho, el atributo `name` de esos elementos ha sido depreciado en la especificación XHTML 1.0.

De nuevo llegamos a un problema de compatibilidad de navegadores. Algunos navegadores heredados (Netscape 4) no reconocen el atributo `id` como identificador para un fragmento de documento (y los navegadores actuales adecuados a los estándares sólo lo hacen "bien", no "perfectamente"). Si sus identificadores de fragmentos deben funcionar en Netscape 4 utilice `name` e `id`. Por desgracia, puede causar errores de validación si está cumpliendo XHTML 1.0 Strict o XHTML 1.1 y sólo debería utilizar el atributo `id` cuando sea posible para los identificadores de fragmentos. Sólo queda un uso válido para el atributo `name`: para la semántica de presentación de formularios en elementos de control de formularios como `input`.

Herramientas de autoría Web

Los documentos HTML son archivos de texto, así que puede utilizar cualquier editor de texto para escribirlos. Afortunadamente hay muchas herramientas que hacen más rápida y eficaz la generación de documentos HTML. Se dividen en dos categorías principales: editores HTML y herramientas de autoría Web WYSIWYG, *What You See Is What You Get* (en inglés, "lo que ves es lo que obtienes").

Editores HTML/XHTML

Los editores HTML son herramientas de edición de texto diseñadas especialmente para escribir HTML. Necesitan que sepa cómo componer a mano HTML, pero ahorran tiempo a través de atajos para tareas repetitivas como configurar documentos, compilar tablas o aplicar estilos al texto.

Hay muchos editores HTML y muchos de ellos gratuitos. Realice por ejemplo una búsqueda de "HTML editor" en Shareware.com (`www.shareware.com`).

Los usuarios de Windows deberían consultar la página de Macromedia. Para más información y para descargar una copia demo visite `www.macromedia.com/software/homesite/`. Si trabaja en Machintosh consulte BBEdit, un editor HTML comercial de Bare Bones Sotware. Para más información y para descargar una versión demo, visite `www.bbedit.com`.

Herramientas de autoría WYSIWYG

Los editores HTML WYSIWYG tienen interfaces gráficas que hacen que el escribir HTML sea más parecido al uso de un procesador word o de un programa de diseño de páginas. Así, por ejemplo, si quiere añadir una imagen, sólo tiene que arrastrarla desde el escritorio a la página, la herramienta de autoría crea todo el código HTML necesario para realizar ese efecto en la pantalla. Demás de estos atajos de estilo y de formato, muchas de estas herramientas automatizan tareas más complejas como la creación de hojas de estilo en cascada, añadir JavaScript o añadir funciones PHP. Las herramientas WYSIWYG tienen varias ventajas:

- Ahorran mucho tiempo frente a la escritura a mano.
- Son buenas para principiantes. Pueden ser incluso útiles para aprender HTML porque puede diseñar la página como quiera y ver el código resultante.
- Son buenas para hacer pruebas y prototipos. Puede diseñar ideas al vuelo.
- Son un buen punto de arranque para crear hojas de estilo, comportamientos JavaScript y otras funciones.

Como inconvenientes tenemos que señalar que son caras y algo complicadas. Algunos autores Web experimentados tienen la sensación de que el marcado de estas herramientas no es tan eficaz como el hecho a mano.

Si es un desarrollador o diseñador Web profesional, una herramienta de autoría Web no lo libera del aprendizaje de HTML. En muchos casos deberá ajustar el código HTML a mano. Algunas de las herramientas más populares son:

- **Macromedia Dreamweaver:** Dreamweaver ha emergido como herramienta de autoría HTML estándar por sus funciones avanzadas y por su adecuación a los estándares. Para más información visite `www.adobe.com/es/products/dreamweaver/`
- **Adobe GoLive:** Otra herramienta de autoría potente y de nivel profesional. GoLive está bien integrada en el paquete de herramientas de diseño de Adobe. Para más información consulte `www.adobe.com/es/products/golive/main.html`.

Nota: En abril de 2005, Adobe anunció que iba a adquirir Macromedia. En este momento, no se ha dicho nada sobre el futuro de los productos y marcas Dreamweaver y GoLive. No está claro si se mantendrán ambas, si sólo una sobrevivirá o si serán combinadas en un híbrido potentísimo. Consulte la Web de Adobe para informarse de las últimas noticias. En esta edición, todos los nombres de producto Adobe y Macromedia están indicados por su denominación actual en el mercado.

- **Microsoft FrontPage (sólo Windows):** FrontPage, parte del paquete Office de Microsoft, es fácil de aprender para los principiantes y es popular en la comunidad comercial. Ofrece asistentes, temas y herramientas que facilitan la creación de páginas Web. FrontPage sigue produciendo un código que muchos autores Web profesionales consideran poco satisfactorio por ser ineficiente y propietario. Algunas funciones FrontPage están integradas con el IIS de Microsoft así que compruebe su servicio de alojamiento Web por si existen conflictos. Para más información consulte `www.microsoft.com/frontpage/`.

Buenas prácticas de autoría

Esta sección proporciona algunas pautas para escribir "buenos" documentos HTML: su marcado será soportado por muchos navegadores, serán manejados sin problemas por los navegadores que esperen una sintaxis correcta y que serán extensibles a nuevas tecnologías...

- **Seleccione elementos que describan con precisión y con significado el contenido:** Garantizar la corrección semántica del documento mejora la accesibilidad en muchos entornos de navegación. Si algo es una lista, márquela como tal. Si no quiere que la lista tenga bolillos, no hay ningún problema, puede utilizar una hoja de estilo para cambiar la presentación de la lista (consulte el capítulo 24).
- **Evite seleccionar elementos en función de cómo se renderizan en el navegador:** Por ejemplo, no use `blockquote` para sangrar un texto y no utilice una serie de `br` o `<p> :</p>` para un espacio en blanco extra. Puede utilizar una hoja de estilo para esos efectos de presentación.
- **Evite usar elementos y atributos depreciados:** Es un modo de decir "utilice hojas de estilo en lugar de HTML de presentación" porque la mayoría de los atributos y elementos han sido depreciados a favor de controles de hojas de estilo.
- **Escriba documentos válidos y fieles a los estándares:** Aunque esté utilizando HTML 4.01, es conveniente seguir las recomendaciones XHTML para obtener un documento válido y fiel a los estándares. Aunque antes era correcto omitir etiquetas de cierre y comillas, los navegadores del futuro pueden no ser tan permisivos.
- **Valide su HTML:** Para estar totalmente seguro de la conformidad de su documento debería comprobar su código HTML con un validador HTML como el que puede encontrar en el sitio del W3C (`validator.w3.org`).

Encontrará un listado de otros servicios de validación en la página de The Web Design Group en `www.htmlhelp.com/links/validators.htm`.

- **Evite espacios de caracteres y retornos extra:** Estos se añaden al tamaño del documento porque los espacios en blanco se transmiten como cualquier otro caracter. No sólo esto, los saltos de línea y los espacios en blanco extra pueden crear espacios en blanco indeseados en determinados contextos. Por ejemplo, los espacios extra en y entre celdas de una tabla (elementos `td`) pueden crear espacios inesperados en una tabla. Añadir un salto de línea entre elementos `img` consecutivos introducirá un espacio en blanco entre las imágenes. Lo mejor es que el archivo sea tan compacto como sea posible.
- **Utilice comentarios para delinear secciones de marcado y poder encontrarlas rápidamente:** Los documentos HTML pueden ser largos y complicados. Añadir comentarios para etiquetar porciones del documento puede hacer más fácil encontrar secciones y también le permite mantener compacto el documento sin mucho espacio extra.
- **Siga las convenciones de nombrado de archivos adecuadas:** Estas serían las pautas generales:
  - Utilice la extensión de documento HTML `.html` o `.htm`. En la tabla 4.1 puede encontrar las extensiones de distintos tipos de archivo comunes.
  - Evite los espacios y caracteres especiales como ?, %, #, etc. en los nombres de archivo. Lo mejor es que los nombres de archivo sólo tengan letras, números, guiones bajos (en lugar de espacios), guiones y puntos.
  - Los nombres de archivo pueden ser sensibles al caso en su servidor. Procure utilizar siempre letras en minúsculas, evitará muchos problemas.
  - Procure que los nombres de archivo sean cortos. Los caracteres extra aumentan el tamaño de archivo del documento.

Capítulo 9

Estructura del documento

Antes del marcado del contenido hay que establecer la estructura global del documento (X)HTML. Un documento (X)HTML se compone de tres partes: una "declaración" de la versión HTML o XHTML utilizada, una "cabecera" con información sobre el documento y el "cuerpo" con el contenido del documento.

Nota: No todos los documentos tienen un cuerpo. Los documentos con marcos se componen de una declaración, una cabecera y un conjunto de marcos que establece el número y estructura de sus marcos. Los documentos con marcos son estudiados en el capítulo 14.

Este capítulo presenta cada uno de estos componentes y, así, presenta estos elementos utilizados para establecer la estructura global del documento:

- `html` Elemento raíz de un documento (X)HTML.
- `head` Cabecera.
- `body` Cuerpo del documento.
- `title` Título del documento.
- `meta` Metadatos (información sobre el documento).

Si utiliza una herramienta de autoría Web profesional para crear sus páginas Web es posible que está acostumbrado al marcado estructural prácticamente mínimo insertado por usted al crear un nuevo archivo en estas herramientas. Este capítulo le da las herramientas necesarias para decidir si las declaraciones generadas automáticamente representan con precisión el modo en el que concibe la creación de las páginas.

Estructura de documento mínima

El siguiente ejemplo de marcado muestra la estructura de un documento XHTML mínimo según la especificación de la recomendación XHTML 1.0. Proporciona un buen contexto para el resto de explicaciones sobre la estructura global del documento.

```
<?xml version="1.0" encoding="UTF-8"?>
<!DOCTYPE html PUBLIC "-//W3C//DTD XHTML 1.0 Strict//EN"
   "http://www.w3.org/TR/xhtml1-strict.dtd">

<html xmlns="http://www.w3.org/1999/xhtml" xml:lang="en" lang="en">

   <head>
      <title>Título del documento</title>
   </head>

   <body>
      <p>Contenido del documento....</p>
   </body>
</html>
```

Nota: Este ejemplo comienza con una declaración XML que identifica la versión de XML y la codificación de caracteres del documento. Las declaraciones XML son recomendadas en los documentos XHTML, pero no son necesarias si la codificación de caracteres es UTF-8 como en este ejemplo. Como las declaraciones XML crean algún problema en los navegadores suelen omitirse.

Ahora vamos a mirar más de cerca cada uno de los cuatro componentes principales de los documentos XHTML (y HTML):

Declaración del tipo de documento:

```
<!DOCTYPE html PUBLIC "-//W3C//DTD XHTML 1.0 Strict//EN"
"http://www.w3.org/TR/xhtml1/DTD/xhtml1-strict.dtd">
```

La declaración del tipo de documento (`DOCTYPE`) indica al navegador qué DTD utilizar para analizar sintácticamente el documento. Este ejemplo especifica XHTML estricto. Si el ejemplo fuera de un documento HTML utilizaría una de las DTD HTML. Un poco más adelante dedicaremos una sección a las opciones de DTD y a los usos de esta información.

Elemento raíz

```
<html xmlns="http://www.w3.org/1999/xhtml" xml:lang="en" lang="en">...
  </html>
```

`html` es el elemento raíz de todos los documentos HTML y XHTML. Dedicaremos una sección al elemento `html` y a sus atributos declarativos.

Cabecera del documento

```
<head>
  <title>Título del documento</title>
</head>
```

El elemento `head`, o cabecera, contiene información sobre el documento que no es considera parte del contenido del documento. La cabecera debe incluir un título (`title`) descriptivo para ser validado. En este capítulo estudiaremos también con más detalle las cabeceras de documento.

Cuerpo del documento

```
<body>
  Contenido del documento...
</body>
```

El elemento `body` contiene todo el contenido del documento (la parte que aparece en la ventana del navegador o es leída en un navegador de voz). El cuerpo de un documento (X)HTML podría consistir en unos cuantos párrafos de texto y en una sola imagen o bien en una compleja combinación de texto, imágenes, tablas y objetos multimedia, la decisión está en sus manos.

Declaración del tipo de documento

Para ser válido, un documento (X)HTML debe comenzar con una declaración del tipo de documento que identifique la versión de HTML o XHTML que se está utilizando en el documento. Se hace a través de una declaración `DOCTYPE` que indica la DTD del documento. Una DTD es un documento de texto que lista todos los elementos, atributos y reglas de uso de un determinado lenguaje de marcado. Consulte el capítulo 7 para obtener más información sobre las DTD.

La inclusión de una declaración del tipo de documento siempre ha sido un requistio de los documetos HTML válidos. Sin declaración `DOCTYPE` no hay un conjunto de reglas con las que validar el documento. Durante años la declaración `DOCTYPE` solía omitirse, pero cuando la adecuación a los estándares se convirtió en una prioridad de la comunidad de desarrolladores Web, y como hay muchas DTD entre las que elegir, es estrictamente necesario incluir la declaración DTD y validar los documentos. La declaración `DOCTYPE` (o su omisión) activa también distintos comportamientos de navegador, tal y como veremos más adelante.

Opciones DTD

HTML 4.01 y XHTML 1.0 ofrecen tres versiones de DTD:

- Estricto.
- Transicional.
- Con marcos.

XHTML 1.1 sólo tiene una DTD. Los documentos DTD residen en el servidor W2C en una URL estable.

La declaración `<!DOCTYPE>` (tipo de documento) contiene dos métodos de señalar a la información DTD: un identificador de documento reconocido públicamente o una URL específica en el caso de que el dispositivo de navegación no reconozca el identificador público. Este es un listado de las descripciones y marcado específico de las distintas versiones HTML y XHTML:

- **HTML 4.01 estricto:** La DTD estricta omite todos los elementos y atributos depreciados. Si está creando de acuerdo a la DTD estricta utilice esta definición del tipo de documento:

```
<!DOCTYPE HTML PUBLIC "-//W3C//DTD HTML 4.01//EN"
"http://www.w3.org/TR/HTML4.01/strict.dtd">
```

- **HTML 4.01 transicional:** La DTD transicional incluye toda la DTD estricta junto con todos los elementos y atributos depreciados. Si su documento incluye elementos o atributos depreciados indique la DTD transicional utilizando esta declaración `DOCTYPE`:

```
<!DOCTYPE HTML PUBLIC "-//W3C//DTD HTML 4.01 Transitional//EN"
"http://www.w3.org/TR/HTML4.01/loose.dtd">
```

- **HTML 4.01 con marcos:** Si el documento contiene marcos (es decir, si utiliza `frameset` en lugar de body) identifique la DTD con marcos. Esta DTD es la misma que la versión transicional (incluye elementos y atributos depreciados) con elementos específicos para marcos. Los documentos HTML que contienen contenido que se muestran en los marcos no necesitan utilizar esta DTD.

```
<!DOCTYPE HTML PUBLIC "-//W3C//DTD HTML 4.01 Frameset//EN"
"http://www.w3.org/TR/HTML4.01/frameset.dtd">
```

- **XTHML 1.0 estricto:** Es igual al HTML 4.01 estricto pero reformulado de acuerdo a las reglas sintácticas del XML.

```
<!DOCTYPE html PUBLIC "-//W3C//DTD XHTML 1.0 Strict//EN"
"http://www.w3.org/TR/xhtml1/DTD/xhtml1-strict.dtd">
```

- **XHTML 1.0 transicional:** Igual al HTML 4.01 transicional pero reformulado de acuerdo a las reglas sintácticas del XML.

```
<!DOCTYPE html PUBLIC "-//W3C//DTD XHTML 1.0 Transitional//EN"
"http://www.w3.org/TR/xhtml1/DTD/xhtml1-transitional.dtd">
```

- **XHTML 1.0 con marcos:** Igual al HTML 4.01 con marcos pero reformulado de acuerdo a las reglas sintácticas del XML.

```
<!DOCTYPE html PUBLIC "-//W3C//DTD XHTML 1.0 Frameset//EN"
"http://www.w3.org/TR/xhtml1/DTD/xhtml1-frameset.dtd">
```

- **XHTML 1.1:** Sólo hay una DTD para XHTML 1.1. Omite todos los elementos y atributos depreciados. Se distingue del XHTML 1.0 estricto en lo siguiente:
  - El atributo `lang` ha sido reemplazado por el atributo `xml:lang`.
  - El atributo `name` ha sido reemplazado por el atributo `id` para los elementos `a` y `map`.
  - Se ha añadido una colección *ruby* de elementos. El W3C define *ruby* como "comandos cortos de texto al lado del texto base, típicamente utilizados en documentos asiáticos para indicar pronunciación o para proveer una nota breve".

  ```
  <!DOCTYPE html PUBLIC "-//W3C//DTD XHTML 1.1//EN"
  "http://www.w3.org/TR/xhtml11/DTD/xhtml11.dtd">
  ```

Nota: El W3C pone todas estas declaraciones del tipo de documento a su disposición, para que pueda hacer un "copiar y pegar" en `www.w3.org/QA/2002/04/valid-dtd-list.html`.

Cambio de DOCTYPE

Los años de prácticas y técnicas poco estrictas de autoría dieron como resultado millones de páginas Web creadas para "funcionar" pero que estaban muy lejos de ser "válidas" de acuerdo a los estándares actuales. Los desarrolladores de navegadores se enfrentaban a un dilema: hacerse rigurosos con la conformidad a los estándares y romper casi todos los sitios Web existentes o mantener el status quo.

Al crear Internet Explorer 5 para Mac, Tantek elik inventó y codificó una solución que servía a dos comunidades de autores: los que escribían documentos adecuados a los estándares y los que creaban documentos Web basados en los comportamientos de renderizado de navegadores habituales.

El método, conocido como *DOCTYPE switching* o cambio de `DOCTYPE`, utiliza la inclusión y el contenido de una declaración `DOCTYPE` para cambiar el modo de renderizado en determinados navegadores. Si se detecta una declaración `DOCTYPE` moderna, indica que el autor utiliza los estándares y el navegador pasa a un modo de renderizado adecuado a los estándares (modo estándares). Si no se detecta este tipo de declaración, el navegador pasa a modo Quirks. Este modo imita el comportamiento de renderizado de los navegadores antiguos, permitiendo código no estándar, *hacks* y soluciones provisionales comunes en las prácticas de autoría Web heredadas. Hay un tercer modo implementado por algunos navegadores y conocido como modo "casi estándar" que se distingue del modo estándares en que implementa el tamaño vertical de las celdas de las tablas de modo tradicional y no de acuerdo a la especificación CSS 2.

Soporte de navegadores

Puede utilizar la declaración `DOCTYPE` para cambiar los modos de renderizado en estos navegadores:

- Internet Explorer 6 y 7 (Windows).
- Internet Explorer 5 (Mac).
- Netscape 6 y superior.
- Opera 7 y superior.
- Mozilla (y navegadores basados en Mozilla como Firefox).
- Safari.
- Konqueror 3.2 y superior.

El cambio

Aunque todos los navegadores listados hacen algún tipo de cambio, los requisitos para que pasen de modo estándares a casi estándar varían y están influidos por la versión DTD y por la presencia de la URL completa para la DTD. Para los documentos XHTML, la presencia de la declaración XML hará que Internet Explorer 6 para Windows y Konqueror pasen a modo Quirks aunque se proporcione la declaración `DOCTYPE` correcta.

Comprender qué modo activa cada `DOCTYPE` puede ser algo confuso. Puede encontrar una comparación de las distintas respuestas de los navegadores a todas las combinaciones posibles de DTD y URL en el sitio mantenido por Henri Sivonen (`hsivonen.iki.fi/doctype/`).

Aquí le ofrecemos un resumen de las mejores opciones para pasar de modo estándares a casi estándar (o viceversa) en la mayoría de los navegadores que hacen *DOCTYPE switching*:

- XHTML 1.0 estricto o transicional o XHTML 1.1 con una URL completa (incluyendo `http://`) y sin la declaración XML. Si se omite la URL o está incompleta algunos navegadores pasarán a modo Quirks. Incluir la declaración XML hace que Internet Explorer pase a modo Quirks, sin embargo, esto se ha corregido en IE 7.
- HTML 4.0 ó 4.01 estricto, con o sin la URL (si se omite la URL se pasa a modo Quirks en IE 5 para Mac sólo con la DTD Strict 4.01).
- HTML 4.0 ó 4.01 transicional, con la URL `http://www.w3.org/TR/html4/loose.dtd` (para todos los navegadores excepto Konquerer 3.2). Incluir `http://www.w3.org/TR/1999/REC-thml401-19991224/loose.dtd` pasa a modo Quirks en Netscape 6 y Konqueror.

Elemento raíz

Los documentos XML y SGML tienen un, y sólo un, elemento raíz. Es el elemento que recoge todos los elementos que detallamos a continuación. XHTML y HTML definen `html` como el elemento raíz.

html

`<html>...</html>`

Atributos

Atributos de internacionalización: `lang`, `xml:lang`, `dir`

`id="text"` (sólo XHTML)

`xmlns="http://www.w3.org/1999/xhtml"` (Necesario; sólo XHTML)

`version="-//W3C//DTD html 4.01//EN"` (Depreciado en HTML 4.01)

Todos los elementos del documento están contenidos en el elemento raíz (se dice que son sus "descendientes"). En cuanto elemento raíz, `html` no puede tener ancestros (en otras palabras, no puede estar contenido en otro elemento).

El siguiene código muestra un ejemplo del elemento raíz de un documento XHTML mínimo:

```
<html xmlns="http://www.w3.org/1999/xhtml" xml:lang="en" lang="en">
```

Como este ejemplo es un documento XHTML, el elemento `html` también se utiliza para identificar el espacio de nombres XML y el idioma del documento, como veremos más adelante. Los documentos HTML no utilizan espacios de nombres.

Espacio de nombres

Un espacio de nombres XML es una colección de nombres de elementos y atributos según la definición de la DTD de un determinado lenguaje de marcado. En los documentos XML debe identificar explícitamente el espacio de nombres para que el cliente (en este caso el navegador) sepa que, por ejemplo, considera el elemento `q` como una "cita" (*quote*) y no como una "pregunta" (*question*).

El espacio de nombres se especifica utilizando el atributo `xmlns` del elemento raíz. El valor es la localización de una documentación en línea de ese espacio de nombres. El identificador de espacio de nombres para XHTML 1.0 y 1.1 es `xmlns="http://www.w3.org/1999/xhtml"`.

Idioma

Como nuestra Web es "World Wide", las especificaciones HTML tienen en cuenta que los documentos se publican en muchos idiomas distintos. Por esta razón, es importante identificar el idioma en el que está escrito el documento (como en `lang="en"`) y el idioma de la versión XML (como en `xml:lang="en"`). Estos atributos se sitúan en el elemento raíz `html` junto con el identificador de espacios de nombre. La recomendación XHTML 1.0 recomienda incluir los dos atributos para garantizar la compatibilidad retroactiva. Consulte el capítulo 6 para ver una lista completa de códigos de idioma de dos letras.

La cabecera del documento

La cabecera es el lugar en el que incluir información importante sobre el documento a los usuarios, navegadores y motores de búsqueda. Es también el lugar en el que suelen guardarse *scripts* y hojas de estilo incrustadas. Esta sección atiende al elemento `head` y a los elementos que contiene.

head

```
<head>...</head>
```

Atributos

Atributos de internacionalización: `lang`, `xml:lang`, `dir`

`id="text"` (sólo XHTML)

`profile="`*`URLS`*`"`

Todo elemento `head` debe incluir un elemento `title` que proporcione una descripción del documento. El elemento `head` también puede incluir cualquiera de estos elementos (en cualquier orden): `sript`, `style`, `meta`, `link`, `object`, `isindex` y `base`. El elemento `head` actúa como un contenedor de estos elementos y no tiene ningún contenido en sentido propio.

Se recomienda que los documentos HTML (y los documentos XHTML sin una declaración XML) incluyan también un elemento `meta` que especifique el tipo de contenido y la codificación de caracteres del documento, aunque este elemento no es obligatorio. Dedicaremos una sección de este capítulo a estudiar este elemento `meta`.

Títulos

El elemento más importante (y el único requerido) de la cabecera es el título (`title`) del documento, que proporciona una descripción de los contenidos de la página.

title

`<title>...</title>`

Este elemento es obligatorio

Atributos

Internacionalización: `lang`, `xml:lang`, `dir`

A partir de HTML 4.01 se requiere la presencia del elemento `title`, lo que quiere decir que todos los documentos HTML deben tener un título significativo en su cabecera para ser válidos. El título suele mostrarse en la barra superior del navegador, fuera de la ventana de contenido.

Los títulos sólo deberían contener caracteres ASCII (letras, números y signos básicos de puntuación). Los caracteres especiales (como &) deberían indicarse con sus entidades de caracteres en el título, por ejemplo:

```
<title> The Adventures of Peto &amp; Fleck</title>
```

El título es lo que aparece en los marcadores o en la lista de favoritos del usuario. Los títulos también son una herramienta clave de la accesibilidad porque son lo primero que la persona oye al utilizar un lector de pantalla. Los motores de búsqueda también confían en los títulos de documento. Por estas razones es importante proporcionar títulos descriptivos y fiables para todos los documentos y evitar vaguedades como "Bienvenidos" o "Mi página". También le recomendamos utilizar títulos cortos para que puedan mostrarse en el área de título del navegador.

Otros elementos de cabecera

Otros elementos HTML útiles que forman parte de la cabecera del documento son los siguientes:

`base`
: Este elemento nos permite establecer la localización base del documento que servirá como referencia para todos los nombres de ruta y vínculos que definamos en el documento. Si desea obtener más información, consulte el capítulo 11.

`isindex`
: Depreciado. Este elemento se utilizaba para añadir una función de búsqueda simple a una página. Ha sido depreciado por HTML 4.01 en favor de entradas de formulario.

`link`
: Este elemento sirve para definir la relación existente entre el documento actual y cualquier otro documento. aunque puede significar relaciones como índice, siguiente y anterior, suele utilizarse para vincular un documento a una hoja de estilo externa (si desea más información, consulte el capítulo 16).

`script`
: El código JavaScript y VBScript puede añadirse a la cabecera del documento utilizando este elemento. Para ver ejemplos del uso del elemento `script` consulte el capítulo 27.

`style`
: Un método para vincular una hoja de estilo a un documento HTML es incrustarla a la cabecera del documento con el elemento `style`. Para más información, consulte el capítulo 16.

meta
: El elemento `meta` se utiliza para proporcionar información sobre un documento, como por ejemplo palabras clave o descripciones de ayuda para los motores de búsqueda. Lo estudiaremos con más detalle en la siguiente sección.

Proporcionar metadatos

El elemento `meta` tiene muchas aplicaciones distintas, pero se utiliza sobre todo para incluir información sobre un documento, como la codificación de caracteres, fecha de creación o información de copyright.

meta

`<meta />`

Atributos

Internacionalización: `lang`, `xml:lang`, `dir`

`id="text"` (sólo XHTML)

`content="`*`texto`*`"` (requerido)

`http-equiv="`*`texto`*`"`

`name="`*`texto`*`"`

`scheme="`*`texto`*`"`

Los datos incluidos en un elemento `meta` son útiles para los servidores, navegadores Web y motores de búsqueda pero son invisibles para el lector. Siempre deben situarse en la cabecera del documento.

Un documento puede tener cualquier número de elementos `meta`. Hay dos tipos de elementos `meta`, según utilicen los atributos `name` o `http-equiv`. El atributo `content` es siempre necesario para proporcionar un valor (o valores) para la información o función que hayan sido nombradas. Estos ejemplos muestran la sintaxis de los dos tipos `meta`.

```
<meta http-equiv="name" content="content" />
<meta name="name" content="content" />
```

http-equiv

La información proporcionada por un atributo `http-equiv` se procesa como si procediera de una cabecera de respuesta HTTP. Las cabeceras HTTP contienen información que el servidor pasar al navegador justo antes de enviar el documento HTML, como información de tipos de medios u otros valores que afectan las acciones del navegador. Por ello, el atributo `http-equiv` proporciona enformación que afectará, en función de la descripción, el modo en el que el navegador trata el documento.

Hay muchos tipos `http-equiv` predefinidos. Este capítulo sólo presenta algunos de los más útiles. Puede encontrar un listado completo en el Diccionario de Etiquetas META HTML en `vancouver.webpages.com/META/`.

Nota: Una cabecera HTTP no es lo mismo que la cabecera indicada por el elemento `head` en el documento HTML. Las cabeceras HTTP existen fuera del documento de texto HTML y están unidas por el servidor. Cuando se solicita un documento a través de una solicitud HTTP (esto es, a través de la Web), la cabecera HTTP se une también para advertir al navegador sobre el tipo de documento que debe esperar. Sus contenidos no se muestran en pantalla.

---

name

El atributo `name` se utiliza para insertar información oculta sobre el documento que no corresponda a las cabeceras HTTP. Por ejemplo:

```
<meta name="author" content="Jennifer Niederst Robbins" />
<meta name="copyright" content="2006, O´Reilly Media" />
```

Puede hacer sus propios nombres o utilizar uno de los nombres propuestos por los motores de búsquedas y por las compañías de navegadores para un uso estandarizado. En esta misma sección veremos algunos de los nombres `meta` aceptados y más utilizados.

Identificar tipos de medios y codificación de caracteres

Se recomienda, aunque no es necesario, que los tipos de medios y la codificación de caracteres estén especificados en los documentos (X)HTML para mantener esa información con el documento (si desea más información sobre la declaración de codificaciones de caracteres consulte el capítulo 6).

Esto se consigue utilizando el elemento `meta`, tal y como muestra el siguiente ejemplo:

```
<meta http-equiv="content-type" content="text/html"; charset="UTF-8" />
```

Las partes se descomponen de este modo:

- **Identificación del tipo de medios:** El tipo de medios, muy parecido a los tipos MIME utilizados para enviar adjuntos de correo electrónico, es otro bit de información enviado en la cabecera HTTP. Para los documentos HTML, el tipo de medios es siempre `text/html`. Los documentos XHTML no son tan sencillos.

  Los documentos XHTML 1.0 pueden ser servidos como XML o como documentos HTML. Aunque XML es el método adecuado, la falta de soporte para archivos XML en los navegadores hace que muchos autores decidan suministrar los archivos XHTML 1.0 con el tipo MIME `text/html` utilizado para los documentos HTML. Cuando los documentos XHTML se sirven de este modo puede que no sean analizados sintácticamente como documentos XML.

  Los archivos XHTML 1.0 también pueden servirse como XML utilizando los tipos MIME `application/xhtml+xml`, `application/xml` o `text/xml`. El W3C recomienda utilizar sólo `application/xhtml+xml`.

  Los documentos XHTML 1.1 no pueden utilizar el tipo de medios `text/html`. Supone un problema porque algunos navegadores no saben qué hacer con los tipos de medios que no son `text/html`. Es otra razón por la que XHTML 1.1 sigue siendo difícil de implementar y por la que los desarrolladores suelen optar por el estándar XHTML 1.0.

Para más información sobre los tipos de medios recomendados por el W3C consulte `www.w3.org/TR/xhtml-media-types/`.

- **Codificación de caracteres:** Se recomienda, aunque no es necesario, que la codificación de caracteres se especifique en todos los documentos. La codificación de caracteres describe el conjunto de glifos o formas de caracteres que utiliza el documento. Los conjuntos de caracteres están estandarizados: puede indicarlos identificando números estándar. Por ejemplo, en los documentos escritos en inglés, la codificación de caracteres más frecuente es ISO-8859-1 que consiste en todos los caracteres de los idiomas de Europa Occidental. Si desea más información sobre la codificación de caracteres consulte el capítulo 6.

  La codificación de caracteres debería ajustarse en el servidor como parte de la cabecera HTTP. También puede ajustarse en la declaración XML de los documentos XHTML que utilicen una codificación de caracteres que no sea el estándar XML UTF-8 o UTF-16. En los casos en los que sea necesario anular o garantizar los ajustes de servidor (y si no se utiliza la declaración XML) la codificación de caracteres puede proporcionarse con un elemento `meta` como veíamos en el ejemplo.

Nota: Para más información sobre los distintos métodos de especificar la codificación de caracteres, consulte el capítulo 6 y el artículo del Proyecto de Estándares Web en `www.webstandars.org/learn/askw3c/dec2002.html`.

Utilizar el elemento meta para la solicitud automática de documentos

La solicitud automática de documentos (*client-pull* en la nomenclatura inglesa) es la capacidad del navegador (cliente) de solicitar automáticamente (*pull*) un nuevo documento del servidor. El efecto para el usuario es que la página se vuelve a cargar automáticamente cada cierto tiempo con nueva información o muestra una página nueva. Esta técnica puede utilizarse para redirigir automáticamente a los lectores a una nueva URL (por ejemplo si una URL ha sido retirada).

Advertencia: Tenga en cuenta, sin embargo, que se desaconseja el uso de este método para redirigir automáticamente en favor de las redirecciones del lado del servidor por razones de accesibilidad.

La solicitud automática de documentos utiliza el valor de atributo `refresh`, que se introdujo por primera vez por Netscape. Indica al navegador esperar un determinado número de segundos (especificado por un número entero en el atributo `content`) y cargar una nueva página. Si no se especifica ninguna página, el navegador vuelve a cargar la página actual. El siguiente ejemplo indica al navegador volver a cargar la página pasados 15 segundos (suponga que algo ocurre en el lado del servidor que ponga información actualizada en el documento HTML):

```
<meta http-equiv="refresh" content="15" />
```

Para cargar un archivo distinto, suministre la URL del documento en el atributo `content`:

```
<meta http-equiv="refresh" content="1; url=http://doc2.html" />
```

Observe que sólo hay un grupo de comillas en torno al valor de `content`. Aunque las URL suelen necesitar sus propias comillas, se omiten en el contexto del atributo `content`.

Otros usos de http-equiv

Estos son algunos usos más del atributo `http-equiv`:

`expires`

Indica la fecha y hora en las que se debería considerar que el documento ha expirado. Los robots Web pueden utilizar esta información para eliminar documentos que han expirado del índice de un motor de búsqueda. El formato de fecha y hora (como se muestra abajo) sigue el estándar fecha/hora para las cabeceras HTTP porque el atributo `http-equiv` pretende imitar un campo de cabecera HTTP.

```
<meta http-equiv="expires" content-"Wed 12 Jun 2001 10:52:00 EST" />
```

`content-language`

Puede utilizarse para identificar el idioma en el que está escrito el documento. El navegador puede enviar una cabecera `Accept-Language` correspondiente, que hace que el servidor seleccione el documento con el idioma adecuado. Este ejemplo indica al navegador que el idioma natural del documento es el francés:

```
<meta http-equiv="content-language" content="fr" />
```

El W3C recomienda el uso de los atributos `lang` y `xml:lang` en el elemento `html` para especificar el idioma, pero este método puede utilizarse para la compatibilidad retroactiva. Para más información sobre internacionalización y para ver un listado de los códigos de idioma en dos letras, consulte el capítulo 6.

Nombres meta para motores de búsqueda

Los motores de búsqueda introducen varios nombres `meta` que ayudan a sus motores de búsqueda a encontrar páginas. Tenga en cuenta que no todos los motores de búsqueda utilizan metadatos, pero añadirlos a sus documentos no causará ningún problema. En este caso concreto, hay una distinción algo borrosa entre `name` y `http-equiv`, así que la mayoría de estos nombres `meta` también funcionan como definiciones `http-equiv`.

`description`

Proporciona una descripción breve de los contenidos de la página Web, especialmente útil si el documento contiene poco texto, si es un conjunto de marcos o tiene *scripts* extensivos en la parte superior del documento HTML. Los motores de búsqueda que reconozcan la descripción podrán mostrarla en la página de resultados de la búsqueda. Algunos motores de búsqueda sólo utilizan las veinte primeras palabras de la descripción, así que procure ser breve.

```
<meta name="description" content="Jennifer Robbins' resume
  and web design samples" />
```

`keywords`

Puede complementar el título y descripción del documento con una lista de palabras clave separadas por comas útiles para indexar el documento. Nota: En la práctica, los motores de búsqueda han abandonado hace tiempo las palabras clave `meta` debido al *spam* y al deterioro. Por estas razones existe la tendencia al abandono de los metadatos invisibles y hacia datos más visibles en el propio contenido de las páginas Web.

```
<meta name="keywords" content="designer, web design, branding, logo
design" />
```

`author`

Identifica el autor de la página Web.

```
<meta name="author" content="Jennifer Robbins" />
```

`copyright`

Identifica la información de copyright para el documento.

```
<meta name="copyright" content="2005, O'Reilly Media" />
```

`robots`

Este valor se creó como alternativa al archivo `robots.txt` y ambos se utilizan para evitar que la página sea indexada por *spiders*. Este valor no está tan bien soportado como el archivo `robots.txt` pero muchos prefieren incluirlo de todos modos. El atributo `content` puede tomar los siguientes valores: `index` (predeterminado), `noindex` (evita el indexado), `nofollow` (evita al motor de búsqueda seguir los vínculos de la página) y `none` (igual a ajustar "`noindex, nofollow`"). La ventaja de utilizar este atributo en lugar del archivo `robots.txt` es que puede aplicarse a una base página a página (mientras que `robot.txt` se aplica a todo el sitio si está localizado en el directorio raíz).

```
<meta name="robots" content="noindex, nofollow" />
```

El cuerpo del documento

El cuerpo del documento (body) sigue a la cabecera del documento. Aunque el marcado del elemento body era opcional en las versiones anteriores de HTML, en XHTML es necesaria. El contenido del elemento body es lo que se muestra en la ventana del navegador (o lo que lee el navegador de voz).

body

```
<body>...</body>
```

Atributos

Atributos de núcleo: `id, class, style, title`

Internacionalización: `lang, xml:lang, dir`

Eventos intrínsecos: `onload, onunload, onclick, ondblclick, onmousedown, onmouseup, onmouseover, onmousemove, onmouseout, onkeypress, onkeydown, onkeyup`

Atributos depreciados

`alink="#`*`rrggbb`*`"` o `"`*`nombre color`*`"`

`background="`*`URL`*`"`

`bgcolor="#`*`rrggbb`*`"` o `"`*`nombre color`*`"`

`link="#`*`rrggbb`*`"` o `"`*`nombre color`*`"`

`text="#`*`rrggbb`*`"` o `"`*`nombre color`*`"`

`vlink="#`*`rrggbb`*`"` o `"`*`nombre color`*`"`

El elemento body puede incluir cualquier combinación de elementos a nivel de bloque, elementos en línea y formularios. En otras palabras, contiene todos los elementos del flujo normal del documento. Para los navegadores visuales, el body actúa como un lienzo en el que aparece el contenido. Las aplicaciones de usuario de audio pueden leer el contenido del cuerpo.

La recomendación HTML 3.0 añadió varios atributos de presentación para el elemento body que se habían introducido por los desarrolladores de navegadores y eran de uso común. En ese momento eran el único mecanismo para ajustar el color para todos los vínculos y texto del documento o para añadir un color de fondo o una imagen a la página. Una sola etiqueta de apertura body puede contener varios atributos específicos, tal y como muestra este ejemplo:

```
<body text="color" link="color" vlink="color" alink="color">
```

Hoy en día, por supuesto, las hojas de estilo son el modo adecuado para resolver todas las cuestiones referentes a la presentación de modo que todos los elementos de presentación para el elemento body están depreciados oficialmente y no se recomienda su uso.

Como todavía siguen en la DTD transicional y son soportados universalmente por los navegadores, la tabla 9.1 ofrece unas breves explicaciones sobre los atributos body depreciados. También se ofrecen las alternativas CSS.

Tabla 9.1. Atributos body depreciados.

Atributo body	Descripción	Estilo equivalente CSS
`text="`*color*`"`	Ajusta el color para todo el texto regular del documento.	`body {color:` *color*`}`
`link="`*color*`"`	Ajusta el color para los hipervínculos.	`a:link {color:` *color*`}`
`vlink="`*color*`"`	Ajusta el color para los vínculos ya pulsados.	`a:visited {color:` *color*`}`
`alink="`*color*`"`	Ajusta el color para un vínculo cuando va a ser pulsado.	`a:active {color:` *color*`}`
`bgcolor="`*color*`"`	Ajusta el color de fondo para toda la página.	`body {background-color:` *color*`}`
`background="`*url*`"`	Especifica una imagen de fondo para la página.	`body {background-image: url(`*nombre-archivo.gif*`)`

Capítulo 10

Elementos de texto

Este capítulo sirve la verdadera sustancia del marcado de un documento: los elementos utilizados para estructurar el contenido del texto. No debería sorprenderle que casi la mitad de todos los elementos de la recomendación (X)HTML sean presentados en este capítulo. Los elementos y explicaciones se organizan de este modo:

Elementos de bloque	
`h#`	Cabecera
`p`	Párrafo
`pre`	Texto preformateado
`address`	Información de contacto
`blockquote`	Cita larga
Elementos en línea	
`abbr`	Abreviatura
`acronym`	Acrónimo
`cite`	Cita o referencia
`code`	Fragmento de código
`dfn`	Término definitorio
`em`	Texto enfatizado
`q`	Cita en línea breve
`strong`	Muy enfatizado

Elementos en línea (*continúa*)	
`samp`	Salida de muestra
`kbd`	Texto introducido por un usuario
`var`	Variable o argumento de programa
`sub`	Subscript (Subíndice)
`sup`	Superscript (Superíndice)
Elementos genéricos	
`div`	División de bloque
`span`	Span o contenido en línea
Listas	
`ul`	Lista sin numerar
`ol`	Lista numerada
`li`	Elemento de lista
`dl`	Lista de definición
`dt`	Término
`dd`	Definición
`menu`	Lista de menú
`dir`	Directorio
Elementos de presentación	
`b`	Negrita
`big`	Texto grande
`i`	Cursiva
`s`	Tachado
`strike`	Tachado
`tt`	Teletipo
`u`	Subrayado
`font`	Fuente, color y tamaño
`basefont`	Establece una fuente predeterminada
`nobr`	No salto
`wbr`	División de palabra
`hr`	Línea horizontal
Saltos de línea	
`br`	Insertar salto de línea

Notación de edición	
`ins`	Texto insertado
`del`	Texto eliminado

Elegir elementos de texto

Este capítulo, tan lleno como está de elementos de texto, es una buena oportunidad para recordar la importancia del marcado bien estructurado y con significado (semántico).

En los primeros años del diseño Web era frecuente seleccionar los elementos en función de su formateado por defecto en el navegador. ¿No le gusta el tamaño de `h1`? Pues utilice `h4`, ¿no le gustan los boliches de la lista? Haga algo que parezca una lista utilizando elementos `br`, ¿necesita sangrados? utilice `blockquote`... Pero esto es ya cosa del pasado.

Ahora tenemos CSS (hojas de estilo en cascada) para formatear visualmente cualquier elemento de cualquier modo, liberándonos por fin de los estilos de renderizado predeterminados de los navegadores. Esto significa que debe elegir elementos que describan con precisión el contenido y si no le gusta el aspecto, cámbielo con una hoja de estilos. Si no ve un elemento HTML que encaje con sus ideas, utilice un elemento genérico `div` o `span` y añada una estructura y significado adecuados.

En el capítulo 8 puede encontrar trucos adicionales y explicaciones sobre el marcado.

Unas palabras sobre elementos depreciados

Muchos elementos y atributos de este libro están marcados como "depreciados", es decir, que han sido retirados de HTML y ya no se recomienda su uso. La mayoría de los elementos y atributos depreciados son de presentación y tienen propiedades análogas de hoja de estilo, que deberían utilizarse en su lugar. Otros simplemente se han quedado obsoletos y casi no tienen soporte.

El W3C necesitaba un modo de devolver la especificación HTML al buen camino al tiempo que reconocía las capacidades heredadas de los navegadores y los métodos de autoría que atendían a esas capacidades. En lugar de eliminarlas de un solo golpe, lo que hubiera hecho que prácticamente todos los sitios del mundo hubieran sido inválidos, pusieron los elementos y atributos depreciados en una DTD "transicional" que sigue estando disponible mientras los navegadores se adaptan a los estándares y mientras los autores Web (y las herramientas de autorías) cambian sus prácticas de marcado.

Ahora que las hojas de estilo alternativas al HTML de presentación tienen un amplio soporte, es hora de ir abandonando los elementos depreciados.

La creación de bloques de contenido

Los elementos de texto se dividen en dos grandes categorías: en línea y en bloque. Los elementos en línea están en el flujo del texto y, por defecto, no causan saltos de línea (los estudiaremos un poco más adelante). Los elementos a nivel de bloque, por otro lado, tienen una presentación por defecto que comienza en una nueva línea y tienden a apilarse como bloques en el flujo normal del documento. Los elementos de bloque componen los componentes principales de la estructura del documento.

Comparados con los elementos en línea hay relativamente pocos elementos de bloque. Esta sección atiende a los niveles de cabecera, párrafos, bloques de cita, texto preformateado y direcciones. Las listas y los elementos de lista también son elementos de bloque y los estudiaremos más adelante. También es un elemento de bloque el elemento genérico `div` utilizado para definir elementos de bloque personalizados. Los otros elementos de bloque son las tablas y formularios a los que se dedican capítulos propios.

Cabeceras

Las cabeceras se utilizan para introducir ideas o secciones de texto. (X)HTML define seis niveles de cabeceras, de `h1` a `h6`, de mayor a menor importancia.

h1 a h6

```
<h1>...</h1>
```

Atributos

Núcleo (`id, class, style, title`), *Internacionalización*, *Eventos*

Atributos depreciados

`align="center|left|right"`

Este ejemplo define el elemento como una cabecera de primer nivel.

```
<h1>Camp Sunny-Side Up</h1>
```

La sintaxis HTML necesita que las cabeceras aparezcan en orden (por ejemplo, una h2 no debería ir antes que una h1) para que la estructura del documento sea correcta. Así no sólo mejora la accesibilidad sino que se ayuda a la optimización de los motores de búsqueda (se da más importancia a la información de los niveles más altos). También se recomienda utilizar niveles de cabecera de modo consistente en todo el sitio (utilizar h1 para todos los títulos de artículo, por ejemplo).

Los navegadores suelen renderizar las cabeceras en negrita pero pueden aplicarse reglas de estilo para cambiar la presentación.

Párrafos

Los párrafos son los elementos más rudimentarios de un documento de texto. Se indican con el elemento p.

p

`<p>...</p>`

Atributos

Núcleo (id, class, style, title), *Internacionalización*, *Eventos*

Atributos depreciados

align="center|left|right"

Los párrafos pueden contener texto y elementos en línea, pero no pueden contener otros elementos de bloque, como otros párrafos. Este es un ejemplo de un párrafo marcado como un elemento p.

```
<p>Paragrahs are the most rudimentary elements of a text
document. They are indicated by the p element.</p>
```

Como los párrafos son elementos de bloque siempre comienzan en una nueva línea. La mayoría de los navegadores también añaden márgenes por encima y por debajo de los elementos de bloque. El texto se formatea con alineación izquierda, y desigual a la derecha para los idiomas que se leen de izquierda a derecha (a la inversa para los idiomas que se leen de derecha a izquierda). Pueden usarse hojas de estilo para ignorar el renderizado por defecto del navegador.

HTML 4.01 permite omitir la etiqueta de cierre </p>, dejando a los agentes de usuario analizar sintácticamente el comienzo de un nuevo elemento de bloque como el final del párrafo anterior. En XHTML, sin embargo, todos los elementos deben cerrarse, y omitir etiquetas de cierre hará que el documento sea inválido. Por razones de compatibilidad proactiva se recomienda cerrar los párrafos y todos los elementos sea cual sea el lenguaje de marcado.

Citas (blockquote)

Utilice el elemento `blockquote` para citas largas, especialmente aquellas que ocupan varios párrafos y tienen saltos de línea.

blockquote

```
<blockquote>...</blockquote>
```

Atributos

Núcleo (`id, class, style, title`), *Internacionalización*, *Eventos*

`cite="URL"`

Se recomienda que el contenido de una cita esté contenido en otros elementos de bloque como párrafos, cabeceras, listas, etc., tal y como muestra este ejemplo de marcado.

```
<blockquote cite="http://www.jenandtheneverendingstory.com">
<p>This is the beginning of a lengthy quotation (text continues...) </p>
<p>And it's still going on and on (text continues...) </p>
</blockquote>
```

El atributo `cite` se utiliza para proporcionar información sobre la fuente de la que se extrae la cita, pero tiene poco soporte de interfaz de usuario en los navegadores (sólo Netscape 6+ en este momento) y no es de uso común.

La especificación HTML recomienda que los bloques de citas se muestren como texto sangrado. Eso sí, el elemento `blockquote` no debería utilizarse para sangrar texto.

Texto preformateado

El texto preformateado se utiliza cuando es necesario conservar el espacio en blanco de la fuente (espacios de caracteres o saltos de línea) al mostrar el documento en pantalla. Puede ser muy útil para código o poesía, donde los espacios y el alineamiento son importantes para el significado. El texto preformateado se indica con el elemento `pre`.

pre

```
<pre>...</pre>
```

Atributos

Núcleo (`id, class, style, title`), *Internacionalización*, *Eventos*

Atributos depreciados

width="*número*"

El texto preformateado es el único que aparece en pantalla exactamente como fue escrito en el código fuente HTML (incluyendo todos los saltos de línea y los espacios de caracteres). Las líneas de texto largas permanecen intactas. El elemento `pre` de este ejemplo se muestra en pantalla tal y como muestra la figura 10.1. La segunda parte de la figura muestra el mismo contenido marcado como un elemento `p`.

```
<pre>
This is        an       example of
   text with a    lot of
            curious
            whitespace.
</pre>

<p>
This is        an       example of
   text with a    lot of
            curious
            whitespace.
</p>
```

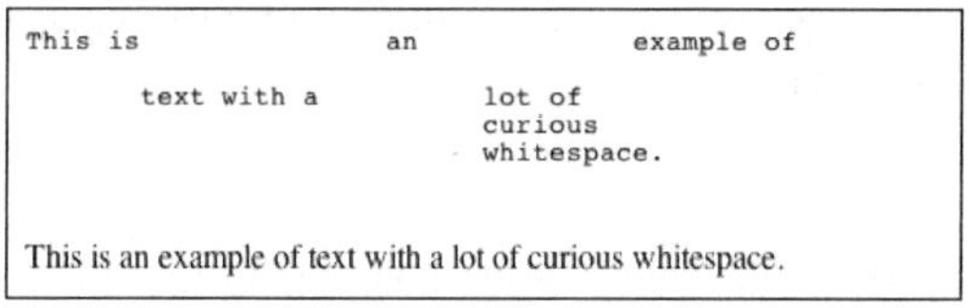

Figura 10.1. Texto preformateado comparado con un párrafo.

El texto preformateado aparecerá en una fuente monoespacial para conservar el alineamiento de columnas y caracteres. No se recomienda cambiar la fuente y los ajustes de espaciado con hojas de estilo. Los elementos preformateados pueden incluir cualquier elemento en línea, exceptuando `img`, `object`, `big`, `small`, `sub`, `sup` y `font` porque romperían la alineación de columnas de la fuente monoespacial.

Direcciones

El elemento `address` se utiliza para proporcionar información de contacto del autor o del encargado de mantenimiento del documento. No es apropiado para todos los listados de direcciones. Suele colocarse al comienzo o al final del documento o asociado con una sección larga de contenido (como un formulario).

address

```
<address>...</address>
```

Atributos

Núcleo (`id, class, style, title`), *Internacionalización*, *Eventos*

Una dirección puede utilizarse como muestra este ejemplo de marcado:

```
<address>
Contributed by <a href="../authors/robbins/">Jennifer Robbins</a>,
<a href="http://www.oreilly.com/">O'Reilly Media</a>
</address>
```

Elementos en línea

La mayoría de los elementos de texto son elementos en línea (caracteres en el flujo del texto). Los elementos en línea, por defecto, no añaden saltos de línea ni espacios extra. Esta sección presenta los elementos de texto semánticos que describen el significado, contexto o uso del texto que recogen. Estos elementos dejan el renderizado del elemento en manos de hojas de estilo o del renderizado por defecto del navegador. Hay otros elementos en línea de la especificación XHTML relacionados con la presentación (por ejemplo, el elemento `b` para negritas). Los veremos al final de este capítulo.

Elementos de frase

HTML 4.01 y XHTML 1.0 y 1.1 definen una colección de elementos de frase (también denominados elementos lógicos) para añadir estructura y significado al texto en línea. Como los elementos de frase comparten sintaxis y atributos, se agregan a un elemento de los aquí listados.

abbr, acronym, cite, code, dfn, em, kbd, samp, strong, var

```
<abbr>...</abbr>, <acronym>...</acronym>, etc.
```

Atributos

Núcleo (`id, class, style, title`), *Internacionalización*, *Eventos*

Los elementos de frase pueden contener otros elementos en línea. A continuación listamos el significado y uso de cada elemento. También aparecen indicados los elementos con una presentación estandarizada en los navegadores (por ejemplo, los elementos `em` se muestran siempre en cursiva). Se recuerda, sin embargo, seleccionar elementos en función del significado y no del efecto de renderizado.

`em`
: Indica texto enfatizado, los elementos `em` casi siempre se renderizan en cursiva.

`strong`
: Indica texto muy enfatizado. Los elementos `strong` casi siempre están renderizados en negrita.

`abbr`
: Indica una forma abreviada.

`acronym`
: Indica un acrónimo.

`cite`
: Indica una cita: una referencia a otro documento, especialmente libros, revistas, artículos, etc. Las citas suelen renderizarse en cursiva.

`dfn`
: Indica la definición del término. Puede utilizarse para llamar la atención sobre la introducción de términos y frases especiales. Estos términos suelen renderizarse en cursiva.

`code`
: Indica un ejemplo de código. Por defecto se renderiza en una fuente de tipo monoespacial especificada por el navegador (normalmente, la tipografía Courier).

`kbd`
: Equivale a "keyboard" o teclado e indica el texto introducido por el usuario. Puede ser útil para documentos técnicos. El texto de teclado suele renderizarse en fuente monoespacial.

`samp`
: Indica muestras de salida de programas, *scripts*, etc. Puede ser útil para documentos técnicos. El texto de muestra suele renderizarse en fuente monoespacial.

`var`
: Indica una variable o argumento de programa. Es otro elemento útil para documentos técnicos. Las variables suelen renderizarse en cursiva.

Indicar el énfasis

Los elementos `em` y `strong` se utilizan para indicar énfasis, tal y como vemos en este ejemplo:

```
<p>We <em>really</em>need to leave <strong>right now</strong>!</p>
```

Aunque el texto enfatizado se suele renderizar en cursiva, no siempre es un sustituto apropiado para el elemento `i`. Por ejemplo, si quiere poner en cursivas el título de un libro, la mejor opción es el elemento `cite`. Si no hay ninguna opción que se corresponda totalmente, cree un elemento propio utilizando un elemento genérico `span` y aplique cursivas con la propiedad de estilo `font-style`. Veamos otro ejemplo: una convención consiste en mostrar palabras de otro idioma en cursiva, pero esto no quiere decir que esas palabras se enfaticen.

Una buena regla general es considerar cómo sonaría el documento si se leyera en voz alta. ¿Quiere que las palabras en cursiva se lean más alto o a distinto ritmo que el resto de la frase? Si la respuesta es no, lo mejor será encontrar una alternativa a `em`. Lo mismo ocurre con el elemento `strong`.

Acrónimos y abreviaturas

El elemento `abbr` indica que el texto es una abreviatura: una forma corta de una palabra terminada en punto, como Sra., Inc., etc. Los acrónimos (indicados con el elemento `acronym`) son abreviaturas formadas por las letras iniciales o grupos de letras de palabras de una frase, como WWW y USA. Un acrónimo puede pronunciarse como palabra (OTAN) o letra a letra (FBI).

El atributo `title` puede añadirse a cualquier elemento para suministrar el nombre completo o forma más extensa. Los navegadores visuales pueden mostrar el valor del atributo `title` en forma de nota, y los dispositivos de voz pueden leerlo.

```
<acronym title="National Aeronautics and Space Administration">NASA
   </acronym>
<abbr title="Tablespoons">Tbs.</abbr>
```

Escribir términos en forma de abreviaturas y acrónimos proporciona información muy útil sobre cómo deberían interpretarlo los agentes de usuario como dispositivos aurales o indexadores de motores de búsqueda. También mejora la accesibilidad del contenido.

Nota: La especificación CSS 2.1 proporciona la propiedad aural informativa `speak` que permite a los autores especificar si un acrónimo debería leerse como palabra o letra a letra, tal y como muestra este ejemplo:

```
acronym#FPI {speak: spell-out;}
```

La propiedad `speak` aparece documentada en el Apéndice B.

Citas breves

HTML 4 introdujo el elemento `q` para indicar citas en línea breves como "Ser o no ser". Las citas más largas deberían utilizar el elemento `blockquote`.

q

<q>...</q>

Atributos

Núcleo (`id`, `class`, `style`, `title`), *Internacionalización*, *Eventos*

`cite="`*`url`*`"`

La recomendación HTML sugiere que los agentes de usuario deberían insertar automáticamente comillas antes y después de los elementos `q`, por tanto, recomiendan a los autores omitirlas en la fuente. En este momento, Internet Explorer 5 para Macintosh, Netscape 6 y Opera insertan comillas dobles e Internet Explorer 6 para Windows no lo hace.

```
As mother alwways said, <q> a guest is no one to criticize.</q>
```

En teoría, al utilizarlo con el atributo `lang` (idioma), el navegador inserta comillas específicas del idioma. Las comillas contextuales se manejan mejor con texto generado con CSS, como veremos en el capítulo 23, aunque el soporte todavía debe mejorar. El atributo `cite` puede proporcionar un vínculo a información adicional sobre la fuente de la cita, pero esta función aún no está bien soportada. Netscape 6.1 pone disponible el vínculo en un menú contextual al que se accede pulsando con el botón derecho del ratón sobre la cita.

Texto eliminado e insertado

Los elementos `ins` y `del` se utilizan para marcar los cambios en el texto y para indicar partes de un documento que han sido insertadas o eliminadas (respectivamente). Pueden ser útiles en los documentos legales y en cualquier caso en el que se necesite seguir la pista a las modificaciones.

En cuanto elementos HTML, `ins` y `del` son algo inusuales ya que se utilizan para indicar elementos a nivel de bloque y en línea. Pueden contener una o más palabras en un párrafo o uno o más elementos como párrafos, listas y tablas. Cuando se utilizan como elementos en línea (como dentro de una `p`) no pueden contener elementos de bloque porque violaría el contenido permitido del párrafo.

del, ins

<del>...</del>, <ins>...</ins>

Atributos

Núcleo (`id`, `class`, `style`, `title`), *Internacionalización*, *Eventos*

```
cite="URL"
datetime="YYYY-MM-DDThh:mm:ssTZD"
```

Este marcado indica que se ha eliminado un nombre y que se ha insertado otro en su lugar.

```
Chief Executive Officer: <del title="retired">Peter Pan</del> <ins>Pippi
Calzaslargas</ins>
```

Los navegadores que soportan los elementos `ins` y `del` pueden darles tratamiento visual (por ejemplo, mostrar el texto eliminado como texto tachado), pero se recomienda a los autores utilizar hojas de estilo para dar instrucciones de presentación.

El atributo `title` puede utilizarse con `del` o `ins` para dar una explicación breve del cambio que puede mostrarse como una nota en los navegadores visuales. El atributo `cite` permite añadir vínculos a explicaciones más extensas, pero tiene poco soporte.

El atributo `datetime` puede utilizarse para indicar la fecha y hora del cambio (aunque también tiene poco soporte). La fecha y hora siguen el formato mostrado en el ejemplo anterior en el que `YYYY` es el año con cuatro cifras, `MM` es el mes con dos dígitos, `DD` el día, `hh` la hora (de 00 a 23), `mm` los minutos (de 00 a 59) y `ss` los segundos (de 00 a 59). `TZD` equivale a *Time Zone Designator* (Indicador de Zona Horaria) y su valor puede ser `Z` (para indicar UTC, *Coordinated Universal Time*, Tiempo Universal Coordinado, llamado también "tiempo civil"), una indicación del número de horas y minutos por delante del UTC (como +03:00) o una indicación del número de horas y minutos por detrás del UTC (como -02:20). Es el formato estándar para los valores de fecha y hora en HTML. Si desea más información viste la página `www.w3.org/TR/1998/NOTE-datetime-19980827`.

Elementos genéricos (div y span)

Los elementos genéricos `div` y `span` permiten a los autores crear elementos personalizados. El elemento `div` se utiliza para indicar elementos a nivel de bloque, y `span` indica elementos en línea. Estos dos elementos tienen elementos `id` y `class` para darles nombre, significado o contexto.

El div polivalente

El elemento `div` se utiliza para identificar y etiquetar cualquier división de texto a nivel de bloque, sean unos cuantos elementos de lista o una página entera.

div

```
<div>...</div>
```

Atributos

Núcleo (`id`, `class`, `style`, `title`), *Internacionalización*, *Eventos*

Atributos depreciados

`align="center|left|right"`

Creando una sección de texto como un `div` y dándole un nombre utilizando los atributos `id` o `class`, se está creando un elemento HTML personalizado. En este ejemplo, se están recogiendo una cabecera y una lista en un `div` identificado como "sidebar".

```
<div id="sidebar">
   <h1>List of links</h1>
   <ul>
      <li>Resource 1</li>
      <li>Resource 2</li>
      <li>Resource 3</li>
   </ul>
</div>
```

Como un `div` es un elemento a nivel de bloque, sus contenidos comenzarán en una nueva línea (aunque no haya texto en otros elementos de bloque). Aparte de esto, los elementos `div` no tienen cualidades de presentación heredadas.

El `div` es realmente brillante cuando se utiliza en combinación con CSS. Cuando ha marcado un `div` y le ha dado un nombre, puede aplicar estilos a todos sus contenidos o tratarlo como una caja que puede colocar en la página, por ejemplo, para dar forma a una nueva columna de texto. Un `div` también puede ser llamado a través de un *script*, un applet u otro proceso de los agentes de usuario.

El útil span

Como el elemento `div`, `span` permite a los autores crear elementos personalizados. La diferencia es que `span` se utiliza para elementos en línea y no introduce un salto de línea.

span

```
<span>...</span>
```

Atributos

Núcleo (`id`, `class`, `style`, `title`), *Internacionalización*, *Eventos*

El siguiente código es un ejemplo de un span utilizado para identificar un número de teléfono.

```
Jenny: <span class="telephone">867.5309</span>
```

Este marcado tiene distintos usos. Lo más común es utilizarlo como un "gancho" que puede aplicarse a reglas de hojas de estilo. En este ejemplo, todos los elementos etiquetados como telephone puede recibir las mismas instrucciones de presentación, como mostrarse en texto azul en negritas.

El span también da significado a una serie de otra forma aleatoria de dígitos para los agentes de usuario que conocen lo que hacer con la información telephone. Lo estudiaremos con más detalle en la siguiente sección.

Elementos identificadores (class e id)

Los ejemplos anteriores muestran cómo se utilizan los atributos id y class para convertir elementos genéricos div y span en elementos con significados y usos específicos. Debería destacarse que los atributos class e id pueden utilizarse con casi todos los elementos (X)HTML, no sólo con div y span. Esta sección explica los identificadores de elementos id y class y sus distintos usos.

Identificador id

El atributo id se utiliza para dar a un elemento un nombre específico y único en el documento. En el ejemplo anterior div, id se utilizaba para etiquetar una sección de la página como "sidebar". Esto significa que no habrá ningún otro elemento con id="sidebar" en el documento aunque puede aparecer en otros documentos del mismo sitio. Los valores ID deben ser únicos.

La recomendación HTML 4.01 especifica estos usos para el atributo id:

- Como un selector de hojas de estilo.
- Como ancla para vínculos (con la misma función que <a name=" ">).
- Como un medio para acceder a un elemento desde un *script*.
- Para el procesado por parte de agentes de usuario, esencialmente tratando los elementos como datos.

Identificador class

El atributo class se utiliza para agrupar elementos similares. Pueden asignarse varios elementos al mismo nombre class y de este modo se pueden tratar igual.

En el anterior ejemplo span, el número de teléfono estaba identificado como telephone con el atributo class. Esto implica que puede haber muchos números de teléfono más en el documento. Una sola regla de hojas de estilo podría utilizarse para que todos sean en azul y negritas. Para cambiarlos a verde sólo habrá que modificar una línea de código. Esto supone una clara ventaja sobre el elemento depreciado `font` (con el que había que cambiar el color uno a uno). Además de ser ineficiente de mantener, `font` no añade ninguna indicación semántica para los agentes de usuario.

De acuerdo a la especificación HTML 4.01, el atributo `class` puede utilizarse:

- Como un selector de hojas de estilo.
- Para el procesado por parte de agentes de usuario.

En HTML 4.01, los atributos `id` y `class` pueden utilizarse con todos los elementos excepto `base`, `basefont`, `head`, `html`, `meta`, `param`, `script`, `style` y `title`. En XHTML, se ha añadido soporte `id` para estos elementos.

Notas sobre el uso de class

La capacidad de crear sus propios elementos personalizados utilizando `id` y `class` es muy satisfactoria. El atributo `class` es propenso a ser mal utilizado. Estos consejos le darán algunas pautas básicas de marcado.

- **Lograr que los nombres class tengan significado:** El valor del atributo `class` debería proporcionar una descripción semántica del contenido de un `div` o `span`. Elegir nombres en función de la presentación que se quiere dar al elemento (por ejemplo `class="sangrado"` o `class"textoazul"`) no ayuda a dar significado al elemento y reintroduce información de presentación al documento. Además es muy imprudente. Piense en lo que ocurre si, en un cambio de diseño futuro inevitable, todos los elementos clasificados como `textoazul` se renderizan en verde.
- **No abuse de las clases:** Es fácil excederse asignando nombres `class` a elementos. En muchos casos pueden utilizarse otros tipos de selectores como selectores contextuales o de atributo. Por ejemplo, en lugar de etiquetar todos los elementos `h1` de una barra lateral como `class="barralateral"` podría utilizarse un selector contextual, de este modo:

```
div#sidebar h1 {font: Verdana 1.2em bold #444;}
```

Listas

Los humanos somos creadores de listas por naturaleza, así que resulta lógico que los mecanismos para crear listas de información hayan formado parte del lenguaje HTML desde el principio. Esta sección presenta los tipos de lista definidos en (X)HTML:

- Información sin numerar.
- Información numerada.
- Términos y definiciones.

Listas no numeradas

Las listas no numeradas se utilizan para colecciones de elementos relacionados que aparecen sin ningún orden determinado. La mayoría de las listas entran en esta categoría. Casi cualquier lista de ejemplos, componentes u opiniones debería marcarse como lista no numerada. Y lo que es más importante, las listas no numeradas son el elemento a elegir para opciones de navegación. Las listas numeradas de navegación serán estudiadas más adelante.

En (X)HTML las listas no numeradas se indican con el elemento `ul`. El contenido de un `ul` se limita a uno o más elementos de lista (`li`). Los elementos de lista pueden contener elementos a nivel de bloque o en línea, o ambos. Las listas no numeradas y sus elementos de lista son elementos de bloque así que siempre se mostrarán en una nueva línea.

ul

`<ul>...</ul>`

Atributos

Núcleo (`id`, `class`, `style`, `title`), *Internacionalización*, *Eventos*

Atributos depreciados

`compact`

type="disc|circle|square"

li

`<li>...</li>`

Atributos

Núcleo (`id`, `class`, `style`, `title`), *Internacionalización*, *Eventos*

Atributos depreciados

`type="`*`formato`*`"`

`value="`*`número`*`"`

Sintaxis de listas no numeradas

Este ejemplo muestra el marcado de una lista básica no ordenada.

```
<ul>
   <li>Unoerdered information</li>
   <li>Ordered information</li>
   <li>Terms and definitions</li>
</ul>
```

En HTML 4.01 las etiquetas de cierre para los elementos de lista son opcionales, pero en XHTML se necesitan todas las etiquetas de cierre. Es aconsejable cerrar todos los elementos sea cual sea la versión de HTML que se está utilizando.

Presentación de listas no numeradas

Por defecto, los agentes de usuario insertan un boliche antes de los elementos de lista de una lista no numerada. Si se deja una lista no numerada sin estilo (esto es, sin aplicarle propiedades de hoja de estilos) se consigue fácilmente que la información aparezca como una lista de boliches con sangrado.

Pero así se vende a la baja la utilidad de los elementos de lista no numerada. Al aplicar propiedades de estilo, una lista no numerada puede presentarse como usted quiera. Puede cambiar la forma de los boliches con la propiedad `list-style-type` (esta propiedad sustituye el atributo depreciado `type`). La propiedad `list-style-image` le permite utilizar una imagen propia como boliche. En el capítulo 23 estudiaremos las propiedades de estilo para las listas.

Y esto es sólo el principio. Con CSS puede establecer que las listas aparezcan horizontalmente o utilizar un marcado de lista no numerada como la estructura subyacente de una barra de herramientas de navegación gráfica con efectos *rollover*. Estudiaremos estas técnicas en el capítulo 24.

Listas numeradas

Las listas numeradas se utilizan para las listas en las que la secuencia de los elementos es importante, como instrucciones paso a paso o notas al final de página. Las listas numeradas se indican con el elemento `ol` y deben incluir uno o más elementos de lista (`li`). Como todas las listas, las listas numeradas y sus elementos de lista son elementos a nivel de bloque.

ol

```
<ol>...</ol>
```

Atributos

Núcleo (`id`, `class`, `style`, `title`), *Internacionalización*, *Eventos*

Atributos depreciados

`compact`

`start="number"`

type="1|A|a|I|i"

Las listas numeradas tienen las mismas estructuras básicas que las listas no numeradas como muestra este ejemplo.

```
<ol>
   <li>Get out of bed</li>
   <li>Take a shower</li>
   <li>Walk the dog</li>
</ol>
```

Por defecto, los agentes de usuario numeran de forma automática los elementos que se encuentran lista de las listas numeradas. No es necesario añadir el número en la fuente.

Pueden utilizarse hojas de estilo con objeto de modificar el sistema de numeración predeterminado (`list-style-type`) tal y como se describe en el capítulo 23. La propiedad `list-style-type` sustituye al atributo depreciado `type` que especifica el sistema de numeración de las listas, tal y como se muestra en la tabla 10.1.

Tabla 10.1. Valores del atributo depreciado `type`.

Valor type	Estilo generado	Secuencia de muestra
1	Números arábigos (predeterminado)	1, 2, 3, 4
A	Letras en mayúsculas	A, B, C, D
a	Letras en minúscula	a, b, c, d
I	Cifras romanas en mayúsculas	I, II, III, IV
i	Cifras romanas en minúsculas	i, ii, iii, iv

Utilice el atributo depreciado `start` para comenzar el recuento de los elementos que componen lista empezando por un número concreto. Este ejemplo de marcado crea una lista numerada utilizando letras minúsculas que comienza a partir de 10.

```
<ol> type="a" start=10">
<li>See quirksmode.org/css/tests/</li>
<li>According to the W3C Working Group</li>
<li>See the XHTML 1.1 Working Document</li>
</ol>
```

La lista resultante sería así:

j. See quirksmode.org/css/tests/
k. According to the W3C Working Group
l. See the XHTML 1.1 Working Document

Hay una alternativa CSS al atributo `start` utilizando la propiedad `counter-reset`, pero los navegadores todavía le dan poco soporte.

Listas de definición

Utilice una lista de definición para las listas que consisten en parejas de términos y definiciones.

Las listas de definición están marcadas como elementos `dl`. El contenido de un `dl` es algún número de términos (indicados por el elemento `dt`) y definiciones (indicadas por el elemento `dd`). El elemento `dt` (término) sólo puede contener elementos en línea. Todos los elementos utilizados en las listas de definición son elementos a nivel de bloque y comenzarán por defecto en una nueva línea.

dl

`<dl>...</dl>`

Atributos

Núcleo (`id`, `class`, `style`, `title`), *Internacionalización*, *Eventos*

`compact`

dd

`<dd>...</dd>`

Atributos

Núcleo (`id`, `class`, `style`, `title`), *Internacionalización*, *Eventos*

La estructura de marcado de las listas de definición es algo distinta de las listas hasta ahora vistas. Toda la lista, compuesta de elementos `dt` y `dd`, está contenida en el elemento `dl` tal y como muestra este ejemplo:

```
<dl>
   <dt>em</dt>
   <dd>Indica texto enfatizado, los elementos em casi siempre se
         renderizan en cursiva.</dd>

   <dt>strong</dt>
   <dd>Indica texto muy enfatizado. Los elementos strong casi siempre
         se renderizan en negrita.</dd>
```

```
    <dt>abbr</dt>
    <dd>Indica una forma abreviada.</dd>

    <dt>acronym</dt>
    <dd>Indica un acrónimo.</dd>
</dl>
```

No es necesario que los términos y definiciones aparezcan alternándose. En otras palabras, puede introducir dos términos y aplicarse una definición o proporcionar dos o más elementos de definición para un solo término. La recomendación HTML 4.01 proporciona un ejemplo informal de diálogos de lista de definición, donde el hablante corresponde al término y las palabras a la definición. Muchos expertos en semántica (X)HTML consideran que este ejemplo en concreto es un abuso de la semántica de las listas de definición y debería intentar evitarse.

La presentación de las listas de definición debería controlarse con propiedades de hojas de estilo. Por defecto, los agentes de usuario suelen mostrar las definiciones en un sangrado.

Anidar listas

Los elementos de lista pueden anidarse en otras listas. Por ejemplo, puede añadir una lista no numerada en una lista de definición o una lista numerada como elemento en una lista no numerada. Este ejemplo muestra una variante. La figura 10.2 muestra la lista resultante.

```
<ol>
<li>Mix Marinade
   <ul>
   <li>2 slices ginger <em>(smashed)</em></li>
   <li>1 T. rice wine or sake</li>
   <li>1 t. salt</li>
   <li>2 T. peanut oil</li>
   </ul>
</li>
<li>Saute the seasonings</li>
<li>Add fish sauce</li>
</ol>
```

1. Mix Marinade
    - 2 slices ginger *(smashed)*
    - 1 T. rice wine or sake
    - 1 t. salt
    - 2 T. peanut oil
2. Saute the seasonings
3. Add fish sauce

Figura 10.2. Listas anidadas.

Advertencia: Observe que para que el marcado de lista sea correcto, los elementos `ul` y `ol` sólo pueden contener elementos `li`. Esto significa que la lista anidada debe estar contenida en un elemento lista (`li`) y no puede ser hijo de un elemento `ul` u `ol`. Los autores deberían procurar cerrar todos los elementos para que estén anidados correctamente y no se superpongan.

Cuando las listas no numeradas y sin estilo (`ul`) estén anidadas en otra, los navegadores mostrarán automáticamente un boliche distinto para cada nivel consecutivo, normalmente un punto, luego un círculo, luego un cuadrado... Las listas numeradas anidadas reciben siempre el sistema de numeración arábiga (1, 2, 3, etc.). Utilice hojas de estilo para especificar el sistema de marcado de los niveles anidados.

Elementos de lista depreciados

Las recomendaciones transicionales HTML y XHTML incluyen dos elementos de lista depreciados, `dir` y `menu`. El elemento `dir` (directorio) fue diseñado para utilizarlo en muestras multicolumna. El elemento `menu` fue diseñado para utilizarlo como una lista de una sola columna de opciones de menú. El W3C desaconseja el uso de estos elementos y recomienda utilizar en su lugar listas no numeradas (`ul`).

Elementos de presentación

Hay varios elementos (X)HTML dedicados explícitamente a la presentación. A veces se les denomina estilos "físicos" y proporcionan instrucciones sobre el tamaño, peso o estilo de la fuente utilizada para mostrar el elemento.

Si ha prestado atención ya sabrá que las hojas de estilo en cascada han pasado a ser el método más usado para especificar las instrucciones de presentación. La tabla 10.2 ofrece un listado de los elementos de presentación en línea junto con la alternativa para lograr el mismo efecto visual.

Tabla 10.2. Elementos de presentación en línea y alternativas de hojas de estilo.

Elemento	Descripción	Alternativa
`b`	Negrita	Utilice el elemento `strong` o la propiedad `font-weitght`: `font-weight: bold`

Elemento	Descripción	Alternativa
`big`	Grande	Utilice una palabra clave `font-size` relativa para hacer que el tamaño del texto sea mayor que el del resto del texto que lo rodea: `font-size: bigger`
`i`	Cursiva	Utilice el elemento `em` o la propiedad `font-style`: `font-style: italic`
`s` (depreciado)	Tachado	Utilice la propiedad `text-decoration` para que el texto aparezca tachado con una línea: `text-decoration: line-through`
`small`	Pequeño	Utilice una palabra clave `font-size` relativa para que el tamaño del texto sea ligeramente más pequeño que el del texto que lo rodea: `font-size: smaller`
`strike` (depreciado)	Tachado	Utilice la propiedad `text-decoration` para que el texto aparezca tachado con una línea: `text-decoration: line-through`
`tt`	Teletipo	Utilice la propiedad `font-family` para seleccionar una fuente monoespacial específica o genérica: `font-family: "Andale Mono", monospace`
`u` (depreciado)	Subrayado	Utilice la propiedad `text-decoration` para que el texto aparezca subrayado: `text-decoration: underline`

Elementos de fuente

El elemento `font` (un elemento en línea utilizado para especificar el tamaño, color y fuente para el texto utilizando los atributos `size`, `color` y `face` respectivamente) es el mejor ejemplo de todo lo que fue mal con el HTML. Se introdujo por primera vez en Netscape Navigator como un medio para permitir a los autores controlar el formato de las fuentes, algo que todavía no era posible con HTML. Netscape fue recompensado, temporalmente, con un montón de seguidores, pero el estándar HTML y la comunidad de desarrollo Web lo pagaron caro a la larga.

Otro elemento depreciado relacionado con las fuentes, `basefont`, se utiliza para establecer el tipo de fuente, el color y el tamaño de todo el documento si está en la cabecera del documento o para el texto que le sigue si está situado en el cuerpo.

El elemento `font` está totalmente depreciado. No lo use. Atendiendo a las referencias históricas y a una documentación exhaustiva del HTML y XHTML transicional está incluido en este capítulo con algunas explicaciones básicas.

font

`<font>...</font>`

Este elemento está depreciado.

Atributos

Núcleo (`id`, `class`, `style`, `title`), *Internacionalización*

Atributos depreciados

`color="#RRGGBB"` o `"nombre color"`

`face="tipo"` (o lista de tipos)

`size="valor"`

basefont

`<basefont>`

Este elemento está depreciado.

Atributos

`id="text"`

Atributos depreciados

`color="#RRGGBB"` o `"nombre color"`

`face="tipo"` (o lista de tipos)

`size="valor"`

El elemento `font` añade valor no semántico a un documento y mezcla instrucciones de presentación junto con la estructura del documento. Además, hace de la actualización de un sitio una labor más intensiva, dado que cada uno de los elementos `font` debe modificarse por separado, a diferencia de las hojas de estilo en cascada que permiten reformatear todos los elementos de un sitio con una sola edición.

El elemento `font` tiene tres atributos, también depreciados:

`color`
: Especifica el color del texto utilizando un valor RGB hexadecimal o el nombre del color.

`face`

Especifica una fuente o lista de fuentes (separadas por comas) para mostrar el elemento en pantalla.

`size`

Especifica el tamaño de la fuente. El tamaño predeterminado se representa por el valor "3". Los valores pueden proporcionarse como números (de 1 a 7) o como valores relativos a 3 (por ejemplo, el valor -1 es igual al valor 2, el valor +3 equivale a 6).

Un elemento `font` puede contener todos estos atributos, tal y como muestra este ejemplo:

```
<font face="sans-serif" size="+1" color="white"><em>...</em></font>
```

Todas las funciones del elemento `font` han sido sustituidas por propiedades de hojas de estilo. El elemento `font` del ejemplo podría haberse tratado con estas propiedades de estilo:

```
em {font-family: sans-serif;
   font-size= 120%;
   color: white; }
```

Si desea más información sobre el uso de hojas de estilo para controlar la presentación de fuentes, consulte el capítulo 18 y despídase definitivamente de sus etiquetas `font`.

Subíndice y superíndice

Los elementos subíndice (`sub`) y superíndice (`sup`) hacen que el texto seleccionado se muestre a menor tamaño y ligeramente por debajo (`sub`) o por encima (`sup`) de la línea base. Estos elementos pueden ser muy útiles para indicar fórmulas químicas o ecuaciones matemáticas.

sub, sup

```
<sub>...</sub>, <sup>...<sup>
```

Atributos

Núcleo (`id, class, style, title`), *Internacionalización*, *Eventos*

La figura 10.3 muestra cómo se renderizan en un navegador estos ejemplos de subíndice y superíndice:

```
<p>H<sub>2</sub>O</p>
<p>E=MC<sup>2</sup></p>
```

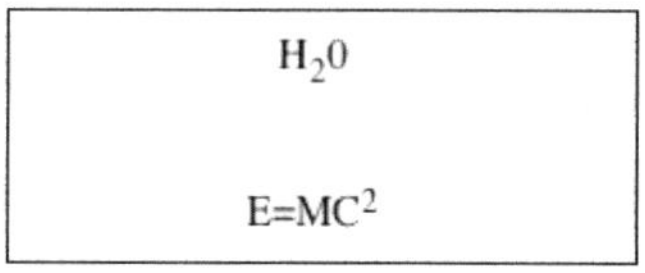

Figura 10.3. Subíndice y superíndice.

Saltos de línea

Pueden añadirse saltos de línea en el flujo del texto utilizando el elemento br. El texto que sigue a este elemento comienza en una nueva línea sin espacio extra añadido por encima. Es uno de los pocos elementos de presentación conservados en las DTD XHTML 1.0 estricto y XHTML 1.1.

br

```
<br />
```

Atributos

Núcleo (id, class, style, title)

Atributos depreciados

clear="none | left | right | all "

El elemento br es muy fácil de usar, tal y como muestra este ejemplo:

```
<p>Esto es un párrafo, pero quiero <br />que este texto comience en otra
línea.</p>
```

El atributo clear se utiliza con el elemento br para especificar dónde debe comenzar la siguiente línea en relación con los elementos flotados. Por ejemplo, si una imagen se ha flotado a la derecha, al añadir el marcado <br clear="right" /> en el flujo del texto, la nueva línea comenzará por debajo de la imagen del margen derecho. El valor left comienza la nueva línea por debajo de los objetos flotados en el margen izquierdo. El valor all comienza la nueva línea por debajo de los elementos flotados en ambos márgenes. El valor predeterminado, none, hace que la nueva línea comience donde lo haría normalmente.

Ajuste de líneas

Otra cualidad de texto presentacional es el corte de líneas donde sea necesario para rellenar los renglones, según el ancho disponible (o *word wrapping*). En CSS puede evitar que las líneas se corten ajustando la propiedad white-space a nowrap. Las recomendaciones HTML y XHTML no definen ningún elemento para evitar que las líneas se corten. Sin embargo, hay dos elementos no estándar, `nobr` y `wbr` que fueron introducidos por Netscape y que se utilizan en ocasiones para controlar si las líneas se cortan o no y dónde.

El elemento `nobr`, que significa *no break*, esto es, "no corte", evita que su contenido se corte. El elemento `wbr` (*word break*, "corte de palabra") permite especificar el punto en el que debe cortarse la línea. Nunca han sido adoptados en una recomendación HTML pero siguen en uso y soportados por Internet Explorer (todas las versiones) y Mozilla. No están soportados en Safari ni en Opera.

El texto y las imágenes que aparecen en el elemento `nobr` siempre aparecen en una línea y no se cortan en la ventana del navegador. Si la cadena de caracteres o elementos en el elemento `nobr` es muy larga, continua fuera de la ventana del navegador y los usuarios deben desplazarse hacia la derecha para verla. Añadir un `br` en un elemento `nobr` hace que la línea se corte.

El elemento `wbr` se utiliza para indicar un punto de corte en el contenido si el navegador necesita hacerlo. Puede ser útil si tiene cadenas largas de texto (como código o URL) que quizás deban encajar en espacios pequeños como celdas de tablas. Si la celda es lo suficientemente amplia, el texto se queda en una sola línea, pero si es más pequeña, el navegador cortará la línea en el `wbr`. Todos estos elementos de presentación no estándar deberían también ser evitados.

Hay entidades de caracteres estándar para guiones cortos que deberían realizar la misma función pero tienen poco soporte (la siguiente sección da más información sobre entidades de caracteres. La entidad `` hace un corte de línea condicional en Mozilla, Safari y Opera pero no en Internet Explorer. La entidad `` funciona en Opera y en Internet Explorer para Windows pero tiene fallos en Safari y no está soportada en Mozilla.

Nota: Gracias a Peter-Paul Koch por sus pruebas y resumen del elemento `wbr` en Quirksmode.org.

Líneas horizontales

En algunos casos es útil añadir una división visual entre las secciones de un documento. (X)HTML incluye el elemento `hr` para añadir una línea horizontal a una página Web.

hr

```
<hr />
```

Atributos

Núcleo (`id`, `class`, `style`, `title`), *Internacionalización*, *Eventos*

Atributos depreciados

`align="center|left|right"`

`noshade="noshade"`

`size="`*`número`*`"`

`width="`*`número`*`"` o `"`*`número%`*`"`

El elemento `hr` es un elemento de bloque así que siempre aparece en su propia línea, normalmente con un poco de espacio por encima y por debajo. Por defecto, los navegadores renderizan una línea horizontal como una línea dimensional biselada, tal y como muestra la figura 10.4.

```
<p>These are some deep thoughts.</p>
<hr />
<p>And this is another paragraph of deep thoughts.</p>
```

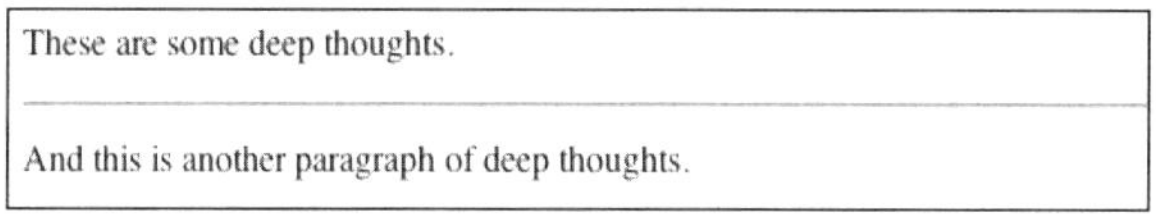
These are some deep thoughts.

And this is another paragraph of deep thoughts.

Figura 10.4. Una línea horizontal (renderizada por defecto).

El elemento `hr` incluye varios atributos depreciados para controlar la presentación de lalínea.

`size`
: Especifica la longitud de la línea en píxeles o porcentajes.

`width`
: Especifica el ancho de la línea en píxles.

`align`
: Especifica el alineamiento horizontal de las líneas horizontales que no tienen todo el ancho del elemento que contienen.

`noshade`
: Desactiva el sombreado dimensional de la regla y la renderiza en negro.

Se puede controlar la presentación de una línea horizontal con hojas de estilo, tal y como mostramos en el siguiente ejemplo que hace que la línea sea de azul sólido y de un píxel. Observe que el color y los colores de fondo se especifican para garantizar la compatibilidad en distintos navegadores.

```
hr {height: 1px;
   weight: 100%
   color: blue;
   background-color: blue; }
```

La mejor opción es dejar el elemento hr de presentación completamente fuera del documento y especificar divisores horizontales utilizando bordes en los bordes superior o inferior de determinados elementos de bloque, como, por ejemplo, antes de los h1.

```
h1 {border-top: 1px solid blue;
   padding-top: 3em; }
```

Referencias de entidades de caracteres

Los caracteres que no se encuentran en el conjunto de caracteres alfanuméricos normal, como < o &, deben especificarse en los documentos HTML y XHTML utilizando referencias de caracteres. Es lo que se conoce como "escapar" el caracter. Utilizar los comandos de teclado estándar (como **AltGr-2** para el símbolo @) en un documento HTML no dará el caracter deseado cuando el documento se renderice en un navegador. De hecho, el navegador suele mostrar la entidad numérica del caracter.

En los documentos (X)HTML, los caracteres escapados se indican con referencias de caracteres que comienzan con & y terminan con punto y coma (;). El caracter también puede indicarse con su referencia numérica de caracter (NCR) o con un nombre de entidad de caracteres predefinido.

Una referencia numérica de caracter indica un caracter por su punto de código Unicode en forma decimal o hexadecimal (más información en el capítulo 6). Las referencias decimales utilizan la sintaxis &#*nnnn*; y los valores hexadecimales se indican con una equis (x): &#x*hhhh*;. Por ejemplo, el signo menos que (<) podría identificarse como < (decimal) o como < (hexadecimal).

Las entidades de caracteres son nombres abreviados de caracteres, como < para el símbolo menos que (<). Las entidades de caracteres están predefinidas en las DTD de lenguajes de marcado como HTML y XHTML y son más fáciles de recordar que las referencias numéricas.

Nota: XHTML incluye la declaración de entidades XML para el apóstrofe ('). Curiosamente, en HTML se omitió la entidad de caracteres para el apóstrofe, así que deberá utilizar en su lugar su referencia numérica (&039;).

La tabla 10.3 presenta las entidades de caracteres (X)HTML y las referencias numéricas de los caracteres especiales más usados. Puede encontrar la lista completa de las entidades de caracteres definida en HTML 4.01 y XHTML 1.0/1.1 en el Apéndice C.

Tabla 10.3. Caracteres espaciales más frecuentes y sus entidades de caracteres.

Caracter	Descripción	Entidad	Decimal	Hexadecimal
	Espacio (no corte)	` `	` `	` `
&	Ampersand	`&`	`&`	`&`
<	Menor que (útil para mostrar el marcado de una página Web)	`<`	`<`	`<`
>	Mayor que (útil para mostrar el marcado de una página Web)	`>`	`>`	`>`
'	Apóstrofe	`'` (XHTML)	`'`	`'`
"	Comillas izquierda	`&lddquo;`	`“`	`“`
"	Comillas derecha	`&lrdquo;`	`”`	`”`
™	Trademark	`™`	`™`	`™`
£	Símbolo de la libra	`£`	`£`	`£`
¥	Símbolo del Yen	`¥`	`¥`	`¥`
©	Copyright	`©`	`©`	`©`
®	Marca registrada	`®`	`®`	`®`

Entidades de caracteres XML

XML 1.0 define cinco entidades de caracteres que deben soportar todos los procesadores XML. Las DTD XHTML también declaran explícitamente estas entidades manteniéndolas en la práctica recomendada para los lenguajes XML.

Menor que (<) `<` `<`

Mayor que (>) `>` `>`

Ampersnad (&) `&` `&`

Apóstrofe (') `'` `'`

Comillas (") `"` `"`

El único cambio significativo es que XHTML incluye una entidad para el apóstrofe (`'`) que curiosamente omite HTML. Para garantizar la compatibilidad retroactiva se recomienda utilizar en su lugar la referencia numérica para el apóstrofe (`'`).

Capítulo 11

Creación de vínculos

La especificación HTML 4.01 lo dice muy claro: "Un vínculo es una conexión entre dos recursos Web". Esta capacidad para crear hipervínculos de un documento a otro es lo que hace al HTML único entre los lenguajes de marcado de documentos y es la clave de su amplia popularidad. Puede crear un vínculo a cualquier recurso Web, incluyendo (aunque no sólo) documentos HTML, imágenes o programas, o a cualquier elemento dentro de un documento HTML.

Este capítulo se centra en los elementos HTML relacionados con los vínculos y con la creación de relaciones entre documentos:

`a`	Ancla (vínculo)
`base`	Proporciona un nombre de ruta base
`link`	Establece una relación entre documentos

Vínculos de hipertexto simples

El elemento `a` se utiliza para identificar una cadena de texto o una imagen que sirva como un vínculo de hipertexto a otro documento.

a

`<a>...</a>`

Atributos

Núcleo (`id, class, style, title`)

Internacionalización
Eventos (más `onfocus`, `onblur`)
`accesskey="`*caracter*`"`
`charset="`*juegocaracteres*`"`
`coords="`*coordenadas x,y*`"`
`href="`*URL*`"`
`id="`*texto*`"`
`hreflang="`*código idioma*`"`
`name="`*texto*`"`
`rel="`*relaciones*`"`
`rev="`*relaciones*`"`
`shape="rect|circle|poly|default"`
`tabindex="`*numero*`"`
`target="`*texto*`"`
`type="`*tipo de medios*`"`

El atributo `href` proporciona el nombre de ruta (URL) del documento al que quiere vincular. Las URL pueden ser absolutas o relativas, como veremos en las siguientes secciones.

Un vínculo de texto se marca de este modo:

```
I am <a href="link.html">linking</a>to you!
```

Para convertir una imagen en un vínculo recoja en un ancla el elemento imagen, de este modo:

```
<a href="link.html"><img src="pixies.gif"></a>
```

Por defecto, la mayoría de los navegadores gráficos mostrarán el texto vinculado subrayado y en azul, pero esta presentación puede modificarse con hojas de estilo. Las imágenes vinculadas aparecerán con un borde azul por defecto, a menos que cambie este ajuste con la propiedad de estilo `border` o con el atributo depreciado `border` del elemento `img`.

URL absolutas

Una URL absoluta se compone de los siguientes componentes: un identificador de protocolo, un *hostname* (el nombre del servidor), y la ruta al nombre de archivo específico. Cuando está vinculando a documentos que están en otros servidores deberá utilizar una URL absoluta. Éste es un ejemplo de vínculo con URL absoluta:

```
<a href="http://www.sillita.com/web/index.html">...</a>
```

Aquí el protocolo se identifica como `http` (*HyperText Transfer Protocol*, Protocolo de transferencia de hipertexto, el protocolo estándar de la Web), el *host* es `www.sillita.com` y el nombre de ruta es `web/index.html`.

URL relativas

Una URL relativa apunta a otro documento de forma relativa a la localización del documento actual. La sintaxis se basa en las estructuras de nombre de ruta del sistema operativo Unix, que mencionamos en el capítulo 4. Al apuntar a otro documento dentro de su sitio (en el mismo servidor) suelen utilizarse URL relativas.

Supongamos, por ejemplo, que me encuentro en `resume.html` (identificado aquí por su nombre de ruta completo):

```
www.sillita.com/web/work/resume.html
```

y quiero poner un vínculo a esa página en un documento llamado `bio.html` que se encuentre en el mismo directorio:

```
www.sillita.com/web/work/bio.html
```

Podría usar una URL relativa como el valor del atributo `href`, de este modo:

```
<a href="bio.html">...</a>
```

Siguiendo con el mismo ejemplo, para el vínculo al archivo `index.html` en un directorio que esté un nivel por encima (`web`) podría utilizar el mismo nombre de ruta relativo al archivo, de este modo:

```
<a href="../index.html">
```

Esta URL relativa es el equivalente a la absoluta `http://www.sillita.com/web/index.html`.

Establecer una base

Por defecto, una URL relativa se basa en el documento actual. Puede cambiar esto colocando el elemento `base` en la cabecera del documento (`head`) para establecer explícitamente el URL base para todos los nombres de ruta relativos del documento.

base

`<base />`

Atributos

`id="`*`texto`*`"` (*sólo XHTML*)

`href="`*`url`*`"` (*Obligatorio*)

`target="`*`nombre`*`"`

El elemento `base` sólo puede aparecer en la cabecera (`head`) del documento y debería aparecen antes de cualquier otro elemento con referencias externas. El navegador utilizará la URL base especificada (no la URL del documento actual) para interpretar las URL relativas. El elemento `base` también es útil para especificar un marco para vínculos relativos en un documento con marcos (consulte el capítulo 14).

Vínculos dentro de un documento

Por defecto cuando se vincula a una página, el navegador muestra la parte superior de la página. También puede vincular a un punto determinado de una página Web (lo que se denomina un "fragmento").

Estos vínculos a fragmentos de documentos suelen utilizarse como asistencia de navegación creando una tabla de contenidos con hipervínculos en la parte superior de una página Web muy larga. Los usuarios pueden ver los temas principales de un solo vistazo y acceder rápida y fácilmente a los puntos en los que están más interesados. Al vincular a un fragmento que esté por debajo en una página muy larga, suele ser conveniente añadir vínculos de vuelta a la parte superior de la página o a la tabla de contenidos. También puede vincular a fragmentos de otros documentos.

La creación de vínculos específicos de un documento es un proceso en dos pasos en el que se da un nombre identificativo a un elemento y, a continuación, se hace un vínculo a ese marcador.

Nombrar un fragmento

HTML ofrece dos modos de identificar un fragmento de documento: insertando un elemento `a` con el atributo `name` (en lugar de `href`) o añadir el atributo `id` a cualquier elemento HTML. Los dos métodos actúan como un marcador que puede ser indicado desde un vínculo. Los documentos XHTML deben utilizar el atributo `id` en todos los identificadores de fragmento para ser XML bien estructurado.

Por desgracia, el atributo id no está bien soportado por todos los navegadores con este fin (falta soporte en los navegadores de versión 4). Para garantizar la máxima compatibilidad retroactiva y proactiva, la recomendación XHTML sugiere un marcado redundante, utilizando tanto id como name para el elemento a.

En este ejemplo, un ancla con nombre se utiliza para permitir a los usuarios vincularse directamente a una sección "Stock Quotes" de un documento Web llamado dailynews.html. En primer lugar, el encabezamiento se marca como un ancla con nombre llamada stocks. Las anclas con nombre no tienen, por defecto, ningún tratamiento especial de estilo (en otras palabras, no están subrayadas como las anclas con el atributo href).

```
<h1><a name="stocks" id="stocks">Daily Stock Quotes</a></h1>
```

El mismo fragmento también podría identificarse en el elemento h1 tal y como muestra este ejemplo (si no necesita ofrecer soporte para los navegadores de versión 4):

```
<h1 id="stocks">Daily Stock Quotes<h1>
```

El valor de los atributos id y name debe ser único en todo el documento (en otras palabras, no puede dar a dos elementos el mismo nombre).

Vincular a un fragmento

El segundo paso consiste en crear un vínculo al fragmento utilizando un elemento ancla estándar con su atributo href. Los identificadores de fragmento se colocan al final del nombre de ruta y están indicados por el símbolo almohadilla (#).

Para vincular al fragmento stocks desde dentro de dailynews.html, el marcado sería así:

```
<a href="#stocks">Check out the Stock Quotes</a>
```

Vincular a un fragmento de otro documento

Puede crear un vínculo a un fragmento nombrado de cualquier otro documento de la Web utilizando el nombre de ruta completo seguido inmediatamente por el identificador de fragmento. Por supuesto, los identificadores de fragmento ya tendrían que estar colocados. Para vincular a la sección stocks desde otro documento del mismo directorio, utilice un nombre de ruta relativo, como este:

```
<a href="dailynews.html#stocks">Go to today´s Stock Quotes</a>
```

Utilice una URL absoluta para vincular a un fragmento de otro sitio, de la siguiente manera:

```
<a href="http://website.com/document.html#fragment">...</a>
```

Abrir una nueva ventana

El problema con un medio de hipertexto es que si los usuarios pulsan sobre un vínculo que les saca de la página pueden no volver. Una solución a este problema es hacer que el documento de destino aparezca en una segunda ventana del navegador que se abre automáticamente. De este modo, la página sigue disponible en el fondo.

Esta técnica es algo controvertida. Windows puede abrir de forma automática ventanas conocidas como "ventanas emergentes" pero estas ventanas están fuertemente asociadas con publicidad intrusiva. Tanto es así que hay muchos programas en el mercado para bloquear estas ventanas e incluso opciones integradas en los navegadores. Reflexione sobre si una ventana emergente es la mejor opción dado el hecho de que muchos usuarios podrían no ver el contenido. Las ventanas emergentes también son problemáticas desde el punto de vista de la usabilidad y la accesibilidad. Si utiliza una ventana emergente conviene hacérselo saber a los usuarios añadiendo un comentario como "el vínculo abre una nueva ventana".

Nota: Esta técnica sólo abre una nueva ventana del navegador pero no controla el tamaño. Para hacerlo debe utilizar JavaScript.

Para abrir una nueva ventana para el documento vinculado, utilice el atributo `target` en el elemento `a`. Si ajusta el atributo `target` al valor estandarizado `"_blank"` el navegador abrirá una ventana nueva. Por ejemplo:

```
<a href="http://www.oreilly.com/" target="_blank">...</a>
```

Observe que `_blank` abre siempre una nueva ventana. Por ello, si hace que todos los vínculos apunten a una ventana `_blank`, siempre se abrirá una nueva ventana, pudiendo inhundar la pantalla del usuario.

Un método mucho más apropiado, especialmente si dispone de más de un vínculo, es dar a la ventana un nombre específico que puede ser reutilizado en los siguientes vínculos. El siguiente vínculo abrirá una nueva ventana llamada "display":

```
<a href="http://www.oreilly.com/" target="display">...</a>
```

Todos los vínculos que tengan como destino `display` se cargarán en la misma ventana.

El atributo `target` suele utilizarse con documentos con marcos. La sintaxis y estrategias para utilizar el atributo `target` serán estudiados en el capítulo 14.

Protocolos alternativos

Vincular a otras páginas Web utilizando el protocolo HTTP es con mucho el tipo de vínculo más común, pero hay otros tipos de transacciones que pueden hacerse utilizando otros protocolos estándar de Internet.

Vínculo Mail (mailto:)

El protocolo `mailto` puede utilizarse en un elemento `a` para enviar automáticamente un correo electrónico al destinatario, utilizando la aplicación de correo electrónico del navegador o una aplicación de correo electrónico externa. Tenga en cuenta que el navegador debe estar configurado para soportar este protocolo así que no funcionará con todos los usuarios. El protocolo `mailto` tiene los siguientes componentes:

```
mailto:nombreusuario@dominio
```

Un ejemplo típico de este tipo de vínculo sería así:

```
<a href="mailto:jen@oreilly.com">Enviar un email a Jennfer</a>
```

También puede hacer experimentos añadiendo información dentro de la URL `mailto` que rellene automáticamente campos estándar de correo electrónico:

```
mailto:nombreusuario@dominio?subject=asunto
mailto:nombreusuario@dominio?cc=persona1
mailto:nombreusuario@dominio?bcc=persona2
mailto:nombreusuario@dominio?body=cuerpo
```

Las variables adicionales, se suman a la cadena con un símbolo ampersand (&) tal y como muestra este ejemplo:

```
mailto:username@domain?subject=asunto&cc=persona1&body=cuerpo
```

Los espacios dentro de las líneas del contenido deben escribirse como `%20` (el caracter espacio en notación hexadecimal). El siguiente código es un ejemplo de este tipo de vínculo:

```
<a href="mailto:jen@oreilly.com?subject=Like%20your20%book">
    Email for Jen</a>
```

Advertencia: Si pone un vínculo a una dirección de correo electrónico en una página Web, es muy probable que la dirección sea indexada automáticamente y añadida a listas de correo *spam*. Para evitarlo no ponga la dirección de correo electrónico intacta en el documento fuente sino como un vínculo `mailto` o en el contenido. También puede deletrear la dirección (como "jen arroba oreilly punto com") para que siga siendo legible pero no reconocible por *spambots*.

Vínculo FTP (ftp://)

Es posible vincular directamente a un archivo ubicado en un servidor FTP. Cuando el usuario haga clic sobre el vínculo correspondiente, el archivo se descargará de forma automática utilizando las funciones FTP integradas en el navegador y se guarda en el ordenador del usuario. Si el documento está en un servidor FTP anónimo (sin requisitos de nombre de usuario y contraseña) el vínculo FTP es muy sencillo:

```
<a href="ftp://servidor/nombrederuta">...</a>
```

Para vincular a un servidor FTP que exija nombre de usuario y contraseña, el formato sería:

```
<a href="ftp://usuario:contraseña@servidor/nombrederuta">...</a>
```

Por razones de seguridad, se recomienda no incluir nunca el nombre de usuario y contraseña para un servidor en un documento HTML. Si utiliza la sintaxis `usuario@servidor/ruta`, se pedirá a los usuarios introducir sus contraseñas en un cuadro de diálogo. Por defecto, el archivo se transfiere en formato binario. Para especificar que el documento debería transferirse como un archivo ASCII, añada `;type=a` al final de la URL:

```
<a href="ftp://usuario:contraseña@servidor/nombrederuta;type=a">...</a>
```

La variable `type=d` identifica el nombre de ruta como un directorio y muestra sus contenidos entro de la ventana del navegador. Por su parte, la variable `type=i` especifica una imagen o un modo binario, que es el valor predeterminado, pero puede también especificarse explícitamente. Estos son algunos ejemplos de vínculos FTP:

```
<a href="ftp://pete@ftp.someserver.com/program.exe">...</a>
<a href="ftp://ftp.superwarehouse.com/games;type=d">...</a>
```

Otros vínculos

La tabla 11.1 nos muestra una lista de tipos URL que no son tan frecuentes como `mailto` o `ftp://` pero que también se encuentran disponibles. Como sucede con el resto de vínculos coloque estas URL tras el atributo `href` y dentro del elemento ancla.

Tabla 11.1. Protocolos de vínculo alternativos.

Tipo	Sintaxis	Uso
`File`	`file://`*`servidor/ruta`*	Especifica un archivo sin indicar el protocolo. Es útil para acceder a archivos en un sitio como un CD-ROM pero es menos apropiado en redes (como Internet).
`News`	`news:`*`grupodenoticias`* `News:`*`mensaje_id`*	Accede a un mensaje o a un grupo de noticias en el sistema de noticias Usenet. Algunos navegadores no soportan este tipo de URL así que debería evitar utilizarlas.
`NNTP`	`nntp://`*`servidor:puerto/`* *`grupodenoticias/articulo`*	Proporciona un mecanismo completo para acceder a artículos de noticias Usenet. El artículo sólo se sirve a ordenadores con permiso para extraer artículos de ese servidor, de forma que esta URL tiene un uso limitado en la práctica.
`Telnet`	`telnet://`*`usuario:contraseña@`* *`servidor:puerto/`*	Abre una sesión Telnet con el servi-dor elegido. Los elementos `usuario` y `contraseña` son opcionales y siguen las mismas reglas que las que describimos para `ftp://`.

Tipo	Sintaxis	Uso
Gopher	gopher://*servidor:* *puerto/ruta*	Accede a un documento de un servidor *gopher*. El sistema de extracción de documentos *gopher* fue eclipsado por el World Wide Web pero todavía siguen operativos algunos de sus servidores.

Vincular documentos con link

`link` define una relación entre el documento en uso y otro documento externo. No es igual a un vínculo de hipertexto porque no se puede acceder a él pulsando o seleccionando de algún otro modo un hipervínculo. Siempre se situa en la cabecera (`head`) del documento. Puede haber varios elementos `link` en un documento.

link

```
<link />
```

Atributos

Núcleo (`id`, `class`, `style`, `title`), *Internacionalización*, *Eventos*

`charset="`*`juegocaracteres`*`"`

`href="`*`URL`*`"`

`hreflang="`*`código idioma`*`"`

`media="all|screen|print|handle|projection|tty|tv|projection|braille|aural"`

`rel="`*`relaciones`*`"`

`rev="`*`relaciones`*`"`

`target="`*`nombre`*`"`

`type="`*`recurso`*`"`

Los atributos más importantes son `href`, que apunta al archivo vinculado, y `rel`, que describe la(s) relacion(es) entre el documento fuente y el documento de destino. `rev` describe las relaciones inversas (desde el destino a la fuente).

La variedad de atributos hace el elemento `link` muy versátil, pero todavía no se aprovecha todo su potencial. De hecho, la aplicación más popular del elemento link es para hacer referencia a una hoja de estilo externa. En este ejemplo, el atributo type identifica el tipo de contenido MIME del documento vinculado externo como una hoja de estilo en cascada, necesario en XHTML:

```
<head>
<link href="wholesite.css" rel="stylesheet" type="text/css" />
</head>
```

Observe el uso de la barra (/) al final del elemento link para marcarlo explícitamente como un elemento vacío para XHTML, al tiempo que se deja un espacio en blanco delante de la barra para garantizar la compatibilidad con los navegadores de versión 4. Otro uso recomendado en la especificación HTML 4.01 es para indicar una versión alternativa del documento en otro idioma. Este ejemplo crea un vínculo a una versión en francés del documento:

```
<head>
<link rel="alternate" href="translations/french.html"
   type="text/html" hreflang="fr" />
</head>
```

Al usar los valores next y prev para el atributo rel puede establecer la posición del documento en una secuencia de documentos, tal y como puede ver en el siguiente ejemplo. Esta información podría utilizarse por los navegadores u otras herramientas para crear menús de navegación, tablas de contenidos o colecciones de vínculos.

```
<head>
<title>Capítulo 11: Creación de vínculos</title>
<link rel="prev" href="capitulo10.html" />
<link rel="next" href="capitulo12.html" />
</head>
```

La tabla 11.2 ofrece un listado de los valores aceptados para los atributos rel y rev y sus usos. Estos atributos y valores pueden utilizarse también en el elemento a como link para definir relaciones para un vínculo determinado. Estas funciones no se usan mucho ni tienen buen soporte por parte de las interfaces de usuario de los navegadores.

Tabla 11.2. Tipos de vínculo que utilizan el atributo rel.

Valor	Relación
alternate	Versión sustituta del documento actual, en otro idioma u optimizada para otro medio de muestra en pantalla. Este valor suele utilizarse para cambiar las hojas de estilo.

Valor	Relación
`stylesheet`	CSS externo, utilizado con `type="text/css"`.
`start`	El primer documento de una serie o colección.
`next`	El siguiente documento de una serie.
`prev`	El documento anterior de una serie.
`contents` (o `toc`)	Un documento que suministra una tabla de contenidos.
`index`	Un documento que suministra un índice del documento actual.
`glossary`	Un documento que contiene un glosario de términos.
`copyright`	Un documento que contiene información de copyright del documento actual.
`chapter`	Un documento que sirve como capítulo de una colección de documentos.
`section`	Un documento que sirve como sección de una colección de documentos.
`subsection`	Un documento que sirve como subsección de una colección de documentos.
`appendix`	Un documento que sirve como apéndice.
`help`	Un documento de ayuda.
`bookmark`	Un documento que sirve como marcador; puede utilizarse el atributo `title` para darle un nombre.

Capítulo 12

Imágenes y objetos

Además de contenido de texto, las páginas Web pueden incluir distintos objetos multimedia como imágenes, mapas de imagen, applets Java, vídeo, películas Flash, e incluso otros documentos HTML. Este capítulo se centra en los elementos (X)HTML definidos para añadir imágenes y objetos media, entre ellos:

`img`	Añade una imagen.
`map`	El mapa utilizado para un mapa de imagen.
`area`	Una región geométrica en un mapa de imagen.
`object`	Objeto media genérico.
`param`	Permite especificar valores para un objeto necesario en un tiempo de ejecución.
`embed`	Incrusta media que necesiten plugins (*no estándar*).
`noembed`	Contenido que se muestra si los medios incrustados no tienen soporte (*no estándar*).
`applet`	Añade un applet (*depreciado*).
`iframe`	Marco flotante que se muestra en un documento HTML externo.

Imágenes en línea

Las imágenes en línea son imágenes que aparecen en el flujo normal del contenido del documento. En cuanto elementos en línea afectan a la muestra visual de otros elementos del flujo, a diferencia de las imágenes de fondo que se renderizan detrás de los elementos. Las imágenes se añaden al documento con el elemento `img`. Se considera que las imágenes son elementos remplazados porque el contenido real se encuentra en archivos externos y no en el documento fuente.

Nota: La recomendación HTML 4.01 permite añadir imágenes utilizando el elemento genérico `object`, como veremos más adelante. Como `object` no tiene soporte universal, el elemento `img` sigue siendo el más utilizado para situar imágenes en los documentos Web.

---

img

`<img />`

Atributos

Núcleo (`id`, `class`, `style`, `title`), *Internacionalización*, *Eventos*

`alt="`*`texto`*`"` (*obligatorio*)

`ismap`

`height="`*`número`*`"`

`longdesc="`*`URL`*`"`

`lowsrc="`*`URL`*`"`

`name="`*`texto`*`"`

`src="`*`URL`*`"` (*obligatorio*)

`usemap="`*`URL`*`"`

`width="`*`número`*`"`

Atributos depreciados

`align="absbottom|absmiddle|baseline|bottom|center|left|middle|right|top"`

`border="`*`número`*`"`

`hspace="`*`número`*`"`

`vspace="`*`número`*`"`

Formatos de imagen y uso

Las imágenes Web deben estar en uno de estos tres formatos compatibles: GIF, JPEG o PNG. Además, los archivos deben tener las extensiones adecuadas (.gif, .jpeg o .jpg y .png respectivamente). De este modo el servidor Web envía el tipo de contenido adecuado (`image/gif`, `image/jpeg` o `image/png`) que el navegador utiliza para reconocer el formato de imagen. Estos formatos de archivo gráfico, como el resto de requisitos para poner imágenes en línea, se estudiarán en detalle en la parte V de este libro. Las imágenes en línea se utilizan de distintos modos:

- **Como imagen simple:** Una imagen puede utilizarse en una página Web como en la impresión: como una imagen estática que añade información, por ejemplo el logotipo de una compañía o una ilustración.
- **Como vínculo:** Una imagen también puede utilizarse para vincular a otro documento, como una alternativa a los vínculos de texto.
- **Como mapa de imagen:** Un mapa de imagen es una imagen simple con varias "zonas interactivas" que vinculan a otros documentos. No hay nada especial en la imagen en sí, es una imagen en línea totalmente normal. El marcado HTML especial y los archivos de mapa vinculan coordinadas con sus respectivas URL. Dedicaremos una sección de este capítulo a ofrecer una explicación detallada sobre el funcionamiento de los mapas de imagen y sobre su creación.

Advertencia: Las imágenes (especialmente los GIF transparentes) también se han utilizado como medios para la definición del espacio, pero ahora que tenemos un mejor control de éste y de la alineación gracias a las hojas de estilo en cascada, este uso está desfasado y debe evitarse.

Con el auge del diseño Web guiado por estándares, se ha abandonado el uso de las imágenes en línea con fines puramente ornamentales. Las imágenes que no son parte del contenido y sólo contribuyen a la presentación de la página suelen situarse como imágenes de fondo utilizando CSS. Las imágenes pueden aplicarse al fondo de cualquier elemento (no sólo `body`) utilizando las propiedades de estilo `background-image` o el atajo `background`. El capítulo 24 recoge varios ejemplos de técnicas de sustitución de imagen CSS.

El especificar imágenes decorativas en una hoja de estilo externa y mantenerlas fuera de la estructura del documento ofrece varias ventajas. El documento no sólo está más limpio y tiene mayor accesibilidad, también es más fácil hacer cambios en el aspecto que con elementos de presentación dentro del contenido. Consulte el capítulo 20 para ver más detalles sobre las imágenes de fondo CSS. Si busca inspiración sobre la riqueza visual que puede alcanzar una página Web sin elementos `img` consulte el sitio CSS Zen Garden en `www.csszengarden.com`. Sin nada más que añadir, es hora de mirar un ejemplo de marcado del elemento `img`.

Sintaxis del elemento img

Hay más de una docena de atributos que pueden aplicarse al elemento `img` para modificar su muestra en pantalla, pero los únicos requeridos son `src`, que proporciona la URL del archivo de imagen, y `alt` que proporciona texto para los navegadores que no pueden mostrar imágenes. La sintaxis de un elemento de imagen mínimo sería así:

```
<img src="url of image" alt="alternative text" />
```

La URL proporcionada por el atributo `src` puede ser absoluta (incluyendo el protocolo y el nombre de dominio) o relativa al documento actual (utilizando un nombre de ruta relativo). Las convenciones para los nombres de ruta relativos se describen con detalle en el capítulo 4.

La figura 12.1 muestra la imagen en línea resultante de este marcado:

```
<p>Star light <img src="star.gif" alt="star" /> Star bright.</p>
```

Figura 12.1. Una imagen situada en una línea de texto.

Presentación por defecto

Como muestra claramente el ejemplo, dado que `img` es un elemento en línea, no introduce saltos de línea ni espacios extra. Por defecto, la parte inferior de la imagen se alinea con la línea base del texto que la rodea. La alineación y posición de la imagen puede cambiarse con reglas de hoja de estilo tal y como se verá en los capítulos 18 y 21. También hay varios atributos depreciados para controlar la presentación de imágenes de los que hablaremos brevemente un poco más adelante.

Texto alternativo

No se puede garantizar que una imagen vaya a aparecer en pantalla. Puede estar corrupta o no ser encontrada, o los usuarios pueden estar utilizando un navegador de voz o de sólo texto sin soporte para imágenes. Cuando una imagen no se muestra en pantalla, los navegadores gráficos muestran en su lugar un icono genérico. Los navegadores no gráficos suelen escribir `[image]`. Ninguna de las dos opciones es ideal y ambas hacen el contenido innacesible.

El atributo `alt` permite especificar una cadena de texto alternativo que aparecerá en pantalla en lugar de la imagen cuando ésta no esté disponible. También es lo que los navegadores no gráficos escribirán en el lugar de las imágenes. La figura 12.2 muestra un posible renderizado para este marcado si la imagen no llegara a cargarse:

```
<p>First star <img src="star2.gif" alt="star illustration" />
I see tonight.</p>
```

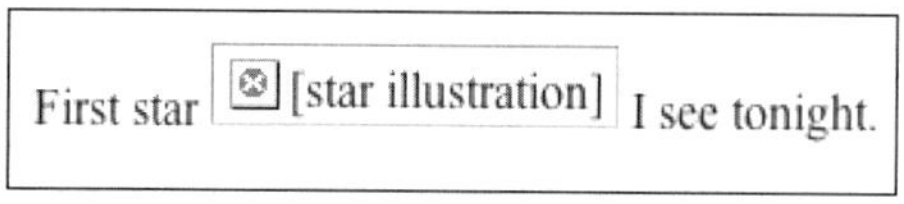

Figura 12.2. El texto alternativo puede aparecer en pantalla si la imagen no está disponible.

Firefox muestra el texto alternativo como si estuviera en el flujo del texto. El navegador Safari no muestra texto alternativo para las imágenes que faltan. Algunos navegadores muestran texto alternativo como una "nota" emergente cuando el ratón descansa sobre el área de imagen, pero este comportamiento no es estándar y no debe confiarse en él.

La especificación HTML 4.01 declaró `alt` como un atributo requerido en el elemento `img` (aunque la imagen seguirá apareciendo en pantalla aunque falte ese atributo). Dedicar un poco de tiempo extra a proporcionar texto alternativo para las imágenes es el modo más sencillo de hacer la página accesible al mayor número de lectores.

El W3C recomienda que sólo se proporcione texto alternativo cuando el contenido de la imagen sea relevante para el documento y no con las imágenes puramente decorativas. Por ejemplo, el texto alternativo "línea roja" no es útil y sólo sirve para ralentizar el procesado del documento y puede ser frustrante para los usuarios con dispositivos de voz. En su lugar se recomienda utilizar un atributo `alt` con una cadena vacía (`alt=" "`).

Especificar anchura y altura

Aunque `src` y `alt` son los únicos atributos requeridos en el elemento `img`, suele usarse también `width` y `height` porque aceleran la muestra en pantalla de la página. Estos atributos sólo indican la dimensión de la imagen en píxeles, por ejemplo:

```
<img src="star.gif" width="50" height="50" />
```

Con esta información el navegador puede diseñar la página antes de que se descarguen las imágenes.

Nota: Se prefiere utilizar las propiedades `width` y `height` de CSS, frente a los atributos de presentación. Además garantizan que la página pueda disponerse antes de la llegada de las imágenes.

Sin los valores `width` y `height`, la página puede redibujarse varias veces, primero sin las imágenes, y luego cada vez que llegue una imagen. Por ello merece la pena dedicar algo de tiempo a incluir la información de altura y anchura de cada elemento `img`.

Si los valores `width` y `height` especificados son distintos a las dimensiones reales de la imagen, el navegador cambiará el tamaño de la imagen para adecuarlo a las dimensiones especificadas. Si especifica un valor porcentual para la altura y la anchura, algunos navegadores ajustarán el tamaño de la imagen a esas proporciones. Aunque este efecto puede ser conveniente, en algunos navegadores sólo da como resultados imágenes pixeladas y de poca calidad, tal y como muestra la figura 12.3.

```
<img src="star.gif" width="50" height="50" />
<img src="star.gif" width="200" height="50" />
```

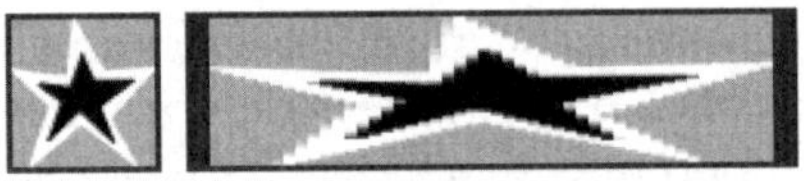

Figura 12.3. Cambio del tamaño de una imagen con los atributos width y height.

Advertencia: Reducir las dimensiones de una imagen con marcado es una mala idea y está desaconsejado. Además de dar una mala calidad de imagen, obliga a descargar archivos innecesariamente grandes. Cambiar las dimensiones de la imagen para la presentación final no reduce el tamaño de archivo.

Atributos img depreciados

Hay varios atributos en las DTD transicionales que han sido depreciados porque controlan aspectos de presentación de la imagen. Como la mayoría de los atributos depreciados, han sido sustituidos por propiedades de hojas de estilo más versátiles. Esta sección es una introducción a estos atributos y sugiere alternativas de hojas de estilo.

Si está creando utilizando las DTD XHTML estricto o XHTML 1.1, utilizar cualquiera de estos atributos invalidará su documento. Utilice en su lugar métodos de hoja de estilo.

Alineamiento vertical

Por defecto, la parte inferior de una imagen se alinea con la línea base del texto que le rodea (véase la figura 12.1), pero hay modos de cambiar el alineamiento vertical. El método más usado es utilizar hojas de estilo. Si sólo se utiliza marcado HTML, la recomendación HTML 4.01 incluye el atributo depreciado `align` con los valores `top`, `middle` y `bottom` para el alineamiento vertical. La recomendación HTML 3.2 también incluía los valores `texttop`, `absmiddle`, `baseline` y `absbottom` pero fueron descartados en las siguientes especificaciones y sólo tienen soporte parcial en los navegadores modernos. La figura 12.4 muestra los efectos de estos valores de alineación.

Figura 12.4. Valores de alineamiento vertical.

El método CSS más utilizado para especificar alineamiento vertical es a través de la propiedad `vertical-align` que puede utilizarse para cambiar el alineamiento de una imagen respecto a la línea base a la altura de la línea que ocupa. Los valores aceptados son `top`, `text-top`, `bottom`, `text-bottom`, `middle`, `sub`, `super` y `baseline` (predeterminado) así como longitud específica o valores porcentuales. Consulte el capítulo 18 para obtener explicaciones más detalladas del alineamiento vertical con CSS.

Alineamiento horizontal

El atributo `align` también se utiliza para alinear una imagen al margen derecho o izquierdo de la página utilizando los valores `right` o `left` respectivamente. Lo que hace especial al alineamiento izquierdo y derecho es que, además de colocar la imagen en un margen, permite al texto ajustarse rodeando la imagen. Es lo que se denomina "flotar" la imagen. En la figura 12.5 puede ver cómo se muestran las imágenes cuando están alineadas a la izquierda y a la derecha.

```
<p><img src="leaf.gif" alt=""align="left" />An Oak and a Reed were
arguing about their strength...</p>
<p><img src=leaf.gif" alt="" align="right" />An Oak and a Reed were
arguing about their strength...</p>
```

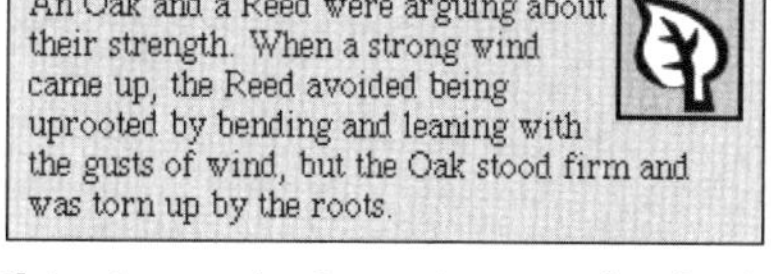

Figura 12.5. El texto se ajusta en torno a las imágenes flotadas.

La propiedad `float` de CSS es el mejor método para colocar imagen (o cualquier elemento) frente a los bordes izquierdo o derecho del bloque que la contiene y para hacer que el contenido que sigue a la imagen se disponga envolviéndola. En el capítulo 21 se explican con detalle los elementos flotantes.

Añadir espacio en torno a las imágenes alineadas

Si el texto fluye en torno a una imagen, puede agolparse en los bordes. Normalmente es preferible dejar algo de espacio entre la imagen y el texto que la rodea. En HTML se hace con los atributos `vspace` y `hspace` en el elemento `img`.

Alineamiento derecho sin ajuste de texto

Utilizar el atributo `align="right"` para colocar una imagen en el margen derecho hace que el texto se ajuste en torno a la imagen. Si quiere mover una imagen a la derecha sin que se dé este efecto, ponga la imagen en un párrafo (`p`) y alinee el párrafo a la derecha, de este modo:

```
<p align="right"><img src="leaf.gif" /></p>
<p>An Oak and a Reed were arguing...</p>
```

En CSS para alinear un elemento sin que el texto envuelva la imagen, aplique la propiedad `text-align` a un elemento de bloque que contenga la imagen.

El atributo `vspace` (espacio vertical) mantiene un determinado número de píxeles de espacio sobre y bajo una imagen alineada. Se añade espacio a izquierda y derecha con `hspace` (espacio horizontal). Tenga en cuenta que el espacio siempre se añade simétricamente (arriba y abajo o en ambos lados) y con estos atributos no se puede especificar una cantidad de espacio en un lado determinado de la imagen (puede, sin embargo, hacerlo con hojas de estilo). La figura 12.6 muestra una imagen alineada con el atributo `hspace` ajustado a 12.

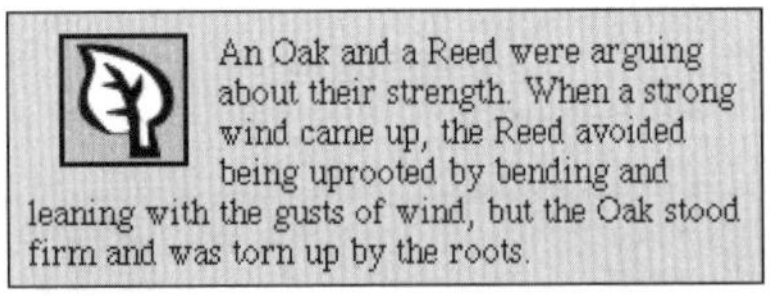

Figura 12.6. Alineamiento de imagen con espaciado horizontal.

El mejor método CSS para añadir espacio en torno a los lados de la imagen es aplicar una cantidad de margen. Las distintas propiedades `margin` le permiten aplicar distintas cantidades de espacio a cada lado de la imagen flotada. En el capítulo 19 estudiaremos los márgenes CSS.

Detener el ajuste de texto

El texto se ajusta automáticamente para llenar el espacio a lo largo de una imagen alineada (o de otro objeto en línea). Para detener el ajuste de texto y comenzar una nueva línea en el margen (en lugar de junto a la imagen), inserte un salto de línea (`br`) con el atributo `clear`.

El atributo `clear` indica al navegador dónde colocar la nueva línea. Tiene tres valores posibles: `left`, `right` y `all`. Si una imagen está alineada a la derecha, inserte `<br clear="right" />` para comenzar el texto bajo la imagen en el margen derecho. Para imágenes alineadas a la izquierda use `<br clear="left" />`. El elemento `<br clear="all" />` comienza el texto bajo la imagen en ambos márgenes. La figura 12.7 muestra el resultado de este marcado:

```
<p><img src="leaf.gif" alt="leaf illustration" align="left"
hspace="12" />An Oak and a Reed were arguing about strength.
<br clear="all" />When a strong wind came up,...</p>
```

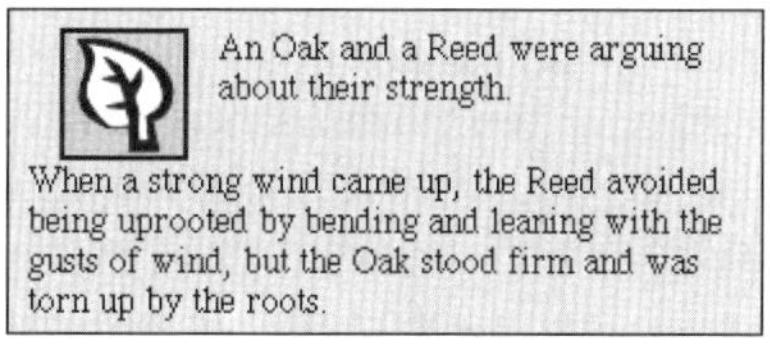

Figura 12.7. El atributo clear comienza la siguiente línea bajo una imagen alineada.

El mejor método para evitar que el siguiente elemento comience junto a la imagen flotada es aplicar la propiedad `clear` al siguiente elemento y especificar el lado (`left`, `right` o `both`) en el que quiere que comience bajo cualquier objeto flotado. Lo estudiaremos con más detalle en el capítulo 21.

Bordes

Por defecto, cuando una imagen está vinculada la mayoría de los navegadores muestran un borde de dos píxeles de ancho en torno a ella y con el mismo color que los vínculos de texto de la página (el color predeterminado es el azul claro). En la mayoría de los casos, este borde azul no es demasiado estético, sobre todo si rodea una imagen con bordes transparentes, pero es muy fácil desactivarlo utilizando el atributo `border`.

El atributo `border` especifica la anchura del borde en número de píxeles. Si se especifica cero como su valor, los bordes se desactivan.

```
<a href="document.html"><img src="picture.gif" border="0" /></a>
```

Por supuesto, si le gustan los bordes puede hacerlos realmente anchos ajustando un valor numérico más alto.

El mejor de los métodos CSS consiste en ajustar el ancho de borde para todas las imágenes de un documento con una sola regla de estilo utilizando la propiedad `border`.

```
img {border: 0;}
```

Si desea más información sobre el control de bordes alrededor de las imágenes, consulte el capítulo 19.

Técnicas para cargar imágenes

Hay algunas prácticas muy sencillas (aunque no muy obvias atendiendo al marcado HTML) que le pueden ayudar a optimizar sus páginas y mejorar el tiempo de respuesta.

Siempre que pueda reutilice las imágenes

Cuando un navegador descarga un archivo de imagen lo almacena en el caché de disco (espacio para almacenar temporalmente archivos en el disco duro). Así, si necesita volver a mostrar la página, puede extraer una copia local del HTML y de los archivos de imagen sin tener que recurrir al servidor remoto.

Si utiliza varias veces la misma imagen en una página o en un sitio, el navegador sólo tendrá que descargar la imagen una vez. Cada vez que la imagen reaparezca se reutilizará su copia del caché local, así que hay menos tráfico en el servidor y una muestra más rápida en pantalla para el usuario.

El navegador reconoce una imagen a partir de su nombre de ruta completo, no sólo por el nombre de archivo, así que si quiere aprovechar las ventajas del caché de archivos, asegúrese de que todas las imágenes apuntan al mismo archivo de imagen en el servidor (es decir, que no son distintas copias del mismo archivo de imagen en distintos directorios).

Vincular a imágenes grandes

Recuerde que al diseñar para la Web, siempre debe tener en cuenta el tiempo que se necesita para descargar archivos. Las imágenes suelen consumir bastante ancho de banda, así que debería utilizarlas con cuidado. Una buena estrategia para proporcionar acceso a imágenes muy grandes (con tamaños de archivo también muy grandes) es proporcionar una vista previa de la imagen en miniatura que vincule a la imagen a tamaño completo. Asegúrese de proporcionar la información necesaria para ayudar a los usuarios a decidir si quieren pulsar o no el vínculo con, por ejemplo, una descripción de lo que van a obtener y el tamaño de archivo de la imagen (para que puedan estimar cuánto tendrán que esperar).

Mapas de imagen

Normalmente, al colocar una imagen en un elemento ancla pasa a ser un vínculo a un documento. Para activar el vínculo el usuario sólo tiene que pulsar en cualquier punto de la imagen. Otra opción consiste en crear un "mapa de imagen" con varios vínculos o "zonas interactivas" dentro de la imagen. El efecto se crea con marcado HTML (algunos mapas de imagen también utilizan *scripts* en el servidor) y una imagen normal que sirve como plantilla para las coordenadas de píxeles.

Favicones

Otro tipo de imagen que suele verse asociada con los sitios Web es el "favicon", un pequeño icono que aparece con el nombre o URL de un sitio en la lista de favoritos (en Internet Explorer 6) o en la barra y pestañas en una interfaz de navegación con pestañas (Mozilla y Safari). Los favicones no están relacionados con el arcado de imagen (X)HTML como se vio en este capítulo, pero es lógico aquí estudiar cómo crear un favicon de su sitio.

Crear el icono

Un favicon debe guardarse en el formato `.ico` de Windows. El formato `.ico` es capaz de almacenar varias imágenes y suele utilizarse para almacenar distintos tamaños de la misma imagen. Los favicones que aparecen en la barra del navegador o en la lista de favoritos tienen 16 x 16 píxeles. Algunos diseñadores también incluyen una versión de 32 x 32 píxeles que puede utilizarse como un icono de acceso directo de escritorio.

Cuando haya diseñado un icono conviene guardarlo como un PNG (para aprovechar la transparencia) y convertirlo al formato `.ico`. Al final de esta nota aparecen listados los conversores de archivos para Windows y Mac. Cuando guarde el archivo debe llamarlo `favicon.ico` para que sea reconocido por todos los navegadores que soporten favicones.

Instalar el favicon

El modo más fácil de instalar un favicon es cargar el archivo `favicon.ico` al directorio raíz del sitio. También se puede instalar favicones en otros directorios para aquellos casos en los que desee utilizar distintos iconos para distintas áreas del sitio. Si bien algunos navegadores encontrarán el favicon sin ningún tipo de marcado, conviene ir a lo seguro e incluir elementos `link` en la cabecera (`head`) del documento que apunten al icono que quiere utilizar. También puede proporcionarse una URL relativa, como `/favicon.ico`.

```
<link rel="shortcut icon" href="http://domain.tld/path/
favicon.ico" type="image/x-icon" />
<link rel="icon" href=" http://domain.tld/path/favicon.ico"
type="image/x-icon />
```

Proporcionar vínculos para `icon` y para `shortcut icon` cumple todos los requisitos de compatibilidad. También podría proporcionarse una URL relativa como `/favicon.ico`.

Recursos favicon

Para consultar un tutorial en profundidad sobre la creación de favicones, le recomendamos consultar la página `www.december14.net/ways/rest/favicon.shtml`.

Para convertir un gráfico en formato ICO en un Macintosh, pruebe el plugin IconBuilder para Photoshop, disponible desde el sitio de IconFactory (`www.iconfactory.com/iconbuilder.asp`).

Los usuarios de Windows tienen más opciones, entre ellas el RealWorld Icon Editor (`www.rw-designer.com/3D_icon_editor.php`) e IconCool Studio (`www.iconcool.com/iconcoolstudio.htm`). También hay un conversor gratuito de línea de comandos llamado *png2ico*, de Matthias Benkmann, disponible en `www.winterdrache.de/freeware/png2ico/index.html`.

Hay dos tipos de mapas de imagen: del lado del cliente y del lado del servidor. En el caso de los mapas de imagen del lado de cliente la información de URL y de coordenadas necesaria para crear los vínculos está contenida en el propio documento. El proceso de reunir las piezas tiene lugar en el navegador del usuario (de ahí que se hable del lado del cliente). En los mapas de imagen del lado del servidor, como el nombre indica, la información reside en el servidor y es él o bien un *script* CGI independiente los que la procesan.

Los mapas de imagen del lado del cliente son los más frecuentes mientras que los del lado del servidor tienen un uso muy limitado debido a graves problemas de accesibilidad. De hecho incluso han surgido nuevas técnicas y filosofías en el diseño Web que han hecho perder la popularidad de los mapas de imagen del lado del cliente. Los mapas de imagen suelen necesitar texto en la imagen, lo que no está muy bien visto. En términos de optimización del sitio, obligan a guardar todas las regiones de la imagen en el mismo formato de archivo, lo que da lugar a tamaños de archivo innecesariamente grandes.

Dicho esto, vamos a ver el proceso de creación de un mapa de imagen del lado del cliente.

Crear mapas de imagen

La clave del funcionamiento de los mapas de reside en un mapa basado en texto que asocia las coordinadas de píxeles con las URL. Este mapa tiene un tratamiento distinto del lado de cliente y del lado del servidor, pero el resultado es el mismo. Cuando el usuario pulsa en algún sitio de la imagen, el navegador pasa las coordenadas del puntero del ratón al mapa, que, por su parte, genera el vínculo adecuado.

Herramientas disponibles

Aunque se puede reunir manualmente la información del mapa de imagen, es mucho más fácil utilizar una herramienta.

Si utiliza alguno de los paquetes software de diseño Web de Macromedia o de Adobe, está de suerte porque hay herramientas de mapa de imagen integradas en sus editores HTML y programas de imagen Web. Las herramientas de mapa de imagen de Dreamweaver y GoLive son especialmente útiles porque puede crear el mapa de imagen en la propia ventana de documentos.

Nota: En este momento, el futuro de estos productos no está muy claro por el anuncio de la adquisición de Macromedia por parte de Adobe. Lo que sí está claro es que cuando todo se aclare seguirá habiendo algún tipo de herramienta de mapa de imagen.

También hay utilidades autónomas de creación de mapas de imagen, disponibles como shareware. Una opción muy popular es MapEdit, de Tom Boutell, disponible en `www.boutell.com/mapedit/`. Cuesta unos 10 dólares y está disponible para Windows, Mac OS X y Unix. Una búsqueda de "herramienta mapa imagen" le dará muchas más opciones.

Crear el mapa

Sea cual sea la herramienta que esté utilizando y sea cual sea el tipo de mapa de imagen que desee crear, el proceso de creación de la información del mapa es básicamente el mismo. Lea la documentación de su herramienta para conocer las funciones que no aparecen listadas aquí.

1. Abra la imagen en un programa de mapas de imagen.
2. Defina áreas dentro de la imagen sobre las que se vaya a poder pulsar utilizando las herramientas de forma adecuadas: rectángulo, círculo o polígono (para trazar formas irregulares).
3. Con el borde exterior del área seleccionado, introduzca una URL para el área en el campo de entrada de texto, tal y como muestra la figura 12.8.

Figura 12.8. Crear información del mapa (en Dreamweaver 8).

4. Siga añadiendo formas y sus URL para cada área en la que se pueda pulsar.
5. En el caso de los mapas de imagen del lado del servidor también debe definir una URL predeterminada, la página que aparecerá en pantalla si los usuarios pulsan fuera de un área definida. Muchas herramientas tienen un campo destacado para introducir la URL por defecto, pero en otras, deberá buscarlo en un menú desplegable.
6. Seleccione el tipo de mapa de imagen (del lado del cliente o del servidor) que quiere crear. Recuerde que no está recomendado el uso de mapas de imagen del lado del servidor.
7. Guarde o exporte la información del mapa. Los mapas de imagen del lado del servidor se guardan en un archivo de definición de mapas (`.map`) que reside en el servidor. En el caso de los mapas de imagen del lado del cliente, quizás necesite copiar y pegar el código del mapa en su archivo HTML.

Si no tiene una herramienta de mapas de imagen puede escribir a mano la información del mapa siguiendo los ejemplos de este capítulo. Sólo tiene que observar cómo están indicadas las coordenadas de píxeles de las formas en un programa de edición de imagen (en Photoshop aparecen en la paleta Info) y escríbalas en el lugar adecuado del archivo del mapa.

Mapas de imagen del lado del cliente

Los mapas de imagen del lado del cliente tienen tres componentes:

- Un archivo de imagen normal (en cualquiera de los siguientes formatos: .gif, .jpeg o .png).

- Un mapa delimitado por el elemento `map` que contenga la información de coordenadas y de URL para todas las áreas en las que se puede pulsar (descritas por elementos `area` dentro del elemento `map`).
- El atributo `usemap` dentro del elemento imagen (`img`) que indica a qué mapa hacer referencia.

map

`<map>...</map>`

Atributos

Núcleo (`id, class, style, title`), *Internacionalización*, *Eventos*

`id="`*`texto`*`"`

`name="`*`texto`*`"`

area

`<area />`

Atributos

Núcleo (`id, class, style, title`), *Internacionalización*, *Eventos*, *Foco*

`alt="text" (`*`obligatorio`*`)`

`coords="valores"`

`href="url"`

`nohref`

`shape="rect|circle|poly|default"`

`target="`*`texto`*`"`

Usar mapas de imagen del lado del cliente tiene muchas ventajas. Están en el propio documento HTML y no dependen del funcionamiento de un servidor. Esto significa que puede probar el mapa de imagen en su ordenador o hacer demos del sitio para su distribución en discos. También reduce la carga al servidor y mejora los tiempos de respuesta. Además, la información URL completa se muestra en la barra de estado cuando el usuario mueve el ratón sobre las zonas interactivas (los mapas de imagen del lado del servidor sólo muestran coordenadas).

Muestra de un mapa de imagen del lado del cliente

Éste es el marcado para el mapa de imagen del lado del cliente de la figura 12.9. Si bien la mayoría de autores utilizan una herramienta de autoría Web para generar un marcado como éste, es útil comprender el funcionamiento de los elementos `map`, `area` e `img`. Explicaremos por separado cada uno de los componentes del mapa de imagen.

```
<map name="spacey"
<area shape="rect" coords="203, 23, 285, 106"
href="http://nasa.gov" alt=""/>
<area shape="circle" coords="372, 64, 40" href="mypage.html" alt=""/>
<area shape="poly"
coords="99,47,105,41,94,39,98,34,110,35,115,28,120,35,133,38,133,42,124,
42,134,58,146,56,157,58,162,63,158,67,141,68,145,72,155,73,158,75,159,
80,148,83,141,83,113,103,87,83,72,83,64,80,64,76,68,73,77,72,79,63,70,
59,67,53,68,47,78,45,89,45,99,47"
href="yourpage.html" alt=""/>
</map>

<img src="orbit.gif" width="500" height="125" border="0"
usemap="#spacey" />
```

Figura 12.9. Un mapa de imagen.

<map name="spacey">

Es el comienzo del mapa. Debe dar un nombre al mapa. Dentro del elemento map hay elementos area para las zonas interactivas de la imagen.

<area shape="rect" coords="203, 23, 285, 106" href="*http://nasa.gov*" alt=""/>

Cada elemento area contiene el identificador de forma (shape), las coordenadas de píxeles (coords) y la URL del vínculo (href). En este caso, la forma es el rectángulo (rect) que corresponde al cuadrado negro del centro de la imagen. El valor del atributo coords identifica las posiciones de píxel superior izquierda e inferior derecha del rectánculo (coords="x1, y1, x2, y2"). Algunos navegadores también soportan rectangle, no estándar, como equivalente a rect pero no tiene mucho soporte.

En cada elemento area, el atributo alt proporciona el texto alternativo para esa región de la imagen. El atributo alt es un atributo requerido del elemento area.

<area shape="circle" coords="372,64,40" href="mypage.html" alt=""/>

Este área corresponde al área circular de la derecha de la imagen de la figura 12.9. Su forma es circle. Para los círculos, las dos primeras coordenadas identifican la posición del centro del círculo y el tercer valor es su radio en píxeles (coords="x,y,r"). Algunos navegadores también soportan el circ, no estándar, como equivalente a circle.

```
<area shape="poly" coords="99,47,105,41,94,....resto de coordenadas omitidas por razones de espacio..." href="yourpage.html" alt=""/>
```

Este el elemento de área para la forma irregular (poligonal) a la izquierda de la imagen de la figura 12.9. En el caso de los polígonos, las coordenadas son parejas de coordenadas x e y para cada punto o vértice a lo largo de la línea que rodea el área (coords="x1,y1,x2,y2,x3,y3..."). Se necesitan al menos tres parejas para definir un triángulo, y los polígonos complejos generan largas listas de coordenadas. Algunos navegadores también soportan polygon, no estándar, como equivalente a poly.

```
<img src="orbit.gif" width="500" height="125" border="0" usemap="#spacey" />
```

El atributo usemap es necesario dentro del elemento de imagen para indicar que se trata de un mapa de imagen que utiliza el mapa llamado spacey.

Mapas de imagen del lado del servidor

En los primeros años de la Web, todos los mapas de imagen eran del lado del servidor. Como descansan en el servidor tienen menos movilidad y como no contienen su propia información tienen serios problemas de accesibilidad si el servidor no está disponible. En este momento no se recomienda el uso de mapas de imagen del lado del servidor.

Por interés histórico proporcionamos una descripción de su funcionamiento. Los mapas de imagen del lado del servidor tienen cuatro elementos:

- Un archivo de imagen (.gif, .jpeg o .png).
- Marcado HTML en el documento: el atributo ismap del elemento img y un elemento ancla (a) que vincule la imagen con el archivo .map del servidor.
- Un archivo de definición del mapa (.map) que contenga las coordenadas de píxeles y la información URL para todas las áreas en las que se pueda pulsar; el archivo .map se encuentra en el servidor, normalmente en un directorio llamado cgi-bin. El formato de archivo de mapa es dependiente del servidor y puede formatearse como "NCSA" o "CERN".
- Un *script* que se ejecuta en el servidor (o una función integrada del software del servidor) que interpreta el archivo .map y envía la URL correcta al servidor HTTP.

Dentro del archivo HTML el mapa de imagen se configura así:

```
<a href="/cgi-bin/imagemap/spacey.map"><img src="x.gif" ismap /></a>
```

Medios incrustados

Las imágenes no son lo único que puede mostrarse como parte de una página Web. También puede incluir contenido como películas QuickTime, archivos Flash interactivos, todo tipo de applets Java, etc. El navegador renderiza los archivos de medios incrustados utilizando el código que ellos mismos contienen (como en el caso de un applet), utilizando su dispositivo de visualización integrado (como en las imágenes GIF o JPEG) o aprovechando un plugin o aplicación de asistencia (como Windows Media o Flash).

Los elementos que incrustan medios en (X)HTML son:

`object`
: El elemento recomendado por el W3C para todos los medios.

`applet`
: Para applets Java; depreciado en HTML 4.01 y XHTML 1.0.

Hay un tercer elemento no estándar (y que por tanto no valida) para medios incrustados que siguen utilizando los navegadores que utilizan la arquitectura de plugins de Netscape:

`embed`
: Para medios dependientes de plugins; no forma parte de ninguna recomendación HTML.

Ahora vamos a ver más de cerca cada uno de estos elementos.

El elemento object

De acuerdo a la recomendación HTML 4.01, el elemento `object` es un emplazador de objetos "multiuso". Puede utilizarse para emplazar muy distintos tipos de objeto en una página Web, incluyendo applets, películas, objetos interactivos (Flash) e incluso imágenes. En este momento el soporte de los navegadores no cumple a la perfección la visión del W3C de este elemento (por ejemplo, todavía no se utiliza para sustituir al elemento `img`) pero se utiliza con muchos medios incrustados.

object

`<object>...</object>`

Atributos

Núcleo (`id`, `class`, `style`, `title`), *Internacionalización*, *Eventos*

```
archive="URLs"
classid="URL"
codebase="tipocódigo"
data="URL"
declare="declare"
height="número"
name="texto"
standby="mensaje"
tabindex="número"
type="tipo"
usemap="URL"
width="número"
```

Atributos depreciados

```
align="baseline|bottom|left|middle|right|top"
border="número"
hspace="número"
vspace="número"
```

param

```
<param />
```

Atributos

```
id="texto"
name="texto" (requerido)
value="data|ref|object"
type="tipo de contenido"
```

El elemento `object` comenzó como un elemento propietario en el navegador Internet Explorer para soportar los applets ActiveX y luego Java. Netscape Navigator al principio sólo soportaba `embed` y `applet` para medios incrustados, pero añadió soporte limitado para `object` en su versión 4 y soporte mejorado (aunque aún no está implementado adecuadamente) en la versión 6. El W3C pretende que el elemento `object`, ahora parte de las recomendaciones HTML 4.01 y XHTML, reemplace a los elementos más específicos `img` y `applet` así como a los elementos no estándar `embed` y `bsgound` (utilizado para sonidos de fondo).

Los atributos requerido para el elemento `object` varían en función del tipo de contenido que esté emplazando. El elemento `object` también puede contener varios elementos `param` que pasan información importante al objeto durante la reproducción o muestra en pantalla. No todos los objetos requieren parámetros adicionales.

Los elementos `object` y `param` colaboran para que los autores puedan especificar tres tipos de información:

- **La implementación del objeto:** Esto es, el código ejecutable para la renderización del objeto. Puede ser una herramienta o un reproductor para mostrar un archivo externo (como el plugin QuickTime para ver un archivo .mov) o el objeto en sí, como un applet reloj. La implementación se especifica con el atributo `classid`.
- **Los datos que van a ser renderizados:** El atributo `data` especifica la URL de los datos; en la mayoría de los casos un archivo externo como una película o un archivo PDF. De acuerdo al HTML 4.01, el atributo `data` también puede utilizarse para proporcionar los datos raw en el elemento `object`.
- **Ajustes adicionales requeridos por el objeto durante la ejecución:** Algunos objetos de medios incrustados requieren ajustes adicionales durante la reproducción o el renderizado. Por ejemplo, al emplazar una película Windows Media, los autores pueden añadir distintos controles, activar o desactivar la función `autoStart` o muchas otras funciones específicas del reproductor Windows Media. Este tipo de ajustes se proporcionan a través de los elementos `param` dentro del objeto. Más adelante veremos algunos ejemplos del elemento `param`.

Los autores no tienen porqué proporcionar estos tres tipos de información, por ejemplo es posible que en un applet sólo tenga que especificar la implementación. Si sabe que el navegador tiene funciones integradas para renderizar un objeto (como una imagen GIF) sólo necesita los datos de la imagen y una descripción del tipo de datos. Y, como ya vimos, no todos los objetos requieren parámetros adicionales.

Especificar datos y tipos

Para hacerse con una idea básica del funcionamiento del elemento `object`, mire este ejemplo de marcado mínimo que utiliza el elemento `object` para emplazar una imagen en línea.

```
<object data="daffodil.gif" type="image/gif">
A color photograph of a daffodil.
</object>
```

En este ejemplo el atributo data proporciona la URL para la fuente del objeto incrustado (en este caso un archivo de imagen) y type indica al navegador que el tipo de contenido es una imagen GIF. Si se proporciona un atributo type, el navegador utiliza esa información para determinar cómo (y si) renderizar el objeto. Las preferencias del navegador contienen una lista que especifica cómo tratar cada tipo de contenido, sea a través de soporte nativo, de un reproductor plugin o de una aplicación externa. Si no reconoce el tipo, quizás el navegador no pueda renderizar el objeto. En este ejemplo, el navegador puede renderizar una imagen GIF sin necesidad de ningún reproductor especial.

Advertencia: Si bien la sintaxis sirve para añadir imágenes con el elemento object, el elemento img sigue siendo el modo más común de hacerlo debido a la falta de soporte por parte de los navegadores para el emplazamiento de imágenes con object.

Especificar una implementación

El elemento object también suele utilizarse con el atributo classid para especificar la implementación, como un control ActiveX, un applet Java o un applet Python. Este ejemplo muestra un elemento object utilizado para emplazar un applet Java en una página (tenga en cuenta que algunos applets necesitan ser emplazados con el elemento applet para funcionar adecuadamente).

```
<object classid="java:calendar.class" codetype="application/java"
standby="Calendar loading..." width="200" height="150" title="basic
calendar">...</object>
```

El applet Java se evoca con el atributo classid. El atributo opcional codetype especifica el tipo de contenido de los datos que serán descargados por el classid. Un navegador puede utilizar el valor del atributo codetype para evitar descargar información para un tipo de contenido sin soporte. El atributo opcional standby proporciona un mensaje que se mostrará en pantalla mientras se carga el applet.

Algunos medios plugin y applets necesitan valores width y height para reproducirse correctamente así que asegúrese de leer la documentación proporcionada por sus tipos de medios. Es conveniente proporcionar medidas de anchura y altura para todos los elementos object.

Añadir parámetros

Hoy en día es más común ver el elemento object utilizado para emplazar un control ActiveX (versión de plugins de Internet Explorer) que un applet. Los controles ActiveX se identifican por el esquema de nombre clsid seguido por una cadena larga de caracteres específicos para el control ActiveX requerido para renderizar el objeto de medios. Los controles ActiveX suelen necesitar ajustes adicionales para controlar la muestra en pantalla o la reproducción del objeto. Estos ajustes se proporcionan a través de elementos `param` tal y como muestra este ejemplo en el que se incrusta una película Windows Media.

```
<object classid="clsid:6BF52A52-394A-11d3-B153-00C04F79FAA6"
height="280" width="320" codebase="http://activex.microsoft.com/activex/
controls/mplayer/en/nsmp2inf.cab#version=6,4,7,111">
    <param name="URL" value="movies/europe.wmv" />
    <param name="autoStart" value="false" />
    <param name="UIMode" value="full" />
</object>
```

En este ejemplo el atributo `classid` apunta al control ActiveX para el Windows Media Player 9. La finalidad del atributo `codebase` es proporcionar una ruta base para resolver URL relativas especificadas por los atributos `classid`, `data` y `archive`. En la práctica, sin embargo, ha sido (mal)empleado para indicar la localización de descarga del control o plugin ActiveX si no está ya instalado en el ordenador del usuario (como es el caso de este ejemplo).

En el elemento `object` hay tres elementos `param` que pasan información importante al control ActiveX. Son los atributos `name` y `value` los que proporcionan parámetros y valores, respectivamente. En este ejemplo, el parámetro `URL` proporciona la localización de la película, `autoStart` está ajustado a `false` para que el usuario tenga que pulsar para que se inicie la reproducción y el ajuste de `UIMode` indica al reproductor mostrar todo el panel de control para reproducir la película.

Los nombres y valores de los parámetros son específicos del objeto de medios, así que las parejas nombre/valor no funcionan con ningún otro tipo de medios (ni para versiones anteriores de Windows Media Player).

Proporcionar contenido alternativo

Si el navegador determina que no puede renderizar el objeto especificado, procede a renderizar el contenido del elemento `object`. En un ejemplo anterior, si el navegador no pudiera renderizar el GIF, pasaría a mostrar el contenido alternativo en su lugar ("Una fotografía en color de un narciso").

```
<object data="daffodil.gif" type="image/gif" width="150" height="125">
A color photograph of a daffodil.
</object>
```

El contenido alternativo también puede ser otro elemento `object`. Los autores pueden proporcionar varias capas de contenido alternativo anidando objetos con distintas implementaciones. El agente de usuario mirará dentro de cada elemento `object` hasta que encuentre un objeto que pueda renderizar.

En este ejemplo, tomado de la recomendación HTML 4.01, se incrusta un applet Python en la página con el elemento `object`. Si el navegador no puede renderizar el applet, se proporciona un vídeo MPEG. Si no se puede renderizar el vídeo hay una imagen GIF estática y, por último y si todo falla, se proporciona una descripción de texto.

```
<object title="The Earth as seen from space" classid=
        "http://www.observer.mars/TheEarth.py">
   <object data="The Earth.mpeg" type="application/mpeg">
      <object data="The Earth.gif" type="image/gif">
         The Earth as seen form space.
      </object>
   </object>
</object>
```

Compatibilidad entre navegadores

En un mundo idílico, los autores podrían incrustar objetos especificando simplemente los datos y tipo de datos para el archivo de medios, quizás con unos pocos parámetros adicionales. Este ejemplo debería ser suficiente para emplazar una película QuickTime:

```
<object type="video/quicktime" data="/movies/arlo.mov" width="320"
      height="256">
   <param name="autostart" value="false" />
   <param name="controller" value="true" />
</object>
```

Por desgracia, si bien la mayoría de los navegadores adecuados a los estándares interpretan de forma correcta el elemento `object`, el etiquetado necesario para que los medios incrustados se reproduzcan correctamente con todas sus funciones en todos los navegadores está determinado por los reproductores individuales, no por los navegadores. Por ejemplo, en este momento, el reproductor plugin de QuickTime no acepta ajustes de elementos `param` así que sigue necesitando del elemento no estándar `embed` para todo que no sean los ajustes de reproducción predeterminados. Un poco más adelante estudiaremos el elemento `embed`.

Para garantizar que los medios incrustados se renderizan o reproducen en el mayor número posible de navegadores y plataformas, los desarrolladores utilizan esta estrategia que aprovecha las ventajas del anidado en elementos `object` para proporcionar contenido alternativo:

- Normalmente el elemento `object` del nivel superior contiene el `classid` para un control ActiveX que funcionará con el aproximadamente 80 por cien de los usuarios que utilizan Internet Explorer con Windows.

- En ese objeto, proporcione un objeto alternativo que permita especificar los datos y el tipo de datos para que otros navegadores puedan elegir su propio método para renderizar el objeto basándose en el tipo de datos especificado.

Advertencia: Hay un fallo en Internet Explorer para Windows que hace que los dos elementos `object` se rendericen, aunque de acuerdo a la recomendación HTML 4.01 sólo debería aparecer el primer elemento `object` soportado. Por tanto es necesario tomar medidas para asegurarse de que sólo aparezca un elemento `object`, como las de estos ejemplos:

- Un tutorial sobre la incrustación de QuickTime de acuerdo con los estándares y que utiliza hojas de estilo para ocultar el elemento `object` redundante (`realdev1.realise.com/rossa/rendertest/quicktime.html`).
- Este estudio sobre el modo "correcto" de incrustar películas Flash utiliza los comentarios condicionales de Internet Explorer para mostrar un solo `object` basándose en la versión del navegador (véase `weblogs.macromedia.com/accesibility/archives/2005/08/in_search_of_a.cfm`). El código resultante está recogido en el siguiente ejemplo.

- En este punto debería ponerse a prueba la funcionalidad de la página en todos los navegadores que deben ofrecer soporte. Si el objeto se renderiza o reproduce correctamente, ha terminado. Si no es así, todavía le queda una opción...
- El último de los planes alternativos es el elemento `embed` que funciona con todos los navegadores que utilizan la arquitectura de plugins especificada en Netscape. Puede utilizarse un elemento `embed` con atributos para controlar el tiempo de ejecución de parámetros en o en lugar del objeto interno datos/tipo. Si bien así garantiza que los medios se mostrarán en la mayoría de los navegadores, la desventaja es que es un elemento no estándar que hará inválido el documento. Los autores deben decidir si su prioridad principal es un documento (X)HTML válido o un soporte total para los usuarios que no tengan Internet Explorer para Windows.

Estos ejemplos muestran dos modos de proporcionar contenido alternativo para una película Flash incrustada, para garantizar el mayor soporte posible. El primer ejemplo utiliza el código predeterminado generado por la herramienta de autoría Flash para incrustar el objeto Flash en una imagen. Utiliza el elemento `object` con un `classid` ActiveX para Internet Explorer y el elemento `embed` no estándar para los navegadores que utilizan plugins.

```
<object classid="clsid:D27CDB6E-AE6D-11cf-96B8-444553540000"
codebase="http://download.macromedia.com/pub/shockwave/cabs/flash/
swflash.cab#version=6,0,40,0" width="300" height="120">
   <param name="movie" value="/flash.swf" />
   <param name="quality" value="high" />
   <param name="bgcolor" value="#FFFFFF" />

      <embed src="/flash.swf" type="application/x-shockwave-flash"
         quality="high" bgcolor="#FFFFFF" width="300" height="120"
         pluginspage="http://www.macromedia.com/go/getflashplayer">
      <noembed>You need the Flash player</noembed>
      </embed>
</object>
```

Esta versión utiliza objetos anidados fieles a los estándares con comentarios condicionales propietarios de Microsoft para garantizar que sólo se renderiza el objeto adecuado en Internet Explorer. El objeto interno puede utilizarse en los navegadores basados en Gecko.

```
<object classid="clsid:D27CDB6E-AE6D-11cf-96B8-444553540000"
codebase:"http://download.macromedia.com/pub/shockwave/cabs/flash/
swflash.cab#version=6,0,40,4" width="300" height="120">
   <param name="movie" value="/flash.swf />
   <param name="quality" value="high" />
   <param name="bgcolor" value="#FFFFFF" />

   <!--[if !IE]> <-->
   <object data=" /flash.swf" type="application/x-shockwave-flash"
      width="300" height="120" >
   <param name="quality" value="high" />
   <param name="bgcolor" value="#FFFFFF" />
   <param name="pluginurl" value="http://www.macromedia.com/go/
      getflashplayer" />
      You need the Flash player.
   </object>

<!--> <![endif]-->

</object>
```

Nota: Hay otros modos de garantizar la compatibilidad entre distintos navegadores que utilizan JavaScript y técnicas de *sniffing*, pero están fuera del alcance de este capítulo.

El elemento embed

El elemento no estándar `embed` fue descrito brevemente en la sección anterior. Ahora lo estudiaremos con más detalle. Se creó orginalmente por Netscape para utilizarlo con tecnologías plugin. Actualmente tiene soporte en la mayoría de los navegadores, sin embargo y como no está incluido en ninguna recomendación HTML hace que los documentos (X)HTML sean inválidos. Si es posible se recomienda que los autores utilicen `object` para objetos multimedia y `embed` sea tenido como el último recurso. Todos los atributos disponibles del elemento `embed` se describen en el Apéndice A.

embed

`<embed>...</embed> o <embed />`

Atributos

`align="left|right|top|bottom"`

`height="`*`número`*`"`

`hidden="yes|no"`

`name="`*`texto`*`"`

`palette="foreground|background"`

`pluginspage="`*`URL`*`"`

`src="`*`URL`*`"` (*requerido*)

`width="`*`número`*`"`

Sólo Netscape Navigator

`border="`*`número`*`"`

`frameborder="yes|no"`

`hspace="`*`número`*`"`

`pluginurl="`*`URL`*`"`

`type="`*`tipo de medios (MIME)`*`"`

vspace="*número*"

La documentación en línea no ha llegado a ningún acuerdo sobre si el elemento `embed` necesita, o no, una etiqueta de cierre. Algunas fuentes dicen que se necesita una etiqueta de cierre, como en este ejemplo:

```
<embed src="url" type="content-type" height="n-pixels" width="n-pixels">
</embed>
```

Según la documentación de Microsoft, `embed` es un elemento vacío y los navegadores modernos parecen soportar la sintaxis vacía de `embed`, tal y como muestra este ejemplo:

```
<embed src="url" type="content-type" height="n-pixels" width="n-pixels" />
```

El atributo `src` indica la localización del archivo de medios que se va a reproducir. El atributo `type` especifica el tipo de contenido de los medios incrustados. El navegador usa la información de tipo de contenido (o el sufijo del archivo de medios) para encontrar el plugin adecuado para renderizar o reproducir el archivo. Muchos tipos de medios necesitan que se especifiquen los valores `width` y `height` (las dimensiones del elemento de plugin en píxeles) para que el plugin funcione.

El atributo opcional `pluginspage` proporciona la URL de una página en la que el usuario puede descargar información para el plugin requerido si no se encuentra en el ordenador del usuario. Netscape 4.0 introdujo el atributo `pluginurl` que especifica un vínculo a una función que instala automáticamente el plugin. Para ocultar de la vista el objeto o archivo de medios, utilice el atributo `hidden` con el valor `yes`.

El elemento `embed` utiliza atributos especiales y sus valores para ajustes adicionales de tiempo de ejecución (los mismos ajustes proporcionados con los elementos `param` en el elemento `object`). Estos atributos son específicos del tipo de medios y del plugin. Por ejemplo, los atributos `autoplay` y `playeveryframe` sólo se utilizan en el reproductor QuickTime (los atributos listados para el elemento `embed` funcionan con todos los medios incrustados).

noembed

El elemento `noembed` se utiliza en el elemento `embed` y proporciona contenido alternativo que se muestra en pantalla si el navegador no puede mostrar el archivo de medios especificado.

noembed

```
<noembed>...</noembed>
```

Atributos

Ninguno

En este ejemplo, el navegador mostraría una imagen GIf y un breve mensaje en lugar del objeto de medios.

```
<embed src="movies/vacation.mov" width="240" height=196"
autoplay="false"
pluginspage="http://www.apple.com/quicktime/download/">
    <noembed><img src="vacation.gif"> You do not seem to have the plugin.
    </noembed>
</embed>
```

Utilizar embed

Aunque se sigue utilizando el elemento `embed` y es recomendado porlos desarrolladores de formatos multimedia como Macromedia y Apple, pronto será posible una funcionalidad completa de plugins utilizando exclusivamente el elemento estándar `object`. Si utiliza elementos `embed`, es una buena idea anotar dónde aparece para poder limpiar los documentos y hacerlos válidos cuando llegue el día.

Applets Java

Java es un lenguaje de programación para objetos desarrollado por Sun Microsystems. No está relacionacionado con JavaScript, un lenguaje de programación desarrollado por Netscape para ejecutarse en un documento HTML en un navegador. Como Java es un lenguaje de programación completo (como C o C++) puede utilizarse para crear aplicaciones completas.

La principal contribución de Java al contenido Web, sin embargo, ha sido en forma de applets java que son miniprogramas ejecutables. Estos programas, identificados con la extensión `.class`, puede emplazarse en la página Web, como una imagen; los applets Java pueden utilizarse para todo tipo de artilugios interactivos y multimedia como relojes, calculadoras, juegos, hojas de cálculo, efectos de texto y "guitarras" digitales, por nombrar algunos ejemplos.

La aparición de Java produjo un gran estruendo en la comunidad de desarrolladores Web, pero desde entonces el entusiasmo ha caído en vista de problemas de rendimiento (los applets requieren bastante tiempo para iniciarse y tienden a bloquear los navegadores) y por el dominio de Flash en cuestiones multimedia y de interactividad.

Dónde obtener applets

Si necesita un applet personalizado para su sitio, lo mejor es encargar a un programador crear uno de acuerdo a sus especificaciones. Sin embargo hay applets gratuitos o con licencia que puede descargar desde distintas librerías Web.

Un buen sitio para empezar es la sección de applets del sitio Java de Sun en `java.sun.com/applets/`. Esta página proporciona una lista de vínculos a distintos recursos relacionados con los applets. Si está buscando applets más impactantes, visite la boutique Java en `javaboutique.internet.com`. Encontrará cientos de applets y sus instrucciones de uso. Es un buen modo de añadir interactividad a su sitio sin tener que aprender a programar.

Añadir un applet a una página

Hay dos modos de añadir un applet a una página: el elemento `object`, recomendado por HTML 4.01, y `applet`, con mejor soporte pero depreciado.

applet

`<applet>...</applet>`

Este elemento está depreciado.

Atributos

Núcleo (id, class, style, title)

alt="*texto*"

archive="*URL*"

code="*clase*" (*requerido*)

codebase="*URL*"

height="*número*"

name="*texto*"

object="*texto*"

widht="*número*"

Atributos depreciados

align="left|right|top|middle|bottom"

hspace="*número*"

vspace="*número*"

El W3C ha depreciado el elemento `applet` y todos sus atributos en favor del elemento `object`. A pesar de ello, el elemento `applet` quizás siga siendo la mejor opción porque el soporte por parte de los navegadores de los applets incrustados con `object` es tan inconsistente que es difícil encontrar una opción que sea adecuada para todos los navegadores. Además, algunos applets requieren que se utilice `applet` así que antes de nada lea la documentación del applet. Esta sección atiende a los dos métodos.

Añadir applets con applet

El elemento `applet` es un contenedor de varios elementos de parámetro (`param`). Este es un ejemplo de un elemento `applet` para un juego.

```
<applet codebase="class" code="Wacky.class" width="300" height="400">
   <param name="Delay" value="250" />
   <param name="Time" value="120" />
   <param name="PlaySounds" value="YES" />
</applet>
```

El elemento `applet` contiene varios atributos estándar:

`code`
: Indica al navegador qué applet utilizar. Los applets terminan con extensiones `.class` o `.jar`. Este atributo es requerido.

`codebase`
: Indica al navegador en qué directorio encontrar los applets. Si los applets están en el mismo directorio que la página este atributo no es necesario.

`width, height`
: Especifican las dipensiones de píxeles de la "ventana" que ocupará el applet. Estos atributos son requeridos para que el applet Java funcione bien.

El elemento `applet` también puede utilizar muchos de los atributos utilizados para imágenes como `alt` para proporcionar texto alternativo si no se puede mostrar el applet y atributos de presentación como `align` (para emplazar el applet en el flujo del texto) y `hspace/vspace` (utilizados junto con `align`).

Varios elementos de parámetro proporcionan parámetros especiales para el applet. El elemento `param` siempre contiene el nombre del parámetro (`name`) y su valor (`value`). Los parámetros proporcionan ajustes y controles especiales específicos para el applet así que deberá seguir las instrucciones de codificación del parámetro proporcionadas por el programador del applet.

Añadir applets con object

Puede añadir un applet sencillo a un documento HTML utilizando el elemento `object` de este modo:

```
<object classid="applet.class" codebase="http://somedomain.com/classes/">
An applet with some useful function should display in this space.
</object>
```

El atributo `classid` apunta al applet en sí (su implementación). Tiene la misma función que el atributo `code` del elemento `applet` cuando se utiliza para applets Java. `classid` puede no contener ninguna informaciónd de nombre de ruta, así que es el atributo `codebase` el que proporciona la localización del archivo de clase.

Al usar `object` para applets Java, el elemento `object` puede contener varios elementos de parámetro (`param`) como con el elemento `applet` (tenga en cuenta que Netscape 4.0 no soporta elementos `param` en `object`, así que no puede reproducir applets correctamente si están emplazados de este modo).

Marcos en línea (flotantes)

Microsoft Internet Explorer 3.0 introdujo una función llamada marcos en línea (también llamados "flotantes") que se identifican con el elemento `iframe`.

Permiten incrustar un documento HTML en otro documento HTML visto en un marco con controles deslizantes. Se emplaza un `iframe` en el flujo del documento como elemento en línea, como si fuera una imagen.

iframe

`<iframe>...</iframe>`

Atributos

Núcleo (`id, class, style, title`)

`frameborder="1|0"`

`height="`*`número`*`"`

`longdesc="`*`URL`*`"`

`marginheight="`*`número`*`"`

`marginwidth="`*`número`*`"`

`name="`*`texto`*`"`

`scrolling="yes|no|auto"`

`src="`*`URL`*`"`

`width="`*`número`*`"`

Atributos depreciados

`align="top|middle|bottom|left|right"`

Atributos no estándar

`hspace="`*`número`*`"`

`vspace="`*`número`*`"`

El elemento `iframe` es parte de las DTD HTML 4.01 y XHTML 1.0 transicional. Por ello también está incluido en la DTD con marcos pero no es un elemento relacionado con el conjunto de marcos. Está soportado por los navegadores adecuados a los estándares. Sin embargo está depreciado y la mejor alternativa estricta es utilizar el elemento `object` en su lugar, su atributo `type` ajustado explícitamente a `text/html` y su atributo `data` ajustado a la URL del documento externo. Los marcos en línea no funcionan en Netscape 4 pero sólo supone menos del 5 por cien de los usuarios.

El elemento `iframe` emplaza un documento HTML externo en una página Web en una ventan con controles deslizantes. El atributo `src` proporciona la URL del documento externo. Los atributos `width` y `height` proporcionan las dimensiones del marco flotante. La figura 12.10 muestra el marco en línea resultante de este ejemplo de marcado.

```
<body bgcolor="black" text="white">

<h1>Inline (Floating) Frames</h1>

<p><iframe src="list.html" widht="200" height="100" align="left">
Your browser does not support inline frames. Read the list <a
href="list.html">here</a>.</iframe></p>

<p>Consectetuer adipiscing elit. Sed eu nibh eget magna dictum
egestas...
</p>
</body>
```

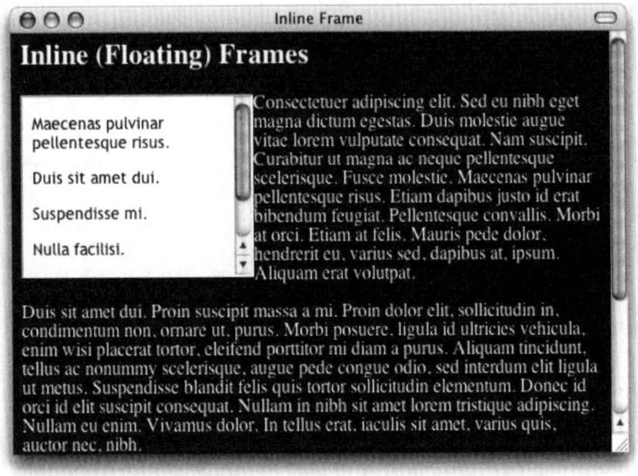

Figura 12.10. Marco en línea (flotante).

Capítulo 13

Tablas

Los elementos HTML de tabla, introducidos en Netscape 1.1, se desarrollaron para permitir a los autores presentar filas y columnas de datos tabulares. De hecho, esa siempre ha sido, y continúa siendo, su finalidad. Pero no pasó mucho hasta que los diseñadores, hartos de las páginas Web de una columna, utilizaran las tablas como una herramienta para controlar el diseño de página. Durante los últimos diez años los diseños complejos basados en tablas han sido la norma. Nadie se preocupaba demasiado por este abuso y mal uso de los elementos de tabla... no había otra opción. Hoy en día sí la hay. CSS permite crear páginas multicolumna y diseños sofisticados que antes sólo eran posibles con tablas. Con la mejora del soporte, los diseños basados exclusivamente en hojas de estilo son por fin una solución viable.

Así pues, las tablas para el diseño están desfasadas, pero esto no quiere decir que todo el conjunto de elementos de tabla hayan sido desechados. De hecho, las tablas siguen siendo el marcado idóneo para los datos tabulares como horarios, estadísticas, etc.

Este capítulo está dedicado a las tablas HTML, comenzando por su estructura y marcado básico hasta los métodos que hacen a las tablas accesibles en un renderizado no visual. También incluimos consejos para utilizar las tablas en el diseño de un modo responsable. Estos serán los elementos de tabla a los que haremos referencia en este capítulo:

`table`	Establece una tabla.
`tr`	Fila de tabla.
`td`	Celda de tabla.
`th`	Celda de cabecera de tabla.

`caption`	Proporciona una leyenda de tabla.
`thead`	Identifica una cabecera de tabla.
`tbody`	Identifica el cuerpo de la tabla.
`tfoot`	Identifica el pie de una tabla.
`col`	Declara una columna.
`colgroup`	Declara un grupo de columnas.

Usos de las tablas

Las tablas HTML se dividen en dos grandes categorías: tablas de datos y tablas de diseño. Esta sección atiende a ambos tipos.

Tablas de datos

Las tablas de datos, es decir la disposición de información en filas y columnas, son la finalidad para la que estaban pensados los elementos de tabla HTML. En los navegadores visuales, la disposición de datos en filas y columnas da a los usuarios una comprensión instantánea de las relaciones entre celdas de datos y sus respectivas etiquetas de cabecera. Los usuarios que no disfrutan de la presentación visual pueden perderse estas relaciones a menos que el autor cree la tabla atendiendo también a las cuestiones relacionadas con la accesibilidad. Estas técnicas serán estudiadas más adelante.

Las tablas pueden utilizarse para presentar calendarios, horarios, estadísticas u otros tipos de información, tal y como muestra la figura 13.1. Tenga en cuenta que "datos" no significa necesariamente "números". Una celda puede contener cualquier tipo de información: números, elementos de texto e incluso imágenes u objetos multimedia.

Tablas de diseño

Las tablas de diseño, a diferencia de las de datos, sólo se utilizan como medio de presentación para controlar el aspecto de una página. La recomendación HTML 4.01 desaconsejaba ya específicamente este uso de las tablas, pero hasta que el CSS no se convirtió en una alternativa real y viable, han seguido siendo el recurso de la comunidad Web profesional.

Un paseo por la Web le llevará inevitablemente a un sitio (incluso sitios muy importantes) que siga utilizando tablas para el diseño. Algunos sitios utilizan las tablas como un marco mínimo, pero otros tienen tablas complejas anidadas a varias capas de profundidad. La figura 13.2 muestra sólo unos ejemplos de tablas de diseño de distintos niveles de complejidad. Se han resaltado los bordes para revelar la estructura de tablas (para no señalar a nadie son ejemplos de mi propio trabajo; pero se lo aseguro, he cambiado).

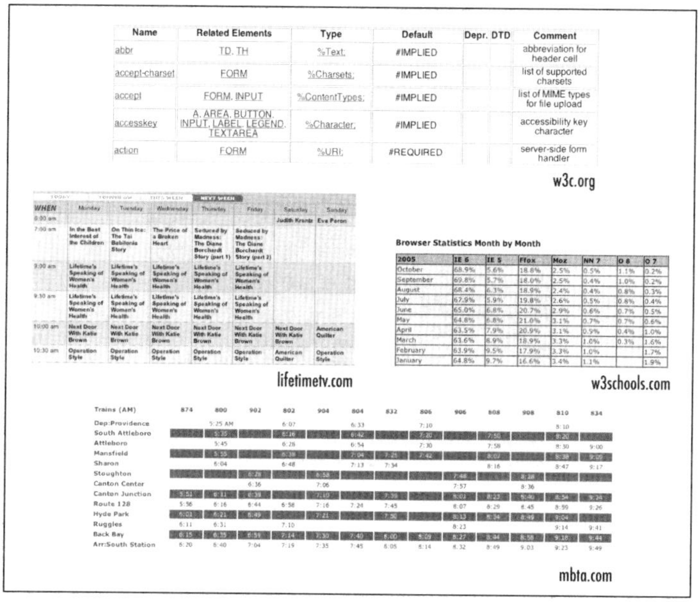

Figura 13.1. Ejemplos de tablas de datos.

Aunque seguimos en un periodo de transición del diseño basado en tablas a un diseño basado exclusivamente en CSS (con soporte perfecto, por supuesto), algunos autores siguen utilizando tablas para establecer la estructura de columnas básica de la página. No es la solución ideal pero puede hacerse de un modo responsable utilizando hojas de estilo para mantener el marcado de tablas a un nivel mínimo y atendiendo siempre a la accesibilidad. Estas estrategias serán estudiadas con detalle al final de este capítulo.

Estructura básica de tablas

En pocas palabras las tablas Web están hechas de celdas (donde está el contenido) dispuestas en filas. En el modelo de tabla HTML las filas se identifican explícitamente en la estructura del documento mientras que las columnas son tácitas. Los siguientes ejemplos ilustran la estructura básica de una tabla HTML.

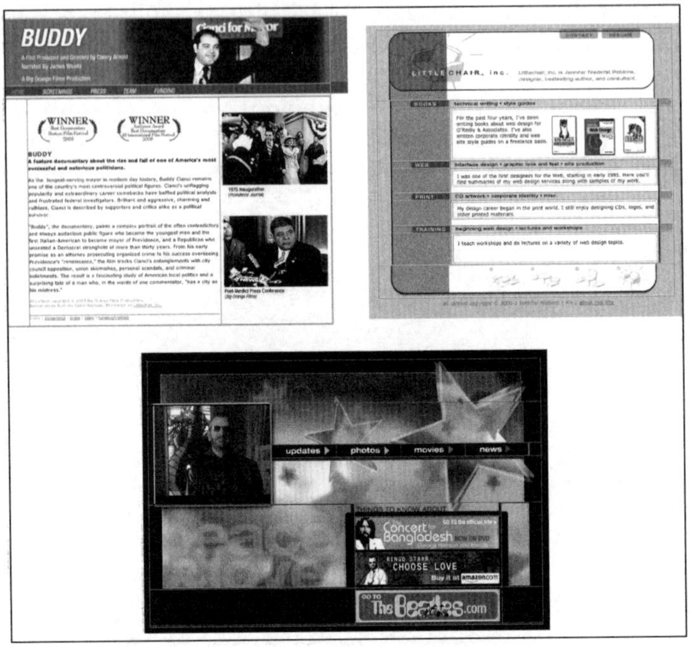

Figura 13.2. Ejemplos de tablas de diseño.

Filas y celdas

Los elementos mínimos para definir una tabla son `table` para establecer la tabla en sí, `tr` para declarar una fila y `td` para crear celdas dentro de la fila. Aquí tiene un listado de explicaciones y ejemplos de cada uno de estos elementos.

table

```
<table>...</table>
```

Atributos

Núcleo (id, class, style, title), *Internacionalización*, *Eventos*

border="*número*"

cellpadding="*número de píxeles o %*"

cellspacing="*número de píxeles o %*"

frame="void|above|below|hsides|lhs|rhs|vsides|box|border"

rules="all|cols|groups|none|rows"

summary="*texto*"

width="*número, porcentaje*"

Atributos depreciados

align="left|right|center"

bgcolor="*#rrggbb*" o "*nombre color*"

Atributos no estándar

height="*número, porcentaje*"

tr

```
<tr>...</tr>
```

Atributos

Núcleo (id, class, style, title), *Internacionalización, Eventos*

align="left|center|right|justify|char"

char="*caracter*"

charoff="*longitud*"

valign="top|middle|bottom|baseline"

Atributos depreciados

bgcolor="*#rrggbb*" o "*nombre color*"

td

```
<td>...</td>
```

Atributos

Núcleo (id, class, style, title), *Internacionalización, Eventos*

abbr="*texto*"

align="left|right|center|justify|char"

axis="*texto*"

char="*caracter*"

charoff="*longitud*"

colspan="*número*"

headers="*referencias id*"

rowspan="*número*"

scope="row|col|rowgroup|colgroup"

valign="top|middle|bottom|baseline"

Atributos depreciados

bgcolor="*#rrggbb*" o "*nombre color*"

height="*píxeles, porcentaje*"

nowrap="nowrap"

width="*píxeles, porcentaje*"

Para ver cómo se aplican los elementos básicos de tabla piense en una tabla sencilla con dos filas y dos columnas (cuatro celdas de contenido o de "datos"). El diagrama a la izquierda de la figura 13.3 muestra la tabla con sus celdas y filas etiquetas como están reconocidas en HTML. El diagrama a la derecha muestra los elementos HTML que corresponden a cada componente.

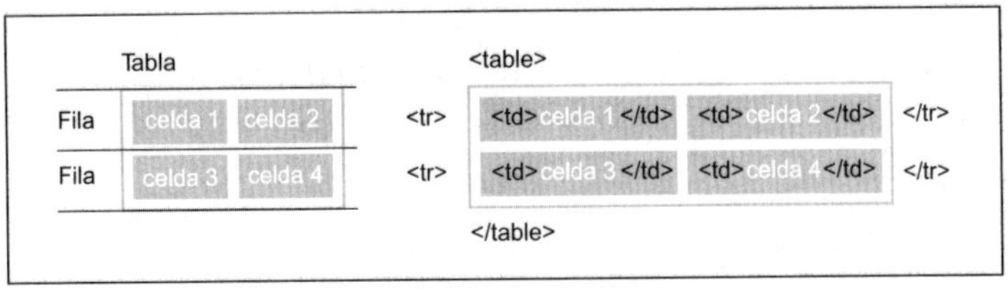

Figura 13.3. Estructura básica de tabla.

En un documento de fuente HTML el marcado para la tabla de la figura 13.3 sería así:

```
<table>
<tr>
   <td>cell 1</td><td>cell 2</td>
</tr>
<tr>
   <td>cell 3</td><td>cell 3</td>
</tr>
</table>
```

Toda la tabla está indicada por el elemento `table` que no tiene contenido propio pero que actúa como elemento contenedor de uno o más elementos de fila (`tr`). La tabla de este ejemplo contiene dos filas. Cada elemento `tr`, a su vez, contiene dos celdas de datos, indicadas por los elementos `td`. Las celdas son los elementos que contienen contenido real; los elementos `table` y `tr` son simplemente para la estructura de la tabla. Una celda puede contener cualquier dato que pueda mostrarse en un documento, por ejemplo texto formateado, imágenes, elementos multimedia o incluso otras tablas.

Como ya se dijo, el sistema de tablas de HTML se basa en las filas. Las filas están etiquetadas explícitamente pero el número de columnas se determina tácitamente por el número de celdas de la fila más larga. En otras palabras, si todas las filas tienen tres celdas (tres elementos `td`), la tabla tendrá tres columnas. Si una fila contiene cuatro elementos `td` y todas las demás dos, el navegador mostrará una tabla de cuatro columnas, añadiendo celdas en blanco para las columnas más cortas. HTML 4.01 introdujo un sistema estándar avanzado para describir estructuras de tablas que incluía elementos de columna explícitos. Este sistema será estudiado más adelante.

Expandir celdas y columnas

Las celdas de datos de una tabla pueden ocupar más de un espacio de la red creada por las filas y columnas. Los elementos `td` se pueden expandir en sentido vertical u horizontal utilizando para ello los atributos `rowspan` y `colspan` respectivamente.

Expandir columnas

En la figura 13.4, la etiqueta `<td colspan="2">` indica al navegador que la celda 1 ocupa el mismo espacio horizontal que dos celdas, es decir, que debe expandirla sobre dos columnas. En la figura puede ver la celda resultante. Observe que ahora la fila que contiene la celda expandida sólo tiene un elemento `td` en lugar de dos.

```
<table>
<tr>
<td colspan="2">Cell 1</td>
</tr>
<tr>
<td>Cell 3</td><td>Cell 4</td>
</tr>
</table>
```

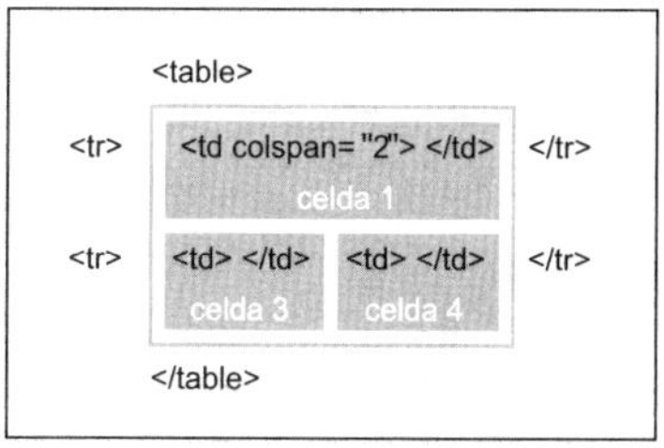

Figura 13.4. El atributo colspan expande las celdas horizontalmente hacia la derecha.

Si el parámetro `colspan` se ajusta a un número mayor que el número real de columnas (como `colspan="4"` para el ejemplo anterior) puede hacer que algunos navegadores añadan columnas vacías a la tabla y que se rompa el alineamiento.

Expandir filas

Como colspan, el atributo rowspan estira una celda para que pase a ocupar el espacio de varias celdas, esta vez en sentido vertical. Incluya este atributo en la fila donde quiere que comience la celda y ajuste su valor al número de filas que desee.

En la figura 13.5 observe que la fila inferior sólo contiene una celda. La otra ha sido incorporada a la celda expandida. Los navegadores ignoran valores sobreextendidos de rowspan. Nunca puede haber más filas que las que fueron declaradas explícitamente por los elementos tr.

```
<table>
<tr>
<td rowspan="2">Cell 1</td><td>Cell 2</td>
</tr>
<tr>
<td>Cell 4</td>
</tr>
</table>
```

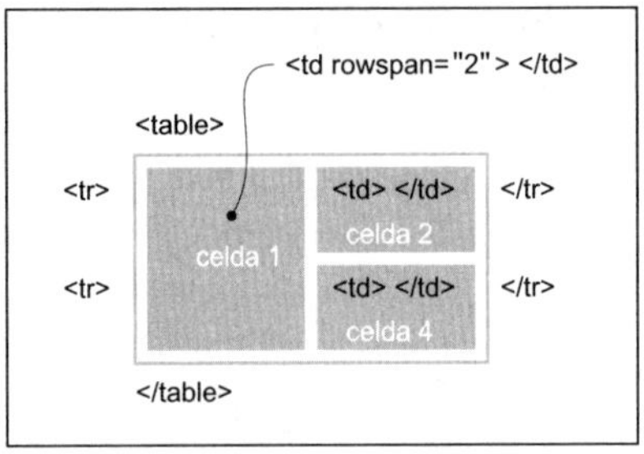

Figura 13.5. El atributo rowspan expande las celdas en sentido vertical.

Nota: Puede combinar los atributos colspan y rowspan para crear una celda que expanda filas y columnas.

Elementos descriptivos

El modelo de tabla básico también incluye dos elementos que proporcionan descripciones de los contenidos de tabla. Las celdas de cabecera de tabla (th) se utilizan para describir las celdas de la fila o columna a la que preceden. El elemento caption da título a toda la tabla.

Cabeceras de tabla

Las celdas que forman la cabecera de tabla (indicadas por el elemento th) se utilizan para proporcionar información sustancial o el contexto de las celdas de la fila o columna a la que preceden. El elemento `th` acepta la misma lista de atributos que `td`.

th

```
<th>...</th>
```

Atributos

Núcleo (`id`, `class`, `style`, `title`), *Internacionalización*, *Eventos*

`abbr="`*`texto`*`"`

`align="left|right|center|justify|char"`

`axis="`*`texto`*`"`

`char="`*`caracter`*`"`

`charoff="`*`longitud`*`"`

`colspan="`*`número`*`"`

`headers="`*`referencias id`*`"`

`rowspan="`*`número`*`"`

`scope="row|col|rowgroup|colgroup"`

`valign="top|middle|bottom|baseline"`

Atributos depreciados

`bgcolor="`*`#rrggbb`*`"` o `"`*`nombre color`*`"`

`height="`*`píxeles, porcentaje`*`"`

`nowrap="nowrap"`

`width="`*`píxeles, porcentaje`*`"`

En términos de marcado y de estructura de tabla, las cabeceras se sitúan en el elemento `tr`, como `td`, tal y como muestra este ejemplo:

```
<table>
<tr><th>Planet</th><th>Distance from Earth</th></tr>
<tr><td>Venus</td><td>pretty darn far</td></tr>
<tr><td>Neptune</td><td>ridicolously far</td></tr>
</table>
```

Los agentes de usuario normalmente renderizan los contenidos de las cabeceras de tabla de modo ligeramente distinto a las celdas de tabla normales (normalmente en negritas y texto centrado), pero su apariencia puede cambiarse fácilmente con hojas de estilo.

Sin embargo, la diferencia entre los elementos `th` y `td` no es sólo de presentación. Las cabeceras cumplen una importante función: adjuntar etiquetas descriptivas a las celdas para los navegadores no visuales. Las estudiaremos con detalle más adelante. Los elementos de cabecera de tabla no deberían utilizarse en las tablas de diseño.

Leyendas

El elemento `caption` da un título o una descripción breve de la tabla.

caption

```
<caption>...</caption>
```

Atributos

Núcleo (`id`, `class`, `style`, `title`), *Internacionalización*, *Eventos*

Atributos depreciados

`align="top|bottom|left|right"`

El elemento `caption` debe ir inmediatamente después de la etiqueta de inicio `table` y preceder al resto de elementos de tabla, tal y como muestran este ejemplo y la figura 13.6.

```
<table>
<caption>Planetary Distances</caption>
<tr><th>Planet</th><th>Distance from Earth</th></tr>
<tr><td>Venus</td><td>pretty darn far</td></tr>
<tr><td>Neptune</td><td>ridiculously far</td></tr>
</table>
```

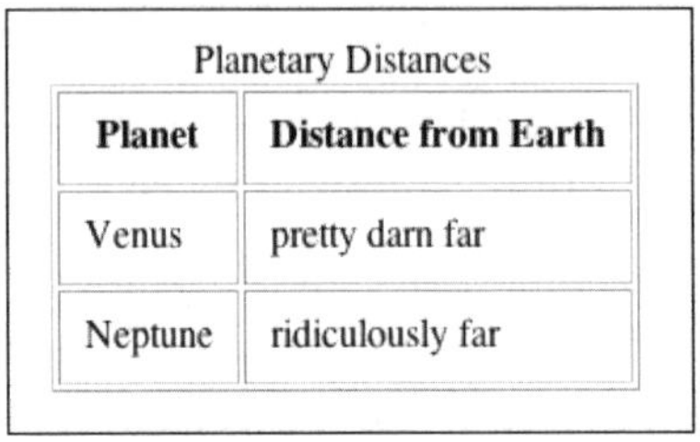
Planetary Distances

Planet	Distance from Earth
Venus	pretty darn far
Neptune	ridiculously far

Figura 13.6. Una tabla con leyenda.

Por defecto la leyenda aparece en la parte superior de la tabla. Su ancho está determinado por el ancho de la tabla. Puede utilizar la propiedad de estilo `caption-side` para mover la leyenda bajo la tabla. También está el atributo depreciado `align`, que hace lo mismo. Los valores `left` y `right` no tienen buen soporte así que los autores normalmente sólo tienen la opción de poner la leyenda sobre o bajo la tabla.

Las leyendas son herramientas útiles para la accesibilidad de tablas y volveremos sobre ellas un poco más adelante.

Grupos de filas

HTML y XHTML describen tres elementos de grupo de filas que permiten organizar las filas en una cabecera de tabla (`thead`), en un pie (`tfoot`), y en un cuerpo de tabla (`tbody`). Como estos elementos comparen sintaxis y atributos han sido reunidos en un único listado.

thead, tbody, tfoot

```
<thead>...</thead>, <tbody>...</tbody>, <tfoot>...</tfoot>
```

Atributos

Núcleo (`id, class, style, title`), *Internacionalización*, *Eventos*

`align="left|center|right|justify|char"`

`char="`*`caracter`*`"`

`charoff="`*`longitud`*`"`

`valign="top|middle|bottom|baseline"`

Internet Explorer 3.0 introdujo por primera vez este sistema para agrupar filas de modo que los agentes de usuario o las hojas de estilo pudieran tratarlas como unidades. El W3C incluyó los elementos de grupo de filas en la recomendación HTML 4.0 como un medio para obtener un etiquetado con mayor significado, de mejorar la accesibilidad y de tener más flexibilidad para aplicar propiedades de hojas de estilo. Los grupos de filas son muy útiles con las tablas de datos pero deberían evitarse en las tablas de diseño.

Las filas de una tabla pueden agruparse en una cabecera de tabla (`thead`), un pie de tabla (`tfoot`) o en uno o más cuerpos de tabla (`tbody`). La cabecera y el pie deberían contener información sobre el contenido y quizás lleguen a utilizarse para mostrar elementos fijos mientras que el cuerpo se desplace de forma independiente. Otra posibilidad es que la cabecera y el pie se impriman en todas las páginas de una tabla dividida en varias páginas.

El W3C exige que el elemento `tfoot` (si lo hay) aparezca antes de `tbody` en el marcado para que la tabla pueda renderizar el pie antes de descargar todas las filas de datos. Este es un ejemplo de una tabla sencilla marcada con grupos de filas.

```
<table>

<thead>
<tr><th>Employee</th><th>Salary</th><th>Start date</th></tr>
```

```
</thead>

<tfoot>
<tr><td colspan="3">Compiled by Buster D. Boss</td></tr>
</tfoot>

<tbody>
<tr><td>Wilma</td><td>5,000</td><td>April 6</td></tr>
<tr>...more data cells...</tr>
<tr>...more data cells...</tr>
</tbody>

</table>
```

Columnas y grupos de columnas

Como ya dijimos, el número de columnas de una tabla sólo se deduce tácitamente del número de celdas de la fila más larga. En algunos casos, sin embargo, conviene identificar columnas conceptuales de celdas de datos o grupos de columnas. Los elementos `col` (columna) y `colgroup` (grupo de columnas) permiten unir conceptualmente un grupo de celdas que aparezca en una columna (o columnas).

Las columnas y los grupos de columnas ofrecen varias ventajas. Su finalidad original era acelerar la presentación en pantalla de tablas en agentes de usuario visuales. Especificando el ancho de cada una de las columnas, el agente de usuario no tiene que analizar sintácticamente los contenidos de toda la tabla para calcular las dimensiones de columnas y tablas. Las columnas y grupos de columnas también resultan de gran utilidad para la aplicación de atributos (como `width` o `align`) a todas las celdas que incluyen. También pueden utilizarse como "ganchos" para un número limitado de propiedades de estilo (vea la siguiente nota). Cuando se utilizan con un atributo `scope` también pueden dar un contexto muy útil para los lectores de pantalla y otros dispositivos de navegación no visual.

Nota: La recomendación del estándar CSS 2.1 declara que solamente pueden aplicarse a los elementos `col` y `colgroup` las cuatro siguientes propiedades de estilo: `border`, `background`, `width` y `visibility`. Si quiere encontrar una explicación más detallada de porqué esto es así, puede consultar el blog de Ian Hickson, más en concreto la entrada titulada "The mistery of why only four properties apply to table columns", en la dirección `ln.hixie.ch/?start=1070385285&count=1`. Consulte también el capítulo 22 de este libro para obtener más información sobre las propiedades de estilo para tablas.

---

col

`<col />`

Atributos

Núcleo (id, class, style, title), *Internacionalización*, *Eventos*

align="left|center|right|justify|char"

char="*caracter*"

charoff="*longitud*"

span="*número*"

valign="top|middle|bottom|baseline"

width="*píxeles, porcentaje, n**"

colgroup

`<colgroup>...</colgroup>`

Atributos

Núcleo (id, class, style, title), *Internacionalización*, *Eventos*

align="left|center|right|justify|char"

char="*caracter*"

charoff="*longitud*"

span="*número*"

valign="top|middle|bottom|baseline"

width="*píxeles, porcentaje, n**"

El elemento col se utilizará para etiquetar o aplicar especificaciones de atributos a una columna individual (o en varias columnas a través del atributo span) sin tener que agrupar las columnas estructural o conceptualmente. Un elemento vacío, col, se usa aplicar atributos o estilos a las columnas a las que se refiere.

El elemento colgroup define un grupo conceptual de columnas. El número de columnas incluido en el grupo se indica con el atributo span o por el total de elementos col (con sus valores span) dentro del grupo de columnas. Los atributos como width o align aplicados al elemento colgroup se aplican a todas las columnas de ese grupo.

Los elementos colgroup y/o col deben aparecer antes de cualquier elemento de fila o de grupo de filas. Están situados inmediatamente después de la etiqueta de inicio table o inmediatamente después del elemento caption, si lo hay. En este ejemplo, se ha añadido información de grupo de columnas al ejemplo anterior de marcado de tabla.

```
<table>

<colgroup id="employinfo">
   <col span="2" width="100" />
   <col span="1" width="50" class="date" />
</colgroup>

<thead>
<tr><th>Employee</th><th>Salary</th><th>Start date</th></tr>
</thead>

<tfoot>
<tr><td colspan="3">Compiled by Buster D. Boss</td></tr>
</tfoot>

<tbody>
<tr><td>Wilma</td><td>5,000</td><td>April 6</td></tr>
<tr>...more data cells...</tr>
<tr>...more data cells...</tr>
</tbody>

</table>
```

El elemento `colgroup` identifica las tres columnas como parte del mismo grupo estructural (puede haber muchos grupos de columnas en una tabla pero por razones de simplicidad este ejemplo sólo tiene uno). Dentro del `colgroup`, el primer elemento `col` identifica dos columnas (`span="2"`) cada una de ellas con un ancho de 100 píxeles. El resto de columnas tienen un ancho de 50 píxeles. Si todas las columnas de la tabla tuvieran la misma anchura, debería haberse especificado en el elemento `colgroup`. La tercera columna se identifica con un atributo `class` a la que luego podría aplicarse una propiedad de estilo (como `background`).

Presentación de tablas

Como para todas las cuestiones relativas a la presentación, las hojas de estilo son el método idóneo para cambiar la apariencia de las tablas y ofrece un control más preciso que los atributos HTML. Consulte el capítulo 22 para obtener más información sobre CSS y tablas.

Dicho esto hay que señalar que hay varios atributos no depreciados que pueden utilizarse para controlar la separación de celdas, sus dimensiones, bordes y alineación (aunque la mayoría de estos tienen sus alternativas de hoja de estilo). Esta sección atiende a esos atributos relativos a la presentación y perfila los métodos CSS.

Espaciado de celdas

Hay dos tipos de espacio que puede añadirse en y alrededor de las celdas: relleno de celda (o *cell padding* esto es, el margen interior o el espacio entre una celda y su contenido) y el espacio entre celdas (o *cell spacing*). Los atributos `cellpadding` y `cellspacing` se utilizan con el elemento `table` y se aplican a toda la tabla; no puede especificar estos atributos para celdas individuales utilizando sólo HTML.

Espacio entre celdas

La cantidad de espacio entre las celdas de una tabla se especifica con el atributo `cellspacing` en el elemento `table`. Los valores se especifican en número de píxeles. Si se aumenta el espacio entre celdas aumenta el ancho de los bordes sombreados entre ellas. En la segunda imagen de la figura 13.7 las áreas gris oscuro indican los 10 píxeles de espacio añadido entre celdas. El valor predeterminado para `cellspacing` es 2; por tanto, si no es especifica `cellspacing`, los navegadores añadirán automáticamente dos píxeles de espacio entre celdas.

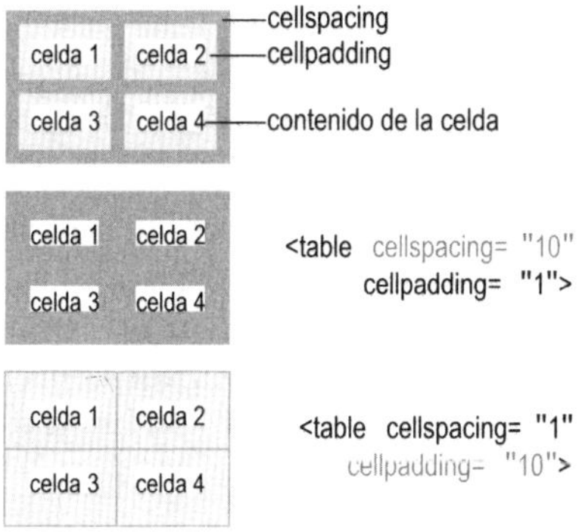

Figura 13.7. Espacio entre celdas vs. relleno de celdas.

Relleno de celdas

El relleno de celdas se refiere a la cantidad de espacio entre el borde de celda y sus contenidos (como se indica en la tercera imagen de la figura 13.7). Se especifica utilizando el atributo `cellpadding` en el elemento `table`. Los valores se especifican en número de píxeles; el valor por defecto es 1. También pueden utilizarse valores relativos (porcentajes de espacio disponible).

Alternativas CSS

El relleno de celdas también puede controlarse aplicando la propiedad `padding` al elemento `td`. Utilizando `class`, `id` o selectores más específicos es posible aplicar distintas cantidades de relleno a distintas celdas dentro de una tabla (el atributo `cellpadding` aplica la misma cantidad de relleno a todas las celdas).

No hay ninguna propiedad CSS que sea exactamente equivalente al atributo `cellspacing` aunque puede ajustar la cantidad de espacio entre celdas ajustando a `separate` la propiedad `border-collapse` para la tabla y utilizar la propiedad `border-spacing` para especificar la cantidad de espacio entre los bordes de celda. La diferencia es que con el atributo `cellspacing` el borde se renderiza más grueso entre celdas mientras que la propiedad `border-spacing` añade espacio vacío entre ellas.

Desafortunadamente, la propiedad `border-spacing` no tiene buen soporte en la versión 6 de Internet Explorer y versiones anteriores (el soporte de IE 7 no está documentado en este momento), así que los autores no tienen un sustituto CSS real para `cellspacing`.

Nota: Muchos autores también ajustan explícitamente `cellspacing` y `cellpadding` a 0 (cero) para ignorar los ajustes predeterminados de los navegadores y limpiar el camino a las propiedades de hoja de estilo.

Dimensiones de tabla y celda

Por defecto, una tabla se renderizará lo suficientemente ancha como para que quepa todo su contenido. Puede especificar explícitamente el ancho de una tabla utilizando el atributo `width` en el elemento `table`. Las especificaciones HTML no ofrecen ningún modo de especificar la altura de una tabla, prefiriendo que la altura sea determinada automáticamente por los contenidos de la tabla. Sin embargo, hay un atributo `height` no estándar con buen soporte para proporcionar la altura mínima para la tabla.

Puede controlar la altura y la anchura de cada una de las celdas utilizando los atributos `width` y `height` en el elemento `th` o `td`. Los valores de altura se consideran alturas mínimas y las celdas pueden expandirse hacia abajo para acomodar sus contenidos.

Nota: Los atributos `width` y `height` han sido depreciados para los elementos `td` y `th`, pero no están depreciados para el elemento `table`. Las propiedades de hojas de estilo siguen siendo el método preferido para especificar las dimensiones de tabla.

Alternativa CSS

Utilice las propiedades `width` y `height` para ajustar el tamaño de cualquier elemento relacionado con las tablas. Las alturas ajustadas para una tabla o para las celdas de una tabla se consideran alturas mínimas, y la altura real puede expandirse para hacer encajar el contenido.

Bordes

El elemento `table` acepta los siguientes atributos para controlar bordes y líneas entre celdas y entorno a la tabla. Todos los atributos de los que hablamos aquí sólo se aplican al elemento `table`. Ninguno está depreciado, pero se recomienda el uso de CSS para dibujar bordes en torno a los elementos de tabla.

`border`
: Controla la anchura del marco en torno a la tabla. El valor predeterminado es 1.

`frame`
: Especifica los lados de la tabla en los que debería renderizarse el marco. Por defecto el marco se renderiza como una regla de estilo 3D sombreado. El atributo `frame` utiliza estos valores de palabra clave: `void` (lados horizontales), `lhs` (lado izquierdo), `rhs` (lado derecho), `vsides` (lados verticales), `box` (los cuatro lados) y `border` (los cuatro lados).

`rules`
: Especifica qué líneas se renderizan entre las celdas de la tabla. Un uso de este atributo puede ser mostrar líneas sólo entre determinados conjuntos de columnas o filas, definidos por `colgroup` o por elementos de grupo de filas (`thead`, `tbody` y `tfoot`). Los valores aceptados para el atributo `rules` son `all`, `cols`, `groups`, `none` y `rows`.

Alternativa CSS

La serie de propiedades `border` de CSS le permite especificar el estilo (sólido, punteado, etc.), color y anchura de los bordes que rodean a cualquier elemento de tabla. Con hojas de estilo se pueden aplicar distintos bordes a distintos lados de las tablas, a sus filas o celdas. Consulte el capítulo 19 para obtener más detalles sobre las propiedades de borde y el capítulo 22 para estudiar específicamente los bordes de tabla.

Alineación del contenido de celdas

Los atributos `align` y `valign` se utilizan para especificar la alineación horizontal y vertical (respectivamente) del contenido de las celdas. La alineación puede especificarse para los siguientes elementos: `td`, `th`, `tr`, `thead`, `tbody`, `tfoot`, `col` y `colgroup`.

Nota: Al añadir el atributo `align` al elemento `table` toda la tabla se alinea en la anchura del elemento que la contiene y no afecta a la alineación dentro de las celdas.

Alineación horizontal

El atributo `align` acepta los valores habituales `left`, `right`, `center` y `justify`. El texto está alineado a la izquierda por defecto en los idiomas que se leen de izquierda a derecha.

El atributo `align` también incluye el valor `char` que especifica que los contenidos de la tabla deberían alinearse sobre un caracter específico como un punto decimal en el caso de las columnas que contengan unidades monetarias. El caracter utilizado para la alineación se indica con el atributo `char`. El atributo `charoff` especifica la distancia hasta el primer caracter de la alineación. Aunque es una idea ingeniosa, los atributos `char` y `charoff` no están soportados por los navegadores actuales.

Los ajustes de alineación para las celdas individuales (`td` o `th`) siempre ignoran los ajustes establecidos en los niveles superiores. La alineación dispuesta para los elementos de una celda (un elemento `p`, por ejemplo) ignora la alineación de la celda. Si la tabla incluye `col` o `colgroup`, los ajustes de alineación de las columnas ignoran la alineación que se haya aplicado a un elemento de fila o de grupo de filas.

Alineación vertical

El atributo `valign` se utiliza para especificar la posición vertical de los contenidos de la celda, la posición puede ser en la parte superior (`top`), inferior (`bottom`) o en el centro de la celda (`middle`). El valor `baseline` de `valign` garantiza que las primeras líneas de todas las celdas de una fila compartirán la misma línea base.

Alternativas CSS

Se puede utilizar la propiedad `text-align` para especificar la alineación horizontal para los contenidos de cualquier elemento de tabla (incluyendo el elemento `table` en sí). La propiedad `text-align` también puede aplicarse a cualquier elemento contenido dentro de una celda, ignorando así los ajustes de alineación a nivel de celda o de fila.

Para el centrado vertical, aplicar la propiedad de estilo `vertical-align` a el elemento `th` o `td` tiene el mismo efecto que el atributo `valign`. Los valores disponibles para `vertical-align` aplicado a celdas son `baseline`, `top`, `middle` y `bottom`.

Fondos

Las recomendaciones (X)HTML han depreciado el atributo `bgcolor` para plicar colores de fondo a celdas, filas y tablas. En su lugar utilice la propiedad de hojas de estilo `background` para aplicar colores e imágenes de fondo. En el capítulo 20 explicamos la propiedad `background` y en el capítulo 22 el comportamiento de fondo en tablas.

Tablas accesibles

Presentar datos en filas y columnas es un medio muy efectivo de añadir significado a los datos en los medios visuales. Observe la tabla de la figura 13.8.

Planet	Diameter measured in earths	Orbital period in years	Moons
Mercury	.38	.24	0
Venus	.95	.62	0
Jupiter	317.8	11.9	63

Figura 13.8. Un ejemplo sencillo de tabla.

Los usuarios pueden seguir fácilmente una columna o una fila hasta una celda cabecera que explique el significado y contexto de los datos. Pero los usuarios ciegos o con discapacidades visuales no tienen este privilegio. Al usar un lector de pantalla o un dispositivo Braille, los contenidos de cada celda se leen de uno en uno (un proceso llamado "linearización"). La tabla de la figura 13.8 podría presentarse así: "Planet Diameter measured in earths Orbital period in years Moons Mercury .38 .24 0 Venus .95 .62 0 Jupiter 317.8 11. 9 63". Así que es muy fácil perderse en una tabla tan sencilla como esta. En el caso de las tablas de datos complejas, como las de la figura 13.1, es casi imposible seguir su significado.

La especificación (X)HTML proporciona varios mecanismos para añadir significado a los datos de celda aunque la tabla se presente de forma no visual. Esta sección perfila los principios básicos de la creación de tablas de datos accesibles. Si desea tutoriales más detallados, consulte estos recursos en línea:

- "Techniques for Accesible HTML Tables", Papers on Section 508, Steve Ferg (`www.ferg.org/200410/bring_on_the_tables.html`).
- "Bring on the Tables", Roger Johansson (`www.456BereaStreet.com/archive/200410/bring_on_the_tables/`).
- "Creating Accessible Tables", en WebAIM (`www.webaim.org/techniques/tables/2/`).

Metadatos de tabla

El primer paso de la creación de una tabla accesible es proporcionar descripciones de la tabla utilizando el elemento `caption` y el atributo `summary`.

El elemento `caption`, del que ya hablamos en este capítulo, proporciona un título descriptivo breve de la tabla. Los navegadores visuales muestran los contenidos del elemento `caption` por encima o por debajo de la tabla, según se especifique con un atributo o propiedad de estilo.

El atributo `summary` del elemento `table` puede proporcionar una descripción más larga de la tabla. Es análogo al atributo `alt` para las imágenes. A diferencia del elemento `caption`, los navegadores visuales no renderizan el valor del atributo `summary`.

El resumen puede dar a los usuarios con discapacidades visuales una mejor comprensión de los contenidos y organización de la tabla, algo que los usuarios dotados de visión podrían comprender con un sólo vistazo. Así se alivia la necesidad de leer varias filas de datos para decidir si la tabla es útil. aunque el resumen permite descripciones largas, se recomienda que las descripciones sean sucintas y sólo las utilicen si es necesario.

La tabla de la figura 13.8 podría tener la siguiente leyenda y resumen (tenga en cuenta que los resúmenes son más útiles para tablas más complejas que esta).

```
<table summary="A comparison os major features for each planet in the
solar system, relative to characteristics of the Earth.">
<caption>Solar System Summary</caption>
<tr> (table continues...)
```

Cabeceras de tabla

El elemento más importante en la creación de tablas de datos accesibles es la cabecera de tabla (`th`). Las cabeceras ofrecen una descripción o contexto para las celdas de una columna o fila. Los agentes de usuario no visuales confían en el elemento `th` para las descripciones de cada celda. Si bien se puede utilizar estilos para que la primera fila de celdas (`td`) "parezca" la cabecera (por ejemplo utilizando negritas y sombreado), un elemento `td` no hará la misma función que un elemento `th` y se perderá información importante.

Esta es la misma tabla de la figura anterior rescrita con cabeceras de tabla (véase la figura 13.9). Recuerde que por defecto los navegadores renderizan las cabeceras en tipografía negrita y con texto centrado pero puede cambiar su aspecto con propiedades CSS. No deje de utilizar en ningún caso los elementos `th` adecuadamente sólo porque no le gusta el renderizado predeterminado del navegador.

```
<table summary="A comparison os major features for each planet in the
solar system, relative to characteristics of the Earth.">
<caption>Solar System Summary</caption>
   <tr>
      <th>Planet</th>
      <th abbr="diameter">Diameter measured in earths</th>
      <th abbr="orbit">Orbital period in years</th>
      <th>Moons</th>
   </tr>
   <tr>
      <td>Mercury</td><td>.38</td><td>.24</td><td>0</td>
   </tr>
   <tr>
      <td>Venus</td><td>.95</td><td>.62</td><td>0</td>
   </tr>
   <tr>
      <td>Jupiter</td><td>317.8</td><td>11.9</td><td>63</td>
   </tr>
</table>
```

Solar System Summary

Planet	Diameter measured in earths	Orbital period in years	Moons
Mercury	.38	.24	0
Venus	.95	.62	0
Jupiter	317.8	11.9	63

Figura 13.9. Una tabla con leyenda y elementos de cabecera.

Con las cabeceras, un lector de pantalla puede configurarse para leer cada fila de datos de este modo: "Planet: Mercury, Diameter measured in earths: .38, Orbital period in years: .24, Moons: 0", etc. Es sin duda un gran avance en dar significado a los datos de cada celda. También es fácil ver que puede ser algo tedioso, especialmente si los títulos de cabecera son largos. El atributo `abbr` permite dar una versión alternativa del título de cabecera, como en este ejemplo:

```
<th abbr="diameter">Diameter measured in earths</th>
```

De este modo, en lugar de repetir "Diameter measured in earths" antes de cada medida, el lector de pantalla sólo diría "diameter".

Asociar cabeceras con datos

Cuando la estructura de tabla se hace más compleja, será necesario un marcado adicional para mantener claras las asociaciones entre las cabeceras de tabla y sus respectivos datos. El resto de atributos del elemento `th`, `scope` y `headers`, se utilizan para vincular conceptualmente las cabeceras a grupos de celdas de datos.

scope

En la tabla de la figura 13.9, es fácil indicar que las cabeceras se apliquen a sus columnas de datos. En tablas más complejas, las relaciones entre cabeceras y datos pueden no ser tan claras. El atributo `scope` del elemento `th` se utiliza para declarar explícitamente asociaciones entre cabeceras de tabla y las filas, columnas, grupos de filas o grupo de columnas en las que aparecen (utilizando los valores `row`, `column`, `rowgroup` y `colgroup` respectivamente). La tabla de la figura 13.10 ha sido ligeramente modificada para incluir cabeceras de tabla para cada fila.

Solar System Summary

	Diameter measured in earths	Orbital period in years	Moons
Mercury	.38	.24	0
Venus	.95	.62	0
Jupiter	317.8	11.9	63

Figura 13.10. Tabla con cabeceras de fila y columna.

En este caso lo ideal es aclarar que las cabeceras de la columna izquierda se aplican a todas las celdas de las filas en las que aparecen. También es útil indicar la relación de las celdas con su respectiva cabecera de columna. Este marcado revisado muestra cómo se utiliza el atributo `scope` para indicar estas relaciones.

```
<table summary="A comparison os major features for each planet in the
solar system, relative to characteristics of the Earth.">
<caption>Solar System Summary</caption>
   <tr>
      <td></td>
      <th scope="column" abbr="diameter">Diameter measured in earths</th>
      <th scope="column" abbr="orbit">Orbital period in years</th>
      <th scope="column">Moons</th>
   </tr>
   <tr>
      <th scope="row">Mercury</th>
      <td>.38</td>
      <td>.24</td>
      <td>0</td>
   </tr>
   <tr>
      <th scope="row">Venus</th>
      <td>.95</td>
      <td>.62</td>
      <td>0</td>
   </tr>
   <tr>
      <th scope="row">Jupiter</th>
      <td>317.8</td>
      <td>11.9</td>
```

```
      <td>63</td>
    </tr>
  </table>
```

Esta línea del ejemplo de marcado extiende la descripción Mercury a todas las celdas de esa fila. La relación puede visualizarse como muestra la figura 13.11.

```
<th scope="row">Mercury</th>
```

Solar System Summary

	Diameter measured in earths	Orbital period in years	Moons
Mercury	.38	.24	0
Venus	.95	.62	0
Jupiter	317.8	11.9	63

Figura 13.11. Una cabecera se asocia con una fila con el atributo scope.

El atributo scope también puede utilizarse en un elemento de celda de datos (td) para aplicar su contenido como una etiqueta al resto de celdas de su fila, columna, grupo de filas o grupo de columnas. Es útil para las celdas que contienen datos pero también lleva consigo significado sobre otras celdas de datos, como los nombres de planeta en la tabla del ejemplo. Si la cabecera Planets se reinsertara, los nombres de planeta volverían a ser elementos td normales aunque seguirían asociados con cada fila.

Id y headers

En la figura 13.11 se podía indicar el alcance de la cabecera encuadrando la fila. Lo mismo podría decirse cuando se aplica scope a columnas o grupos: se extiende en un rectángulo que rodea las celdas especificadas.

En el caso de celdas muy complejas, con cabeceras anidadas y/o expandidas, las relaciones entre cabeceras y los datos que describen pueden no encajar en esos rectángulos. El atributo headers se utiliza para asociar celdas de datos con cabeceras de tabla indicándolas a través de un nombre (indicado en un valor id).

La tabla del sistema solar ha sido modificada de nuevo para incluir (de un modo bastante forzado) una cabecera anidada, tal y como muestra la figura 13.12.

Solar System Summary

	Measurements relative to Earth		Moons
	Diameter measured in earths	Orbital period in years	
Mercury	.38	.24	0
Venus	.95	.62	0
Jupiter	317.8	11.9	63

Figura 13.12. Tabla con una cabecera anidada.

El primer paso para usar este método de asociar cabeceras y celdas es dar a cada elemento de cabecera de tabla (`th`) un nombre con el atributo `id`. Entonces cada `td` utiliza el atributo `headers` para especificar las cabeceras de tablas que aplicarle. El valor puede incluir varios nombres de cabecera separados por espacios, tal y como muestra este ejemplo:

```
<table cellpadding="4" summary="A comparison os major features for each
planet in the solar system, relative to characteristics of the Earth.">
<caption>Solar System Summary</caption>
   <tr>
      <td>rowspan="2"></td>
      <th colspan="2" id="measure" abbr="measurements">Measurements
            relative to Earth</th>
      <th rowspan="2" id="moons" >Moons</th>
   </tr>
   <tr>
      <th id="diameter" abbr="diameter">Diameter measured in earths</th>
      <th id="orbit" abbr="orbit">Orbital period in years</th>
   </tr>
   <tr>
      <th id="mercury">Mercury</th>
      <td headers="mercury measure diameter">.38</td>
      <td headers="mercury measure orbit">.24</td>
      <td headers="mercury moons">0</td>
   </tr>
   <tr>
      <th id="venus" >Venus</th>
      <td headers="venus measure diameter">.95</td>
      <td headers="venus measure orbit">.62</td>
      <td headers="venus moons">0</td>
   </tr>
   <tr>
      <th id="jupiter">Jupiter</th>
      <td headers="jupiter measure diameter">317.8</td>
      <td headers="jupiter measure orbit">11.9</td>
      <td headers="jupiter moons">63</td>
   </tr>
</table>
```

El método `headers` es complicado (incluso con una tabla tan sencilla como ésta) y sólo debería utilizarse cuando `scope` no resuelve la situación.

Tablas de diseño responsables

Seguramente ya sabrá que el diseño basado en tablas ha sido remplazado por CSS para emplazar elementos en la página. Sin embargo, durante este tiempo de transición, cuando los desarrolladores siguen resolviendo los problemas de soporte

CSS, algunos autores siguen utilizando tablas para establecer la estructura básica de la página. Se puede utilizar una tabla para el diseño, pero manténgase fiel a las tendencias actuales de adecuación a los estándares y de accesibilidad del diseño Web actual.

Las tablas de diseño no son malas intrínsecamente (ni inaccesibles) siempre que sean tratadas adecuadamente. En esta sección verá distintos modos de lograrlo.

Elementos de tabla básicos

Al utilizar una tabla solamente para el diseño, utilice sólo elementos de tabla mínimos.

`table`
: Para establecer la tabla.

`tr`
: Para filas de tabla.

`td`
: Para celdas de tabla.

Deberían evitarse leyendas, cabeceras, grupos de filas y todos los elementos para mejorar la accesibilidad. Sólo sirven para confundir o ralentizar a los lectores con dispositivos asistenciales.

Simplicidad

El problema de la mayoría de tablas de diseños en materia de accesibilidad es la complejidad. Es frecuente en aquellas tablas que pretenden lograr diseños extremadamente preciso y para ello utilizan técnicas como:

- Tablas anidadas en tablas, a muchos niveles de profundidad.
- Filas vacías insertadas con el único propósito de establecer anchos de columna.
- Celdas de tabla que contengan sólo GIF de un píxel para espaciado.
- Numerosas filas y columnas expandidas.
- Atributos de presentación repetitivos.

Suele dar lugar a estructuras de tabla extremadamente complicadas y a un marcado excesivo. Los usuarios invidentes pueden desorientarse intentando navegar de celda a celda. La complejidad y tamaño del documento fuente tampoco ayuda demasiado a los navegadores visuales.

Un ejemplo de un diseño basado en tablas complicado es el de la figura 13.13 (otro de mis viejos diseños). Se han destacado los bordes para revelar la complejidad de la estructura de la tabla.

Figura 13.13. Un diseño de tabla anidada muy complejo.

Por contraste, las tablas de diseño responsable son sencillas. La tabla de la figura 13.14 tiene un contenido similar al de la figura 13.13 pero la tabla se ha simplificado considerablemente y se utiliza para establecer la estructura básica de la página. Los bordes están resaltados para revelar la estructura de la tabla. No hay tablas anidadas y todas las celdas tienen contenido real. Todo lo relativo a formato visual queda en manos de hojas de estilo.

Éste es el marcado de la tabla de la figura 13.14. Ha sido simplificado para revelar la estructura del marcado de tabla.

```
<table>
   <tr>
      <td colspan="2" id="masthead">
      <div id="wellcome">The Jenville Show is...</div>
      </td>
   </tr>

   <tr>
```

```
        <td id="intro">
           <p>I´ve been conducting interviews...</p>
        </td>

        <td id="bandlist">
        <ul>
           <li id="wrens">...</li>
           <li id="gibbard">...</li>
           <li id="beulah">...</li>
           <li id="jackblack">...</li>
        </ul>
        </td>
     </tr>

     <tr>
        <td colspan="2"><p class="copyrt">All content...</p></td>
     </tr>
  </table>
```

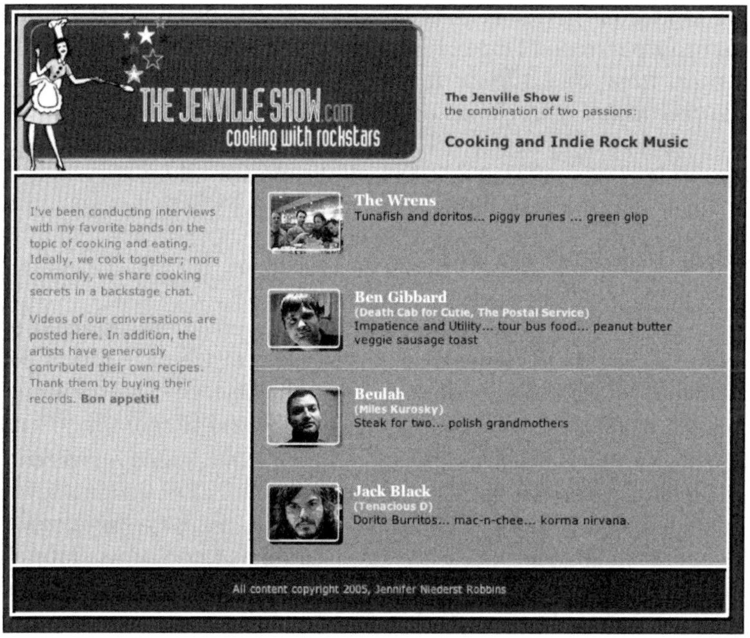

Figura 13.14. Una tabla sencilla utilizada para diseño.

Utilizar hojas de estilo para la presentación

El secreto para que una tabla de diseño sea simple y clara es utilizarla sólo para establecer la estructura básica de diseño y utilizar CSS para todo lo demás.

Lo bueno es que con hojas de estilo ya no se tiene que ir haciendo trucos con tablas de diseño.

Por ejemplo, una de las principales razones para anidar tablas era obtener distintas cantidades de relleno de celdas en distintas partes de la tabla. Con CSS el relleno puede aplicarse celda a celda. De modo parecido, si antes era necesario poner texto en una tabla de una celda para mostrarlo en una caja coloreada, las hojas de estilo permiten ahora presentar cualquier elemento de ese modo ajustando dimensiones y un color de fondo.

En el complicado diseño de la figura 13.13, la lista de artistas se mantiene unida en una tabla anidada de dos partes. En el ejemplo simple de la figura 13.14, las bandas están marcadas semánticamente como una lista no numerada. Las líneas de un píxel que se creaban con celdas de tabla con GIF transparentes de un píxel y colores de fondo se crean ahora aplicando, simplemente, bordes a la parte inferior de los elementos de lista (`li`).

Si se utilizaran las técnicas de imágenes de fondo, sustitución de imagen y de esquinas redondeadas (listadas en el capítulo 24) este diseño sencillo podría tener un aspecto muy parecido al del original. Esto son sólo unos ejemplos de cómo se pueden utilizar hojas de estilo junto con una tabla de diseño mínima. La tabla se ocupa de la estructura y las hojas de estilo se ocupan de la presentación de todo el contenido aliviando la necesidad de tablas y celdas adicionales. Llegados ahí, no es tan grande el paso al uso de CSS y al diseño sin tablas.

Comprobar la linearización

Al crear una tabla de diseño es importante tener en cuenta cómo se linearizará en un navegador no visual. "Linearización" indica el orden del contenido cuando se elimina el formato de la tabla. Los lectores de pantalla leen el contenido en el orden en el que aparece en el documento fuente, como si no hubiera ningún marcado.

Las tablas están bien linearizadas cuando sus contenidos aparecen en un orden lógico en el documento fuente. En general, lo ideal es llevar a los lectores al contenido principal lo antes posible. Desafortunadamente, el modo de construcción de las tablas de diseño hace que el contenido de la columna lateral (listados de vínculos u otra información de este tipo) aparezca antes que el contenido principal. La tabla de la figura 13.15 muestra una tabla de diseño de tres columnas típica (aunque bastante sencilla) con una cabecera.

Aunque está perfectamente claro lo que leer en primer lugar cuando se renderiza visualmente, un vistazo a la fuente revela que los usuarios con lectores de pantalla deberán escuchar la lista de navegación de `Sidebar 1` antes de escuchar el contenido principal. Las tablas de diseño complejas tienen serios problemas de linearización.

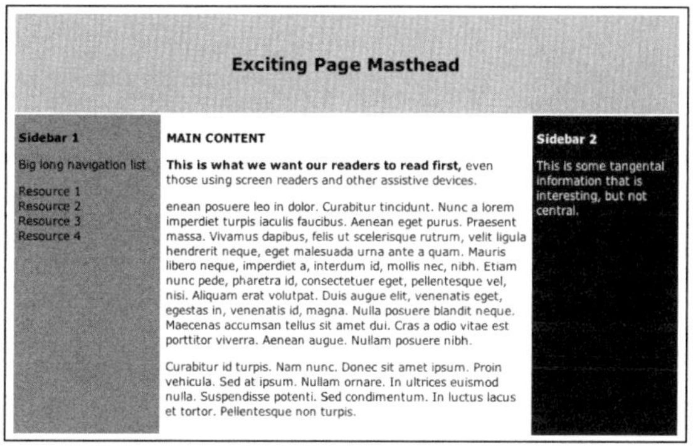

Figura 13.15. Una típica tabla de diseño.

```
<table width="700" border="0" cellpadding="4">
   <tr>
      <td colspan="3">
         <h2>Exciting Page Masthead </h2>
      </td>
   </tr>
   <tr>
      <td><p><strong>Sidebar 1</strong></p>
         <p>Big long navigation list</p>
         ...
      </td>

      <td><p><strong>MAIN CONTENT</strong></p>
      <p><strong>This is what we want our readers to read first,
      </strong> even those using screen readers and other assistive
         devices.</p>...
      </td>

      <td><p><strong>Sidebar 2</strong></p>
      <p>This is some tangental information...</p>
      </td>
   </tr>
</table>
```

Las tablas de diseño pueden diseñarse para linearizar en orden lógico pero hay que planificarlo antes con cuidado. Una técnica que funciona bien para el diseño en tres columnas del ejemplo es poner la celda de contenido principal en una nueva fila justo después de la cabecera y utilizar el atributo `rowspan` para presentarlo al lado de las celdas laterales, tal y como muestra este ejemplo de marcado y la figura 13.16.

```
<table>
   <tr>
      <td colspan="3"><div align="center">
         <h2>Exciting Page Masthead </h2>
```

```
      </div></td>
   </tr>

   <tr>
      <td></td>
      <td rowspan="2"><p><strong>MAIN CONTENT</strong></p>
      <p><strong>This is what we want our readers to read first...</p>
      </td>
      <td></td>
   </tr>

   <tr>
      <td><p><strong>Sidebar 1</strong></p>
      <p>Big long navigation list</p>...
      </td>
      <td><p><strong>Sidebar 2</strong></p>
      <p class="style1">This is some tangental information...</p></td>
   </tr>

</table>
```

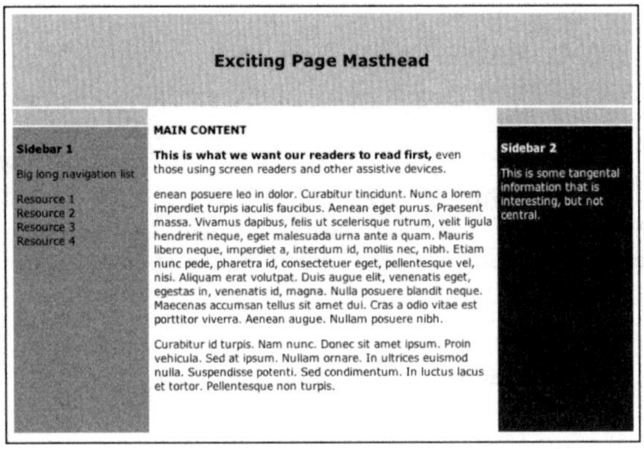

Figura 13.16. Una tabla con linearización correcta.

En este ejemplo las celdas vacías de la segunda fila se han dejado sin estilo para revelar la estructura de la tabla pero, obviamente, se minimizarían jugueteando con los estilos. Lo que hay que tener en cuenta es que el contenido principal es lo primero que los usuarios leen después de la cabecera cuando la tabla está linearizada.

Crear tablas linearizadas lógicamente puede ser algo complicado y seguramente habrá que cambiar las ideas sobre el diseño. Otra opción sería utilizar CSS con posicionamiento absoluto que le permite comenzar con marcado en el orden adecuado para colocar luego los elementos donde desee. Puede ser otro motivo para abandonar el diseño basado en tablas.

Capítulo 14

Marcos

Los marcos son un método para dividir la ventana del navegador en subventanas menores con distintos documentos HTML. Este capítulo está dedicado a la estructura y creación de documentos con marcos, a los controles de muestra en pantalla y función y a algunos consejos avanzados. Estos son los elementos que vamos a estudiar:

`frame`	Define un sólo marco.
`frameset`	Establece la estructura para marcos u otros conjuntos de marcos.
`noframes`	Contenido que aparece en pantalla en el caso en que no exista soporte para marcos.

Introducción a los marcos

Los marcos permiten mostrar en pantalla varios documentos HTML en la ventana del navegador al mismo tiempo, cada uno de ellos en su propia subventana con controles deslizantes. El soporte de marcos, introducido por Netscape Navigator 2.0, pronto se añadió a otros navegadores populares. Las recomendaciones HTML 4.01 y XHTML 1.0 incluyen una DTD de marcos para documentos con marcos. XHTML omite todos los elementos de marcos.

Los documentos con marcos suelen utilizarse como un medio de navegación en el que todas las opciones de navegación están en un marco y los documentos de contenido vinculados en otro marco. Como los marcos pueden incluir barras deslizantes y se deslizan de forma totalmente independiente, son un modo de garantizar que un determinado componente permanecerá en pantalla mientras se desliza con total libertad el resto de la página.

Es importante tener en cuenta que esta función (un elemento fijo y deslizamiento del resto de la página) también puede realizarse con CSS utilizando la propiedad `position:fixed`. Desafortunadamente Internet Explorer 6 para Windows y anteriores no soportan el posicionamiento fijo, pero hay soluciones alternativas de las que hablaremos en el capítulo 25.

Dado el buen soporte los marcos siguen siendo una buena opción de navegación y para otros usos. Sin embargo presentan determinados problemas y peculiaridades que han conducido a una cierta controversia. Como con casi todo, los marcos no son ni totalmente buenos ni totalmente malos. Debe familiarizarse con las dos caras de la moneda, estos son algunos criterios para ayudarle a elegir la mejor opción para sus necesidades.

Ventajas

Tenga en cuenta estas ventajas del uso de marcos:

- Permiten que algunas partes de la página estén fijas mientras que otras se deslizan. Es útil para elementos que no quiere que desaparezcan de vista, como opciones de navegación o publicidad.
- Los marcos permiten unificar recursos que residen en servidores independientes. Por ejemplo, puede utilizar marcos para combinar su propio material (y gráficos de navegación) con material generado por software en otro servidor.
- Con el elemento `noframes` puede añadir contenido alternativo para los navegadores que no soportan marcos. Esta función de accesibilidad está integrada en el sistema de marcos.

Desventajas

Recuerde también estas desventajas:

- Los marcos pueden complicar la creación del sitio porque debe producir y organizar varios archivos para llenar una página.
- La navegación en un sitio con marcos puede ser un reto realmente prohibitivo para algunos usuarios (especialmente para usuarios con discapacidades que utilicen dispositivos de navegación alternativos).
- Los documentos anidados en un conjunto de marcos pueden ser más difíciles de incluir en listas de favoritos o en marcadores.

- Una página con muchos marcos puede aumentar significativamente la carga del servidor porque ésta consiste en gran parte en las solicitudes de documentos. Cuatro solicitudes de archivos de 1K (el conjunto de marcos y los contenidos de tres marcos) es más trabajo que una solicitud de un documento de 4K.
- Es más difícil mantener y actualizar páginas con varios documentos.
- Los documentos con marcos pueden entorpecer el trabajo de los motores de búsqueda. Los documentos a nivel de contenido pueden perderse en las búsquedas. Si un motor de búsqueda encuentra un documento contenido probablemente lo mostrará fuera del contexto de su conjunto de marcos, pudiéndose perder importantes opciones de navegación.
- Es más difícil rastrear las impresiones de la página si éstas son parte de un documento con marcos.

Recordando estos pros y contras, vamos a ver ahora cómo se construyen los documentos con marcos.

La estructura básica de un conjunto de marcos

Una página Web dividida en marcos se mantiene unida a través de un documento de conjunto de marcos a nivel superior.

Los documentos de conjunto de marcos se distinguen de otros documentos HTML en que utilizan el elemento `frameset` en lugar del elemento `body`. El elemento `frameset` puede no tener ningún contenido pero en su lugar define y nombre algún número de marcos (u otros conjuntos de marcos) dispuestos en filas y/o columnas. Cada marco se indica con un elemento `frame` en el `frameset`. Un documento de conjunto de marcos contiene una porción de cabecera normal (como se indicó con el elemento `head`).

frameset

`<frameset>...</frameset>`

Atributos

Núcleo (`id, class, style, title`), *onload, onunload*

`cols="`*`lista de longitudes`*`"` (*número, porcentaje* o *)

`rows="`*`lista de longitudes`*`"` (*número, porcentaje* o *)

Atributos no estándar

`border="`*`número`*`"`

```
bordercolor="#rrggbb" o "nombre color"
frameborder="1|0"; "yes|no" (NN3)
```

Este es un ejemplo de un documento de conjunto de marcos mínimo en XHTML. El conjunto de marcos resultante (véase la figura 14.1) tiene dos marcos que ocupan dos columnas de igual ancho.

```
<!DOCTYPE html PUBLIC "-//W3C//DTD XHTML 1.0 Frameset//EN"
   "http://www.w3.org/TR/xhtml1-frameset.dtd">

<html xmlns="http://www.w3.org/1999/xhtml" xml:lang="en" lang="en">
<head>
<title>Simple Framed Document</title>
</head>

<frameset cols="*,*">
   <frame src="left.html" />
   <frame src="right.html" />
</frameset>

<noframes>
<body>
<p>Your browser does not support frames.</p>
<p><a href="left.html">Go to the left</a></p>
<p><a href="right.html">Go to the right</a></p>
</body>
</noframes>

</html>
```

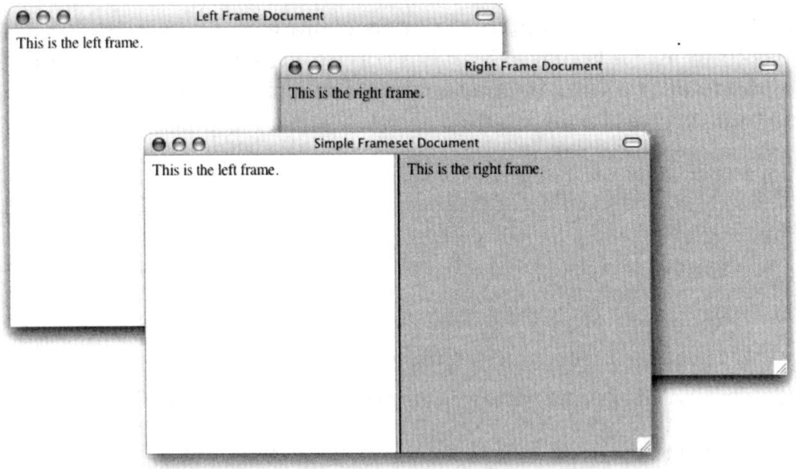

Figura 14.1. Documento básico de conjunto de marcos.

El documento de conjunto de marcos se muestra con dos documentos HTML externos, cada uno con su propio marco. El trabajo del documento de conjunto de marcos consiste en crear una estructura que los mantenga unidos. También incluye el elemento `noframes` para proporcionar contenido alternativo para los navegadores que no tienen soporte para marcos.

Mire un momento al documento fuente. Comienza con la declaración `DOCTYPE` que indica al navegador utilizar la DTD de marcos XHTML 1.0 al renderizar el archivo. Sigue el elemento raíz `html` y una cabecera ordinaria con el título del documento.

Advertencia: Una declaración `DOCTYPE` que apunte a una DTD de marcos hará que los navegadores que soportan `DOCTYPE` pasen a modo Quirks. Esto significa que la mayoría de los navegadores soportarán elementos no estándar y depreciados. Si desea más información sobre este tema consulte el capítulo 9.

En este punto es donde un documento de conjunto de marcos se separa de los documentos HTML normales. En lugar de un `body` utiliza el elemento `frameset` que especifica que el documento debería mostrarse en dos columnas (`cols`) igual de anchas. El conjunto de marcos es un simple contenedor para dos elementos `frame`. El trabajo principal del elemento `frame` consiste en proporcionar la URL del documento que debería aparecen ese marco. El ejemplo de arriba tiene dos marcos. Uno con un documento llamado `left.html` y el otro muestra `right.html`.

Es importante tener en cuenta que `left.html` y `right.html` son documentos (X)HTML normales, compuestos por un elemento `head` y un elemento `body`. En otras palabras, los documentos que se muestran en un marco no son documentos de conjunto de marcos y no tienen que usar la DTD de marcos. Pueden crearse de a cuerdo a las DTD transicional o estricta. Se puede mostrar otro documento de conjunto de marcos en un marco; sin embargo, hay métodos más eficaces para anidar marcos, tal como veremos un poco más adelante.

frame

`<frame />`

Atributos

Núcleo (`id, class, style, title`)

`frameborder="1|0"` (IE3+ y recomendación W3C); `"yes|no"` (NN3+)

`longdesc="`*`URL`*`"`

`marginwidth="`*`número`*`"`

```
marginheight="número"
name="texto"
noresize="noresize"
scrolling="yes|no|auto"
src="URL"
```

Atributos no estándar

`bordercolor="#rrggbb"` o `"color nombre"` (*No estándar*)

Contenido alternativo

El documento de conjunto de marcos del ejemplo contiene otro elemento además de `frameset`. El elemento `noframes` tiene contenido que aparecerá en pantalla en los navegadores y dispositivos que no tengan soporte para marcos; por ello es una herramienta fundamental para garantizar la accesibilidad de los documentos con marcos.

noframes

`<noframes>...</noframes>`

Atributos

Núcleo (`id`, `class`, `style`, `title`), *Internacionalización*, *Eventos*

El elemento `noframes` debería ir detrás del elemento `frameset`. Éste es el elemento `noframes` del ejemplo anterior:

```
<noframes>
<body>
<p>Your browser does not support frames.</p>
<p><a href="left.html">Go to the left</a></p>
<p><a href="right.html">Go to the right</a></p>
</body>
</noframes>
```

El contenido del elemento `noframes` puede tener unas pocas líneas o toda una página de información.

Lo ideal es que el contenido del elemento `noframes` sea una alternativa completa a la interfaz con marcos. Debería incluir todo el contenido de la página en un elemento `body`. Si el contenido es demasiado grande (en bytes), opte en su lugar por la lista de descripciones y vínculos.

Al menos el contenido `noframes` debería ofrecer una descripción breve de los marcos con un vínculo para acceder a cada uno de los documentos (X)HTML. Sin vínculos el documento de conjunto de marcos es un obstáculo insalvable para usuarios y motores de búsqueda.

Establecer filas y columnas

Las filas (marcos horizontales) y columnas (marcos verticales) se establecen con el elemento `frameset`, utilizando los atributos `rows` y `cols` respectivamente. Estos atributos dividen el conjunto de marcos a modo de red. Los marcos se llenan de izquierda a derecha en el caso de las columnas y de arriba y abajo con las filas.

El número de filas y columnas del conjunto de marco está determinado por el número de valores de tamaño. Por ejemplo, para crear un conjunto de marcos con tres columnas, escriba `cols="25%,50%,25%` (u otros tres valores de tamaño). En este caso, el agente de usuario crearía una columna para cada una de las medidas indicadas. Las filas funcionan del mismo modo. La figura 14.2 muestra cómo se divide un documento con marcos en dos filas (a la izquierda) y en dos columnas (derecha) del mismo tamaño.

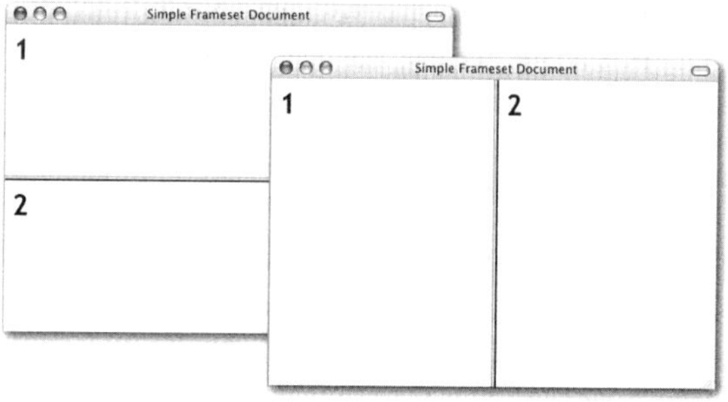


```
<framesetrows="*,*">
  <frame src="1.html/>
  <frame src="2.html/>
</frameset>
```

```
<framesetcols="*,*">
  <frame src="1.html/>
  <frame src="2.html/>
</frameset>
```

Figura 14.2. Diseños de conjunto de marcos horizontales y verticales.

Especificar tamaños

El tamaño de un marco puede listarse de tres formas:

- **Valores de píxeles absolutos:** El navegador interpreta un número entero como un valor de píxeles absoluto. El elemento `<frameset cols= "150,650">` crea dos columnas, una de 150 píxeles y la otra de 650. Si la ventana del navegador es más grande que el número total de píxeles indicado, permite ampliar los marcos de forma proporcional para llenar la ventana.

- **Porcentajes:** Los porcentajes se basan en la anchura total del conjunto de marcos. El total debería sumar un 100 por cien. El elemento `<frameset rows="25%,50%,25%">`, la superior y la inferior ocupan el 25% de la altura del conjunto de marcos y la central el 50%, sea cual sea el tamaño de la ventana del navegador.
- **Valores relativos:** Los valores relativos, especificados mediante un asterisco (*), se utilizan para dividir el espacio restante del conjunto de marcos en porciones iguales (tal y como se ilustra en la figura 14.2). Así, por ejemplo, `<frameset cols="100,*">` crea dos columnas, la primera de 100 píxeles de ancho y la segunda rellenará cualquier porción que quede en la ventana.

  También puede especificar valores relativos en varias porciones iguales y combinarlas con otros valores de media. Por ejemplo el conjunto de marcos definido por `<frameset cols="25%,2*,*">` divide la ventana en tres columnas. La primera ocupará siempre el 25 por cien del ancho de la ventana. Las otras dos dividen el espacio restante; sin embargo, en este caso, la columna central siempre será el doble de grande que la tercera (como quizás haya advertido, da la misma división que el ejemplo de los porcentajes).

Combinar filas y columnas

Es posible especificar filas y columnas en un único conjunto de marcos creando una red de marcos, tal y como se ilustra en la figura 14.3. Cuando se especifican los atributos `cols` y `rows` para un conjunto de marcos, los marcos se crean de izquierda a derecha en cada fila, por orden. Las filas se crean de arriba a abajo. El orden de aparición de los elementos `frame` en el `frameset` determina dónde se mostrarán sus contenidos. La figura 14.3 enseña orden en el que se muestran los documentos.

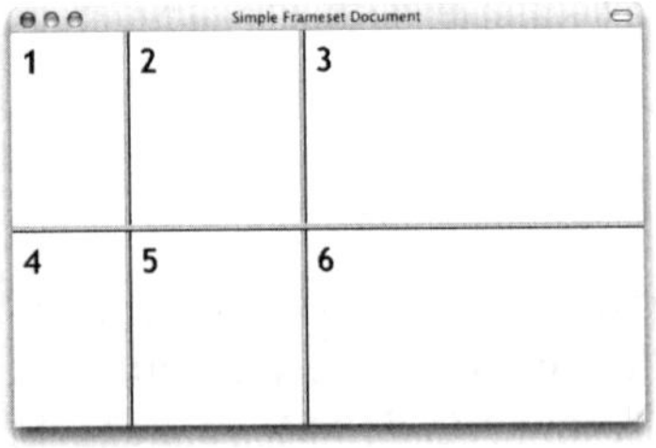


```
<frameset rows="*,*"
cols="100, *, 2*">
  <frame src="1.html" />
  <frame src="2.html" />
  <frame src="3.html" />
  <frame src="4.html" />
  <frame src="5.html" />
  <frame src="6.html" />
</frameset>
```

Figura 14.3. Conjunto de marcos con fijas y columnas.

Anidar marcos

Se puede anidar un conjunto de marcos en otro conjunto de marcos lo que significa que puede coger una fila y dividirla en varias columnas (o, a la inversa, dividir una columna en varias filas), tal y como muestra la figura 14.4. De este modo se tiene un diseño más flexible y complejo que dividiendo un conjunto de marcos en una red de filas y columnas.

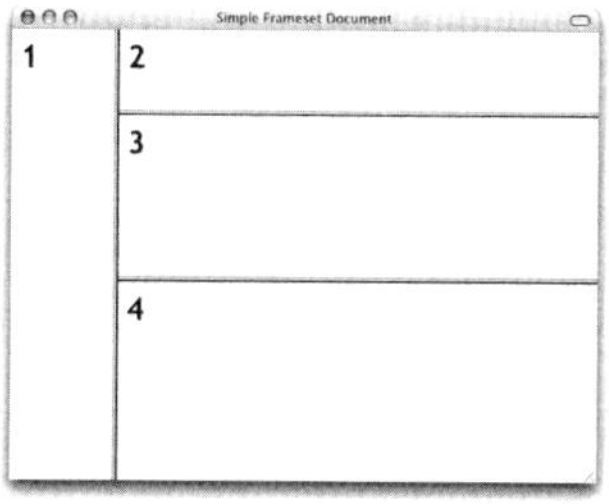


```
<frameset cols="100, *">
  <frame src="1.html" />
  <frameset rows="75,150,*">
    <frame src="2.html" />
    <frame src="3.html" />
    <frame src="4.html" />
  </frameset>
</frameset>
```

Figura 14.4. Documento con conjuntos de marcos anidados.

En la figura 14.4 el conjunto de marcos de nivel superior especifica dos columnas. La primera es un marco de 100 píxeles de ancho. La segunda columna (que ocupa el resto de la ventana) tiene otro conjunto de marcos, éste con tres filas.

No hay ningún límite técnico de número de niveles en los que pueden anidarse los marcos, sólo hay límites prácticos. Si anida marcos, cierre siempre los sucesivos conjuntos de marcos o el documento no se mostrará correctamente en pantalla.

Función y apariencia de los marcos

Por defecto, los marcos están separados por bordes con aristas 3D biseladas y cada marco tiene una barra deslizante si sus contenidos no encajan. Quizás desee cambiar estos ajustes utilizando los atributos de control de la funcionalidad y presentación de marcos.

Deslizamiento

El atributo `scrolling` del elemento `frame` controla si aparecerán o no barras deslizantes en el marco, sean cuales sean sus contenidos.

El ajuste predeterminado es `auto`, que se comporta como cualquier otra ventana de navegador: no aparecen barras deslizantes hasta que los contenidos sean demasiado grandes como para encajar en el marco. El valor `yes` hará que siempre aparezcan barras deslizantes incluso para marcos vacíos, pero la mayoría de los navegadores lo consideran igual a `auto`. Para asegurarse de que nunca aparecerán barras deslizantes, aunque el contenido sea mayor que el espacio disponible, establezca el valor `no`.

En la figura 14.5 los dos marcos muestran el mismo documento de texto, pero el marco superior tiene `scrolling` ajustado a `auto` y el inferior a `no`.

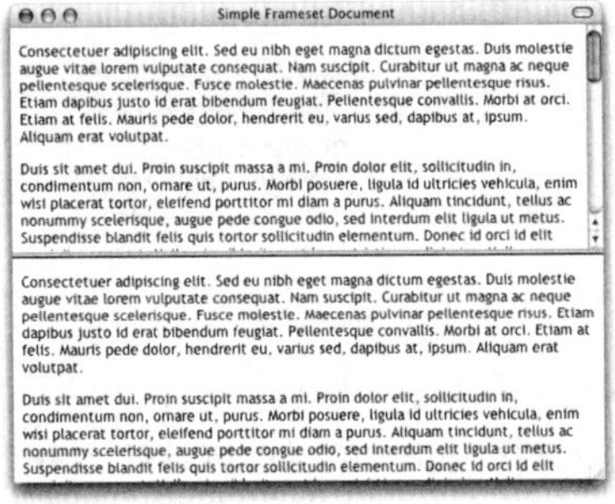


```
<frameset rows="*, *">
  <frame src="text.html"
  scrolling="auto" />
  <frame src="text.html"
  scrolling="no" />
</frameset>
```

Figura 14.5. Ajustes de barras deslizantes con el atributo scrolling.

Deshabilitar el ajuste de tamaño

Por defecto cualquier usuario puede cambiar el tamaño de los marcos (ignorando sus ajustes) pulsando y arrastrando los bordes entre marcos. Puede evitar que los usuarios hagan esto añadiendo el atributo `noresize` al elemento `frame`.

Tenga cuidado de no deshabilitar ninguna función que necesite el usuario; si el marco contiene texto es muy probable que algunos usuarios tengan que cambiar el tamaño.

Márgenes

Como probablemente sepa los navegadores albergan un espacio de marco en todos los lados de la ventana del navegador, evitando que los contenidos del documento se agolpen en el borde de la ventana. El ancho del margen varía entre navegadores.

Los marcos tienen atributos de margen que le permiten controlar (o eliminar) los márgenes en cualquier navegador con marcos habilitados. Para ajustar los márgenes superior e inferior de un marco especifique un número de píxeles para el atributo `marginheight`. Utilice el atributo `marginwidth` para especificar la cantidad de espacio para los márgenes izquierdo y drecho. Pueden combinarse como muestra la figura 14.6.

```
<frameset cols="*, *">
  <frame src="pig.html" marginheight="20" marginwidth="12" />
  <frame src="pig.html" marginheight="0" marginwidth="0" />
</frameset>
```

Figura 14.6. Efectos de los ajustes de margen.

El ejemplo muestra el mismo documento HTML (con sólo una imagen) cargado en dos marcos dentro de un conjunto de marcos. El marco izquierdo tiene ajustes específicos de márgenes. El marco de la derecha tiene los márgenes ajustados a cero, permitiendo que los contenidos del marco se posicionen en la esquina superior derecha del marco.

Bordes

Por defecto, los documentos con marcos se muestran con un borde 3D entre cada marco. Estos bordes dividen visualmente las secciones y sirven también como un manejador para cambiar el tamaño de los marcos. La especificación HTML 4.01 permite controlar los bordes únicamente a nivel de marco (en el elemento `frame`).

Nota: La mayoría de los navegadores también soportan el método no estándar para ajustar los bordes y su anchura para toda la página en el elemento `frameset`. Recuerde que es un uso no estándar de los atributos de borde e invalidará el documento porque no es conforme a ninguna DTD.

Los navegadores tienen distinto soporte de estos atributos de borde. Lo mejor es hacer comprobaciones (también en navegadores antiguos) para asegurarse de que todos los resultados son aceptables.

Activar y desactivar bordes

El atributo `frameset` se utiliza para activar los bordes 3D entre marcos (con valor 1) y para desactivarlos (con valor 0). Las recomendaciones W3C especifican que el atributo `frameborder` sólo debería utilizarse con los elementos `frame`, pero la mayoría de los navegadores también soportan `frameborder` en el elemento `frameset` (consulte la nota anterior). Al aplicar un borde a un solo marco el borde rodea todos sus lados y parecerá que los marcos vecinos también tengan activados bordes aunque no sea así.

Grosor de bordes

Puede utilizar el atributo no estándar `border` en el elemento `frameset` para especificar el grosor del borde en píxeles. El grosor predeterminado varía en función de los navegadores. Aunque `border` no es parte de la DTD de marcos tiene muy buen soporte.

Nota: Desactivar `frameborder` sólo elimina el borde 3D pero deja un hueco entre los marcos. Para eliminar este hueco y dar a la página una apariencia fluida utilice el atributo `border` con un ajuste de 0 píxeles: `<frameset frameborder="0" border="0">`.

Seleccionar marcos como destino

Uno de los retos de administrar un documento con marcos es coordinar dónde se mostrarán los documentos vinculados. Por defecto un documento vinculado se carga en la misma ventana que el vínculo; sin embargo suele ser conveniente tener un vínculo de un marco que cargue una página en un marco distinto del conjunto de marcos. Por ejemplo, el efecto deseado en un listado de vínculos de navegación de un marco estrecho será que el contenido se cargue en un marco principal, y más grande, de la página.

Para cargar una página vinculada en un determinado marco deberá comenzar asignando un nombre al marco seleccionado utilizando el atributo `name` en el elemento `frame`, de este modo:

```
<frame src="orginal.html" name="main" />
```

Nota: Los nombres deben comenzar con una letra (en minúsculas o mayúsculas).

A continuación puede especificar ese marco por el nombre en cualquier elemento ancla (a) con el atributo `target`, tal y como muestra este ejemplo:

```
<a href="new.html" target="main">...</a>
```

En este ejemplo el documento `new.html` se cargará en el marco llamado `main`.

Si un vínculo contiene un nombre de objetivo que no exista en el conjunto de marcos se abrirá una nueva ventana del navegador para mostrar el documento y a esa ventana se le dará el nombre de objetivo. Todos los vínculos que tengan el mismo nombre se cargarán en la misma ventana.

El elemento base

Si quiere que todos los vínculos de un documento se carguen en el mismo marco (por ejemplo desde una tabla de contenidos al marco principal) puede ajustar el marco de destino una sola vez utilizando el elemento `base` en lugar de ajustar ese marco de destino para todos los vínculos del documento (así se ahorra mucho trabajo y caracteres extra en el documento HTML).

Emplazar el elemento `base` en la cabecera (`head`) del documento, con el marco de destino especificado por su nombre, hace que todos los vínculos del documento se carguen en ese marco. Este es un ejemplo de un elemento `base`:

```
<head>
<base target="main" />
</head>
```

Si se definen destinos en vínculos individuales ignorarán el destino del elemento `base` a nivel de documento.

Nombres de destino reservados

Hay cuatro nombres de destino estándar para acciones especiales de redireccionamiento. Observe que todos comienzan con un guión bajo (_). No dé a sus marcos nombres que comiencen con un guión bajo porque serán ignorados por los navegadores (los nombres deben comenzar con una letra). Los cuatro nombres reservados son:

`_blank`

Un vínculo con `target="_blank"` abre una nueva ventana sin nombre para mostrar el contenido del documento vinculado. Cada vez que se abre un vínculo con destino `_blank` se abre una nueva ventana pudiendo dejar al usuario "ahogándose" entre ventanas. Observe que este valor puede utilizarse con cualquier vínculo, no sólo en un contexto de marcos.

Advertencia: Abrir páginas en nuevas ventanas es algo problemático en lo que respecta a la accesibilidad. Al abrir un documento en una nueva ventana asegúrese de incluir una nota que diga "el vínculo abre una nueva ventana" o algo parecido. Así dará a los usuario, especialmente a los que utilizan navegadores no visuales, una indicación de que va a cambiar el contexto de la página.

_self

Es el destino predeterminado para todos los elementos a. Carga el documento vinculado en el mismo marco o ventana que el documento fuente. Como es el predeterminado no es necesario utilizarlo con elementos a individuales pero puede ser útil para el elemento base.

_parent

Un documento vinculado mediante el atributo target="_parent" se carga en el marco padre (un paso arriba en la jerarquía de marcos). Si el vínculo ya está en el marco o ventana de nivel superior es equivalente a _self. La figura 14.7 muestra los efectos de un vínculo que tiene como destino el marco padre.

_parent sólo funciona si los conjuntos de marcos anidados son documentos independientes. No funciona con conjuntos de marcos anidados en un único documento de conjunto de marcos, tal y como muestra la figura 14.4.

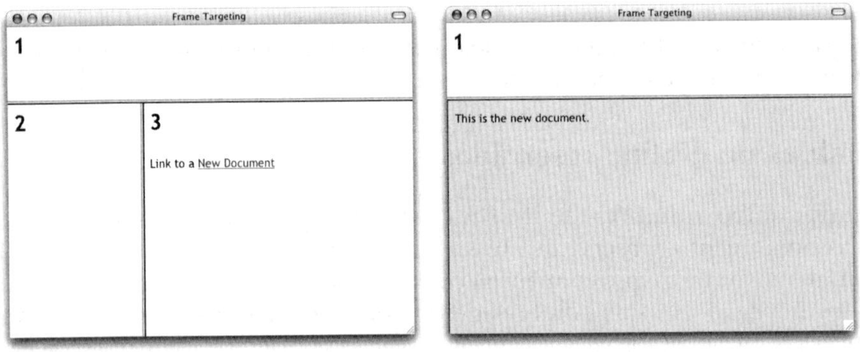

Figura 14.7. En los conjuntos de marcos anidados, _parent vincula con niveles superiores de la jerarquía del conjunto de marcos.

_top

Hace que el documento se cargue en la ventana de nivel superior, remplazando todos los marcos que se encuentren en la pantalla. Un documento vinculado con target="_top" "rompe" con su conjunto de marcos y se muestra directamente en la ventana del navegador, tal y como muestra la figura 14.8.

Nota: Los vínculos a otros sitios Web deberían utilizar el atributo target ajustado a _top o a otra ventana con nombre para evitar que el sitio se cargue en el conjunto de marcos actual.

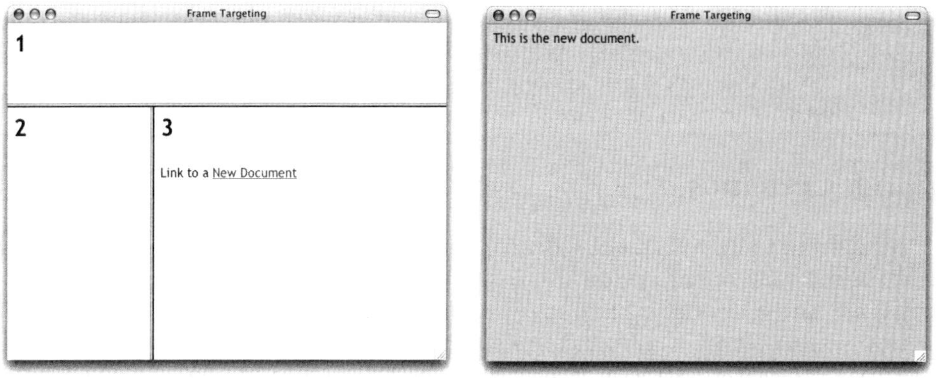

Figura 14.8. Vincular con _top remplaza todo el conjunto de marcos.

Diseño de marcos, trucos y consejos

Quizás el mejor consejo sobre el diseño con marcos es "no usarlos". Aunque los marcos fueron un recurso fundamental ya no son utilizados en el diseño Web profesional fiel a los estándares.

Si decide utilizar marcos para un proyecto hay algunos trucos y consejos que debería conocer.

Páginas "multiuso"

Diseñar una página Web para que forme parte de un documento con marcos no garantiza que siempre será vista de ese modo. Recuerde que algunos usuarios pueden terminar viendo una de sus páginas aislada, fuera del contexto de su conjunto de marcos (es posible si un motor de búsqueda devuelve la URL del contenido, por ejemplo). Como los marcos suelen utilizarse para la navegación, esta página de contenido "huérfana" podría ser un callejón sin salida para los usuarios.

Por esta razón debería intentar diseñar sus páginas de contenido para que puedan mantenerse por sí mismas. Añadir un poco de información redundante al final de la página puede suponer una gran diferencia desde el punto de vista de la accesibilidad. En primer lugar, indique el nombre del sitio con un vínculo a su página principal en todos los documentos de contenido. Así ayuda a que un recién llegado pueda orientarse mejor si, por ejemplo, acaba de llegar desde un motor de búsqueda.

Es importante prestar atención a las opciones de navegación disponibles en las páginas de contenido vistas sin su conjunto de marcos. Al menos proporcione un pequeño vínculo en todas las páginas que conduzca a un punto de partida más apropiado (y con marcos). Asegúrese de ajustar el atributo `target="_top"` para que el vínculo no cargue el conjunto de marcos de la página principal dentro del conjunto de marcos actual.

Vínculos externos

Por defecto todos los vínculos dentro de un marco cargan el nuevo documento en el mismo marco. Para evitar que los vínculos externos se carguen en el marco actual asegúrese de añadir `target="_top"` a todos los vínculos externos; el nuevo sitio se abrirá en la ventana completa del navegador. Otra opción es ajustar el marco o ventana de destino a `_blank` para abrir el vínculo en una nueva ventana.

Advertencia: Como ya se dijo, proporcione siempre una nota o algún tipo de indicación que señale que el vínculo va a abrir una nueva ventana para no confundir a los usuarios.

Siempre es conveniente cargar los sitios externos en el contexto de otro documento con marcos, a menos que esté haciéndolo con el permiso expreso de los propietarios y operadores del sitio externo.

Mejorar la accesibilidad de los marcos

El contenido con marcos, si bien es accesible a los lectores de pantalla, puede desorientar un poco. El contenido puede leerse desde cada marco de forma lineal (los usuarios pueden saltar al marco que deseen con atajos de teclado) o puede presentarse como un listado de vínculos a los documentos HTML.

Hay unas cuantas medidas que pueden mejorar la accesibilidad del sitio.

Dé títulos a los marcos

Uno de los mejores modos de hacer más fácil de usar el contenido con marcos para los usuarios con dispositivos de navegación alternativos es dar a los marcos un título breve pero descriptivo utilizando el atributo `title` en el elemento `frame`, tal y como muestra este ejemplo:

```
<frame src="navigation.html" title="navigation options" name="links" />
<frame src="welcome.html" title="main content" name="main" />
```

Los usuarios pueden utilizar los títulos para decidir si acceder al marco. En ausencia de títulos, puede utilizarse el atributo `name`, pero los nombres suelen ser mínimos y no muy descriptivos.

Proporcionar contenido completo noframes

Los conjuntos de marcos siempre deberían incluir un elemento `noframes` que de contenido si el usuario no puede o decide no ver el contenido con marcos. Es conveniente que todo el contenido de la página con marcos esté disponible en el elemento `noframes` y recogerlo en el elemento `body`. Al menos, el contenido `noframes` debería ser tan descriptivo como sea posible y no limitarse a un mensaje del tipo "necesita marcos para ver este sitio".

Añadir vínculos a los documentos HTML, especialmente a los que contienen vínculos a otras partes del sitio, ayuda a los usuarios a hacerse con el contenido sin verse forzados a tener el conjunto de marcos.

Ayudar a los motores de búsqueda

Los motores de búsqueda funcionan todos de formas distintas pero la mayoría no comprenden marcos ni cualquier contenido dentro de un elemento `frameset` o `frame`. Esto significa que los motores de búsqueda no encontrarán ningún vínculo que exija hurgar a través de un sitio para el indexado y se perderá todo el contenido de su sitio con marcos.

Las mismas medidas para la mejora de la accesibilidad de los usuarios con dispositivos de navegación no visual (como por ejemplo títulos de marco y contenido `noframes`) ayudarán también a que los motores de búsqueda indexen su contenido.

Además puede incluir un elemento `meta` con información sobre el sitio en el documento con marcos. Aunque no todos los motores de búsqueda utilizan información `meta`, los elementos `meta` pueden ser herramientas muy útiles para los que sí lo hacen. Si el documento de conjunto de marcos tiene contenido `noframes` limitado, puede utilizar el elemento `meta` para añadir a la página una descripción del sitio y palabras clave, ayudando así a los motores de búsqueda a indexar. Los valores del elemento `meta` relacionados con los motores de búsqueda fueron indicados en el capítulo 9.

Si desea más información sobre motores de búsqueda y sobre su funcionamiento, consulte el sitio Search Engine Watch, en `www.searchenginewatch.com` (del que se ha recogido toda esta información).

Nota: Si desea más información sobre marcos en MSN TV consulte `developer.msntv.com/Develop/Frames.asp`.

Capítulo 15

Formularios

Los formularios ofrecen una interfaz que permite a los usuarios interactuar con el sitio. En la mayoría de los casos, se utilizan para reunir datos, bien para reutilizarlos después o bien para ofrecer una respuesta personalizada al vuelo. Los formularios tienen muchos usos, desde funciones tan simples como casillas de búsqueda, suscripciones en listas de correos, libros de visitas o encuestas hasta funciones tan complejas como sistemas de comercio en línea.

Los formularios reúnen entradas a través de controles como botones, campos de texto o menús deslizantes. Los controles se sitúan en la página utilizando elementos especiales de marcado. Estos elementos son simplemente una interfaz para reunir información de usuario y no procesan los datos. El trabajo real queda en manos de aplicaciones de procesado de formularios en el servidor, como *scripts* CGI, ASP, ASP.NET, ColdFusion, PHP o servlets Java.

La programación necesaria para procesar un formulario queda fuera del alcance de este libro. Este capítulo se centra en los aspectos "frontales" de los formularios, esto es, en los elementos y atributos para crear la interfaz del formulario y en los elementos utilizados para mejorar la accesibilidad.

`form`	Establece el formulario.
`input`	Crea distintos controles.
`button`	Botón genérico de entrada.
`textarea`	Control de entrada de texto multilínea.
`select`	Menú de elección múltiple o lista deslizante.
`option`	Una opción dentro de un control `select`.
`optgroup`	Define un grupo de opciones.

`label`	Adjunta información a los controles.
`fieldset`	Agrupa controles y etiquetas relacionados.
`legend`	Asigna una leyenda a un conjunto de campos.

El elemento básico de formulario

El elemento `form` se utiliza para designar como formulario un área de una página Web.

form

`<form>...</form>`

Atributos

Núcleo (`id`, `class`, `style`, `title`), *Internacionalización*, *Eventos*, `onsubmit`, `onreset`, `onblur`

`accept="`*`lista-tipo-contenido`*`"`

`accept-charset="`*`lista-conjunto-caracteres`*`"`

`action="`*`URL`*`"` (*requerido*)

`enctype="`*`tipo contenido`*`"`

`method="get|post"`

`name="`*`texto`*`"` (*depreciado en XHTML en favor del atributo* `id`)

`target="`*`nombre`*`"`

El formulario puede tener cualquier contenido Web (imágenes, texto, tablas, etc.) pero su función es la de contenedor de distintos controles (casillas de verificación, menús, campos de entrada, botones, etc.) utilizados para introducir información. También tiene los atributos necesarios para interactuar con el programa de procesado de formularios. Puede tener varios formularios en un solo documento pero no pueden anidarse, y debe evitar que se superpongan.

Cuando un usuario rellena un formulario y pulsa el botón de envío el navegador toma la información, la dispone en parejas nombre/valor, la codifica para la transferencia y la envía al servidor. La figura 15.1 muestra el formulario que resulta de este simple ejemplo de marcado:

```
<h2>Sign the Guestbook:</h2>
<form action="/cgi-bin/guestbook.pl" method="get">
<p>
First name: <input type="text" name="first" /><br />
Nickname: <imput type="text" name="nickname" /><br />
```

```
<input type="submit" /> <input type="reset" />
</p>
</form>
```

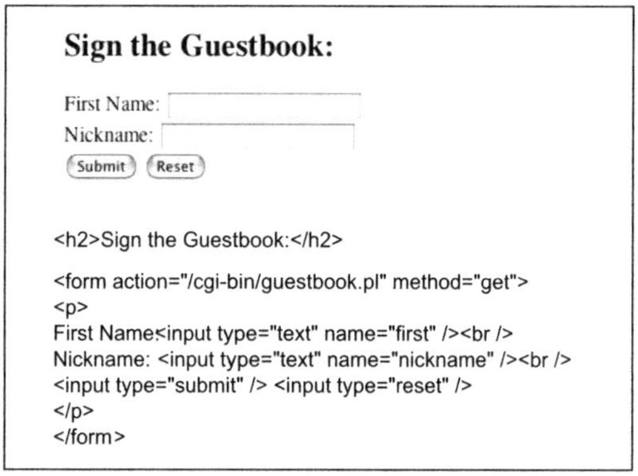

Figura 15.1. Un formulario simple.

El atributo action

El atributo `action` del elemento `form` proporciona la URL del programa que se utilizará para procesar el formulario. En el ejemplo de la figura 15.1, la información del formulario va a un *script* Perl llamado `guestbook.pl` que reside en el directorio `cgi-bin` del servidor (por convención los programas CGI suelen guardarse en un directorio llamado `cgi-bin`).

El atributo method

Este atributo especifica uno de dos métodos, `get` o `post`, para enviar la información del formulario al servidor. La información del formulario suele transferirse en una serie de variables con su contenido respectivo, separadas por el ampersand (&), tal y como muestra este ejemplo:

```
variable1=content1&variable2=content2&variable3=content3
```

El atributo `name` de los elementos de control del formulario proporciona los nombres de variable. El contenido que el usuario introduce constituye el contenido asignado a la variable.

Siguiendo con el formulario de la figura 15.1, si un usuario introduce "Josephine" junto a "First Name" y "Josie" junto a "Nickname", el formulario transmite las variables en este formato:

```
name=Josephine&nickname=Josie
```

Con el método `get`, el navegador transfiere los datos del formulario como parte de la propia URL (añadidos al final y separados por un signo de interrogación) en una única transmisión. La información reunida en el ejemplo anterior podría transferirse con el método `get` de esta forma:

```
get http://www.domainname.com/cgi-bin/
guestbook.pl?name=Josephine&nickname=Josie
```

El método `post` transmite la información de entrada del formulario separada de la URL, en un mensaje dividido en dos partes. La primera parte del mensaje es sólo la cabecera especial enviada por el navegador con cada solicitud. Esta cabecera contiene la URL desde el elemento `form`, junto con una declaración de que se trata de una solicitud `post`, además de algunas otras cabeceras de las que no vamos a hablar aquí. Esta parte va seguida por los datos reales del formulario. Cuando el servidor ve la palabra "post" al comienzo del mensaje queda en escucha de los datos. Con el método `post` la información reunida con formulario de nombre y apodo debería ser:

```
post http://www.domainname.com/cgi-bin/guestbook.pl HTTP1.0
...[más cabeceras]
name=Josephine&nickname=Josie
```

Utilizar uno u otro método puede depender de los requisitos del servidor. En general, en un formulario corto con unos pocos campos de entrada breves, utilice el método `get`. Por contra, es mejor enviar los formularios largos y complejos con el método `post`. Si está preocupado por la seguridad (como al usuar el elemento `input type="password"`) utilice `post` porque permite encriptar, algo imposible si se envían los datos del formulario en la propia URL. Una ventaja de `get` es que la solicitud puede incluirse en los marcadores del navegador porque todo lo que forma parte de la solicitud se encuentra en la URL. No ocurre así con `post`.

Nota: Se puede enviar una cadena de consulta a través de una URL en la fuente del documento, tal y como muestra este ejemplo:

```
<a href="http://www.domainame.com/cgi-bin/
guestbook.pl?name=Josephine&nickname=Josie">...</a>
```

Tenga en cuenta que en los documentos XHTML es necesario escapar el ampersand (esto es indicar su entidad de caracteres: `&`) en la URL. Así el agente de procesado la analizará sintácticamente como ampersand.

Codificación

Otro paso de la transacción es que la codificación de los datos utilizando codificación URL estándar. Es un método para traducir espacios y otros caracteres no permitidos en las URL en sus equivalentes hexadecimales. Por ejemplo, el espacio se traduce como `%20` y la barra inclinada como `%2F`.

El formato de codificación por defecto, el Internet Media Type (Tipos de Medios de Internet, `application/x-www-form-urlencoded`) será suficiente para la mayoría de los formularios. Si su formulario incluye un tipo de entrada `file` (para cargar documentos al servidor) debería utilizar el atributo `enctype` para establecer el ajuste alternativo para la codificación, `multipart/form-data`.

Controles de formulario

Se utilizan distintos elementos de control de formularios para reunir la información de un formulario. Esta sección atiende a los distintos controles y a sus atributos específicos. Todos los controles (excepto `submit` y `reset`) necesitan un nombre (utilizando el atributo `name`) para que la aplicación de procesado del formulario pueda ordenar la información. Para facilitar el procesado de los datos el formulario en el servidor, el valor de `name` no debería tener ningún espacio (utilice en su lugar guiones bajos o puntos).

El atributo `name` funciona como un nombre de variable. El valor indicado por `name` se convierte en el nombre de la variable. El contenido introducido por el usuario en el control de formulario se asigna entonces a la variable. De todos los atributos, `name` es clave para pasar los datos desde el formulario HTML a cualquier otro lugar de la página, a otra página o fuera de ella a una base de datos.

Controles de entrada

El elemento `input` se utiliza para crear distintos controles de entrada de formulario, entre ellos:

- Campos de entrada de texto de una sola línea.
- Campos de entrada de contraseña.
- Controles ocultos.
- Casillas de verificación.
- Botones de opción.
- Botones de envío y de reinicio.
- Mecanismos de subida de archivos.
- Botones de imagen y personalizados.

El atributo `type` del elemento `input` especifica el tipo de control. El valor del atributo `type` también determina qué atributos pueden utilizarse con el elemento. A continuación describimos el elemento `input` y todos sus atributos aceptados. Encontrará listados de los atributos específicos del control con una explicación de cada tipo de control.

input

`<input />`

Atributos

Núcleo (`id`, `class`, `style`, `title`), *Internacionalización*, *Eventos*, `onfocus`, `onblur`, `onselect`, `onchange`

`alt="`*`texto`*`"`

`accept="`*`tipo MIME`*`"`

`accesskey="caracter"`

`checked="checked"`

`disabled="disabled"`

`maxlength="`*`número`*`"`

`name="`*`texto`*`"` (*requerido por todos los tipos de entrada excepto* `submit` *y* `reset`)

`readonly="readonly"`

`size="`*`número`*`"`

`src="`*`URL`*`"`

`tabindex="`*`número`*`"`

`type="text|password|checkbox|radio|submit|reset|file|hidden|image|button"`

`value="`*`texto`*`"`

Campo de entrada de texto

El tipo más sencillo de elemento de formulario es el campo de entrada de texto (`type="text"`). `Text` es el ajuste predeterminado para el elemento `input`.

input type="text"

Atributos

Núcleo (`id`, `class`, `style`, `title`), *Internacionalización*, *Eventos*

Foco (`accesskey`, `tabindex`, `onfocus`, `onblur`)

`disabled="disabled"`

`maxlength="`*`número`*`"`

`name="`*`texto`*`"` (*requerido*)

readonly="readonly"

size="*número*"

value="*texto*"

Este campo permite al usuario introducir una sola palabra o una línea de texto. Por defecto, el navegador muestra una casilla de entrada de texto de 20 caractares, pero puede cambiar la longitud con el atributo `size`.

Por defecto el usuario puede escribir un número ilimitado de caracteres en el campo (la muestra en pantalla se va deslizando hacia la derecha a media cuando el texto supera la anchura de la casilla) pero puede establecer un número máximo de caracteres utilizando el atributo `maxlength`.

Utilice el atributo `value` para especificar el valor inicial, esto es, el texto que aparecerá cuando se cargue el formulario. El usuario puede cambiar este texto predeterminado. Si tiene un formulario que consiste en un solo elemento de entrada de texto, si se pulsa la tecla **Intro** el formulario será enviado sin que sea necesario tener un botón específico de envío en el mismo. El siguiente ejemplo de marcado crea un campo de texto de 15 caracteres, un máximo de 50 y el texto "enter your name" mostrado en el campo (véase la figura 15.2).

```
<p>What is your name?</p>
<input type="text" name="name" size="15" maxlength="50" value="enter
your name" />
```

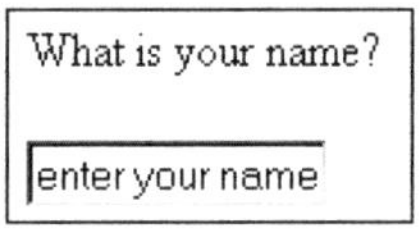

Figura 15.2. Control de entrada de texto.

Entrada de texto de contraseña

Un campo de contraseña (`type="password"`) funciona como la entrada de texto con la única diferencia de que los caracteres quedan ocultos por asteriscos (*) o boliches (•) u utros caracteres determinados por el agente de usuario.

input type="password"

Atributos

Núcleo (id, class, style, title), *Internacionalización*, *Eventos*

Foco (accesskey, tabindex, onfocus, onblur)

disabled="disabled"

maxlength="*número*"

name="*texto*" (*requerido*)

readonly="readonly"

size="*número*"

value="*texto*" (*requerido*)

Los atributos y sintaxis para los campos de entrada de contraseña son igual que para el tipo de entrada de texto. La única diferencia es que los valores (como el proporcionado como un valor inicial en este marcado) se remplazan con caracteres neutrales, tal y como muestra la figura 15.3.

```
<p>What is your password?</p>
<input type="password" name="password" size="8" maxlength="8"
value="abcdefg" />
```

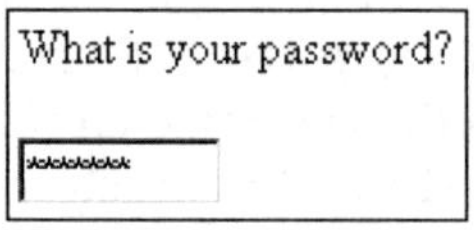

Figura 15.3. Control de entrada de contraseña.

Advertencia: Aunque los caracteres introducidos en el campo de contraseña no son visibles, el formulario no encripta la información introducida y no debería ser considerado como una medida auténtica de seguridad.

Entrada oculta (type="hidden")

La entrada oculta (`type="hidden"`) añade un control que no se muestra en el navegador pero que es enviado al procesador de formularios cuando se envía el formulario.

input type="hidden"

Atributos

accesskey="*caracter*"

tabindex="*número*"

name="*texto*" (*requerido*)

value="*texto*" (*requerido*)

Los controles ocultos son útiles para enviar información que tiene que procesarse junto con los datos introducidos por el usuario como por ejemplo etiquetas utilizadas por el *script* para ordenar formularios. Los usuarios no pueden ver ni modificar los controles ocultos. Algunos *scripts* necesitan que se añadan determinados campos ocultos al formulario para funcionar correctamente. Este es un ejemplo de elemento `hidden` (véase la figura 15.4).

```
<p>This is a hidden element</p>
<input type="hidden" name="extra_info" value="important" />
```

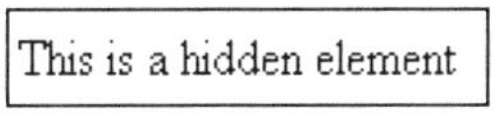

Figura 15.4. Entrada oculta.

Casilla de verificación (type="checkbox")

Las casillas de verificación (`type="checkbox"`) son como interruptores que pueden ser activados y desactivados por el usuario. Pueden seleccionarse al mismo tiempo varias casillas de verificación de un grupo, útil en el caso de preguntas multielección en las que es aceptable más de una respuesta. Cuando se envía un formulario sólo las casillas "activadas" envían valores al servidor.

input type="checkbox"

Atributos

Núcleo (`id, class, style, title`), *Internacionalización*, *Eventos*, *Foco* (`accesskey, tabindex, onfocus, onblur`)

`align="left|right|top|texttop|middle|absmiddle|baseline|bottom|absbottom"`

`checked="checked"`

`disabled="disabled"`

`name="`*`texto`*`"` *(requerido)*

`readonly="readonly"`

`value="`*`texto`*`"` *(requerido)*

Las casillas de verificación pueden utilizarse por separado para transmitir coordinadas nombre/valor al servidor cuando están activadas. Por defecto, las casillas de verificación no están activadas; para hacer que sí lo estén cuando se carga la página añada el atributo `checked` al elemento `input` correspondiente. En XHTML debe indicar un valor para todos los atributos, así que la sintaxis correcta sería `checked="checked"`.

Cuando la casilla está activada, el valor correspondiente se transmite con el formulario al programa de procesado del servidor. Los valores de las casillas no activadas no se envían.

Si asigna el mismo nombre a un grupo de casillas de verificación se comportan como un listado de elección múltiple en el que el usuario puede seleccionar más de una opción para una determinada propiedad, tal y como muestra el siguiente marcado y la figura 15.5.

```
<p>Which of the following operating systems have you used?</p>
<input type="checkbox" name="os" value="WinXP" /> Windows XP
<input type="checkbox" name="os" value="Linux" checked="checked" />
Linux
<input type="checkbox" name="os" value="OSX" checked="checked" />
Macintosh OSX
<input type="checkbox" name="os" value="DOS" /> DOS
```

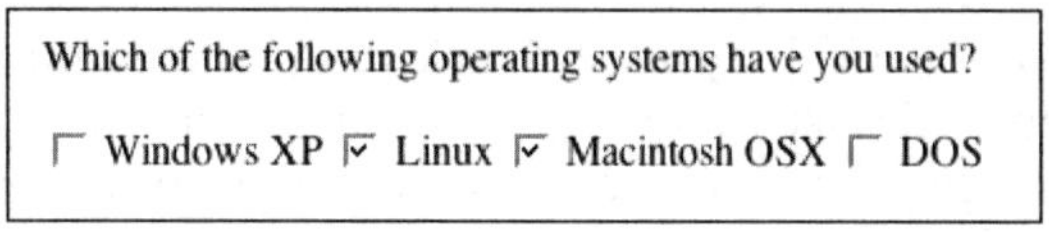

Figura 15.5. Pueden seleccionarse varias casillas de verificación de un mismo grupo.

Botón de opción

Los botones de opción (`type="radio"`) son otro tipo de botón que pueden activar y desactivar los usuarios. A diferencia de las casillas de verificación, cuando un grupo de botones de opción comparten el mismo nombre de control sólo puede activarse un botón al mismo tiempo y todos los demás quedan desactivados. Se utilizan cuando las opciones son exclusivas.

input type="radio"

Atributos

Núcleo (`id, class, style, title`), *Internacionalización, Eventos, Foco* (`accesskey, tabindex, onfocus, onblur`)

`checked="checked"`

`disabled="disabled"`

`name="`*`texto`*`"` *(requerido)*

`readonly="readonly"`

`value="`*`texto`*`"` *(requerido)*

En este ejemplo (véase la figura 15.6) sólo puede seleccionarse un sistema operativo. El atributo `checked` activa el botón por defecto cuando se carga la página. Sólo los datos del botón de opción que esté seleccionado serán enviados con el formulario.

```
<p>Which of the following operating systems have you used?</p>
<input type="radio" name="os" value="WinXP" /> Windows XP
<input type="radio" name="os" value="Linux" /> Linux
<input type="radio" name="os" value="OSX" checked="checked" />
Macintosh OSX
<input type="radio" name="os" value="DOS" /> DOS
```

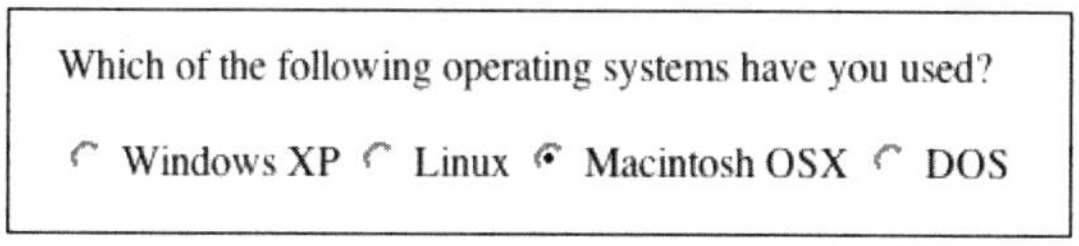

Figura 15.6. Solamente es posible seleccionar un botón de opción de un mismo grupo.

Botones de envío y reinicio

Los botones de envío, utilizados para enviar los datos del formulario al agente de procesado, se añaden con el tipo de elemento de entrada `input`. Los botones de reinicio devuelven todos los controles del formulario a sus valores iniciales y se añaden con el tipo de elemento de entrada `reset`.

input type="submit"

Crea un control de botón de envío; si se pulsa el botón la información del formulario se envía inmediatamente al servidor para ser procesada.

Atributos

Núcleo (`id, class, style, title`), *Internacionalización*, *Eventos*, *Foco* (`accesskey, tabindex, onfocus, onblur`)

`disabled="disabled"`

`name="`*`texto`*`"`

`value="`*`texto`*`"`

input type="reset"

Crea un botón de reinicio que limpia los contenidos de los elementos de un formulario (o los devuelve a sus valores predeterminados).

Atributos

Núcleo (`id, class, style, title`), *Internacionalización*, *Eventos*, *Foco* (`accesskey, tabindex, onfocus, onblur`)

`disabled="disabled"`

`value="`*`texto`*`"`

Todos los formularios (a menos que sólo tengan un campo de texto) necesitan un control de botón de envío para iniciar la transmisión de información al servidor. Un formulario puede tener más de un botón de envío. Por defecto, el botón de envío (`type="submit"`) reza "Submit" (Enviar) o "Submit Query" (Enviar consulta), pero puede cambiarlo añadiendo su propio texto tras el atributo `value`.

El botón de reinicio (`type="reset"`) devuelve todos los controles del formulario al estado que tenían cuando se cargó la página (en blanco o con los valores indicados por el autor con el atributo `value`). El valor predeterminado (y por tanto la etiqueta para el botón) es "Reset" pero como con el botón de envío puede cambiar el texto especificando su valor, tal y como muestra la figura 15.7.

```
<p>You have completed the form.</p>
<input type="submit" /><input type="reset" value="Start Over" />
```

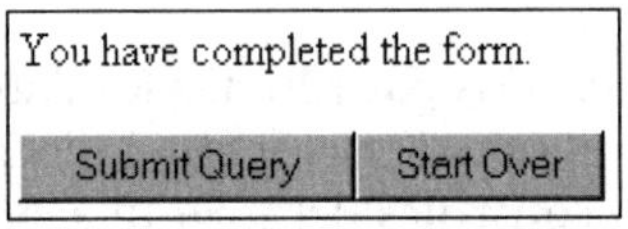

Figura 15.7. Botones de envío y reinicio.

Algunos desarrolladores deciden no incluir ningún botón de reinicio porque no hay ningún modo de comprobar errores. Si un usuario lo pulsa por accidente, todos los datos introducidos se pierden. Y suele ocurrir bastante a menudo.

Botón personalizado

Se puede crear un botón pulsador que sea utilizado con controles de *scripting* (JavaScript) del lado del cliente ajustando el tipo `input` a `button`.

input type="button"

Atributos

Núcleo (`id, class, style, title`), *Internacionalización*, *Eventos*, *Foco* (`accesskey, tabindex, onfocus, onblur`)

`align="left|right|top|texttop|middle|absmiddle|baseline|bottom|absbottom"`

`disabled="disabled"`

`name="`*`texto`*`"`

`value="`*`texto`*`"`

Este botón (`type="button"`) no tiene función predefinida, es una herramienta genérica que puede personalizarse con un lenguaje como JavaScript (el lenguaje debería declararse con un elemento `meta`). Utilice el atributo `value` para escribir su propio texto en el botón, tal y como muestran el siguiente marcado y la figura 15.8. Los datos de un elemento de entrada `type="button"` nunca se envían con el formulario; este tipo sólo es útil con programas de *script* en el navegador.

```
<This does something really exciting.</p>
<input type="button" value="Push Me!" />
```

Figura 15.8. Botón personalizado.

Botón de imagen

Si quiere utilizar su propia imagen para un botón de envío utilice el tipo de entrada `image`.

input type="image"

Atributos

Núcleo (`id`, `class`, `style`, `title`), *Internacionalización*, *Eventos*, *Foco* (`accesskey`, `tabindex`, `onfocus`, `onblur`)

`align="top|middle|bottom"`

`alt="`*`texto`*`"`

`disabled="disabled"`

`name="`*`texto`*`"` *(requerido)*

`src="`*`URL`*`"`

Puede remplazar el botón de envío con una imagen propia utilizando la entrada de imagen (`type="image"`) tal y como muestra el siguiente ejemplo de marcado y la figura 15.9. Cuando se pulsa la envía, el formulario es enviado al servidor y se incluyen las coordinadas del clic del ratón con los datos del formulario. Debe indicar la URL de la imagen con el atributo `src`. Es conveniente utilizar texto alternativo (con el atributo `alt`) para los botones de imagen.

```
<input type="image" src="graphics/sendme.gif" alt="Send me" />
```

Figura 15.9. Utilizar una imagen para un botón.

Selección de archivos

El tipo de entrada `file` permite enviar archivos externos con el formulario. El control de formulario incluye un campo de texto y un botón de navegación que accede a los contenidos del ordenador local.

input type="file"

Atributos

Núcleo (`id, class, style, title`), *Internacionalización*, *Eventos*, *Foco* (`accesskey, tabindex, onfocus, onblur`)

`accept="`*`tipo MIME`*`"`

`disabled="disabled"`

`maxlength="`*`número`*`"`

`name="`*`texto`*`"` (*requerido*)

`readonly="readonly"`

`size="`*`número`*`"`

`value="`*`texto`*`"`

El campo de selección de archivos (`type=file"`) permite seleccionar un archivo almacenado en el ordenador del usuario y enviarlo al servidor al enviar el formulario. Se muestra en pantalla como un campo de entrada de texto con un botón de navegación para seleccionar el archivo, como muestran el siguiente ejemplo y la figura 15.10. Como en otros campo de texto puede ajustar los valores `size` y `maxwidth` así como el texto predeterminado del campo. Al usar este tipo de entrada debería especificar `enctype="multipart/form-data"` en el elemento `form`.

```
<form enctype="multipart/form-data">
<p>Send this file with my form information:</p>
<input type="file" size="28" />
</form>
```

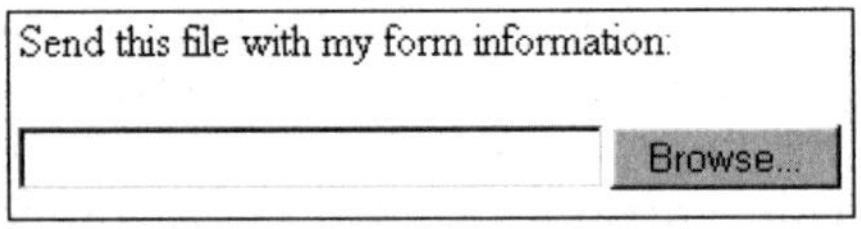

Figura 15.10. Campo de formulario de selección de archivos.

Áreas de texto multilínea

El elemento `textarea` crea una casilla de entrada de texto deslizable y multilínea que permite introducir entradas de texto amplias.

textarea

```
<textarea>...</textarea>
```

Núcleo (id, class, style, title), ***Internacionalización***, ***Eventos***, onselect, onchange

Foco (accesskey, tabindex, onfocus, onblur)

cols="*número*" (*requerido*)

disabled="disabled"

name="*texto*" (*requerido*)

readonly="readonly"

rows="*número*" (*requerido*)

Este es un ejemplo de control de formulario textarea y de su marcado (véase la figura 15.11).

```
<p>What did you dream last night?</p>
<textarea name="dream" rows="4" cols="45">Tell us your dream in 100
words or less</textarea>
```

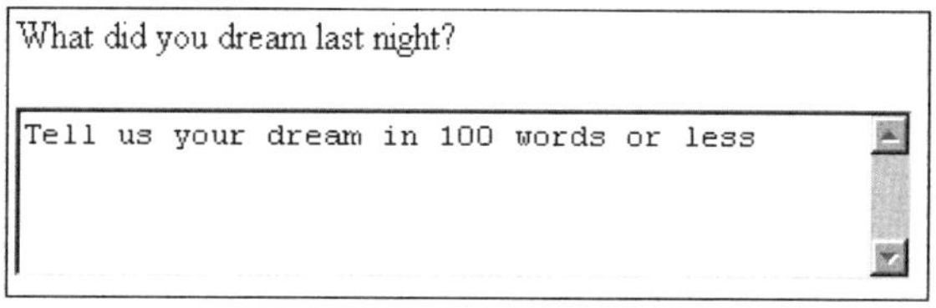

Figura 15.11. Campo de formulario de área de texto.

Especifique el número de líneas de texto que debería mostrar el área con el atributo rows. El atributo cols especifica el ancho (en caracteres). Estos atributos son requeridos. Se incluyen también barras deslizantes si el usuario escribe más texto del que cabe en el espacio asignado.

El texto que aparece en el elemento textarea es el contenido inicial de la ventana de entrada de texto cuando se muestra en pantalla el formulario. Cuando se transmite el formulario, el navegador envía el texto junto con el nombre especificado por el atributo name (requerido).

Crear menús con el elemento select

El elemento select permite generar un menú de opciones más compacto que el que proporcionan las agrupaciones de casillas de verificación o de botones de opción. Un menú se muestra como un menú desplegable o como una lista deslizante de opciones, dependiendo del tamaño especificado. El elemento `select` funciona a modo de contenedor para varios elementos `option`. También puede contener uno o más `optgroups`, utilizados para definir un grupo lógico de elementos `option`.

select

`<select>...</select>`

Atributos

Núcleo (`id, class, sytle, title`), *Internacionalización*, *Eventos*, `onfocus, onblur,onchange`

`disabled="disabled"`

`multiple="multiple"`

`name="`*`texto`*`"` (*requerido*)

`size="`*`número`*`"`

`tabindex="`*`número`*`"`

option

`<option>...</option>`

Atributos

Núcleo (`id, class, style, title`), *Internacionalización*, *Eventos*

`disabled="disabled"`

`label="`*`texto`*`"`

`selected="selected"`

`value="`*`texto`*`"`

optgroup

`<optgroup>...</optgroup>`

Atributos

Núcleo (`id, class, style, title`), *Internacionalización*, *Eventos*

`disabled="disabled"`

`label="`*`texto`*`"` (*requerido*)

Menús desplegables

El elemento `select` muestra un menú desplegable de opciones si no se lista ninguna especificación de tamaño o cuando `size="1"`. En un menú desplegable sólo puede seleccionarse un elemento cada vez. (Tenga en cuenta que al añadir el atributo `multiple` el menú se convierte en una lista deslizante, como veremos a continuación). Para desplegar el menú sólo hay que pulsar las flechas junto a él (véase la figura 15.12).

```
<p>What is your favorite ice cream flavour?</p>
<select name="ice_cream">
<option>Rocky Road</option>
<option>Mint Chocolate Chip</option>
<option>Pistachio</option>
<option selected="selected">Vanilla</option>
<option>Chocolate</option>
<option value="swirl">Fudge Ripple</option>
<option label="Praline Pecan">Super-duper Praline Precan Smashup</
option>
<option>Bubblegum</option>
</select>
```

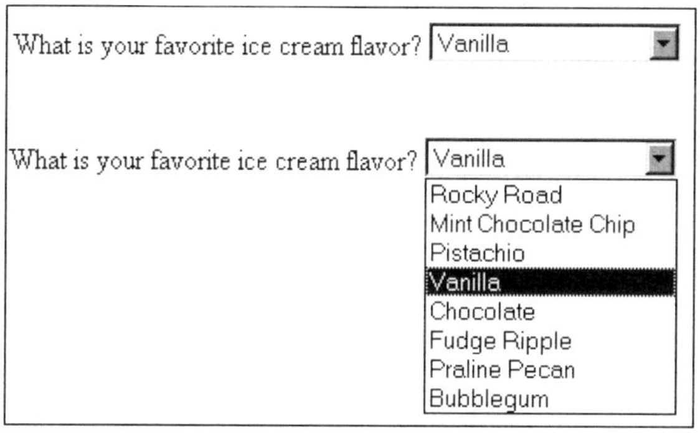

Figura 15.12. Se puede establecer que los elementos de un menú select aparezcan en pantalla cuando se expande el menú.

Por defecto es el primer elemento `option` de la lista el que aparece en pantalla cuando se carga el formulario. Utilice el atributo `selected` en el elemento `option` para convertirlo en el valor predetermiando del menú (la opción estará seleccionada cuando se cargue el formulario).

El texto de cada elemento `option` es el valor que se envía al servidor. Si quiere enviar un valor que no aparezca en pantalla, indíquelo con el atributo `value` en el elemento `option`. En el sexto elemento `option` del ejemplo, los usuarios verán "Fudge Ripple" pero se enviará el valor "swirl" al agente de procesado del formulario.

El atributo `label`, si se incluye, se muestra en pantalla en lugar del contenido del elemento `option`. En la séptima opción del ejemplo los usuarios verán "Praline Pecan" pero el formulario enviará los datos "Super-duper Praline Pecan Smashup" porque es el valor predeterminado indicado en el elemento `option`.

Menús deslizantes

Para que el menú aparezca como una lista deslizante, especifique el número de líneas que le gustaría que fueran visibles en la lista utilizando el atributo `size` o añada el atributo `multiple` al elemento `select`, tal y como muestra el siguiente marcado y la figura 15.13. El atributo `multiple` permite que los usuarios selecciones más de una opción de la lista.

```
<p>What is your favorite ice cream flavour?</p>
<select name="ice_cream" size="6" multiple="multiple">
<option>Rocky Road</option>
<option>Mint Chocolate Chip</option>
<option>Pistachio</option>
<option selected="selected">Vanilla</option>
<option selected="selected">Chocolate</option>
<option value="swirl">Fudge Ripple</option>
<option>Super-duper Praline Precan Smashup</option>
<option>Bubblegum</option>
</select>
```

Figura 15.13. Utilice el atributo select para mostrar un menú de selección como una lista deslizante.

Este ejemplo utiliza también el atributo `selected` para preseleccionar opciones y el atributo `value` para indicar un valor para la opción distinto al texto mostrado en pantalla.

Grupos de opciones

Los grupos conceptuales de opciones pueden organizarse en grupos de opciones indicados con el elemento `optgroup`. Los navegadores pueden utilizarlo para mostrar menús jerárquicos en cascada. El valor del atributo `label` (requerido) se muestra como cabecera de las siguientes opciones.

El contenido del elemento `optgroup` es uno o más elementos `option`. Un elemento `optgroup` puede no contener otros elementos `optgroup`. Este ejemplo muestra cómo podría utilizarse el elemento `optgroup` para estructurar una lista de sabores de helado parecida a las de los ejemplos anteriores. El atributo `label` indica un nombre para el grupo de opciones.

```
<p>What is your favorite ice cream flavour?</p>
<select name="ice_cream" size="6" multiple="multiple">
```

```
<optgroup label="traditional">
   <option>Vanilla</option>
   <option>Chocolate</option>
   <option>Mint Chocolate Chip</option>
   <option>Pistachio</option>
   <option>Fudge Ripple</option>
</optgroup>
<optgroup label="specialty">
   <option>Inside-out Rocky road</option>
   <option>Super-duper Praline Precan Smashup</option>
   <option>Bubblegum</option>
</optgroup>
</select>
```

Si un usuario selecciona una opción de la lista (por ejemplo "Pistachio") el contenido de esa `option` pasa con el nombre de variable especificado en el elemento `select`:

```
ice_cream=Pistachio
```

Botones

El elemento `button` define un "botón" personalizado que funciona como los botones creados con la etiqueta `input`. El elemento `button` puede tener imágenes (pero no mapas de imagen) y cualquier otro contenido excepto elementos `a`, `form` y elementos de control de formularios. Los botones pueden renderizarse como botones 3D sombreados, con movimiento arriba/abajo cuando se pulsan (como los botones de envío y de reinicio), a diferencia del tipo de entrada `image` que es sólo una imagen plana.

button

`<button>...</button>`

Atributos

Núcleo (`id, class, style, title`), *Internacionalización*, *Eventos*, *Foco* (`accesskey, tabindex, onfocus, onblur`)

`disabled="disabled"`

`name="`*`texto`*`"`

`value="`*`texto`*`"`

`type="submit|reset|button"`

El siguiente ejemplo muestra elementos `button` utilizados en lugar de botones de envío y de reinicio. Los elementos `button` incluyen imágenes y contenido de texto.

```
<button type="submit" name="submit"><img src="thumbs-up.gif"
alt="thumbs-up icon" /> Finished. Ready for step two.</button>

<button type="reset" name="reset"><img src="thumgs-down.gif"
alt="thumbs-down icon" /> Try again.</button>
```

Observe que el texto que aparece en el botón (por ejemplo, "Try again") no tiene que coincidir, necesariamente, con el nombre de variable (`reset`). Los expertos en usabilidad recomiendan utilizar etiquetas claras y descriptivas para los botones como "Por favor, pulse cuando termine". El nombre de variable del botón que se pasa para el procesado puede ser más práctico.

Funciones de accesibilidad

La recomendación HTML 4.01 añadió unos pocos elementos y atributos para formularios que facilitan el trabajo del desarrollador en cuestiones de accesibilidad. Algunos ofrecen modos mejorados de agrupar y organizar estructura y contenido de formularios. Otros ofrecen alternativas de teclado para seleccionar y activar campos de formularios.

Nota: La ventaja añadida de los elementos que describen la estructura y relaciones del contenido del formulario es que constituyen buenos "ganchos" para aplicar reglas de hoja de estilo, tal y como veremos brevemente al final de este capítulo.

Etiquetas

El elemento `label` se utiliza para asociar texto descriptivo con un campo de formulario. Es un contexto importante para los usuarios que acceden al formulario con un navegador de voz. Todos los elementos `label` se asocian con un control de formulario.

label

`<label>...</label>`

Atributos

Núcleo (`id`, `class`, `style`, `title`), *Internacionalización*, *Eventos*, `onfocus`, `onblur`

`accesskey="`*`caracter`*`"`

`for="`*`texto`*`"`

Hay dos formas de aplicar una etiqueta a un control de formulario. Una consiste en anidar el control y su descripción asociada en el elemento `label`. Este es un ejemplo de etiquetas aplicadas a un formulario sencillo con este método.

```
<form action="cgi-bin/guestbook.pl" method="GET">
<label>Login account: <input type="text" name="login" /></label>
<label>Password: <input type="password" name="password" /></label>
<input type="submit" />
</form>
```

El otro método consiste en asociar la etiqueta con un valor `id` especificado en el formulario de entrada. El atributo `for` indica el control para el que es la etiqueta. Este método es útil para los campos de formulario que no están yuxtapuestos con sus descripciones como cuando abarcan varias celdas. Este es un ejemplo del elemento `label` que utiliza como referencia un `id`.

```
<form action="cgi-bin/guestbook.pl" method="GET">
<label for="log">Login account: </label>
<input type="text" name="login" id="log" />

<label for="pswd">Password: </label>
<input type="password" name="password" id="pswd" />
<input type="submit" />
</form>
```

id y name en elementos de formulario

Si se aplican a elementos de control de formularios (como `input`, `select`, etc.) los atributos `id` y `name` tienen funciones diferentes. El valor del atributo `name` se pasa al procesador de formularios con el formulario. El atributo `id` se utiliza para dar al elemento un único identificador al que se puede acceder con una regla de hoja de estilo, *script* o el elemento `label`, tal y como mostraba el ejemplo anterior. Un atributo `id` no puede utilizarse en lugar de `name` porque su valor no se enviará con el formulario.

No ocurre así con el elemento `form`. En este caso, `id` y `name` tienen un papel similar al asignar un nombre único al formulario. Elegir uno u otro dependerá del lenguaje que se utilice. En HTML, el atributo `name` puede utilizarse para dar un nombre al formulario haciéndolo accesible a *scripts*. En XHTML sólo puede utilizarse `id`, y el atributo `name` ha sido eliminado de la DTD.

fieldset y legend

El elemento `fieldset` se tuiliza para crear un grupo lógico de controles de formulario. El `fieldset` puede contener un elemento `legend`, una descripción de los campos incluidos que puede resultar muy útil a los navegadores no visuales.

fieldset

`<fieldset>...</fieldset>`

Atributos

Núcleo (id, class, style, title), *Internacionalización*, *Eventos*

legend

`<legend>...</legend>`

Atributos

Núcleo (id, class, style, title), *Internacionalización*, *Eventos*

accesskey="*caracter*"

align="top|bottom|left|right" (*depreciado*)

Éste es un formulario estructurado en grupos utilizando elementos fieldset y con leyendas descriptivas.

```
<form>
<fieldset>
   <legend>Customer information</legend>
   <label>Full name <input type="text" name="name" /></label>
   <label>Email adress <input type="text" name="email" /></label>
   <label>State <input type="text" name="state" /></label>
</fieldset>

<fieldset>
   <legend>Mailing List Sign-up</legend>
   <label>Add me to your mailing list <input type="radio" name="list"
         value="yes" checked="checked" /></label>
   <label>No thanks <input name"list" value="no" /></label>
</fieldset>
</form>
```

accesskey y tabindex

Como parte de los esfuerzos del W3C para mejorar la accesibilidad del contenido Web y la interactividad de los usuarios sin navegadores visuales, la recomendación HTML 4.01 introdujo varios atributos diseñados para facilitar la selección de campos de formulario desde el teclado. Para utilizar un control de formulario debe estar seleccionado y activo. En el mundo del desarrollo Web, este estado se denomina "foco". Estos atributos enfocan un elemento de formulario sin el método tradicional de apuntar y pulsar en él con el ratón. Todos los usuarios pueden disfrutar de estos atajos para moverse por un formulario.

El atributo `accesskey` especifica un caracter que será utilizado como atajo de teclado para un elemento. La funcionalidad real de la tecla de acceso puede necesitar de una combinación de teclas como Alt-tecla (Windows) o Comando-tecla (Macintosh).

El atributo `accesskey` puede utilizarse con los elementos de control de formulario `button`, `input`, `label`, `legend` y `textarea`. Netscape 4 y otros navegadores pre-estándares no soportan teclas de acceso. Cuando una tecla de acceso selecciona un elemento `label` el foco pasa al control de formulario correspondiente.

Los autores deberían dar algún tipo de indicación sobre las teclas de acceso como una leyenda o pueden incluso indicarlo entre paréntesis, en negritas o subrayado, tal y como muestra el siguiente ejemplo:

```
<b>A</b>dress<input type="text" name="adress" accesskey="1" />
```

Nota: Los especialistas en cuestiones de accesibilidad sugieren utilizar números en lugar de letras para que no haya ningún conflicto con otras combinaciones de teclas del software. Los autores recomiendan no utilizar teclas de acceso porque no son transparentes al usuario y suponen que el autor proporcionará leyendas o indicaciones.

Otro modo de enfocar campos de formulario es pulsando el tabulador del teclado para pasar de un campo a otro. Por defecto los navegadores que soportan la tabulación pasarán de un campo a otro en orden de aparición en el documento. Utilice `tabindex` si quiere reorganizar el orden de foco sin cambiar el orden del marcado fuente. Puede utilizarse con los elementos `button`, `input`, `select` y `textarea`. A los elementos con `tabindex` igual a cero (0) se accede después de a los elementos con valores positivos. Los elementos con valores `tabindex` negativos quedan fuera del orden de tabulación. Los elementos deshabilitados también quedan fuera. Añadir `tabindex` es muy sencillo.

```
Adress <input type="text" name="adress" tabindex="1" />
Zip code <input type="text" name="zip" tabindex="3" />
Phone number <input type="text" name="phone" tabindex="2" />
```

Aunque `tabindex` es una función de accesibilidad, muchos expertos en accesibilidad no recomiendan su uso. En la mayoría de los casos, el orden de aparición de los controles de formulario en el documento fuente debería ser lógico y suficiente. Si cambia el orden puede crearse algo de confusión. Tenga cuidado al usar `tabindex` y utilícelo sólo si es necesario.

Advertencia: En este momento, el indexado por tabulador tiene poco soporte en Safari 1.0 y Firefox 1.0 en Macintosh OS X. Dados los fallos y la incompleta implementación `tabindex` sólo puede aplicarse a campos de entrada de texto en estos navegadores.

Atributo title

Otro atributo para mejorar la accesibilidad de los campos de formulario (así como de vínculos, imágenes y otros recursos) es `title`. Utilícelo para ofrecer una descripción del campo o instrucciones especiales. Los navegadores de voz pueden leer el título cuando se selecciona el campo de formulario. Los navegadores visuales pueden renderizar los títulos como "notas" que aparecen cuando el puntero se detiene sobre el control.

disabled y readonly

Los atributos `disabled` y `readonly` impiden al usuario seleccionar o cambiar el campo de formulario. Si un elemento de formulario está deshabilitado no puede seleccionarse. Los navegadores visuales pueden renderizar el elemento en gris. El estado deshabilitado sólo puede cambiarse con un *script*. Es un atributo muy útil para restringir el acceso a determinados campos de formulario en función de las anteriores entradas de datos del formulario.

El atributo `readonly` evita que el usuario cambie el valor del campo de formulario (aunque puede seleccionarse). Permite a los desarrolladores establecer valores para los controles en función de otras entradas de datos utilizando un *script*.

Modificar la apariencia del formulario

La forma en la que un control de formulario aparece en el navegador depende del motor de renderizado del navegador. En HTML no hay atributos para modificar la presentación de un control de formulario que no sea especificar el número de caracteres para los campos de texto. Nos quedamos sabiendo que los controles se renderizarán de forma ligeramente distinta en los distintos navegadores y plataformas.

Si utiliza CSS para cambiar la presentación y posicionamiento de los controles de formulario puede tomar medidas que mejoren la apariencia de los formularios. Las tablas de diseño también se utilizan para alinear elementos de formulario, pero las tablas de diseño ya no son la opción idónea ahora que CSS tiene buen soporte.

Cambiar el estilo de los controles de formulario con CSS

Como con cualquier elemento HTML puede utilizar CSS para cambiar la fuente, colores y tamaño de los controles de formulario. El elemento `form` y los elementos de control de formulario aceptan los atributos `id`, `class` y `style` así que puede cambiar la fuente, el tamaño, el color, etc. como lo haría con cualquier otro elemento de la página Web. Los elementos `label`, `fieldset` y `legend`, si bien cumplen primariamente funciones de accesibilidad, también son buenos "ganchos" para dar estilo al contenido de formularios.

Algunos navegadores, especialmente las versiones antiguas, no soportan el cambio de tamaño de los campos o el posicionamiento de formularios con hojas de estilo, así que hágalo con cuidado y realice varias pruebas. La tercera parte del libro estudia las CSS.

El siguiente ejemplo utiliza un estilo en línea para crear un botón de envío negro con texto en blanco con el tipo de letra Impact (tal como se ilustra en la figura 15.14).

```
<input type="submit" value="SUBMIT" style="font-family: Impact, sans-
serif; color: white; font-size: 14px; background: black" />.
```

Figura 15.14. Un botón de envío modificado con hojas de estilo.

En este ejemplo se utiliza una hoja de estilo para seleccionar los campos necesarios (apellido y número de teléfono) utilizando atributos `class` en un formulario mínimo (véase la figura 15.15):

```
<!-- Información de estilo en cabecera del documento -->
<style type="text/css">
input.required { background-color: darkred; color: white }
</style>

<!-- en el formulario... -->

<p>First Name: <br />
<input type="text" name="first" size="30"></p>
<p>Last Name: </br />
<input type="text" name="last" size="30" class="required" /></p>
<p>Phone Number: <br />
<input type="text" name="number" size="12" class="required" /></p>
```

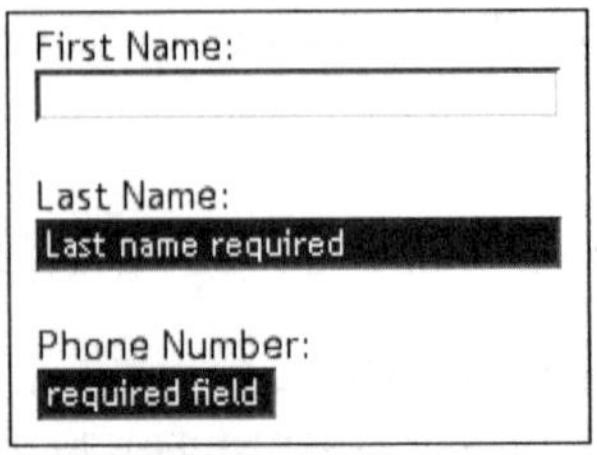

Figura 15.15. Las hojas de estilo en cascada modifican la apariencia de determinados campos.

Alinear elementos de formulario

Una página con muchos elementos de formulario puede convertirse en una tortura. Lo mejor que puede hacer para un formulario es alinear los elementos ordenadamente.

Tablas de diseño

El método tradicional (y el más fiable si selecciona soportar navegadores de versión 4) es alinear el contenido de un formulario mediante tablas, tal y como muestra la figura 15.16. Al diseñar un formulario con una tabla lo mejor suele ser poner el elemento `table` en el elemento `form`. Recuerde que los controles de formulario sin estilo se renderizarán a distintos tamaños en función del navegador y de sus preferencias, permitiendo cierta flexibilidad. Si utiliza tablas para el diseño asegúrese de que utilizan un marcado mínimo y de que están bien linearizadas (consulte el capítulo 13 para obtener más consejos sobre las tablas de diseño).

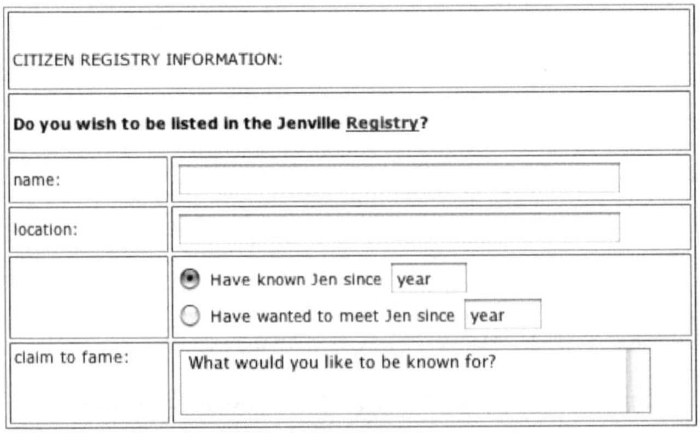

Figura 15.16. Utilizar una tabla para alinear un formulario.

Alineamiento exclusivo CSS

Es posible alinear los elementos de un formulario de forma similar utilizando solamente CSS, sin aplicar tablas de diseño, tal y como muestra el ejemplo de la figura 15.17.

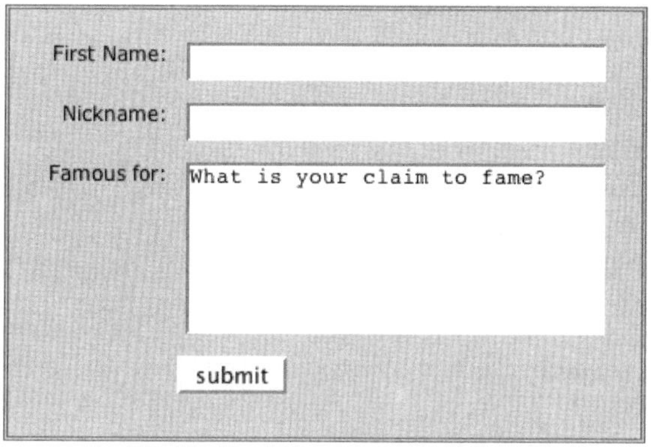

Figura 15.17. Utilizar CSS para alinear un formulario.

Éste es el marcado mínimo y semántico del formulario. Todos sus componentes utilizan un elemento `label` e `input`, excepto para el botón de envío que sólo tiene un elemento `input`.

```
<form action="/cgi-bin/guestbook.pl" method="get">
   <fieldset id="signup">
      <label for="first">First Name:</label>
      <input type="text" name="firstname" id="first" /><br />

      <label for="nick">Nickname: </label>
      <input type="text" name="nickname" id="nick" /><br />

      <label for="desc">Famous for:</label>
      <textarea rows="10" cols="25" id="desc">What is your claim to
            fame?</textarea><br />

      <input type="submit" value="submit" id="subbutton" />
   </fieldset>
</form>
```

El objetivo de este formulario era que las etiquetas y entradas aparecieran una al lado de la otra, con las etiquetas alineadas correctamente. Se consigue flotando los elementos `label` e `input` para que sean adyacentes y cambiando el `text-align` de la etiqueta a `right` Un margen del elemento `label` impide que el texto de la etiqueta se agolpe con las entradas.

Al utilizar la propiedad `float` es importante limpiar los siguientes elementos para que comiencen en una nueva línea tras el elemento flotado. En este ejemplo, la propiedad `clear` se aplica a los elementos `br` y `label` para garantizar la compatibilidad entre navegadores. Tenga que cuenta que como el botón de envío no tiene etiqueta, su propiedad `float` está ajustada a `none`. Aquí indicamos la hoja de estilo utilizada para alinear el formulario.

```
fieldset {
   font-family: Verdana, Arial, Helvetica, sans-serif;
   font-size: 12px;
   background-color: #CCCCCC;
   padding: 12px;
   border: medium double #666;
   width: 30em; }

label {
   width: 6em;
   float: left;
   text-align: right;
   margin: .5em 1em;
   clear: both; }

input, textarea {
   float: left;
   margin: .5em 0;
   width: 250px; }

#subbutton {
   float: none;
   width: auto;
   margin-bottom: 1em;
   margin-left: 7em;
   clear: both; }

br {clear: both; }
```

Parte III

La capa de presentación: CSS

Capítulo 16

Principios básicos de las hojas de estilo en cascada

Las hojas de estilo en cascada (CSS a partir del inglés *Cascading Style Sheets*) son un estándar W3C para definir la presentación de los documentos Web. Con "presentación" nos referimos al modo en el que un documento se muestra en pantalla o se suministra al usuario, ya sea en un monitor, en la pantalla de un teléfono móvil o leído por un lector de pantalla. Este libro se centra en los aspectos visuales de la presentación como tipografía, colores, alineación, etc. CSS es el medio de proporcionar este tipo de instrucciones de estilo a los elementos de un documento marcado con XHTML, HTML o cualquier lenguaje XML. Lo más importante es que CSS mantiene esas instrucciones de presentación separadas del contenido y de su marcado semántico y estructural.

Antes de CSS, los diseñadores estaban en manos del motor de renderizado del navegador y de hojas de estilo interno para fijar el aspecto de los elementos HTML en el navegador. Los elementos y atributos de presentación añadidos a HTML, como la etiqueta `font` y el atributo `bgcolor`, garantizaban cierto control sobre la muestra visual, pero la integridad del marcado se vio afectada. Las hojas de estilo en cascada ("hojas de estilo" en estos capítulos) devuelven las decisiones de muestra visual a las manos de diseñadores y autores. Son buenas noticias para los diseñadores que quieren tener más control sobre la presentación y para los que desean que HTML vuelva a ocuparse exclusivamente de definir la estructura y significado del documento. Las hojas de estilo han hecho posibles estos dos objetivos.

CSS en dos palabras

Los capítulos que conforman esta sección constituyen una visión global y referencia de CSS y sus propiedades. Este libro se centra en CSS utilizado con documentos escritos en (X)HTML aunque CSS puede utilizarse con cualquier lenguaje XML.

Este capítulo sienta las bases para comprender el funcionamiento de CSS, incluyendo reglas sintácticas y la aplicación de hojas de estilo a los documentos. También explica conceptos fundamentales de CSS como herencia, manejo de estilos en conflicto (la cascada), muestra de elementos en pantalla y el modelo de cajas. También se describen brevemente temas relacionados con los navegadores. El capítulo termina con una sección dedicada a la especificación de valores en CSS.

El capítulo 17 explica las distintas formas en las que pueden seleccionarse elementos para aplicación de estilos, y los capítulos 18 al 23 estudian las propiedades de muestra visual de CSS tal y como están especificadas en la recomendación CSS 2.1. Estos capítulos documentan cómo está diseñado CSS para funcionar. Por supuesto, el soporte de navegadores varía, así que a través de notas se indica si una propiedad o valores son especialmente problemáticos en un navegador.

Por último, los capítulos 24 y 25 resumen todo en aplicaciones prácticas. El capítulo 24 es un libro de recetas de algunas de las técnicas CSS más populares como *rollovers* y diseños multicolumna. Todos los problemas relacionados con los navegadores y sus soluciones son descritos en el capítulo 25, que constituye así una cómoda referencia para cualquier problema con el que pueda encontrarse.

Los capítulos de esta sección se centran en las propiedades de medios visuales. Las propiedades CSS relacionadas con la interfaz, medios paginados y medios aurales están incluidas en el apéndice B.

Las ventajas de CSS

En el capítulo 1 ya estudiamos con detalle las ventajas de utilizar los estándares Web para la producción de páginas Web, sin embargo, siempre viene bien refrescar la memoria sobre las ventajas de las hojas de estilo.

- **Mayor control de la tipografía y del diseño de página:** Con hojas de estilo puede especificar funciones de tipografía que estaban fuera del alcance de HTML (incluso con sus extensiones de presentación).
- **Menos trabajo:** No sólo puede formatear todos los elementos similares de un documento con una sola regla de estilo, las hojas de estilo externas también permiten editar la apariencia de todo un sitio al mismo tiempo con una sola edición.
- **Documentos potencialmente más pequeños:** Las etiquetas `font` redundantes y las tablas anidadas aumentan el tamaño de los documentos. Eli-

minando el HTML de presentación de los documentos ahorra tamaño de archivos.

- **Documentos potencialmente más accesibles:** Los documentos bien estructurados y ricos semánticamente son accesibles a más dispositivos y usuarios. Las técnicas basadas en (X)HTML de presentación, como utilizar el elemento `font` para dar formato a cabeceras y dividir el contenido en complejas tablas anidadas, daña la integridad del documento fuente.
- **HTML de presentación está en vías de desaparecer:** El W3C ha depreciado todos los elementos y atributos de presentación de las especificaciones HTML y XHTML. Un día los navegadores no tendrán porqué ofrecer soporte.
- **Tiene buen soporte:** En este momento casi todos los navegadores soportan prácticamente toda la especificación CSS 1. La mayoría también soporta casi íntegramente las recomendaciones de nivel 2 y 2.1.

Sobre las desventajas... realmente no hay ninguna. Hay quien se queja de que puede hacerse un mal uso de las hojas de estilo, pero no es una crítica real a CSS. Hay problemas persistentes derivados del soporte inconsistente por parte de los navegadores, que exigen soluciones provisionales y planificación extra (consulte el capítulo 25), pero no es un argumento real contra el uso de hojas de estilo para presentación.

Cómo funciona CSS

Sigue una explicación simplificada del funcionamiento de las hojas de estilo. En esencia el proceso es realmente simple:

1. Comience con un documento XHTML (o HTML). En teoría el documento tendrá una estructura lógica y un significado semántico a través de los elementos XHTML adecuados. El marcado XHTML suele considerarse la "capa estructural" de la página Web. Conforma la base sobre la que se aplica la "capa de presentación".
2. Escriba reglas de estilo para definir el aspecto ideal de todos los elementos. Las reglas seleccionan el elemento por nombre y a continuación listan las propiedades (fuente, color, etc.) que se le van a aplicar. Más adelante veremos aspectos más específicos de la escritura de reglas de estilo.
3. Vincule los estilos al documento. Las reglas de estilo pueden reunirse en un documento independiente y aplicarse a todo el sitio o pueden aparecer en la cabecera y aplicarse sólo a ese documento. Las instrucciones de estilo

pueden aparecer también en el propio elemento XHTML. Cada uno de estos métodos para vincular reglas de estilo al contenido del documento será estudiado más adelante.

No es necesario decir que estos pasos son algo más complejos que como aquí aparecen descritos. La siguiente sección comienza a adentrarse en los entresijos de las hojas de estilo atendiendo a las partes de una regla de estilo.

Sintaxis de las reglas

Las hojas de estilo consisten en una o más reglas que describen cómo debería mostrarse en pantalla un elemento. El siguiente ejemplo contiene dos reglas. La primera regla pone los `h1` en gris; la segunda especifica que los párrafos deberían ir en Verdana de 12 píxeles de altura o sans-serif:

```
h1 {color: #eee;}
p {font size: 12px;
   font-family: Verdana, sans-serif; }
```

La figura 16.1 muestra los componentes de una regla de hoja de estilo.

Figura 16.1. Partes de una regla de hoja de estilo.

Las dos secciones principales de una regla de hoja de estilo son el "selector" (que identifica el elemento al que se va a aplicar el estilo) y la "declaración" (las instrucciones de muestra o estilo que se van a aplicar al elemento). En el ejemplo de código anterior, los elementos `h1` y `p` son los selectores. En el capítulo 17 encontrará una lista completa de los selectores de la especificación CSS 2.1.

La historia de CSS y desarrollo de estándares

HTML nunca estuvo pensado como lenguaje de presentación, así que la idea de utilizar hojas de estilo independientes con los documentos HTML (igual que se utilizaban las hojas de estilo en la micro publicación) existía desde 1990 cuando la Web era sólo un brillo en los ojos de Tim Berners-Lee. Ya en 1993, antes de la publicación del navegador Mosaic, había varias propuestas de hoja de estilo HTML en circulación.

Las hojas de estilo en cascada como hoy las conocemos, comenzaron en 1994, cuando Håkon Lie publicó su primer borrador de hojas de estilo HTML en cascada. Pronto se le unió Bert Bos, que había estado trabajando en un sistema similar de hoja de estilo para su navegador Argo. Lo que distinguía su propuesta era la noción de que el sistema debía encontrar el equilibrio entre las preferencias de estilo del autor y del lector y que debía haber un medio para trabajar con varias hojas de estilo y estilos en conflicto (la "cascada" de la que hablaremos más adelante).

Tras distintas presentaciones en conferencias WWW y una larga discusión en la lista de correo `www-style`, continuó el desarrollo de hojas de estilo en cascada. En 1995, cuando se hizo operativo el W3C, se formó un grupo de trabajo oficial dedicado a CSS. Por entonces "HTML" se había perdido de su título porque pronto se advirtió que otros lenguajes también necesitarían un lenguaje de presentación.

La primera recomendación formal CSS fue CSS Nivel 1, publicada en 1996, con los principios básicos para vincular fuentes, colores e instrucciones de espaciado a los elementos de una página. El primer navegador en implementar aspectos de CSS 1 fue Internet Explorer 3, en su esfuerzo por mantenerse competitivo con Netscape 4.

CSS Nivel 2 fue publicado en 1998. Es sobre todo destacable por la adición de propiedades para posicionar elementos en la página (originalmente publicado como CSS-P, convertido poco después en CSS Nivel 2), pero también introdujo tipos de medios, propiedades de diseño de tablas, hojas de estilo aurales y métodos más sofisticados para seleccionar elementos, entre otras funciones.

En este momento se están fraguando otras dos recomendaciones. CSS Nivel 2, Revisión 1 es un borrador de trabajo (degradado de candidato a recomendación) que hace ajustes menores a CSS2 basándose en la experiencia de trabajo con él entre 1998 y 2004. Repara errores, elimina propiedades que no fueron adoptadas por la comunidad CSS y traslada algunas funciones sin soporte a la futura especificación CSS 3.

La recomendación CSS Nivel 3, basada en módulos, añade soporte para texto flotante vertical, mejor manejo de tablas, idiomas internacionales y una mejor integración con otras tecnologías XML como SVG (*Scalable Vector Graphics*), MathML y SMIL. El W3C también está trabajando en conjuntos CSS especiales orientados a medios específicos como CSS Mobile, CSS Print y CSS TV. Está claro que CSS está integrado en la idea del W3C sobre el futuro del contenido Web.

Para tener información actualizada sobre las actividades del W3C relacionadas con CSS visite `www.w3.org/Style/CSS/`.

La declaración se compone de una propiedad y de su valor correspondiente. Las llaves permiten definir declaraciones múltiples que componen un "bloque de declaración". Una propiedad es un parámetro de estilo que puede definirse como `color`, `font-family` o `line-height`. Las propiedades deben ir separadas de sus valores asociados por un punto y coma (;) seguido de un espacio. Las propiedades de estilo son el corazón de CSS; por ello serán estudiadas en detalle en los capítulos 18 a 23.

Una declaración puede tener varios pares propiedad/valor. Las propiedades múltiples deben ir separadas por punto y coma (;), tal y como muestra este ejemplo:

```
p {font-size: 11px; font-weight: bold; color: #C06; }
```

Tenga en cuenta que como CSS ignora los espacios en blanco y los saltos de línea, la misma regla podría escribirse así, con lo que es más fácil encontrar las propiedades:

```
p {
    font-size: 11px;
    font-weight: bold;
    color: #C06;
}
```

Técnicamente la última propiedad de una declaración no necesita punto y coma, pero los desarrolladores suelen incluirlo siempre para que luego sea más fácil añadir la regla. Además, se evita también un extraño fallo en los navegadores más antiguos.

Las propiedades pueden aceptar varios tipos de valores como palabras clave predefinidas, valores porcentuales, medidas específicas de longitud, valores cromáticos, números enteros y direcciones URL. Al utilizar una propiedad de estilo resulta esencial saber qué tipo de valores acepta. En el apéndice B se indican los valores aceptados por cada propiedad junto con los listados de propiedades de todos los capítulos dedicados a CSS. La sintaxis para la medida de longitud y los valores cromáticos serán estudiados un poco más adelante, en este mismo capítulo.

Añadir estilos a un documento

Se pueden aplicar reglas de estilo a un documento de tres formas: como direcciones de estilo en línea, como elementos de estilo incrustados en la parte superior del documento y como archivos externos que pueden vincularse o importarse al documento.

Nota: Al vincular estilos a un documento es importante recordar que también pueden aplicarse otras hojas de estilo al documento. Los agentes de usuario, por ejemplo los navegadores, tienen hojas de estilo integradas para renderizar el contenido. Además, los usuarios pueden crear sus propias hojas de estilo y aplicarlas a un sitio en concreto o a todos los sitios que visitan para que les sea más fácil leer el texto o para cubrir determinadas necesidades. Más adelante veremos qué hoja de estilo tiene preferencia.

Estilos en línea

Puede añadir información de estilo a un elemento concreto utilizando el atributo `style` en la etiqueta HTML de ese elemento. El valor del atributo `style` es una o más declaraciones de estilo estándar, tal y como muestra este ejemplo:

```
<h1 style="color: red">This Heading will be Red</h1>

<p style="font-size: 12px; font-family: 'Trebuchet MS', sans-serif">This
is the content of the paragraph to be set with the described styles.</p>
```

Tenga en cuenta que si el atributo `style` utiliza comillas dobles como en el ejemplo, los valores citados en la lista (como el nombre de fuente, Trebuchet MS en el ejemplo) deben tener comillas simples. Lo contrario también es válido: si el documento utiliza comillas simples para los atributos, los valores contenidos deberán tener comillas dobles. Aunque es un uso perfectamente válido de la información de estilo, los estilos en línea equivalen a la extensión `font` de HTML en tanto contaminan el documento con información de presentación. Con estilos en línea, la información de presentación sigue ligada a los elementos de contenido individuales, así que los cambios deben hacerse en todas las etiquetas de todos los archivos. Lo mejor es utilizar los estilos de línea muy ocasionalmente para ignorar reglas de nivel más alto. De hecho, el atributo `style` ha sido depreciado en XHTML 1.1 y no aparece en otros lenguajes XML.

Hojas de estilo incrustadas

Un método más compacto para añadir hojas de estilo es incrustar un bloque de estilo en la parte superior del documento HTML utilizando el elemento `style` aquí resumido.

style

```
<style>...</style>
```

Atributos

Internacionalización (`lang`, `dir`, `xml:lang`)

```
media="all|aural|braille|handheld|print|projection|
   screen|tty|tv"
title="texto"
type="tipo de contenido" (requerido)
```

El siguiente ejemplo muestra estas reglas incrustadas en un documento XHTML:

```
<!DOCTYPE html PUBLIC "-//W3C//DTD XHTML 1.0 Strict//EN"
   "http://www.w3.org/TR/xhtml1/DTD/xhtml1-strict.dtd">
<html xmlns="http://www.w3.org/1999/xhml" xml:lang="en" lang="en">
<head>
<style type="text/css">
   h1 {color: #666;}
   p {font-size: 90%;
   font-family: Verdana, sans-serif; }
</style>
<title>Style Sheets</title>
</head>
....
</html>
```

El elemento `style` debe emplazarse en las etiquetas `head` del documento. Actualmente CSS es el único lenguaje de hojas de estilo con soporte amplio, pero el W3C se ha preparado para la posibilidad de que se añadan nuevos lenguajes en el futuro, proporcionando el atributo `type` en el elemento `style`. El único tipo de estilo viable en este momento es `text/css`. El atributo `type` es requerido en HTML y XHTML; si se omite, algunos navegadores pueden ignorar toda la hoja de estilo.

Además, el atributo `media` del elemento `style` (no presente en el ejemplo) puede utilizarse para seleccionar el medio (pantalla, impresión, dispositivo de mano, etc.) al que debería aplicarse la hoja de estilo. Si no está presente, el valor predeterminado es para todos los medios. Este atributo será explicado un poco más adelante.

Nota: Los navegadores que no soportan hojas de estilo (como los navegadores de versión 2) no reconocerán el elemento `style` y pueden mostrar las reglas de estilo en la página. Si por alguna razón tiene que soportar navegadores sin CSS, puede evitar que los contenidos aparezcan en la pantalla situándolos dentro de comentarios, como muestra este ejemplo:

```
<style type="text/css">
<!--
   h1 {color: #36C;}
-->
</style>
```

Aunque fue el marcado estándar, la inclusión de comentarios en el elemento `style` ya no es algo convencional a media que desaparece el uso de los navegadores antiguos.

Hojas de estilo externas

El modo más potente de utilizar CSS es reunir todas las reglas de estilo en un documento de texto independiente y crear vínculos a ese documento desde todas las páginas de un sitio. De este modo puede hacer cambios estilísticos homogéneos en todo el sitio editando la información de estilo de un solo documento. Es una herramienta muy potente para sitios a gran escala (y para los pequeños también, en este aspecto).

Contenido de hojas de estilo

El documento de hoja de estilo es un documento de texto con al menos una regla de hoja de estilo. No puede contener etiquetas HTML (después de todo no es un documento HTML) e incluirlas puede hacer que determinadas partes de la hoja de estilo sean ignoradas.

Tampoco están permitidos los comentarios HTML; sin embargo, pueden insertarse comentarios en la hoja de estilo utilizando la sintaxis de comentario CSS:

```
/* Éste es el final del capítulo */
```

Hay dos formas de hacer referencia a las hojas de estilo externas (que deberían tener la extensión `.css`) desde un documento: el elemento `link` y la directiva `@import`.

Utilizar link

El método con mejor soporte para hacer referencia a hojas de estilo externas es crear un vínculo al documento CSS utilizando el elemento `link` en la cabecera (`head`) del documento, tal y como muestra este ejemplo:

```
<head>
<link rel="stylesheet" href="/pathname/stylesheet.css" type="text.css" />
</head>
```

El atributo `rel` define la relación del documento vinculado con el documento actual (una "hoja de estilo"). El atributo `href` indica la URL del documento de hoja de estilo. Los autores pueden vincular más de una hoja de estilo en un documento.

Importar

Una alternativa a los vínculos es importar una hoja de estilo externa a un documento utilizando la función `@import` en el elemento `style`:

```
<style type="text/css">
<!--
   @import url(http://pathname/stylesheet.css);
   p {font-face: Verdana;}
-->
</style>
```

En este ejemplo, se proporciona una URL absoluta, pero también puede utilizarse una URL relativa. Los comandos `@import` deben preceder a todo lo demás (excepto `@charset`).

Hojas de estilo alternativas

CSS 2 introdujo la posibilidad de especificar hojas de estilo alternativas ajustando el valor del atributo `rel` a `alternate stylesheet`, tal y como muestra este ejemplo:

```
<link rel="stylesheet" type="text/css"
   href="/pathname/basic.css" title="Basic Style" />
<link rel="alternate stylesheet" type="text/css"
   href="/pathname/largetype.css" title="Larger type" />
<link rel="alternate stylesheet" type="text/css"
   href="/pathname/minimal.css" title="Minimal Design" />
```

Si el documento del ejemplo anterior se carga en un navegador, se aplica por defecto la hoja de estilo `basic.css` porque es la especificada como `stylesheet`. Los navegadores que pueden soportar hojas de estilo alternativas crearían un menú desplegable en la interfaz del navegador desde el que los usuarios pueden seleccionar las otras opciones de estilo.

Las hojas de estilo alternativas están soportadas en Mozilla, Netscape 6+ y Opera 7+. La versión 6 y anteriores de Internet Explorer no soportan hojas de estilo alternativas excepto a través de una extensión opcional llamada "favelet" (consulte `www.favelets.com` para más información). IE7 (en beta en este momento) tampoco tiene soporte integrado.

Se puede utilizar JavaScript y/o *scripting* del lado del servidor como PHP para que los usuarios puedan seleccionar hojas de estilo alternativas sin tener que confiar en que la interfaz del navegador soporte el método de hoja de estilo alternativa del ejemplo anterior. A List Apart tiene dos ar-

> tículos que pueden ser un buen punto de partida para seguir aprendiendo sobre este tema:
>
> - "Alternative Style: Working with Alternate Style Sheets", de Paul Sowden (`www.alistapart.com/articles/alternate/`). Explica el uso de JavaScript y DOM.
> - "Build a PHP Switcher", de Chris Clark (`www.alistapart.com/articles/phpswitch/`). Enseña a utilizar PHP para cambiar hojas de estilo.

Importar permite aplicar varias hojas de estilo al mismo documento. Cuando se añaden funciones `@import` adicionales con el elemento `style`, la información de estilo del útlimo archivo leído (el que está al final de la lista) tiene preferencia sobre los anteriores.

La directiva `@import` también puede utilizarse en la propia hoja de estilo para hacer referencia a información de otros archivos CSS externos. Consulte la nota "Hojas de estilo modulares" para obtener más información.

`@import` no tiene soporte en Netscape 4, Internet Explorer 3 y Opera 3. Esta limitación suele utilizarse como parte de una técnica para ocultar información de estilo sin soporte en estos navegadores. Afortunadamente suponen una pequeña fracción de los navegadores en uso en este momento.

CSS para otros medios

CSS 2 introdujo la posibilidad de orientar hojas de estilo a medios de presentación específicos. Se hace utilizando el atributo `media` en el elemento `link` o reglas `@media` o `@import` en una hoja de estilo. Sigue un listado de los valores aceptados para el atributo `media`, pero actualmente sólo tienen buen soporte `screen`, `print` y `all`. La Iniciativa de Web Móvil del W3C presta también mucha atención a `handheld`. Se pueden indicar varios valores en una lista separadas por comas.

> **Hojas de estilo modulares**
>
> El comando `@import` también puede utilizarse dentro del documento de una hoja de estilo (un archivo CSS) para obtener información de otras hojas de estilo. Con este método, la hoja de estilo externa vinculada a un documento HTML puede acceder a las reglas de estilo de múltiples archivos CSS. Esta funcionalidad se emplea como un medio para crear módulos de estilo y como una estrategia para reutilizarlos eficientemente.

Así por ejemplo, los estilos que se empleen frecuentemente en relación con la navegación de la página pueden almacenarse en una hoja de estilo de navegación. Los ajustes tipográficos establecidos como básicos se pueden almacenar en otra, los estilos para formularios en otra, y así sucesivamente. Estos módulos de estilos se incluyen posteriormente en la hoja de estilo principal por medio del comando `@import`, como se muestra aquí:

```
/* tipografía básica */
   @import url("type.css");

   /* form inputs */
   @import url("forms.css");

   /* navigation */
   @import url("list-nav.css")
```

`all`
: Usado para todos los medios.

`aural`
: Usado para lectores de pantalla y otras versiones audio del documento. Este valor está depreciado a favor de `speech` en las versiones futuras de CSS.

`braille`
: Utilizado al renderizar el documento con un dispositivo Braille.

`embossed`
: Utilizado con dispositivos de impresión Braille.

`handheld`
: Utilizado para teléfonos Web habilitados para la navegación Web o PDA.

`print`
: Utilizado para imprimir el documento o para mostrar una vista previa de impresión.

`projection`
: Utilizado para medios de proyección como una presentación de pase de diapositivas.

`screen`
: Utilizado para mostrar en pantalla en un monitor de ordenador. Son los medios que se aplican a todos los navegadores.

`speech`
: Este valor se reserva para la salida hablada en la recomendación CSS 2.1. Sus propiedades, sin embargo, se definirán en una edición de nivel de CSS.

`tty`
: Utilizado para impresoras de teletipos o dispositivos similares.

`tv`
: Utilizado para la presentación en un televisor.

Conceptos clave

Para familiarizarse con el comportamiento de CSS es importante comprender sus conceptos clave. Esta sección es una introducción básica a estas ideas fundamentales:

- Estructura y herencia documentales.
- Reglas de estilo en conflicto: la "cascada".
- Tipos de elementos.
- El modelo de cajas.

Estructura y herencia documentales

Los documentos XML, XHTML y HTML tienen una estructura o jerarquía implícita. Por ejemplo, el elemento raíz `html` suele contener un `head` y un `body`, y el `body`, a su vez, contiene distintos elementos a nivel de bloque como párrafos (`p`). Esta jerarquía puede visualizarse como un árbol, separándose en ramas desde la raíz. La figura 16.2 muestra la estructura de documento de un documento XHTML muy sencillo.

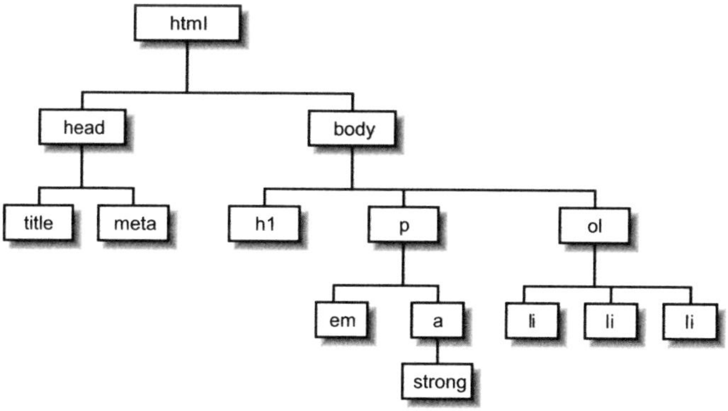

Figura 16.2. Estructura de documento.

La relación padre-hijo

La estructura del documento se convierte en un árbol genealógico cuando se hace referencia a las relaciones entre elementos. Un elemento que está contenido directamente por otro elemento es el "hijo" de éste. En la figura 16.2 el elemento `p` es el hijo de `body` y `body` es su "padre". Los elementos que tienen el mismo padre son "hermanos". En el ejemplo, el elemento `li` es el hijo de `ol`, su padre, y el resto de los elementos `li` son sus hermanos. La relación padre-hijo es fundamental para el funcionamiento de CSS.

En el ejemplo anterior observe que el elemento `p` contiene un elemento `a`, que a su vez contiene el elemento en línea `strong`. Técnicamente, el elemento `strong` está contenido también en el elemento `p`. Todos los elementos contenidos en un elemento son sus descendientes. Para ser considerado un hijo, un elemento tiene que estar directamente bajo su elemento padre en la jerarquía (por tanto, un hijo es sólo un tipo especial de descendiente). Como podría esperar, la terminología se extiende también en la otra dirección, y todos los elementos por encima de un elemento de la jerarquía son conocidos como sus ancestros. El elemento raíz se llama así porque no tiene ancestros.

Herencia

En relación con las relaciones estructurales está el concepto de herencia, por la cual la mayoría de los estilos pasan de un elemento a sus descendientes. En otras palabras, un hijo puede heredar valores de propiedad de su padre. Por ejemplo, si una regla de estilo aplica un color a una lista `ul`, todos los elementos de lista (`li`) de la misma tendrán también ese color, porque heredan la propiedad de su elemento padre. En CSS, la mayoría de propiedades se heredan pero algunas (como márgenes y fondos) no. La herencia está indicada en las descripciones de propiedades de todo el libro.

Los estilos aplicados a elementos específicos ignoran los ajustes en niveles más altos de la jerarquía. Con algo de planificación, la herencia puede utilizarse para hacer más eficaz la especificación de estilos. Por ejemplo, si le gustaría que todo el texto de la página fuera azul excepto en los elementos de lista, puede ajustar la propiedad de color en el nivel `body` para aplicarla a todo el documento y utilizar otra regla para dar a los elementos de lista otro color.

Este principio por el que algunas reglas ignoran otras nos acerca a un concepto muy importante: la cascada.

Reglas de estilo en conflicto: la cascada

Es posible (y común) que los elementos de un documento tengan instrucciones de presentación de distintas fuentes. Es posible pues que surjan conflictos. El grupo de trabajo que desarrolló CSS ya anticipó esta situación y concibió un sistema jerárquico que asigna distintos pesos a distintas fuentes de información de estilo. La "cascada" de hojas de estilo en cascada se refiere a lo que ocurre si varias fuentes de información de estilo concurren por el control de los elementos de una página; la información de estilo se transmite hasta que es ignorada por un comando de estilo con más peso.

La cascada ordena proporcionar un conjunto de reglas para resolver conflictos entre hojas de estilo concurrentes. Cuando un agente de usuario (como un navegador) encuentra un elemento mira a todas las declaraciones de estilo que pueda tener aplicadas y las ordena de acuerdo al origen de la hoja de estilo, a la especificidad de los selectores y al orden de regla para determinar cuál aplicar.

Origen de la hoja de estilo

En el nivel superior, los agentes de usuario buscan el origen de las declaraciones de estilo. Los navegadores dan distinto peso a las hojas de estilo de estas fuentes, listadas de menor a mayor peso:

- **Hojas de estilo del agente de usuario:** Es la información de estilo integrada en el dispositivo de navegación para renderizar elementos HTML y que establece su apariencia predeterminada.
- **Hojas de estilo del lector:** El lector (o usuario) también puede crear una hoja de estilo. Las hojas de estilo del lector ignoran los estilos predeterminados del navegador.
- **Hojas de estilo del autor:** Cuando el autor de un documento le vincula una hoja de estilo, esas declaraciones asumen preferencia sobre las hojas de estilo del lector y del agente de usuario, con una importante excepción, la siguiente:
- **Declaraciones de estilo !important del lector:** En CSS 2, las declaraciones de estilo del lector marcadas como `!important` predominan sobre todas las declaraciones de estilo, incluso las hojas de estilo del autor.

Nota: En CSS 1, cualquier estilo marcado como "importante" por el autor tenía más prioridad que el resto de los estilos del lector. Se revocó en CSS 2.

Tras considerar la fuente de la hoja d estilo hay otra jerarquía de pesos que se aplica a las hojas de estilo creadas por el autor del documento. Como se explicó en este capítulo, los autores pueden vincular información de estilo a los documentos como estilos en línea, como elemento de estilo incrustado o como una o más hojas de estilo externas. Estos puntos de origen en las hojas de estilo del autor tienen también distintos pesos (recuerde que todos los estilos del autor ignoran los estilos del agente de usuario y del lector a no ser que el lector marque un estilo como `!important`). Esta lista señala el peso de las distintas declaraciones de estilo del autor, de menor a mayor peso. En otras palabras, las reglas de estilo que están al final de la lista ignoran a las primeras.

- **Hojas de estilo externas vinculadas (utilizando el elemento link):** Si hay varias hojas de estilo vinculadas, las reglas de estilo de las hojas de estilo listadas por debajo en el documento tendrán preferencia sobre las listadas por encima. Por ejemplo, si un documento HTML vincula a dos hojas de estilo, de este modo:

```
<head>
<link rel="stylesheet" href="style1.css" type="text/css" />
<link rel="stylesheet" href="style2.css" type="text/css" />
</head>
```

  Si una regla de estilo indicada en `style2.css` está en conflicto con una regla de estilo de `style1.css`, la regla de `style2.css` tendrá preferencia porque la hoja de estilo está listada por debajo en el documento fuente.

- **Hojas de estilo externas importadas (utilizando @import):** La información de estilo importada ignora los estilos vinculados. Si hay varias directivas `@import`, las reglas indicadas en las hojas de estilo que estén por debajo en la lista ignoran las que están por encima.
- **Hojas de estilo incrustadas (con el elemento style):** Los estilos aplicados a un documento determinado ignoran las establecidas externamente.
- **Estilos en línea (utilizando el atributo style en una etiqueta de elemento):** Los estilos en línea ignoran todas las demás declaraciones de estilo que puedan hacer referencia a ese elemento, con una excepción:
- **Declaraciones de estilo marcadas como !important:** Cualquier estilo marcado como `!important` ignora todas las reglas de estilo en conflicto. Lo único que puede ignorar una regla importante de una hoja de estilo de autor es una regla importante creada por el usuario (como ya se dijo).

Asignar importancia

Si quiere que una regla no sea ignorada por una regla en conflicto subsiguiente, incluya el indicador `!important` tras el valor de propiedad y antes del punto y coma de esa regla. Por ejemplo, para poner en azul todo el texto de párrafo, utilice la siguiente regla en una hoja de estilo para el documento:

```
p {color: blue !important;}
```

> Aunque el navegador vuelva a encontrar un estilo en línea en el documento, como esta `<p style="color: red">`, el párrafo seguirá siendo azul porque la regla con el indicador `!important` no puede ser ignorada por otros estilos de la hoja de estilo del autor.
>
> La única forma en la que una regla `!important` puede ser ignorada es con una regla en conflicto en una hoja de estilo del lector (usuario) que también haya sido marcada `!important`. Es así para garantizar que los requisitos especiales del lector, como un tipo de letra más grande para las personas con discapacidades visuales, no sean ignorados.
>
> Basándonos en los ejemplos de estilo anteriores, si la hoja de estilo del lector incluye esta regla: `p {color: black;}`, el texto seguirá siendo azul porque todos los estilos del autor (incluso los que no están marcados como `!important` tienen prioridad sobre los estilos del lector. Sin embargo, si está marcado como `!important` este estilo del lector, `p {color: black !important;}`, los párrafos serán negros y no podrá ignorarse por ningún estilo suministrado por el autor.

Especificidad del selector

Hasta ahora hemos atendido a las prioridades dadas a distintas fuentes de información de estilo y métodos para vincular estilo al marcado. Cuando se ha elegido el conjunto de reglas de estilo aplicables, puede seguir habiendo conflictos. Por esta razón, la cascada continúa a nivel de reglas.

En el siguiente código de ejemplo, hay dos reglas que hacen referencia al elemento `strong`.

```
strong {color: red;}
h1 strong {color: blue;}
```

El agente de usuario asigna distintos niveles de peso a los distintos tipos de selector. Cuanto más específico sea el selector más peso se le dará para ignorar las declaraciones en conflicto. En el ejemplo anterior, todo el texto strong del documento se renderizará en rojo. Sin embargo, si el texto strong aparece en una cabecera de primer nivel, será azul porque un elemento de un contexto determinado es más específico y tiene más peso.

Esta es una lista de tipos de selector en orden de peso de menor a mayor. En el capítulo 17 explicaremos con detalle los tipos de selector y su terminología.

- Selectores de elementos y pseudoelementos específicos (por ejemplo `p` o `first-letter`).
- Selectores contextuales (p.e. `h1 strong`).

- Selectores de clase (p.e. `p.special`).
- Selectores ID (p.e. `p#intro`).

Recuerde que todas las reglas marcadas `!important` ignorarán reglas en conflicto sea cual sea su especificidad u orden.

Orden de las reglas

Por último, cuando los estilos se han ordenado por autor, método de vinculación y especificidad, puede seguir habiendo conflictos dentro de una única fuente de hoja de estilo. Cuando una hoja de estilo contiene varias reglas en conflicto de igual peso, la que esté en último lugar tiene más peso e ignora al resto. Por ejemplo, en el siguiente ejemplo, todas las cabeceras de primer nivel del documento serían rojas porque se impone la última regla:

```
h1 {color: green;}
h1 {color: blue;}
h1 {color: red;}
```

Ya se habló de este principio de "el último gana" en relación a varios elementos `link` y comandos `@import`. También se aplica en un solo bloque de declaración. En el siguiente ejemplo, la primera declaración crea un borde en todos los lados de un gris `div` utilizando la propiedad `border-color`. La segunda declaración entra en conflicto con la primera al especificar que el borde superior debería ser negro. Como la declaración listada en segundo lugar ignora la primera, el `div` resultante tendrá un borde superior negro y bordes grises en los otros tres lados.

```
div#side {border-color: gray;
   border-color-top: black; }
```

Calcular la especificidad

Hay más que contar sobre el modo en el que se determina la especificidad. El W3C desarrolló un sistema numérico que expresa el valor de peso de un selector en cuatro partes (a, b, c, d), en el que cada parte es una cuenta de los componentes del selector:

- a equivale a 1 si la regla es un valor de atributo `style` y no un selector. En las reglas que utilizan selectores, a=0. Así, los estilos en línea siempre ganan frente a hojas de estilo externas o incrustadas.
- b equivale al número de atributos ID dados en el selector.
- c equivale al número de atributos de clase, selecciones de atributo o pseudoclases del selector.

- d equivale al número de cada uno de los elementos y pseudoelementos del selector.

La siguiente lista muestra unos cuantos ejemplos para ilustrar el cálculo de especificidad. Las reglas correspondientes están listadas en orden de menor a mayor peso:

- `p {color: #FFFFFF;}`: Un selector de elemento (0,0,0,1).
- `ol li em {color: red;}`: Tres selectores de elemento (0,0,0,3).
- `.hot {color: red;}`: Un selector de clase (0,0,1,0).
- `#tip em {color: blue;}`: Un selector ID, un selector de elemento (0,1,0,1).

El peso se calcula de izquierda a derecha, así el último ejemplo (`#tip em`) con un 1 en la casilla b debería tener más peso que el segundo ejemplo (`p em`) con un 3 en la casilla d. Esto significa que si hubiera un elemento `em` que cumpliera estas dos reglas sería azul porque el selector con el valor de peso 0,1,0,1 gana.

Para más información sobre el cálculo de la especificidad del selector, consulte la recomendación CSS en `www.w3.org/TR/CSS21/cascade.html#specificity`.

Elementos de bloque y en línea

Si está familiarizado con (X)HTML ya sabrá algo sobre los elementos de nivel de bloque y en línea. CSS también utiliza los términos "bloque" y "en línea" pero es importante comprender que no es lo mismo que los elementos de bloque y en línea de (X)HTML.

En (X)HTML, la distinción entre los elementos a nivel de bloque y en línea se basa en reglas de contención o, en otras palabras, en función del anidamiento de elementos en otros elementos. En general, los elementos a nivel de bloque pueden contener elementos en línea y en bloque, mientras que los elementos en línea sólo pueden contener datos y otros elementos en línea. Los párrafos (`p`), cabeceras (como `h1`), listas (`ol, ul, dl`) y `divs` son los elementos de nivel de bloque más comunes. Sin embargo incluso algunos de esos elementos de nivel de bloque deben cumplir reglas especiales en (X)HTML. Por ejemplo, las cabeceras, párrafos y direcciones (`<address>`) sólo pueden contener elementos en línea y contenido. El texto enfatizado (`em`) y las anclas (`a`) son ejemplos de elementos en línea comunes. No es válido un marcado para anidar un párrafo en un elemento ancla, por ejemplo.

En CSS, sin embargo, la noción de "nivel de bloque" y "en línea" es puramente de presentación. `block` e `inline` son dos posibles roles de muestra en pantalla utilizados para indicar a los agentes de usuario cómo presentar el documento en el diseño. Los roles de muestra en pantalla se asignan utilizando la propiedad `display`. Las siguientes descripciones resumen las diferencias de presentación entre los elementos a nivel de bloque y en línea en CSS.

Un elemento a nivel de bloque de CSS (`display: block`) siempre genera saltos antes y después de él. Llena el ancho disponible del elemento padre que lo contiene sea el ancho del cuerpo del documento o un espacio menor definido como un `div`. No puede emplazar nada junto a un elemento de bloque en el flujo normal del documento.

Los elementos en línea CSS (`display: inline`) no generan saltos de línea. Aparecen en el flujo de la línea y sólo pasarán a otra línea si no tienen espacio.

A diferencia de las nociones XHTML de bloque y en línea, un elemento a nivel de bloque CSS puede estar anidado en un elemento en línea y viceversa. Al utilizar CSS cualquier elemento (X)HTML (o XML) puede convertirse a nivel de bloque o en línea.

Hay otros valores para la propiedad `display`. El más utilizado y el que tiene mejor soporte es `none`, que hace que el elemento no aparezca en pantalla y lo elimina del flujo del documento. Otros valores son `list-item` (como un elemento de bloque, sólo muestra un número o boliche), `run-in` (convierte a un elemento de bloque como una cabecera pasar al siguiente elemento, como un párrafo) y una colección de roles de muestra en pantalla relacionados con tablas. Estos últimos los estudiaremos en el capítulo 22.

Merece la pena advertir que los elementos definidos como de nivel de bloque en (X)HTML suelen tener una presentación por defecto de `display: block` cuando se renderizan. De igual modo, el rol de muestra en pantalla de los elementos en línea es `display: inline`. Se pueden ignorar los roles de muestra en pantalla predeterminados de los elementos (X)HTML utilizando la propiedad CSS `display`. De hecho, hacer que los elementos de lista (`li`) aparezcan en línea en lugar de a nivel de bloque (su valor por defecto) es una práctica común en el diseño Web (consulte el capítulo 24).

Recuerde, sin embargo, que cambiar la presentación de un elemento HTML con CSS no cambia la definición del elemento como a nivel de bloque o en línea en HTML. Poner un elemento a nivel de bloque en un elemento en línea siempre será (X)HTML inválido, sea cual sea su rol de muestra en pantalla.

Si los elementos (X)HTML tienen roles de muestra en pantalla predeterminados, los elementos de otros lenguajes XML no los suelen tener. La propiedad `display` es la herramienta a utilizar para declarar explícitamente los roles de muestra en pantalla para elementos concretos.

Se recomienda no reasignar roles de muestra en pantalla para elementos (X)HTML relacionados con tablas.

Ser consciente del rol de muestra en pantalla de un elemento es útil para comprender el modelo de cajas CSS, del que hablaremos en la siguiente sección.

Introducción al modelo de cajas

El modelo de cajas constituye la piedra angular del sistema de formateo visual de CSS. Es un concepto fundamental para comprender el funcionamiento de las hojas de estilo. Esta sección sólo es una introducción básica a este modelo. En los capítulos 19 a 21 estudiaremos con detalle los principios específicos de la aplicación de estilos y del diseño de páginas utilizando el modelo de cajas.

De acuerdo al modelo de cajas todos los elementos, a nivel de bloque o en línea, generan una caja rectangular alrededor llamada "caja de elemento" (aunque las cajas de bloque y en línea se tratan de forma ligeramente distinta). Pueden aplicarse propiedades como bordes, márgenes y fondos (entre otras) a la caja de un elemento. Las cajas también pueden utilizarse para posicionar elementos y diseñar la página. La figura 16.3 muestra las cajas resultantes de este ejemplo de marcado:

```
<body>
<h1>Headline</h1>
<p>This is a paragraph of text.<em>Lorem ipsum</em> dolor sit amet,
consecteteur adipiscing elit. Praesent tellus ante, laoreet in, ultrices
at, vehicula ut, leo. <strong>Vivamus velit.</strong>Nullam massa odio,
condimentum ut, porttitor in, suscipit eu, risus.</p>
<ul>
   <li>This is a list of list items</li>
   <li>And another item</li>
   <li>And another item</li>
</ul>
</body>
```

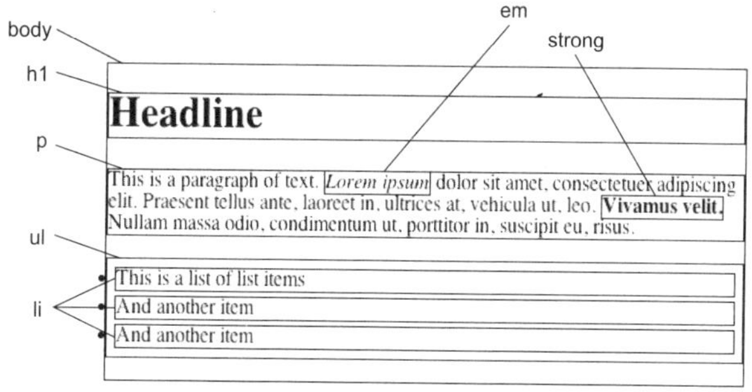

Figura 16.3. Elementos XHTML y sus cajas resultantes.

Las cajas de elementos están hechas de cuatro componentes principales. En el núcleo de la caja está el contenido del elemento. El contenido está rodeado por cierta cantidad de relleno, sigue el borde rodeado por el margen, tal y como muestra la figura 16.4.

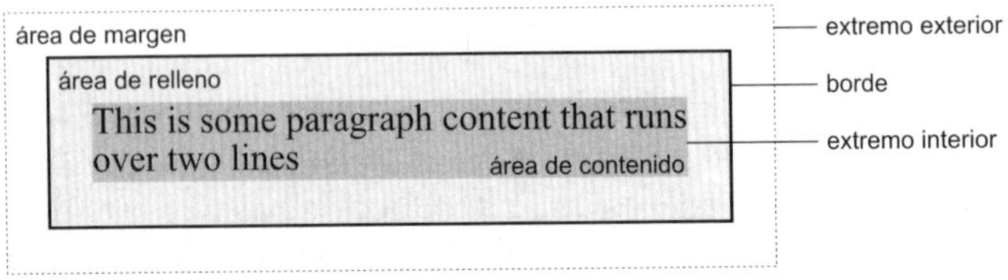

Figura 16.4. Estructura de caja de un elemento.

Hay unas pocas características fundamentales del modelo de caja que merece la pena destacar:

- Relleno, bordes y márgenes son opcionales. Si ajusta a cero sus valores se eliminan de la caja.
- El área de relleno es el espaico entre el borde del área de contenido y el borde (si lo hay). Cualquier color o imagen de fondo aplicados al elemento se extenderá por todo el área de relleno.
- Los bordes se generan con propiedades de estilo que especifican su estilo (como sólido, por ejemplo), ancho y color. Cuando un borde tiene huecos, el color o imagen de fondo aparece a través de esos huecos. En otras palabras, los fondos se extienden tras el borde hasta el borde exterior.
- Los márgenes siempre son transparentes, lo que significa que el color de fondo o el patrón del elemento padre se mostrará a través de ellos. El límite del margen (el borde exterior del elemento) no es visible, pero es una cantidad calculada.
- El ancho de un documento sólo se aplica al ancho del área de contenido. Esto significa que si especifica que un elemento debería tener una anchura de 200 píxeles, los contenidos reales se mostrarían con una anchura de 200 píxeles y los anchos acumulativos del relleno, el borde y los márgenes se sumarían a esa cantidad (hay que destacar a IE5 para Windows por implementar el ancho de la caja de forma incorrecta: consulte el capítulo 25 para ver más detalles).
- Se puede cambiar el estilo de los lados superior, derecho, inferior e izquierdo de una caja de elemento por separado. Por ejemplo, puede añadir un borde a la parte inferior de un elemento o sólo a los lados derecho e izquierdo.

Con esta información debería empezar a visualizar el documento de acuerdo al modelo CSS, pero esto es sólo el comienzo. Para llevar estas ideas a la práctica, consulte las explicaciones sobre propiedades de cajas y posicionamiento en los capítulos 19, 21 y 24.

Especificar valores

Es importante utilizar la sintaxis adecuada para especificar los valores cromáticos y de longitud en las reglas de hojas de estilo.

Unidades de longitud

CSS permite especificar medias en muchas unidades. Algunas de ellas (como em y pica) están tomadas del mundo de la prensa escrita tradicional. Al especificar longitudes es importante recordar lo siguiente:

- No añada espacio entre el número y la abreviatura de la unidad en dos letras. Debe ser `24px` y no `24 px`.
- El único valor que no necesita abreviatura de unidad es cero.
- Las medidas pueden contener fracciones decimales como `14.5cm`.
- Algunas propiedades, como los márgenes, aceptan valores negativos: `margin: -500px`.

La tabla 16.1 ofrece un listado de unidades de medida que puede especificar en valores de hoja de estilo.

Tabla 16.1. Unidades de medida para valores de hoja de estilo.

Código	Unidad	Descripción
px	Píxel	Las unidades de píxel son relativas a la resolución del monitor.
pt	Punto	Unidad tradicional de medida para los tipos. En CSS, un punto equivale a 1/72 pulgadas.
pc	Pica	Unidad tradicional de medida equivalente a 12 puntos (o 1/6 pulgadas).
em	Em	Unidad de medida relativa que equivale tradicionalmente al ancho de la letra M mayúscula. En CSS equivale al tamaño en puntos de la fuente (p.e. un espacio em en un tipo de 24pt mide 24 puntos de ancho). Se usa para medidas verticales y horizontales.

Código	Unidad	Descripción
`ex`	Ex	unidad de medida relativa que es la altura de la letra minúscula "x" para esa fuente (aproximadamente la mitad de un em).
`in`	Pulgadas	Medida métrica.
`mm`	Milímetros	Medida métrica.
`cm`	Centímetros	Medida métrica.

Especificar el color

Como en HTML hay dos modos de especificar el color en las hojas de estilo: por el nombre y por el valor numérico.

Por el nombre

Puede especificar valores cromáticos por el nombre, de este modo:

```
h1 {color: olive;}
```

La especificación CSS 2.1 sólo acepta 17 nombres de color para utilizar en hojas de estilo (CSS 1 y CSS 2 sólo tenían 16 nombres, el naranja se añadió en la versión 2.1). Los nombres de color son:

`aqua`	`green`	`orange`	`white`
`black`	`lime`	`purple`	`yellow`
`blue`	`maroon`	`red`	
`fuchsia`	`navy`	`silver`	
`gray`	`olive`	`teal`	

Algunos navegadores pueden soportar otros nombres de color (consulte el apéndice D).

Por el valor RGB

En las hojas de estilo, los colores RGB pueden especificarse por cualquiera de estos métodos:

```
{color: #0000FF;}
{color: ##00F;}
{color: rgb(0,0,255);}
{color; rgb(0%, 0%, 100%);}
```

El primer método utiliza tres valores RGB hexadecimales de dos dígitos (una explicación completa en el apéndice D). El segundo método utiliza una sintaxis de tres dígitos, que se convierte a la forma de seis dígitos replicando cada dígito (por tanto `#00F` es lo mismo que `#0000FF`).

Los dos últimos métodos utilizan notación funcional que especifica los valores RGB como una lista separada por comas de valores regulares (de 0 a 255) o porcentuales (de 0 a 100 por cien). Observe que los valores porcentuales pueden utilizar decimales, por ejemplo `rgb(0%, 50.5%, 33.3%)`.

Valores porcentuales

Los valores porcentuales se indican por un número seguido por el signo de porcentaje (%). Los valores porcentuales se calculan en relación a otros valores del documento. Al especificar valores porcentuales para medidas es importante prestar atención al modo en el que se calculan para esa propiedad. A veces los porcentajes son relativos al elemento. En otros casos se calculan en función de las propiedades del elemento padre. La recomendación CSS especifica cómo se calculan los valores porcentuales para cada valor, y también encontrará notas en las descripciones de este libro.

Valores de palabra clave

La mayoría de las propiedades también tienen valores descritos en palabras clave. Encontrará las palabras clave para todas las propiedades en el listado de propiedades de la recomendación CSS y a través de este libro. Tenga en cuenta que una palabra clave como `normal` puede tener funciones distintas en función del contexto de la propiedad a la que está aplicada.

Todas las propiedades de CSS 2.1 tienen la palabra clave `inherit` que obliga al valor de la propiedad a ser el mismo que el del elemento padre. La mayoría de las propiedades heredan por naturaleza, pero la plabra clave `inherit` es una herramienta para ignorar estilos asignados si es necesario.

Soporte de navegadores

Durante años, los diseñadores y desarrolladores Web lucharon con las inconsistencias en las formas en las que los navegadores soportaban HTML, pero por fortuna la recomendación HTML 4.01 se hizo con un soporte casi íntegro y bastante fiable. Ahora, los desarrolladores de navegadores están trabajando para acortar distancias con el ritmo marcado por CSS, así que el soporte de determinadas funciones (especialmente de la recomendación CSS 2.1) sigue teniendo fallos e inconsistencias en los distintos navegadores.

El capítulo 25 se dedica específicamente a estas cuestiones pero también encontrará notas sobre cada propiedad en los capítulos 18 a 23.

Este libro no recoge ningún esquema sobre el soporte de navegadores porque quedaría obsoleto antes de su impresión. Sin embargo hay varios recursos en línea que publican este tipo de información:

- **West Civ Browser Support Page** (**`www.westciv.com/style_master/academy/browser_support/index.html`**): West Civ ofrece gratuitamente gráficos e indicaciones sobre el soporte de propiedades en IE, Netscape y Opera. También está disponible un informe más detallado a cambio de una tarifa puramente nominal.
- **Index DOT Css, por Brian Wilson** (**`www.blooberry.com/indexdot/css/index.html`**): Un sitio destacable (a pesar de estar sin actualizar en algunos aspectos) que documenta el soporte de navegadores para todos los selectores, propiedades y valores CSS en Internet Explorer, Netscape/Mozilla y Opera. También incluye notas sobre algunos fallos y comportamientos.
- **Internet Explorer Blog** (**`blogs.msdn.com/ie/`**): Aquí puede mantenerse al día sobre el trabajo de los desarrolladores de Microsoft.

Para seguir leyendo

CSS es un tema muy amplio. Por ello hay montañas de información sobre él en prensa y en la Web. Estos son sólo algunos de los recursos que utilizamos para escribir los capítulos de este libro dedicados a CSS.

Recursos en línea

Estos son buenos puntos de partida para la exploración de las hojas de estilo:

- **W3C** (**`www.w3c.com/Style/CSS`**): El W3C se encarga del desarrollo y supervisión de los estándares, incluyendo CSS. Vaya directamente a la fuente para hacerse con todos los detalles y para estar siempre al día.
- **A List Apart** (**`www.alistapart.com`**): Esta revista en línea reúne algunas de las mejores muestras de pensamiento y escritura de primera línea sobre el diseño basado en estándares. Fue fundada en 1998 por Jeffrey Zeldman y Brian Platz.
- **css-discuss** (**`www.css-discuss.org`**): Una lista de correo dedicada a CSS y su empleo.

Sitios donde buscar la inspiración

Si está buscando ejemplos de lo que puede lograrse con CSS y con diseño basado en estándares, visite estos sitios:

- **CSS Zen Garden** (`www.csszengarden.com`): Es un escaparate para todo lo que puede lograrse con CSS, un solo archivo HTML y las técnicas e ideas creativas de cientos de diseñadores. Su creador es el experto en estándares Dave Shea.
- **CSS Beauty** (`www.cssbeauty.com`): Un buen sitio diseñado con CSS.
- **The Weekly Standards** (`www.weeklystandards.com`): Este sitio Web destaca sitios Web corporativos publicados recientemente que aprovechan las ventajas de las técnicas de desarrollo basadas en estándares.

Sitios personales de carácter informativo

Algunos de los mejores recursos Web son los blogs y sitios de individuos apasionados por el diseño basado en estándares. La mayoría incluyen artículos, tutoriales y listas de vínculos a otros grandes recursos en línea. Estos son sólo algunos de los muchos blogs que podrían citarse pero desde ellos es fácil acceder a la red de la comunidad CSS.

- **Stopdesign** (`www.stopdesign.com`): Douglas Bowman, gurú del diseño gráfico y del CSS, publica artículos y tutoriales.
- **Quirksmode** (`www.quirksmode.org`): Su propia descripción lo describe a la perfección: "QuirksMode.org es el sitio personal y profesional de Peter-Paul Koch, desarrollador Web autónomo de Amsterdam, Holanda. Contiene más de 150 páginas con consejos y trucos CSS y JavaScript y es una de las mejores fuentes en la WWW para estudiar y vencer las incompatibilidades de los navegadores".
- **Mezzoblue** (`www.mezzoblue.com`): Es el sitio personal de Dave Shea, el creador de CSS Zen Garden.
- **Meyerweb.com** (`www.meyerweb.com`): El sitio personal del rey del CSS, Eric Meyer.
- **Tantek elik** (`www.tantek.com/log`): Tantek fue el desarrollador de Internet Explorer 5 para Mac, uno de los autores de las recomendaciones CSS del W3C y el creador del famoso "hack del modelo de cajas". Nadie como él está tan al día.
- **Molly.com** (`www.molly.com`): Es el blog de la prolífica autora y activista de los estándares Web Molly E. Holschlag.
- **Simplebits** (`www.simplebits.com`): Es el sitio personal del gurú de los estándares y autor Dan Cederholm.

Capítulo 17

Selectores

El selector es la parte de la regla de estilo que identifica el elemento (o elementos) al que se aplican las instrucciones de presentación. Por ejemplo, si quiere que todos los `h1` de un documento sean verdes escriba una sola regla de estilo que tenga `h1` como selector. Pero esto es sólo el principio, CSS ofrece varios tipos de selector para mejorar la flexibilidad y eficacia de la creación de hojas de estilo. Este capítulo presenta los selectores incluidos en la especificación CSS 2.1, esto es:

- Selectores de tipo (elemento).
- Selectores contextuales (descendiente, hijo y hermano adyacente).
- Selectores de clase e ID.
- Selectores de atributos.
- Pseudoclases.
- Pseudoelementos.

No todos estos selectores tiene soporte en los navegadores actuales, señalaremos cuando sea así. La especificación de Selectores del W3C introduce selectores adicionales en CSS 2.1 que los navegadores modernos todavía están en proceso de implementar. Este libro no los describe. Para más información sobre estos selectores consulte la especificación del W3C (`www.w3.org/TR/css3-selectors/`).

Selector de tipo (elemento)

El selector más sencillo es el selector de tipo que seleccionar un elemento por nombre, tal y como muestran estos ejemplos:

```
h1 {color: blue;}
h2 {color: blue;}
p {color: blue;}
```

Los selectores de tipo pueden agruparse en listas separadas por comas de modo que pueda aplicarse a todos ellos una sola propiedad. El siguiente ejemplo tiene el mismo efecto que el ejemplo anterior:

```
h1, h2, p {color: blue;}
```

CSS 2 introdujo un selector de elementos universal (*) que coincide con todos los elementos. La regla de estilo `* {color: gray}` pone en gris todos los elementos del documento. El selector universal puede ser una herramienta muy útil si se utiliza en relación con otros elementos, tal y como veremos en la siguiente sección.

Advertencia: En algunos navegadores, el selector universal causa problemas con controles de formulario. Si la página contiene entradas de formulario, lo más seguro es evitar el selector universal.

Selectores contextuales

Los selectores de tipo, como los del ejemplo anterior, se aplican a todos los casos en los que se encuentre el elemento en un documento. Por contra, los selectores contextuales le permiten aplicar propiedades de estilo a elementos seleccionados, basándose en su contexto o relación con otro elemento. Hay varios tipos de selectores contextuales: descendiente, hijo y hermano adyacente. Aquí es donde resulta muy útil estar familiarizado con la estructura del documento.

Los selectores contextuales utilizan un caracter específico para indicar el tipo de relación entre los elementos de los selectores. Este caracter es conocido como "combinador".

Selector descendiente

Los selectores descendiente seleccionan elementos contenidos en otro elemento (y que por tanto son sus descendientes). Están indicados en una lista separadas por un espacio (el combinador para los selectores descendiente), comenzando con el elemento de nivel más alto. Por ejemplo, esta regla especifica que los elementos `em` deben tener color oliva, pero sólo si son descendientes de un elemento de lista (`li`). Todos los demás elementos `em` no se ven afectados por esta regla.

```
li em {color: olive;}
```

Como los selectores de tipo sencillos, los selectores contextuales pueden agruparse también en listas separadas por comas. Este ejemplo pone en rojo el texto enfatizado (em) cuando aparece en el contexto de una cabecera de primer, segundo o tercer nivel:

```
h1 em, h2 em, h3 em {color: red;}
```

Los selectores descendiente también pueden estar anidados a varias capas de produndidad, tal y como muestra este ejemplo que selecciona sólo texto enfatizado (em) en anclas (a) en listas ordenadas (ol).

```
ol a em {font-weight: bold;}
```

Selector hijo

Un selector hijo es parecido al selector descendiente pero sólo selecciona hijos directos de un elemento dado. En otras palabras, el elemento debe estar contenido directamente en el elemento de nivel más alto sin niveles intermedios. Los selectores hijo están separados por el símbolo "mayor que" (>). La regla del siguiente ejemplo pone en gris el fondo del texto enfatizado pero sólo si es hijo de un párrafo.

```
p > em {background-color: gray;}
```

Por ello, en el siguiente ejemplo de marcado, sólo el primer em tendrá un color de fondo gris, porque el segundo es hijo de un elemento strong.

```
<p>I've got <em>laser</em> eyes, and <strong>I know what you're <em>
thinking.</em></strong></p>
```

Selector hermano adyacente

Este selector se utiliza para seleccionar un elemento que sigue inmediatamente a otro elemento con el mismo elemento padre. El combinador para estos selectores es un signo más (+). Por ejemplo si quisiera dar un tratamiento especial de presentación al primer párrafo que sigue a una cabecera de primer nivel, la regla sería:

```
H1 + p {padding-left: 40;}
```

Advertencia: Alerta de navegadores: Los selectores hijo y hermano adyacente no tienen soporte en Netscape 4 ni en Internet Explorer 6 y anteriores. El soporte en IE7, beta en este momento, todavía no está documentado.

Selectores ID y de clase

Hasta ahora todos los selectores que hemos visto estaban ligados a elementos específicos. Los selectores de clase e ID permiten seleccionar elementos a los que usted mismo haya dado nombre, independientemente del elemento del documento.

Se da a nombre a los elementos utilizando los atributos `class` e `id`. Pueden aplicarse a todos los elementos XHTML excepto `base`, `head`, `html`, `meta`, `script`, `style` y `title`. Además, `class` no puede utilizarse en `basefont` y `param`. Estos selectores funcionan de formas ligeramente distintas.

Selector class

Utilice el atributo `class` para identificar distintos elementos como parte de un grupo conceptual. Los elementos de una clase pueden modificarse con una sola regla de estilo. Por ejemplo, puede identificar todos los elementos de un documento que clasifique como "special":

```
<h1 class="special">Attention!</h1>
<p class="special">You look marvelous today.</p>
```

Para especificar los estilos para los elementos de una determinada clase, añada el nombre de clase al selector de tipo, separados por un punto (.).

```
h1.special {color: red;}
p.special {color: red;}
```

Para aplicar una propiedad a todos los elementos de la misma clase, omita el nombre de etiqueta en el selector (asegúrese de dejar el punto, es el caracter que indica una clase):

```
.special {color: red;}
```

Tenga en cuenta que los nombres `class` no pueden contener espacios en blanco; utilice guiones o guiones bajos en su lugar (aunque los guiones bajos están desaconsejados por la falta de soporte en algunos navegadores).

Al seleccionar un nombre para una clase, asegúrese de que tiene significado. Por ejemplo, llamar a una clase `redtext` sólo reintroduce información de presentación en el documento y no hace nada para describir el tipo de información del elemento. También puede confundir si en un rediseño futuro el color de esos elementos cambia.

Los autores deberían resistirse y no excederse creando clases (un auténtico síndrome). En muchos casos pueden utilizarse en su lugar otros tipos de selectores más específicos como selectores contextuales o de atributo.

Selector ID

El atributo `id` se utiliza de forma parecida a `class`, pero se emplea para seleccionar un único elemento en lugar de un grupo. `id` debe utilizarse para nombrar un solo elemento (en otras palabras, dos elementos no pueden tener el mismo `id` en el mismo documento). Un mismo `id` se puede utilizar en varios documentos de un mismo sitio, pero tiene que ser único en cada documento. Si tiene varios elementos que necesitan un tratamiento similar utilice `class` en su lugar.

Este ejemplo da a un párrafo un ID específico (observe que el valor de un atributo `id` siempre debe comenzar con una letra):

```
<p id="j042801">New item added today</p>
```

Los selectores ID se indican con el símbolo # en la hoja de estilo, de este modo:

```
p#j061998 {color: red;}
```

El nombre del elemento puede omitirse:

```
#j061998 {color: red;}
```

En el diseño Web actual, los atributos `id` suelen utilizarse para identificar secciones principales (normalmente `div`) de una página. Algunos valores frecuentes para este fin son `content`, `header`, `sidebar`, `navigation` y `footer`. Establecer secciones de la página facilita crear selectores contextuales para poder dar estilo a los elementos en función de su lugar de aparición en la página sin tner que crear clases extra.

Como los atributos `class`, los nombres `id` deberían elegirse en función del papel semántico del elemento, no por su presentación. Por ejemplo, para una barra lateral a la izquierda de la página que contenga noticias es mejor llamar al `div id="sidebar-news"` que `id="sidebar-left"`.

Nota: El atributo `id` también se utiliza en programación para identificar y acceder a objetos únicos de página.

Selectores de atributo

CSS 2 introdujo un sistema para seleccionar nombres o valores de atributo específicos. Puede ser útil para lenguajes XML que no sean XHTML y que no pueden contener atributos `class` e `id`. También son numerosos los usos de los selectores de atributo en XHTML pero por desgracia todavía no tienen buen soporte.

Advertencia: Alerta de navegadores: Los selectores de atributo no están soportados en la versión 6 y anteriores de Internet Explorer. En este momento, se habla de soporte en IE 7 pero no está bien documentado. Los navegadores basados en Gecko (Mozilla y Netscape 6+), Safari y Opera 7 no tienen soporte, pero son una pequeña parte del total.

Hay cuatro variantes de estos atributos:

- **Selección de atributo simple:** El selector de atributo más amplio selecciona elementos con un determinado atributo, sea cual sea su valor. La sintaxis es como sigue:

  ```
  elemento[atributo]
  ```

  Ejemplo: `img[title] {border: 3px red;}`

  Especifica que todas las imágenes del documento que incluyan un atributo `title` tendrán un borde rojo.
- **Valor de atributo exacto:** Selecciona los elementos en función de un atributo con un valor de atributo exacto.

  ```
  elemento[atributo="valorexacto"]
  ```

  Ejemplo: `img[title="first grade"] {border: 3px red;}`

  Sólo las imágenes con el valor de título "first grade" serán seleccionadas. El valor debe tener una coincidencia exacta.
- **Valor de atributo parcial:** En el caso de los atributos que aceptan listas de valores separados por comas, este selector de atributo permite buscar uno solo de esos valores (en lugar de la cadena entera). El signo ~ en el selector diferencia este selector de los que coinciden con un valor exacto.

  ```
  elemento[atributo~="valor"]
  ```

  Ejemplo: `img[title~="grade"] {border: 3px red;}`

  Este selector busca imágenes que tengan la palabra "grade" en la lista de valores de título. Las imágenes con los atributos `title="first grade"` o `title="second grade"` podrían ser seleccionadas.
- **Valor de atributo separado por guiones:** Este selector está ideado para seleccionar valores separados por guiones. El selector busca coincidencias con el valor especificado o con ese valor seguido por un guión. Este tipo de selector de atributo se indica con una barra vertical (|). Todo tendrá más sentido a través de un ejemplo.

  ```
  elemento[atributo|="valor"]
  ```

Ejemplo: `*[hreflang|="es"] {color: red;}`

Este selector busca todos los elementos en los que el atributo `hreflang` es `es` o comienza con `es-`. Los elementos con el idioma de su `href` identificado como `es`, `es-ar` o `es-es` serán seleccionados (es decir, todas las variables del español). Seleccionar subcódigos de idioma es un uso común de este tipo de selector de atributo pero no es su única aplicación.

Pseudoselectores

Las reglas de estilo suelen vincularse a elementos de la estructura del documento, tal y como hemos visto hasta este momento del capítulo. Pero algunos elementos no se encuentran necesariamente en el marcado del documento, como los vínculos visitados o la primera línea de un párrafo. Para aplicar estilo a estos casos CSS ofrece varios pseudoselectores. En lugar de seleccionar un determinado elemento del documento, se interpretan en función del contexto y de su función. Se indican con el punto y coma (;). Los pseudoselectores se dividen en pseudoclases y pseudoelementos.

Pseudoclases

Como el nombre indica, las pseudoclases funcionan como si hubiera una clase aplicada a un grupo de elementos, en la mayoría de los casos el elemento ancla (`a`). Estas clases "fantasma" (usando un término de Eric Meyer) no aparecen en el marcado, sino que se basan en el estado de esos elementos o en el documento en sí.

Pseudoclases ancla

Hay varias pseudoclases que pueden utilizarse para aplicar estilos a distintos estados de un vínculo:

```
a:link {color: red;}
a:visited {color: blue;}
a:hover {color: fuchsia;}
a:active {color: maroon;}
```

Como sus homólogos en el elemento `body`, `:link` se aplica a vínculos de hipertexto que no han sido visitados, `:visited` se aplica a los vínculos a páginas que han sido visitadas y `:active` se aplica durante el acto de pulsar. La diferencia es que con CSS puede hacer mucho más que cambiar el color. Estas son reglas para desactivar el subrayado de un texto vinculado.

```
a:link {color: red; text-decoration: none;}
a:visited {color: blue; text-decoration: none;}
```

El selector `:hover` se utiliza para crear efectos rollover: el vínculo cambia de apariencia cuando el puntero del ratón pasa sobre él. Los ejemplos de arriba desactivaban el subrayado de vínculos. La siguiente regla utiliza `:hover` para que el subrayado aparezca como un rollover.

```
a:link {color: red; text-decoration: none;}
a:hover {color: red; text-decoration: underline}
```

Nota: De acuerdo a CSS 2, `:active` y `:hover` pueden utilizarse con elementos que no sean anclas, pero este uso no tiene soporte en Internet Explorer ni Netscape 4.

¿Amor? ¡JA!

Las pseudoclases ancla deben aparecer en un determinado orden en una hoja de estilo para que funcionen adecuadamente. Las iniciales LVHA (un juego mnemotécnico, son las siglas de *love, HA!*, de ahí el título tan raro de esta nota) recuerdan a los desarrolladores que el orden correcto es `:link`, `:visited`, `:hover`, `:active`. Tiene que ver con orden y especificidad. Si se pone `:link` o `:visited` en último lugar se ignorarían los estados `:hover` y `:active`, impidiendo que aparecieran esos estilos.

Otras pseudoclases CSS 2.1

Además de las pseudoclases ancla, la especificación CSS 2 introdujo selectores pseudoclase adicionales. Pero tenga cuidado, todavía no tienen buen soporte.

`:focus`

Selecciona elementos que tienen foco, como un elemento de formulario seleccionado y que esté aceptando la entrada del usuario. Aunque CSS 2 permite que `:focus` se aplique a cualquier elemento, actualmente sólo tiene soporte para elementos de formulario. Netscape 6 soporta `:focus` con `a`, `input`, `textarea` y `select`.

Ejemplo: `input:focus {background-color: yellow;}`

`:first-child`

Selecciona el primer hijo de un elemento padre. Permite seleccionar el primer párrafo de un `div` o el primer `li` en una `ul`, por ejemplo:

Ejemplo: `li:first-child {font-weight: bold;}`

`:lang()`

Selecciona elementos para los que se ha especificado un idioma. Funciona como el selector de atributo `lang|=` pero puede ser más consistente.

Ejemplo: `p:lang(de) {color: green;}`

Advertencia: Alerta de navegadores: Internet Explorer no dispone de soporte para `:focus` o `:first-child` en las versiones 6 y anteriores. No está documentado el soporte en IE 7. IE 5 para Macintosh, Netscape 6+ y Opera 7+ no tienen soporte. Internet Explorer 5 para Macintosh es el único navegador que en este momento tiene soporte para la pseudoclase `:lang`.

Pseudoelementos

Los selectores pseudoelemento funcionan como si estuvieran insertando elementos ficticios en la estructura del documento para dar estilo. Los pseudoelementos suelen ser partes de un elemento ya existente en función del contexto, como su primera línea o primera letra. En CSS 2.1 hay cuatro pseudoelementos:

`:first-line`

Como su nombre indica, este selector aplica una regla de estilo a la primera línea del elemento especificado. Las propiedades para este pseudoelemento están limitadas a `color`, `font`, `background`, `word-spacing`, `letter-spacing`, `text-decoration`, `vertical-align`, `text-transform`, `line-height` y `text-shadow`.

Este código añade espacio extra en la primera línea de texto de cada párrafo:

```
p:first-line {letter-spacing: 6pt;}
```

`:first-letter`

Vincula un estilo a la primera letra de un elemento. Las propiedades para `:first-letter` están limitadas a `font`, `color`, `background`, `margin`, `padding`, `border`, `text-decoration`, `vertical-align`, `text-transform`, `line-height` y `float`. CSS 2.1 añadió las propiedades `letter-spacing` y `word-spacing` a esta pseudoclase.

Este ejemplo de marcado afecta a la primera letra de todo párrafo clasificada como "opener".

```
p.opener:first-letter {font-size: 300%; color: red;}
```

`:before` y `:after`

CSS 2 introdujo estos pseudoelementos que insertan contenido generado antes y/o después de un elemento y declaran un estilo para ese contenido.

Este ejemplo inserta comillas muy marcadas antes y después de un `blockquote` (`&8220;` y `&8221;` son las entidades de carácteres para estas comillas):

```
blockquote:before {content: "&#8220;"; font-size: 24px; color:
     purple;}
blockquote:after {content: "&#8221;"; font-size: 24px; color:
     purple;}
```

Advertencia: Alerta de navegadores: Internet Explorer no tiene soporte para contenido generado (`:before` o `:after`) en su versión 6 o anteriores. Es dudoso que Internet Explorer 7 (beta en este momento) incluya soporte pero no está documentado. Netscape 6+, Firefox/Mozilla y Opera 7 sí tienen soporte para contenido generado.
Todos los navegadores adecuados a CSS soportan los selectores pseudoelemento `:first-letter` y `:first-line` razonablemente bien.

Resumen de selectores

La tabla 17.1 ofrece un resumen de los selectores estudiados en este capítulo. Recuerde marcar esta página.

Tabla 17.1. Resumen de selectores.

Selector	Tipo de selector	Descripción
`*`	Selector universal	Coincide con cualquier elemento. `* {font-family:serif;}`
`A`	Selector de tipo	Coincide con el nombre de un elemento. `div {font-style: italic;}`
`A B`	Selector descendiente	Coincide con el elemento B si es descendiente de A. `blockquote em {color: red;}`
`A>B`	Selector hijo	Coincide con cualquier elemento B hijo de cualquier A. `div.main>p {line-height:1.5;}`
`A+B`	Selector hermano adyacente	Coincide con cualquier elemento B que siga inmediatamente a cualquier elemento A. `p+ul {margin-top:0;}`

Selector	Tipo de selector	Descripción
.classname/ A. classname	Selector de clase	Coincide con el valor del atributo class en todos los elementos de un elemento especificado. p.credits {font-size:.8em;}
#idname/ A#idname	Selector ID	Coincide con el valor del atributo id de un elemento. #intro {font-weight: bold;}
A[att]	Selector de atributo simple	Coincide con cualquier elemento A que tenga el atributo definido cualquiera que sea su valor. table[border] {background-color: white;}
A[att~= "val"]	Selector de atributo de valor parcial	Coincide con cualquier elemento B que tenga el valor especificado como uno de los valores de una lista dada para el valor dado. table[class~="example"] {background-color: orange;}
A[hreflang|= "es"]	Selector de atributo de prefijo con guión	Coincide con cualquier elemento A que tenga un atributo hreflang con una lista de valores separados por comas y que comiencen (por la izquierda) con "es". a[hreflang|="es"] {background-image: url(flang-es.png);}
a:link	Pseudoselector	Estilo para vínculos no visitados. a:link {color: purple;}
a:visited	Pseudoselector	Estilo para vínculos ya visitados. a:visited {color: gray;}
:active	Pseudoselector	Aplica un estilo a elementos (normalmente vínculos) en estado activo. a:active {color: red;}
:after	Pseudoselector	Inserta texto al final del elemento especificado y le aplica un estilo. p.intro:after {content: "fini"; color: gray;}

Selector	Tipo de selector	Descripción
`:before`	Pseudoselector	Inserta texto generado al comienzo del elemento especificado y le aplica un estilo. `p.intro:befor {content: "start here"; color: gray;}`
`:firstchild`	Pseudoselector	Especifica un estilo para un elemento que sea el primer hijo de su elemento padre en el flujo del documento fuente. `p:firstchild {text-style: italic;}`
`:first-letter`	Pseudoselector	Especifica un estilo para la primera línea del elemento especificado. `p:first-letter {font-size: 60px;}`
`:first-line`	Pseudoselector	Especifica un estilo para la primera línea del elemento especificado. `p:first-line {color: fuchsia;}`
`:focus`	Pseudoselector	Especifica un estilo para elementos (normalmente controles de formulario) con foco (seleccionados o listos para la entrada de usuario). `input[type="text"]:focus {background-color: yellow;}`
`:hover`	Pseudoselector	Especifica un estilo para elementos (normalmente vínculos) que aparece cuando el puntero está sobre ellos. `a:hover {text-decoration: underline;}`
`:lang(ab)`	Pseudoselector	Especifica un estilo para un elemento para el que el idioma coincide con el código de lenguaje dado (o prefijo de código de lenguaje). `a:lang(de) {color: green;}`

Capítulo 18

Propiedades de fuente y texto

Las hojas de estilo en cascada permiten cierto control sobre el formato del texto dirigido a la micro publicación. Es un gran alivio tras años de mal uso del marcado HTML para fines de presentación. Los controles para especificar fuentes y formato de texto son sin duda el uso más popular de las hojas de estilo y son las propiedades que mejor soportan los navegadores.

Este capítulo explica los retos de la tipografía en la Web y presenta estas propiedades CSS 2 relacionadas con el texto:

```
font-family      text-decoration    letter-spacing
font-size        text-transform     word-spacing
font-weight      line-height        white-space
font-style       text-indent        direction
font-variant     text-align         unicode-bidi
font             vertical-align
```

Nota: El color de texto será estudiado en la sección "Color de primer plano" del capítulo 20.

Tipografía en la Web

Para los que están acostumbrados a la impresión, la Web supone retos únicos, normalmente exigiendo renunciar al control. La tipografía es el primer ejemplo. En la impresión, los diseñadores pueden seleccionar un tipo y un tamaño de letra para cabeceras y cuerpo, y mientras se siga utilizando la fuente adecuada en la impresión, todo tendrá el mismo aspecto que quiera el diseñador. En la Web no es tan fácil.

Problemas relacionados con las fuentes

Especificar fuentes para utilizarlas en las páginas Web es difícil porque los navegadores sólo pueden mostrar fuentes que estén instaladas en el ordenador del usuario. Así que aunque haya especificado que el texto se muestre con una fuente Frutiger, si los usuarios no tienen instalada esta fuente en sus ordenadores, verán el texto en la fuente predeterminada de su navegador. Afortunadamente CSS permite especificar una lista de fuentes alternativas si no se encuentra su primera opción.

Este problema se ve agravado por el hecho de que las fuentes se bautizan con distintos nombres cuando se utilizan en distintas plataformas y en función de su procedencia. Así que aunque quiera que el texto aparezca en Times, el nombre de la fuente puede ser Times New roman, TimesNR o Times Roman. Los navegadores no saben la diferencia. Esto complica encontrar una fuente aunque de hecho esté ahí.

Problemas relacionados con el tamaño de las fuentes

Otro de los retos de la tipografía Web es el tamaño de los tipos. Es problemático por las distintas resoluciones de pantalla y por los distintos tamaños de fuente predeterminados integrados en los navegadores y sistemas operativos. Lo que parece perfecto en su monitor puede ser demasiado pequeño para que otra persona lo lea. Además, y para que el contenido sea accesible, el usuario debe poder cambiar el tamaño del texto para cubrir ciertas necesidades. Más adelante estudiaremos los problemas específicos del tamaño del texto y algunas recomendaciones, pero por ahora basta decir que no es tan fácil como en la impresión. Hay que conocer el medio y tomar algunas decisiones difíciles.

Alternativas al texto de navegador

Aunque CSS ofrece más control sobre el formato del texto que cualquier HTML de presentación, recuerde que todavía se está trabajando en un entorno en cierto modo hostil a la tipografía. Desde los primeros días de la Web ha habido esfuerzos para superar las limitaciones y conseguir páginas Web con una bonita tipografía. Tras más de 10 años de intentos todavía no se ha encontrado la solución ideal, pero estas son algunas opciones.

Texto en imágenes

No llevó mucho hasta que los diseñadores comenzaran a sustituir el horrible texto de navegador con texto establecido en una imagen en línea. Durante un tiempo, no era infrecuente encontrar sitios en los que hasta la última palabra de su "contenido" estaba en una imagen. Si bien así se cumplía con el fin a corto plazo de preservar el diseño de fuente deseado, tuvo sus contraprestaciones. No sólo aumentaba el tamaño de archivo de la página sino que el contenido se dejaba fuera del documento. El texto alternativo (utilizando el atributo `alt`) sirve de ayuda, pero no resuelve el problema.

Técnicas de sustitución de imagen

En el diseño Web actual, basado en CSS hay una nueva forma de sustituir texto con una imagen que mantiene el texto en el documento fuente. Hay distintas variaciones, pero todas las técnicas de sustitución de imagen están basadas en la aplicación de la imagen como un fondo en el elemento de texto y encontrar luego un modo de ocultar el texto utilizando CSS. En el capítulo 24 estudiaremos con detalle las distintas técnicas de sustitución de imagen.

Texto sIFR

Una de las soluciones más interesantes de la tipografía Web es sIFR, siglas de *Scalable Inman Flash Replacemt*. Se inspira en las técnicas de sustitución de imágenes que están ganando popularidad en los diseños basados en CSS pero utiliza pequeñas películas Flash en lugar de imágenes GIF, JPEG o PNG de mapa de bits. La ventaja es que el texto de las películas Flash se basa en vectores así que es suave, con antialias y puede cambiar de tamaño con la página. Utilizar una combinación de CSS, JavaScript y tecnología Flash permite a los autores "insertar tipografía rica en las páginas Web sin sacrificar la accesibilidad, la compatibilidad con los motores de búsqueda o la semántica del marcado".

sIFR (en la versión 2.0 en este momento) fue creado por Mike Davidson, a partir del concepto orginal desarrollado por Shaun Inman (la I de sIFR). Así funciona el proceso (a partir del sitio oficial en `www.mikeindustries.com/sifr/`).

1. Una página (X)HTML normal se carga en el navegador.
2. Se ejecuta una función JavaScript que comprueba que Flash está instalado y busca a continuación etiquetas, ID o clases designadas.
3. Si Flash no está instalado (o si JavaScript está desactivado), la página (X)HTML se muestra como normal y no pasa nada más. Si Flash está instalado, JavaScript recorre la fuente de la página, midiendo todos los elementos designados para que se aplique sIFR.

4. Una vez hechas las mediciones, el *script* crea películas Flash con las mismas dimensiones y las superpone sobre los elementos originales, convirtiendo el texto de navegador original en una variable Flash.
5. ActionScript dentro de cada archivo Flash dibuja ese texto en el tipo elegido a un tamaño de 6 puntos y aumenta el tamaño hasta que encaje a la perfección en la película Flash.

En unas condiciones óptimas todo ocurría en una fracción de segundo y todo este proceso no es percibido por el usuario. Algunos navegadores pueden tener problemas con sIFR.

sIFR no es perfecto, pero es una técnica prometedora que podría llevar a soluciones aún más eficaces. Para aprender más sobre sIFR visite la dirección Web `www.mikeindustries.com/sifr/`. También encontrará un interesante documento histórico con la historia de la tipografía Web y la primera edición de sIFR en `www.mikeindustries.com/blog/archive/2004/08/sifr/`.

Fuentes incrustadas

A mediados de los noventa hubo esfuerzos por parte de Microsoft y Bitstream (asociado con Netscape) para desarrollar técnicas de fuentes incrustadas. Con fuentes incrustadas, se proporciona un archivo que contenga el conjunto de caracteres necesario para el documento con el documento HTML a través del elemento `link`.

No es sorprendente que, en el cenit de la "guerra de los navegadores", no hubiera ningún espíritu de cooperación en el campo de fuentes incrustadas y que el resultado fuera la aparición de dos tecnologías en competición e incompatibles, las fuentes incrustadas EOT (*Embedded Open Type*) de Microsoft sólo funcionaban con Internet Explorer para Windows. Bitstream (una compañía de diseño de fuentes) creó fuentes TrueDoc Dynamic, que inicialmente tuvieron soporte en Netscape 4 (pero que fueron abandonadas por Netscape 6, basado en Gecko). Desde entonces Bitstream y la tecnología TrueDoc tienen poco soporte en los navegadores. Por ahora, las fuentes incrustadas son una tecnología bastante ignorada.

Para más información sobre las fuentes EOT, consulte `www.microsoft.com/typography/web/embedding/default.aspx`. Si desea más información sobre la tecnología TrueDoc de Bitstream visite `www.truedoc.com`.

Familia de fuentes

La especificación CSS ofrece la propiedad `font-family` para especificar el tipo de fuente para los elementos de texto.

font-family

Valores: `[[<family-name> | <generic-family> ] [,<family-name> | <generic-family> ]*] | inherit`

Valor inicial: Depende del agente de usuario (la fuente predeterminada en el dispositivo de navegación).

Heredado: Sí.

Utilice la propiedad `font-family` para especificar cualquier fuente (o lista de fuentes, separadas por comas), tal y como muestran estos ejemplos:

```
h1 {font-family: Arial;}
tt {font-family: Courier, monospace; }
p {font-family: "Trebuchet MS", Verdana, sans-serif; }
```

El valor de la propiedad es uno o más nombres de fuente separados por comas. Permite a los autores indicar una lista de fuentes comenzando por una primera opción, seguida por una lista de alternativas. El agente de usuario (normalmente un navegador) busca la primera fuente en el ordenador del usuario y si no la encuentra pasa a buscar la siguiente fuente de la lista hasta hallar una coincidencia.

Observe que en el tercer ejemplo, "Trebuchet MS" está entrecomillado. Los nombres de fuente que contienen espacios de caracteres deben recogerse entre comillas (simples o dobles). Si el nombre de fuente aparece en un estilo en línea asegúrese de utilizar comillas simples si el atributo `style` las usa dobles (y viceversa).

Familias de fuentes genéricas

Debería incluir una familia genérica de fuentes como la última opción de la lista de modo que si no se encuentran las fuentes especificadas, serán sustituidas por una fuente que coincida con el estilo general. Los nombres genéricos de fuente nunca están entrecomillados.

Los cinco valores genéricos de familias de fuentes son:

- **`serif` (p.e. Times New Roman):** Los tipos serif tienen serifas decorativas, pequeños trazos al final de ciertos trazos de las letras (véase la figura 18.1, izquierda).
- **`sans-serif` (p.e. Helvética o Arial):** Los tipos sans-serif tienen trazos rectos que no terminan con serifa (véase la figura 18.1, derecha).
- **`monospace` (p.e. Courier o New Courier):** En los tipos monoespaciales, todos los caracteres ocupan el mismo espacio horizontal en una línea (véase

la figura 18.2). Por ejemplo, una W mayúscula no será más ancha que una i minúscula. Compárelo con los tipos normales que tienen distintos anchos en los distintos caracteres.

Figura 18.1. Fuentes serif y sans-serif.

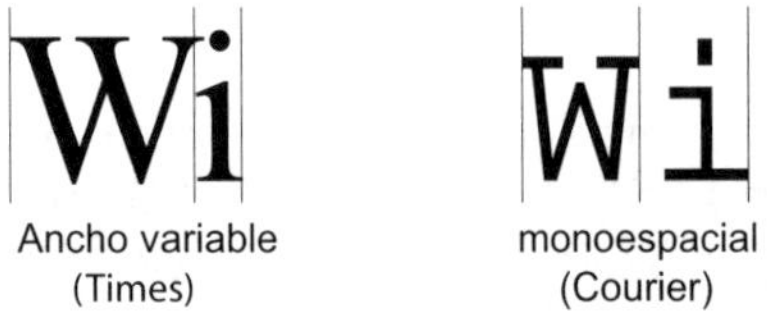

Figura 18.2. Fuentes monoespacial y normal.

- **`cursive` (p.e. Zapf-Chancery o Comic Sans):** Las fuentes cursivas imitan la escritura a mano.
- **`fantasy` (p.e. Western, Impact):** Las fuentes de fantasía son puramente decorativas y son apropiadas para cabeceras u otros tipos de muestra en pantalla. La fuentes fantasía no suelen utilizarse en sitios Web porque es difícil anticipar qué fuente se utilizará y si será legible.

Fuentes más comunes

Como una fuente sólo se muestra si está disponible en el disco duro del usuario, es lógico diseñar con las fuentes disponibles más a menudo, especialmente para aquellos sitios dirigidos a un público amplio. Por tanto, ¿qué fuentes son las más convenientes?

En la práctica general del diseño Web, los diseñadores tienden a especificar fuentes de la colección básica de fuentes Web de Microsoft, un conjunto de fuentes TrueType (para Windows y Mac) diseñado especialmente para que facilitar la lectura en pantallas y a pequeño tamaño. Microsoft publicó las fuentes en 1996 y en un principio podían descargarse. Hoy en día se instalan automáticamente con Internet Explorer y otro software Microsoft, así que puede contar con que la mayoría de los usuarios las tendrán instaladas. La tabla 18.1 ofrece un listado de las fuentes de esta colección.

Tabla 18.1. Fuentes Web de Microsoft.

Serif	**Georgia**
	Times New Roman
Sans Serif	**Arial**
	Arial Black
	Trebuchet MS
	Verdana
Monoespaciales	**Courier New**
	Andale Mono
Misceláneas	**Comic Sans MS**
	Impact
	Webdings

Nota: Microsoft publica un interesante recurso en línea que lista las fuentes que se instalan con sus distintas aplicaciones y con todas las versiones del sistema operativo Windows. También hay listados de las fuentes que se instalan con Macintosh OS X, sistemas Unix y Adobe Type Manager. Encontrará estas listas de fuentes en `www.microsoft.com/typography/fonts/default.aspx`.

Si sabe que el público puede tener instaladas fuentes más especializadas haga una declaración y láncese a por ellas. Siempre puede ofrecer una fuente más común como repuesto en la lista de nombres de fuente.

Tamaño de las fuentes

CSS ofrece la propiedad `font-size` para especificar el tamaño del texto. Hay muchas opciones de valor para especificar el tamaño de las fuentes, cada una con sus pros y sus contras. Esta sección explica las distintas opciones de unidad y palabra clave y su impacto en la usabilidad.

font-size

Valores: `xx-small` | `x-small` | `small` | `medium` | `large` | `x-large` | `xx-large` | `smaller` | `larger` | `<length>` | `<percentage>` | `inherit`

Valor inicial: `medium`

Se aplica a: Todos los elementos.

Heredado: Sí.

Estos ejemplos muestran la propiedad `font-size` utilizada con varios tipos distintos de valor.

```
p.copyright {font-size: x-small;}
strong {font-size: larger;}
h2 {font-size: 1.2em;}
p#intro {font-size: 120%}
```

Tamaños relativos o absolutos

Antes de pasar a explorar los detalles concretos de la especificación del tamaño de fuente, es conveniente hacer una pausa para explicar la diferencia entre tamaños absolutos y relativos. Los tamaños absolutos tienen un significado predefinido o un equivalente en el mundo real. En CSS, los valores absolutos pueden expresarse como palabras clave, como `small` o `x-large` o utilizando valores de longitud absolutos como `cm` (centímetros), `in` (pulgadas) o `pt` (puntos, 1/72 pulgadas).

Los tamaños relativos, por otro lado, se basan en el tamaño de otra cosa, como el elemento padre o la medida `em` del texto. Los valores relativos como em y porcentajes, suelen ser los adoptados para el texto Web por razones que explicaremos a continuación.

Palabras clave de tamaño absolutas

Los tamaños absolutos son términos descriptivos que hacen referencia a una tabla de tamaños albergada en el navegador. En CSS hay siete palabras clave de tamaños absolutas: `xx-small`, `x-small`, `small`, `medium`, `large`, `x-large` y `xx-large`. Las palabras clave no corresponden a ninguna medida concreta sino que más bien se definen en relación mutua. El tamaño por defecto es `medium` en los navegadores actuales adecuados a los estándares.

La figura 18.3 muestra el aspecto en Firefox 1.0 de estos ejemplos de texto con palabras clave absolutas:

```
<span style="font-size: xx-small">xx-small</span>
<span style="font-size: x-small">x-small</span>
<span style="font-size: small">small</span>
<span style="font-size: medium">medium</span>
<span style="font-size: large">large</span>
<span style="font-size: x-large">x-large</span>
<span style="font-size: xx-large">xx-large</span>
```

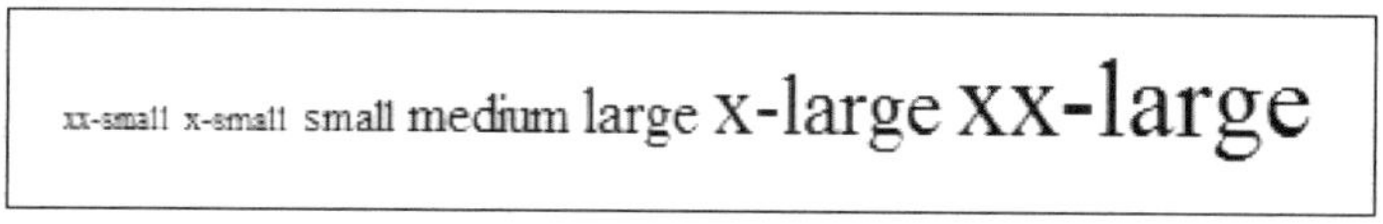

Figura 18.3. Tamaño de texto definido con palabras clave absolutas.

Nota: Esta figura y otras figuras del libro utilizan estilos en línea para ahorrar espacio. En la realidad, deberían evitarse los estilos en línea a favor de hojas de estilo externas o incrustadas.

Una palabra sobre la unidad em

En tipografía tradicional, la unidad em era una medida de anchura equivalente, aproximadamente, al ancho de la letra M mayúscula para el tipo de letra en cuestión.

Cuando la tipografía se adaptó a los medios digitales, em se convirtió en una medida de anchura y altura, a menudo sólo de altura. Para los fines de CSS, la unidad em se calcula como la distancia entre las líneas bases cuando la fuente está ajustada sin espacio interlineal adicional (espacio extra añadido entre líneas de texto para hacerlo legible).

Esta distancia constituye la base de una medida implícita que se basa en el diseño del tipo de fuente (caja em). Es posible que los ascendentes y descendentes de un determinado tipo de fuente superen los límites establecidos para la caja em o que ningún caracter de otra fuente la llenen. La medida caja em de la fuente puede utilizarse como una unidad de medida relativa.

La especificación CSS 2.1 deja el factor de cambio de tamaño en manos del agente de usuario. Estará alrededor del 1.2 (el factor de cambio de tamaño recomendado más recientemente) o al 1.5 (factor recomendado en CSS 1), con variaciones según los distintos navegadores.

Con un factor de 1.2, si el texto `medium` (predeterminado) tiene 16 píxeles, el texto `large` tendrá 19 (con un redondeo). El resultado de todo esto es que las palabras claves de tamaño absolutas varían en tamaño de navegador a navegador así que no son la mejor opción si busca homogeneidad.

Nota: Internet Explorer 5 y 5.5 para Windows utilizan `small` por defecto, lo que puede echar a perder un intento de utilizar palabras clave de tamaño absolutas en todo un documento.

Palabras clave de tamaño relativas

Hay dos palabras clave relativas: `larger` y `smaller`. Se utilizan para cambiar el tamaño del texto en relación al objeto padre y de acuerdo a la escala absoluta de siete pasos (utilizando el mismo factor de escala). Por ejemplo, si el texto de un párrafo es `large`, si aplicamos la palabra clave `smaller` a un elemento hijo `em` el texto enfatizado aparecería a tamaño `medium`. Los ejemplos de la figura 18.4 utilizan palabras clave de tamaño relativas.

```
There are two relative keywords: <span style="font-size:
larger">larger</span> and <span style="font-size: smaller">smaller
</span>. They are used...
```

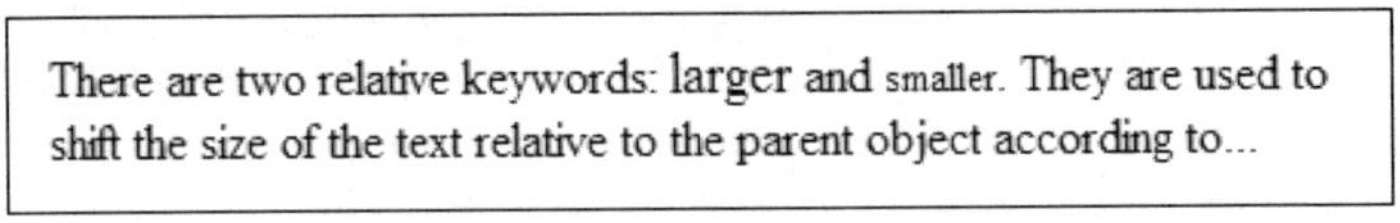

Figura 18.4. Palabras clave relativas.

Medidas porcentuales

Un modo bastante fiable de especificar el tamaño del texto es con valores porcentuales. Estos se calculan en relación al tamaño heredado del texto padre. Esa parte "heredada" es importante porque significa que si anida elementos similares con valores porcentuales, el efecto es acumulativo. No pasan muchos niveles de anidamiento antes de que el texto deje de ser legible.

En la figura 18.5, el elemento `ul` tiene un valor relativo del 80%. Si el cuerpo del documento tiene 16 píxeles, el texto `ul` tendrá 13 (tras redondear). El `ul` anidado en esta lista tiene el mismo ajuste de tamaño (80%) pero esta vez se aplica a su tamaño heredado (13 píxeles), resultando un texto de 10 píxeles, y así con todos los niveles anidados.

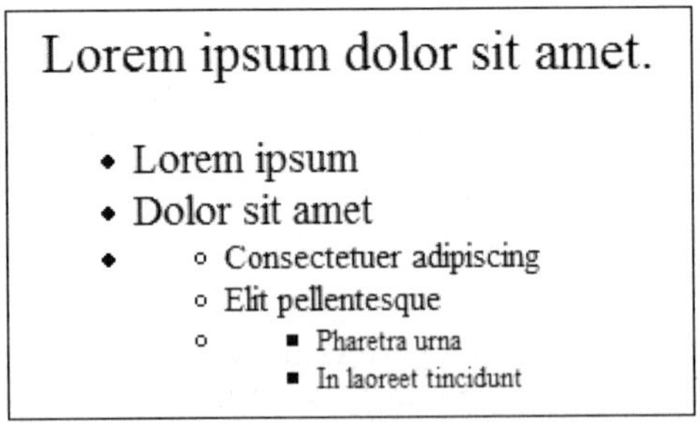

Figura 18.5. Elementos anidados con valores de tamaño porcentuales.

Hoja de estilo

```
body {font-size: 24px;}
ul {font-size: 80%;}
```

Marcado

```
Lorem ipsum dolor sit amet.
<ul>
   <li>Lorem ipsum</li>
   <li>Dolor sit amet</li>
   <li><ul>
      <li>Consectetuer adipiscing</li>
      <li>Elit pellentesque</li>
         <ul>
            <li>Pharetra urna</li>
            <li>In laoreet tincidunt</li>
         </ul>
      </ul>
   </li>
</ul>
```

Medidas de longitud

La última forma de especificar el tamaño de fuente es con un número concreto de unidades. Algunas unidades son absolutas y otras relativas.

Las unidades absolutas son:

- `pt` (puntos, 1/72 pulgadas en CSS 2.1).
- `pc` (picas, 1 pica equivale a 12 puntos).
- `mm` (milímetros).
- `cm` (centímetros).
- `in` (pulgadas).

Las unidades relativas son:

- `em` (distancia entre líneas base sin espacio de línea extra).
- `ex` (aproximadamente la altura de la letra x).
- `px` (píxeles; en CSS los píxeles son relativos porque su tamaño real puede variar en función de la resolución de la pantalla si la resolución no tiene los típicos 75-100 dpi).

Especificar una unidad con la propiedad `font-size` es muy sencillo. Asegúrese de que el valor tiene inmediatamente detrás suyo la abreviatura, sin espacio en blanco, de este modo:

```
p {font-size: 12px; }
h1 {font-size: 1.6em; }
```

El truco está en saber qué unidades son las más adecuadas para su proyecto. Algunas unidades tienen problemas de accesibilidad y otras son víctimas de las inconsistencias de los navegadores.

El problema de los valores absolutos

Como las medidas del mundo real, como pulgadas y picas, no son importantes en las pantallas de ordenador (consulte el capítulo 26 para ver el porqué de que sean inútiles las pulgadas) ninguno de los valores absolutos tiene sentido para el texto de páginas Web. Si está creando una hoja de estilo para la impresión, sin embargo, lo mejor puede ser utilizar unidades absolutas.

Recomendación: Evite las medidas `pt`, `pc`, `mm`, `cm` e `in` para las páginas Web.

El problema de los píxeles

Puede pensar que como los elementos de las páginas Web se miden en número de píxeles y que como los píxeles se consideran una medida relativa, serán la respuesta a todos los problemas con el tamaño de fuentes. Estaría bien, y para algunos diseñadores el control del texto a nivel de píxeles es embriagador.

Por desgracia hay algunas razones por las que no deberían utilizarse píxeles para el tamaño de texto. Sabemos que los píxeles no se crean iguales, esto es, que un texto que se lee cómodamente en su ordenador tendrá que ser leído con lupa en el de otra persona.

En la mayoría de los navegadores, comenzando con Internet Explorer 5 para Macintosh en marzo de 2000, no es ningún problema porque los usuarios tienen una función zoom que les permite aumentar el tamaño del texto sean cuales sean los ajustes de la hoja de texto. Irónicamente, Internet Explorer para Windows (versión 6 y anteriores) no permite aumentar el texto especificado en píxeles (sí cambia el texto que tenga el tamaño establecido en unidades em o en porcentajes). IE 7 (en beta en este momento) promete una función zoom en píxeles, pero hasta entonces hay una parte muy importante de usuarios que no puede ignorar los ajustes de tamaño en píxeles. Es todo un obstáculo en términos de accesibilidad.

Recomendación: Si la accesibilidad es importante para usted (y debería serlo) evite utilizar medidas `px` para texto hasta que IE 5 para Windows e IE 6 para Windows ya sean historia.

El problema de las unidades em

Las unidades em pasan por ser la mejor unidad de medida disponible para la Web, pero tienen un par de problemas potenciales. El primero es que las medidas em son relativas al tamaño base del navegador. En algunos navegadores, el tamaño base por defecto es 16 píxeles, que es bastante grande. Los diseñadores tienden a querer reducir el tamaño del texto ligeramente en una página o en todo el sitio.

Pero ese tamaño base de 16 píxeles no es algo seguro. Algunos usuarios han reajustado su texto base a un tamaño más pequeño en las preferencias del navegador, y en ese caso si el autor vuelve a reducir el tamaño del texto con una hoja de estilo puede hacerlo ilegible. Por fortuna todos los navegadores actuales permiten ampliar el texto especificado en unidades em, así que los usuarios pueden ampliar el texto si lo necesitan.

El otro problema que se nos plantea con las unidades em es que, por errores de redondeo, hay mucha inconsistencia entre navegadores y plataformas cuando el tamaño de texto está ajustado en fracciones de em. Uno o dos píxeles pueden suponer una gran diferencia si el texto se muestra a bajas resoluciones. Y no sólo eso, algunos navegadores tienen problemas con el texto ajustado a menos de una unidad em. Los porcentajes son el modo más fiable de proporcionar medias relativas, pero puede acabar teniendo problemas con el cambio de tamaño acumulativo.

Recomendación: Una solución frecuente es utilizar una combinación de porcentajes y unidades em para evitar los problemas asociados con ambos. Owen Briggs introdujo por primera vez este método como una conclusión de su detallado estudio de las diferencias `font-size` entre navegadores. El meétodo funciona haciendo el texto ligeramente más pequeño con un porcentaje a nivel body. Luego se utilizan unidades em en los elementos concretos que quiere que sean mayores que el resto del texto. Este es un ejemplo que utiliza los valores sugeridos por Owen.

```
body {font-size: 76% } /* tiene 12 píxeles cuando el tamaño base tiene
16 píxeles */
p {font-size: 1em; }
h1 {font-size: 1.5em; }
```

La ventaja es que el valor porcentual le da un control más preciso y que la definición del tamaño con unidades em no es tan complicado como con porcentajes. La desventaja es que si el tamaño base es de menos de 16 píxeles todo será demasiado pequeño. Sin embargo, como los tamaños están especificados en unidades em, los usuarios pueden cambiar el tamaño del texto en el navegador.

Nota: Vea las 264 capturas de pantalla de Owen Briggs y sus soluciones que encontró para resolver inconsistencias en el tamaño de fuentes en `www.thenoodleincident.com/tutorials/box_lesson/font/index.html`.

Otros ajustes de fuente

Comparadas con los problemas de `font-face` y `font-size`, las otras propiedades relacionadas con fuentes son como un paseo por el parque. Esta sección presenta propiedades de estilo para ajustar el peso y estilo de las fuentes.

Peso de las fuentes

La propiedad `font-weight` especifica el peso o grosor de la fuente.

font-weight

Valores: `normal | bold | bolder | lighter | 100 | 200 | 300 | 400 | 500 | 600 | 700 | 800 | 900 | inherit`

Valor inicial: `normal`

Se aplica a: Todos los elementos.

Heredado: Sí.

El peso de la fuente puede especificarse como un término descriptivo (`normal`, `bold`, `bolder`, `lighter`) o como uno de los nueve valores numéricos listados arriba. El peso predeterminado es `normal` que corresponde a 400 en la escala numérica. El texto `bold` típico se corresponde con 700 en la escala numérica. En una familia puede no haber una fuente que se corresponda con los 9 niveles de peso (algunas puede que sólo tengan los pesos `normal` y `bold`). La figura 18.6 muestra el efecto de todos los valores en la fuente Verdana vista en el navegador Firefox.

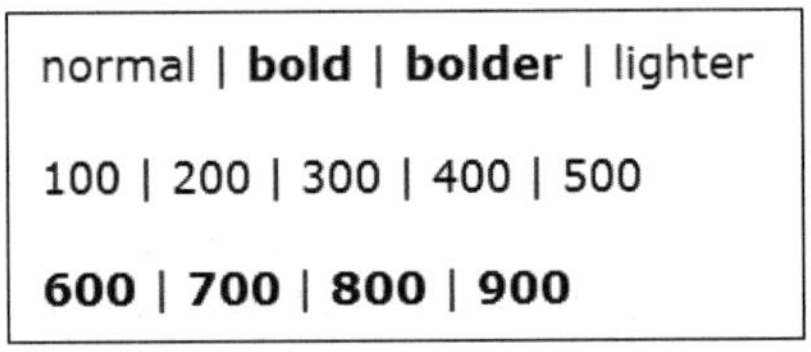

Figura 18.6. El efecto de los valores font-weight.

Es evidente que los valores numéricos `font-weight` no son útiles si varios pesos no están disponibles para la fuente. No hay ningún peligro en usarlos pero no espere que cambien los pesos de una fuente existente. Se limita a buscar pesos de fuente disponibles.

Desafortunadamente, los navegadores actuales tienen un soporte inconsistente para la propiedad `font-weight`, sobre todo debido a la falta de fuentes disponibles que se ajusten a los criterios. Los valores pensados para que el texto sea más ligero que con el peso normal son especialmente problemáticos. De entre todos los valores posibles sólo `bold` y `bolder` se renderizarán bien como texto en negritas. La mayoría de los diseñadores se atienen a estos valores e ignoran el resto.

Estilo de las fuentes

`font-style` controla la "postura" de la fuente, esto es, si es cursiva, oblicua o normal.

font-style

Valores: `normal | italic | oblique | inherit`

Valor inicial: `normal.`

Se aplica a: Todos los elementos.

Heredado: Sí.

Cursiva y oblicua son versiones sesgadas de la fuente. La diferencia es que la versión cursiva suele ser un diseño independiente de la fuente con formas más curvadas mientras que el texto oblicuo toma el diseño de fuente normal y lo muestra sesgado utilizando cálculos matemáticos, tal y como muestra la figura 18.7 (arriba). En monitores a baja resolución, si el tamaño del texto es pequeño, el texto en cursiva y oblicuo puede parecer exactamente el mismo (véase la figura 18.7, abajo).

```
<p style="font-style: oblique">This is a sample of oblique Times as
rendered in a browser.</p>
<p style="font-style: italic">This is a sample of italic Times as
rendered in a browser.</p>
```

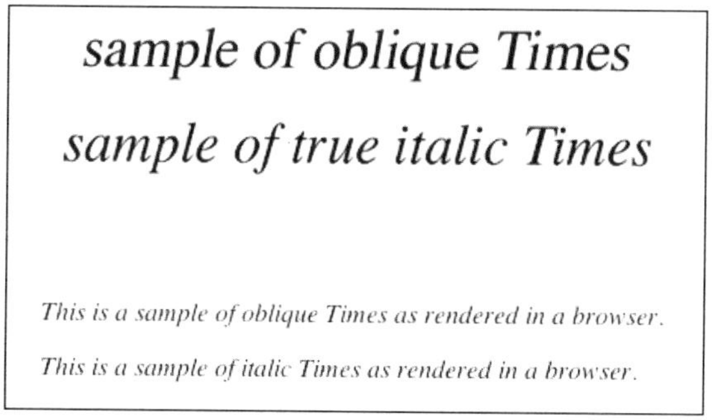

Figura 18.7. Comparación de fuentes oblicuas y cursivas ajustadas con la propiedad font-style.

Variante de las fuentes

El único propósito de la propiedad `font-variant` es especificar que el texto debería aparecer en versalitas, con pequeñas minúsculas. Las fuentes versalitas utilizan pequeñas letras mayúsculas en lugar de minúsculas. Es posible que versiones futuras de hojas de estilo soporten más valores para esta propiedad.

font-variant

Valores: `normal | small-caps | inherit`

Valor inicial: `normal`.

Se aplica a: Todos los elementos.

Heredado: Sí.

Si bien no hay disponible ninguna fuente que sea verdaderamente versaleita, el navegador puede simularlo mostrando todas las mayúsculas. La figura 18.8 muestra un ejemplo utilizando esta regla de estilo.

```
<span style="font-variant: small-caps">lorem ipsum dolor sit amet,
</span> consectetuer adipiscing elit. Pellentesque pharetra, urna in
laoreet tincidunt, nunc quam eleifend libero, a tincidunt purus augue eu
felis. Phasellus quis ante. Sed mi.
```

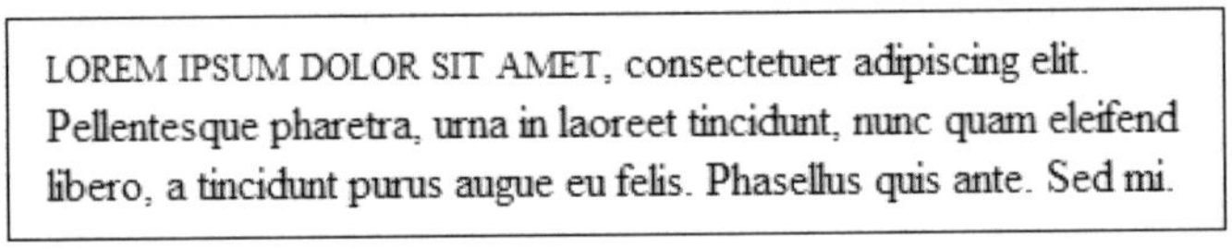

Figura 18.8. Utilizar font-variant para versalitas.

A diferencia de un diseño de fuentes realmente versalitas, las proporciones de las letras mayúsculas y versalitas no armonizan bien porque el peso de línea de las versalitas se ha reducido. Un uso de estos tipos en el mundo de la impresión es reducir el tamaño de acrónimos para que no sobresalgan demasiado en el flujo del texto. Por desgracia la propiedad `font-variant` sólo transforma las letras minúsculas así que no puede utilizarse para este fin.

Nota: En CSS 2 hay otras propiedades adicionales relacionadas con las fuentes, estas propiedades fueron abandonadas en CSS 2.1 por la falta de soporte. La propiedad `font-stretch` era para hacer más anchos o más estrechos los caracteres utilizando estos valores de palabra clave: `normal`, `wider`, `narrower`, `ultra-condensed`, `extra-condensed`, `condensed`, `semi-condensed`, `semi-expanded`, `expanded`, `extra-expanded`, ultra-expanded e inherit. La otra propiedad desechada es font-size-adjust que pretendía compensar las distintas alturas x de las fuentes a iguales ajustes.

Reunir todo gracias a la propiedad font

Especificar varias propiedades de fuente para todos los elementos de texto puede hacerse muy repetitivo y tedioso, así que los autores de CSS ofrecieron la propiedad font que compila todas las propiedades relacionadas con las fuentes en una sola regla. Técnicamente font es más que una simple propiedad porque es la única propiedad que permite especificar fuentes desde el sistema operativo del agente de usuario.

font

Valores: [[<'font-style'> || <'font-variant'> || <'font-weight'>]? <'font-size'> [/<'line-height'>]? <'font-family'>] | caption | icon | menu | message-box | small-caption | status-bar | inherit

Valor inicial: Utiliza valores predeterminados de una propiedad.

Se aplica a: Todos los elementos.

Heredado: Sí.

Al utilizar la propiedad font como una reunión de distintas propiedades de fuente, el orden el que aparecen los valores de propiedad es importante. Todas estas reglas de fuente muestran un uso correcto de la propiedad font.

```
h1 { font: 1.75em sans-serif; } /* lista de valor mínimo de font */
h1 { font: 1.75em/2 sans-serif; }
h1 { font: bold 1.75em sans-serif; }
h1 { font: oblique bold small-caps 1.75em Verdana, Arial, sans-serif; }
```

La regla puede incluir valores para todas las propiedades o de un subconjunto, pero debe incluir font-size y font-family, en ese orden, como las dos últimas propiedades de la lista. Omitir una o ponerlas en mal orden hará que toda la regla sea inválida. Estos ejemplos son inválidos:

```
h1 { font: sans-serif; } /* font-size omitido */
h1 { font: 1.75em/2 sans-serif oblique; } /* tamaño y familia van antes */
```

Cuando ya haya incluido en el orden correcto font-size y font-family, la regla puede incluir también las propiedades opcionales font-style, font-variant o font-weight al comienzo de la regla. Pueden aparecer en cualquier orden siempre que precedan a `font-size`. Otro valor opcional es la propiedad `line-height` (para añadir espacio entre líneas) que aparece justo después de `font-size` separado por una barra inclinada (/), tal como se ilustra en el siguiente ejemplo:

```
p {font: italic 12px/18px Georgia, Times, Serif }
```

Es importante saber que si utiliza la propiedad `font` todas las propiedades omitidas serán restablecidas a sus ajustes iniciales (predeterminados). Tenga cuidado porque una regla incompleta podría ignorar ajustes hechos antes en la hoja de estilo restableciendo los valores predeterminados.

Utilizar fuentes de sistema

La propiedad `font` proporciona distintas palabras clave que permiten aplicar estilos de fuente del sistema operativo en los documentos Web. Puede ser una herramienta muy útil para hacer que una aplicación Web se funda con el entorno de escritorio. Estos valores son:

`caption`
: La fuente utilizada para controles con leyenda (p.e. botones, menús desplegables, etc.).

`icon`
: La fuente utilizada para etiquetar iconos.

menu
: La fuente utilizada en menús (por ejemplo, los menús desplegables y las listas de menú).

`message-box`
: La fuente utilizada en cuadros de diálogo.

`small-caption`
: La fuente utilizada para etiquetar controles pequeños.

`status-bar`
: La fuente utilizada en barras de estado de Windows.

Al seleccionar una de estas palabras clave se aplica a todos los aspectos de esa fuente (familia, tamaño, peso) al mismo tiempo, aunque pueden ignorarse con propiedades de fuente específicas. Si no se encuentra una determinada fuente el agente de usuario debería dar una fuente aproximada o sustituir con una fuente por defecto. Los valores de fuentes de sistema cuentan con buen soporte en los navegadores actuales adecuados a los estándares.

Transformación del texto (convertir en mayúsculas)

La propiedad `font-variant` utiliza formas de letras mayúsculas en letras minúsculas, pero no afecta al texto en sí, sólo cambian las formas de las fuentes. Hay otra propiedad CSS, `text-transform`, para cambiar las mayúsculas del texto sin tener que rescribir todo el documento fuente. Cambia mayúsculas y minúsculas como se especifique.

text-transform

Valores: `none | capitalize | lowercase | uppercase | inherit`

Valor inicial: `none`

Se aplica a: Todos los elementos.

Heredado: Sí.

Utilice la propiedad `text-transform` para cambiar las mayúsculas de un elemento sin tener que rescribirlo en la fuente. Puede cambiar las mayúsculas de un determinado elemento (como cabeceras) para todo un sitio cambiando, simplemente, una regla de hoja de estilo. El valor predeterminado es `none`, que deja el texto tal y como aparece en la fuente (y restablece cualquier valor heredado). El valor `capitalize` muestra la primera letra de todas las palabras del elemento en mayúsculas. El valor `lowercase` pone todas las letras del elemento en minúsculas y `uppercase` pone todo en mayúsculas. Los efectos de estos ejemplos de propiedad `text-transform` son los que muestra la figura 18.9.

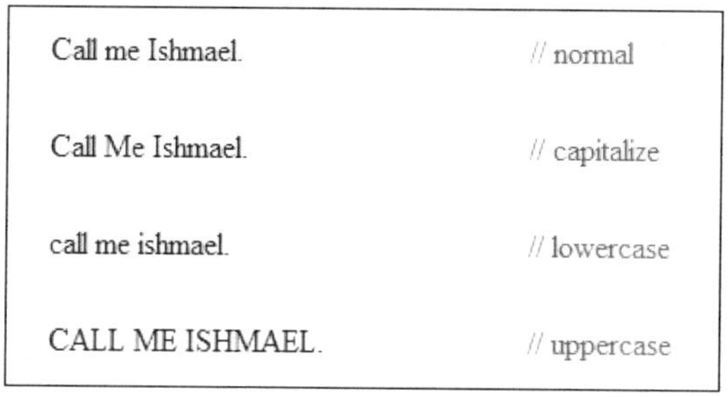

Figura 18.9. La propiedad text-transform.

Decoración de textos

Utilice el elemento `text-decoration` para especificar efectos de subrayado, tachado, parpadeo, etc.

text-decoration

Valores: none | underline | overline | line-through | blink

Valor inicial: none

Se aplica a: Todos los elementos.

Heredado: No, pero una decoración de texto se "dibuja" por todos los elementos hijo.

Los valores de text-decoration son bastante intuitivos: underline subraya el elemento, overline pone una línea por encima y line-through lo tacha, sustituyendo a los elementos depreciados strike y s de HTML. La figura 18.10 muestra las distintas formas de text-decoration.

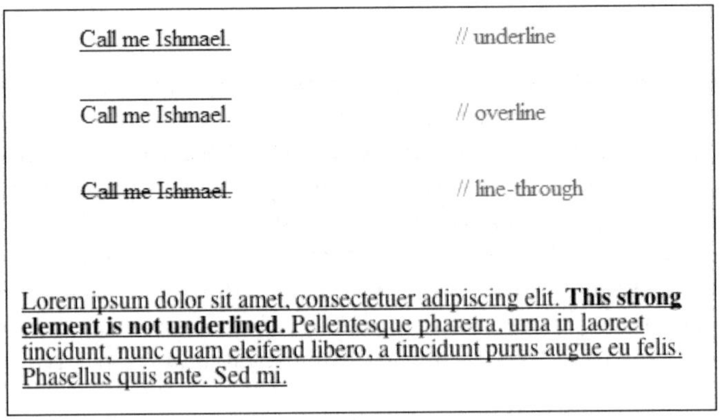

Figura 18.10. Propiedad text-decoration.

También hay un valor opcional blink que hace que el texto parpadee como con el elemento blink de Netscape (el valor blink no está soportado todavía en Internet Explorer de forma deliberada). La propiedad text-decoration tiene un extraño comportamiento al que debería estar atento. Aunque los valores text-decoration aplicados a un elemento de bloque no se heredan por todos los elementos hijo del bloque, la línea se dibuja a través de los elementos hijos. La línea (underline, overline o line-through) irá por todos los elementos en línea aunque tengan text-decoration ajustado explícitamente a none, tal y como muestra este ejemplo y la parte inferior de la figura 18.10.

```
<p style="text-decoration: underline">Lorem ipsum dolor sit amet,
consectetuer elit. <strong style="text-decoration: none">This strong
element is not underlined.</strong> Pellentesque pharetra, urna in
laoreet tincidunt, nunc quam eliefend libero, a tincidunt purus augue eu
felix. Phasellus quis ante. Sed mi. </p>
```

Actualmente no hay ningún modo de desactivar la decoración de los elementos hijo. La solución es aplicar el estilo a lapsos en las partes deseadas del texto en lugar de al elemento bloque en sí.

El uso más popular de la propiedad `text-decoration` es desactivar los subrayados que aparecen automáticamente bajo los vínculos ajustando `text-decoration` a `none`, tal y como muestra este ejemplo:

```
a:link, a:visited { text-decoration: none; }
```

Pero debería hacerse con mucho cuidado porque el subrayado es una clave visual muy clara de que se puede pulsar el texto. Eliminar el subrayado puede hacer que el vínculo no se vea. Si desactiva el subrayado, asegúrese de poner otras claves (color o peso) que compensen el contraste.

De forma parecida, como los subrayados han terminado estando tan asociados con el hipertexto, añadir un subrayado a un texto que no es un vínculo puede causar algo de confusión. En estos casos, la cursiva puede ser una alternativa aceptable para los subrayados.

Altura de línea

En CSS la propiedad `line-height` define la distancia mínima entre las líneas base de líneas adyacentes de texto. Una línea base es la línea imaginaria sobre la que se asientan las bases de los caracteres. La altura de línea es análoga al espacio interlineal (la cantidad de espacio entre líneas). Ajustando la altura de línea se puede cambiar el "color" de un bloque de texto. En este caso "color" no se refiere al tono (azul o verde, por ejemplo) sino a la densidad u oscuridad global del texto.

Esta sección atiende a la propiedad `line-height` y al método por el que CSS calcula la altura real de las líneas. Trabajar con las alturas de línea de CSS tiene impacto sobre la alineación vertical en el texto, como veremos más adelante.

line-height

Valores: `normal | <number> | <length> | <percentage> | inherit`

Valor inicial: `normal`

Se aplica a: Todos los elementos.

Heredado: Sí.

Estos ejemplos muestran tres métodos alternativos para especificar la misma cantidad de espaciado de línea. Si el tamaño de fuente es de 10 píxeles, la altura de línea resultante en cada uno de los ejemplos debería ser 20 píxeles. La figura

18.11 muestra los resultados (abajo) comparados con un párrafo con la altura de línea predeterminada (arriba).

```
p.open {line-height: 2; }       /* utiliza un factor de escala */
p.open {line-height: 2em; }     /* unidad de longitud */
p.open {line-height: 200%; }    /* porcentaje */
```

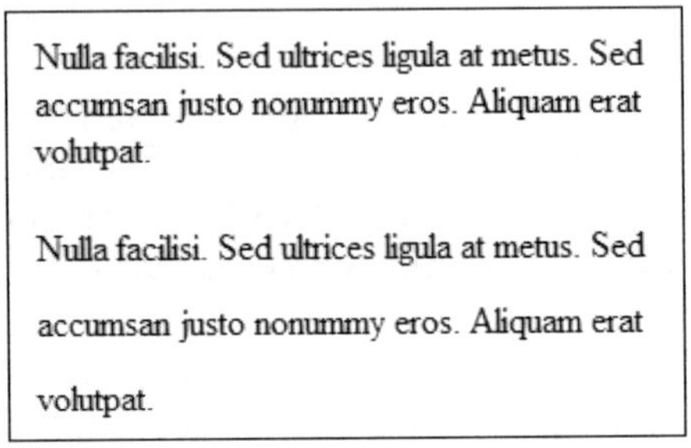

Figura 18.11. La propiedad line-height.

El valor predeterminado es `normal`, que la mayoría de los navegadores muestran al 120% del tamaño de fuente. Si se especifica sólo un número (como en el primer ejemplo), actúa como un factor de escala que se multiplica por el tamaño actual de fuente para calcular el valor `line-height`. Las alturas de línea también pueden especificarse utilizando cualquier unidad de medida. Los valores relativos (`em`, `ex` y `%`) se calculan por el tamaño de fuente del elemento. Los valores negativos están permitidos y harán que el texto se superponga.

Es importante recordar que los elementos hijo heredan el valor de altura de línea computado de su elemento padre, no el valor especificado. Por ejemplo, la altura de línea de un `div` con un tamaño de fuente de 12 y una altura de línea de 1 em calcula a 12 píxeles. Un elemento de párrafo que es hijo de ese `div` heredará la altura de línea de 12 píxeles, no el valor relativo 1 em. Si ese párrafo tuviera un tamaño de fuente mayor de 12 píxeles, las líneas de texto se superpondrían.

No ocurre igual con los factores de escala. Si especifica un factor de escala numérico, se aplicará ese valor al elemento seleccionado y a todos sus elementos hijo.

Calcular alturas de línea

Aunque especificar alturas de línea numéricamente es bastante sencillo, merece la pena ver cómo CSS realiza los cálculos.

La diferencia entre los valores de altura de línea y de tamaño de fuente es el interlineado. La mitad del interlineado se aplica sobre el área de contenido del texto y la otra mitad debajo. El resultado es el mismo que la medida línea base a línea base para la altura de línea. La figura 18.12 muestra cómo se distribuye el interlineado para un texto con un tamaño de fuente de 14 píxeles y una línea de altura de 22 píxeles.

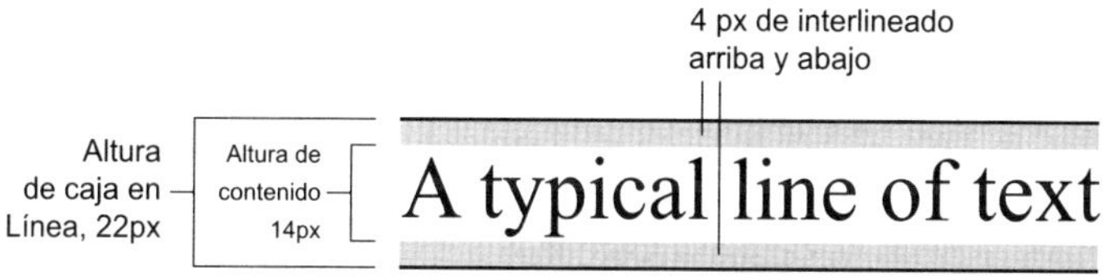

Figura 18.12. Altura e interlineado de línea.

Si el número de píxeles es impar el agente de usuario decide dónde se sitúa el valor mayor (aunque la mayoría colocan el píxel extra bajo el área de contenido).

El área de contenido y su interlineado constituyen una "caja en línea" implícita, que es la cantidad total de espacio vertical que el texto ocupa en una línea. Si es capaz de visualizar la caja en línea le será más fácil entender luego la alineación vertical.

Propiedades de alineación de texto

Una de las formas de formatear el texto para mejorar la jerarquía visual y la legibilidad es a través de la alineación. CSS ofrece varias propiedades para ajustar la alineación vertical y horizontal del texto.

Sangrados

Utilice la propiedad `text-indent` para especificar una cantidad de sangrado en la primera línea de texto de un elemento.

text-indent

Valores:`<length> | <percentage> | inherit`

Valor inicial: 0

Se aplica a: Elementos a nivel de bloque y celdas de tabla.

Heredado: Sí.

El valor de `text-indent` puede ser una unidad de longitud o un valor porcentual (calculado como un porcentaje de la anchura del elemento padre), tal y como muestran estos ejemplos y la figura 18.13.

```
p#1 {text-indent: 3m; }
p#2 {text-indent: 50%; }
p#3 {text-indent: -20px; }
```

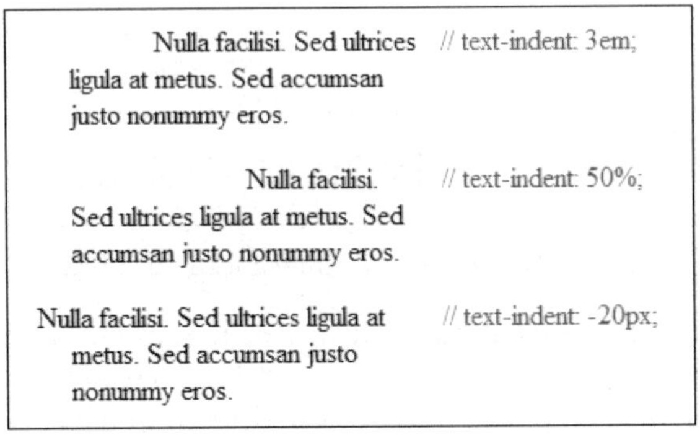

Figura 18.13. La propiedad text-indent.

La tercera regla de esta lista muestra un valor negativo. Estos valores negativos pueden utilizarse para crear efectos como el de la figura 18.13. Pero esta función debería utilizarse con cuidado porque puede hacer que el texto desaparezca por el borde izquierdo del navegador (añada relleno izquierdo para compensar) o puede no estar soportada bien por navegadores más antiguos.

Lo último que hay que saber sobre los sangrados es que el elemento hijo hereda el valor de sangrado computado de su padre, no el valor especificado. Así que si un `div` está ajustado a 800 píxeles de ancho con un margen del 10%, el sangrado calculado será de 80 píxeles. Un párrafo que esté dentro del `div` heredará el sangrado de 80 píxeles, no el valor 10%.

Nota: Los diseñadores quizás estén acostumbrados a especificar sangrados y márgenes a la par, pero para ser coherentes con el modelo CSS, los márgenes serán estudiados en relación con el modelo de cajas en el capítulo 19.

Alineación horizontal

Utilice la propiedad `text-align` para ajustar la alineación horizontal del texto dentro de elementos de bloque.

text-align

Valores: `left` | `right` | `center` | `justify` | `inherit`

Valores iniciales: `left` *para los idiomas que se leen de izquierda a derecha.* `right` *para los idiomas que se leen de derecha a izquierda.*

Se aplica a: Elementos a nivel de bloque y celdas de tabla.

Heredado: Sí.

El comportamiento de texto resultante de los distintos valores de palabra clave de propiedad `text-align` deberían ser bastante intuitivos, tal y como muestra la figura 18.14.

```
p { text-align: left; }
p {text-align: right; }
p {text-align: center; }
p {text-align: justify; }
```

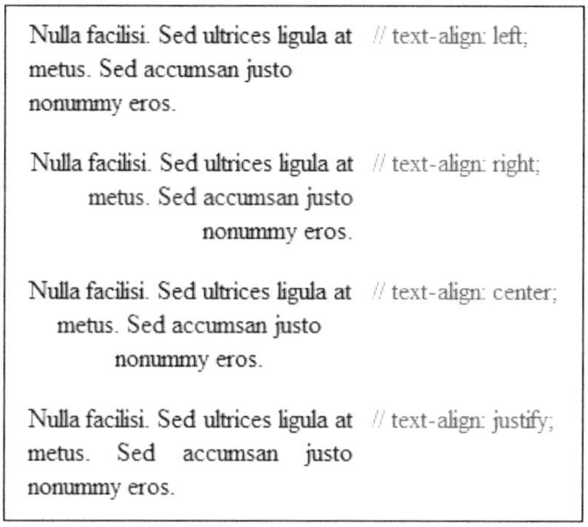

Figura 18.14. La propiedad text-align.

Merece la pena destacar que la propiedad `text-align` controla la alineación horizontal de los elementos en línea que están dentro del elemento, no la alineación del elemento en sí. En otras palabras, no equivale al elemento depreciado `center`. Observe que los elementos de párrafo de la figura 18.14 quedan alineados en el margen izquierdo.

Nota: El modo correcto de alinear horizontalmente los elementos es manipulando sus márgenes izquierdo y derecho, tal y como veremos en el capítulo 19.

Alineación vertical

Utilice la propiedad `vertical-align` para especificar la alineación vertical de un elemento en línea. Los valores de alineación vertical están relacionados con la línea base, la altura de texto (tamaño de fuente) o con la altura total de la línea de texto. Viendo los distintos valores de alineación vertical, esta sección presenta otros conceptos CSS importantes tales como elementos remplazados y el modelo de caja en línea.

vertical-align

Valores: `baseline` | `sub` | `super` | `top` | `text-top` | `middle` | `text-bottom` | `bottom` | `<percentage>` | `<length>` | `inherit`

Valor inicial: `baseline`

Se aplica a: Elementos en línea y elementos de celda de tabla.

Heredado: No.

La propiedad `vertical-align` se aplica a elementos de texto en línea así como a elementos no de texto que puedan aparecer en el flujo de texto como imágenes o entradas de formulario. Esto son sólo ejemplos de elementos remplazados, porque el documento fuente sólo contiene una referencia al elemento que se remplaza por el contenido real cuando se monta la página. La mayoría de los elementos HTML no son elementos reemplazados, es decir, que sus contenidos aparecen en el documento fuente, como el texto de un párrafo (`p`).

Alinear en relación a la línea base

Muchos valores `vertical-align` mueven elementos en línea respecto a la línea base del texto que los rodea. El valor predeterminado es `baseline`, que alinea la línea base del texto (o el borde inferior del elemento remplazado) con la línea base del elemento padre.

Los valores `sub` y `super` permiten poner índices y superíndices. El valor `sub` hace que el elemento esté por debajo de la línea base y `super` hace que el elemento esté por encima de la línea base. CSS no prescribe la distancia, depende del navegador. Es importante observar que alinear un elemento con `sub` o `super` no reduce el tamaño de fuente del elemento.

Estos ejemplos de `baseline`, `sub` y `super` aparecen en la figura 18.15.

```
<p>Aliquam erat <span style="vertical-align: baseline">volutpat</span></p>
<p>Aliquam erat <span style="vertical-align: sub">volutpat</span></p>
<p>Aliquam erat <span style="vertical-align: sup">volutpat</span></p>
```

Alinear respecto a la altura de texto

Los valores `text-top` y `text-bottom` alinean un elemento respecto a los bordes superior e inferior del texto que lo rodea. Aunque depende del diseño de fuente, la parte superior del texto corresponde aproximadamente a la parte superior de los ascendentes y la parte inferior al fondo de los descendentes. Para ser más precisos, es la parte superior e inferior de la caja de texto de esa fuente y se deriva del tamaño de fuente del elemento padre. Los elementos reemplazados en la línea se ignoran en el cálculo.

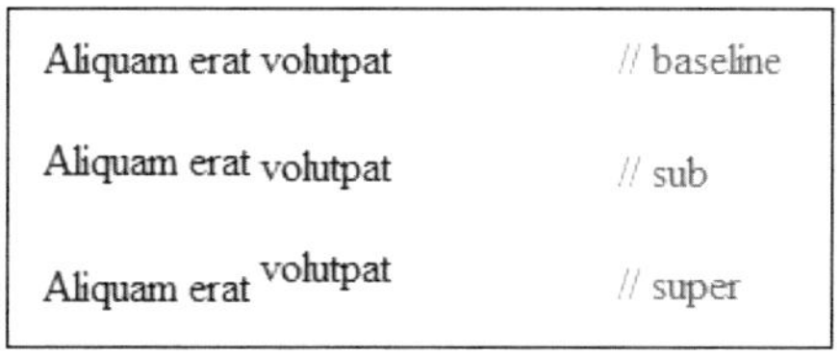

Figura 18.15. vertical-align relativo a la línea base.

Nota: En el capítulo 19 estudiaremos con detalle el modelo de caja en línea para el cálculo de la altura de línea.

La figura 18.16 muestra elementos alineados con `text-top` y `text-bottom`. Es fácil ver que los elementos alineados están emplazados en relación con el texto y no con la altura global de la línea.

```
<p> A tall <img style="vertical-align: middle" src="img/
placeholder_tall.gif" alt=" " /> image and a short <img style="vertical-
align: text-top" src="img/placeholder_short.gif" alt=" " /> image.</p>

<p>A tall <img style="vertical-align: middle" src="img/
placeholder_tall.gif" alt=" " /> image and a short <img style="vertical-
align: text-bottom" src="img/placeholder_short.gif" alt=" " /> image.</p>
```

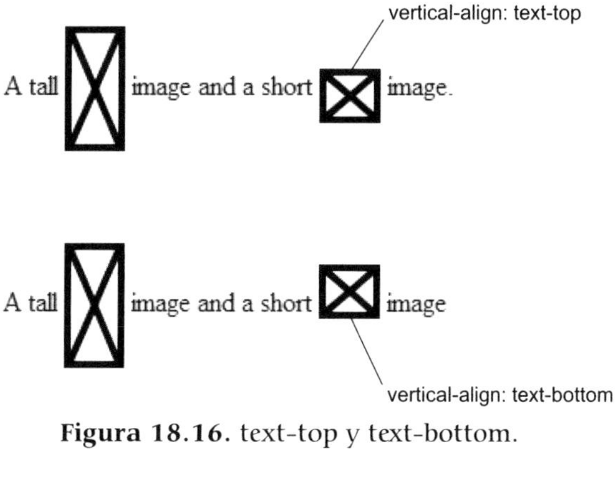

Figura 18.16. text-top y text-bottom.

La última alineación basada en texto es `middle`, que alinea el punto central vertical del elemento (normalmente una imagen) con una línea imaginaria dibujada a través del centro de la altura x del padre. Una altura x de fuente es la altura de sus letras minúsculas, pero los navegadores suelen calcularla como .5 em. De acuerdo a la especificación, la línea con la que un elemento debería centrarse está tan sólo .25 em por encima de la línea base, como se indica en la figura 18.17 con una línea gris.

```
<p>A tall <img style="vertical-align: middle" src="img/
placeholder_tall.gif" alt=" " /> image and a short <img style="vertical-
align: middle" src="img/placeholder_short.gif" alt=" " /> image.</p>
```

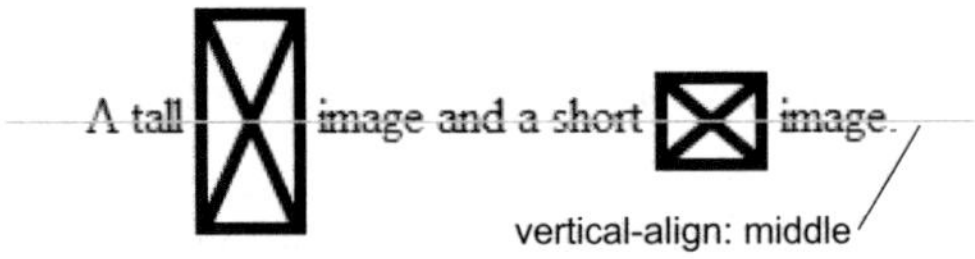

Figura 18.17. Texto alineado con el valor central.

Alinear en relación a la altura de línea

Los valores `top` y `bottom` alinean los elementos en relación a la parte superior e inferior de la caja de línea de esa línea. La caja de línea es una caja implícita que se genera para todas las líneas de texto de un elemento de bloque. Se dibuja lo suficientemente alta como para recoger el elemento en línea más alto, incluyendo su interlineado. Los elementos remplazados, como imágenes, están incluidos en el cálculo de la altura de la caja en línea, así que influyen en la posición de los elementos alineados con `top` y `bottom`.

La figura 18.18 muestra elementos alineados con `top` y `bottom` en relación a la caja en línea.

```
<p>A tall <img style="vertical-align: middle" src="img/
placeholder_tall.gif" alt=" " /> image and a short <img style="vertical-
align: top" src="img/placeholder_short.gif" alt=" " /> image.</p>

<p>A tall <img style="vertical-align: middle" src="img/
placeholder_tall.gif" alt=" " /> image and a short <img style="vertical-
align: bottom" src="img/placeholder_short.gif" alt=" " /> image.</p>
```

Alinear con valores porcentuales

Si utiliza un valor porcentual con `vertical-align`, la línea base del elemento se mueve la cantidad especificada respecto a la línea base. La distancia se calcula como un porcentaje del valor `line-height` del elemento. Se aceptan valores positivos y negativos.

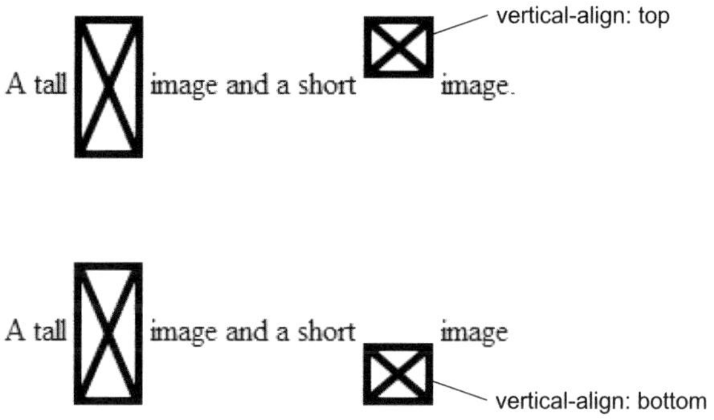

Figura 18.18. Texto alineado top y bottom en relación a la caja en línea.

Espaciado de texto

CSS proporciona varias herramientas que sirven para ajustar el espacio disponible entre palabras o caracteres de texto. Añadir espacio en una línea es otra forma de modificar el carácter o color de un bloque de texto. Por ejemplo, añadir un poco de espacio extra entre letras es una técnica común para atraer la atención hacia una cabecera o hacia la primera línea de texto de una página. Esta sección presenta las propiedades `letter-spacing`, `word-spacing` y `white-space`.

Espaciado de letras

Utilice la propiedad `letter-spacing` para especificar una cantidad de espacio a añadir entre caracteres.

letter-spacing

Valores: `normal | <length> | inherit`

Valor inicial: `normal`

Se aplica a: Todos los elementos.

Heredado: Sí.

La figura 18.19 muestra un ejemplo de regla de hoja de estilo que añade 3 píxeles de espacio extra entre los caracteres de la primera línea de texto.

```
p {letter-spacing: 8px; }

<p>Nunc a nisl.</p>
```

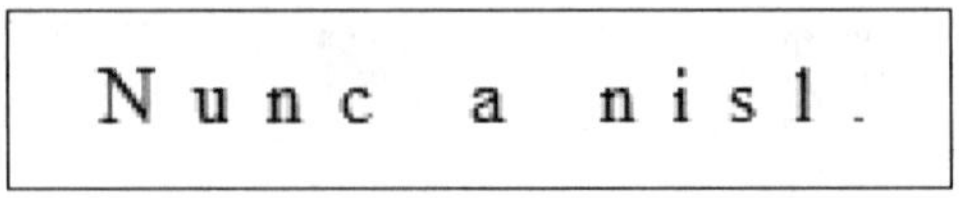

Figura 18.19. Espaciado de letras.

El valor predeterminado `normal` es equivalente a un ajuste numérico de cero (0). En otras palabras, sea cual sea el valor especificado se añade al texto de espaciado de caracteres estándar. Los valores negativos están permitidos y harán que los caracteres se solapen.

Tenga en cuenta que al especificar longitudes relativas (como em, basado en el tamaño de fuente), el tamaño calculado pasará a los elementos hijo, incluso aunque tengan un tamaño de fuente más pequeño que el padre.

Espaciado de palabras

Utilice la propiedad `word-spacing` para especificar una cantidad adicional de espacio a situar entre las palabras del elemento de texto.

word-spacing

Valores: `normal` | `<length>` | `inherit`

Valor inicial: `normal`

Se aplica a: Todos los elementos.

Heredado: Sí.

Al igual que sucede con `letter-spacing`, el valor de `word-spacing` se añade al espacio estándar disponible entre palabras. Un ajuste de cero (0) equivale a `normal` y no alterará el espaciado de palabras. Estos ejemplos aparecen luego en la figura 18.20.

```
p {word-spacing: 1em; }
<p>Nunc a nisl.</p>
```

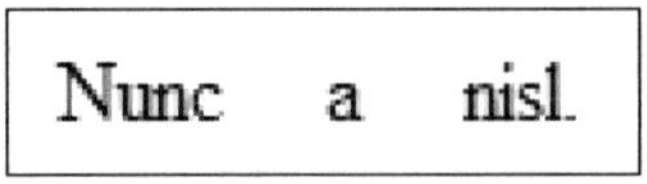

Figura 18.20. Espaciado de palabras.

Tenga en cuenta que al especificar medidas relativas (como em, basado en el tamaño de fuente) el tamaño calculado pasará a los elementos hijo, incluso aunque tengan un tamaño de fuente más pequeño que el padre.

Espacio en blanco

Por defecto, las cadenas de espacios de caracteres en la fuente de un elemento se reducen a un espacio y se ignoran los saltos de línea. En XHTML el elemento `pre` preserva ese espacio en blanco y muestra la fuente como se escribió. La propiedad `white-space` de CSS hace lo mismo, y más.

white-space

Valores: `normal` | `pre` | `nowrap` | `pre-wrap` | `pre-line` | `inherit`

Valor inicial: `normal`

Se aplica a: Todos los elementos (como de CSS 2.1).

Heredado: Sí.

El valor `normal` trata el texto con normalidad, reuniendo los espacios en blanco consecutivos. El valor `pre` muestra varios caracteres, como el elemento `pre` de (X)HTML, excepto que no tiene ningún efecto sobre la fuente del elemento (los navegadores tienden a mostrar los elementos `pre` en fuente monoespacial).

La figura 18.21 muestra un uso sencillo de la propiedad `white-space` tal y como está especificado en este ejemplo de estilo y de marcado.

```
p.haiku {white-space: pre; }

<p class="haiku">
   Love´s pure silver flame
      gives each innermost spirit
   invisible warmth.
</p>
```

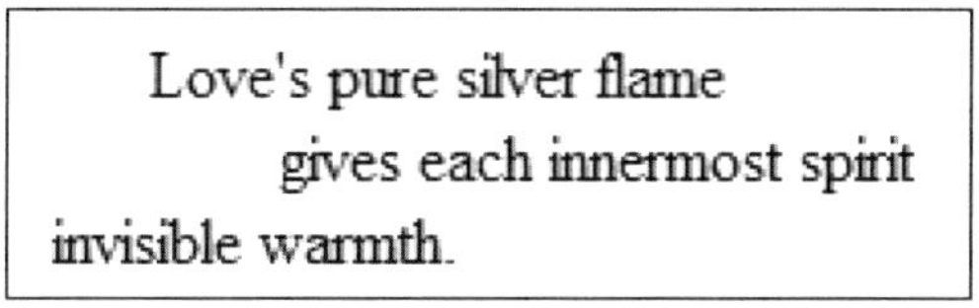

Figura 18.21. La propiedad white-space.

`nowrap` impide que el elemento de texto se ajuste a menos que esté designado con un `<br />`. Sin un `<br />`, el texto puede extenderse más allá de la ventana del navegador, con lo que hará falta deslizar la pantalla.

CSS 2.1 introdujo dos nuevos valores para `white-space`. El valor `pre-wrap` preserva varios espacios de caracter pero permite ajustar líneas de texto largas. También se respetan los saltos de línea de la fuente. El valor `pre-line` reúne en uno varios espacios pero preserva las líneas nuevas de la fuente. En este momento, ningún navegador tiene soporte para los valores `pre-line` y `pre-warp` de `white-space`.

Dirección del texto

Para acomodar idiomas que se leen de derecha a izquierda como el hebreo o el árabe, la recomendación CSS proporciona dos propiedades que afectan a la dirección del flujo de texto.

direction

Valores: `ltr` | `rtl` | `inherit`

Valor inicial: `ltr`

Se aplica a: Todos los elementos.

Heredado: Sí.

La propiedad `direction` afecta a la dirección del texto de un elemento a nivel de bloque. También cambia el orden del diseño de columna, el comportamiento del desborde de texto y la alineación de margen para el texto justificado. El valor predeterminado es `ltr` (izquierda a derecha) a menos que el navegador tenga una hoja de estilo interna para mostrar el texto de derecha a izquierda.

unicode-bidi

Valores: `normal` | `embed` | `bidi-override` | `inherit`

Valor inicial: `normal`

Se aplica a: Todos los elementos.

Heredado: No.

La propiedad `unicode-bidi` se ofrece para aprovechar las funciones de direccionalidad de Unicode. En el capítulo 6 ya estudiamos Unicode y direccionalidad. Los ajustes de direccionalidad están fuera del campo del diseñador Web, pero es una función útil para sitios multilingües. Para ver más detalles sobre el funcionamiento de estas propiedades, consulte la especificación CSS 2.1 en línea en `www.w3.org/TR/CSS21/`. Si desea más información sobre los esfuerzos del W3C relativos a la internacionalización consulte `www.w3c.org/International/`.

Capítulo 19

Propiedades básicas de las cajas

Anteriormente, en el capítulo 16, presentamos brevemente el modelo de cajas como uno de los conceptos fundamentales del formateo visual de CSS. De acuerdo con el modelo de cajas, todos los elementos de un documento generan una caja a la que pueden aplicarse propiedades como anchura, altura, márgenes, relleno y bordes.

Estas propiedades de cajas de elementos (así como aquellas para posicionamiento que estudiaremos más adelante en el capítulo 21) son el núcleo del diseño basado en las hojas de estilo CSS. Efectos que antes necesitaban la utilización de tablas, como poner texto en una caja coloreada, pueden hacerse utilizando tan solo hojas de estilo. Este es sólo uno de los modos en los que las hojas de estilo han liberado a los desarrolladores de un uso inadecuado de elementos (X)HTML para efectos visuales. Y sólo estamos viendo la superficie. Muchos efectos visuales creados con propiedades de caja de CSS simplemente eran imposibles utilizando (X)HTML.

El modelo de cajas también está en el corazón de algunos dolores de cabeza de los desarrolladores Web, en concreto del hecho de que todas las versiones de Internet Explorer para Windows (excepto IE 6 y 7 en modo Estándares, como se describió en el capítulo 9) interpretan el ancho de la caja de forma distinta a otros navegadores adecuados a CSS. Esto ha hecho necesario hacer todo tipo de malabarismos para replicar diseños de forma homogénea en todos los navegadores. Si desea más información sobre el problema del modelo de cajas en IE para Windows, consulte el capítulo 25.

Este capítulo estudia el modelo de cajas con más profundidad y presenta las propiedades básicas para especificar el tamaño y para añadir márgenes, bordes y relleno.

`height`	`border-top-style`	`border-top`
`width`	`border-right-style`	`border-right`
`max-height`	`border-bottom-style`	`border-bottom`
`max-width`	`border-left-style`	`border-left`
`min-height`	`border-stye`	`border`
`min-width`	`border-top-width`	`padding-top`
`margin-right`	`border-right-width`	`padding-right`
`margin-left`	`border-bottom-width`	`padding-bottom`
`margin-top`	`border-left-width`	`padding-left`
`margin-bottom`	`border-width`	`padding`
`margin`	`border-top-color`	
	`border-right-color`	
	`border-bottom-color`	
	`border-left-color`	
	`border-color`	

Nota: El modelo de cajas será estudiado de nuevo en el capítulo 21 en su relación con el posicionamiento y diseño de página.

El modelo de cajas, de nuevo

De a cuerdo con las especificaciones de CSS, todos los elementos de un documento, a nivel de bloque o en línea, generan una caja rectangular llamada "caja de elemento". La figura 19.1 muestra todas las áreas y límites definidos por el modelo de cajas CSS.

El núcleo de la caja de elemento es el contenido en sí, llamado "área de contenido". Sus lados están indicados como las aristas o bordes internos de la caja de elemento. La altura y anchura de un elemento se calculan como la distancia entre estas aristas.

El "relleno" es el área entre la zona de contenido y un borde opcional. El "borde" es una o más líneas que rodean al elemento y a su relleno.

Los colores e imágenes de fondo aplicados a un elemento son visibles en el relleno y se extienden detrás del borde (si hay agujeros en el estilo de borde el color de fondo aparecerá a través de ellos).

Por último, en el exterior del borde del elemento hay una cantidad opcional de "margen". El área de margen siempre es transparente, es decir que el fondo del elemento padre aparece a través.

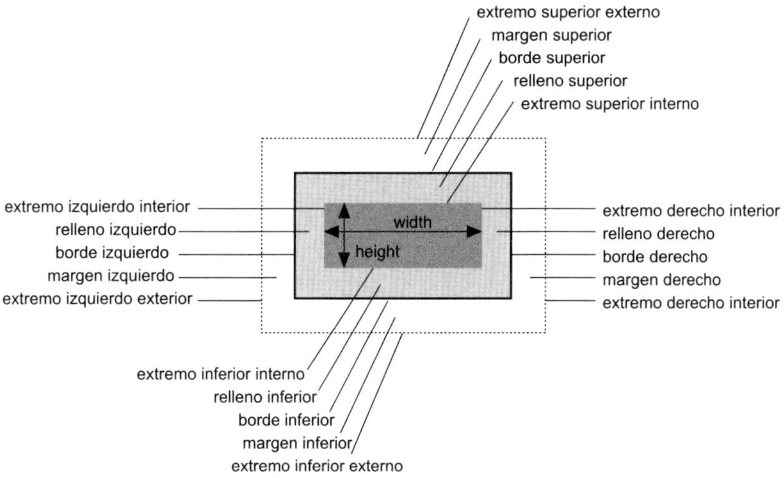

Figura 19.1. El modelo de cajas.

Las aristas externas del área de margen componen las aristas externas de la caja de elemento. El ancho total que ocupa una caja de elemento en la página se mide de arista externa a arista externa e incluye el ancho del área de contenido más la cantidad total de relleno, bordes y márgenes.

Recuerde que si especifica el valor `width` de un elemento sólo establece la anchura del área de contenido así que tendrá que hacer algún cálculo antes de saber la anchura total del elemento. Este cálculo es vital para posicionar los elementos con precisión en la página.

Aquí es donde aparecen los problemas del modelo de cajas en IE para Windows. Con la excepción de IE 6 y 7 en modo estándares, IE para Windows aplica la propiedad `width` a todo el ancho de la caja de elemento, de arista exterior a arista exterior. Cuando se aplican también márgenes, bordes o relleno, resultan discrepancias entre el tamaño que debería tener el elemento y cómo aparece en IE para Windows.

Cajas en línea

La caja de elemento no es la única caja implícita en el modelo de formateo visual de CSS. Todos los elementos y caracteres de una línea de texto también generan una caja al vuelo. Estas "cajas en línea" se utilizan por el agente de usuario (el navegador) en segundo plano para calcular la altura de las líneas del flujo de texto y el espacio alrededor de los elementos. Las cajas en línea y de línea no son elementos, son sólo un dispositivo del modelo de diseño visual. Por eso no puede utilizar un selector para seleccionar cajas en línea o de línea y aplicarles estilo (puede aplicar estilos a los elementos en línea, por supuesto).

Estar familiarizado con las distintas cajas en línea que funcionan en segundo plano es útil para predecir y controlar la altura de línea así como para especificar la alineación vertical de los elementos en línea. También sirve para especificar propiedades de caja, especialmente de elementos en línea. La figura 19.2 destaca las distintas cajas en línea para una línea de texto.

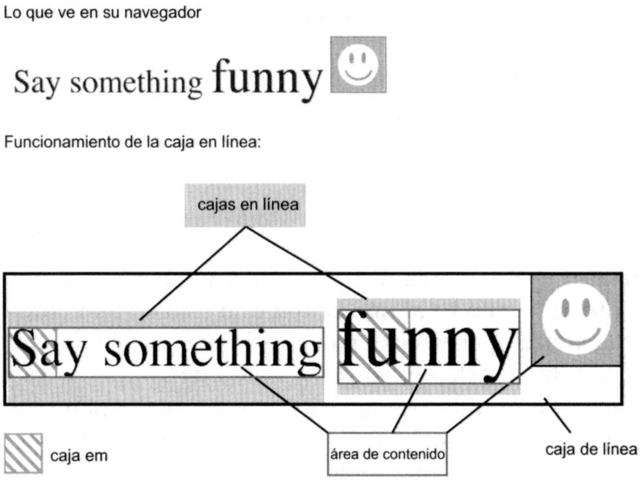

Figura 19.2. Cajas en línea.

Las cuatro cajas invisibles a las que el agente de usuario sigue la pista al formatear las líneas de texto incluyen:

- **Caja em:** En CSS, es una unidad cuadrada que equivale al `font-size` del elemento. Su relación con los caracteres reales de la fuente depende del diseño de fuente pero, en general, recoge los ascendentes y descendentes de la fuente.
- **Área de contenido:** Todos los elementos de una línea tienen una caja de área de contenido que corresponde al área de contenido del modelo de cajas (véase la figura 19.1). Para los elementos de texto (también llamados "elementos no remplazados" porque su contenido aparece en la fuente) la altura del área de contenido está determinada por el `font-size` del elemento. Para texto anónimo (texto no contenido específicamente en un elemento en línea) el `font-size` se hereda del elemento padre. En el caso de las imágenes (y otros elementos remplazados), el área de contenido es la anchura y altura de la imagen en píxeles.

- **Caja en línea:** La altura de la caja en línea se calcula como el total del área de contenido del elemento más el espacio añadido sobre y por debajo de él (véase la figura 18.12 del capítulo 18). Este espacio es la diferencia entre los valores `font-size` y `line-height` del elemento. Puede ser un valor negativo que hará que las líneas se solapen. En el caso de imágenes (y elementos remplazados), la caja en línea es la altura de la imagen en píxeles más la altura de bordes y márgenes añadidos al elemento `img`.
- **Caja de línea:** Se dibuja en torno a la parte superior de la caja en línea más alta y a la parte inferior de la caja en línea más baja. Representa el total de espacio vertical necesario para la línea y todos sus elementos. Los valores `vertical-align`, `top` y `bottom` son relativos a las aristas superior e inferior de la caja de línea.

En las siguientes secciones veremos cómo la caja de línea (la altura total de una línea) se ve afectada (o no) por la adición de márgenes, bordes y relleno a los elementos en línea.

Altura y anchura

Utilice las propiedades `width` y `height` para especificar las dimensiones de un elemento a nivel de bloque o de un elemento reemplazado en línea (como una imagen). Estas propiedades no se aplican a elementos de texto en línea (no remplazados) y serán ignoradas por los navegadores adecuados a los estándares. En otras palabras, no puede especificar la anchura y altura de un elemento ancla (`a`) o `strong` a menos que cambie su rol de muestra en pantalla a uno a nivel de bloque como `block`, `list-item` o `inline-block`.

height

Valores: `<length>` | `<percentage>` | `auto` | `inherit`

Valor inicial: `auto`

Se aplica a: Elementos a nivel de bloque y elementos remplazados (como imágenes).

Heredado: No.

width

Valores: `<length>` | `<percentage>` | `auto` | `inherit`

Valor inicial: `auto`

Se aplica a: Elementos a nivel de bloque y elementos remplazados (como imágenes)

Heredado: No

Utilizar estas propiedades es muy sencillo, tal y como muestran estos ejemplos y la figura 19.3.

```
div#tall {width:100px; heigth:200px; }
div#wide {width:200px; height:100px; }

<div id="tall" style="position:absolute;">
   Lorem ipsum...
</div>

<div id="wide" style="position:absolute; left= 205px;">
   Lorem...
</div>
```

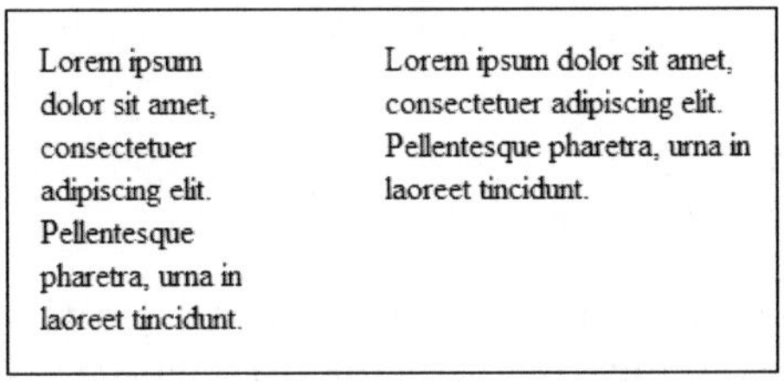

Figura 19.3. Las propiedades width y height.

Sólo hay unos cuantos comportamientos a los que estar atento:

- Las propiedades `width` y `height` se aplican sólo al área de contenido del elemento. Los márgenes, relleno y bordes se añaden a sus valores para llegar a las dimensiones totales de la caja de elemento (consulte la nota dedicada al problema del modelo de cajas en IE para Windows para ver más detalles sobre los problemas de implementación de las medidas del modelo de cajas en ese navegador).
- La altura de un elemento se calcula automáticamente y es tan sólo lo suficientemente larga como para albergar los contenidos del elemento; por ello es menos común especificar la altura. La altura del contenido puede cambiar en función del `font-size` de los ajustes del usuario o de otros factores. Si especifica una altura para un elemento de texto asegúrese de tener también en consideración lo que ocurriría si no cupiera el contenido (estudiaremos la propiedad `overflow` en el capítulo 21).
- Para imágenes le recomendamos indicar los valores de los atributos `width` y `height`.

- CSS 2 introdujo valores porcentuales para estas propiedades. Estos valores porcentuales se calculan como un porcentaje del ancho del elemento padre. Esto significa que si el tamaño del elemento padre cambia también cambiarán proporcionalmente la altura y anchura de sus elementos hijo.

El problema del modelo de cajas con IE para Windows

Internet Explorer para Windows (excepto las versiones 6 y 7 en modo estándares) presenta una grave inconsistencia ya que tiene su propia implementación del modelo de cajas. En estas versiones de IE para Windows, la propiedad `width` se aplica a toda la caja de elemento, no sólo al área de contenido. Esto hace que diseños CSS válidos que aplican relleno, bordes y márgenes a los elementos de un ancho específico se rendericen inconsistentemente. Utilizando una declaración `DOCTYPE` adecuada puede pasar IE 6 y 7 a modo estándares con lo que las anchuras y alturas se aplicarán al área de contenido (consulte el capítulo 9).

Hasta que todas las versiones de IE 5.x para Windows desaparezcan del todo, existe el llamado *hack* del modelo de cajas, una solución desarrollada por Tantek elik que ofrece un conjunto separado de valores de anchura para IE. Esta y otras soluciones serán estudiadas en el capítulo 25.

Alturas máxima y mínima

CSS 2 introdujo propiedades para ajustar las alturas y anchuras máxima y mínima de elementos de bloque. Pueden ser útiles si quiere limitar el tamaño de un elemento al posicionarlo en una página.

max-width, max-height

Valores: `<length>` | `<percentage>` | `none`| `inherit`

Valor inicial: `none`

Se aplica a: Todos los elementos excepto los no remplazados (p.e. elementos de texto en línea) y elementos de tabla.

Heredado: No.

min-width, min-height

Valores: `<length>` | `<percentage>` | `none`| `inherit`

Valor inicial: `none`

Se aplica a: Todos los elementos excepto los no remplazados (p.e. elementos de texto en línea) y elementos de tabla.

Heredado: No.

Hay unos pocos comportamientos de estas propiedades que es conveniente recordar:

- Estas propiedades sólo se utilizan con elementos a nivel de bloque y remplazados (como imágenes).
- De nuevo, las medidas sólo se aplican al área de contenido del elemento. Si añade relleno a un elemento se aplicará fuera del área de contenido y aumentará el tamaño global de la caja de elemento, aunque se hayan especificado altura y anchura máximas.

Advertencia: IE hasta la versión 6 no tiene soporte para estas propiedades. La comunidad CSS ha creado algunas soluciones para el problema `min-height`. Estos recursos son un buen punto de partida para comenzar a investigar:

- "Min-height Fast Hack" de Dustin Diaz, en `www.dustindiaz.com/min-height-fast-hack/`.
- Mezzoblue.com de Dave Shea en `www.mezzoblue.com/dailies/2005/01/05/index.php`.
- Una solución de Grey Wyvern en `www.greywyvern.com/code/min-height-hack.html`.

Márgenes

Los márgenes son una determinada cantidad de espacio que puede añadirse alrededor del borde del elemento. Disponemos de propiedades que nos permiten especificar una cantidad de margen para un solo lado o mediante el empleo de la propiedad `margin`.

margin-top, margin-right, margin-bottom, margin-left

Valores: `<length> | <percentage> | auto | inherit`

Valor inicial: 0

Se aplica a: Todos los elementos (excepto a los elementos con tipos de muestra en pantalla de tabla que no sean `table` e `inline-table`).

Heredado: No.

margin

Valores: `[<length> | <percentage> | auto]{1,4} | inherit`

Valor inicial: Ver propiedades individuales.

Se aplica a: Todos los elementos (excepto a los elementos con tipos de muestra en pantalla de tabla que no sean `table` e `inline-table`).

Heredado: No.

Con las propiedades `margin-top`, `margin-right`, `margin-bottom` y `margin-left` puede especificar un margen para un lado de un elemento. El tamaño del margen puede especificarse en cualquier unidad de medida. Están permitidos los valores negativos. La figura 19.4 muestra ejemplos de adición de márgenes a lados de un elemento. Observe que las líneas punteadas sirven para indicar la arista exterior del margen y no aparecerían en pantalla.

```
h1 { margin-top: 3px; }
h1 { margin-right: 20px; }
h1 { margin-bottom: 3px; }
h1 { margin-left: 20px; }
```

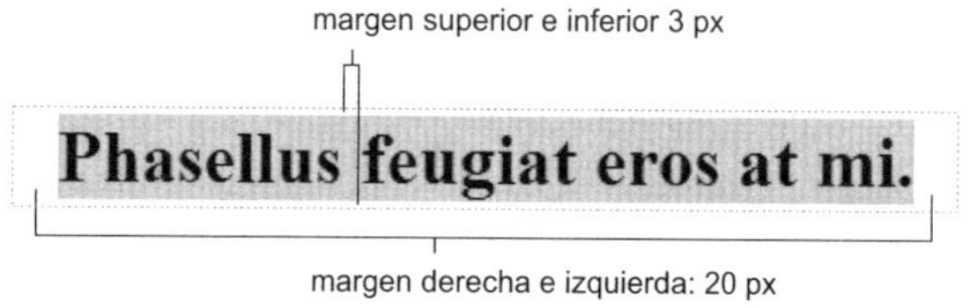

Figura 19.4. Ajustes de márgenes.

También están permitidos los valores porcentuales, pero tenga en cuenta que los porcentajes se calculan en función de la anchura del elemento padre. Si el elemento padre se hace más estrecho (como resultado, por ejemplo, de un cambio de tamaño de la ventana), los márgenes de todos los lados de los elementos hijo serán calculados de nuevo.

Los márgenes también pueden ajustarse utilizando la palabra clave `auto`, que permite al agente de usuario rellenar la cantidad de margen necesaria para llenar el bloque contenedor.

Advertencia: El modo adecuado de centrar horizontalmente un elemento en CSS es ajustar los márgenes izquierdo y derecho a `auto`. Esta técnica (y la solución necesaria para IE en todos los modos excepto estándares) será estudiada en el capítulo 24.

La propiedad margin

Otra opción para ajustar los márgenes de un lado es la propiedad `margin`. Los valores aceptados son los mismos que listamos antes. Lo que cambia ligeramente es la sintaxis porque la propiedad `margin` proporciona mucha flexibilidad para especificar valores.

En los valores listados para `margin`, la notación `{1,4}` indica que puede proporcionar uno, dos, tres o cuatro valores para una sola propiedad `margin`. Vamos a ver cómo funciona.

Si indica cuatro valores, los valores se aplican en torno a las aristas del elemento en el sentido de las agujas del reloj, de este modo:

```
{ margin: top right bottom left }
```

Las cuatro propiedades de margen listadas en la figura 19.4 podrían condensarse utilizando la propiedad `margin` de este modo:

```
{ margin: 3px 20px 3px 20px; }
```

Si faltan uno o más valores, los valores indicados se replican para sustituirlos.

Si se indican tres valores, se asume que falta el valor para el margen izquierdo, así que se utiliza en su lugar el valor del margen derecho (`{margin: top right/left bottom}`). Esta regla, por tanto, equivale al ejemplo anterior:

```
{ margin: 3px 20px 3px; }
```

Si se proporcionan dos valores, el valor del margen derecho se replica para el valor izquierdo y el valor superior se replica para el margen inferior (`{margin: top/bottom right/left}`). De nuevo, el efecto logrado con los dos ejemplos anteriores, podría obtenerse con esta regla:

```
{ margin: 3px 20px; }
```

Por último, si sólo se indica un valor, se replica para los cuatro valores. Esta declaración aplica 20 píxeles de espacio a todos los lados de un elemento:

```
{ margin: 20px; }
```

Comportamiento de márgenes

Es útil conocer estos comportamientos generales de margen:

- Los márgenes siempre son transparentes, por lo que el color o imagen de fondo del elemento padre se ve a través de ellos.

- Los elementos pueden tener márgenes negativos, lo que hará que los elementos salgan de los bloques de sus elementos padre o que se solapen con otros elementos de la página.
- Los márgenes verticales (superior e inferior) de los elementos de bloque adyacentes del flujo de documento normal colapsarán. Esto significa que el espacio entre elementos de bloque adyacentes será mayor que los dos valores de margen y no la suma de sus valores de margen. Puede ver los márgenes de los siguientes ejemplos en la figura 19.5.

```
h2#top {margin: 10px 20px 10px 20px; }

h2#bottom {margin: 20px 20px 20px 20px; }

    <h2 id="top" >Lorem ipsum dolor sit amet,</h2>
    <h2 id="bottom" >consectetuer adispiscing elit.</h2>
```

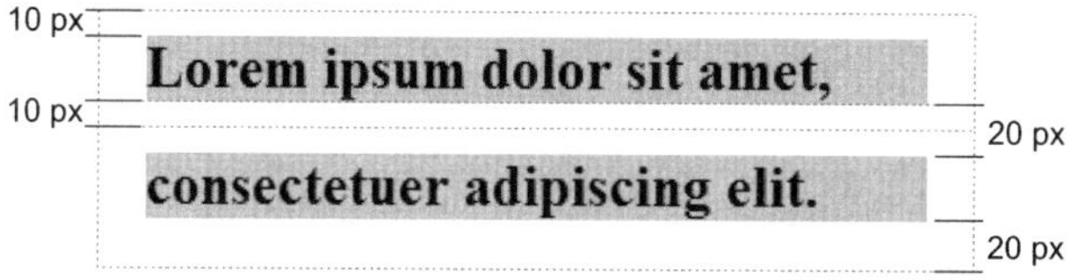

Figura 19.5. Márgenes colapsados.

- Los márgenes verticales no colapsan en el caso de elementos flotados, elementos con posición absoluta o elementos de bloque en línea.
- En CSS 2.1 los márgenes horizontales (izquierdo y derecho) no colapsan.
- Los márgenes superior e inferior aplicados a elementos en línea no remplazados (elementos de texto como `em` o `strong`) no tienen ningún efecto en la altura de la línea. En otras palabras, estos márgnes no se calculan como parte de la caja en línea del elemento ni como parte de la altura de la caja de línea para esa línea.
- Los márgenes izquierdo y derecho aplicados a elementos en línea no remplazados (texto) hacen que la cantidad especificada de espacio se albergue antes y después (a la izquierda del primer caracter y a la derecha del último) del elemento en línea aunque esté dividido en dos líneas.
- Los márgenes superior e inferior aplicados a elementos en línea remplazados (como imágenes y entradas de formulario) afectan a la altura de la línea. En otras palabras, el margen se incluye en la caja en línea en el caso de los elementos remplazados y la caja en línea se dibuja a mayor tamaño para acomodarla.
- Si una imagen tiene un margen, la arista externa inferior del margen se sitúa en la línea base de la línea (a menos que el emplazamiento se altere

con la propiedad `vertical-align` en el `img`). La imagen de la figura 19.6 tiene 20 píxeles de margen en todos los lados. El resultado es que la imagen está elevada sobre la línea base en 20 píxeles y que la altura de línea se amplía para acomodar la imagen y su margen.

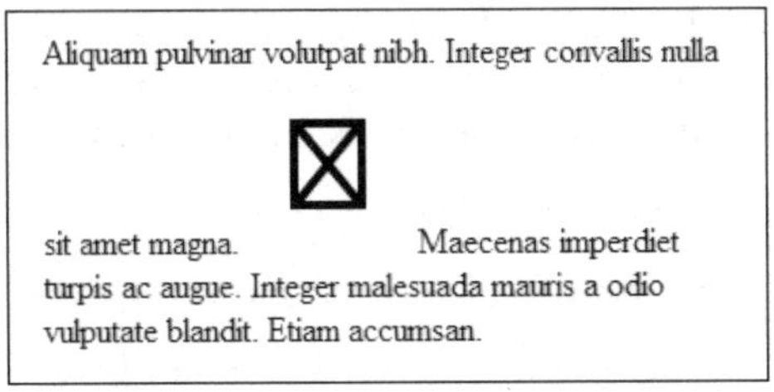

Figura 19.6. Ajustes de margen en imágenes en línea.

Bordes

Un borde es tan sólo una línea dibujada alrededor del área de contenido de un elemento y su relleno (opcional). Los tres aspectos de un borden que pueden especificarse son su estilo, anchura (grosor) y color. Como en el caso de `margin`, todas estas cualidades pueden especificarse para un lado concreto o para varios lados al mismo tiempo utilizando propiedades abreviadas.

Sólo hay unas cosas que saber sobre el comportamiento de estilo de borde:

- Los bordes se dibujan en la parte superior del fondo de un elemento, así que el color o imagen de fondo aparecerá a través de los huecos en los estilos de borde intermitentes.
- Los bordes aplicados a elementos en línea no remplazados (elementos de texto) no tienen efecto en la altura de línea de la misma. En otras palabras, no están incluidos en la caja en línea del elemento.
- Los bordes aplicados a elementos remplazados, sin embargo, afectan a la altura de línea como los márgenes.

Estilo de borde

El estilo es la cualidad más importante de los bordes porque, de acuerdo a la especificación CSS, si no está especificado el borde no existe. En otras palabras, siempre debe declarar el estilo o los ajustes de borde serán ignorados.

La figura 19.7 en la siguiente página, ilustra los nueve posibles estilos de borde disponibles.

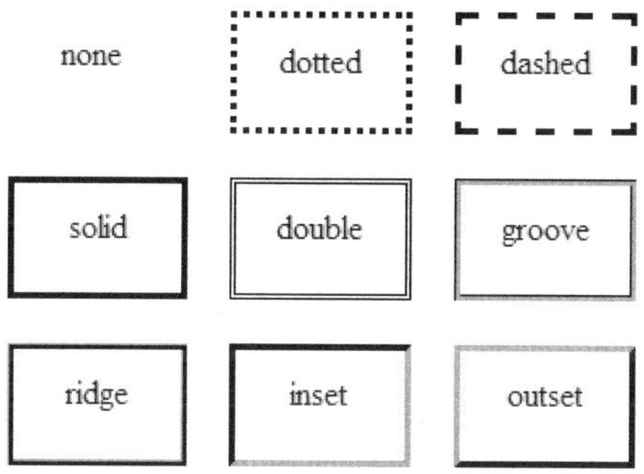

Figura 19.7. Los nueve estilos de borde.

Advertencia: Hay un fallo en IE 6 para Windows que hace que los bordes especificados como `doted` se rendericen como `dashed`.

Los estilos de borde pueden aplicarse en un solo lado o en todos los lados al mismo tiempo (utilizando la propiedad abreviada `border-style`).

border-top-style, border-right-style, border-bottom-style, border-left-style

Valores: `none | doted | dashed | solid | double | groove | ridge | inset | outset`

Valores iniciales: `none`

Se aplica a: Todos los elementos.

Heredado: No.

border-style

Valores: `[none | doted | dashed | solid | double | groove | ridge | inset | outset]{1,4} | inherit`

Valor inicial: No definido.

Se aplica a: Todos los elementos.

Heredado: No.

Como podría esperar, las propiedades `border-top-style`, `border-right-style`, `border-bottom-style` y `border-left-style` le permiten especificar un estilo de borde para un solo lado del elemento. Si no especifica una anchura para el borde, se utilizará el valor `medium` (predeterminado). Si no se especifica ningún color, se utiliza el color de fondo del elemento. Este ejemplo muestra atributos de borde de un solo lado en acción (véase la figura 19.8).

```
div {border-top-style: solid;
   {border-right-style: dashed;
   {border-bottom-style: dotted;
   {border-left-style: double; }
```

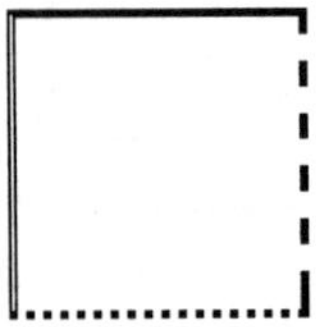

Figura 19.8. La propiedad border-style.

La propiedad abreviada `border-style` funciona como la propiedad `margin` ya descrita. Los valores de estilo de borde para cado lado se indican en el sentido de las agujas del reloj: superior, derecho, inferior, izquierdo. Si sólo se indican algunos valores se replica el resto. El valor derecho se utilizará si falta el valor izquierdo y el valor superior para el valor inferior; si sólo se indica un estilo de borde se aplicará a los cuatro lados del elemento. El mismo efecto de la figura 19.8 podría replicarse utilizando esta declaración `border-style`:

```
div {border-style: solid dashed dotted double; }
```

Anchura de borde (grosor)

El grosor de la línea se controla con una de las propiedades de anchura de borde. Como vimos en el caso de `margin` y `border-style` puede controlar la anchura de cada uno de los lados por separado o para todos los lados al mismo tiempo con la propiedad abreviada `border-width`. Los valores abreviados se indican en el sentido de las agujas del reloj (superior, derecho, inferior, izquierdo) y se replican como ya se describió con la propiedad `margin`.

border-top-width, border-right-width, border-bottom-width, border-left-width

Valores: `thin | medium | thick | <length> | inherit`

Valores iniciales: `medium`

Se aplica a: Todos los elementos.

Heredado: No.

border-width

Valores: `[thin | medium | thick | <length> ]{1,4} | inherit`

Valor inicial: No definido.

Se aplica a: Todos los elementos.

Hereado: No.

Las propiedades pueden utilizar los valores clave `thin`, `medium` y `thick` en orden de anchura creciente. El valor real de píxeles para las palabras clave se deja en manos del agente de usuario, pero debe ser homogéneo a lo largo del documento. La anchura de borde también puede especificarse en unidades de longitud (normalmente píxeles). Los valores negativos no están permitidos.

La figura 19.9 muestra un ejemplo de palabras clave y medidas de píxel:

```
div {border-style: solid;
   border-top-width: thin;
   border-right-width: medium;
   border-bottom-width: thick;
   border-left-width: 12px; }
```

Figura 19.9. La propiedad border-width.

Color de borde

Utilice una de las propiedades de color para un solo lado o la propiedad abreviada `border-color` para especificar un color para los bordes. Los valores de `border-color` se indican en el sentido de las agujas del reloj (superior, derecho, inferior, izquierdo) y se replican como ya se indicó para la propiedad `margin`.

border-top-color, border-right-color, border-bottom-color, border-left-color

Valores: `<color> | transparent | inherit`

Valores iniciales: El valor de la propiedad `color` del elemento.

Se aplica a: Todos los elementos.

Heredado: No.

border-color

Valores: `[<color> | transparent] {1,4} | inherit`

Valor inicial: No definido.

Se aplica a: Todos los elementos.

Heredado: No.

Los valores cromáticos pueden especificarse con cualquiera de los métodos perfilados en el capítulo 16 y en el Apéndice D. Si no se declara color de borde, el valor predeterminado es el color de primer plano del elemento (p.e. el color de texto en los elementos de texto).

El siguiente ejemplo y la figura 19.10 muestran la propiedad `border-color`:

```
div {border: 6px solid;
   border-color: #333 #666 #999 #CCC; }
```

Figura 19.10. La propiedad border-color.

CSS 2 añadió el valor `transparent` que permite que el fondo del elemento padre se muestre a través del border, manteniendo la anchura del borde especificada. Puede ser útil para crear efectos rollover con CSS (esta técnica se explica en el capítulo 24) porque el espacio en el que aparecerá el borde se mantiene cuando el ratón no está sobre el elemento.

Nota: Por desgracia el valor `transparent` no tiene soporte en IE para Windows hasta la versión 6. Es posible que sí lo incluya la versión 7 (beta en este momento) pero no está documentado.

Combinar estilo, anchura y color

No son pocos los modos de especificar la apariencia del borde. De nuevo, tenemos reglas que aplican combinaciones de estilo, anchura y color a un lado cada vez o la propiedad `border`, que aplica los valores a todos los lados del elemento al mismo tiempo.

border-top, border-right, border-bottom, border-left

Valores: `[<border-style> || <border-width> || <border-color>] | inherit`

Valor inicial: No definido.

Se aplica a: Todos los elementos.

Heredado: No.

border

Valores: `[<border-style> || <border-width> | | <border-color>] | inherit`

Valor inicial: Referido a las propiedades individuales.

Se aplica a: Todos los elementos.

Heredado: No.

Las propiedades pueden incluir un valor `border-style`, un valor `border-width` y un valor `border-color`. No tienen que estar en ningún orden determinado. No necesita declarar las tres cualidades de borde pero recuerde que si no se declara `border-style` no habrá borde.

La propiedad abreviada `border` es en cierto modo distinta del resto de propiedades abreviadas estudiadas hasta este momento ya que sólo puede utilizarse para aplicar propiedades de borde a los cuatro lados del elemento. No proporciona un modo de seleccionar determinados bordes y no hay ningún sistema de réplica de valores.

Las siguientes reglas son todos ejemplos válidos de propiedades abreviadas `border`.

```
h1 {border-left: .5em solid blue; }
h1 {border-left: .solid blue .5em; }
h1 {border-left: .solid .5em; }

p.example {border: 2px dotted #666633; }
p.example {border: dotted 2px; }
```

Relleno

El área de relleno es una cantidad opcional de espacio entre el área de contenido de un elemento y su borde. Si está poniendo un borde a un elemento suele ser conveniente añadir un poco de relleno para evitar que el borde se agolpe con el contenido.

Ahora que ha visto cómo funcionan márgenes y bordes, las propiedades de relleno le deberían resultar familiares. Hay propiedades para lados específicos y una propiedad abreviada `padding` que aplica relleno a combinaciones de cuatro lados.

Ignorar propiedades abreviadas

Uno de los principios de la cascada es que las reglas que aparecen después en una hoja de estilo ignoran a las anteriores. Puede utilizar este principio para ignorar ajustes abreviados para un lado de una caja de elemento. En este ejemplo, los cuadro lados de una caja tienen un borde rojo sólido, pero a continuación la arista derecha se ignora por una regla que establece el borde a `none` (lo elimina).

```
p.tip { border: solid red 3px;
   border-rigth: none; }
```

Además de para los bordes este truco puede utilizarse con cualquiera de las propiedades abreviadas que hemos visto en este capítulo.

padding-top, padding-right, padding-bottom, padding-left

Valores: `<length> | <percentage> | inherit`

Valor inicial: `0`

Se aplica a: Todos los elementos.

Heredado: No.

padding

Valores: `[<length> | <percentage> ]{1,4} | inherit`

Valor inicial: 0

Se aplica a: Todos los elementos.

Heredado: No.

Las propiedades de relleno especifican la anchura del área de relleno. Los valores pueden indicarse en unidades de longitud o en porcentajes. No están permitidos valores negativos.

Es importante observar que, al igual que con los márgenes, los valores porcentuales siempre se calculan en función de la anchura del elemento padre (también para el relleno superior e inferior). Así que si la anchura del elemento padre cambiara también lo harían los valores porcentuales de relleno en todos los lados el elemento hijo.

La figura 19.11 muestra ejemplos de relleno de elemento.

```
h2#A {padding: 4px; background: #CCC;}
h2#B {padding: 20px; background: #CCC;}
```

```
<h2 id="A">Sed ultrices ligula at metus.</h2>
<h2 id="B">Sed ultrices ligula at metus.</h2>
```

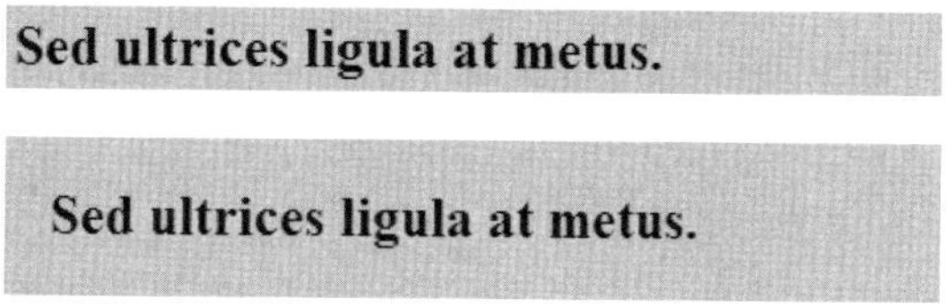

Figura 19.11. Añadir relleno alrededor de elementos.

Los colores e imágenes de fondo aplicadas a un elemento aparecerán en su área de relleno. Así que si quiere que un elemento aparezca en una caja coloreada, con o sin un borde explícito, el relleno es el modo de poner un poco de espacio entre la arista de la caja y el contenido.

El relleno no colapsa como los márgenes. El relleno total entre elementos será la suma del relleno de los lados adyacentes de los elementos.

Capítulo 20

Colores y fondos

Hace mucho, mucho tiempo, allá por 1993, cuando Mosaic era el único navegador con amplia distribución, todas las páginas Web tenían texto negro sobre un fondo gris con hipervínculos de color azul e hipervínculos visitados de color morado (a no ser que el usuario hubiera cambiado las preferencias del navegador). Entonces, en 1994, apareció Netscape, una extensión HTML para colorear texto y fondos. Aquellos controles limitados fueron recibidos con entusiasmo por los diseñadores Web y los usuarios vitoreaban la llegada del color.

CSS permite controlar el color y los fondos con unas posibilidades que están a años luz de los efectos posibles utilizando tan sólo extensiones HTML. Este capítulo presenta las propiedades para añadir color y fondos a los siguientes elementos:

```
color                  background-position
background-color       background-attachment
background-image       background
background-repeat
```

Color de primer plano

Despídase para siempre de `<font color>`. Y al hacerlo puede tirar también los atributos `text`, `link`, `vlink` y `alink` del elemento `body`.

La propiedad `color` se utiliza para describir el color de texto (alias "primer plano") de un elemento. El color de primer plano también se utiliza para el borde de un elemento a menos que se ignore específicamente con una regla de color de borde.

color

Valores: `<color> | inherit`

Valor inicial: Depende del agente de usuario.

Se aplica a: Todos los elementos.

Heredado: Sí.

Valores cromáticos

El valor de la propiedad `color` es cualquier tipo de color o color de sistema válido. Vamos a refrescar la memoria.

Los colores RGB pueden especificarse en cualquiera de los siguientes formatos:

```
{color: #0000FF;}
{color: #00F;}
{color: rgb(0,0,255);}
{color: rgb(0%, 0%, 100%);}
```

El primer ejemplo utiliza valores RGB hexadecimales de dos dígitos (una explicación completa en el apéndice D). El segundo ejemplo utiliza una sintaxis abreviada de tres dígitos, que se convierte a la forma de seis dígitos replicando todos los dígitos (por tanto `00F` es igual a `0000FF`).

Los dos últimos formatos utilizan notación funcional que especifica los valores RGB como una lista separada por comas de valores regulares (de 0 a 255) o porcentuales (de 0 a 100%). Tenga en cuenta que los valores porcentuales pueden usar decimales, p.e. `rgb(0%, 50.5%, 33.3%)`.

CSS 1 y 2 también reconocen 16 nombres de color válidos: `aqua`, `black`, `blue`, `fuchsia`, `gray`, `green`, `lime`, `maroon`, `navy`, `olive`, `purple`, `red`, `silver`, `teal`, `white` y `yellow`. La recomendación CSS 2.1 añade `orange`, un total por tanto de 17.

La propiedad `color` es fácil de usar, tal y como muestran estos ejemplos (véase la figura 20.1). Por desgracia en este libro estamos limitados al espectro de grises.

```
<p style="color": #000">Aenean congue bibendum ligula.</p>
<p style="color": #666">Aenean congue bibendum ligula.</p>
<p style="color": #CCC">Aenean congue bibendum ligula.</p>
```

Nota: Observe que éste y otros ejemplos de este capítulo utilizan estilos en línea por razones de espacio, no como el marcado recomendado. Es preferible poner la información de estilo en una hoja de estilo externa o incrustada en la cabecera del documento.

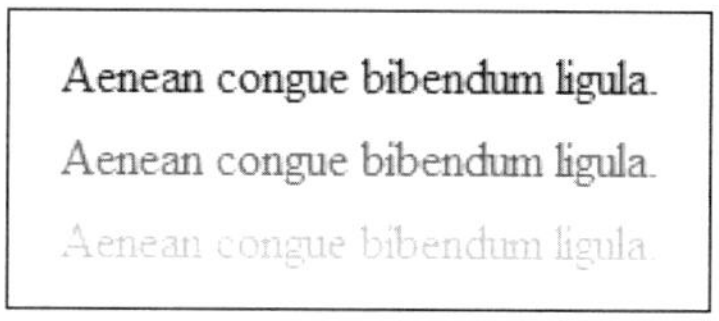

Figura 20.1. Cambiar el color de primer plano.

A pesar de ser bastante sencillo, hay algunos aspectos de esta propiedad que debería recordar:

- La propiedad `color` es heredada. Si establece un color para el texto de un párrafo, todo el texto enfatizado o `strong` que haya en él debería tener ese mismo color.
- Es válido añadir color de primer plano a las imágenes. El contenido de la imagen no estará afectado por él, por supuesto, pero el color se utilizará para el borde de imagen (si está especificado).
- Si hay un color de primer plano y una propiedad de color de borde aplicadas a un elemento, la propiedad `border-color` siempre ignora `color` para el color del borde.
- Si quiere cambiar el color de todo el texto de un documento aplique la propiedad `color` al elemento `body`. El color puede asignarse globalmente al elemento `html` o utilizando el selector universal (*) pero es menos común debido a irregularidades en herencia y a problemas con elementos de formulario en algunos navegadores. Sin embargo tenga en cuenta que en algunos navegadores más antiguos, los elementos de tabla no heredan adecuadamente propiedades del `body` así que el texto de las tablas volvería al color de texto predeterminado. Para ir a lo seguro puede hacer una declaración de color para `body` y para los elementos de tabla importantes, así:

```
body, table, td, th { color: fuchsia; } /* vale, puede que fucsia no */
```

- Puede aplicar la propiedad `color` a elementos de entrada de formulario como botones y menús desplegables. Aunque es un uso válido de CSS no tiene buen soporte en todos los navegadores. Asegúrese de que su diseño es legible aun cuando los colores de entrada de formulario elegidos no aparezcan como usted pensaba.

Color de fondo

Ha sido una práctica frecuente añadir un color de fondo a una página utilizando el atributo `bgcolor` en el elemento `body` en HTML. Con CSS no sólo puede proporcionar un color de fondo para toda la página sino también para cualquier elemento del documento, a nivel de bloque y en línea. ¡Utilice cajas de color y abandone las tablas!

El color de fondo se declara con el atributo `background-color`.

background-color

Valores: `<color> | transparent | inherit`

Valor inicial: `transparent`.

Se aplica a: Todos los elementos.

Heredado: No.

Las propiedades de fondo se aplican al "lienzo" que existe detrás de un elemento. De acuerdo al modelo de cajas, los colores de fondo llenan el área de contenido, del color de relleno y se extienden tras el borde hasta su límite externo. Esto significa que si el borde presenta algún hueco, el color de fondo aparecerá a través de ellos.

Las propiedades de fondo no son heredadas pero como el valor predeterminado es `transparent`, el color de fondo del elemento padre aparecerá a través de sus elementos hijo. En la figura 20.2 podemos observar un ejemplo de la propiedad `background-color`. Observe cómo un poco de relleno añadido al elemento proporciona al contenido un poco de espacio libre en la caja coloreada rectangular resultante.

```
p {padding: 5px; }
p.a {background-color: #333333;}
p.b {background-color: #666666;}
p.c {background-color: #CCCCCC;}

<p class="a">Fusce rhoncus facilisis sapien.</p>
<p class="b">Fusce rhoncus facilisis sapien.</p>
<p class="c">Fusce rhoncus facilisis sapien.</p>
```

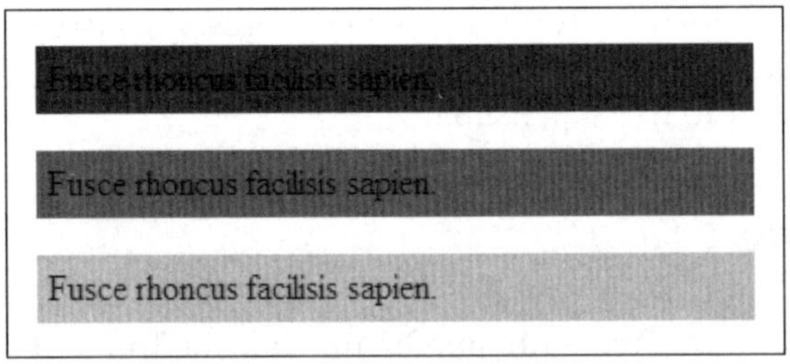

Figura 20.2. La propiedad background-color.

Imágenes de fondo

De nuevo, CSS se impone frente a HTML. Con CSS no está obligado a repetir un patrón y puede posicionar una imagen de fondo donde quiera. También puede aplicar una imagen de fondo a cualquier elemento del documento.

Esta sección estudia las propiedades CSS para añadir y manipular imágenes de fondo, con la propiedad `background-image` como el punto de partida y pasando a comportamientos más complejos como controlar patrones de repetición, posicionar una imagen dentro del elemento y evitar que la imagen se deslice fuera de la página.

Consejos para las imágenes de fondo

Al trabajar con imágenes de fondo recuerde estas pautas y consejos:

- Utilice una imagen que no interfiera en la legibilidad del texto que tiene encima.
- Es importante que el tamaño de archivo sea lo más pequeño posible para las imágenes de fondo que estarán tras el resto de la página.
- Proporcione una propiedad `background-color` que coincida con el color principal de la imagen de fondo. Si la imagen de fondo no sale en pantalla, al menos el diseño global de la página será parecido. Es especialmente importante si el color del texto se hiciera ilegible con el color por defecto del navegador (de color blanco o gris claro).

background-image

Valores: `<url>` | `none` | `inherit`

Valor inicial: `none`.

Se aplica a: Todos los elementos.

Heredado: No.

`background-image` es la propiedad básica para añadir una imagen al fondo (el "lienzo") de un elemento. Si se aplica al elemento `body`, funciona como el atributo `background`, haciendo que la imagen se vaya encajando horizontal y verticalmente hasta llenar la ventana del navegador. A diferencia del atributo `background`, la propiedad `background-image` puede aplicarse a cualquier elemento del documento, en bloque y en línea.

La figura 20.3 muestra imágenes de fondo aplicadas a toda una página y a un párrafo concreto utilizando estas reglas de estilo:

```
body {background-image: url(stripes.gif);}
p.highlight {background-image: url(dots.gif);}
```

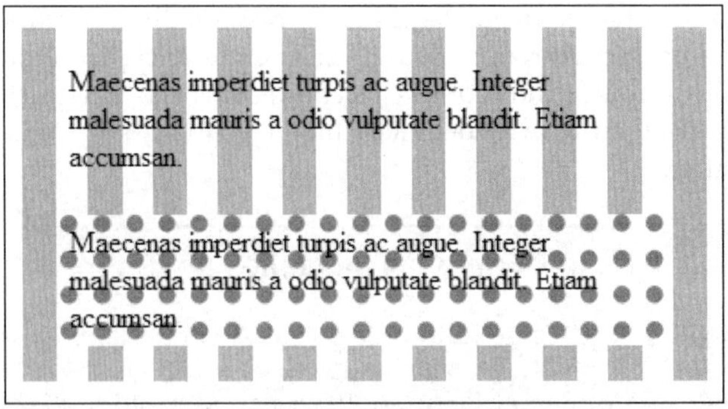

Figura 20.3. La propiedad background-image aplicada a toda una página y a sólo un párrafo.

La propiedad `background-color` no es heredada (de hecho no lo es ninguna de las propiedades de fondo). En lugar de ello, el patrón aparece a través de los elementos descendientes (los elementos hijos) porque sus colores de fondo son transparentes por defecto. Si las imágenes fueran heredadas, el resultado sería muy confuso.

Si también hay especificada una propiedad `background-color` la imagen está encima del color. Si añade una imagen de fondo indique siempre un color de fondo similar para ese elemento. De este modo, si la imagen no se carga, el texto y los elementos de primer plano seguirán siendo legibles.

Revestimiento de fondo (repetir)

Utilice la propiedad `background-repeat` para evitar que la imagen de fondo se repita o para hacer que sólo se repita en una dirección.

background-repeat

Valores: `repeat | repeat-x | repeat-y | no-repeat | inherit`

Valor inicial: `repeat.`

Se aplica a: Todos los elementos.

Heredado: No.

Por defecto, las imágenes de fondo se repiten vertical y horizontalmente. Puede desactivar este comportamiento y hacer que la imagen sólo aparezca una vez utilizando el valor de palabra clave `no-repeat`, tal y como muestra la figura 20.4.

```
div.ringo {background-image: url(starr.gif); background-repeat:
      no-repeat}
```

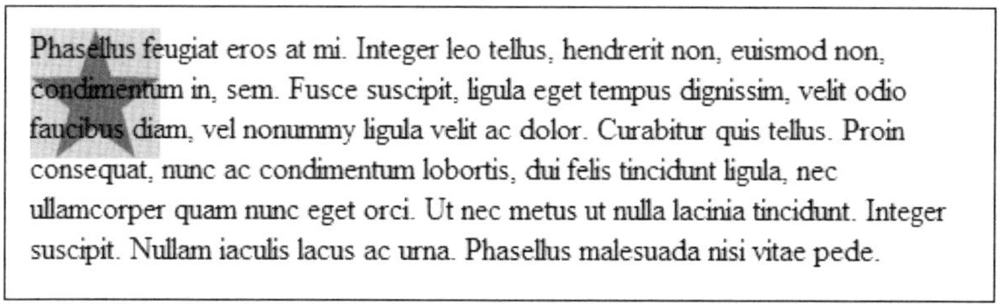

Figura 20.4. Desactivar la repetición con no-repeat.

`repeat-x` permite que la imagen sólo se repita en sentido horizontal. De igual modo, `repeat-y` permite que la imagen sólo se repita en sentido vertical. La figura 20.5 muestra ejemplos de ambos casos:

```
div.horiz {background-image; url(starr.gif); background-repeat: repeat-x;}
div.vert {background-image; url(starr.gif); background-repeat: repeat-y;}
```

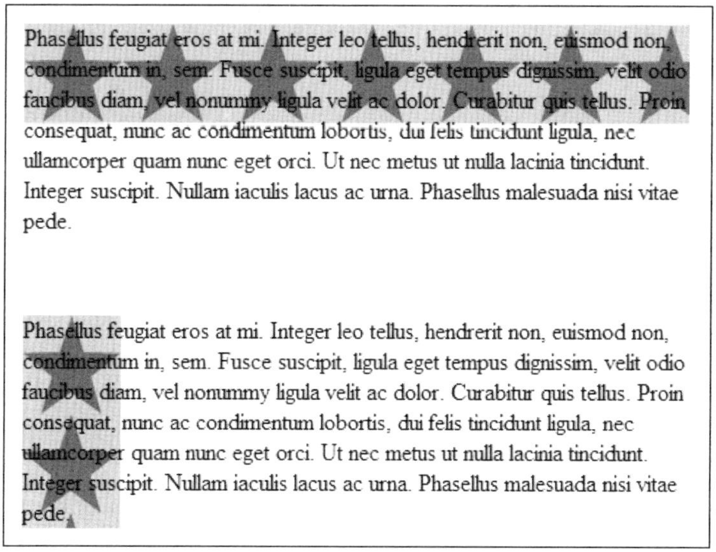

Figura 20.5. Repetición vertical y horizontal.

Observe que en los ejemplos de las figuras 20.4 y 20.5 la repetición comienza en la esquina superior izquierda del área de visión (en la mayoría de los casos, la ventana del navegador). Pero la imagen de fondo no tiene que empezar ahí necesariamente. Lo veremos a continuación.

Posición de fondo

La propiedad background-position especifica la posición de la imagen de origen en el fondo del elemento. Puede pensar en la imagen de origen como en la primera imagen que se emplaza en el fondo. También es el punto de partida para extender las imágenes repetidas.

background-position

Valores: [[<percentage> |<length> | left | center | right] [<percentage> | <length> | top | center | bottom]? } | [[left | center | right] | | [top | center | bottom]] | inherit

Valor inicial: 0% 0% /* igual a esquina superior izquierda */

Se aplica a: Todos los elementos.

Heredado: No.

La propiedad background-position especifica la posición inicial de la imagen de origen. Las medidas son relativas a la esquina superior izquierda del área de relleno del elemento (la posición por defecto). No está emplazado tras el borde aunque si la imagen tiene establecida repetición, las imágenes repetidas se extenderán y aparecerán a través del área de borde si el estilo de borde tiene huecos.

La figura 20.6 muestra un ejemplo sencillo de esta propiedad. La propiedad background-repeat ha sido ajustada a no-repeat para hacer más clara la posición de la imagen de origen:

```
body { background-image: url(bistar.gif);
   background-position: top center;
   background-repeat: no-repeat; }
```

Hay varios métodos para especificar el valor de background-position. Se podrían clasificar en tres sistemas generales: palabras clave, longitud y porcentaje.

Posicionamiento con palabras clave

Los valores de palabra clave para el posicionamiento son left, right, top, bottom y center. Cada valor (excepto center) emplaza el borde especificado de la imagen en el extremo respectivo del elemento. Por ejemplo el valor left empuja el borde izquierdo de la imagen hasta el extremo izquierdo del área de fondo. El valor `center` emplaza el centro de la imagen en el centro del elemento. Y así con todos.

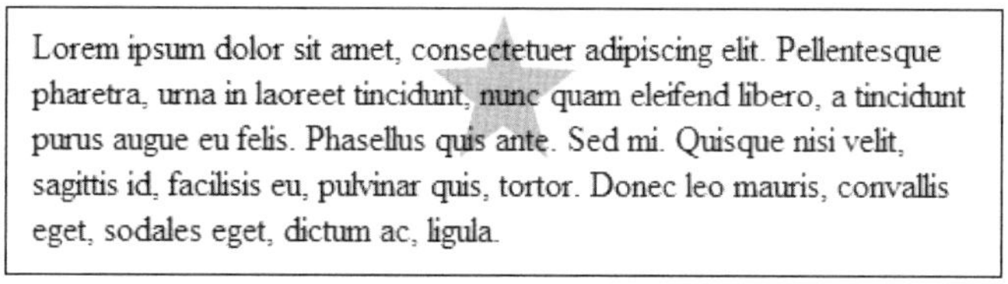

Figura 20.6. La propiedad background-position.

Las palabras clave suelen usarse por parejas, como en estos ejemplos:

```
{background-position: left top; }
{background-position: right center; }
{background-position: center bottom; }
```

La figura 20.7 muestra cada una de estas posiciones:

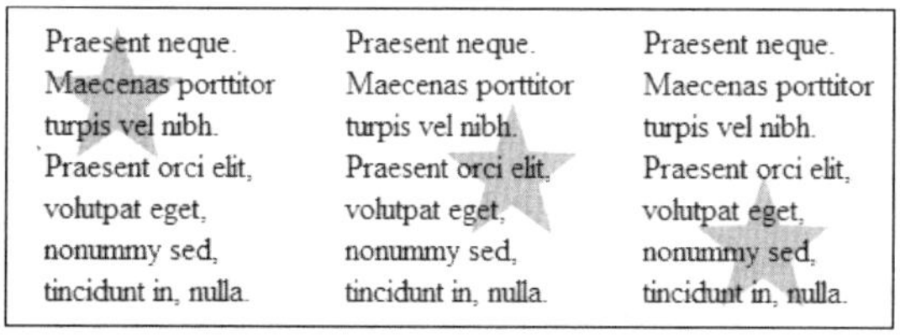

Figura 20.7. Posicionamiento con palabras clave.

El orden de las palabras clave no es importante de acuerdo a la recomendación CSS 2, pero Netscape 6 y navegadores relacionados necesitan que se indique primero la medida horizontal, así que conviene hacerlo siempre así.

Si sólo indica una palabra clave, se asume que la otra será `center`. Así pues, el segundo y tercer ejemplo podrían escribirse así:

```
{background-position: right; }
{background-position: bottom; }
```

Medidas de longitud

También se puede especificar la posición de la imagen de origen en unidades de longitud. Si se indican estas unidades son interpretadas como la distancia desde la esquina superior izquierda del área de relleno hasta la esquina superior izquierda de la imagen. Estos valores deben indicarse poniendo en primer lugar la medida horizontal.

En este ejemplo, la esquina superior izquierda de la imagen comenzará a 150 píxeles del extremo izquierdo y a 15 píxeles de la parte superior del párrafo de introducción, tal y como muestra la figura 20.8.

```
p.intro { background-image: url(something.gif);
   background-position: 150px 15px;
   background-repeat: no-repeat; }
```

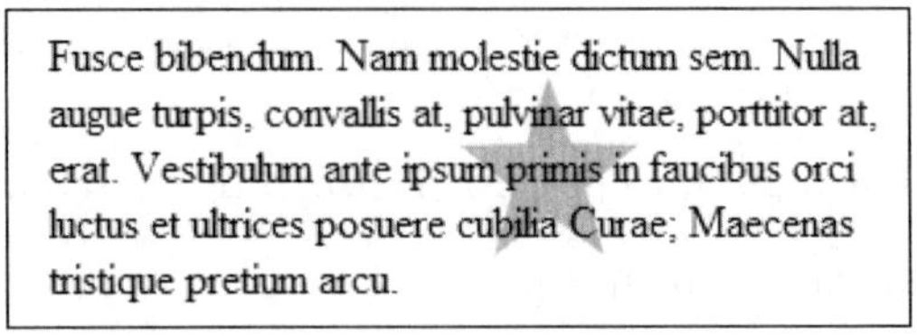

Figura 20.8. Posicionamiento con medidas de longitud.

Es CSS válido especificar medidas negativas, sacando la imagen fuera del área de fondo visible del elemento. No todos los navegadores soportan valores de imagen de fondo negativos así que asegúrese de comprobar los navegadores a los que está dirigida su página.

Valores porcentuales

Los valores porcentuales siguen el modelo básico de posicionamiento de las palabras clave pero proporcionan un control más preciso del emplazamiento de la imagen. Los valores porcentuales se indican en parejas horizontal/vertical, con un valor predeterminado de 0% 0% que emplaza la esquina superior izquierda de la imagen en la esquina superior izquierda del elemento.

Cada valor porcentual especificado se aplica al área de lienzo de fondo y a la imagen en sí. Lo aclararemos con unos ejemplos.

- Los valores porcentuales 50% 50% emplazan el centro de la imagen en el centro del elemento.
- Los valores porcentuales 100% 100% emplazan la esquina inferior derecha de la imagen en la esquina inferior derecha del elemento.
- Los valores porcentuales 10% 25% hacen coincidir un punto que está 10% alejado de la izquierda y a un 25% del extremo superior de la imagen con el mismo punto del elemento.

Como en el caso de las palabras clave, si sólo se indica un valor porcentual, se asume que el otro es 50%. Es correcto mezclar valores de longitud y porcentuales, lo que facilita especificar que una imagen debería centrarse horizontalmente en el elemento pero exactamente a 25 píxeles de su extremo superior. CSS 2.1

también permite combinar longitud y palabras clave pero no todos los navegadores soportan esa combinación.

Posicionar imágenes repetidas

En los ejemplos anteriores, la propiedad `background-repeat` estaba ajustada a `no-repeat` por razones de claridad. Los principios de posicionamiento no cambian si la imagen está repetida. Si se indican dos propiedades, la imagen de origen posicionada funciona como el punto de partida del patrón de repetición.

Es importante observar que el patrón de repetición se extiende en ambas direcciones desde la imagen de origen. Por eso, si una imagen está posicionada en el centro del elemento y la repetición está ajustada a horizontal, se repetirá a izquierda y derecha de la imagen centrada. Actualmente no hay ninguna forma de hacer que la repetición vaya en una sola dirección con CSS 2.1 pero puede que una especificación futura añada esa función.

En la figura 20.9 las propiedades `background-position` y `background-repeat` se utilizan para garantizar que una imagen siempre esté centrada en la ventana del navegador.

```
body { background-image: url(something.gif);
   background-position: center;
   background-repeat: repeat-x; }
```

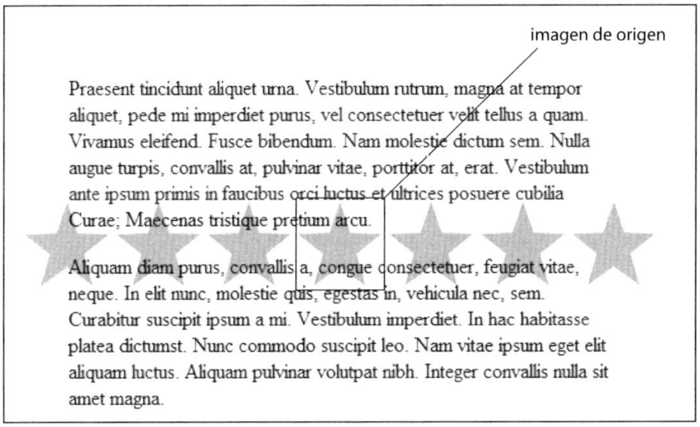

Figura 20.9. Combinar posición y repetición.

Vinculación de fondo

El comportamiento predeterminado para una imagen de fondo en CSS es deslizarse junto con el documento si este lo hace, como si estuviera pegada a él. Es también el modo en el que funcionan las imágenes de fondo aplicadas con el elemento body.

CSS ofrece la propiedad background-attachment que libera la imagen de fondo del contenido y le permite permanecer en una posición fija cuando el contenido del documento se desliza. De hecho, desconecta la imagen del flujo del contenido y lo vincula al área de visión (normalmente la ventana del navegador).

background-attachment

Valores: scroll | fixed | inherit

Valor inicial: scroll.

Se aplica a: Todos los elementos.

Heredado: No.

El valor predeterminado es scroll, así que la imagen de origen se deslizará si no se especifica otro valor para esta propiedad. La otra alternativa es fixed que fija la imagen en un lugar relativo al área de visión.

En el siguiente ejemplo de código, se fija la imagen de fondo, tal y como muestra la figura 20.10.

```
body { background-image: url(img/star.gif);
   background-position: top;
   background-repeat: no-repeat;
   background-attachment: fixed; }
```

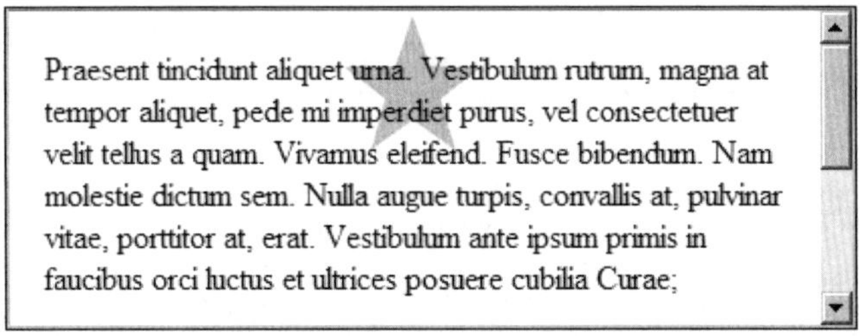

Figura 20.10. Evitar el deslizamiento con la propiedad background-attachment.

La otra diferencia fundamental que podemos encontrar entre una imagen de origen fija y una deslizante es que en el caso de las imágenes fijas, los valores de background-position son relativos a la esquina superior izquierda del área de visión, no al elemento.

De esta forma, creamos un efecto interesante si se aplica un patrón de fondo fijo a un elemento que no sea el elemento body. La imagen permanece en el mismo lugar y la caja que contiene el elemento revela una parte del fondo. Por desgracia, IE para Windows, versión 6 y anteriores, no soporta imágenes de fondo fijas en elementos que no sean `body`. En teoría la versión 7 incluirá este tipo de soporte.

Nota: Eric Meyer muestra algunos efectos interesatnes utilizando imágenes fijas como fondos de distintos elementos en una página en la dirección `www.meyerweb.com/eric/css/edge/complexespiral/glassy.html`. Para ver el efecto completo asegúrese de utilizar un navegador adecuado a los estándares que no sea Internet Explorer.

Combinar propiedades de fondo

CSS proporciona una propiedad abreviada muy útil, `background`, que permite combinar todas las propiedades de fondo en una regla de estilo, como la propiedad `font` (véase el capítulo 18).

background

Valores: `[<'background-color'>| | <'background-image'>| | <'background-repeat'>| | <'background-attachment'> | | <'background-position'>] | inherit`

Se aplica a: Todos los elementos.

Heredado: No.

La propiedad `background` toma un valor de cualquiera de las propiedades de fondo. No hay valores requeridos y los valores pueden aparecer en cualquier orden. La única restricción es que si se indican dos valores deben aparecer juntos y con el valor horizontal en primer lugar, seguido inmediatamente por el vertical.

Estos son ejemplos válidos de la propiedad `background`.

```
body {background: url(superstar.gif) fixed top center no-repeat; }
div.intro {background: repeat-x url(topborder.gif) red; }
p {background:#336600; }
```

Tenga cuidado con las omisiones accidentales

Recuerde que como `background` es una propiedad abreviada, los valores omitidos serán restablecidos a sus valores predeterminados por defecto para dichas propiedades. Esto, combinado con el hecho de que en una hoja de estilo las reglas ignoran a reglas anteriores, facilita que se ignoren de forma accidental propiedades de fondo antes declaradas y que se recuperen de nuevo sus valores predeterminados. En el siguiente ejemplo, la imagen de fondo `dots.gif` no se aplicará a los elementos `h3` porque como se ha omitido un valor para `background-image` su valor se ha ajustado a `none`.

```
h1, h2, h3 { background: red url(dots.gif) repeat-x;}
h3 {background: blue; }
```

Para ignorar propiedades determinadas asegúrese de utilizar la propiedad de fondo específica que pretende cambiar (`background-color` sería la adecuada para el `h3` del ejemplo). Al utilizar la propiedad `background` (o cualquier propiedad abreviada) preste atención a las reglas indicadas antes en la hoja de estilo o asegúrese de que todas las propiedades están especificadas.

Capítulo 21

Flotar y posicionar

CSS no se limita a "embellecer" los elementos del flujo del documento. También puede utilizarse para lograr presentación de página como columnas múltiples, ajuste de texto e incluso posicionar con precisión milimétrica. Este capítulo presenta el posicionamiento y el flotado, los métodos CSS para organizar los elementos en la página.

Debería observarse que este capítulo está dedicado a la especificación CSS 2.1 para las propiedades relacionadas con la presentación. Hay algunos fallos notables de los navegadores que hacen que la implementación de las herramientas ilustradas aquí sea todo un reto. Estos problemas serán estudiados con detalle en el capítulo 25.

Este capítulo estudia las propiedades CSS 2.1 para controlar el posicionamiento de los elementos:

```
float       bottom    overflow
clear       top       clip
position    left      visibility
bottom      right     z-index
```

Flujo normal

Antes de adentrarnos en los métodos para posicionar elementos, es útil comprender lo que quiere decirse al hablar de "flujo normal" de un documento de acuerdo al modelo de diseño CSS. En el flujo normal, los elementos de texto se disponen de arriba a abajo y de izquierda a derecha en los idiomas que se leen de izquierda a derecha (o de derecha a izquierda en el caso de los idiomas que se leen en este sentido). Es el comportamiento predeterminado del navegador Web.

En el flujo normal, los elementos a nivel de bloque se apilan entre ellos y los elementos en línea llenan el espacio disponible. Cuando cambia el tamaño de la ventana de navegación, los elementos en bloque se expanden o se contraen de acuerdo a la nueva anchura y los elementos en línea vuelven a fluir para llenar el espacio. Los objetos del flujo normal influyen en la posición del contenido que los rodea (elementos hermano).

En el posicionamiento CSS, los bloques se definen como si estuvieran en el flujo normal o se eliminan del flujo normal. Flotar y posicionar elementos cambia su relación con el flujo normal, tal y como veremos en las siguientes secciones.

Flotar

Si alguna vez ha alineado una imagen en el margen izquierdo o derecho y ha permitido que el texto se ajustara en torno a ella, ya comprenderá el concepto "flotar" de CSS. De hecho, ésa es precisamente la funcionalidad que debía cubrir la propiedad `float`. La principal diferencia es que en CSS puede flotar cualquier elemento (párrafos, listas, `divs`, etc.), no sólo imágenes.

Nota: Algunos navegadores también permiten flotar los elementos de tabla con el elemento `align`.

Es importante observar que flotar no es un esquema de posicionamiento, es una función única con algunos comportamientos interesantes a tener en cuenta, tal y como veremos en esta sección.

Flotar es útil para mucho más que para mover una imagen hacia un lado. De hecho, es una de las herramientas fundamentales utilizadas en el diseño Web moderno basado en CSS. Flotar sirve para crear diseños multicolumna, barras de navegación de listas no numeradas, alineación en forma de tabla sin tablas, y mucho más. Consulte el capítulo 24 para ver algunos ejemplos.

Para que un elemento flote a la izquierda o derecha y para que el texto que le sigue se ajuste en torno a él, aplique la propiedad `float` al elemento.

float

Valores: `left | right | none | inherit`

Valor inicial: `none`

Se aplica a: Todos los elementos.

Heredado: No.

En este ejemplo, la propiedad `float` se utiliza para flotar una imagen a la derecha (véase la figura 21.1).

```
img {float: right; margin: 20px;}
<p><img src="img/placeholder.gif">Aliquam pulvinar volutpat...</p>
```

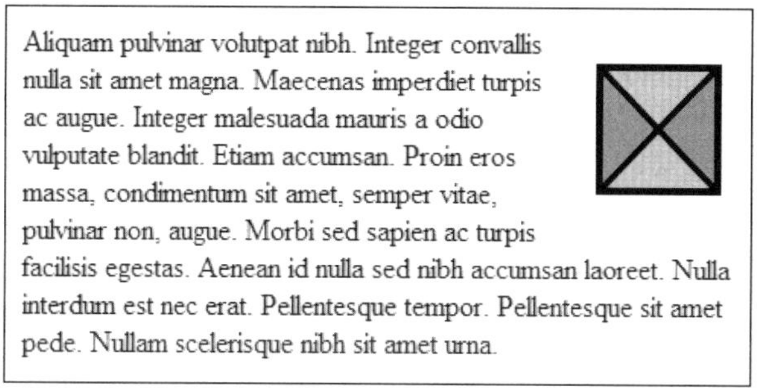

Figura 21.1. Flotar una imagen a la derecha.

Como puede ver en la figura 21.1, la propiedad `float` aplicada al elemento `img` remplaza eficazmente al atributo depreciado `align`. En este ejemplo, el margen hace el trabajo de los atributos depreciados `hspace` y `vspace`. La ventaja de `margin` es que puede aplicar distintas cantidades de espacio de margen a cada lado de la imagen (`hspace` y `vspace` aplican la misma cantidad de espacio en los lados opuestos). También puede utilizarse relleno para añadir espacio en torno a los contenidos de un elemento flotado.

Aunque el comportamiento de este ejemplo debería resultar familiar a quienes hayan trabajado con HTML, es muy interesante si se considera en términos del modelo de diseño visual de CSS. Los elementos flotados se eliminan del flujo normal del documento pero siguen teniendo efecto sobre otros elementos del diseño (el contenido que los rodea vuelve a fluir para dejarles paso). Por utilizar una analogía visual, podría decirse que son como islas rodeadas de agua (están fuera del flujo normal pero la corriente fluye en torno a ellos). Los elementos flotados son únicos en este sentido porque los elementos sacados del flujo normalmente dejan de tener influencia sobre otros elementos (lo veremos en las secciones dedicadas a posicionamiento).

Principios básicos del flotamiento

La propiedad `float` no se limita a las imágenes. Puede aplicarse a cualquier elemento. En el ejemplo de la figura 21.1 la propiedad `float` se aplica a una selección de texto (conocido en CSS como "elemento en línea no remplazado"). Tenga en cuenta que las líneas punteadas sirven para destacar las partes de las cajas de elemento de la figura y no aparecerían en el navegador.

```
span.note {
   float: right;
   width: 200px;
   margin: 20px;
   background-color: #999;
   font-weight: bold; }
p {border: solid 2px #666; padding: 30px;}
<p><span class="note">I'm going to go over here for a little while.
Don't mind me.</span> Lorem ipsum dolor sit amet, consectetuer...
```

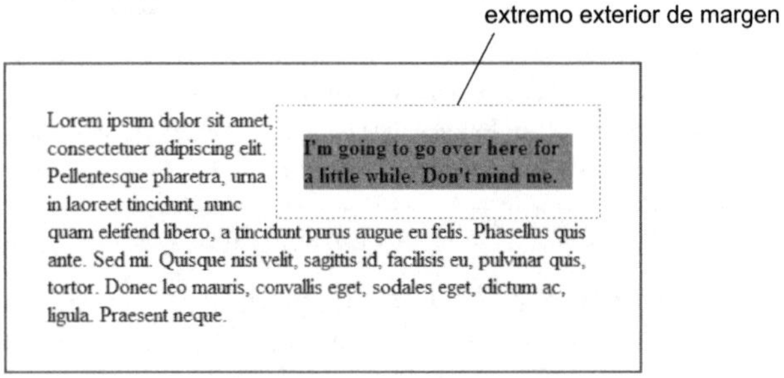

Figura 21.2. Flotar un elemento de texto en línea.

El resultado revela algunos comportamientos básicos del flotamiento de un elemento:

- Todos los elementos flotados (incluso elementos en línea, tal y como muestra el ejemplo) asumen comportamientos de bloque. Equivale a establecer `display: block` (aunque no es necesario hacerlo).
- Al flotar un elemento no remplazado (p.e., texto) es necesario especificar la anchura (`width`) del elemento. Si no se hace puede que la caja de área de contenido se colapse hasta su anchura mínima.
- El elemento flotado permanece dentro del área de contenido del bloque que lo contiene (el elemento ancestro de nivel de bloque más cercano). No pasa al relleno.
- Los márgenes se mantienen en todos los lados del elemento flotado. En otras palabras, toda la caja de elemento (de extremo a extremo) se flota y el contenido que la rodea fluye en torno a ella.
- A diferencia de los elementos normales, los márgenes que rodean a los elementos flotados nunca colapsan (ni verticalmente).

Los elementos que siguen al elemento flotado muestran también un comportamiento inusual. En el siguiente ejemplo y en la figura 21.3 la imagen flotada es más alta que su elemento de párrafo padre y cuelga sobre el siguiente párrafo. El segundo párrafo (llamado *boxed*) tiene un fondo y un borde para mostrar los límites de esta caja de elemento comparados con sus contenidos.

```
img { float: left; }
p.boxed { background-color: #999;  border: solid 2px #333; }
```

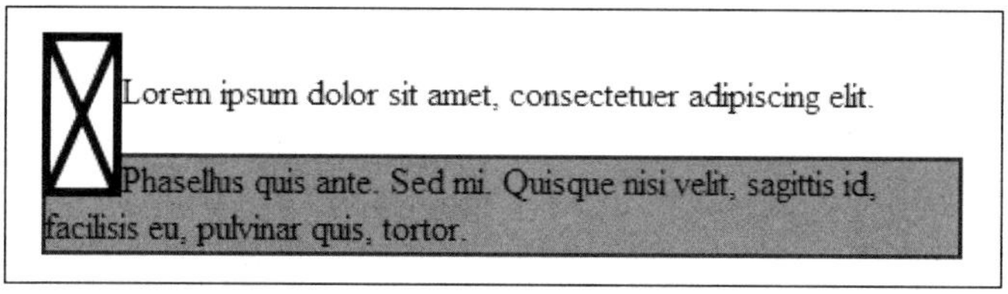

Figura 21.3. Comportamiento de elemento ajustado.

La posición del borde y del fondo muestra que la posición de la caja de elemento del segundo párrafo no cambia por la presencia del elemento de imagen flotado. Sólo se mueve su contenido para dejar espacio a la imagen flotada. Observe también que la imagen flotada sobrescribe (aparece "delante de") el fondo y borde del siguiente párrafo. Es el comportamiento prescrito para los elementos flotados. Más adelante estudiaremos otros comportamientos de sobrescritura.

Comportamiento de flotamiento

La especificación CSS 2.1 proporciona ocho reglas precisas que restringen el posicionamiento de los objetos flotados. Aquí pasamos a resumirlas. Si necesita más información, vaya directamente a la fuente en `www.w3.org/TR/CSS21/visuren.html#float-position`.

Además de necesitar que los elementos flotados permanezcan dentro del extremo interior (o área de contenido) de los bloques que los contienen, hay varias reglas diseñadas para evitar que los objetos flotados se solapen.

Advertencia: Los navegadores (incluso los adecuados a los estándares) pueden ser inconsistentes al manejar objetos flotados debido a cierta cantidad de libertad de acción en la especificación y porque siguen la práctica histórica y supuesta. Haga siempre comprobaciones y pruebas.

Los elementos flotados muy cercanos en el documento fuente no pueden sobrescribirse entre sí. En lugar de esto las reglas prescriben:

- Si los elementos se flotan en la misma dirección, todos los elementos flotados consecutivos deberían moverse en esa dirección hasta que alcancen el extremo interior del bloque que los contiene o hasta que den con otro elemento flotado. Esta regla da como resultado varios elementos flotados que se acumulan en el extremo seleccionado.
- Si no hay suficiente espacio para que los elementos flotados aparezcan uno al lado del otro, el segundo elemento flotado debería bajar hasta que haya suficiente espacio para que se muestre sin solaparse con el primero.

Los efectos de estas reglas pueden verse en la figura 21.4.

objetos consecutivos flotados en la misma dirección

objetos que exceden el ancho del bloque contenedor, flotados en direcciones opuestas

Figura 21.4. Los objetos flotados se acumulan o se mueven hacia abajo para evitar el solapamiento.

Otras reglas restringen cómo puede posicionarse el extremo superior de un elemento flotado.

- La parte superior de un elemento flotado debe permanecer dentro del extremo superior de su elemento padre.
- La parte superior de un elemento flotado que no está contenido en un elemento de bloque no puede estar más alto que un elemento de nivel de bloque que le preceda. El flotamiento está "bloqueado", no puede flotar por encima de él.
- La parte superior de un elemento flotado no puede comenzar más alto que un elemento flotado que le preceda en la fuente del documento.
- Si un elemento flotado comienza en el medio del flujo de texto de un elemento, no flota hasta la parte superior de ese elemento sino que comienza en la parte superior de la caja de línea del texto que le rodea (figura 21.5).

Los elementos flotantes no pueden estar fuera del extremo de los elementos que los contienen a menos que sean demasiado grandes para encajar. Esto evita que elementos flotados consecutivos se acumulen en un extremo y que sean mayores que el bloque que los contenga. Si el montón se hace demasiado grande, el elemento que ya no cabe se mueve hacia abajo.

Los objetos flotados no se elevan por encima de sus elementos padre y no irán por encima de elementos de bloque anteriores.

Los objetos flotados no se eleven por encima de la caja de línea en la que se originan

Figura 21.5. Restricciones de extremo superior en los elementos flotados.

Las dos últimas reglas declaran que dadas todas las restricciones anteriores, los objetos flotados deberían ponerse a la izquierda o a la derecha (según se especifique) tanto como sea posible hasta que alcancen un límite definido. Es preferible una posición más alta que una que esté hacia la izquierda o hacia la derecha.

Márgenes negativos y solapamiento

Las dos grandes reglas para emplazar objetos flotados es que nunca deberían ir más allá del área de contenido del bloque que los contiene y que nunca deberían solapar a otros elementos. Estas pautas al parecer se abandonan cuando aplica márgenes negativos a un elemento flotado, tal y como muestra este ejemplo y la figura 21.6.

```
img { float: left; margin: -10px; }
```

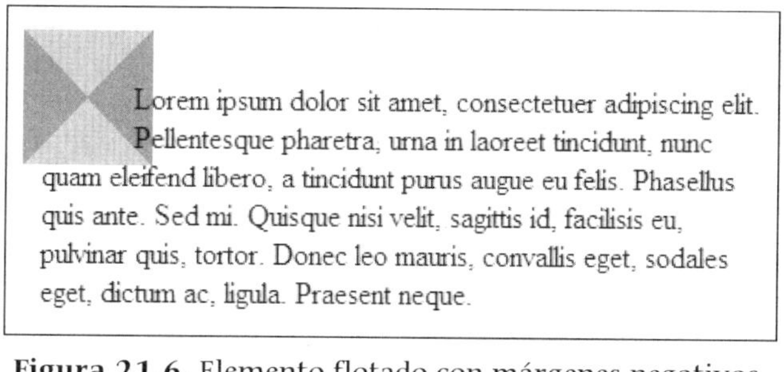

Figura 21.6. Elemento flotado con márgenes negativos.

Al establecer un margen negativo el área de contenido del elemento flotado sale fuera de su caja de elemento posicionada, permitiendo que el contenido quede fuera de los confines del bloque que le contiene. No hay reglas para evitar que los elementos con márgenes superiores negativos sobrescriban el contenido que les precede y que ya aparece en pantalla, así que lo mejor es evitar márgenes verticales negativos.

Los márgenes negativos también pueden hacer que el contenido solape el objeto flotado. En estos casos la especificación CSS 2.1 prescribe varias reglas para cajas en línea y cajas de bloque:

- Si una caja en línea solapa con un elemento flotado, toda la caja de elemento (incluyendo el contenido, fondo y borde) sobrescribe, o aparece "delante del" elemento flotado. Recuerde que si tiene un elemento flotado con márgenes negativos y aplica fondos o bordes a los elementos en línea en el texto ajustado, esas cajas en línea pueden oscurecer el elemento flotado.
- Si las cajas de bloque solapan un elemento flotado, el contenido de esa caja aparece "delante del" elemento flotado, pero el fondo y el borde del elemento son sobrescritos por el elemento flotado (aparecen "detrás de él"). Esto concuerda con el ejemplo de la figura 21.3 pero permite que el texto vaya delante del elemento flotado en el caso de los márgenes negativos.

Limpiar

El ajuste puede estar bien, un efecto de diseño que ahorra espacio, pero no siempre es adecuado. Hay determinados casos en los que se quiere que el área que está al lado del elemento flotado se mantenga limpia y que el siguiente elemento comience en su posición normal en el bloque que lo contiene. Para esos casos, utilice la propiedad `clear` para evitar que un elemento aparezca junto a un elemento flotado.

clear

Valores: `left | right | both | none | inherit`

Valor inicial: `none`

Se aplica a: Elementos a nivel de bloque.

Heredado: No.

La propiedad `clear` sólo puede aplicarse a elementos de bloque. Lo mejor es explicarla con un ejemplo sencillo. El valor `left` comienza el elemento por debajo de cualquier elemento que haya sido flotado en el extremo izquierdo del bloque. La regla de este ejemplo garantiza que todas las cabeceras de primer nivel del documento comenzarán por debajo del elemento flotado a la izquierda, tal y como muestra la figura 21.7.

```
img {float: left; margin-right: 10px; }
h1 {clear: left; top-margin: 2em;}
```

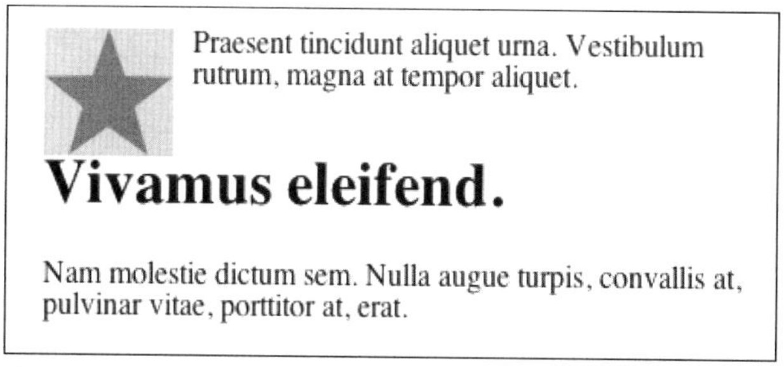

Figura 21.7. Limpiar un elemento flotado a la izquierda.

Como quizás suponga, el valor `right` funciona igual y evita que un elemento aparezca junto a un elemento flotado a la derecha. El valor `both` mueve hacia abajo el elemento hasta que esté limpio de elementos flotados a ambos lados. CSS 2.1 recomienda a los agentes de usuario añadir una cierta cantidad de espacio "de limpieza" sobre los márgenes de los elementos de bloque hasta que el extremo superior del contenido se ajuste bajo el elemento flotado.

En la figura 21.7 observe que, aunque hay un margen superior aplicado al elemento `h1`, el texto está tocando la parte inferior de la imagen flotada. Es un efecto de los márgenes verticales colapsados del elemento de bloque `h1`. Si quiere asegurarse de que hay espacio bajo un elemento flotado, añada un margen inferior al elemento flotado en sí porque estos márgenes nunca colapsan. Este principio sigue siendo válido cuando se establece que un elemento flotado limpie otros elementos flotados del mismo lado de la página. En ese caso, los márgenes adyacentes de los elementos flotados se añaden y no colapsan.

Principios básicos del posicionamiento

El modo en el que los diseñadores Web adoptaron las tablas HTML hizo patente la necesidad de un diseño en forma de página para las páginas Web. CSS proporciona varios modos de posicionar elementos en la página relativos a la posición que deberían tener normalmente en el flujo del documento.

Si pensaba que las tablas eran complicadas, ¡prepárese para el posicionamiento CSS! Si las propiedades de posicionamiento eran bastante sencillas, la implementación inconsistente y defectuosa de los navegadores convierte en todo un reto lograr los resultados en todos los navegadores. De hecho, el posicionamiento puede ser complicado incluso si se sigue la recomendación CSS al pie de la letra. Es frustrante, a menos que sepa cómo debería comportarse el posicionamiento y qué navegadores van a darle problemas (los fallos más notables en el capítulo 25). Esta sección presenta las propiedades relacionadas con el posicionamiento tal y como están definidas en CSS 2.1, junto con algunos conceptos clave.

Tipos de posicionamiento

Para empezar vamos a ver las distintas opciones para posicionar elementos y en qué se distinguen. Hay cuatro tipos de posicionamiento, especificados con la propiedad `position`.

position

Valores: `static` | `relative` | `absolute` | `fixed` | `inherit`

Valor inicial: `static`

Se aplica a: Todos los elementos.

Heredado: No.

La propiedad `position` identifica un elemento que va a ser posicionado y selecciona uno de los cuatro métodos de posicionamiento.

`static`
: Es el esquema normal de posicionamiento en el que las cajas de elemento se renderizan en el orden en el que aparecerán en el flujo del documento.

`relative`
: El posicionamiento relativo mueve la caja de elemento, pero se preserva su espacio original en el flujo del documento.

`absolute`
: Los objetos con posicionamiento absoluto se sacan completamente del flujo del documento y se posicionan en relación al bloque que los contiene (lo estudiaremos en la siguiente sección). Como son sacados del flujo del documento no tienen más influencia en el diseño de los elementos que los rodean, y el espacio que antes ocupaban se cierra. Los elementos con posicionamiento absoluto siempre asumen comportamientos de bloque.

`fixed`
: El posicionamiento fijo es como el posicionamiento absoluto (el elemento se saca del flujo del documento) pero el elemento se posiciona esta vez en

relación al puerto de visualización (la mayoría de las veces, la ventana del navegador).

Bloques contenedores

La recomendación CSS 2.1 declara que la posición y tamaño de la caja (o cajas) de un elemento se calculan en ocasiones en relación a un rectángulo llamado "bloque contenedor" del elemento. Es muy importante estar atento a este bloque para posicionar un elemento.

Por desgracia no es tan fácil y depende del contexto del elemento. CSS 2.1 perfila varias reglas para determinar el bloque contenedor.

- El bloque contenedor creado por el elemento raíz (`html`) se llama "bloque contenedor inicial". El rectángulo de este bloque llena las dimensiones del dispositivo de visualización. Este bloque se utiliza si no hay presente otro bloque contenedor. Tenga en cuenta que algunos navegadores basan este bloque en el elemento `body`, el resultado es el mismo porque también se llena la ventana del navegador.
- En el caso de los elementos (que no sean el elemento raíz) que están ajustados a `static` o `relative`, el bloque contenedor es el extremo de contenido del nivel de bloque más cercano, celda o ancestro de bloque en línea.
- En el caso de los elementos emplazados de forma absoluta, el bloque contenedor es el elemento ancestro más cercano que tenga una posición que no sea `static`. En otras palabras, el elemento ancestro debe estar ajustado a `relative`, `absolute` o `fixed` para actuar como bloque contenedor de sus hijos. Cuando se establece un elemento ancestro como el bloque contenedor, sus límites difieren en función de si es un elemento a nivel de bloque o en línea.
- En el caso de los elementos a nivel de bloque, el bloque contenedor se extiende hasta llegar al extremo de relleno del elemento (que se encuentra justo dentro del borde).
- En el caso de los elementos en línea, el bloque contenedor se ajusta al extremo de contenido. Sus límites se calculan en función de la dirección del texto. En el caso de los lenguajes que se leen de izquierda a derecha, comienza en la esquina superior izquierda de la primera línea generada por el elemento y termina en la esquina superior derecha de la última línea generada por el elemento. En el caso de los idiomas que se leen de derecha a izquierda, va desde la esquina superior derecha de la primera línea hasta la esquina inferior izquierda de la última línea.
- Si no hay elementos ancestro se utiliza el bloque contenedor inicial.

Especificar la posición

Cuando se ha establecido el valor de posicionamiento, el posicionamiento real se hace con las cuatro propiedades *offset* o de desplazamiento.

top, right, bottom, left

Valores: `<length>` | `<percentage>` | `auto` | `inherit`

Valor inicial: `auto`

Se aplica a: Elementos posicionados (si el valor de posición es `relative`, `absolute` o `fixed`).

Heredado: No.

Los valores proporcionados para cada una de las propiedades *offset* define la distancia a la que debería desplazarse el elemento del extremo. Por ejemplo, el valor de `top` define la distancia desde el extremo exterior del elemento posicionado hasta el extremo superior de su bloque contenedor. Los valores positivos mueven hacia abajo el elemento (hacia el centro del bloque); los valores negativos lo mueven hacia arriba (y fuera del bloque contenedor). Del mismo modo, el valor indicado para la propiedad `left` especifica una distancia desde el extremo izquierdo del bloque contenedor hasta el extremo exterior izquierdo del elemento posicionado. De nuevo, los valores positivos mueven al elemento hacia el centro del bloque contenedor y los valores negativos hacia fuera.

Nota: CSS 2 posicionaba los elementos desde los extremos del contenido, no desde los extremos del margen. Esto cambió en 2.1.

Esta explicación algo liosa puede aclararse con algunos ejemplos de elementos con posicionamiento absoluto. En este ejemplo, el elemento posicionado se emplaza en la esquina inferior izquierda del bloque contenedor utilizando valores porcentuales (véase la figura 21.8).

```
div {position: absolute; height: 120px; width: 300px; border:
     1px solid #000;}
img {position: absolute; top: 100%; left: 0%;}
```

En este ejemplo, se indican píxeles para emplazar el elemento posicionado en un punto concreto del elemento contenedor (véase la figura 21.9).

```
div.a {position: absolute; height: 120px; width: 300px; border:
      1px solid #000; background-color:#CCC}

div.b {position: absolute; top: 20px; right: 30px; bottom: 40px; left:
      50px; border: 1px solid #000; background-color:#666}
```

```
<div class="a">
   <div class="b"></div>
</div>
```

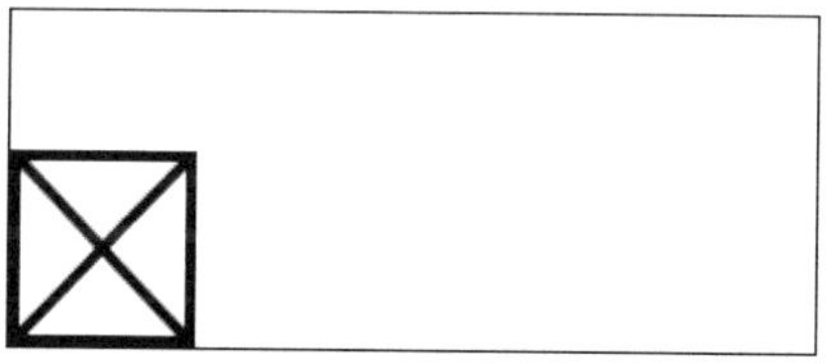

Figura 21.8. Posicionamiento con valores porcentuales.

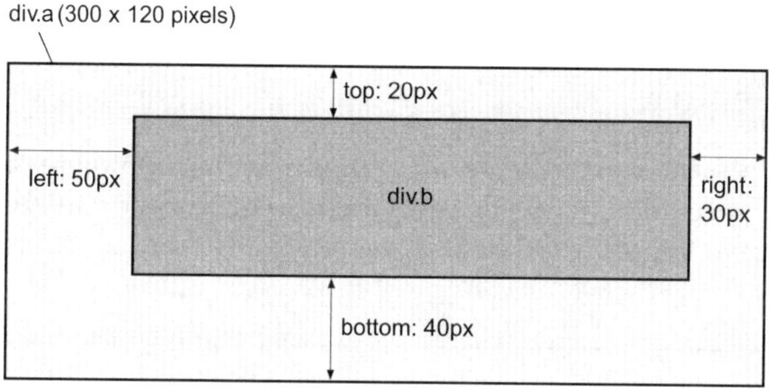

Figura 21.9. Posicionamiento con valores de píxel.

Es posible ajustar las dimensiones de un elemento indirectamente definiendo las posiciones de sus cuatro lados en relación al bloque contenedor. El espacio definido se convierte en la anchura y altura del elemento. Si el elemento posicionado también tiene especificadas propiedades `height` y `width` en conflicto con ese espacio, entra en juego un conjunto de reglas CSS para resolver la diferencia (las veremos un poco más adelante).

Nota: En el capítulo 19 estudiamos cómo ajustar la altura y anchura de los elementos.

Este último ejemplo muestra que si se indican valores negativos para las propiedades de desplazamiento, el elemento puede romper los límites de la caja contenedora (véase la figura 21.10).

```
div.a {position: absolute; height: 120px; width: 300px; border:
      1px solid #000; background-color:#CCC}

div.b {position: absolute; top: -20px; right: -30px; bottom: 40px; left:
      50px;  border: 1px solid #000; background-color:#666}
```

```
<div class="a">
   <div class="b"></div>
</div>
```

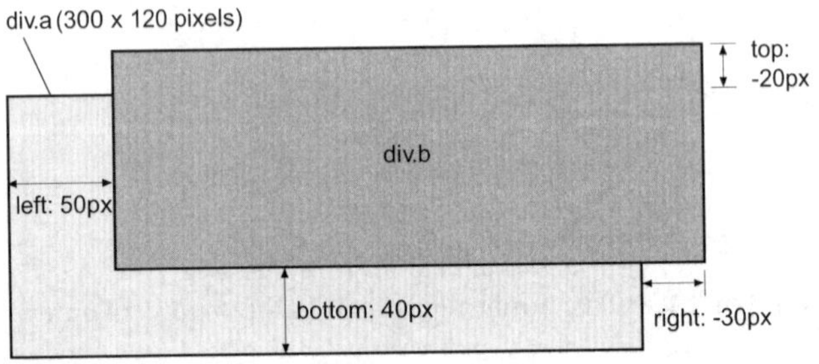

Figura 21.10. Valores de desplazamiento negativos.

Desbordamiento

Si un elemento tiene establecido un tamaño demasiado pequeño para contener todos sus contenidos, se puede especificar lo que hacer con el contenido que no cabe utilizando la propiedad `overflow`.

overflow

Valores: `visible` | `hidden` | `scroll` | `auto` | `inherit`

Valor inicial: `visible`

Se aplica a: Elementos a nivel de bloque y remplazados.

Heredado: No.

Hay cuatro valores para la propiedad `overflow`:

`visible`
: El valor predeterminado es `visible`, que permite que el contenido aparezca fuera de su caja de elemento.

`hidden`
: Si `overflow` se ajusta a `hidden` el contenido que no cabe en la caja de elemento se recorta y no aparece más allá de sus extremos.

`scroll`
: Si se especifica `scroll`, se añaden barras deslizantes (o un mecanismo equivalente) a la caja de elemento para poder deslizar el contenido al tiempo que se mantiene el contenido visible sólo en el área de caja. Tenga en cuenta que el valor `scroll` hace que se rendericen barras deslizantes aun cuando el contenido quepa perfectamente en la caja de contenido.

`auto`

El valor `auto` permite al agente de usuario decidir cómo resolver el tema del desbordamiento. En la mayoría de los casos sólo se añaden barras de desplazamiento si el contenido no cabe y son necesarias.

La figura 21.11 muestra ejemplos de cada uno de estos valores aplicados a un elemento con 150 píxeles cuadrados. El color de fondo gris permite ver con más claridad los extremos del área de contenido.

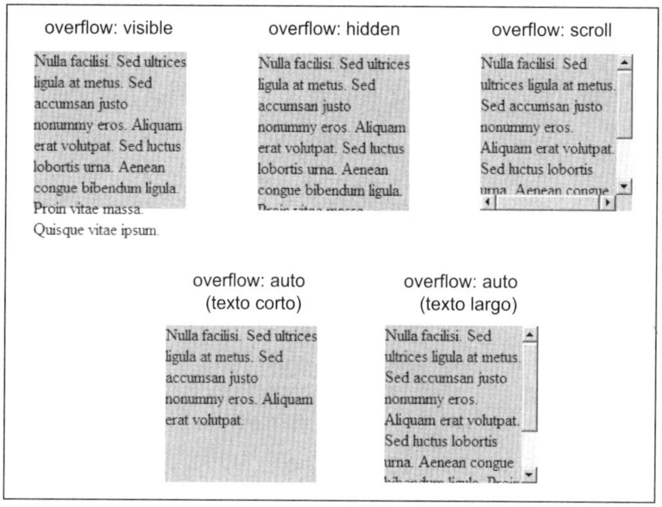

Figura 21.11. Valores de desbordamiento.

Áreas de recorte

Cuando el desbordamiento de una caja de elemento posicionado de forma absoluta se ajusta a `hidden`, `scroll` o `auto`, la especificación CSS permite restringir el contenido visible con un área de recorte. Un área de recorte es un área rectangular que permite mostrar a través de ella el contenido. Futuras versiones CSS pueden incluir otras formas. Especifique el tamaño y posición del área de recorte con la propiedad `clip`.

clip

Valores: `rect (`*`arriba, derecha, abajo, izquierda`*`)` | `auto` | `inherit`

Valor inicial: `auto`

Se aplica a: Elementos con posicionamiento absoluto.

Heredado: No.

La propiedad predeterminada `auto` ajusta el extremo del recorte en el extremo del contenido de un lado determinado. Los valores de `clip` deben indicarse en valores de longitud (no están permitidos los valores porcentuales).

Es importante observar que los valores `superior`, `inferior`, `derecho` e `izquierdo` de la propiedad `clip` se miden desde la esquina superior izquierda del elemento, no desde los lados como sucedía con las propiedades de desplazamiento. En el caso de los idiomas que se leen de derecha a izquierda las distancias se miden desde la esquina superior izquierda.

Éste es un ejemplo de área de recorte aplicada a un elemento (figura 21.12).

```
div.a {position: absolute; height: 150px; width: 150px;
   background-color:#CCC;
   clip: rect(10px, 130px, 130px, 10px);}
```

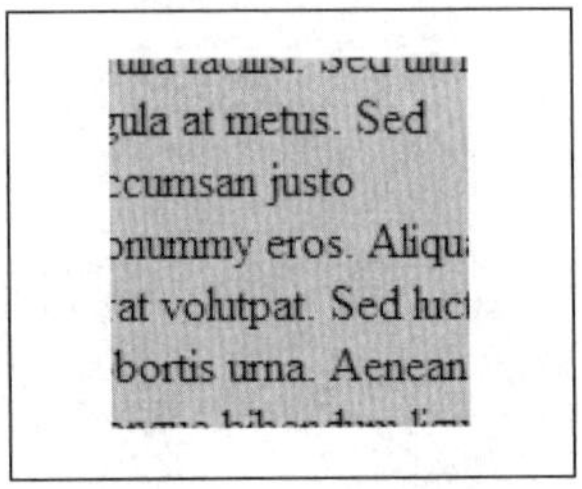

Figura 21.12. Un área de recorte.

Visibilidad

La propiedad `visibility` se utiliza para hacer invisible un elemento.

visibility

Valores: `visible` | `hidden` | `collapse` | `inherit`

Valor inicial: `visible`

Se aplica a: Todos los elementos.

Heredado: Sí.

Obviamente, si el valor de `visibility` es `visible` (predeterminado), el elemento será visible. Si está ajustado a `hidden`, el elemento será invisible, pero mantiene su lugar en el flujo del documento. Esto lo diferencia claramente de `display: none` que elimina el documento del flujo del documento y cierra el espacio que ocupaba.

En este ejemplo, un elemento de texto en línea está `oculto` (véase la figura 21.13). Es fácil ver que el espacio de la caja de elemento se preserva. Observe también que todos los aspectos del elemento (contenido, fondo y borde) también son invisibles.

```
span.a {background-color:#CCCCCC; border: 1px solid #000; visibility:
   visible;}
span.b {background-color:#CCCCCC; border: 1px solid #000; visibility:
   hidden;}
<p>Aliquam pulvinar volutpat nibh. Integer convallis nulla sit amet
magna.<span class="a"> Maecenas imperdiet turpis ac augue. Integer
malesuada mauris a odio vulputate blandit. Etiam accumsan. </span> Proin
eros massa, condimentum sit amet, semper vitae, pulvinar non, augue. </p>

<p>Aliquam pulvinar volutpat nibh. Integer convallis nulla sit amet
magna.<span class="b"> Maecenas imperdiet turpis ac augue. Integer
malesuada mauris a odio vulputate blandit. Etiam accumsan. </span> Proin
eros massa, condimentum sit amet, semper vitae, pulvinar non, augue. </p>
```

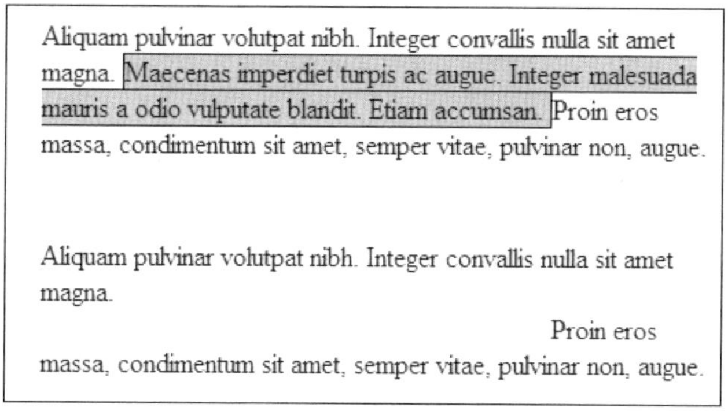

Figura 21.13. Ajustar la visibilidad al valor hidden (oculto).

Se recomienda utilizar el valor `collapse` con filas de tablas CSS y elementos de columna. Aplicar el valor `collapse` a un elemento no de tabla puede ocultarlo pero lo mejor es evitar hacerlo. IE 6 para Windows y anteriores no tienen soporte para `collapse` (el soporte no ha sido confirmado para la versión 7, beta en este momento).

Orden de apilamiento

Uno de los efectos colaterales del posicionamiento es que los elementos se pueden solapar. Por defecto, los elementos se apilan en el orden en el que aparecen en el documento con los elementos que aparecen por detrás, renderizándose sobre los elementos que les preceden en la fuente. Puede cambiar el orden de apilamiento ajustando la propiedad `z-index`. Puede imaginar la dirección del eje z como una línea que corre desde su nariz a través de esta página y que salga por el otro lado.

z-index

Valores: <integer> | auto | inherit

Valor inicial: auto

Se aplica a: Elementos posicionados.

Heredado: No.

El valor de z-index es un número entero positivo o negativo. Cuanto más alto sea el número más alto aparecerá el elemento en la pila. Los números bajos y los valores negativos harán que el elemento baje.

Mire esta fuente y la hoja de estilo que cambia el orden de apilamiento para los tres párrafos posicionados (véase la figura 21.14).Aunque el párrafo 1 aparece en primer lugar en la fuente y normalmente estaría solapado por los siguientes elementos, se ha establecido que se renderice en la parte superior asignándole un valor z-index más alto.

```
p {position: absolute; padding: 5px; color:#000;}

#p1 {top: 70px; left: 140px; width: 300px; z-index:19; background-color:
   #666;}

#p2 {top: 30px; left: 30px; width: 300px; z-index:1; background-color:
   #999;}

span.b {position: absolute; top: 96px; z-index: 72; font-weigth: bold;
   background: #999;}

<p id="p1">PARAGRAPH 1: Z-INDEX=19<br  />Integer convallis nulla sit
amet magna. Maecenas imperdiet turpis ac augue. Integer malesuada mauris
a odio vulputate blandit.</p>

<p id="p2">PARAGRAPH 2: Z-INDEX=1<br  /><span class="b">Z-INDEX=72
Integer convallis nulla</span> sit amet magna. Maecenas imperdiet turpis
ac augue. Integer malesuada mauris a odio vulputate blandit.</p>
```

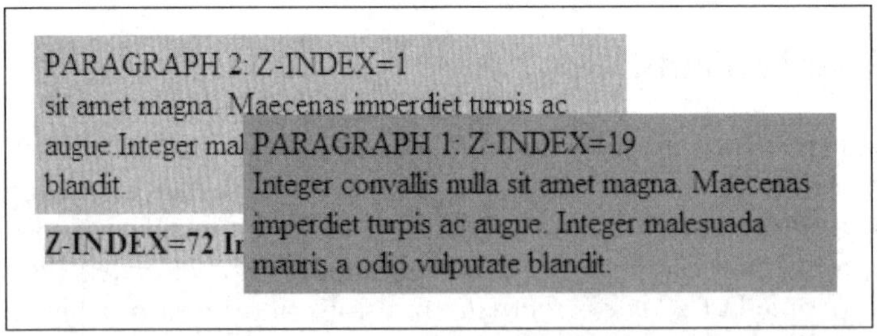

Figura 21.14. Ajustar el orden de apilamiento con z-index.

Hay algún otro punto de interés en este ejemplo. Observe, en primer lugar, que los valores `z-index` no tienen que ser consecutivos. Si quiere garantizar que un elemento siempre esté arriba, puede darle un valor extremadamente alto.

También es importante observar que todos los elementos posicionados crean su propio contexto `z-index`. Aunque el texto `strong` contenido en el párrafo 2 tiene un `z-index` muy alto (72) sigue apareciendo tras el párrafo 1 (con un valor de 19). Es así porque los ajustes `z-index` de cada elemento sólo son relativos a los otros descendientes de ese elemento. En efecto, el elemento `strong` del párrafo 2 comparte el valor `z-index` de su padre en relación con sus hermanos.

Posicionamiento absoluto

En este capítulo hemos mostrado varios ejemplos de posicionamiento absoluto, pero esta sección examina este método popular de posicionamiento con más detalle. Un elemento con posicionamiento absoluto tiene estas características básicas:

- Se declara utilizando `{position: absolute;}`.
- Se posiciona en relación a los extremos de su bloque contenedor utilizando una o más de las propiedades de desplazamiento. Las propiedades no especificadas se ajustan a `auto` (predeterminado). Los valores de desplazamiento se aplican al extremo exterior de la caja de elemento (incluyendo el valor de margen si lo hay).
- Queda fuera del flujo del documento. El espacio que debería haber ocupado en el flujo normal se cierra y no afecta a otros elementos (por ejemplo, el texto no se ajusta en torno suyo).

Este ejemplo y la figura 21.15 muestran estos puntos:

```
div {position: absolute; background-color: #999; width: 440px;}
ul {position: absolute; left:  60px; top: 30px; background-color:  #CCC;
margin: 0px;}

<div>
   <p>Phasellus feugiat eros at mi. Integer leo tellus, hendrerit non,
        euismod non, condimentum in, sem.</p>
      <ul>
         <li>Lorem ipsum dolor</li>
         <li>Sit amet, consectetuer</li>
         <li>Adipiscing elit</li>
         <li>Vel nonummy ligula</li>
         <li>Tempus dignissim</li>
      </ul>
   <p>Fusce suscipit, ligula eget tempus...</p>
</div>
```

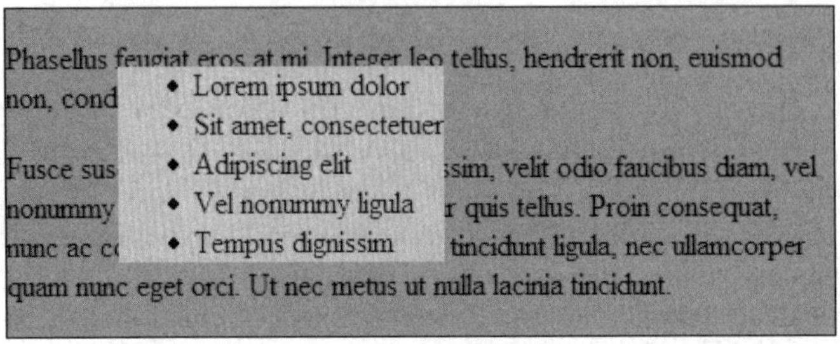

Figura 21.15. Posicionamiento absoluto.

En todos los ejemplos anteriores, los elementos se han posicionado utilizando unidades de medida de longitud para los valores de la propiedad de desplazamiento. El valor `auto` tiene algún comportamiento que merece nuestra atención. Cuando cualquiera de las propiedades de desplazamiento que no sea la inferior se encuentra ajustada a `auto`, el extremo de la caja de elemento se posiciona en su posición "estática", esto es, donde debería haber estado dentro del flujo normal del documento. En la figura 21.16, el signo del dólar siempre estará junto a su línea de origen porque su propiedad de desplazamiento `top` ha sido ajustada a `auto`.

```
p {position: relative; margin-right: 10px; left: 10px;"}

<p>Lorem ipsum dolor sit amet, consectetuer adipiscing elit.
Pellentesque <span style="position: absolute; top: auto; left: -1em;
background-color: #CCC;">$</span>pharetra, urna in laoreet tincidunt,
...</p>
```

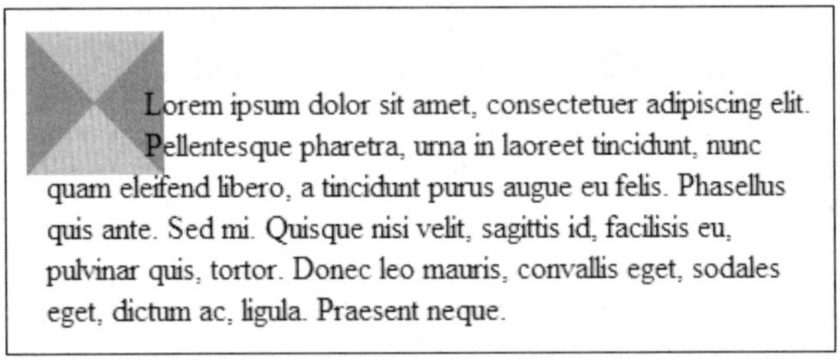

Figura 21.16. Ajustar las propiedades de desplazamiento a auto.

Observe que la parte superior del elemento posicionado está en la posición vertical que debería haber tenido si el elemento siguiera en línea. Sólo ha cambiado su posición horizontal, tal y como ha especificado. Observe también que el espacio que ocupaba el documento en la línea se ha cerrado porque ha sido posicionado de forma absoluta. Si la propiedad de desplazamiento `left` también se hubiera ajustado a auto, el extremo izquierdo del elemento estaría emplazado en el lugar en el que se originó el contenido, pero solaparía el texto siguiente (porque su espacio está cerrado).

Puede ser un método muy útil para añadir notas al margen que permanezcan al lado de su texto respectivo. Sólo asegúrese de que hay pocos o ningún limite en otras propiedades de tamaño o de posicionamiento que pudieran ignorar el emplazamiento auto.

Posicionamiento absoluto y bloques contenedores

El primer paso para posicionar de forma absoluta un elemento es identificar o crear su bloque contenedor. El bloque contenedor es fundamental en el posicionamiento porque todas las medidas absolutas se basan en sus lados. Ya estudiamos los bloques contenedores pero vamos a refrescar la memoria.

Para que un elemento ancestro sea un bloque contenedor debe tener un valor de posición absolute, relative o fixed (en otras palabras, no puede ser estático). Si no hay ningún elemento ancestro que sirva como bloque contenedor, se utiliza el bloque contenedor inicial (html, body o viewport, como lo decida el agente de usuario).

En el ejemplo de la figura 21.15, el bloque contenedor de la lista es un div que tiene su posición ajustada a relative (pero su posición no ha sido modificada). Es frecuente declarar la posición de un elemento ancestro como relativa explícitamente y dejarlo en su sitio o insertar un nuevo elemento posicionado (como un div) para configurar el bloque contenedor para elementos con posicionamiento absoluto.

Nota: Para obligar al navegador a utilizar el elemento body como el bloque contenedor inicial añada esta regla de estilo:

```
body {position: relative;}
```

Otra cosa a tener en cuenta es que ajustando la posición del elemento de lista no numerada (ul) a absoluto se convierte en el bloque contenedor de sus elementos descendientes. Si un elemento li fuera a posicionarse de forma absoluta, sus propiedades de desplazamiento serían relativas a los lados del ul, tal y como muestran este ejemplo y la figura 21.7.

```
div {position: absolute; background-color: #999; width: 440px;}
ul {position: absolute; left: 60px; top: 30px; background-color: #CCC;
   margin: 0px;}
li#callout {position: absolute; left: 60px; top: 30px; background-color:
   #CCC; margin: 0px;}
```

```
<div>
   <p>Phasellus feugiat eros at mi. Integer leo tellus, hendrerit non,
        euismod non, condimentum in, sem.</p>
      <ul>
         <li>First list item</li>
         <li id="callout">Second list item</li>
         <li>Third list item</li>
         <li>Fourth list item</li>
         <li>Fifth list item</li>
      </ul>
   <p>Fusce suscipit, ligula eget...<p>
</div>
```

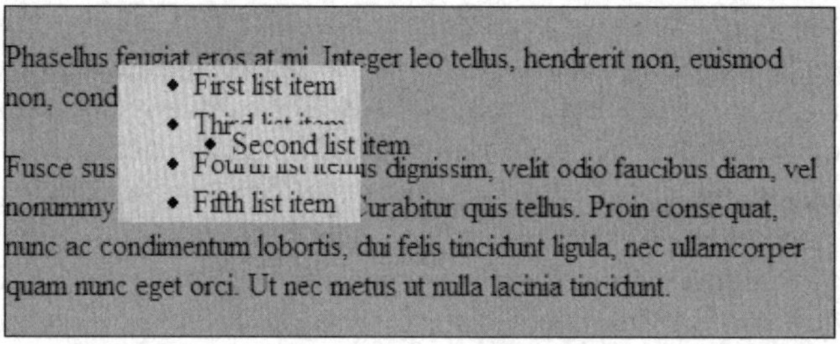

Figura 21.17. La lista con posicionamiento absoluto se convierte en el bloque contenedor del elemento de lista posicionado.

Calcular la posición

Si especificar una posición utilizando las propiedades de desplazamiento es bastante sencillo, todo se complica un poco cuando las medidas de desplazamiento se combinan con los márgenes y el ancho del contenido del elemento y las restricciones de anchura del bloque contenedor. De hecho, la especificación CSS 2.1 proporciona una lista muy detallada de límites y restricciones para tratar con valores conflictivos y no especificados.

Para ser breves esta sección proporciona un resumen general y práctico de esas reglas que le serán muy útiles.

La especificación CSS 2.1 proporciona una fórmula para todos los valores que componen el ancho de un bloque contenedor. La presentamos en forma gráfica en la imagen 21.18 porque es útil visualizar los valores que componen un bloque contenedor. Recuerde que la suma calculada de los valores interiores debe ser igual al ancho del bloque contenedor. La misma estructura se aplica también en dirección vertical.

En términos muy generales, si hay valores en conflicto o no especificados, el espacio tiende a ajustarse en el lado derecho para los lenguajes que se leen de izquierda a derecha (el lado izquierdo para los otros idiomas). Los problemas con la altura se resuelven ajustando el espacio en la parte inferior del elemento posicionado.

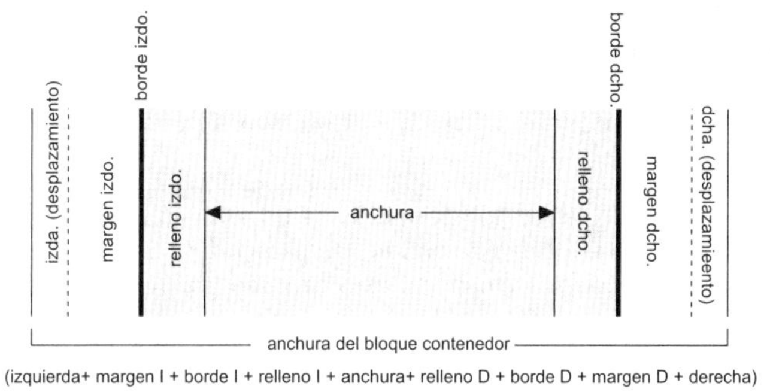

Figura 21.18. La suma de valores del bloque contenedor.

- En aquellos casos en los que todos los valores se han especificado (p.e., ninguno de ellos está en `auto`) y los valores no se suman a la anchura del bloque contenedor, se recomienda que los agentes de usuario ignoren los valores derecho (para los lenguajes que se leen de izquierda a derecha) e inferior y resuelvan las discrepancias en esos lados.
- Si el ancho del elemento posicionado está especificado, no se modifica. Sin embargo, si la anchura de un elemento de texto (no remplazado) es `auto`, el área del contenido "se extenderá para ajustarse" y se hará lo suficientemente ancha como para acomodar los contenidos. En el caso de elementos remplazados como imágenes, las dimensiones de píxeles heredadas del objeto se utilizan cuando `width` es `auto`.
- La anchura del área de contenido de un elemento sólo cambia de tamaño si está ajustada a `auto` y todas las demás propiedades tienen valores de medida específicos. Como el único parámetro ajustado a `auto`, el elemento `width` es el último recurso y cambia de tamaño.
- Los agentes de usuario comienzan buscando un valor `auto` (en el margen o desplazamiento) en el lado derecho para hacer los ajustes de espacio necesario. En el caso de los ajustes verticales, los ajustes se hacen en propiedades ajustadas a `auto` en la parte inferior.
- Si las propiedades `top` y `left` están ajustadas a `auto`, el elemento se emplaza en su posición "estática" (como ya se dijo). Esto solamente se ignora como último recurso si todos los demás parámetros tienen valores específicos y `left` (para el emplazamiento horizontal) y `top` (para el vertical) son los únicos valores `auto` disponibles. Sólo entonces el espacio se ajusta en esos lados.

Con estas restricciones y comportamientos el modo más sencillo para posicionar de forma absoluta es proporcionar una anchura específica para el elemento posicionado y desplazamientos `top` y `left` específicos. De ese modo, los márgenes del objeto posicionado se preservarán y el espacio a la derecha y en la parte inferior puede modificarse lo necesario para encajar en el bloque contenedor. Por supuesto, esto no siempre funcionará bien, pero es un punto de partida. Suelen hacer falta algunos cálculos más para que todo vaya perfecto.

Advertencia: Estas reglas de posicionamiento se basan en el comportamiento correcto tal y como está definido en la especificación CSS 2.1 y describen el comportamiento básico de los navegadores adecuados a los estándares. Tenga en cuenta, sin embargo, que a causa de un problema con la implementación del modelo de cajas en IE para Windows (todas las versiones excepto 6 y 7 en modo estándares), estos navegadores tienen un modo distinto de calcular la posición basado en aplicar relleno, bordes y margen dentro del ancho especificado.

Posicionamiento fijo

El posicionamiento fijo es esencialmente el mismo que el posicionamiento absoluto, aunque ahora el bloque contenedor está en el área de visualización (normalmente la ventana del navegador). Lo que distingue a los elementos fijos es que no se deslizan con el documento. En las páginas impresas, los elementos fijos aparecen en el mismo lugar en todas las páginas. Además de no deslizar, los elementos fijos comparten estas características básicas:

- Se declaran utilizando `{position: fixed;}`.
- Se posicionan en relación a los extremos del área de visualización (la ventana del navegador) utilizando una o más propiedades de desplazamiento (`top, right, bottom, left`). Las propiedades que no estén especificadas serán ajustadas a `auto` (predeterminado). Los valores de desplazamiento se aplican al extremo exterior de la caja de elemento (incluyendo el valor de margen, si lo hay).
- Como los elementos con posicionamiento absoluto, están fuera del flujo normal del documento y el espacio que ocupaban se cierra.

Los elementos fijos pueden utilizarse para crear interfaces estilo marco o para emplazar elementos repetitivos. En este ejemplo, se utiliza un elemento fijo como una barra lateral corta que permanece fija cuando el documento se desplaza (véase la figura 21.19).

```
ul {position: fixed; top: 0px; left: 0; width: 100px; background-color:
   #999; margin: 0; padding: 10;}
p, h1 {margin-left: 150px;}
```

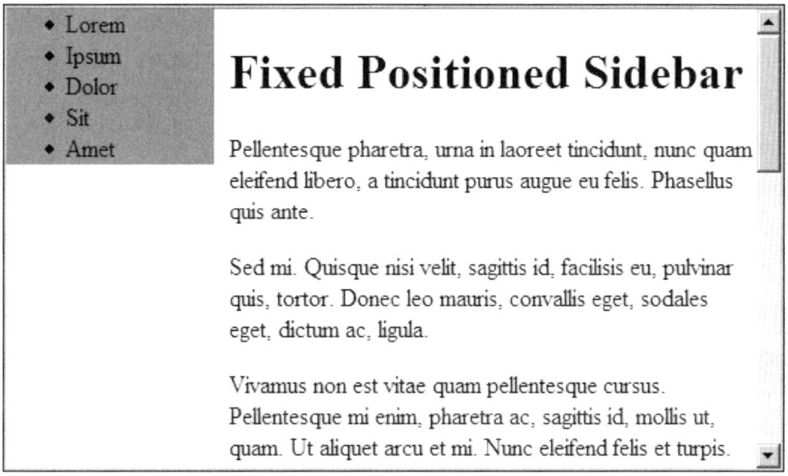

Figura 21.19. Posicionamiento fijo.

Advertencia: IE en su versión 6 y anteriores para Windows no tenía soporte para este tipo de posicionamiento. Los objetos con posicionamiento fijo eran tratados como si fueran estáticos y por tanto se comportaban como no tuvieran ningún posicionamiento. Hay distintas soluciones; para dar con ellas, haga una búsqueda "CSS posición fija IE". No se ha confirmado soporte en IE 7 para Windows (beta en este momento).

Posicionamiento relativo

El posicionamiento relativo funciona de forma ligeramente distinta que el posicionamiento fijo y absoluto. La diferencia fundamental es que aunque el elemento se mueve, el espacio en el que hubiera aparecido en el flujo normal del documento se preserva y sigue influyendo en los elementos que le rodean.

Los elementos con posicionamiento relativo tienen estas características:

- Se declaran utilizando `{position: relative;}`.
- Se posicionan en relación a su posición inicial en el flujo normal utilizando una o más propiedades de desplazamiento (`top`, `right`, `bottom`, `left`). Las propiedades no especificadas se ajustan a `auto` (predeterminado).

- Su espacio original en el flujo del documento se preserva.
- Como son elementos posicionados pueden solapar otros elementos.

Este ejemplo de un elemento enfatizado (`em`) con posicionamiento absoluto muestra la sintaxis básica y el comportamiento del posicionamiento relativo (véase la figura 21.20). Observe que si se mueve el elemento su lugar queda inalterado y los elementos que lo rodean se comportan como si siguiera ahí.

```
em {position: relative; top: -36px; right: -36px; background: #ccc; }
```

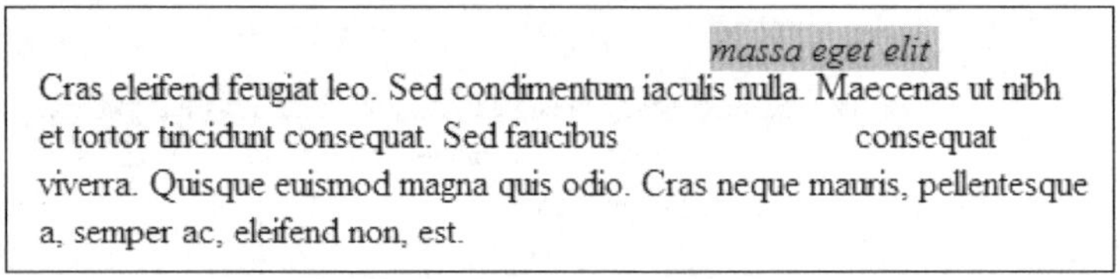

Figura 21.20. Posicionamiento relativo.

En el posicionamiento relativo, las propiedades `top`, `right`, `bottom` y `left` mueven el elemento relativo a su posición original. Si se especifica un valor positivo para `top`, el elemento baja la cantidad especificada. Si se especifica un valor para `left` el elemento se mueve hacia la derecha, etc., de tal modo que un valor positivo para un lado equivale a un valor negativo en el lado opuesto (es decir `right=-left` y `bottom=-top`).

La especificación CSS 2.1 recomienda que si se indican valores en conflicto, el valor proporcionado para `right` se ignora en los idiomas que se leen de izquierda a derecha (`left` se ignora en los idiomas que se leen de derecha a izquierda) y se entiende que es `-left`. Si los valores `top` y `bottom` están en conflicto, el valor `bottom` se ignora y se considera `-top`. De este modo, esta regla de estilo:

```
em {top: 10; bottom: 50; left: 50; right -4;}
```

se renderizaría como si se hubiera especificado esto:

```
em {top: 10; bottom: -10; left: 50; right: -50;}
```

El posicionamiento relativo suele utilizarse para establecer un bloque contenedor especificando la posición del elemento como `relative` pero sin alterar su posición. El resultado es que sus elementos hijo pueden posicionarse de forma absoluta en relación al rectángulo creado por el elemento.

Capítulo 22

CSS para tablas

Las tablas tenían mala reputación en el diseño Web por su mal uso como medios para el diseño de página. Aunque CSS ofrece alternativas para las tablas con fines de presentación no es necesario abandonar completamente las tablas. De hecho cumplen un fin muy importante: la presentación de datos tabulares. Utilizar las propiedades de tabla CSS con todo el conjunto de elementos de tabla HTML permite que las tablas regresen a su finalidad original, pero con herramientas más sofisticadas para trabajar con ellas.

Este capítulo explica estas propiedades CSS 2 para controlar la presentación de tablas:

`caption-side`	`border-spacing`
`table-layout`	`empty-cells`
`border-collapse`	`display` (valores relacionados con tablas)

La esencia de las tablas

Si está familiarizado con la estructura de tablas de HTML, el modo en el que CSS trabaja con tablas no le sorprenderá demasiado. Por razones de compatibilidad retroactiva, la especificación CSS utilizaba el modelo de presentación de tabla basado en filas como el punto de partida para otros modelos de presentación y propiedades para controlar la presentación. CSS tiene un alcance más amplio, sin embargo, porque está diseñado para trabajar con lenguajes de documento que no sen HTML y XHTML. Estudiaremos también el sistema para proporcionar capacidades de diseño de tabla para idiomas no HTML.

La recomendación CSS 2.1 es muy detallada en su descripción de los comportamientos definidos para el modelo de diseño de tablas. Para ver con más detalle el modelo de tablas CSS, lea la especificación en línea en `www.w3.org/TR/CSS21/tables.html`.

Esta sección proporciona un resumen de algunos de los conceptos clave del modelo de tablas CSS.

Filas y columnas

En el nivel más básico, las tablas se dividen en filas y columnas. CSS 2.1 considera que el modelo se basa en las filas porque éstas se definen explícitamente en la estructura del documento. Las celdas siempre son descendientes de las filas, no de las columnas. Las columnas sólo se derivan en función del número de celdas de las filas.

La intersección de todas las filas y columnas de una tabla constituye una red y define una unidad de celda de red básica. Las celdas reales (las cajas que tienen el contenido) de la tabla pueden componerse de más de una celda de red, como ocurre cuando se establece que las celdas abarquen más de una fila o columna. La figura 22.1 muestra la estructura del modelo de tabla CSS.

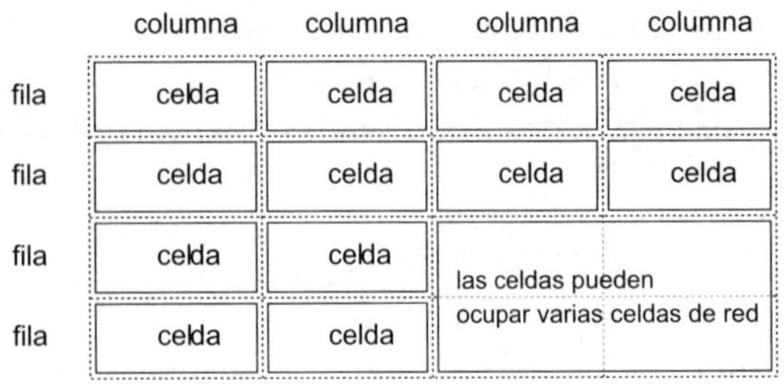

Figura 22.1. Estructura de tabla.

Además de las cajas de celda, el modelo de cajas visual CSS para tablas genera (implícitamente) cajas alrededor de filas, grupos de filas, columnas, grupos de columnas y de la tabla en sí. Estas cajas corresponden a los elementos `row`, `rowgroup`, `col`, `colgroup` y `table` de HTML. La leyenda de tabla (identificada con el elemento `caption`) se considera como su propia caja.

También hay que tener en cuenta una última caja de tabla, la "tabla en línea". Las tablas en línea son elementos de bloque que pueden aparecer en línea (las tablas normalmente son elementos a nivel de bloque). Las tablas en línea se crean ajustando la propiedad `display` a `inline-table`. No las estudiaremos con detalle en este capítulo, pero en ocasiones nos referiremos a ellas en términos de aplicación de propiedades. Sólo el navegador Opera tiene soporte para este rol de muestra en pantalla.

Elementos de tabla internos

CSS 2.1 distingue entre elementos de tabla y elementos de tabla internos. Un elemento de tabla es cualquier parte de una tabla (incluyendo `table` y `caption`). Los elementos internos son los elementos que generan una celda (como `td` o `th`), una fila (`tr`), un grupo de filas (`rowgroup`), una columna (`col`) o un grupo de columnas (`colgroup`).

Los elementos de tabla internos pueden tener contenido, relleno y bordes. Los elementos internos no pueden tener márgenes y se ignorará cualquier ajuste de márgenes.

Leyendas de tabla

HTML 4.0 introdujo el elemento `caption` para proporcionar un título descriptivo a una tabla. CSS 2.1 le asigna comportamientos especiales y su propia propiedad, `caption-side`, para posicionar la leyenda por encima o debajo de la tabla.

Advertencia: Internet Explorer para Windows (versión 6 y anteriores) no tiene soporte para la propiedad `caption-side`. Está indocumentado el soporte en la versión 7 (beta en este momento).

caption-side

Valores: `top` | `bottom` | `inherit`

Valor inicial: `top`

Se aplica a: Elementos de leyenda de tabla (`caption` en HTML).

Heredado: Sí.

Por defecto, la leyenda de tabla se sitúa en la parte superior del bloque de tabla (`top`), pero la propiedad `caption-side` permite emplazarla bajo la tabla (`bottom`). Las leyendas de tabla son elementos de bloque pero tienen algunas peculiaridades. La figura 22.2 muestra la relación de la leyenda con el cuerpo de tabla.

En cuanto elementos de bloque pueden tener sus propias propiedades como márgenes. Sin embargo, también son consideradas hijos del elemento `table` y por tanto heredarán propiedades aplicadas a la tabla. Así que aunque ocupe un bloque separado con sus propios márgenes, si el color de la tabla es azul, la leyenda también será azul.

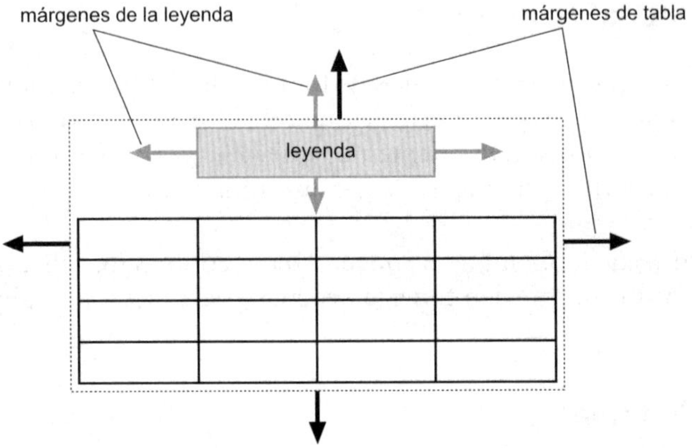

Figura 22.2. Tabla y leyenda.

Los márgenes entre la leyenda y el bloque de tabla se colapsan para igualar el mayor valor especificado.

Hay una caja implícita (o anónima) que recoge la caja de tabla y la caja de leyenda. Esta caja anónima se utiliza si el elemento `table` se posiciona con propiedades como `float`, `position`, `margin-*`, `top`, `right`, `bottom` o `left`.

Orden de apilamiento

En el modelo de formateo visual para las tablas, se supone que los distintos elementos de tabla ocuparán capas superpuestas separadas. Se utilizan para determinar qué fondos son visibles. Los elementos son transparentes por defecto, por lo que los fondos de las capas que están "por debajo" aparecen a través de ellos. Un fondo aplicado a un elemento concreto será visible si todos los elementos "por encima" de él son transparentes.

El orden de apilamiento para las capas de un elemento tabla, de arriba a abajo es: celda, fila, grupo de filas, columna, grupo de columnas y tabla, tal y como muestra la figura 22.3.

En otras palabras, aplicar un color de fondo a una celda dará color a todos los fondos de las filas, grupos de filas, etc. Este sistema es parecido al modo en el que los atributos de color de las celdas de tabla HTML (`td`) ignoraban los ajustes de fila (`tr`) que a su vez ignoraban los ajustes a nivel de tabla (`table`). Un aspecto importante del modelo CSS es que las filas de tabla y los grupos de fila tienen prioridad sobre columnas y grupos de columnas.

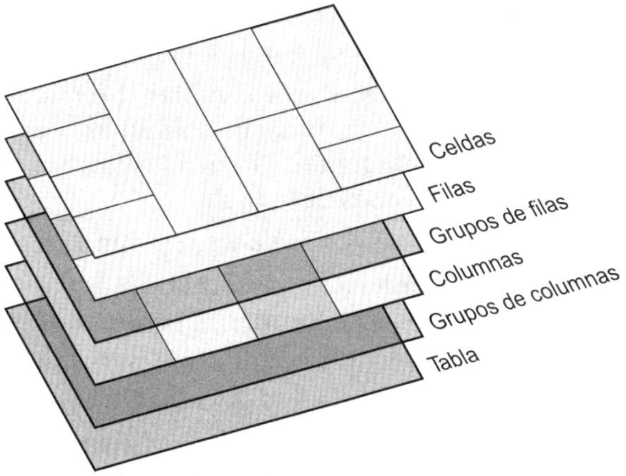

Figura 22.3. Orden de capas de tabla.

Dar estilo a las tablas

Normalmente no necesita ninguna propiedad especial para controlar la presentación de tablas y de su contenido. La mayoría de las propiedades listadas en los capítulos anteriores se aplican también a los elementos de tabla, aunque algunos pueden tener valores distintos si se aplican a objetos de tabla. Esta lista es una visión general de los estilos que se utilizan para dar formato a aspectos típicos de una tabla y de su contenido.

- **Contenido de texto:** Dé estilo al contenido de texto en tablas, filas y celdas como lo haría con cualquier otro elemento de texto de un documento. Puede aplicar las siguientes propiedades a cualquier elemento de tabla.
  - `font` y todas las propiedades relacionadas con fuentes.
  - Todas las propiedades para dar formato a un texto.
  - `color` (cambia el color del texto).
- **Alineamiento del contenido en las celdas:** Puede utilizar propiedades de estilo para ajustar el emplazamiento vertical y horizontal del contenido de celdas. Tenga en cuenta que al aplicar `text-align: center` al contenido de la tabla no se centra la tabla en la página sino que se centra el contenido en cada celda.
  - `text-align` para alineamiento horizontal centro de una celda. Se aplican los valores `left`, `right` y `center`.
  - `vertical-align` para alineamiento vertical en una celda. Si se utiliza con tablas, se aplican los valores `baseline`, `top`, `bottom` y `middle`.

Con elementos `table` no deberían usarse valores `sub`, `super`, `text-top` ni `text-bottom` ni medidas de longitud ni valores porcentuales.

- **Imágenes y color de fondo:** Puede cambiar el fondo de las celdas, filas, grupos de filas, columnas y grupos de columnas o de toda la tabla con color o con una imagen de fondo. El que el fondo sea visible o ignorado depende del orden de las capas de la tabla.
    - `background` y todas las propiedades relacionadas con tablas.
- **Bordes:** Puede aplicar bordes a tablas y celdas. Los bordes no pueden aplicarse a filas, grupos de filas, columnas ni grupos de columnas si la tabla utiliza el modelo de bordes separados (que veremos luego).
    - `border` y todas las propiedades relacionadas con bordes.
- **Márgenes:** Aplicar un margen alrededor del elemento `table` con cualquier propiedad de margen. Los márgenes no pueden aplicarse a elementos internos como celdas, filas y columnas.
    - `margin` y todas las propiedades relacionadas con márgenes (consulte el capítulo 19).
- **Relleno:** Para añadir espacio extra en torno al contenido de las celdas de una tabla, añada relleno a la celda (`td`). El elemento `table`, aunque puede tener un margen, no acepta relleno. Si está acostumbrado a controlar `cellpadding` a nivel de tabla en HTML le puede llevar algo de tiempo acostumbrarse a esta opción. Lo bueno es que con CSS puede especificar cantidades de relleno celda a celda y no sólo globalmente para todas las celdas de una tabla.
    - Puede aplicarse a las celdas de una tabla `padding` y todas las propiedades relacionadas con el relleno.
- **Espaciado de celda:** En (X)HTML, el espacio entre celdas se especifica con el atributo `cellspacing`. Suele utilizarse para eliminar el espaciado extra entre celdas (`cellspacing="0"`). No hay una propiedad CSS análoga para tratar el espacio entre celdas.

  Lo que más se acerca a `cellspacing` es ajustar la propiedad `border-collapse` a `separate` y utilizar la propiedad `border-spacing` para añadir espacios entre celdas. La diferencia es que con `cellspacing` los navegadores renderizan bordes tridimensionales entre las celdas, mientras que con la propiedad CSS `border-spacing`, el espacio queda en blanco. Desafortunadamente, `border-spacing` no tiene soporte en Internet Explorer (versión 6 y anteriores) así que de momento no es una alternativa viable. No está documentado el soporte en IE 7.
- **Tamaño de tabla y posicionamiento:** Se puede posicionar una tabla como lo haría con cualquier otro elemento de bloque. Las medidas de po-

sición se aplican a la caja anónima que contiene las cajas de leyenda y de tabla (véase la figura 22.2). Aplicar `float` a una celda de tabla puede eliminarla de la tabla si no se notifica.

  - Todas las propiedades de posicionamiento.
  - `width` (excepto filas y grupos de filas).
  - `height` (no puede utilizarse en columnas de tabla ni tampoco en grupos de columnas).

- **Propiedades de columna:** Las celdas de tabla siempre son descendientes de las filas de tabla, sin embargo, CSS 2.1 describe cuatro propiedades de columna que influyen en las celdas.
  - `border` (utilizando el modelo de bordes que colapsan, lo estudiaremos en la siguiente sección).
  - `background` (colores aplicados a grupos de filas, filas y celdas ignoran fondos de columna).
  - `width` (los valores proporcionados son sólo valores mínimos).
  - `visibility` (cuando el valor está ajustado a `collapse` no aparecerá nada de la columna en pantalla y cualquier celda expandida que contenga se recortará).

Nota: Para una explicación más detallada de por qué las columnas soportan sólo cuatro propiedades, lea la entrada del blog de Ian Hickson: "The mistery of why only four properties apply to table columns", en `ln.hixie.ch/?start=1070385285?count=1`.

Bordes

Hay dos modelos para trabajar con bordes en CSS 2.1. En uno de ellos, los bordes que rodean las celdas están separados entre sí. En el otro, los bordes "colapsan" y van seguidos. La propiedad `border-collpase` permite elegir qué modelo de tabla seguir.

border-collapse

Valores: `collapse | separate | inherit`

Valor inicial: `collapse`

Se aplica a: elementos de tabla y de tabla en línea.

Heredado: Sí.

El modelo de bordes separados

En este modelo, el borde se dibuja en los cuatro lados de cada celda (o como se especifique por las propiedades de borde) y se puede añadir una cantidad de espacio entre celdas con la propiedad `border-spacing`.

Advertencia: Esta propiedad no tiene soporte en Internet Explorer versiones 6 y anteriores. No está documentado el soporte en IE 7, beta en este momento.

---

border-spacing

Valores: <lenght> <length>? | inherit

Valor inicial: 0

Se aplica a: Elementos de tabla y de tabla en línea.

Heredado: Sí.

Los valores para `border-spacing` son dos medidas de longitud. El valor de espaciado horizontal va en primer lugar y se aplica entre las celdas de cada fila de la tabla. El valor vertical siempre va en segundo lugar y se aplica entre las celdas de cada columna. Si sólo proporciona un valor se aplicará horizontal y verticalmente. La tabla de la figura 22.4 utiliza el modelo de bordes separados.

```
table {border-collapse: separate;
   border-spacing: 10px 3px;
   border: none;}

td { border: 1px solid black; }
```

lorem	ipsum	dolor	sit	amet
consectetuer	adipiscing	elit	pellentesque	pharetra
urna	in	laoreet		

Figura 22.4. Una tabla con border-spacing.

El valor predeterminado para `border-spacing` es 0 que hace que los bordes adyacentes se toquen, "doblando" los bordes en la red interna de la tabla.

Al utilizar el modelo de bordes separados, las filas, grupos de filas, columnas y grupos de columnas no pueden tener bordes.

Si tiene años de experiencia en el diseño Web, quizás recuerde que Netscape 4 necesitaba que todas las celdas de una tabla tuvieran contenido o la celda se colapsaba y el fondo no aparecía. En el modelo de bordes separados de CSS, puede decidir si quiere que las celdas vacías muestren sus fondos y bordes o si deberían ocultarse utilizando la propiedad `empty-cells`.

Advertencia: Internet Explorer para Windows (en sus versiones 6 y anteriores) no tenía soporte para la propiedad `empty-cells`. IE 5 para Mac muestra y oculta las celdas correctamente, pero hace demasiado grandes las celdas vacías. No está documentado el soporte en IE 7, beta en este momento.

---

empty-cells

Valores: `show` | `hide` | `inherit`

Valor inicial: `show`

Se aplica a: Elementos de celda de tabla.

Heredado: Sí.

El valor predeterminado para `empty-cells` es `show`, que muestra el fondo y los bordes de las celdas sin contenido. El valor `hide` oculta el fondo y los bordes de la celda y equivale a `visibility: hidden`.

Para que una celda esté "vacía", no puede contener ningún texto o elementos remplazados, espacios ` ` ni espacios en blanco. Puede contener retornos de carro, cortes de línea y caracteres de espacio.

La figura 22.5 muestra el ejemplo anterior de borde de tabla con los elementos vacíos ajustados a `hide`.

```
table {border-collapse: separate;
   border-spacing: 10px 3px;
   empty-cells: hide;
   border: none;}

td { border: 1px solid black; }
```

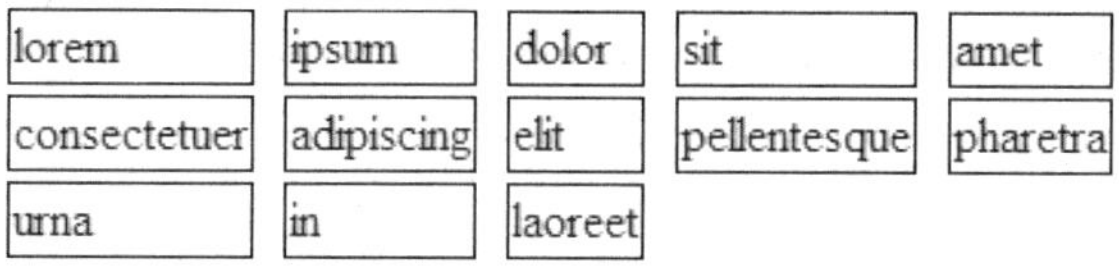

Figura 22.5. Celdas vacías ocultas con la propiedad empty-cells.

Nota: La propiedad `empty-cells` no tiene soporte en IE hasta la versión 6. La versión 7 promete soporte mejorado de CSS 2.1, pero hasta este momento no se ha documentado específicamente el soporte de `empty-cells`.

El modelo de bordes colapsados

En este modelo, los bordes de bordes adyacentes "colapsan" de modo que sólo es visible uno de los bordes y se elimina el espacio extra entre bordes. La figura 22.6 muestra la tabla de los ejemplos anteriores pero esta vez la propiedad `border-collapse` se ha ajustado a `collapse`.

```
table {border-collapse: collapse;
   border: none;}

td { border: 1px solid black; }
```

lorem	ipsum	dolor	sit	amet
consectetuer	adipiscing	elit	pellentesque	pharetra
urna	in	laoreet		

Figura 22.6. Una tabla con bordes colapsados.

Los bordes entre celdas se centran en las líneas de la red entre celdas. Por eso, si dos celdas adyacentes tienen un borde de ocho píxeles de anchura, cuatro píxeles caerán en una celda y los otros cuatro en la otra. Si un borde tiene un número impar de píxeles, el agente de usuario decidirá dónde va el píxel extra. Los bordes anchos en el extremo exterior de la tabla pueden extenderse dentro del margen de la tabla.

Nota: Declarar explícitamente `border-collapse: collapse` elimina cualquier espacio extra y los pequeños huecos en el borde que el navegador puede insertar automáticamente.

Orden jerárquico de los bordes

Si sólo puede haber un borde entre cada pareja de celdas ¿qué ocurre cuando las celdas vecinas tienen estilos de borde en conflicto? Los autores de CSS anticiparon este problema y recomendaron un sistema para resolver estos conflictos.

- Los bordes con `border-style` ajustado a `hidden` tienen prioridad sobre todos los demás estilos de borde, así que el borde no aparecerá en pantalla.
- Los bordes con estilo `none` tienen la menor prioridad. Esto significa que si no hay algún borde especificado, se impondrá y se mostrará en el extremo de una celda con los bordes ajustados a `none`.
- Los bordes más anchos se imponen sobre los más estrechos, sea cual sea el estilo de borde.

- Si los bordes vecinos tienen la misma anchura, se pasa a una batalla de estilos. La especificación CSS 2.1 establece esta jerarquía para los estilos de borde (de mayor a menor prioridad): `double`, `solid`, `dashed`, `dotted`, `ridge`, `outset`, `groove` e `inset`. Esto significa que si una celda tiene un borde con estilo `dashed` de cinco píxeles y su vecino tiene un borde `groove` de cinco píxeles, el borde `dashed` "ganará" al otro y se mostrará entre las celdas.
- Si los estilos de borde sólo se distinguen por el color todo se pasa al orden de capas de tabla (véase la figura 22.3) para determinar qué borde es visible. Los estilos ajustados en las celdas se imponen a los de las filas, los ajustes de filas se imponen a los de grupos de fila, etc.

Diseño de tablas (anchura y altura)

Los agentes de usuario (normalmente navegadores) deben utilizar uno de los dos métodos conducidos por algoritmos para calcular la anchura de una tabla: diseño de ancho fijo y diseño de ancho automático. Los autores de páginas Web pueden especificar qué procedimiento utilizarán para una tabla utilizando la propiedad `table-layout`.

table-layout

Valores: `auto` | `fixed` | `inherit`

Valor inicial: `auto`

Se aplica a: Elementos de tabla y de tabla en línea.

Heredado: No.

Diseño de ancho fijo

El valor `fixed` para `table-layout` indica al navegador u otro agente de usuario que calcule el tamaño de la tabla utilizando el algoritmo "fijo". Este método es el que exige menos trabajo al agente de usuario porque el ancho de tabla está determinado por los valores `width` de la tabla, columnas y celdas dentro de la tabla.

En primer lugar, el agente de usuario toma los anchos de los elementos de columna con un ancho específico (no `auto`). Luego atiende a las celdas de la primera fila de la tabla. Las celdas con valores de anchura específicos (no `auto`) determinan el ancho de sus columnas. Todas las demás columnas que tengan la anchura ajustada a `auto` cambian de tamaño para que sus anchuras llenen el espacio de la tabla.

La anchura final de la tabla es la suma de los anchos de columna o el valor `width` del elemento `table`, lo que sea mayor.

Lo más importante de este modelo es que sólo se aplican los valores `width` proporcionados para celdas en la primera fila de la tabla. Por eso, si la celda superior de una tabla tiene 200 píxeles y otra celda que esté por debajo en la misma columna está ajustada a 350 píxeles, la columna tendrá 200 píxeles de anchura. El ajuste de la fila inferior se ignora en el modelo de diseño fijo.

La ventaja de este modelo es que es mucho más rápido que el método automático. Dado que depende de valores de anchura declarados para la tabla y para las columnas y como sólo toma en consideración la primera fila de celdas, no hay necesidad de analizar sintácticamente ni de calcular tamaños para todo el contenido de la tabla para hacer el cálculo de tamaño.

Para los desarrolladores Web, declarar el `table-layout` como `fixed` puede acelerar los índices de muestra en pantalla. Pero asegúrese siempre de que están declarados todos los anchos de columna o de que se indican los anchos de celda de la primera fila.

Diseño automático

El modelo de diseño automático es en esencia el mismo modelo usado para las tablas HTML, en el que las tablas se expanden para ajustar el ancho del contenido. En CSS, el valor `auto` de `table-layout` asegura que se utilizará este método para dar tamaño a la tabla, sea cual sea el valor predeterminado del navegador.

Como el diseño automático depende del contenido, el navegador debe calcular la anchura del contenido de todas las celdas. El proceso real es bastante complicado, pero podría resumirse de este modo:

- En primer lugar, el navegador calcula la anchura mínima y máxima de todas las celdas de la tabla.
- Una comparación de las tablas establece la anchura mínima y máxima de esa columna. Como resultado, las columnas serán tan anchas como la celda más ancha.
- Cuando se ha determinado el ancho de columna, el navegador pasa a ajustar el ancho de tabla. Si el ancho de tabla está ajustado a `auto`, será la suma de los anchos de columna, bordes y espaciado de celdas. En otras palabras, será tan ancho como sea necesario para acomodar el contenido.
- Si hay algo que no sea `auto`, la suma de las columnas más los bordes y el espaciado se comparan con el ancho computado de la tabla (la anchura de la tabla en función de otros criterios de página como la anchura de la

ventana del navegador). Si el ancho computado de tabla es mayor, las columnas se expandirán para llenar el espacio.

Incluso con este breve resumen del método de cálculo de anchura automático, puede verse fácilmente por qué este método exige más trabajo del navegador. A pesar del tiempo de procesado extra, puede seguir siendo deseable tener tablas y celdas que cambien automáticamente de tamaño para ajustar el contenido.

Valores de muestra en pantalla de tablas

CSS fue diseñado para funcionar con todos los lenguajes de documento XML, no sólo XHTML. Es posible que otros lenguajes tengan la necesidad de diseños tabulares pero que no tengan elementos como `table`, `td` o `tr` en sus vocabularios.

Con este fin la especificación CSS 2.1 permite asignar roles de elemento de tabla a cualquier elemento utilizando la propiedad `display`. En el capítulo 16 ya estudiamos esta propiedad en relación con los elementos de bloque y en línea. Esta sección estudia los valores listados en negrita.

display

Valores: `inline` | `block` | `list-item` | `run-in` | `inline-block` | **`table`** | **`inline-table`** | **`table-row-group`** | **`table-header-group`** | **`table-footer-group`** | **`table-row`** | **`table-column-group`** | **`table-column`** | **`table-cell`** | **`table-caption`** | `none` | `inherit`

Valor inicial: `inline`

Se aplica a: Elementos de tabla y de tabla en línea.

Heredado: No.

Al utilizar los valores de muestra en pantalla relacionados con tablas, los elementos de cualquier lenguaje de marcado pueden "mapearse" como elementos `table`. Un ejemplo debería aclarar todo esto. Observe este marcado escrito en un lenguaje XML hipotético.

```
<platter>
   <cheese>
      <name>Brie</name>
      <origin>France</origin>
   </cheese>
   <cheese>
      <name>Manchego</name>
      <origin>Spain</origin>
   </cheese>
</platter>
```

Vinculando estas reglas de estilo:

```
platter { display: table; }
cheese { display: table-row; }
name, origin { display: table-cell; }
```

El ejemplo aparecería en pantalla como si tuviera este marcado:

```
<table>
   <tr>
      <td>Brie</td>
      <td>France</td>
   </tr>
   <tr>
      <td>Manchego</td>
      <td>Spain</td>
   </td>
</table>
```

Ésta es una lista completa de valores de muestra en pantalla. Sus equivalentes HTML están listados entre paréntesis.

`table`
: Convierte un elemento en un elemento de tabla a nivel de bloque (`table`).

`inline-table`
: Convierte un elemento en una tabla en línea. Las tablas en línea son bloques rectangulares que se convierten como objetos en línea (no hay equivalente HTML).

`table-row`
: Especifica que el elemento es una fila de celdas (`tr`).

`table-row-group`
: Especifica que el elemento es un grupo de una o más celdas (`rowgroup`).

`table-header-group`
: Como un grupo de filas, sólo que siempre aparece antes de las demás filas y después de las leyendas. En la impresión puede repetirse en la parte superior de todas las páginas (`thead`).

`table-footer-group`
: Como un grupo de filas, pero siempre aparece después de las demás filas y antes de cualquier leyenda que esté en la parte inferior. Puede repetirse en la parte inferior de todas las páginas (`tfoot`).

`table-column`
: Especifica que el elemento es una columna (`col`).

`table-column-group`
: Especifica que el elemento es un grupo de columnas (`colgroup`).

`table-cell`
: Convierte al elemento en una celda de tabla (`td`, `th`).

`table-caption`
: Especifica una leyenda para la tabla (`caption`).

Elementos de tabla anónimos

Como otros lenguajes no pueden tener todos los elementos necesarios para componer el modelo de diseño de tablas utilizado por CSS, se asume que los elementos que faltan trabajan para el diseño. De acuerdo a la especificación CSS 2.1 un elemento de tabla generará automáticamente los objetos de tabla anónimos necesarios (una tabla, fila o celda) alrededor de él mismo.

Los objetos de tabla anónimos son una función del motor de renderizado del agente de usuario (no cambia el código). Siguiendo con el ejemplo anterior y sus valores de muestra en pantalla de tabla, si falta el elemento equivalente a la fila, el navegador genera un objeto de fila de tabla entre las celdas y el nivel de tabla.

```
<platter>
[comienzo de objeto de fila de tabla anónimo]
   <name>Brie</name>
   <origin>France</origin>
[fin de objeto de fila de tabla anónimo]
</platter>
```

Si desea una explicación más detallada del funcionamiento de los elementos de tabla anónimos, consulte la especificación CSS 2.1 en línea en `www.w3.org/TR/CSS21/tables.html`.

Capítulo 23

Listas y contenido generado

Una de las ventajas de utilizar un elemento de lista numerada dentro de una página Web es que el navegador numera los elementos de la lista de forma automática. Así resulta más sencillo añadir, eliminar o mover elementos de lista sin tener que editar manualmente los números porque no están en el documento fuente sino que son generados por el agente de usuario. CSS 2.1 proporciona varias propiedades para controlar el estilo, contenido y posición de números y boliches (marcadores) que se utilizan para listas numeradas y no numeradas.

Los creadores de la especificación de la versión CSS 2.1 advirtieron que podría haber otros casos en los que podría ser de gran utilidad tener contenido generado por los agentes de usuario, y que no estuviera presente en el propio árbol del documento. Las funciones de contenido generado de CSS 2.1 proporcionan un medio para insertar cualquier texto o contadores (numeración automática) específicos situados antes o después de cualquier elemento de un documento (X)HTML o XML.

Este capítulo estudia las propiedades CSS 2.1 relacionadas con los marcadores de control para elementos de lista, así como las propiedades asociadas con el contenido generado.

```
list-style-type          list-style
list-style-image         display: list-item
list-style-position      content
quotes                   counter-reset
counter-increment
```

CSS para listas

Las listas con boliches o numeradas han estado presentes desde el comienzo de HTML.

Nota: Una de las primeras documentaciones del lenguaje HTML (fechada en 1992) define la etiqueta `ul` y describe listas numeradas. Para aprender sobre estos orígenes visite `www.w3.org/History/19921103-hypertext/WWW/MarkUp/Tags.html`.

Las extensiones de los elementos `ul` y `ol` permitieron a los diseñadores seleccionar una forma de boliche o un formato de numeración, pero aparte de eso, tenían un control muy limitado sobre la presentación de las listas. CSS 2.1 ofrece algunas mejoras, sobre todo relacionadas con la capacidad para sustituir boliches con sus propias imágenes.

Nota: En el diseño Web basado en estándares y en accesibilidad, las listas han sido utilizadas de modos muy interesantes para crear navegación que antes se hubiera creado con imágenes y JavaScript (consulte el capítulo 24).

Elegir un marcador

Las listas numeradas y no numeradas son elementos únicos en cuanto añaden automáticamente un marcador (un boliche o un número) a la página que no es parte del documento fuente. Utilice la propiedad `list-style-type` para seleccionar el tipo de marcador que aparecerá con cada elemento de la lista. Esta propiedad sustituye el atributo depreciado `type` de XHTML.

list-style-type

Valores: `disc` | `circle` | `square` | `decimal` | `decimal-leading-zero` | `lower-roman` | `upper-roman` | `lower-greek` | `lower-latin` | `upper-latin` | `lower-alpha` | `upper-alpha` | `none` | `inherit`

Valor inicial: `disc`

Se aplica a: Los elementos cuyo valor de muestra en pantalla es `list-item` (en XHTML los elementos `ul`, `ol` y `li`).

Heredado: Sí.

Tres valores de `list-style-type` (`disc`, `circle` y `square`) generan una forma de boliche, como los navegadores han hecho durante años con las listas no numeradas. El diseño y renderizado actual de las formas de boliche queda en manos del agente de usuario. En otras palabras, no hay modo de cambiar el color, tamaño u otros atributos de presentación de un boliche generado. La figura 23.1 muestra cada uno de los marcadores de boliche.

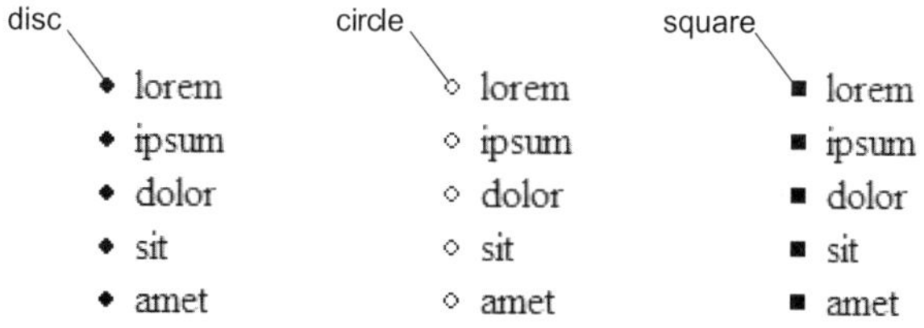

Figura 23.1. `list-style-type: disc, circle` y `square`.

El resto de palabras clave de valor especifican distintos estilos de numeración. La tabla 23.1 ofrece un listado de las palabras clave y tipos de numeración que proporciona CSS 2.1.

Tabla 23.1. Palabras clave de sistema de numeración en CSS 2.1.

Palabra clave	Sistema
`decimal`	1, 2, 3, 4, 5...
`decimal-leading-zero`	01, 02, 03, 04, 05...
`lower-alpha`	a, b, c, d, e...
`upper-alpha`	A, B, C, D, E...
`lower-latin`	a, b, c, d, e... (igual que `lower-alpha`).
`upper-latin`	A, B, C, D, E... (igual que `upper-alpha`).
`lower-roman`	i, ii, iii, iv, v...
`upper-roman`	I, II, III, IV, V...
`lower-greek`	Símbolos del griego clásico en minúscula.

Nota: Varias palabras clave de numeración incluidas en CSS 2 fueron eliminadas de CSS 2.1 por la dificultad de implementarlas y el escaso soporte. Entre ellas están `hebrew`, `cjk-ideographic` y los sistemas de numeración japoneses `katakana`, `katakana-iroha`, `hiragana` e `hiragana-iroha`. Además, los valores `armenian` y `georgian` estaban en la candidatura de recomendación CSS 2.1 pero en peligro de ser descartados por la falta de implementación. Los distintos estilos internacionales de numeración de listas están definidos con más detalle en el módulo de listas CSS 3.

El agente de usuario controla la presentación de los números y letras generados, aunque suelen responder a las propiedades de fuente de los elementos de lista asociados. No hay ningún modo de cambiar la fuente, tamaño, color u otras funciones de presentación de los marcadores de números o letras. Si los números tienen varios dígitos, el agente de usuario determina si el marcador debería justificarse a derecha o izquierda.

La especificación CSS tampoco especifica lo que debería hacerse cuando se acaban las letras de un sistema de ordenación con letras. En las listas largas se recomienda utilizar sistemas numéricos.

Si quiere desactivar el marcador para un elemento de lista, seleccione el valor `none`. Si se ajusta `list-style-type` a `none` para un elemento o elementos de lista no impide que el elemento sea incluido en el recuento, sólo hace que el número no aparezca en pantalla.

Advertencia: Tenga en cuenta que aunque `list-style-type` sea una propiedad heredada, puede ser necesario declarar explícitamente los estilos para todos los niveles de elementos de lista anidados para ignorar las hojas de estilo integradas del navegador para los tipos de marcador de lista anidados.

Posición del marcador

Por defecto, el marcador queda fuera del área de contenido del elemento de lista, normalmente presentado como un sangrado. La propiedad `list-style-position` le permite poner el boliche dentro del área de contenido.

list-style-position

Valores: `inside` | `outside` | `inherit`

Valor inicial: `outside`

Se aplica a: Elementos cuyo valor de muestra en pantalla es `list-item` (en XHTML los elementos `li`, `ul` y `ol`).

Heredado: Sí.

La figura 23.2 muestra la diferencia entre las posiciones de los marcadores interior y exterior, como indican los siguientes estilos. Tenga en cuenta que las líneas punteadas sólo sirven para indicar los extremos del área de contenido y no aparecerían realmente en pantalla.

```
li.one {list-style-position: outside;}
li.two {list-style-position: inside; }
```

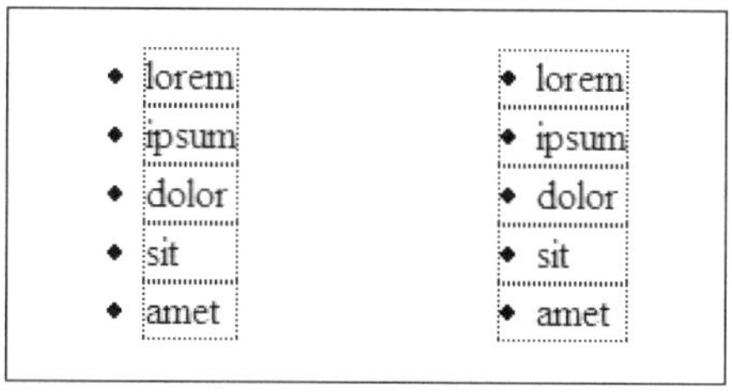

Figura 23.2. list-style-position.

Por desgracia, eso es todo lo que puede hacer con `list-style-position`. No permite ajustar la distancia o posición del marcador de acuerdo al elemento de lista. CSS 2.1 deja la distancia en manos del agente de usuario. CSS 2 incluía la propiedad `marker-offset` para este propósito pero fue desechada en CSS 2.1 porque se consideró que no era la mejor solución para el problema. Busque un mayor control sobre el emplazamiento de marcadores en CSS Nivel 3.

Advertencia: IE para Windows siempre incluye el boliche en la caja de área de contenido. Puede causar algunas inconsistencias al posicionar bloques de lista o al añadir bordes, relleno y márgenes a los elementos de lista.

Haga sus propios boliches

La única función realmente jugosa que CSS proporciona para la presentación de listas es la capacidad de proporcionar una imagen como boliche. En el pasado, para usar imágenes, debía simularse que la lista tuviera saltos de línea o una tabla. Ahora el marcado puede quedar semántica y estructuralmente intacto, mientras que una hoja de estilo cambia el boliche del navegador por uno personalizado.

Para especificar una imagen que sea utilizada como marcador, utilice la propiedad `list-style-image`.

list-style-image

Valores: `<uri>` | `none` | `inherit`

Valor inicial: `none`

Se aplica a: Todos los elementos cuyo valor de muestra en pantalla sea `list-item` (en XHTML los elementos `ul`, `ol` y `li`).

Heredado: Sí.

Este ejemplo muestra la sintaxis para indicar la URL de una imagen que va a ser utilizada como marcador. `List-style-type` debe estar ajustado a `disc` para el caso de que la imagen no aparezca en pantalla, o la propiedad no podrá ser interpretada por el agente de usuario. La lista resultante de este código aparece en la figura 23.3.

```
ul { list-style-image: url(happy.gif);
   list-style-type: disc;
   list-style-position: outside; }
```

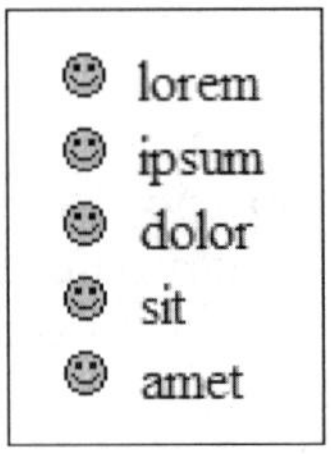

Figura 23.3. Utilizar una imagen como marcador.

Advertencia: Recuerde que la URL siempre se interpreta como relativa a la hoja de estilo, esté incrustada en el documento o en un archivo .css externo en algún otro lugar del servidor. Asegúrese de que las URLs relativas son correctas o utilice URLs absolutas (incluyendo `http://` y el dominio).

Propiedad list-style

Las tres propiedades de lista (tipo, posición e imagen) pueden combinarse en la propiedad `list-style`.

list-style

Valores: [<list-style-type> | | <list-style-image> | | <list-style-position>] | inherit

Valor inicial: Ver propiedades individuales

Se aplica a: Los elementos cuyo valor de muestra en pantalla es `list-item` (en HTML y XHTML los elementos `ul`, `ol` y `li`).

Heredado: Sí.

Los valores de cada propiedad pueden indicarse en cualquier orden y pueden omitirse. Recuerde que las propiedades omitidas se restablecen a sus valores predeterminados en este tipo de propiedades abreviadas. Tenga cuidado de no ignorar las declaraciones `list-style` que vayan antes en la hoja de estilo. Cada uno de estos ejemplos de `list-style` duplica los efectos de las distintas reglas indicadas en el ejemplo de la figura 23.4.

```
ul {list-style: url(skull.gif) disc outside;}
ul {list-style: disc outside url(skull.gif);}
ul {list-style: url(skull.gif) disc;}
```

Muestra en pantalla de los elementos de lista

Quizás haya observado que todas las propiedades de este capítulo se aplican a "elementos cuyo valor de muestra en pantalla es `list-item`". En XHTML hay elementos para listas explícitos y elementos de lista (`ol`, `ul` y `li`), pero en otros lenguajes XML puede no ser así. La especificación CSS permite a cualquier elemento actuar como un elemento de lista, con marcador, ajustando su propiedad `display` a `list-item`. También se aplica a otros elementos en XHTML, tal y como muestran estos ejemplos y la figura 23.4.

```
p.bulleted {
   display: list-item;
   list-style-type: disc;
   list-style-position: inside; }

<p>Aliquam pulvinar volutpat nibh. ...</p>
<p>Etiam accumsan. Proin eros... </p>
<p>Aenean id nulla sed nibh accumsan ...</p>
```

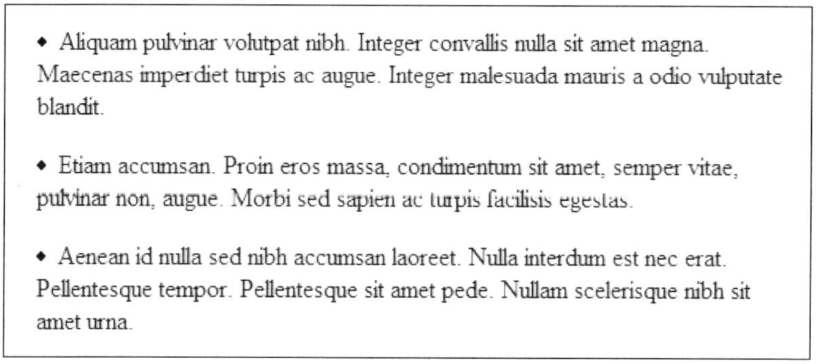

Figura 23.4. Utilizar otro elemento como un list-item.

Contenido generado

Con "contenido generado" se hace referencia al contenido que no está en la estructura del documento pero que se inserta en la página cuando se muestra en la ventana del navegador, se imprime en papel, se proyecta en una pantalla, se lee con dispositivos aurales, etc. El contenido generado puede ser texto, imágenes u otros medios (incluso valores de atributos) añadidos antes o después de un elemento. Puede utilizarse para insertar el nombre de la persona que hace una modificación tras texto eliminado (elemento `del`). Utilizado con hojas de estilo específicas para los medios, el contenido generado podría utilizarse para destacar la URL que esconden los vínculos cuando el documento se imprime o para decir "fin de la tabla" al final de una tabla larga cuando el documento se lee de forma aural.

También hay varias propiedades que controlan "contadores", los mecanismos que rastrean la numeración de listas numeradas. Utilizados con texto generado se puede insertar la palabra "Sección" antes de las cabeceras de las secciones numerada automáticamente. Si se permite al agente de usuario insertar automáticamente etiquetas y números es más sencillo reorganizar y reetiquetar documentos largos porque no hay que editar manualmente los números en la fuente.

Advertencia: Por desgracia, ninguna versión de Internet Explorer tiene soporte para contenido generado, porque IE no soporta los pseudoselectores `:before` ni `:after`. Si especifica contenido generado, IE lo ignorará, así que no pasa nada. Puede comenzar a usarlo inmediatamente para proporcionar una experiencia más rica a los usuarios con navegadores que lo soportan (Mozilla, Firefox, Netscape 6+, Opera). Safari ofrece soporte parcial.

Insertar contenido generado

El contenido generado se especifica en la hoja de estilo con los pseudoelementos `:before` y `:after` (en el capítulo 17 estudiábamos los pseudoelementos). El selector `:before` inserta contenido (generalmente, aunque no solo, caracteres de texto, una imagen o comillas) inmediatamente antes del elemento. El pseudoelemento `:after` inserta el contenido generado justo después del elemento.

Los dos pseudoelementos se utilizan con la propiedad `content` que se utiliza para especificar donde insertar el contenido generado.

content

Valores: `normal` | `[<string>` | `<uri>` | `<counter>` | `attr(<identifier>)` | `open-quote` | `close-quote` | `no-open-quote` | `no-close-quote ]+` | `inherit`

Valor inicial: `normal`

Se aplica a: Pseudoelementos `:before` y `:after`.

Heredado: No.

Los valores de `content` pueden dividirse en tres grandes categorías: contadores, comillas y "resto". Los contadores y las comillas serán estudiados a continuación. Esta sección se ocupa del "resto", que se refiere más en concreto a las cadenas de caracteres, URLs y valores de atributos.

El ejemplo más sencillo de texto generado consiste en insertar una cadena de texto antes o después de un elemento. En este ejemplo, se insertan iniciales después de todos los elementos `del` (texto eliminado) para mostrar quién hizo los cambios. La página resultante aparece en la figura 23.5.

```
del:before { content: "[JNR] "; }
del { text-decoration: line-through; border: solid 1px; padding: 2px; }

<p>Praesent tincidunt aliquet urna. vel consectetuer velit tellus a quam.
<del>Vestibulum rutrum,</del> magna at tempor aliquet, pede mi imperdiet
purus, Vivamus eleifend. Fusce bibendum. Nam molestie dictum sem.</p>
```

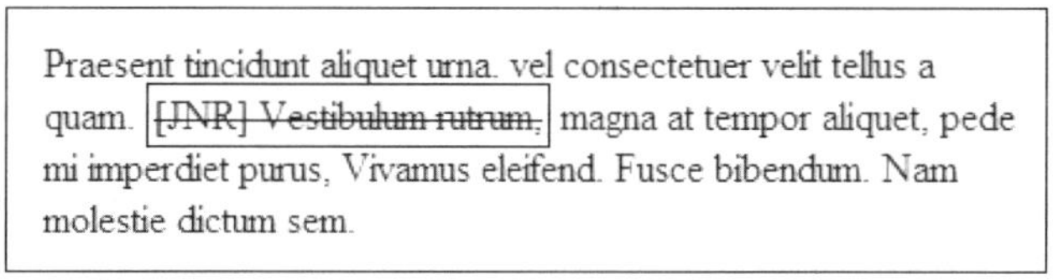

Figura 23.5. Insertar texto antes de un elemento.

Desde el borde aplicado al elemento `del` puede indicar que el contenido generado se incluya en el área de contenido del elemento. También hereda cualquier estilo aplicado al elemento como `line-through` en el ejemplo.

Hay algunos requisitos de sintaxis al insertar cadenas de texto:

- Por defecto, el texto insertado se agolpará contra el principio o el final del elemento. Si quiere dejar espacio entre ambos, añada un espacio al valor del contenido. Por ejemplo, sería necesario añadir explícitamente un espacio tras el corchete de cierre dentro del valor de la propiedad `content`, de este modo:

  ```
  content: "[JNR] ";
  ```

  Si se omite el espacio, el corchete se insertaría justo a la derecha de la "V" del elemento.
- El valor del contenido no se analiza sintácticamente, es decir, que si añade marcado HTML o entidades de caracteres, aparecerá en la página final tal y como haya sido escrito.
- Para insertar un salto de línea en el texto generado, es necesario utilizar la cadena `\A` (el modo que CSS tiene para insertar una nueva línea cuando el

elemento `br` no está disponible). Si tiene una selección larga de contenido que debe ocupar varias líneas en la fuente, escape los saltos de líneas con el carácter \ al final de cada una de ellas. El texto se ajustará normalmente cuando aparezca en pantalla. Por desgracia, el contenido escapado no tiene buen soporte en los navegadores actuales.

También se puede utilizar el valor del atributo de un elemento como el texto generado especificando `attr(`*`nombre-atributo`*`)` en el valor de la propiedad `content`. Un uso muy práctico es mostrar la URL para los vínculos cuando el documento se imprime, de modo que el lector pueda seguir después los recursos vinculados.

Los estilos de este ejemplo aparecen en una hoja de estilo que sólo se utiliza si el documento se imprime (las hojas de estilo para impresión serán estudiadas con detalle en el capítulo 36). También se indica el marcado.

```
a {text-decoration: none;
a[href]:after {content: " (" attr(href) ")";}

<p>Read my <a href="http://www.oreilly.com">book</a>.</p>
<p>Visit my <a href="http://www.jenville.com">site</a>.</p>
<p>Visit my <a href="http://www.littlechair.com">other site</a>.</p>
```

El selector de atributo `a[href]` sólo aplica la regla a anclas que tienen el atributo `href` y no a anclas utilizadas para identificar fragmentos de documento.

El valor de la propiedad `content` hace que el agente de usuario genere este contenido tras el elemento `a`:

1. Inserta un espacio y un carácter de apertura de paréntesis.
2. Inserta el valor del atributo `href`.
3. Inserta un carácter de cierre de paréntesis.

Cuando se imprime el documento, la URL aparece impresa, tal y como muestra la figura 23.6.

Comillas

La propiedad `content` también proporciona un modo de insertar comillas automáticamente antes y después de un elemento utilizando los valores `open-quote`, `close-quote`, `no-open-quote` y `no-close-quote`. Están diseñados para trabajar en unión de la propiedad `quotes` que se utiliza para especificar qué estilo de comillas utilizar antes y después de los elementos. Será útil comenzar estudiando la propiedad `quotes`.

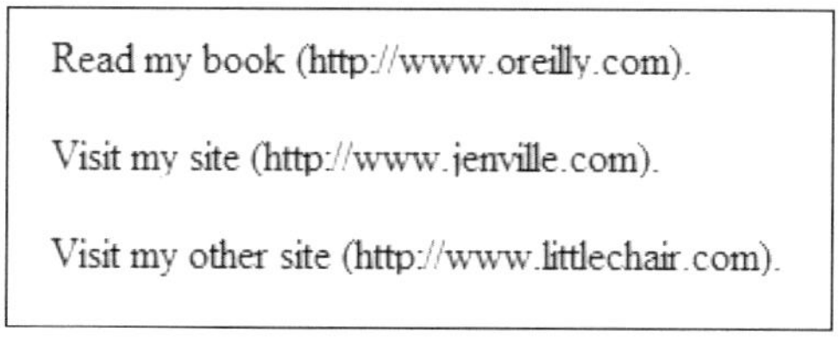

Figura 23.6. Insertar el valor de atributo de href.

quotes

Valores: `[<string><string> ]+ | none | inherit`

Valor inicial: Depende del agente de usuario.

Se aplica a: Todos los elementos.

Heredado: Sí.

La propiedad `quotes` permite especificar los caracteres que se utilizarán como comillas antes y después de los elementos. Puede ser útil para dar a los documentos distintos estilos de comillas sin tener que volver y editar el documento.

El valor de `quotes` es uno o más pares de cadenas de caracteres. El primer valor se aplica al comienzo de la cita y el último al final. Este ejemplo especifica comillas dobles estándar al comienzo y al final del elemento `quote`.

```
q {quotes: ' " '   ' " '; }
```

Los pares adicionales especifican estilos de comillas para todos los niveles anidados consecutivos, como muestra esta regla de estilo. Observe que las comillas que recogen los valores indicados no deben coincidir con el carácter especificado (o sea, al especificar comillas sencillas, utilice comillas dobles, y viceversa).

```
q {quotes: ' " '   ' " '   " ' "   " ' "; }
```

Las comillas simples y dobles especificadas en este ejemplo se renderizan como los caracteres rectos arriba y abajo ASCII. Para obtener comillas curvadas o más sofisticadas, debe escapar los caracteres. En las hojas de estilo los caracteres deben escaparse con una barra inclinada (\) antes del punto de código Unicode hexadecimal. El método (X)HTML de escapar caracteres (`&#nnn;`) no es válido en las hojas de estilos. Si tiene alguna duda consulte el capítulo 6.

Este ejemplo especifica comillas dobles curvadas antes y después de las citas.

```
q {quotes: '\201C' '\201D'; }
```

La tabla 23.2 ofrece un listado de los equivalentes Unicode para las comillas más comunes.

Tabla 23.2. Equivalentes Unicode para glifos de comillas.

Carácter	Unicode (hex)	Descripción
"	0022	Comillas (comilla doble ASCII).
'	0027	Apóstrofo (comilla simple ASCII).
‹	2039	Ángulo sencillo hacia la izquierda.
›	203A	Ángulo sencillo hacia la derecha.
«	00AB	Ángulo doble hacia la izquierda.
»	00BB	Ángulo doble hacia la derecha.
‘	2018	Comilla sencilla curvada izquierda.
’	2019	Comilla sencilla curvada derecha.
“	201C	Comillas dobles curvadas izquierda.
”	201D	Comillas dobles curvadas derecha.
„	201E	Comillas dobles bajas.

Una vez que se han especificado las comillas, la propiedad `content` con los valores de palabra clave `open-quote` y `close-quote` aplica las comillas al comienzo y al final de la cita.

```
q {quotes: '\201C' '\201D'; }
q:before { content: open-quote; }
q:after { content: close-quote; }
```

El tratamiento estándar para las citas largas que ocupan varios párrafos es omitir las comillas de cierre al final de los párrafos (excepto para el último párrafo de la cita). El valor `no-close-quote` permite especificar que las comillas deberían omitirse desde el final del elemento pero cierra la cita de modo que se preservan los niveles correctos de anidamiento. Al utilizar el valor `no-close-quote` debe añadir específicamente una cita al último párrafo de la cita. De igual modo, el valor `no-open-quote` mantiene el nivel de anidamiento como si hubiera unas comillas pero elimina la muestra en pantalla de las comillas.

Numeración automática y contadores

Si ha utilizado alguna vez una lista numerada de una página Web, ya tendrá experiencia con contadores. La especificación CSS 2.1 proporciona propiedades que permite añadir contadores a cualquier elemento, no sólo a las listas. Con estas herramientas, podría numerar automáticamente las cabeceras de un documento y eliminar la necesidad de editar la fuente al insertar nuevas cabeceras.

Desafortunadamente, los contadores CSS sólo tienen soporte en las versiones 5 y superiores de Opera (una parte muy pequeña del tráfico Web). Por esa razón, esta sección proporciona una breve introducción a las propiedades y a sus formas de uso. Si desea más información consulte la especificación CSS 2.1 en línea (www.w3.org/TR/CSS21/generate.html).

La numeración automática se controla con las propiedades counter-reset y counter-increment, que se utilizan junto con la propiedad content para contenido generado. Counter-reset establece un punto de partida para la numeración.

counter-reset

Valores: [<identifier> <integer>?]+ | none | inherit

Valor inicial: Depende del agente de usuario.

Se aplica a: Todos los elementos.

Heredado: No.

El valor de la propiedad counter-reset es un identificador (una etiqueta establecida por el autor, como "capítulo" o "sección") y un número opcional que sirve como número de inicio. El valor predeterminado es cero (0). Puede especificarse cualquier número entero como el número de partida, incluyendo valores negativos. En este ejemplo, se establece un contador de capítulo y comienza en 3.

```
h1 {counter-reset: chapter 3; }
```

Cuando ya se ha establecido un punto de inicio, la propiedad counter-increment se utiliza para indicar que un elemento activa el contador para empezar a subir.

counter-increment

Valores: [<identifier> <integer>?]+ | none | inherit

Valor inicial: Depende del agente de usuario.

Se aplica a: Todos los elementos.

Heredado: No.

El valor de counter-increment proporciona el nombre del identificador (como "nombre" o "sección") y un número opcional que sirve como la cantidad de incremento. El valor por defecto es 1, así que cada caso del elemento añade 1 al contador a menos que se especifique de otra manera. Se pueden especificar valores negativos para que el contador vaya hacia atrás. En este ejemplo, el contador de capítulos del ejemplo anterior recibe un incremento por defecto de 1.

```
h1 {counter-increment: chapter; }
```

Es lo mismo que especificar:

```
h1 {counter-increment: chapter 1; }
```

Estas funciones sólo son útiles cuando se utilizan con los valores `counter ()` y `counters()` de la propiedad `content`.

Los valores indicados para `counter()` son el nombre del identificador y un estilo opcional (uno de los valores `list-style-type` como `upper-alpha`). El estilo de contador es decimal (1, 2, 3, etc.) por defecto. En este ejemplo se utiliza la propiedad `content` para insertar el contador automático y los dos puntos seguidos por un espacio en blanco antes de los elementos `h2` de un documento.

```
h2:before {counter(section) ": "
   counter-increment: section; } /* restablece el valor por defecto, 1 */
```

La función `counters()` se utiliza para especificar contadores con varios niveles de profundidad (p.e., 1.0, 1.1., 1.2., 1.3., 2.0, 2.1., 2.1.1., 2.1.2., 2.1.3., etc.) sin tener que especificar reglas de contador para cada nivel de anidamiento por separado. La pega es que deben tener un mismo nombre de identificador. Es conveniente proporcionar un carácter separador como, por ejemplo, una coma o un punto, para separar visualmente las cadenas de contadores.

Piense por un momento lo que ocurre si pone una lista numerada dentro de una lista numerada en HTML. Por defecto, la lista numerada anidada comienza contando por "1". Es así porque las listas se autoanidan. Cuando el agente de usuario detecta un nuevo nivel de anidamiento la función `counters()` sabe activar el contador adecuado en la cadena.

Este ejemplo crea un estilo de contador anidado que cuenta secciones y dos niveles de subsecciones (como se listaba antes).

```
ol {counter-reset: ordered;}
ol li:before {counter-increment: ordered;
   content: counters(ordered, ".");}
```

Los mecanismos proporcionados por CSS 2.1 son mucho más eficaces que lo que parece en esta sección. Algún día, cuando los navegadores tengan soporte completo, serán un instrumento muy útil para trabajar con el contenido.

Capítulo 24

Técnicas CSS

Los capítulos anteriores presentaron las herramientas CSS disponibles en los paquetes de herramientas de diseño Web: las propiedades y valores proporcionados en la especificación CSS. Este capítulo reúne algunas de las técnicas de diseño y presentación más populares utilizadas en el diseño Web por CSS, entre ellas:

- Centrar una página de ancho fijo.
- Diseños multicolumna.
- Cajas con esquinas redondeadas.
- Remplazar texto con imágenes de fondo.
- *Rollovers* CSS.
- Navegación basada en listas.

Como en muchas tareas relacionadas con la Web hay modos prácticamente infinitos de realizar la misma tarea. Todos los ejemplos de este capítulo representan sólo una solución (puede haber mejores opciones). La intención es demostrar una estrategia básica de hojas de estilo y proporcionar un primer equipo para lograr efectos visuales y de diseño con CSS. Normalmente hay mucho más que decir sobre las distintas técnicas, así que si es necesario se incluirán referencias a fuentes adicionales. Al final de este capítulo incluimos un listado de recursos para quienes estén interesados en aprender más sobre el diseño con CSS.

Centrar una página

Como una estrategia para controlar el ancho de una página al tiempo que se permite variar la resolución del monitor, los diseñadores Web suelen crear páginas de ancho fijo que están centradas en la anchura de la ventana del navegador. En el pasado, se conseguía añadiendo una etiqueta `center` (o `<div align="center">...</div>`) alrededor de una tabla. En esta sección veremos tres métodos CSS para centrar una página de ancho fijo: el método oficial de CSS, un modo que funciona en IE y un "truco" efectivo. Los tres ejemplos tienen el mismo efecto que el que muestra la figura 24.1.

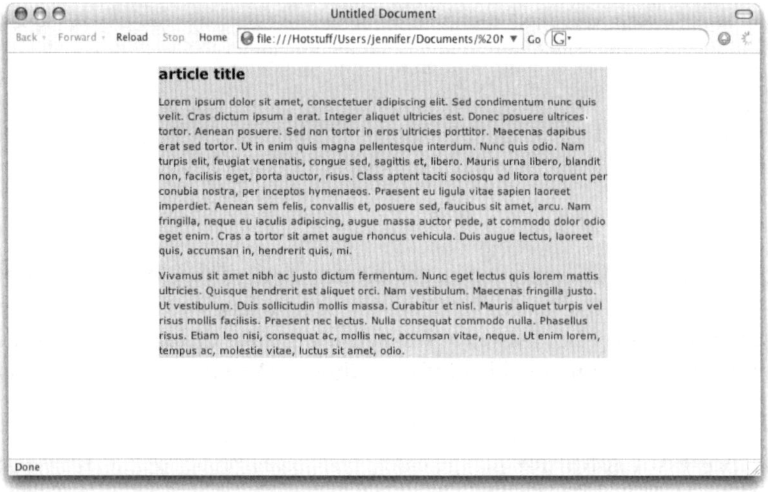

Figura 24.1. Centrar un elemento de página de ancho fijo.

En CSS, el modo adecuado de centrar un elemento de ancho fijo es especificar una anchura para el elemento que contiene todos los contenidos de la página (normalmente un `div`) y luego ajustar los márgenes izquierdo y derecho a `auto`. De acuerdo al modelo de formateo visual CSS, tendrá como efecto el centrar el elemento en el bloque contenedor inicial.

```
div#page {
   width: 500px;
   margin-left: auto;
   margin-right: auto; }
```

Este método funciona para todos los navegadores que se guían por estándares establecidos, incluyendo IE 6 para Windows en modo estándares (véase el capítulo 2 sobre el modo de pasar a modo estándares utilizando la declaración DOCTYPE). No funcionará con IE 6 para Windows en modo Quirks ni en versiones anteriores.

También puede optar por otra solución, "menos elegante", que consiste en centrar toda la página utilizando la propiedad `text-align` en el elemento `body`.

Esta técnica se considera en última instancia como un "hack" porque toma una propiedad de texto y la utiliza para centrar cualquier número de elementos.

El problema de este método es que como el alineamiento horizontal es heredado, todo el texto de la página se centra en sus cajas de elemento. Hay que ignorar el centrado heredado especificando el alineamiento izquierdo de todos los descendientes del elemento `body`. En este ejemplo, el selector universal (`*`) selecciona todos los elementos que aparecen dentro del cuerpo del documento y ajusta `text-align` a `left`. Observe también que los valores `margin-left` y `margin-right` han sido remplazados en el ejemplo con la propiedad abreviada `margin`. Aunque no es necesario, reduce la cantidad de código y mantiene la hoja de estilo limpia.

```
body { text-align: center; }

body * {text-align: left; }

div#page {
   width: 500px;
   margin: 0 auto; }
```

El tercer método utiliza márgenes negativos para centrar eficazmente un bloque contenedor en la página para todos los navegadores con soporte para posicionamiento absoluto (incluyendo Netscape 4). En primer lugar, la "página" (el nombre del `div` en los ejemplos) se posiciona de forma absoluta de modo que su extremo izquierdo esté a un 50 por 100 a través del bloque contenedor inicial (p.e., la anchura de la ventana del navegador). Entonces se aplica un margen izquierdo negativo que mueve la página a la izquierda a mitad de su anchura, alineando así el punto central del bloque con el punto central de la ventana. Y ya está, centrada. Este método está tomado de "El Zen del Diseño CSS", de D.Shea y Molly E. Holzschlag. Este método fue utilizado originalmente por Jon Hicks en su colaboración en Zen Garden.

```
div#page {
   position: absolute;
   left: 50%
   width: 500px;
   margin-left: -250px; } /*la mitad de la anchura */
```

Diseños en dos columnas

Antes, para hacer diseños multicolumna se necesitaban tablas HTML. Ahora pueden conseguirse los mismos diseños utilizando solo CSS. Los diseños de columna pueden hacerse utilizando flotamiento o posicionamiento absoluto (consulte el capítulo 21 para tener más detalles).

Por supuesto, hay variaciones infinitas de diseños en dos columnas en lo que se refiere a componentes, medidas, fondos, etc. Los ejemplos de esta sección sólo son unas cuantas posibilidades básicas. Muestran la estrategia general de los diseños de dos columnas y deberían servir como un buen punto de partida para implementar sus propios diseños. Pero hay que señalar que se basan en el supuesto de que la columna de contenido principal será mayor que las columnas laterales. Si quiere que las columnas laterales sean mayores será necesario hacer ajustes en el código.

Utilizar flotamientos

El marcado y estilos de este ejemplo producen una página con un área de cabecera, una columna principal de contenido, una barra lateral de vínculos y un pie con información de copyright. Puede ver los resultados en la figura 24.2.

Este marcado proporciona los elementos necesarios para el diseño en dos columnas. La cabecera y el pie son opcionales y pueden omitirse para obtener una estructura de dos columnas básica.

```
<div class="masthead">
Masthead and headline
</div>

<div class="main">
Main article
</div>>

<div class="sidebar">
list of links
</div>

<div class="footer">
copyright information
</div>
```

El documento fuente ha sido dividido en cuatro `div` para la cabecera, el contenido, barra lateral y pie. El contenido se ha situado antes de la barra lateral en el documento fuente para que los usuarios con navegadores no gráficos accedan primero a él. Esto significa que no se puede flotar la barra lateral porque no flotará sobre el elemento de bloque que la precede hacia la parte superior de la página. En lugar de ello, el `div` de contenido principal se flota a la izquierda y se ajusta a un 70por 100 del ancho de la página al tiempo que el `div` de barra lateral fluye alrededor de él. Las reglas de estilo que se ocupan del flotamiento son éstas:

```
.masthead {
   background: #CCC;
   padding: 15px;}
```

```
.main {
   float: left;
   width: 70%;
   margin-right: 3%; /* añade espacio entre columnas */
   margin-left: 3%; }

.footer {
   clear: left; /* comienza el pie bajo el contenido flotado */
   padding: 15px;
   background: #666;
}
```

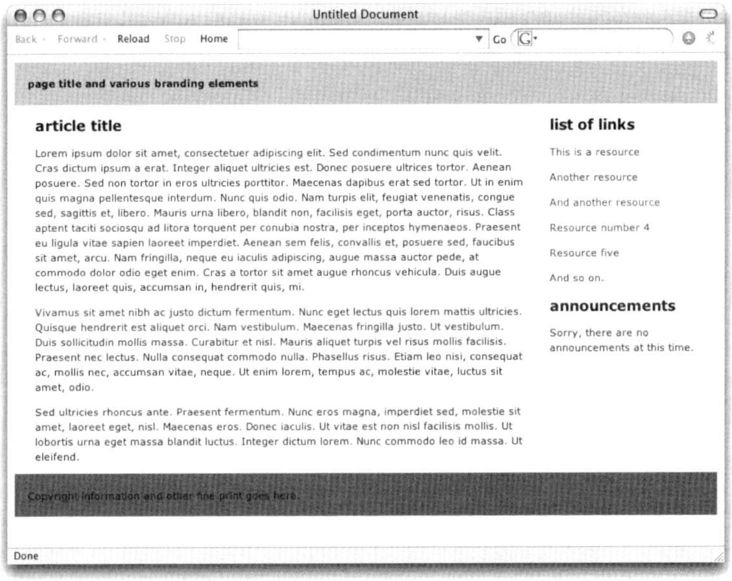

Figura 24.2. Diseño en dos columnas.

Se aplica un margen derecho al `div` de contenido principal para añadir algo de espacio entre columnas. Pueden añadirse también relleno y un borde para hacer más clara la división entre columnas. Por supuesto, es una definición de estilo bastante sencilla y pueden añadirse otros estilos para dar formato al contenido de la página.

Utilizar posicionamiento absoluto

También puede utilizar posicionamiento absoluto para crear una página multicolumna. Este método posiciona de forma absoluta el elemento `div` de barra lateral a la derecha de la página, y da al `div` de contenido principal un margen derecho lo suficientemente ancho como para dejar espacio para la caja recién posicionada. Con el posicionamiento absoluto, el orden del documento fuente no es esencial como lo era en el método anterior porque las cajas pueden ser seleccionadas y llevadas a cualquier otro lugar. Sin embargo, los elementos con posicionamiento absoluto pueden solaparse, un problema inexistente con el flotamiento.

Este ejemplo comienza con el mismo marcado de antes pero sitúa la barra lateral a la derecha utilizando posicionamiento absoluto. La figura 24.3 muestra el resultado. De nuevo, los elementos de pie y de cabecera podrían omitirse para obtener un formato más simple. Este ejemplo utiliza valores de anchura porcentuales para crear un diseño fluido que cambia de tamaño con la ventana del navegador.

```
<div class="masthead">
Masthead and headline
</div>

<div class="main">
Main article...
</div>>

<div class="sidebar">
list of links
</div>

<div class="footer">
copyright information
</div>
```

Ésta es la hoja de estilo que posiciona los elementos, tal y como muestra la figura 24.3. Los comentarios explican los efectos de las reglas más importantes.

```
  body  {margin: 0; padding: 0;} /* elimina el margen
predeterminado de la página */

.masthead {
   height: 70px;
   background: #CCC;}

.main {margin-right: 30%; /*crea espacio para la barra lateral
posicionada */
   margin-left: 5%; }

.sidebar {
   position: absolute;
   top: 70px; /*coloca la barra lateral bajo la cabecera */
   right: 0px; /*vuelve a colocarla en el extremo derecho de la ventana */
   width: 25%;
   background: #EEE;}
```

```
.footer {
   padding: 15px;
   background: #666;
   margin-right: 30%; /*mantiene el pie alineado con el contenido */
   margin-left: 5%; }
```

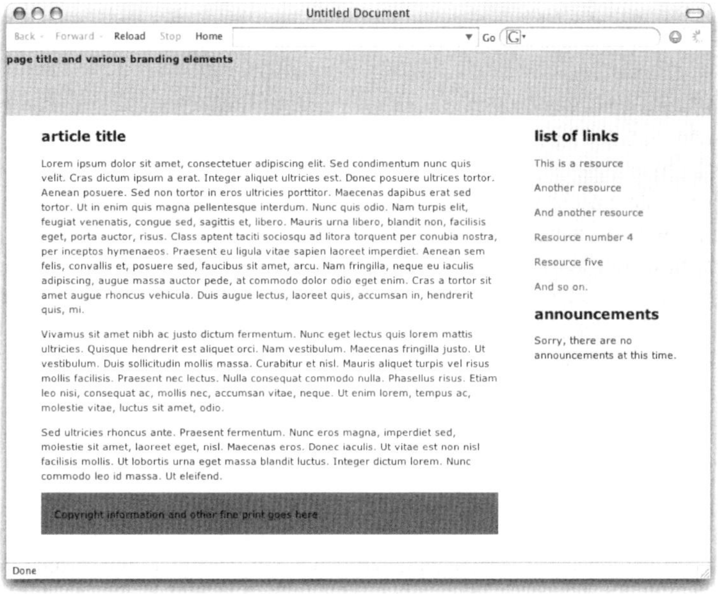

Figura 24.3. Diseño en dos columnas con posicionamiento absoluto.

Observe que, en este ejemplo, los márgenes aplicados al contenido principal también se aplican al elemento `footer`. No impide que una barra lateral larga solape el pie.

Diseños de más de dos columnas

Estos ejemplos muestran los principios básicos de dar formato a columnas con CSS. Para más información consulte estos recursos en línea.

- **"From Table Hacks to CSS Layout: A Web Designer's Journey", de Jeffrey Zeldman (`www.alistapart.com/articles/journey`).**

  Jon Jeffrey Zeldman analiza los problemas de convertir un diseño basado en tablas en un diseño basado en CSS.
- **"Creating Liquid Layouts with Negative Margins", de Ryan Brill (`www.alistapart.com/articles/negativemargins`).**

En esta demostración, Ryan crea un diseño de dos columnas utilizando márgenes negativos para dejar paso al elemento `sidebar`. Demuestra el hecho de que los problemas del diseño CSS tienen muy distintas soluciones.

Diseños en tres columnas

Los diseños en tres columnas son en esencia igual a los ejemplos de dos columnas; sólo necesitan algo más de planificación para la tercera columna. Estos ejemplos utilizan valores de longitud en lugar de porcentajes para crear diseños fijos. Además, en uno de los ejemplos se añade relleno, bordes y márgenes, necesarios para resolver un fallo de navegador. Estos fallos y sus soluciones son estudiados con detalle en el capítulo 25. De nuevo, estos ejemplos presuponen que la columna de contenido principal será mayor que las columnas laterales, algo que, por supuesto, no siempre ocurre. Puede ser necesario hacer ajustes a estos ejemplos para adaptarlos a su contenido, pero le indican la dirección correcta.

Flotar tres columnas

Este ejemplo utiliza elementos flotados para crear un diseño en tres columnas (una columna de contenido principal flanqueada a izquierda y derecha por barras laterales) con cabecera y pie opcionales (véase la figura 24.4). La ventaja del flotamiento es que puede ajustar el pie para que comience bajo la mayor columna sin tener que saber antes las dimensiones de esa columna. Recuerde que, al flotar, el orden en el que aparecen los elementos en el documento fuente es importante. Para que el ejemplo sea lo más sencillo posible, el `div` de contenido se ha desplazado entre los `div` de barra lateral de la fuente.

Ésta es la estructura básica del marcado para el diseño. En este ejemplo todos los elementos han sido situados en un `div` contenedor para poder especificar la anchura de todo el diseño. Se ha añadido un borde al contenedor para mostrar sus extremos.

```
<div id="container">

<div id="masthead">
Masthead and headline
</div>

<div id="links">
list of links
</div>
```

```
<div id="main">
Main article...
</div>>

<div id="news">
Announcements...
</div>

<div id="footer">
copyright information
</div>

</div>
```

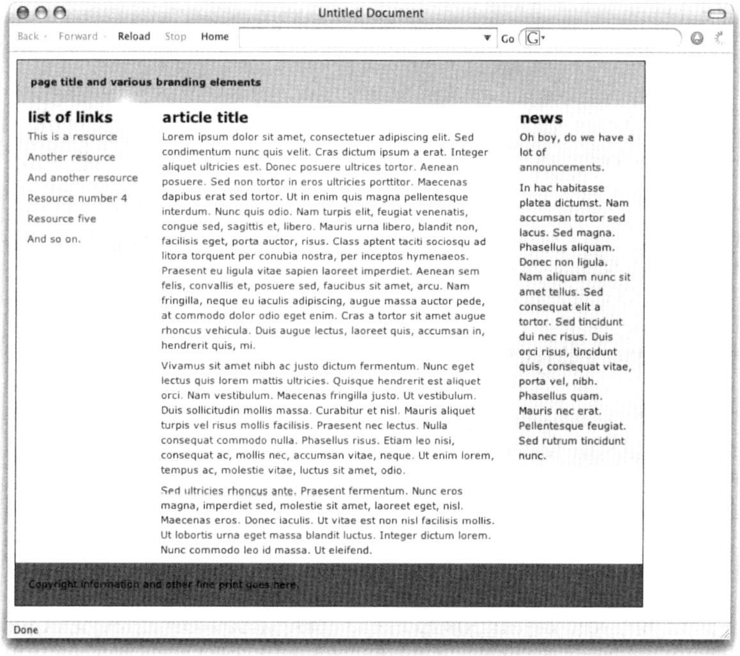

Figura 24.4. Diseño de tres columnas con flotamiento.

La hoja de estilo flota los elementos `div` de vínculos, principal y noticias a la izquierda. Como resultado se acumulan en el extremo izquierdo del bloque contenedor, creando así tres columnas. Se ha añadido la propiedad `clear:both` al pie para garantizar que comienza por debajo de todos los elementos flotados. Como no hay relleno, bordes ni márgenes para los elementos flotados, la suma de sus anchuras es igual a la anchura del contenedor exterior. Podría añadirse espacio dentro de los `div` de contenido con márgenes o relleno en los elementos de contenido (`h1`, `p`, etc.). Ésta es la hoja de estilo:

```
h1, p {margin: 6px 12px; }      /*añade espacio entre columnas */

#container {width: 700px; border: solid 1px; }

#masthead {
   background: #CCC;
   padding: 15px; }

#links {
   width: 150px;
   float: left;
   background: #EEE; }

#main {
   float: left;
   width: 400px; }

#news {
   float: left;
   width: 150px;
   background: #EEE; }

#footer {
   clear:both;      /*comienza el pie por debajo del contenido flotado*/
   padding: 15px;
   background: #666; }
```

Posicionamiento absoluto de tres columnas

Por último, esta sección muestra cómo crear un diseño de tres columnas con posicionamiento absoluto. Los ejemplos de esta sección comienzan con el mismo marcado utilizado en los ejemplos anteriores, a menos que se indique lo contrario. Se mostrarán algunas variantes.

Posicionamiento de las barras laterales

En este ejemplo, sólo están posicionadas las barras laterales de la izquierda y de la derecha. En los elementos de contenido principal y de pie los márgenes se utilizan para hacer espacio para la columna resultante (véase la figura 24.5). La ventaja es que es posible mantener la información del pie bajo el contenido, aunque el pie no atraviesa toda la parte inferior de la página como en el ejemplo flotado.

Debería señalarse que si el elemento de contenido principal también se posicionara, sería eliminado del flujo del documento. Esto haría que el pie flotara hacia la parte superior de la página. Hay soluciones JavaScript para posicionar un elemento de pie bajo elementos con posicionamiento absoluto, pero quedan fuera del contenido de este capítulo.

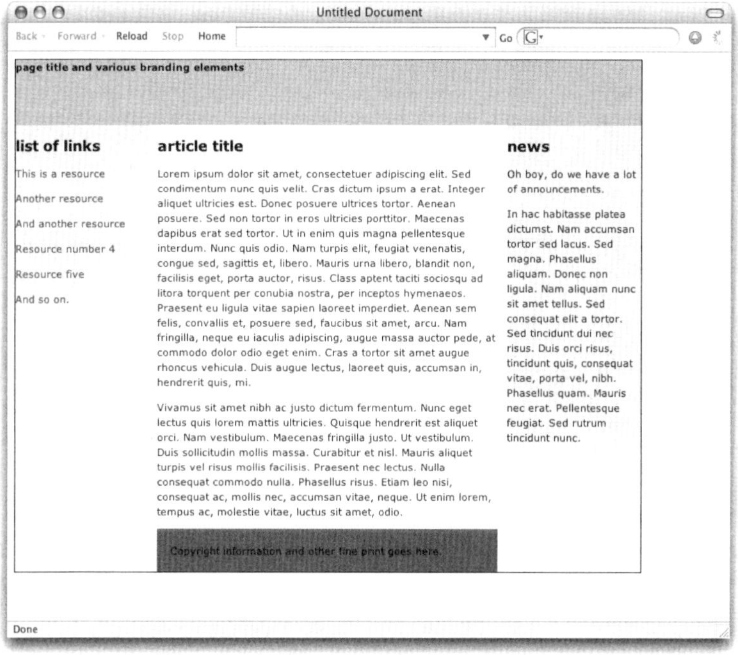

Figura 24.5. Sólo están posicionadas las barras laterales.

A continuación mostramos la hoja de estilo que da lugar a este diseño. Se han insertado comentarios para destacar las funciones de las reglas de estilo clave. Lo primero que hay que destacar es que el `div` contenedor tiene posicionamiento relativo (pero no se ha movido) para establecerlo como el bloque contenedor para sus elementos descendientes posicionados.

```
body {margin: 10px; padding: 10px; }

#container {
   position: relative; /*establece el bloque contenedor */
   width: 700px;
   border: solid 1px; } /*se añade un borde para mostrar los extremos
         del contenedor */

#masthead {
   height: 70px;
   background: #CCC; }

#main {
   margin: 0 160px; } /*crea espacio a izquierda y derecha para las
         barras laterales*/

#links {
```

```
   position: absolute;
   top: 70px;
   left: 0px;  /*posicionado en el extremo izquierdo del contenedor*/
   width: 150px;
   background: #EEE; }

#news {
   position: absolute;
   top: 70px;
   right: 0px; ;  /*posicionado en el extremo derecho del contenedor*/
   width: 150px;
   background: #EEE; }

#footer {
   margin:0 160px; ; /*igual que content para crear espacio a izquierda
        y derecha*/
   padding: 15px;
   background: #666; }
```

Posicionar tres columnas

En este ejemplo, las tres columnas tienen posicionamiento absoluto. Se incluyen colores de fondo para las barras laterales para indicar su tamaño y posición. El diseño resultante (véase la figura 24.6) es ligeramente distinto del diseño del ejemplo anterior.

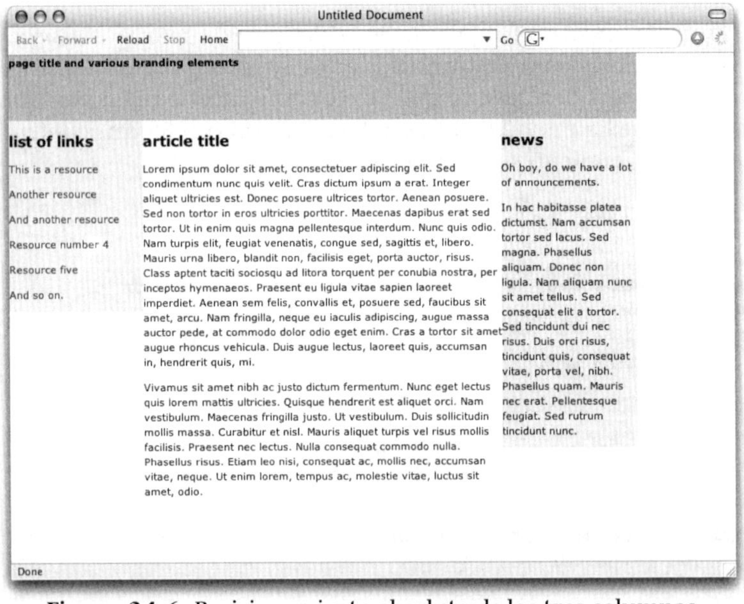

Figura 24.6. Posicionamiento absoluto de las tres columnas.

Quizás haya advertido que se ha omitido el pie y la línea que rodea la página. Es así porque los tres elementos entre la cabecera y el pie tienen posicionamiento absoluto y están fuera del flujo del documento. Esto hace que el pie suba hasta ponerse justo debajo de la cabecera. De igual modo, la línea que rodea el contenedor sólo recogería la cabecera y el pie en la parte superior de la página, que no es el efecto deseado. Para evitar complicaciones que exigirían JavaScripts y otras soluciones complicadas, el pie y la línea se han eliminado del ejemplo.

Ésta es la regla de estilo utilizada para hacer este diseño básico en tres columnas. Se han añadido comentarios para destacar las reglas de estilo más importantes y sus funciones.

```
body: {margin: 0; padding: 0; }

#container {
   position: relative; /*establece el bloque contenedor*/
   width: 700px; }

#masthead {
   height: 70px;
   background: #CCC; }

#main {
   position: absolute;
   top: 70px;
   left: 150px;    /*el diseño fijo permite valores de longitud
         en píxeles*/
   width: 400px; }

#links {
   position: absolute;
   top: 70px;
   left: 0px;  /*posicionado en el extremo izquierdo del contenedor*/
   width: 150px;
   background: #EEE;
}

#news {
   position: absolute;
   top: 70px;
   left: 550px;    /*la tercera columna comienza a 550 píxeles
         de la izquierda*/
   width: 150 px;
   background: #EEE;
}
```

Centrar con bordes y márgenes

El último ejemplo en tres columnas mejora el ejemplo anterior utilizando la técnica de posicionamiento absoluto. En primer lugar, se añade relleno, bordes y márgenes para centrar las columnas de un modo que pueda funcionar con IE 5 para Windows y con todos los navegadores actuales. Además, se centra todo el diseño en la ventana del navegador utilizando una de las técnicas que estudiamos al comienzo de este capítulo. Puede ver los resultados en la figura 24.7. Se han añadido colores de fondo a las barras laterales para mostrar su tamaño y posición.

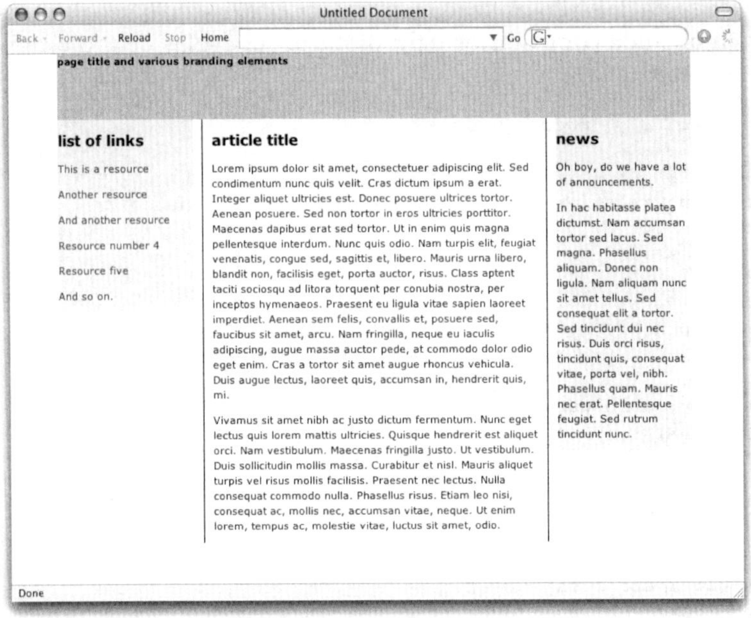

Figura 24.7. Añadir relleno, bordes y márgenes.

El documento fuente no ha cambiado, pero hay tres cambios básicos en la hoja de estilo, destacados con comentarios y explicados con más detalle después del ejemplo.

```
body {
   margin: 0px;
   padding: 0px;
   text-align:center; } /*para permitir el centrado en IE*/

#container {
   position: relative; /*establece el bloque contenedor*/
   margin: 0 auto;/*el modo adecuado para centrar en CSS*/
   width: 700px;
   text-align: left; /*ignora la regla text-align del cuerpo*/
}
```

```
#masthead {
   height: 70px;
   background: #CCC; }

#main {
   position: absolute;
   top: 70px;
   left: 150px;      width: 400px;
   border-left: solid 1px black;
   border-right: solid 1px black;
   margin: 0 10px;
   padding: 0 10px;

/*Este es el truco de modelo de cajas para IE 5*/
   voice-family: "\"}\" ";
   voice-family:inherit;
   width:358px; }
   /*indica el valor de anchura correcto*/

/*Esto es el hack para Opera*/
body>#main {width:358px; }

#links {
   position: absolute;
   top: 70px;
   left: 0px;
   width: 150px;
   background: #EEE; }

#news {
   position: absolute;
   top: 70px;
   left: 550px;
   width: 150 px;
   background: #EEE; }
```

Estos son los cambios:

- **Añadir relleno, bordes y márgenes a la columna "principal":** La suma de anchuras de los tres elementos de columnas posicionadas debe ser igual a 700 píxeles (la anchura del contenedor en este ejemplo). Si las barras laterales ocupan 300 píxeles de anchura (150+150) se asignan 400 píxeles a la columna central.

  Recuerde que la propiedad `width` es aplicable solamente al área de contenido. La cantidad de relleno, los márgenes y los bordes se añaden a ella de acuerdo al modelo de cajas CSS (para más información, consulte el capítulo 19). En este ejemplo hay un total de 20 píxeles de relleno (10 píxeles a izquierda y derecha), 20 píxeles de margen y 2 píxeles de borde. Esto significa que necesitamos reducir la anchura del elemento en 42 píxeles hasta 258 (como se especifica en la última línea de la regla de estilo `#main`).

- **Ajustar una anchura para Internet Explorer 5 para Windows:** IE 5 para Windows implementa de forma incorrecta el modelo de cajas y aplica la propiedad `width` a los extremos externos del elemento. Para que la página se muestre correctamente en pantalla con IE 5 para Windows y todos los navegadores actuales, hemos añadido el "hack" del modelo de cajas a la hoja de estilos. Funciona sustituyendo una anchura sólo para IE 5 para Windows y haciendo que IE 5 para Windows piense que la regla termina con un valor } de la propiedad `voice-family`. Entonces, cuando IE 5 para Windows ha dejado de "escuchar", se indica el valor de anchura adecuado para el resto de navegadores. Como algunas versiones de Opera también tienen problemas con el *hack* del modelo de cajas, la regla `body>#main` hace que Opera vuelva al camino correcto. Estos trucos suelen usarse juntos.

Nota: Estudiaremos con más detalle este *hack* en el capítulo 25.

- **Centrar el diseño en la ventana:** El último ajuste de la hoja de estilo es centrar el elemento contenedor ajustando sus márgenes laterales con el valor `auto` e incluyendo la solución `text-align` para el navegador Internet Explorer. Estudiábamos esta técnica al comienzo de este capítulo.

Columnas falsas

En los ejemplos de código anteriores, el color de fondo termina en la parte inferior de la caja de elemento y no se extiende hasta el final de la página. Por desgracia, no hay ningún modo soportado de ajustar la altura de un elemento al 100% de la altura de la columna más larga sin usar soluciones JavaScript.

Para conseguir fondos de columna que rellenen la altura de la página (o del elemento contenedor) tiene que utilizar una imagen de fondo. El sombreado de columna del ejemplo se obtuvo ajustando una imagen horizontal con bandas de color como imagen de fondo, y la imagen se extendió solo en sentido vertical. Por supuesto, esta solución funciona únicamente con diseños de ancho fijo.

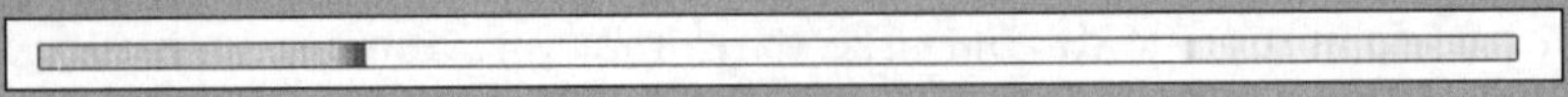

column-background.gif.

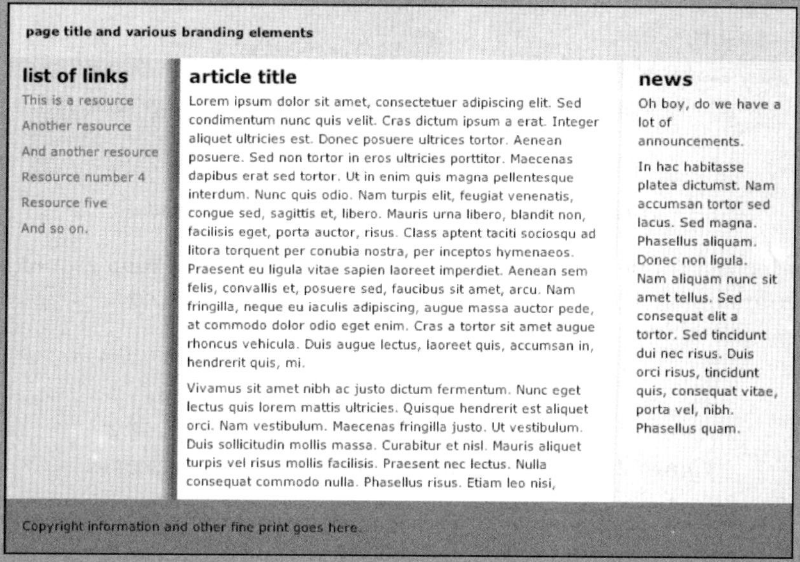

Este truco es cortesía de Dan Cederholm.

Cajas con esquinas redondeadas

Las esquinas redondeadas son un "deber" en el diseño gráfico contemporáneo. Por la naturaleza rectangular del diseño Web, no hay modo de usar gráficos para las esquinas redondeadas. Pero antes de CSS la única opción para crear una caja con esquinas redondeadas era configurar una tabla con nueve celdas. Utilizando estilos CSS y marcado lógico (y sin tablas) puede lograrse el mismo efecto. Como con la mayoría de los problemas de diseño Web, hay muchas soluciones, la más sencilla es la que mostramos aquí. Al final de esta sección listamos otros recursos.

Caja redondeada sencilla

La caja del primer ejemplo crea una caja redondeada simple y extensible rellenada con un color sólido (véase la figura 24.8).

Nota: Estas imágenes separadas podrían combinarse en un único archivo de imagen y aplicarse en distintas posiciones en cada una de las esquinas de la caja. La ventaja es la necesidad de cargar o precargar una sola imagen, en lugar de cuatro. Más adelante explicaremos con detalle esta técnica.

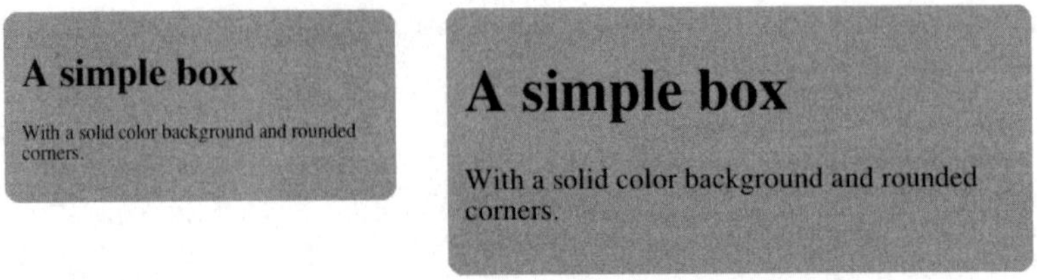

Figura 24.8. Caja simple con esquinas redondeadas.

Esta técnica toma cuatro archivos de imagen (uno para cada esquina) y los aplica como imágenes de fondo a cuatro elementos del marcado. La figura 24.9 muestra los archivos de imagen usados en el ejemplo.

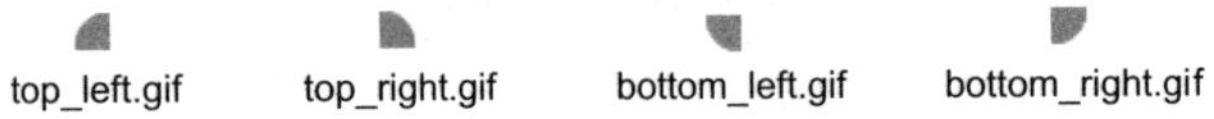

Figura 24.9. Las imágenes de esquina para la caja simple.

El truco consiste en asegurarse de que el marcado tiene cuatro elementos disponibles para emplazar la imagen de fondo. Es lo que los diseñadores CSS suelen denominar "encontrar ganchos en el marcado" a los que aplicar estilos. Si la estructura del documento tiene menos de cuatro elementos, puede ser necesario añadir un `div` o dos para conseguir el número necesario de ganchos (ver nota). Este ejemplo genérico se crea a partir de `div`, pero es mejor utilizar los elementos que se han marcado semánticamente.

```
<div class="box">
   <div class="top">
      <div></div>
   </div>

   <div class="content">
      <h1>Header</h1>
      <p>The content goes here</p>
   </div>

   <div class="bottom">
      <div></div>
   </div>
</div>
```

Advertencia: Añadir elementos vacíos sin significado daña la integridad semántica del documento fuente y suele reprobarse. Aún así, puede ser necesario para conseguir ciertos efectos visuales. Como diseñador y desarrollador debe tener en cuenta los pros y los contras e implementar una solución basada en sus propias prioridades y las de su proyecto.

La siguiente hoja de estilo aplica imágenes de fondo a los `div` superior e inferior y a los `div` que contienen. En este ejemplo el fondo de toda la caja se ajusta a un valor RGB, pero podría utilizarse también una imagen repetida para que el color coincida exactamente.

```
/* establece imágenes de fondo para las esquinas */
.box { background: #CCC; } /*también podría utilizarse una imagen
                             repetida*/
.top div { background: url(top_left.gif) no-repeat top left; }
.top  { background: url(top_right.gif) no-repeat top right; }
.bottom div { background: url(bottom_left.gif) no-repeat bottom left; }
.bottom      { background: url(bottom_right.gif) no-repeat bottom right;
}

/*detalles de altura y anchura*/
/* cada div con imágenes se ajusta a la anchura del contenedor*/
.top div, .top, .bottom div, .bottom {
   width: 100%;
   height: 14px; /*encaja con la anchura de la imagen de esquina*/
   font-size: 1px;
}
.content { margin: 0 14px; } /*coincide con la anchura de la imagen
                               de esquina*/
.box { width: 20em; }      /*la caja puede tener cualquier anchura*/
```

Nota: Este marcado y esta hoja de estilo fueron adaptados con los permisos necesarios a partir de un artículo de Douglas Livingstone. Vea el tutorial y pruebas CSS adicionales en `www.redmelon.net`.

El futuro de las imágenes de fondo

La especificación CSS Nivel 3 permite aplicar varias imágenes de fondo a distintas localizaciones en un mismo elemento. Esto simplificaría mucho el marcado necesario para crear la caja extensible del ejemplo anterior porque las imágenes podrían aplicarse a un solo elemento contenedor. En este momento, muchas imágenes de fondo solo tienen soporte en el navegador Safari de Macintosh, pero algún día será una herramienta muy útil para reducir la cantidad de marcado no semántico necesario para los efectos visuales.

Cajas más imaginativas

Si su diseño reclama más adornos en los extremos de la caja, pero dejando que siga siendo extensible, le presentamos otra opción. Este ejemplo da lugar al estilo de caja extensible que muestra la figura 24.10.

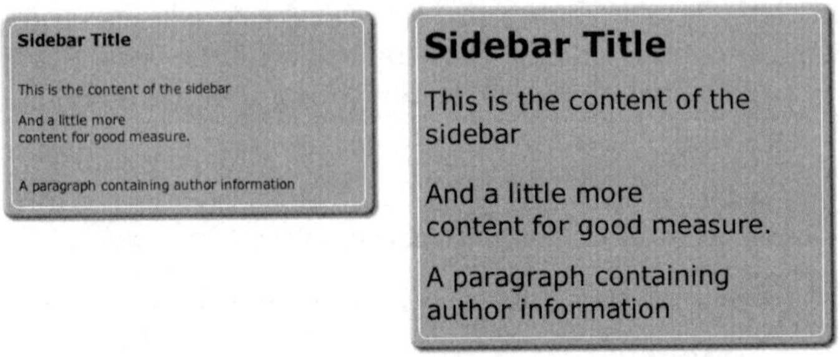

Figura 24.10. Bordes de caja más elaborados.

Para conseguir efectos gráficos en los cuatro lados de la caja comenzamos con el conjunto de imágenes que aparece en la figura 24.11.

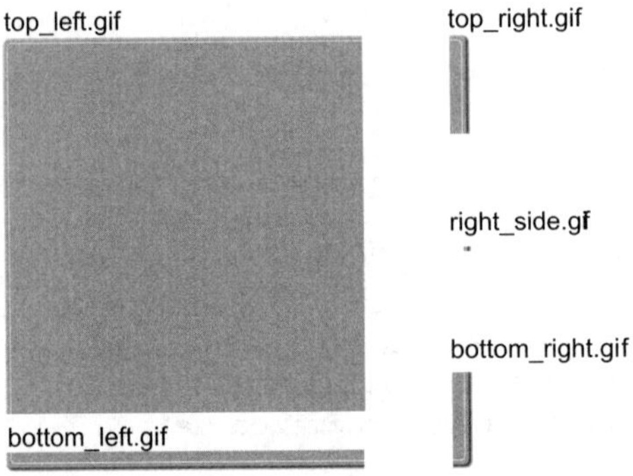

Figura 24.11. Elementos de imagen para la caja más elaborada.

En este ejemplo, el marcado debe proporcionar cinco ganchos para los estilos de imagen de fondo. En lugar de `div` esta vez aprovecharemos la presencia de elementos `h2` y `p` en el marcado y añadiremos `div` solo cuando sea necesario. Este es el marcado utilizado en el ejemplo.

```
<div class="sidebar">
   <h2>Sidebar Title</h2>

   <div class="content">
   <p>This is the content of the sidebar</p>

   <p>And a little more<br />content for good measure.</p>
   </div>

   <div class="footer">
   <p>A paragraph containing author information</p>
   </div>
</div>
```

La hoja de estilo que reúne todo aplica las imágenes a los `div`, al `h2` y al párrafo (`p`) del pie del artículo. La hoja de estilo también incluye desplazamientos de los márgenes para compensar un hueco insertado por los saltos de carro en los párrafos. Esta medida puede tener que cambiarse en función del tamaño de fuente y de la altura de línea del contenido, asegúrese de hacer pruebas en varios navegadores, especialmente en Internet Explorer. Tenga en cuenta que este método no tiene soporte en Netscape 4.

```
div.sidebar {
   background: url(top_left.gif) top left no-repeat;
   width:35%; }

div.sidebar h2 {
   background: url(top_right.gif) top right no-repeat;
   font-size:1.3em;
   padding:20px;
   margin:0; }

div.content {
   background: url(right_side.gif) top right repeat-y;
   margin:0;
   margin-top:-2em;
   padding:20px; }

div.footer {
   background: url(bottom_left.gif) bottom left no-repeat; }

div.footer p {
   background: url(bottom_right.gif) bottom right no-repeat;
   display: block;
   padding: 20px;
   padding-bottom: 30px;
   margin:-2em 0 0 0; }
```

Nota: Este ejemplo aparece en el artículo "CSS Design: Creating Custom Corners & Borders" de Soren Madsen, publicado en A List Apart. Está incluido en este libro con su permiso. Le recomendamos leer el texto original, que incluye explicaciones paso a paso de los estilos (`www.alistapart.com/articles/customcorners/`). En A List Apart vea también un artículo de Dan Cederholm relativo a las cajas redondeadas extensibles titulado "Mauntaintop Corners" (`www.alistapart.com/articles/mountaintop/`).

Reemplazo por imágenes

Los diseñadores Web, frustrados con las limitaciones tipográficas de la Web, han estado remplazando el texto con imágenes en línea durante más de una década. El problema con sustituir el texto real, como un elemento `h1`, con una `img` es que el texto se elimina por completo del documento fuente. Dar un texto alternativo mejora la accesibilidad pero no repara el daño en la estructura semántica del documento. No sólo eso, en lo que se refiere al mantenimiento del sitio, es preferible controlar los temas relativos a la presentación desde la hoja de estilo y dejar la fuente libre de elementos puramente decorativos.

El año 2003 asistió al surgimiento de nuevas técnicas CSS de reemplazo por imágenes que sustituían un elemento de texto con una imagen de fondo especificada en una hoja de estilo. El elemento de texto en sí sigue presente en el documento fuente pero no aparece en pantalla a través de algunos malabarismos. Debería señalarse que, en este momento, no hay una solución ideal para el reemplazo por imágenes en CSS, solo algunos métodos y soluciones temporales. La mayoría de las técnicas confían en la capacidad del usuario para leer el contenido en imágenes si está oculto el texto, lo que significa que los usuarios que tienen CSS activado pero imágenes desactivas (o que no tienen tiempo para esperar que las imágenes se carguen si trabajan con una conexión lenta) no reciben buen servicio. Este problema todavía debe ser resuelto.

Esta sección presenta las técnicas de reemplazo más populares a finales de 2005, junto con las ventajas y desventajas de cada una de ellas. Para comprobar el estado actual, visite la lista y artículos de David Shea en `www.mezzoblue.com/tests/revised-image-replacement/`.

El futuro del reemplazo por imágenes

En CSS Nivel 3, el reemplazo por imágenes puede realizarse utilizando las capacidades expandidas de contenido generado. Para remplazar un elemento `h1` con una imagen en CSS 3, la regla sería así:

```
h1 { content: url(headline.gif); }
```

Por desgracia, los navegadores actuales no soportan este uso del contenido generado lo suficientemente bien como para que sea una opción viable. Es de esperar que esto cambiará algún día y que todos los trucos que explicamos en este capítulo terminen siendo cosa del pasado.

La técnica original (FIR)

La técnica de reemplazo por imágenes que comenzó todo fue la conocida FIR (*Fahrner Image Replacement*) creada por Todd Fahrer y popularizada por Doug Bowman (consulte el artículo original en `www.stopdesign.com/articles/replace_text/`). Hoy en día su uso está desaconsejado por algunos problemas (que señalaremos luego), pero se incluye aquí por razones históricas y porque ilustra muy bien los conceptos básicos del reemplazo por imágenes.

En FIR el contenido de un elemento se ajusta a un `span` utilizado para ocultar el texto, y se aplica una imagen de fondo al elemento, apareciendo en su lugar. El marcado es así:

```
<h1 id="header"><span>This is the headline.</span></h1>
```

Los estilos que ocultan el texto y lo reemplazan con una imagen de fondo son extremadamente sencillos:

```
#header {
   background: url(headline.gif) top left no-repeat;
   width: 240;
   height: 20; }
#header span { display: none; }
```

El gran fallo de FIR es que, aunque el contenido del elemento `h1` se preserva en el documento fuente garantizando en teoría la accesibilidad para todos los usuarios y dispositivos, algunos lectores de pantalla rinden honor a la propiedad `display: none` y no leen el elemento. Así que FIR fracasa en la prueba de accesibilidad (como demostró y documentó el especialista en accesibilidad Joe Clark).

El otro aspecto por el que el FIR es rechazado es que necesita la inserción de un elemento `span` sin significado en la fuente, lo que se considera un "mal" marcado.

Como otras técnicas de reemplazo por imágenes, no funcionará si un usuario no puede ver las imágenes pero tiene activado en su navegador soporte para CSS.

Reemplazo por imágenes Leahy/Landgridge

Esta técnica, desarrollada por Seamus Leahy y Stuart Langridge, oculta el texto ajustando la altura del elemento a 0 (cero) y ajustando su desbordamiento de texto a `hidden`. La imagen de fondo se aplica al área de relleno, que se ha ajustado a la altura de la imagen.

```
<h1 id="header">This is the headline.</h1>

#header {
/*la imagen de fondo aparece a través del relleno, ajustada a altura de
imagen */
   padding: 20px 0 0 0;
   overflow: hidden;
   background-image: url (headline.gif);
   background-repeat: no-repeat;
   height: 0px !important;
```

```
/*Este es el hack de Internet Explorer*/
   height /**/: 20px;
}
```

Este método tiene las siguientes ventajas:

- No tiene el elemento extra `span`.
- Accesible a lectores de pantalla.

Las desventajas son éstas:

- Necesita un "hack" para superar los problemas con el modelo de cajas de Internet Explorer 5 para Windows. Internet Explorer ignora la regla `!important` (porque no tiene soporte para ella) y la ignora con la segunda declaración de altura. Los navegadores que sí ofrecen soporte reconocen y se aferran a la primera declaración de altura, ignorando la segunda.
- No funciona con CSS activado pero imágenes desactivadas.

La técnica Rundle/Phark

Esta técnica fue desarrollada por Mike Rundle para utilizarla en su sitio Web Phark. Oculta el texto del elemento ajustando un `text-indent` negativo muy grande que empuja al texto fuera de la pantalla, hacia la izquierda, donde no puede ser visto.

```
<h1 id="header">This is the headline.</h1>

#header {
   height: 20px;
   text-indent: -5000px;
   background: url(headline.gif) no-repeat;
}
```

Este método tiene las siguientes ventajas:

- No tiene el elemento extra `span`.
- Accesible a lectores de pantalla.
- No utiliza "hacks".

Las desventajas son las siguientes:

- Causa problemas en IE 5 para Windows (el fondo puede moverse junto con el texto).
- No funcionará si CSS está activado pero las imágenes no.

- Algunos motores de búsqueda no atenderán a páginas que utilizan valores `text-indent` negativos demasiado grandes.

El método Gilder/Levin

Esta técnica, llamada así en honor de Tom Gilder y Levin Alexander, es un poco distinta de las otras porque muestra el texto pero lo cubre inmediatamente con una imagen opaca situada en un `span` vacío. Es la única técnica de reemplazo de imágenes que no sufre del problema de accesibilidad que se daba en las otras con CSS activado e imágenes desactivadas.

```
<h1 id="header">
   <span></span>This is the Headline
</h1>

#header {
   width: 240px;
   height: 20px;
   position: relative; } */hace de esto el bloque contenedor*/

#header span {
   background: url(headline.gif) no-repeat;
   position: absolute;
   width: 100%;
   height: 100%; }
```

Este método tiene estas ventajas:

- Accesible a lectores de pantalla.
- El texto aparece en pantalla si no lo hace la imagen, resolviendo el problema CSS activado/imágenes desactivadas.

Entre las desventajas:

- Utiliza el `span` vacío y sin significado.
- Las imágenes transparentes permiten aparecer a través de ellas al texto.
- Si se amplía mucho el texto, este puede aparecer alrededor de los bordes de la imagen.

¿Qué método utilizar?

La elección de una técnica de reemplazo por imágenes depende de las prioridades personales y de las prioridades de su proyecto o de su cliente. Puede que el método elegido para un sitio no sea adecuado para otro.

Si necesita un cien por cien de accesibilidad, también para usuarios sin imágenes, la única opción es el método Gilder/Levin. Tendrá que sacrificar la pureza semántica del documento y permitir un `span` vacío. También tendrá que utilizar únicamente imágenes opacas.

Si puede tolerar un escenario CSS activado/imágenes desactivadas, el método Rundle/Phark es el más popular entre los diseñadores fieles a los estándares y funciona bien en todos los navegadores. El método FIR es obsoleto y no debería utilizarse por problemas graves de accesibilidad.

Rollovers CSS

Un *rollover* es un efecto visual por el cual un elemento de la página cambia cuando el puntero se mueve sobre él. Ha demostrado ser un dispositivo de interfaz muy efectivo para indicar que un botón o vínculo es interactivo y que está listo para ser usado. Antes era necesario utilizar JavaScript para crear estos efectos, pero ahora puede lograrse utilizando tan solo el selector de pseudoclase `:hover` de CSS.

Debería señalarse que en IE 6 (y anteriores) `:hover` solo tiene soporte en elementos que no sean vínculos (`a`), así que esta sección se centra en *rollovers* de vínculos de imagen y texto. La buena noticia es que IE 7 amplía el uso de `:hover` para aplicarlo a todos los elementos.

Rollovers de texto

Puede utilizarse un *rollover* para cambiar cualquier aspecto de la apariencia de un elemento. Puede cambiar el tamaño o color del texto, su color de fondo, su decoración o cualquier propiedad que pueda utilizarse para dar estilo al texto. La figura 24.12 muestra unos pocos ejemplos. Los estilos se aplican al elemento `a`, y se especifica un estilo alternativo con el selector `a:hover` cuando el cursor pasa por encima del vínculo.

Recuerde que, para que funcione correctamente, los selectores pseudoclase deben aparecer en la hoja de estilo en este orden: `:link, :visited, :hover, :active`.

En los tres ejemplos que siguen, el vínculo por defecto se ajusta a texto gris con el subrayado desactivado utilizando esta regla.

```
a:link {
   text-decoration: none;
   color: #666;
   }
```

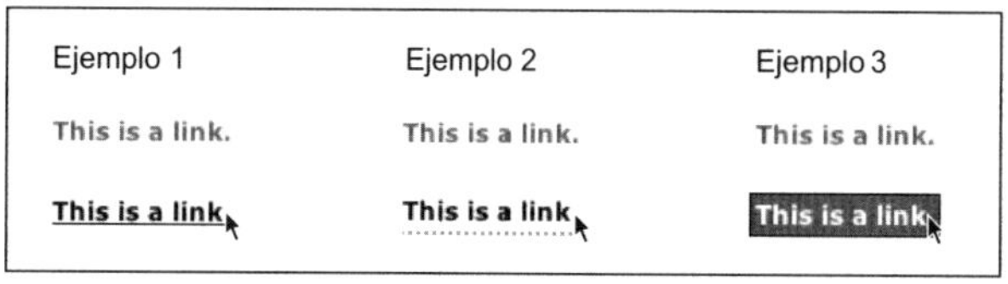

Figura 24.12. Ejemplos de efectos rollover sobre vínculos.

En el Ejemplo 1, el *rollover* cambia el vínculo a color negro y hace que aparezca el subrayado.

```
a:hover {
   text-decoration: underline;
   color: #000; }
```

El Ejemplo 2 muestra una técnica popular que consiste en utilizar un borde de botón más fantasioso en lugar del subrayado genérico. Se añade un poco de relleno para dar al vínculo suficiente espacio.

```
a:hover {
   text-decoration: none;
   color: #000;
   padding-bottom: 2px;
   border-bottom: dotted 2px #999; }
```

En el Ejemplo 3, los colores de fondo y de primer plano cambian al pasar el cursor sobre el vínculo. Se añade un borde para que la medida sea correcta.

```
a:hover {
   text-decoration: none;
   color: #FFF;
   padding: 2px;
   background-color: #666;
   border: solid 1px black; }
```

Rollovers de imagen

Los *rollover* de imagen funcionan con el mismo principio descrito en los ejemplos anteriores, pero ahora el valor de `background-image` cambia cuando el cursor se mantiene sobre la imagen. De nuevo, como IE 6 y anteriores solo soportan `:hover` con el elemento `a`, utilizaremos un vínculo en el ejemplo.

Este ejemplo de hoja de estilo aplica una imagen de fondo (`button.gif`) a todos los vínculos de un documento. El elemento `a` se ajusta para aparecer en pantalla como un bloque de modo que puedan aplicársele sus valores de anchura y altura (coincidentes con las dimensiones de la imagen). La regla `a:hover` especifica una imagen de fondo distinta (`button_over.gif`) que aparezca en pantalla cuando el ratón esté sobre el vínculo (véase la figura 24.13).

Figura 24.13. Rollover de imagen simple.

```
a {
   display: block;/*permite especificar anchura y altura*/
   width: 150px;
   height: 30px;
   background: url(button.gif) no-repeat #666;
   color: #FFF;
/* las siguientes propiedades centran el texto horizontal
      y verticalmente*/
   text-align: center;
   text-decoration: none;
   line-height: 30px;
   vertical-align: middle;
   }

a:hover {
   background: url(button_over.gif) no-repeat #eee;
   color: #333; }
```

Cambiar estilos en "foco"

Para los usuarios que naveguen por los sitios utilizando tan solo el teclado, es frecuente pulsar el tabulador para pasar de vínculo a vínculo. Cuando un vínculo se activa de esta forma, se dice que tiene "foco" (igual que los controles de formulario que están activados y listos para recibir las entradas del usuario). El selector de pseudoclase `:focus` permite aplicar un estilo a un vínculo (o control de formulario) cuando tiene foco. La clave visual ayuda a la accesibilidad a los usuarios de teclado.

Al especificar estilos para este estado, los selectores de pseudoclase deben aparecer en la hoja de estilo en este orden: `:link, :visited, :focus, :hover, :active`.

Por desgracia, IE (versión 6 y anteriores para Windows) no soporta el selector `:focus` así que el efecto se perderá para los usuarios que utilicen estos navegadores. Puede utilizarse en su lugar el selector `:active`.

En algunos casos, como con las barras de navegación gráficas, es deseable que todos los vínculos tengan sus propias imágenes de fondo y *rollover*. En este caso es necesario dar a los elementos contenedores identificadores únicos:

```
<li id="info"><a href="#">more info</a></li>
<li id="contact"><a href="#">contact us</a></li>
a {display: block; width: 150px; height: 30px; }
```

```
#info a {background url(info.gif) no-repeat #666; }
#info a:hover {background url(info_over.gif) no-repeat #666; }

#contact a {background url(contact.gif) no-repeat #eee; }
#contact a:hover {background url(contact_over.gif) no-repeat #eee; }
```

Rollovers sin carga previa

Otro método muy popular para trabajar con *rollovers* de imagen es lo que se conoce como el método Pixy, introducido por Peter Staníèek (alias "Pixy") en su artículo "Fast Rollovers without Preload" (wellstyled.com/css-nopreload-rollovers.html). En este método, todos los estados de *rollover* se sitúan en una imagen y sólo cambia el background-position para cada estado del vínculo. Así se evita la necesidad de cargar o cargar previamente imágenes y se acelera el tiempo de muestra en pantalla.

La figura 24.14 muestra la imagen que contiene las imágenes de fondo y el estado en el que el puntero se detiene sobre el vínculo. La regla de estilo cambia la posición imagen de fondo inicial revelando la porción adecuada de la imagen.

```
a { display: block;
   width: 150px;
   height: 30px;
   background: url(allbuttons.gif) top left no-repeat #666; }

a:hover {
   background url(allbuttons.gif) 30px left no-repeat #eee; }
```

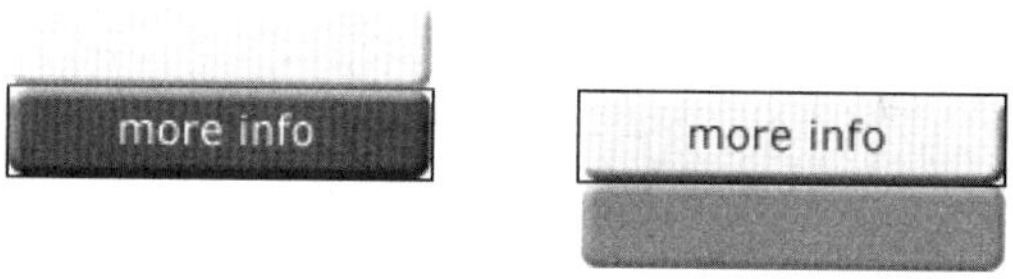

Figura 24.14. Todos los estados de rollover contenidos en una sola imagen.

Advertencia: Aplicar imágenes de fondo y *rollovers* puede causar un parpadeo en Internet Explorer para Windows. Una solución consiste en aplicar la imagen de fondo al vínculo (a) y a su elemento contenedor. Para estudiar este problema y sus posibles soluciones con más detalle, consulte el artículo "Minimize Flickering CSS Backgound Imagen en IE6", de Ryan Carver en www.fivesevensix.com/studies/ie6flicker/.

Barras de navegación basadas en listas

Las barras de navegación horizontales son un clásico del diseño Web. Tradicionalmente se creaban con varios vínculos de texto adyacentes. No daba mucho significado al marcado del documento fuente. Si se piensa en ello, tiene sentido que una lista de opciones de navegación se marque como una lista en la fuente. Con CSS es posible darle el marcado semántico apropiado al tiempo que las opciones se presentan visualmente como la barra horizontal con la que estamos tan familiarizados.

Hay dos formas de convertir una lista de boliches en una barra de navegación horizontal. La primera opción hace que los elementos de la lista se muestren en línea en lugar de uno debajo del otro (el modo predeterminado para elementos de bloque). La segunda opción utiliza flotamientos para poner en línea los elementos y vínculos de la lista. Los dos ejemplos que siguen utilizan este marcado para una lista no numerada ordinaria con cinco elementos de lista. La figura 24.15 muestra el aspecto que tendría utilizando los estilos por defecto del navegador.

```
<ul id="nav">
   <li><a href="/">Water</a></li>
   <li><a href="/">Fire</a></li>
   <li><a href="/">Air</a></li>
   <li><a href="/">Earth</a></li>
   <li><a href="/">Beyond</a></li>
</ul>
```

Figura 24.15. La lista sin estilo.

Elementos de lista en línea

Comenzaremos con las reglas de estilo mínimas para eliminar los boliches (`list-style-type: none`) y haciendo que los elementos de la lista aparezcan uno al lado del otro en lugar de en un listado (`display: inline`). Se ajustan los márgenes y el relleno a 0 para preparar el estilo del elemento ancla (`a`). La figura 24.16 muestra el resultado de los estilos.

```
ul#nav {
   list-style-type: none;
   margin: 0px;
   padding: 0px; }

ul#nav li {
   display: inline; }
```

Figura 24.16. Hacer que una lista se muestre en sentido horizontal.

Con las piezas ya colocadas puede aplicar cualquier estilo a los elementos ancla (a). En este ejemplo, se han eliminado los subrayados del vínculo, se ha añadido un borde, un color de fondo y relleno. Se ha especificado un estilo alternativo para el estado de *rollover*, tal y como mostramos en la sección anterior. La figura 24.17 muestra la lista de navegación resultante, pero es solo un ejemplo de lo que puede hacerse.

```
ul#nav li a {
   padding: 5px 20px;
   margin: 0px 2px;
   border: 1px solid #666;
   background-color: #CCC;
   text-decoration: none;
   text-align: center; }

ul#nav li a:hover {
   background-color: #333;
   color: #FFF;
```

Figura 24.17. Añadir estilos a la lista en línea.

Elementos de lista flotados

El otro método para crear listas horizontales utiliza la propiedad `float` para hacer que los elementos de lista se alineen uno junto al otro. Al utilizar `float` es importante ajustar el siguiente elemento de la fuente a `clear: both` para garantizar que ningún contenido de la página se ajuste en torno a la lista.

Ésta es solo una de las posibilidades para dar formato a elementos de lista flotados. Los pasos principales consisten en desactivar los boliches (`list-style: none`), flotar los elementos de la lista (`float: left`) y aplicar estilos a los vínculos (a) como elementos de bloque.

```
ul#nav {
   list-style: none;
   margin: 0;
   padding: 0; }

ul#nav li {
   float: left;
```

```
   margin: 0 2px;
   padding: 0; }

ul#nav li a {
   display: block; /*permite ajustes de altura y anchura en un elemento */
   float: left;    /*indicado solo para ajustar la muestra en pantalla en
   IE-Mac */
   width: 100px;
   height: 28px;
   line-height: 28px;
   background: url(tab.gif) #CCC no-repeat;
   text-decoration: none;
   text-align: center; }

/*Truco para ocultar la regla en IE5-Mac \*/
ul#nav li a { float: none; }
/* Fin del truco para IE5-Mac*/

ul#nav li a:hover {
   background: url(tab_over.gif) #333 no-repeat;
   color: #FFF; }
```

Esta vez, en lugar de un color de fondo sólido, los vínculos tienen una imagen de fondo que cambia con los *rollovers*, tal y como muestra la figura 24.18.

Figura 24.18. Navegación tabulada creada con elementos de lista flotados.

Más tutoriales de listas y navegación tabulada

El ejemplo de esta sección es sólo la introducción más elemental al uso de CSS para la creación de navegación tabulada a partir de un marcado de lista lógico semánticamente. Si desea ver técnicas más sofisticadas y tutoriales en profundidad, estos son solo algunos de los numerosos recursos en línea:

- **"Sliding Doors of CSS (Parts I and II)", publicado por Douglas Bowman** (**`www.alistapart.com/articles/slidingdoors`** y **`www.alistapart.com/articles/sliddingdoors2`**): Un problema del ejemplo de lista flotada mostrado arriba es que si un usuario cambia el tamaño del texto, éste saldrá de la pestaña. En este artículo Doug Bowman presenta una ingeniosa técnica para que las pestañas cambien con el tamaño del texto.
- **"Accessible Image-Tab Rollovers", de David Shea** (**`www.simplebits.com/notebook/2003/09/30/accessible_imagetab_rollovers.html`**): Este tutorial combina navegación tabulada basada en lista con técnicas de reemplazo por imágenes.

"CSS Design: Taming Lists", de Mark Newhouse (`www.alistapart.com/stories/taminglists`): Este artículo muestra muchos trucos CSS para controlar la presentación de listas, incluyendo varias aplicaciones de elementos de lista en línea.

Recursos sobre técnicas CSS

Con CSS (y algo de habilidad) puede dar a sus páginas el aspecto que desee. El único límite es su imaginación. Para ver cómo puede ser de sofisticado el diseño Web basado en CSS le recomiendo visitar la página "CSS Zen Garden" en `www.csszengarden.bom`. Es un escaparate de fascinantes diseños, todos basados en el mismo documento XHTML.

Estos son algunos de los recursos en línea con tutoriales, trucos y técnicas CSS.

- **A List Apart (`www.alistapart.com`)**: A List Apart es una fuente fundamental para artículos sobre CSS y otros temas relacionados con el diseño Web. Sus colaboradores son auténticas autoridades en el diseño Web.
- **Stopdesign (`www.stopdesign.com`)**: Doug Bowman es uno de los gurús del diseño Web basado en estándares. Su sitio ofrece tutoriales muy útiles y comentarios sobre el diseño con CSS.
- **Mezzoblue (`www.mezzoblue.com`)**: Es el sitio personal de Dave Shea, el creador de CSS Zen Garden.
- **Meyerweb (`www.meyerweb.com`)**: El rey del CSS, Eric Meyer, publica sus pruebas, trucos y tutoriales.
- **SimpleBits (`www.simplebits.com`)**: Es el sitio personal y profesional de Dan Cederholm, un destacado diseñador Web.
- **css-discuss wiki (`css-discuss.incutio.com`)**: Un "wiki" es un tipo de sitio Web cooperativo. Este wiki es el compañero de la popular lista de correo css-discuss (`www.css-discuss.org`) y sirve como referente de técnicas e ideas CSS generadas en la comunidad "css-discuss".

Capítulo 25

Administrar errores de navegador: soluciones, "hacks" y filtros

—Por Aaron Gustafson

En un mundo ideal el software sería perfecto, las recomendaciones del W3C serían claras y este capítulo no se escribiría. Bienvenido a la realidad.

Este capítulo va a presentar los errores de navegador más comunes con los que se encontrará al diseñar con CSS y le ayudará a resolverlos rápida y fácilmente utilizando lagunas de los propios navegadores, esto es, utilizar sus propios déficits en la comprensión y soporte de CSS en su "contra" (en forma de "hacks" y filtros). En primer lugar, el capítulo abordará los navegadores que muestran errores y desarrollará estrategias para cada uno de ellos.

Trabajar con navegadores "problemáticos"

Antes de pasar al listado de todos los problemas con los que tendremos que tratar como diseñadores Web en el trabajo con navegadores, es importante comprender por qué los navegadores dan fallos.

Cualquiera que haya leído las especificaciones del W3C habrá advertido que no son claras en muchas áreas y que no son una guía perfecta de implementación para los creadores de navegadores. En muchos casos, estos desarrolladores tienen que interpretar lo que leen en las especificaciones e intentar hacer que funcionen. En otros casos, tienen que tomarse decisiones que se desvían de las especificaciones para facilitar la vida del diseñador o desarrollador (vea el problema del modelo de cajas de Internet Explorer más adelante).

Podríamos pasar horas discutiendo los problemas de cualquier navegador, pero lo mejor es comprender que ningún navegador es perfecto. Ser consciente de los problemas de cada navegador y buscar soluciones para esos problemas es mucho más constructivo. Este capítulo le ayudará a hacerlo.

Los navegadores

Esta sección presenta los principales navegadores y los "hacks" y filtros que pueden utilizarse para garantizar que utilizan las reglas CSS que necesitan para renderizar adecuadamente las páginas. Comenzaremos con algunos de los navegadores más antiguos e iremos avanzando hacia la modernidad.

Netscape Navigator 4.x

Afortunadamente, este navegador está casi prácticamente fuera del mercado, con una presencia inferior al 0,3% de acuerdo a la mayoría de estadísticas y en un porcentaje que se reduce constantemente. Cuando salió a la luz, en 1997, era un navegador excepcional, pero no ha "envejecido" tan bien.

El soporte para CSS de NN4.x es bastante básico y aunque algunos dedican su tiempo a diseñar para él, la mayoría de los sitios no reciben el tráfico que sería necesario para dedicar tiempo a resolver sus problemas. De hecho, la mayoría de los diseñadores CSS y de los defensores de los estándares Web abrazan la idea de una "degradación digna" y sólo proporcionan los elementos de estilo más rudimentarios (fuentes y colores) para este navegador desfasado.

Asegúrese de consultar las estadísticas de su sitio para decidir si necesita degradar el diseño para un determinado navegador. Recuerde que los porcentajes pueden llevar al error: un 0.3% de los usuarios que visitan su galería fotográfica personal está muy lejos del 0.3% de visitantes de un sitio como eBay. Para que un diseño se degrade dignamente para NN4.x debe servirlo en una hoja de estilo sencilla y ocultar lo que el navegador no comprende. Puede conseguirse fácilmente utilizando la comprensión básica de NN4.x de CSS en su contra, de dos modos. La primera opción implica el uso de la regla `@import`, que NN4.x no comprende:

```
<link rel="stylesheet" type="text/css" href="my_basic.css" />
<style type="text/css">@import(my_advanced.css)</style>
```

En el ejemplo de arriba, NN4.x aplica la primera hoja de estilo porque comprende cómo "vincular" una hoja de estilo. Ignora la segunda hoja de estilo porque no sabe qué es `@import`.

Durante años éste fue el método favorito para degradar diseños para NN4.x, pero tiene un efecto negativo: provoca un error denominado FOUC (*flash of unstyled content* o "instante de contenido sin estilos") si la cabecera del documento no contiene ningún elemento `link` o `script` (si desea más información sobre este error visite `www.bluerobot.com/web/css/fouc.asp.`).

Un nuevo método aprovecha que NN4.x solo comprende el tipo de medios `screen`, así que añade tipos de medios adicionales a la etiqueta `link` para evitar NN4.x y obtener las ventajas añadidas de ocultar los estilos más avanzados de muchos dispositivos de mano, dejando a un lado el error FOUC.

```
<link rel="stylesheet" type="text/css" media="screen,projection"
href="my_advanced.css" />
```

Internet Explorer 5.x para Windows

Internet Explorer 5.x para Windows (IE 5.x/Win) fue el navegador que dio origen a los "hacks" CSS. Esta versión ha dado muchos problemas a los diseñadores CSS y tal vez el peor de todos ellos fue su defectuosa implementación del modelo de cajas. Pasaremos al "hack" para este problema en un momento pero antes vamos a ver por qué se creó.

El mejor modo de explicar el modelo de cajas W3C quizás sea presentándolo como "aditivo". Por ejemplo, la anchura total de la caja de un elemento es la suma de su `border-left-width`, `padding-left`, `width`, `padding-right` y `border-right-width`. Por el contrario, el modelo de cajas implementado por IE 5.x/Win, también denominado "modelo de cajas de borde", es "substractivo". Según esta interpretación errónea, la anchura global de un elemento es el valor definido como `width`, y `padding` y `border` se sustraen de ese valor.

Eche un vistazo a este ejemplo:

```
div {
   border: 5px;
   margin: 20px;
   padding: 20px;
   width: 200px;
}
```

Para ilustrar la diferencia entre los dos modelos de cajas mire la figura 25.1.

Se ve claramente que puede suponer un problema, especialmente en diseños basados en columnas. En los navegadores que renderizan de acuerdo a la especificación, la anchura total de la caja del elemento es de 250 píxeles, es decir:

```
5px+20px+200px+20px+5px
```

El modelo de cajas de borde mantendría en 200 píxeles la anchura global de la caja, reduciendo el contenido (dentro del borde y del relleno) a 150 píxeles:

```
200px-5px-20px-20px-5px
```

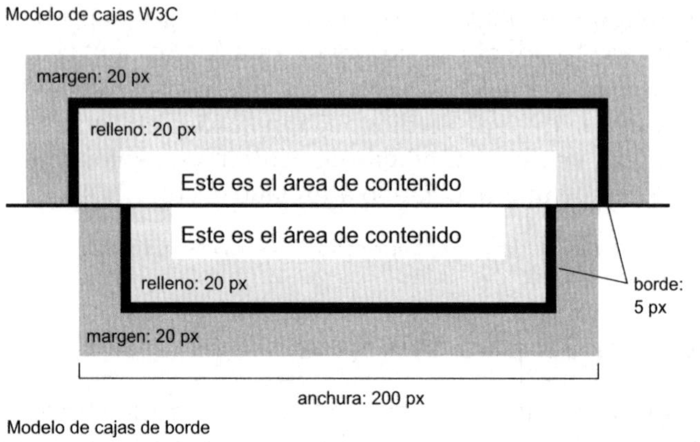

Figura 25.1. Una comparación de los modelos de cajas W3C y de borde.

Para que IE5.x/Win no dé ningún problema, Tantek elik, un empleado de Microsoft que trabajaba para la versión de IE para Mac, inventó el denominado "hack" del modelo de cajas. Este "hack" utiliza la propiedad `voice-family` (sin soporte en los navegadores) junto con algunas comillas escapadas para que IE 5.x/Win pensara que el bloque de declaración se había cerrado. Este ejemplo muestra su uso en un `div`:

```
div {
   border 5px;
   margin: 20px;
   padding: 20px;
   width: 240px;  /* <-- 1 anchura errónea suministrada a WinIE5.x
   voice-family: "\"}\"" ";/* <-- 2 WinIE5.x ve el final de la regla*/
   voice-family: inherit;  /* <-- 3 se restablece el análisis sintáctico
                                correcto de los navegadores */
   width: 200px;  /* <-- 4 anchura real
}
```

Este "hack" creaba un pequeño problema en la versión Opera disponible en ese momento (que no entendía la propiedad `voice-family`), las versiones más recientes de Opera no tienen este problema, así que puede pasar por alto la antigua solución.

Más recientemente Tantek ideó un modo mejor de dirigirse a estos dos navegadores utilizando los denominados filtros. Al igual que se ocultan estilos a Netscape Navigator 4.x, puede "mostrar" una determinada hoja de estilo a uno de estos dos navegadores. Por ejemplo, para suministrar una determinada hoja de estilo a IE 5/Win usaría el siguiente `@import` en un elemento `style` en la cabecera del documento o (aún mejor) en una hoja de estilo vinculada o importada:

```
@media tty {
   i{content:"\";/*" "*/}}; @import 'hacks.pc.ie5.css'; {;}/*";}
}/* */
```

Para hacer lo mismo en IE5.5/Win, usaría:

```
@media tty {
   i{content:"\";/*" "*/}}; @import 'hacks.pc.ie55.css'; /*";}
}/* */
```

En un volumen como éste no podemos explicar con todo detalle estos filtros pero si quiere saber más visite el sitio de Tantek en `www.tantek.com/CSS/Examples`.

Utilizando filtros como estos puede mantener los "hacks" separados del CSS, el mejor modo de administrarlos a largo plazo.

Muchos problemas que aparecían en IE 5.x/Win también estaban presentes en IE 6. Además, si tiene problemas para encontrar un ordenador lo suficientemente viejo para que siga teniendo estos navegadores puede descargar las versiones en `browsers.evolt.org/?ie/32bit/standalone`. Ahora vamos a dejar por un momento el entorno Windows y a ver sus equivalentes para Mac, mejores pero aun así problemáticas.

Internet Explorer 5.x para Macintosh

En su momento, Internet Explorer 5 para Macintosh (IE 5.x/Mac) era el mejor para el diseño basado en CSS. El código de renderizado de IE 5/Mac, llamado motor Tasman fue el primero en ofrecer pleno soporte para CSS Nivel 1, HTML 4.01, PNG 1.0 y para selectores hermanos adyacentes e hijos (muy avanzado para el año 2000). Pero, dicho esto, hay que señalar también sus problemas.

Muchos de los problemas de IE 5.x/Mac giran sobre elementos posicionados y flotamientos, dando lugar a barras de desplazamiento innecesarias, elementos demasiado anchos, ajuste incorrecto y márgenes fantasma. Aunque hay soluciones bastante sencillas para estos errores, algunos diseñadores CSS han empezado a degradar sus diseños también para IE 5.x/Mac. Dicho esto, hay muchos que siguen ofreciendo soporte para IE 5.x/Mac para servir a todos los que utilizan Macs que sólo pueden ejecutar Mac OS 9.x, y para los que, por tanto, IE 5.1/Mac sigue siendo el mejor navegador. De nuevo, consulte los registros de su servidor antes de descartar el soporte para este navegador.

Nota: Puede encontrar un compendio de muchos errores de IE 5.x/Mac (así como sus soluciones) en `www.macedition.com/cb/ie5macbugs/index.html`.

Existen distintos modos de ocultar reglas CSS para Ineternet Explorer en las versiones 5.x/Mac. Éste es el primero de ellos (`www.sam-i-am.com/work/sandbox/css/mac_ie5_hack.html`):

```
div {
   color: red; /* <-- se muestra a IE5.x/Macbarra invertida --> \*/
   color: green;  /* <--se oculta de IE5.x/Mac restablece -->*/
}
```

Internet Explorer 5.x/Mac ve la barra invertida (\) y escapa el asterisco (*) para leerlo como un caracter literal, haciendo que deje de ver el cierre del primer comentario. El navegador asume que todo lo que sigue forma parte del comentario y no aplica las reglas. Cuando llega al siguiente comentario ve que el comentario se cierra normalmente y asume que es el cierre del primer comentario. La figura 25.2 da una mejor idea de cómo IE 5.x/Mac analiza sintácticamente la regla de arriba (menos los contenidos de los comentarios) y cómo lo analizaría un navegador normal.

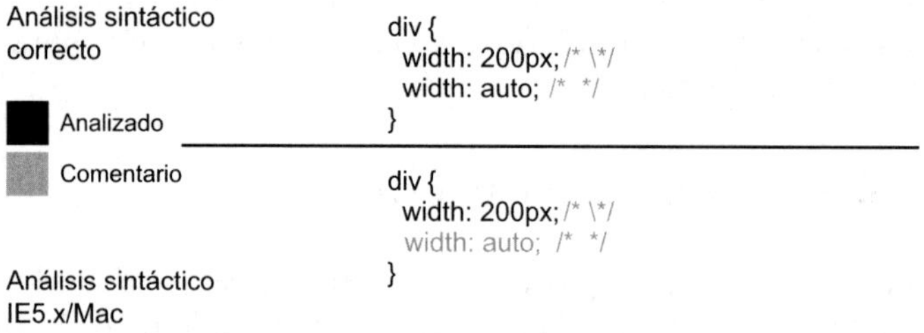

Figura 25.2. La interpretación correcta de la regla de la barra invertida comentada y la interpretación de IE5.x/Mac.

También puede aprovechar este error del que adolece el analizador de IE5.x/Mac para "mostrar" determinados estilos (o toda una hoja de estilo) a ese navegador, Como sucede con el "filtro de pasa banda" desarrollado por Tantek elik y documentado por Douglas Bowman (`www.stopdesign.com/examples/ie5mac-bpf`):

```
/*\*//*/
   @import "hacks.mac.ie5.css";
/**/
```

Este filtro invierte el "hack" anterior, mostrando la hoja de estilo importada a IE 5.x/Mac y ocultándola para el resto de navegadores. Si su sitio necesita tener soporte para IE 5.x/Mac es una herramienta muy útil que le permite poner en cuarentena todos los arreglos que necesita este navegador (consulte la tabla 25.1). De igual modo, si opta por degradar su diseño en ese navegador, puede importar la hoja de estilo que quiera ocultar a IE 5.x/Mac en la hoja de estilo que desee mostrarle.

Advertencia: La especificación del W3C permite que una regla `@import` reciba una cadena o una URL como un argumento. Como el W3C reconoce a las cadenas como cualquier valor comprendido entre comillas sencillas o dobles, es completamente legítimo utilizar cualquiera de estas tres formas para importar una hoja de estilo:

```
@import "my.css";
@import 'test2.css';
@import url(my.css);
```

Por ejemplo, en su documento podría añadir una hoja de estilo vinculada con la siguiente etiqueta:

```
<link rel="stylesheet" type="text/css" media="screen" href="simple.css" />
```

y, a continuación, dentro de esa hoja de estilo vinculada importar otra hoja de estilo más avanzada, teniendo cuidado de utilizar comillas simples en lugar de comillas dobles:

```
@import 'test2.css': /*<--importar para todos los demás navegadores*/

/* Las reglas para IE5.x/Mac van aquí*/
```

Este filtro cumple dos funciones, ya que también permite servir los estilos básicos para Netscape Navigator 4.x, así puede garantizar la consistencia de su diseño degradado.

Tabla 25.1. Errores de IE5.x/Mac y sus soluciones.

Error	Solución

Los elementos con posicionamiento absoluto en los extremos derechos e inferior de la pantalla crean barras de desplazamiento horizontal y vertical:
`div {`
`  position: absolute;`
`  bottom: 0;`
`  right: 0;`
`}`
	Anular los márgenes de 15px ocultos:
	`div {`
	`  right: 15px;`
	`  margin-right: -15px;`
	`  bottom: 15px;`
	`  margin-bottom: 15px;`
	`}`

Error	Solución

Márgenes abreviados no centrarán una tabla:
`table {`
`  margin: 0 auto;`
`}`
	Utilizar propiedades no abreviadas para ajustar los márgenes:
	`table {`
	`  margin-left: auto;`
	`  margin-right: auto;`
	`}`

Una imagen de fondo (`back-ground-image`) aplicada siempre se posicionabajo el `border` de un elemento.	Utilice otro elemento para el borde si éste debe estar fuera de la imagen de fondo.
Usar `overflow: auto` puede hacer que la página se expanda para ajustar todos los contenidos del elemento (aunque en parte estén ocultos),creando barras de desplazamiento.	Ajuste siempre las propiedades `width` y `height` en todos los elementos en los que haya establecido `overflow: auto`.
clear es heredado en elementos flotados si el elemento padre tiene un valor `clear`, aun cuando los elementos flotados tengan definido `clear: none`.	No hay solución disponible.

Internet Explorer 6

Este navegador, solo para Windows, es la perdición de muchos diseñadores CSS sobre todo porque su analizador sintáctico CSS y su motor de diseño (Trident) no han sido actualizados desde que el navegador salió a la luz a finales de 2001. Las principales diferencias entre Internet Explorer 6 (IE 6) y las series IE5 para el PC (introducidas por primera vez en 1999) fueron la inclusión del cambio DOCTYPE y la corrección de numerosos errores de CSS 1 en "modo estándares".

Como el motor de renderizado de IE 6/Windows no ha cambiado desde que salió a la luz, sus fallos (véase la tabla 25.1) están bastante bien documentados y hay varios modos para ocultar/mostrar determinados estilos. Puede encontrar información sobre estos y otros errores en `www.positioniseverything.net/explorer.html`.

Para mostrar a IE 5+ un determinado bloque de declaración puede usar el "hack Tan" (`www.info.com.ph/~etan/w3pantheon/style/starhtmlbug.html`) o el conocido como "hack *html" (star html):

```
div {
   color:green;
}
* html div { /* <--seleccionará IE5+ */
   color: red;
}
```

En cualquier documento (X)HTML, `html` es el elemento raíz (no tiene padre). Lo que hace este "hack" es seleccionar un elemento (en el ejemplo, un `div`) descendiente de `html`, que sea un descendiente de algo (utilizando el selector universal: *). Teóricamente, es imposible hacerlo, pero IE5+ tiene un padre implícito del elemento `html` en su modelo interno y ese padre implícito coincide con el asterisco inicial, convirtiéndolo en un modo de seleccionar determinadas reglas para resolver sus errores.

Es posible ocultar a Internet Explorer 5+/Win reglas de estilo utilizando para ello selectores que el navegador no sea capaz de comprender. Estos son algunos ejemplos:

```
body>div#content {
   color: green;
}
div+div#content {
   color: green;
}
div[id='content'] {
   color: green;
}
```

Todas estas reglas utilizan selectores CSS 2 (hijo, hermano adyacente y atributo, respectivamente) que IE 5+/Win no comprende. Cuando los navegadores encuentran algo que no comprenden lo ignoran, así que IE 5+/Win ignoraría todas estas reglas.

Una advertencia: cuando utilice selectores más avanzados (de las especificaciones CSS 2 o CSS 3) para ocultar reglas a navegadores más antiguos que no soportan esos selectores, asegúrese de que las reglas de estilo que escriben siguen una sintaxis CSS válida y de que los resultados que espera de esas reglas siguen las especificaciones. No utilice selectores avanzados para enviar reglas de estilo que pretendan resolver algún problema a navegadores no adecuados a los estándares.

Siempre que le resulte posible, utilice solamente los "hacks" y filtros CSS para trabajar con navegadores antiguos u obsoletos. Evite utilizarlos para las versiones actuales de los navegadores, ya que el código probablemente se rompería cuando se tuvieran que actualizar esos navegadores. Teniendo esto en cuenta, la tabla 25.2 ofrece un listado de algunos errores de IE 5+/Win y posibles soluciones.

Tabla 25.2. Errores IE 5+/Windows y sus soluciones.

Error	Solución

El contenido que aparece al lado de un elemento flotado dentro de una caja con `width: 100%;` desaparecerá (bug "peek-a-boo", solo IE 6).	Aplique `height: 1%` a la caja contenedora (pero ocúltelo de IE5.x/Mac):
	`/*\*/ * htmal div {`
	`  height: 1%;`
	`}/**/`
	Se conoce como el *Holly Hack* (el "Hack sagrado"). Funciona ajustando la altura de un bloque a un valor pequeño (1% funciona casi universalmente). IE5+/Win hará una caja más alta para ajustar el contenido (tratando `height` como `min-height`) y hará que IE 5+/Win se comporte como debiera en muchas situaciones.

Los fondos de listas (`dl`, `ol` y `ul`) desaparecen en un bloque que tenga posición relativa y flotamiento.	Posicionamiento relativo de la lista afecta (ocultándolo de IE5.x/Mac, que no da este fallo);
	`/*\*/ * htmal ul {`
	`  position: relative;`
	`}/**/`
	Aunque técnicamente no es un "hack", al utilizar `position: relative;` puede evitar situaciones bastante desagradables con IE5+/Win. En muchos casos no querrá aplicar esta regla porque da lugar a un nuevo bloque contenedor, así que utilícela con cuidado.

Las partes inferiores de los elementos flotados se cortan cuando se mantiene el puntero sobre determinados vínculos del bloque contenedor.	Aplique el "hack sagrado" a la caja contenedora.
Un elemento con posicionamiento absoluto que esté dentro de un elemento con posicionamiento relativo tiene contenido que desborda la parte inferior de la página sin barras deslizantes.	Aplique el "hack sagrado" a la caja contenedora.

Error	Solución
Si se flotan varios elementos contiguos, el texto del último suele duplicarse. (Consulte `www.positioniseverything.net/explorer/dup-characters.html`).	Reduzca la anchura de los elementos flotados para que no lleguen al extremo del contenedor o reduzca a `-3px` o menos el margen derecho (`margin-right`) del último elemento flotado.

Los márgenes de un elemento flotado que están en el lado hacia el que se flota se doblan:
`div {`
`float: left;`
`margin: left: 100px;`
`}`
	Ajuste el `display: inline;` del elemento flotado. De acuerdo al W3C, `display` debería ignorarse en los elementos flotados a menos que su valor sea `none` (`www.w3.org/TR/CSS2/visuren.html#floats`).

Hay un hueco de 3 píxeles entre el texto de un elemento a nivel de bloque y un elemento flotado en torno al cual fluye.	Aplique el "hack sagrado" al elemento a nivel de bloque.
Un elemento a nivel de bloque que limpie un flotamiento doblará su `padding-top` si el contenido que fluye en torno al flotamiento no va más allá de su parte inferior (afecta a IE 5.5/6 para Windows).	Aplique el "hack sagrado" al elemento a nivel de bloque que limpia el flotamiento.
Las anclas dentro de un contenedor con posicionamiento relativo perderán su imagen de fondo aplicada.	Posicionamiento relativo para las anclas.
Cuando una caja con un `margin` está anidada en una caja con `padding`, el `margin-top` de la caja interior y el `padding-top` de la exterior no se suman.	Doble el `margin-top` de la caja interna.
Los nombres `class` o `id` que comienzan con un guión bajo (_) se ignoran.	Evite utilizar este tipo de nombres.
El valor `left` de un elemento con posicionamiento absoluto se calcula respecto al extremo izquierdo del primer elemento del bloque contenedor, no respecto al bloque contenedor en sí (IE 5.5 y 6 para Windows).	Ajuste el valor `left` convenientemente o dé un posicionamiento absoluto al bloque contenedor.

Error	Solución
Se ignoran los márgenes aplicados a una tabla (IE 6 ignora todos los márgenes, IE5.x/Win solo ignora `margin-top` y `margin-bottom`).	Ponga la tabla dentro de un div y aplique los márgenes al div.

La familia Mozilla (Mozilla, Firefox y Netscape)

Mozilla siempre ha sido un navegador muy popular entre los programadores Linux y cuando su última encarnación, Firefox, todavía estaba en su versión beta, ya causó bastante revuelo en el mundo CSS por los avances hechos en su motor de diseño, Gecko. Cuando Firefox 1.0 salió a la luz, Gecko era el motor de renderizado más cercano a las especificaciones del W3C y ofrecía suficiente soporte para CSS 3 como para hacer babear a los diseñadores CSS más duros. Todos los navegadores de la familia Mozilla (Camino, Firefox, Mozilla y Netscape) utilizan Gecko.

Nota: Netscape 8 (actualmente solo disponible para Windows) permite al usuario pasar entre el motor Gecko y el Trident de Internet Explorer. AOL, el antiguo padre de Mozilla, ha sacado a la luz su propio navegador.

A pesar de todos los esfuerzos, el motor Gecko todavía tiene que resolver algunos problemas (véase la tabla 25.3). En este momento la Fundación Mozilla ha sacado una versión beta de Firefox 1.5 y hasta ahora no se han descubierto errores.

Tabla 25.3. Errores Gecko y sus soluciones.

Error	Solución
position: relative; no tiene soporte en elementos table.	Ajustar la tabla en otro elemento a nivel de bloque que pueda tener posicionamiento relativo, como un `div`.
Cualquier elemento flotado que siga a una cabecera (`h1`, `h2`, etc.) quedará cubierto por la primera línea del texto que debería flotar alrededor.	No hay ninguna solución disponible.

Safari

Safari es el navegador de Apple que comenzó su viaje con OS X 10.3 (Panther) a finales de 2003 y que ahora se ha convertido en el navegador por defecto para

Macintosh. Utiliza el motor de diseño WebCore, basado en el motor KTHML de Konqueror. Safari 2.0 (también conocido como Safari RSS) vio la luz en 2005 junto con OS X 10.4 (Tiger), tan solo dos días después de que David Hyatt, el desarrollador jefe de Safari, y su equipo consiguieran convertir a Safari en el primer navegador que superara el test Acid2 del Proyecto de Estándares Web. Hasta Safari 2.0.2, que acaba de salir a la luz, no se hicieron mejoras significativas desde la versión 1.1.

Nota: El test Acid2 (`www.webstandars.org/act/acid2/`) fue publicado a mediados de abril de 2005 por el Proyecto de Estándares Web como herramienta para que los creadores de navegadores y de herramientas de diseño pudieran probar su adecuación a los estándares. En este momento, las versiones en desarrollo de iCab y Konqueror han superado el test y Opera debería haberlo hecho cuando este libro se publique. El 31 de octubre de 2005, Safari 2.0.2 se convirtió en el primer navegador publicado no beta en superar Acid2. Konqueror es el navegador Web y el sistema de administración de archivos del entorno K Desktop (KDE) y es bastante popular en Linux/Unix. Actualmente su cuota de mercado es demasiado pequeña como para estudiarlo aquí pero los desarrolladores están trabajando para volver a integrar en KTHML gran parte del trabajo hecho en el motor de diseño WebCore de Safari.

En este momento, no hay ningún filtro ni "hack" realmente fiable para Safari y, con la publicación de la revisión del motor de diseño WebCore, la cuota de mercado de las versiones más antiguas de Safari ha caído antes de que llegue a crearse ningún "hack". De igual modo, aunque las versiones iniciales de Safari (1.x) tienen numerosos errores, a partir de la versión 2.0+ quedaron relativamente pocos errores en el navegador Safari (véase la tabla 25.4).

Tabla 25.4. Errores Safari y sus soluciones.

Error	Solución

Si la propiedad `display` de un `fieldset` se ajusta a `inline`, no se podrán pulsar los controles.
`fieldset {`
`  display: inline;`
`}`
	Posicione el `fieldset`:
	`fieldset {`
	`  display: inline;`
	`  position: relative;`
	`}`

Si se combina `:hover` con un hermano adyacente en un selector, se dan errores de comportamiento:
`dt:hover+dd {`
`  color: green;`
`}`
	No hay solución disponible.

Error	Solución
Si se amplía el tamaño de fuente, el contenido generado puede hacer que el texto se desplace fuera de la caja.	No hay solución disponible.

Opera

Históricamente, Opera ha tenido algunos errores CSS, pero las últimas versiones han sido bastante estables. Las cuotas de mercado de este navegador han sido bastante bajas hasta que en septiembre de 2005, con la publicación de Opera 8.5, el navegador se abrió al público y su cuota de mercado creció. Ese mismo año, Opera hizo también incursiones en el mercado móvil con Opera 8 y Opera Mini.

En este momento, Opera está ultimando la versión 9 de su navegador, que utiliza el motor Presto y está a punto de superar el test Acid2. Las versiones 8 y 8.5 tienen muy pocos errores de los que hablar (consulte la tabla 25.5), es fácil dar soporte a este navegador y no son necesarios "hacks" ni filtros.

Tabla 25.5. Errores Opera y sus soluciones.

Error	Solución

Si se utiliza la propiedad `border-width` de un bloque con posicionamiento absoluto a la parte inferior de su contenedor, dará un `padding-bottom` igual al valor de `border-top` (afecta a Opera 7.5-8.5).
`div {`
`  position: absolute;`
`  bottom: 0;`
`  border: solid #000;`
`  border-width: 20px 10px`
`      10px 5px;`
`}`
	Ajustar los distintos anchos de borde a través de propiedades `border-width-*` individuales:
	`div {`
	`  position: absolute;`
	`  bottom: 0;`
	`  border: 10px solid #000;`
	`  border-top-width: 20px;`
	`  border-left-width: 5px;`
	`}`

Si se combina la pseudoclase `:hover` con un hermano adyacente en un selector no funciona.
`dt:hover+dd {`
`  color: green;`
`}`
	No hay solución disponible.

Error	Solución
Cuando dentro de un bloque contenedor posicionado en una página con `text-align: center` o `text-align: right`, hay un elemento con posicionamiento absoluto, éste se posicionará en función de donde debería haber estado el bloque contenedor si no hubiera sido afectado por la alineación de texto.	No hay solución disponible.

El ABC de los "hacks" y las soluciones

Ahora que le hemos llenado la cabeza con "hacks" y soluciones necesarias para trabajar con los navegadores modernos es hora de poner algo de orden. En el mundo de los navegadores, el cambio es bastante lento. Tiene que planear para el futuro y con la idea de que desaparezcan algunos navegadores. Tendrá que desarrollar una estrategia para el trabajo a largo plazo.

Molly E. Holzschlag escribió un artículo excelente sobre este tema para InformIT llamado "Integrated Web Design: Strategies for Long-Term CSS Hack Management", que puede encontrar en `www.informit.com/articles/article.asp?p=170511&rl=1`. Como destaca el artículo, puede administrar el uso de "hacks" tomando decisiones claras sobre los "hacks" que utiliza y cómo integrarlos con el resto de su CSS. ¿Cómo organizaría sus medios de pantalla para un sitio que tuviera los siguientes requisitos?

- Soporte completo para Internet Explorer 5.5+/Win, Netscape 7.1+, Firefox, Safari y Opera.
- Soporte degradado para NN4.x (tipografía) e Internet Explorer 5.x/Mac (tipografía y color).
- Información cromática fácil de añadir y cambiar.

En ocasiones, si se dibuja la página en el papel se obtiene una imagen más clara. En la siguiente página, la figura 25.3 presenta un modo en el que podría cumplir los requisitos.

Si comienza por la izquierda con la página (X)HTML, verá este vínculo a un archivo CSS (`main.css`)

```
<link rel="stylesheet" type="text/css" media="screen" href="main.css" />
```

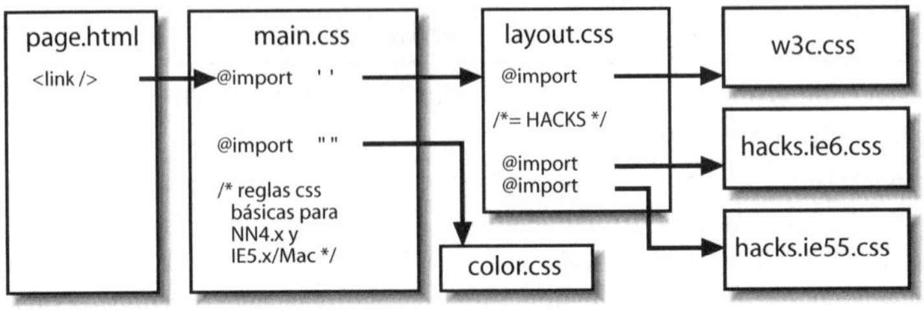

Figura 25.3. Una presentación básica de administración de reglas y archivos CSS.

Ese archivo contiene las reglas básicas que quiere mostrar a NN4.x e IE 5.x/Mac así como dos reglas `@import`. El primer `@import` utiliza comillas simples (') para ocultar la importación de `layout.css` a IE 5.x/Mac; la segunda utiliza comillas dobles para que IE 5.x/Mac pueda ver el archivo `color.css`.

```
/*-------------------------------------------------------------
CSS principal de MySite.com
-------------------------------------------------------------*/

/* =DISEÑO (OCULTO A IE5.x/MAC USANDO ') */

@import 'layout.css';

/* =COLOR */
@import "color.css";

/* =COMIENZA CSS PARA TIPOGRAFÍA */
```

Siguiendo con el esquema llegamos al archivo `layout.css`, que contiene una serie de reglas `@import`. Así sería el archivo:

```
/*-----------------------------------------------------
Diseño CSS para MySite.com
Notas: Este archivo vincula a otros archivos necesarios para el diseño.
-----------------------------------------------------*/

/* =NAVEGADORES ADECUADOS AL W3C */
@import "/css/w3c.css";

/*-----------------------------------------------------------
HACKS & SOLUCIONES
-----------------------------------------------------------*/
/*=IE 6 (COMIENZAN LAS REGLAS * html) */
@import "hacks.ie6.css";
/* =IE 5.5 (FILTRO) */
@media tty {
   i{content:"\";/*" "*/}}@m; import 'hacks.ie55.css'; /*";}
}/* */
```

Observe cuántos comentarios. Así garantiza que quien quiera que vea este archivo (un colega, cliente o un nuevo desarrollador del proyecto) lo comprenderá inmediatamente.

Imagine que el sitio se está ejecutando y observa una gran afluencia de usuarios con IE 5.x/Mac, así que se decide ofrecer pleno soporte para este navegador. Añadirlo es muy sencillo: basta con cambiar `@import` para el archivo `layout.css` para que utilice comillas dobles en lugar de simples:

```
/* =DISEÑO */
@import "layout.css";
```

y añadir el filtro pasa banda IE 5.x/Mac bajo la cabecera "Hacks & Soluciones":

```
/*---------------------------------------------------------
HACKS & SOLUCIONES
---------------------------------------------------------*/
/*=IE6 (COMIENZAN LAS REGLAS * html) */
@import "hacks.ie6.css";
/* =IE5.5 (FILTER) */
@media tty {
   i{content:"\";/*" "*/}}@m; import 'hacks.ie55.css'; /*";}
}/* */
/* =IE5.x/Mac (FILTRO) */
/*\*//*/
   @import "hacks.mac.ie5.css";
/**/
```

De igual modo, si las estadísticas muestran que IE 5.5/Win no ha sido utilizado y que, por tanto, ya no hay que ofrecer soporte, puede dejar fuera todo el bloque de filtro IE 5.5.

Organizando sus archivos con esta técnica (una técnica que Tantek elik denomina "corrección quirúrgica"), puede ahorrarse muchos problemas. No tendrá que buscar a través de cientos de líneas un "hack" que utilizó para un determinado navegador, cuando ya no necesita seguir ofreciéndole soporte. Con un CSS bien y claramente organizado y preparado, puede eliminar "hacks" cuando se han hecho obsoletos, dejando un CSS limpio y libre de "hacks".

Parte IV

La capa de comportamientos: JavaScript y DOM

Capítulo 26

Introducción a JavaScript

—Por Aaron Gustafson

Una página Web con un marcado semántico y buen diseño (con CSS, claro) es maravillosa, pero eso no la convierte en una auténtica "experiencia", debe tener interactividad. Es lo que se denomina "capa de comportamientos" y, en la mayoría de los casos, se hace posible a través del uso de una tecnología denominada JavaScript. Este capítulo le conducirá a través de una pequeña historia de JavaScript para pasar a explicar los bloques de construcción básicos del JavaScript moderno.

Antecedentes

JavaScript es un lenguaje de programación basado en prototipos y objetos que arrancó en 1995 como la creación de Brendan Eich en Netscape. Originalmente se llamó Mocha y luego LiveScript, antes de pasar a llamarse JavaScript con su publicación en Netscape Navigator 2.0 Beta 3 en diciembre de 1995.

Es importante señalar que JavaScript no es Java. Ambos son parecidos al lenguaje de programación C y comparten una sintaxis parecida, pero ahí terminan sus semejanzas. El lenguaje de programación Java estaba creando bastante revuelo en el mundo informático cuando Netscape estaba ultimando su LiveScript y, de algún modo, se tomó la decisión de llamar al lenguaje JavaScript para su aprovechar ese revuelo. Por desgracia, solo sirvió para añadir confusión en lugar de para mejorar la popularidad de JavaScript.

JavaScript se estandarizó en 1996 cuando se dejó en manos de la ECMA su mantenimiento y desarrollo posterior. La última versión, JavaScript 1.5, llegó en 1999 y corresponde a la ECMA-262 Edición 3. En consecuencia, a veces se alude a JavaScript como ECMAScript.

Microsoft ofrece un lenguaje, el VBScript, basado en Visual Basic, pero solo tiene soporte en Internet Explorer, por lo que no es una buena opción para la Web. También debería señalarse que Microsoft ofreció su propio puerto de JavaScript, JScript, que soporta la mayoría de las funciones estándar JavaScript (aunque en ocasiones de formas muy peculiares) y amplía algunas funcionalidades, pero, de nuevo, solo es para Internet Explorer.

JavaScript tiene usos que van más allá de los navegadores. Está disponible en documentos PDF, es un controlador principal de la plataforma Mozilla e incluso impulsa los Dashboard Widgets del Mac OS X 10.4 (Tiger) de Apple. Este uso de JavaScript queda fuera del contenido de este capítulo, pero si está interesado encontrará numerosos recursos en línea.

Hay que recordar que es un lenguaje de programación del lado del cliente, es decir, que se ejecuta en el ordenador del cliente y no en el servidor. Es una distinción importante porque significa que su implementación depende de las capacidades y ajustes del navegador que está viendo la página y, por eso, antes de pasar a estudiar cómo escribir JavaScript, vamos a hablar de los mejores modos de usar JavaScript.

Utilizar JavaScript

Como muchas herramientas, JavaScript tiene usos buenos y malos. Los malos usos de JavaScript están por todas partes: ventanas emergentes que se abren antes de poder cerrarlas, sitios que se definen como su página de inicio..., la lista sería interminable. Por eso, si está interesado en hacer estas cosas, deje de leer.

JavaScript: qué hacer y qué no hacer

Como profesionales Web tenemos el deber de hacer la experiencia del usuario tan positiva como sea posible y hacer accesibles nuestros sitios. Siempre tenemos que considerar cómo nuestras decisiones influirán en los usuarios. No sólo deberíamos utilizar JavaScript adecuadamente sino también de forma que la página pueda utilizarse sin él.

¿Qué? ¡¿Sin JavaScript?!

En muchas situaciones los usuarios no tendrán activado JavaScript, aunque su navegador lo soporte. En muchos entornos corporativos, se deshabilita por razones de seguridad. También, muchos expertos en accesibilidad han recomendado a los usuarios de dispositivos asistenciales (como lectores de pantalla) desactivar JavaScript por la abundancia de JavaScript intrusivo que dificulta la navegación por la Web.

Como con CSS, JavaScript debería "degradarse con gracia", en otras palabras, debería escribir los scripts de forma que siempre sepan si pueden ejecutarse o no, y que se suspendan si los métodos de los que hacen uso no están soportados. También es importante, por muchas razones, incluyendo la de la accesibilidad, que la página siga funcionando sin ningún problema con JavaScript desactivado.

Volveremos sobre este punto varias veces a lo largo de este capítulo y del siguiente. Ahora empezaremos a ver cómo utilizar JavaScript en sus páginas.

Métodos de implementación

JavaScript puede implementarse en una sola página o en todo un sitio. Como con CSS, puede incrustarse en un documento o estar fuera del documento. Los dos métodos se realizan con el elemento `script`.

Comenzaremos con el ejemplo incrustado.

```
<script type="text/javascript">
// <![CDATA[
... aquí va el código JavaScript...
   // ]]>
</script>
```

Como puede ver, el elemento `script` establece el bloque como si fuera un script y se ajusta el tipo MIME (utilizando el atributo `type`) a `text/javascript` (también se aceptaría `text/ecmascript`).

El `// <!CDATA[` y `// ]]>` quizás le resulten familiares, puede consultar el capítulo 7 para obtener más información sobre `CDATA`. Como en el caso de `//`, que ve delante de las distintas partes de la designación CDATA, son una de las formas de designar comentarios en JavaScript e indican al script anterior que ignore el resto de cada una de esas líneas.

Externalizar el JavaScript es el método preferido de implementación, porque le permite incluir las mismas funciones en varias páginas (y puede evitar declarar el contenido como `CDATA`). Así externalizaría un script:

```
<script type="text/javascript" src="my_script.js"></script>
```

En este ejemplo, hemos movido nuestro JavaScript a un archivo independiente y simplemente lo hemos incluido en el documento presentando su nombre de archivo como la fuente (`src`) del elemento `script`. Puede incluir todos los scripts que quiera de este modo e incluso combinar este método con scripts incrustados, como en este ejemplo de Google Analytics (`www.google.com/analytics/`):

```
<script src="http://www.google-analytics.com/urchin.js" type="text/
javascript"></script>
<script type="text/javascript">
   //  <![CDATA[
_uacct = "UA-XXXXXX-X";
urchinTracker();
//   ]]>
</script>
```

El script externo reside en el servidor Google y es el mismo para todos los que utilicen Google Analytics. El script incrustado establece la cuenta de usuario (la variable `_uacct`) y activa la función `urchinTracker`.

Se recomienda mantener los elementos `script` en un área común en la cabecera (`head`) de las páginas (X)HTML. Es fundamentalmente por razones de convención y para facilitar el mantenimiento. Después de todo, ¿quién quiere buscar un `script` en un documento de cientos o miles de líneas? Eso sí, `script` es también perfectamente válido en el `body`.

Sintaxis de JavaScript

JavaScript puede ser un lenguaje muy sencillo. De hecho es muy parecido a otros lenguajes Web como ActionScript (que es en sí un lenguaje de programación ECMA y es lenguaje que subyace a Flash) y PHP (lenguaje de programación del lado del servidor). Comenzaremos con los principios básicos.

Declaraciones

Cada script consiste en una serie de declaraciones. Las declaraciones pueden terminarse con un salto de línea:

```
primera declaración
segunda declaración
```

o con un punto y coma (;)

```
primera declaración; segunda declaración;
```

Para facilitar la legibilidad, y para evitar problemas de terminación de declaraciones, se recomienda usar ambos:

```
primera declaración;
segunda declaración;
```

Tamaño de archivo vs. Legibilidad

Utilizar espacios en blanco para mejorar la legibilidad tiene un inconveniente: aumenta el tamaño de archivo. Todos los espacios en blanco son considerados caracteres en el documento. Si hay muchos espacios en blanco (y comentarios), el archivo puede hacerse bastante grande.

Para equilibrar la necesidad de espacios en blanco y de comentarios por razones de legibilidad, con el deseo de descargas rápidas, muchos desarrolladores Web conservan dos copias de cada script: una copia "de trabajo" con los espacios blancos intactos y una versión de producción, comprimida, en la que se han recortado todos los espacios en blanco y comentarios innecesarios.

Comentarios

A veces es útil hacer notas para seguir la pista de lo que hace un script. Como con HTML, JavaScript le permite hacer comentarios en su código, pero de formas algo distintas. El primer estilo de comentario utiliza dos barras inclinadas:

```
// esto es un comentario
```

Este tipo de comentario hace que el intérprete ignore el resto de la línea. El segundo método le permite comentar a través de varias líneas:

```
/* esto es un comentario
multilínea o de bloque */
```

Además de utilizar comentarios para dejar notas, son también muy útiles en los procesos de corrección de errores: puede dejar una línea o sección del código en un comentario para averiguar si es la que está dando el error.

Variables

Aunque no se trate propiamente de un lenguaje escrito, en JavaScript tiene que declarar variables antes de comenzar a usarlas. Pero tiene mucha flexibilidad para nombrar y declarar variables.

Las variables se declaran utilizando la palabra clave reservada `var`. Los nombres de variable pueden tener cualquier extensión y contener números, letras y ciertos caracteres no alfanuméricos. Conviene evitar los operadores aritméticos

(+, -, *, /) y comillas (' y "). También tendrá que procurar que los nombres de variable no creen conflictos con palabras claves reservadas de JavaScript (`this`, `for`, `function`, etc.). Un buen editor de texto puede ayudarle a evitar estos problemas.

Los nombres de variables pueden escribirse en muchos casos y estilos, y como JavaScript es sensible al caso, cada uno de los siguientes ejemplos serían variables distintas:

```
var MYVAR; //mayúsculas
var myvar; //minúsculas
var myVar; //caso mezclado
var MyVar; //mayúsculas iniciales
var MyVaR; //caso mezclado
```

Es frecuente separar las palabras en los nombres de variable (o función) multipalabra con un guión bajo o escribirlos en "camelCase":

```
var my_cat;
var myCat;
```

Puede ser conveniente escribir todas las variables utilizando una convención y todos los nombres de función con otra para que sea más fácil distinguirlos:

```
var my_variable;
function myFunction() { ... }
```

Las variables también pueden tener sus valores asignados cuando se declaran:

```
var cat = 'Sabine';
```

o no:

```
var cat;
```

También puede declarar múltiples variables (con o sin asignación de valores) simultáneamente:

```
var girl_cat = 'Sabine', boy_cat= 'Dakota', tortoise;
```

Tipos de datos

Las variables JavaScript pueden ser uno de varios tipos de datos. Esos tipos de datos se dividen en dos categorías distintas: scalar y array. Las variables del tipo "scalar" tienen un solo valor. El valor puede ser una cadena, un número o un booleano. Las variables del tipo "array" pueden tener varios valores. Explicaremos cada tipo por separado.

Cadenas

Las cadenas se recogen entre comillas simples (') o dobles (") y pueden contener cero o más caracteres:

```
var empty = ' ';
var girl_cat = 'Sabine';
var boy_cat = "Dakota";
var zip_code = '06517';
```

Su cadena también puede contener comillas, pero tendrá que ser cuidadoso y escapar todas las comillas que utilice para recoger la cadena:

```
var my_string = 'This "quoted text" is fine';
my_string = "This 'quoted text' is fine";
my_string = 'This string\ 's "quote" is escaped';
my_string = "This string's \"quotes\" are escaped';
```

Puede ser un poco confuso si no mantiene una cierta coherencia. La mayoría de los desarrolladores JavaScript tienden a utilizar comillas simples para recoger cadenas. Es un legado de otros lenguajes en los que las cadenas con comillas dobles se procesan de forma distinta que las que tienen comillas simples.

Números

Es bastante obvio qué son los valores numéricos, estos son algunos ejemplos:

```
var my_age   =28;
var birth_year  = 1977;
var negNum    = -1.9304;
```

Booleanos

Son valores verdadero/falso. Pueden representarse con las palabras clave `true` y `false` (sin comillas) o con los números 1 y 0 respectivamente.

```
var bald  = false;   //No estoy calvo (I am not bald)
var bearded  = 1;    //Tengo barba (I do have a beard)
```

Arrays

Los arrays le permiten agrupar varios valores (llamados "miembros") en una sola variable. Los valores estándar de tipo array están indexados numéricamente comenzando por 0. Pueden declararse de distintas formas:

```
var array_1 = new Array ( ); //array vacío
var array_2 = new Array (2); //array con dos miembros indefinidos
var array_3 = [ ];           //array abreviado vacío
```

Como ocurría con los scalars, los valores de tipo array pueden establecer cuando se declaran:

```
var cats = new Array ( 'Sabine', 'Dakota' );
var names = ['Aaron', 'Kelly' ];
```

O bien, los valores pueden asignarse más tarde:

```
var cats = new Array ( );
cats [0] = 'Sabine';
cats[1] = 'Dakota';
```

Un array puede contener cualquier tipo de datos en sus miembros:

```
var sabine = [ 'cat', 'female', 9, true ];
//Sabine es una gata de 9 años que está castrada
```

y también pueden contener otros arrays:

```
var cats = nw Array( 2 );
cats[0] = [ 'Sabine', 'cat', 'female', 9, true ];
cats[1] = [ 'Dakota', 'cat', 'male', 8, true ];
```

Un miembro del array también puede tener su valor asignado por una variable:

```
var cats = new Array( 2 );
var sabine = ['cat', 'female', 9, true];
var dakota= ['cat', 'male',  8, true ];
cats[0] = sabine;
cats[1] = dakota;
```

Los "array asociativos" son una forma especializada de array y utilizan palabras clave como índice. Este ejemplo utiliza distintas formas de arrays y scalars:

```
var cats = new Array( 2 );
cats['sabine'] = ['cat', 'female', 9, true];
cats['dakota'] = ['cat', 'male', 8, true ];
var reps = [ ];
reps['sheldon'] = [ 'tortoise', 'male', 5, false ]
var animals = [ ];
animals['cats'] = cats;
animals['reptiles'] = reps;
```

¿Ha quedado claro? Si no es así, aquí viene una pequeña traducción:

- Establecemos la variable `cats` como un array de dos miembros.
- El primer miembro se indexa como `sabine` y es, en sí, un array de datos sobre la gata.
- El segundo miembro se indexa como `dakota` y es un array de datos sobre el gato.

- Pasamos a declarar un nuevo array (utilizando una abreviatura) llamado `reps` y creamos un miembro indexado como `sheldon` que contiene distintos datos sobre él.
- Por último declaramos un array llamado `animals` y asignamos las variables `cats` y `reps` para que sean miembros de ese array, indexadas como `cats` y `reptiles`, respectivamente.

Operadores

Hay dos categorías de operadores en JavaScript, aritméticos (o matemáticos) y de comparación.

Operadores aritméticos

Como quizás suponga, los operadores aritméticos se utilizan para realizar funciones matemáticas:

```
var add   = 1 + 1;             // 2
   var substract  = 7 - 3;   // 4
   var multiply   = 2.5 * 2; // 5
   var divide  = 4 / 2:      // 2
```

Estos operadores aritméticos también pueden aplicarse a variables con variables numéricos:

```
var my_num   = 1 + 1;    //2
   var new_num = my_num * 5;  //10
   var my_arr  = Array( 2, new_num ); //un array de valores numéricos
   var big_num = my_arr[0] * my_arr[1];   //20
```

Además de la adición, el operador + tiene otro propósito: la concatenación, la combinación de dos o más valores en un nuevo valor. Suele aplicarse a cadenas:

```
var sentence = 'This is one phrase' + ' ' +
'and this is another' + '.';
```

También se aplica para combinar números y cadenas:

```
var new_str = 10 + '20'; // '1020'
```

Nota: Al concatenar números con cadenas, el resultado siempre es una cadena.

También hay algunos operadores aritméticos abreviados que puede utilizar en determinados casos, como hacer que una cadena o número se añada a sí mismo:

```
var str= 'Hello there';
   str +    = ', pilgrim.';    // 'Hello there, pilgrim.'
var num  = 2;
num + = 2;  //4
```

Hay una abreviatura para incrementar o decrecer de uno en uno:

```
var num = 2;
   num++;   //3
   num--;   //2
```

Operadores de comparación

El otro tipo de operadores disponible en JavaScript son los de comparación. Se utilizan para hacer aserciones sobre la equivalencia de dos valores (tabla 26.1).

Tabla 26.1. Operadores de comparación para equivalencia.

Operador	Significado
>	Mayor que.
<	Menor que.
= =	Igual a.
!=	Distinto a.
>=	Mayor que o igual a.
<=	Menor que o igual a.

También hay operadores que se utilizan para indicar identidad (tabla 26.2).

Tabla 26.2. Operadores de comparación para identidad.

Operador	Significado
= = =	Idéntico a.
!= =	No idéntico a.

Para comprender qué es identidad, eche un vistazo a estas dos variables:

```
var bool = true;
var num = 1;
```

`bool` es `true`, que es un valor booleano, y `num` es 1, un valor numérico. Si vuelve a la explicación de los booleanos, verá que 1 y 0 son alias de `true` y `false` respectivamente. Por tanto:

```
bol = = num; /* bool es igual a num o true y 1 son iguales*/
```

Un operador de identidad le permite distinguirlos:

```
bool != = num; /*bool no es idéntico a num o true no es idéntico a 1*/
```

Por eso es muy útil recurrir a los operadores de comparación de identidad.

Estructuras de control

Existen varias estructuras de control disponibles en el lenguaje JavaScript. Se dividen en algunas categorías, tales como condicionales, bucles, intercambiadores y funciones.

Sobre alert

`alert` es una herramienta muy útil para determinadas cosas que sucede en su código. Crea un pequeño cuadro de diálogo con cualquier mensaje que quiera y un botón **OK** para cerrarlo.

```
alert( 'send this message' );
```

Si solo quiere un poco de información puede ser muy útil pero si recurre a `alert` demasiadas veces, puede ser algo frustrante tener que cerrar las ventanas cada vez que aparecen. Se han desarrollado varias herramientas que le ayudan a presentar información en la pantalla sin usar `alert( )`. Lo más sencillo es optar por jsTrace (`www.easy-designs.net/code/jsTrace/`), un puerto de la ventana trace ActionScript y, una opción más robusta, fvLogger (`www.alistapart.com/articles/jslogging`), similar a la consola JavaScript que acompaña a la mayoría de los navegadores basados en Mozilla y Opera.

Declaraciones condicionales

Hay algunos modos de trabajar con declaraciones condicionales. El primero es la declaración `if`. Prueba una condición y, si se da, se ejecuta:

```
if( 2 < 1 ){ alert( 'Something is wrong' ); }
```

La misma declaración podría escribirse abreviada (sin los corchetes):

```
if( 2 < 1 ) alert( 'Something is wrong' );
```

Si quisiera conocer el resultado, cualquiera que sea, utilizaría una declaración `if...else`.

```
if ( 2 < 1 ){
alert( 'Something is wrong' );
} else {
alert( 'Everything is fine' );
}
```

También puede escribirlo en abreviatura, utilizando el operador ternario:

```
( 2 < 1 ) ? alert('Something is wrong' )
: alert(?Everything is fine' );
```

El operador ternario funciona así:

```
( condición test) ? frase if true : frase if false;
```

e incluso puede utilizarse para asignar valores a variables:

```
var total = ( money >1000000 ) ? 'over $1Million'
: 'less than $1Million';
```

Ahora, suponga que quiere saber si se han dado una o más condiciones. Podría utilizar una declaración `if...else`.

```
if( height > 6 ){
alert('You\'re tall' );
} else if(height > 5.5 ){
alert( 'You\'re average height' );
}else {
alert('You\'re shorter than average' );
}
```

o una declaración `switch`:

```
switch( true ){
case ( height > 6 );
alert( 'You\'re tall' );
break;
case ( height > 5.5 );
alert ( 'You\'re average height' );
break;
default:
alert( 'You\'re shorter than average' );
break;
}
```

En cada uno de estos casos se ha realizado una comparación y si no se cumple la condición, se intenta la siguiente.

Una declaración `switch` es algo distinta que una declaración condicional tradicional y actúa prácticamente como un híbrido entre una declaración condicional y un bucle (que explicaremos enseguida). En una declaración `switch`, se compara cada caso con el argumento del `switch`, y si son iguales se evalúan las declaraciones de ese caso y se sale del `switch` (usando `break`). En el ejemplo de arriba, el argumento es `true`, así que se evaluará el primer caso en el que haya que probar si es `true` (en este caso, activando un `alert`). Más adelante examinaremos más declaraciones `switch`.

Hay algunos operadores que todavía no hemos explicado porque entran en juego cuando se trabaja con estructuras de control. Son los denominados "operadores lógicos" y estos son tres de ellos: y, o y no (véase la tabla 26.3).

Tabla 26.3. Operadores lógicos.

Operador	Significado
&&	y.
||	o.
!	no.

"No" ya le debería ser familiar por los operadores de comparación "no igual" y "no idéntico a". Se utiliza para negar una declaración o condición o un grupo de ellas.

```
if( !(num < 10) ){ alert( 'num is greater than 10' ); }
```

"Y" y "o" se utilizan para agrupar condiciones para garantizar que se cumplen varias o al menos una de ellas:

```
if( (num > 10) && (num < 20) ){
alert( 'num is between 11 and 19' ); // num está comprendido entre 11 y 19
}
if( (num <= 10) || (num >= 20) ){
alert('num is not between 11 and 19' );  // num no está comprendidio
                                             entre 11 y 19
}
```

El segundo de estos ejemplos también podría escribirse utilizando el operador lógico "no" en combinación con "y":

```
if( !(num > 10) && !(num < 20) ){
alert( 'num is not between 11 and 19' );    // num no está comprendido
                                               entre 11 y 19
}
```

O bien, podrían utilizarse paréntesis adicionales para agrupar los condicionales, negando a los dos al mismo tiempo:

```
if( !(num > 10) && !(num < 20) ) ){
alert('num is not between 11 and 19' ); // num no está comprendido
                                           entre 11 y 19
}
```

Como puede ver, hay más de una forma de probar la misma condición.

Bucles

Los bucles son otro grupo de estructuras de control, y suelen utilizarse para que el código no sea demasiado grande al evaluar una declaración o una colección de declaración un determinado número de veces.

Vamos a suponer que queremos hacer una alerta de una cuenta atrás de 10 a 0. Sin bucles tendríamos que escribir:

```
var i =10;
alert( i );
i--; //9
alert( i );
i--; //8
alert( i );
i--; //7
alert( i );
i--; //6
alert( i );
i--; //5
alert( i );
i--; //4
alert( i );
i--; //3
alert( i );
i--; //2
alert( i );
i--; //1
alert( i );
i--; //0
alert( i );
```

Son 22 líneas de código y muchas repeticiones. Utilizando bucles podemos realizar la misma tarea. Vamos a empezar viendo cómo lo haríamos con un simple bucle `while`:

```
var i = 10;
while ( i >= 0 ){
alert( i );
i--;
}
```

Utilizando `while` podemos comprimir todo a tan solo cinco líneas. Lo que hace `while` es probar la condición establecida en el argumento y realizar las declaraciones dentro de sus corchetes una y otra vez hasta que deja de cumplirse la condición. Así sería en pseudocódigo:

```
inicializar;
while( condición ){
declaración;
cambio condición;
}
```

Al trabajar con bucles es importante recordar que debe prestar atención tanto a la condición como al modo de modificarla para asegurarse de que el bucle no se ejecutará "ad infinitum". Por ejemplo:

```
var i = 11;
while( i > 10 ){
i++;
}
alert( i );     /*esta declaración nunca se dará porque la condición
                del bucle siempre se cumple*/
```

Un tipo de bucle similar es `do...while`. La diferencia entre `do...while` y `while` es que un bucle `do...while` se ejecuta al menos una vez mientras que un bucle `while` puede no ejecutarse nunca:

```
var i = 10;
while( i > 10 ){
i--;
}
alert( i ); //10, el bucle while nunca se ejecuta
do{
i--;
}while( i > 10 )
alert( i ); // 9, porque el bucle do...while se ha ejecutado una vez
```

Este sería el pseudocódigo del bucle `do...while`:

```
inicializar;
do{
declaración;
cambia condición;
}while ( condición )
```

Un bucle `do...while` no acortaría nuestra cuenta atrás, pero sí lo haría otro tipo de bucle. Se trata del bucle `for` y quizás sea el más común de todos los bucles. Reescribir nuestra cuenta atrás solo exige tres líneas de código.

```
for( var i = 10; i >= 0; i-- ){
alert( i );
}
```

Puede parecer un poco raro, pero en realidad es muy sencillo, eche un vistazo al pseudocódigo:

```
for( inicializar; prueba condición; cambio ){
declaración;
}
```

Volviendo a nuestro ejemplo, lo que hicimos fue inicializar el bucle `for` declarando que la variable `i` fuera igual a 10. A continuación decimos que queremos que el bucle se ejecute siempre que `i` sea mayor o igual a 0. Por último, decimos que queremos que `i` vaya decreciendo cada vez que se completa una repetición del bucle.

Utilizará bastante a menudo los bucles `for` al trabajar con arrays, porque son muy útiles para repetir a través de sus miembros, normalmente con la forma:

```
for( var i=0; i < some_array.length; i++ ){
// haz algo
}
```

Este ejemplo también sirve como una buena introducción a las propiedades del objeto, que estudiaremos en un momento. `Length` es una propiedad de arrays que le indica cuántos miembros tiene el array.

Hay una ligera variante del bucle `for` llamada bucle `for...in`. Es muy parecido al bucle `for`, pero se repite en bucle a través de todos los miembros de un array sin necesidad de inicialización, condición o alteración. El pseudocódigo de este bucle sería así:

```
for( miembro de un array ){
declaración que implica a un array[miembro];
}
```

Este bucle tiene varias ventajas: funcionan bastante bien para repetirse a través de arrays normales y asociativos, y no tendrá que saber el valor `length` del array.

switch

Ahora que ya comprende algunas estructuras de control más, ha llegado el momento de volver a la declaración `switch`. Como vio en el ejemplo `switch` anterior, se comprueba cada `case` de un `switch` y, si coincide con su argumento, se evalúan sus declaraciones y se sale del `switch` (vía `break`). Normalmente también hay un `case` por defecto (llamado `default`) que puede actuar como alternativa (o como alerta de error) si no se cumplen ninguno de los otros casos.

Para demostrar todo el poder de `switch` vamos a volver sobre el bucle de cuenta atrás, "complicándolo" un poco:

```
for( var i=10; i >=0; i-- ){
switch( i ){
case 2:
alert( 'Almost...' );
break;
case 1:
alert( 'There...' );
break;
case 0:
alert( '¡BOOM!' );
break;
default:
alert( i );
break;
   }
}
```

Este código iniciaría una cuenta atrás desde el número 10 al 0, alertando en cada número, pero remplazando el 2 por `Almost...`, el 1 por `There...` y el 0 por `¡BOOM!`.

Funciones

Las cosas ya se ponen más interesantes. Las funciones le permiten crear bits de código reutilizable a las que puede recurrir más tarde. Serán la mayor parte de lo que escriba en JavaScript.

Crear una función es fácil. Éste es el pseudocódigo:

```
function nombreFunción( argumentos ){
declaraciones;
}
```

La palabra clave `function` designa el bloque como función y los argumentos pueden ser una sola variable o una lista de variables separadas por comas. Hagamos una función básica y pongámosla en uso:

```
function addThese( a, b ){
var combination = a + b;
return combination;
}
var my_var = addThese(2, 10 );              //12
var my_str = addThese( 'A', ' string' );    // 'A string'
```

La función que creamos suma/concatena los dos argumentos indicados y devuelve ese nuevo valor utilizando la palabra clave `return`.

Nota: Las funciones no necesitan devolver un valor.

Las funciones no tienen que tener nombre. Estas funciones, llamadas "funciones anónimas", suelen asignarse a una variable para ser utilizadas como objetos o bien en el trabajo con eventos.

Antes de seguir adelante, es importante examinar el concepto de alcance de variable. En JavaScript hay dos tipos de variables: locales y globales. Las variables globales se inicializan fuera de cualquier función y pueden ser utilizadas por cualquier función. Las variables locales son aquellas variables que se declaran en una función. Ninguna otra función puede acceder a ellas. La palabra clave `var` desempeña un papel muy importante para determinar el alcance de las variables. Éste es un ejemplo:

```
function square(num ){
total = num * num;
return total;
}
var tottal =50;
var number = square( 20 );
alert( total );
```

En este caso, el valor `alert-ed` sería 400. La razón es que la función `square` establece el `total` de la variable como igual al valor del argumento elevado al cuadrado. `total` se inicializa fuera de la función, así que su valor cambia desde 50 a 400 cuando se ejecuta la función `square()`. Para evitar que cambie el `total`, tenemos que hacer que la variable `total` se utilice en la función como una variable local:

```
function square(num ){
var total = num * num;
return total;
}
var tottal =50;
var number = square( 20 );
alert( total );
```

Objetos

JavaScript es un lenguaje basado en objetos y como tal, muchos de sus componentes son objetos. Algunos de los objetos nativos de JavaScript ya han sido explicados: `Array` y `Function`. Algunos otros son: `Element`, `Math` y `Date`. También puede crear objetos personalizados.

Un objeto es en esencia una colección autocontenida de datos. Hay dos tipos de datos disponibles: propiedades y métodos. Las propiedades son valores y los métodos son funciones. Lo que hace útil a un objeto es que comparten acceso a sus propiedades y métodos.

Echemos un vistazo a dos ejemplos de los objetos integrados de JavaScript en acción:

```
var num = 1.76543;
num = Math.round(num); //2
var now = new Date();
var days = [ 'Sunday', 'Monday', 'Tuesday', 'Wednesday', 'Thursday',
'Friday', 'Saturday'];
var day = days[ now.getDay() ];
alert( 'Today is ' + day );
```

En el primer ejemplo utilizamos un método del objeto `Math` para redondear la variable hacia arriba. En el segundo ejemplo creamos un nuevo caso del objeto `Date` y utilizamos su método `getDay()` para decirnos qué día es hoy seleccionando el nombre del día de un array (el método `getDay()` devuelve el número de índice del día de la semana, 0 a 6 empezando en Sunday). La tabla 26.4 ofrece un listado de algunos objetos nativos JavaScript y sus propiedades y métodos más comunes.

¿Qué es this?

`this` es una palabra clave de JavaScript que tiene muchos usos, pero no es bien comprendida.

En el campo de los objetos, `this` se utiliza para que el objeto se refiera a sí mismo. Es el propietario de la propiedad o método. Este es el caso de:

```
function Cat( name, age ){
this.name = name;
this.age = age;
}
```

Lo que hace este código es establecer la propiedad `name` del objeto `Cat` (`Cat.name`) como igual al argumento transmitido al objeto `Cat` como `name`. Lo mismo pasa con `age`. `this` también puede utilizarse para asignar métodos a un objeto que es externo a él. Como en este ejemplo:

```
funcion Cat(){
this.purr = purr;
}
funcion purr(){
alert('purrrrrrrr');
}
```

`this` también puede utilizarse para referirse al propietario de una función. Suele ser así cuando se trabaja con eventos, pero aquí las cosas se complican.

El propietario por defecto (o `this`) de una función es la ventana (`window`), pero hay formas de vincular una función a un evento (`onclick`, por ejemplo) que pueden hacer que `this` haga referencia al elemento con cuya acción está asociado. Vea este ejemplo:

```
function change(){
this.style.color = '#ff0000';
}
element.onlick = change;
```

Al asignar una función a un evento de esta forma, estamos copiando todos los contenidos de `change()` al `onclick` de `element`. Mientras que si lo asignáramos así:

```
function change (){
this.style.color = '#ff0000';
}
element.onlick = function()(
change();
};
```

solo haríamos referencia a la función y `this` seguiría haciendo referencia al propietario de `change():window`. Si se activara la función podría no producir el efecto deseado.

Para garantizar que las funciones conducidas por eventos siempre seleccionan el elemento correcto, es conveniente pasarle la referencia:

```
function change( obj ){
obj.style.color = '#ff0000';
}
element.onlick = function()(
change( this );
};
```

Haciendo este pequeño cambio podemos asegurarnos de que nuestras funciones se comportarán como queremos y evitar cualquier confusión con `this`.

Tabla 26.4. Objetos nativos y sus métodos más comunes.

Objeto	Propiedad o método	Uso
`Array`	`length`	Establece o devuelve el número de miembros de un array.
	`concat ()`	Une dos o más arrays y devuelve el resultado.

Objeto	Propiedad o método	Uso
`Array` *(continúa)*	`join()`	Pone todos los miembros en una cadena, separados por el delimitador especificado.
	`pop()`	Extrae y devuelve el último elemento de un array.
	push()	Añade uno o más miembros al final de un array y devuelve la nueva longitud.
	`reverse()`	Invierte el orden de los miembros de un array.
	`shift()`	Extrae y devuelve el primer miembro de un array.
	`slice()`	Devuelve miembros seleccionados de un array.
	`sort()`	Ordena los miembros de un array.
	`splice()`	Extrae y añade nuevos miembros a un array.
	`unshift()`	Añade uno o más miembros al comienzo de un array y devuelve la nueva medida.
`Date`	`Date()`	Fecha y hora de hoy.
	`getDate()`	Día del mes.
	`getDay()`	Día de la semana.
	`getFullYear()`	El año, como número de cuatro dígitos.
`Math`	`abs(x)`	Devuelve el valor absoluto de un número.
	`ceil(x)`	Devuelve el valor de un número redondeado hacia arriba, hasta el número entero más cercano.
	`floor(x)`	Devuelve el valor de un número redondeado hacia abajo, hasta el número entero más cercano.
	`max(x,y)`	Devuelve el número con el valor más alto de x e y.
	`min(x,y)`	Devuelve el número con el valor más bajo de x ey.
	`random()`	Devuelve un número aleatorio entre 0 y 1.
	`round(x)`	Redondea un número hasta el número entero más cercano.
`String`	`length`	Devuelve el número de caracteres de una cadena.
	`concat()`	Une dos o más cadenas.
	`indexOf()`	Devuelve la posición de la primera ocurrencia de un valor de cadena especificado.
	`lastIndexOf()`	Devuelve la posición de la última ocurrencia de un valor de cadena especificado.
	`match()`	Busca un determinado valor en una cadena.

Objeto	Propiedad o método	Uso
`String` *(continúa)*	`replace()`	Sustituye algunos caracteres por otros en una cadena.
	`slice()`	Extrae una parte de una cadena y la devuelve a una nueva cadena.
	`split()`	Divide una cadena en un array de cadenas.
	`substring()`	Extrae los caracteres de una cadena entre dos índices especificados.
	`toLowerCase()`	Muestra una cadena en minúsculas.
	`toUpperCase()`	Muestra una cadena en mayúsculas.

Ahora vamos a hacer un objeto personalizado, `Cat`, y le proporcionaremos dos propiedades: `name` y `age`. También podemos definir dos métodos: `purr()` y `hiss()`. Echemos un vistazo a la construcción del objeto:

```
function Cat( name, age ){
this.name = name;
this.age = age;
this.purr = function(){
alert( 'purrrrrrrrr' );
      };
this.hiss = function(){
alert( '¡hissssssss!' );
      };
}
```

Ahora podemos acceder a las propiedades y métodos de todos los `Cats` que creemos:

```
var sabine =new Cat( 'Sabine', 9 );
var dakota =new Cat( 'Dakota', 8 );
alert( 'I should give Dakota' + sabine.age + dakota.age + 'treats,
because he is soooo god' );      // that's 17 treats, by the way
                                 (esto son 17 regalos)
sabine.hiss.();
```

Hay muchas formas de crear objetos. Una, la que se ha hecho más popular, es lo que se denomina un "literal de objeto". Aquí se define el objeto `Cat` de este modo:

```
var Cat = {
name: false,
age: false,
```

```
purr: function(){
alert( 'purrrrrrrrr' );
      },
hiss: function(){
alert( '¡hisssssssss!' );
      }
};
```

Como quizás suponga, este método no es tan flexible porque no se pueden crear varios casos del objeto `Cat`. Este método suele reservarse para crear objetos que no van a replicarse. Pero, a pesar de estas diferencias, el uso del objeto es el mismo:

```
Cat.name = 'Sabine';
Cat.age = 9;
Cat.hiss();
```

Manipulación de eventos

HTML 4.0 nos permitió vincular scripts a determinados eventos activados en una página Web. El uso de eventos más famoso siguen siendo los rollovers JavaScript, activados por los eventos `onmouseover` y `onmouseout`. Por supuesto, CSS puede manipularlos de una forma mucho más sencilla, pero no renderiza eventos inútilmente. La tabla 26.5 muestra algunos de los más útiles.

Tabla 26.5. Eventos comunes.

Manipulador de eventos	Evento
`onblur`	Un elemento pierde foco.
`onchange`	Cambia el contenido de un campo.
`onclick`	El ratón pulsa un objeto.
`onerror`	Se da un error al cargar un documento o imagen.
`onfocus`	Un elemento recibe el foco.
`onkeydown`	Se pulsa una tecla del teclado.
`onkeypress`	Se pulsa o se mantiene pulsada una tecla del teclado.
`onkeyup`	Se suelta una tecla del teclado.
`onload`	Se termina de cargar una página o imagen.
`onmousedown`	Se pulsa un botón del ratón.
`onmousemove`	Se mueve el ratón.

Manipulador de eventos	Evento
onmouseout	El ratón se mueve fuera de un elemento.
onmouseover	El ratón se mueve sobre un elemento.
onmouseup	Se suelta un botón del ratón.
onsubmit	Se pulsa el botón de envío de un formulario.

Utilizar eventos no es muy difícil, pero hay buenas y malas formas de hacerlo. Antes se hacía colocando el evento en línea como un atributo del elemento:

```
<a href=" http://www.oreilly.com"
onmouseover="window.status='Go to the O\'Reilly website';
return true;"onmouseout="window.status=' ';
return true;">O&#8217;Reilly</a>
```

En este ejemplo estamos actualizando la barra de estado de la ventana del navegador con el texto "Go to the O'Reilly website" cuando el ratón pasa por encima del vínculo O'Reilly. El texto desaparece cuando el ratón sale del vínculo. Este ejemplo también contradice el núcleo de los estándares Web: "separar el contenido de la presentación y del comportamiento".

Este medio de manipulación de objetos es una forma bastante pobre, pero hay multitud de ejemplos de manipulación de eventos en la Web, que reducen la accesibilidad y usabilidad de la página. Éste es un ejemplo hipotético:

```
<a href="#"
onclick="popup('http://www.oreilly.com');">O&#8217;Reilly</a>
```

Además del uso de lo que sólo podemos imaginar como una función emergente (con sus propios problemas de accesibilidad y usabilidad), ¿qué está mal? ¿Qué ocurre con el vínculo si un usuario no tiene habilitado JavaScript en su navegador? Pues que no funciona, así de sencillo.

Al trabajar con eventos tenemos que tomar en consideración a nuestros usuarios y ser conscientes de todas las limitaciones que pueden tener. Es imprescindible que puedan utilizar nuestro sitio.

Hay modos mejores de escribir este vínculo. Este ejemplo mantiene el comportamiento y el contenido unidos pero al menos lo degrada elegantemente:

```
<a href=" http://www.oreilly.com"
onclick="popup(this.href); return false;">O&#8217;Reilly</a>
```

El manipulador de eventos `onclick` utiliza ahora el DOM (que estudiaremos en el capítulo 27) para acceder al `href` del elemento ancla y pasarlo a la función emergente. Si JavaScript no estuviera habilitado, el vínculo funcionaría como los vínculos lo hacen normalmente, abriendo el destino en la ventana actual.

Hay todavía un modo mejor de manipular eventos, fuera del (X)HTML. Utilizando los métodos que se explican en el capítulo 27 puede identificar los elementos de la página y vincularles eventos. Esto es una pequeña muestra de cómo hacerlo:

```
function setPopups(){
var links = document.getElementsByTagName( 'a' );
for( var i=0; i < links.length; i++ ){
if( links[i].href.indexOf( 'http://' ) != -1 ){
links[i].onclick = function( ){
popup( this.href );
return false;
            } );
        }
    }
}
window.onload = function( ){
setPopups( );
      };
```

Esto no es de ninguna manera un script de "alta calidad", es solo una demostración de cómo asignar una función a un evento. En este ejemplo establecemos dos manipuladores de eventos, uno para el evento `onclick` de todos los vínculos de la página (siempre que `http://` se encuentre en el `href`) y otro para el `onload` de la ventana.

También hay otras formas de asignar manipuladores de eventos. De hecho se ha puesto en marcha una búsqueda de los mejores métodos para añadir o eliminar eventos. Dean Edwards ofreció recientemente la solución más robusta (visite `http://dean.edwards.name/my/events.js`). Usando su función `addEvent()`, podríamos reescribir nuestro pequeño script emergente de esta forma:

```
function setPopups( ){
var links = document.getElementsByTagName( 'a' );
for( var i=0; i < links.length; i++ ){
if( links[i].href.indexOf( 'http://' ) != -1 ){
addEvent( links[i], 'click', function( ){
popup( this.href );
return false;
            } );
        }
    }
}
addEvent( window, 'load', setPopups );
```

y, como en el ejemplo anterior, no necesitaríamos ningún manipulador de eventos en línea. La otra ventaja de esta función es que permite añadir varios eventos a un solo manipulador de eventos.

El objeto navegador

Por último, vamos a echar un vistazo al objeto navegador. Utilizando JavaScript no solo puede leer y controlar la página y sus contenidos sino también leer y ajustar propiedades del navegador que la muestra. Puede cambiarse el tamaño de la ventana o, simplemente, obtener el valor de la URI que aparece en la barra de dirección. La tabla 26.6 resume algunas de las propiedades y métodos disponibles en este objeto, al que se accede como `window`.

Tabla 26.6. Propiedades y métodos del objeto navegador.

Propiedad/método	Descripción
`event`	Representa el estado de un evento.
`history`	Contiene las URLs que el usuario ha visitado en una ventana.
`location`	Da acceso de lectura/escritura a la URI de la barra de dirección.
`opener`	Establece o devuelve una referencia a la ventana que creó la ventana.
`parent`	Devuelve a la primera ventana.
`screenLeft`	Indica la coordinada x de la esquina superior izquierda del navegador respecto a la esquina superior de la pantalla.
`screenTop`	Indica la coordinada y de la esquina superior del navegador respecto a la esquina superior de la pantalla.
`status`	Establece o indica el texto en la barra de estado de la ventana.
`alert( )`	Muestra una ventana de alerta con un mensaje y un botón OK.
`close( )`	Cierra la ventana.
`confirm( )`	Muestra un cuadro de diálogo con un mensaje y un botón OK o Cancelar.
`focus( )`	Pone el foco en la ventana actual.
`open( )`	Abre una nueva ventana.
`print( )`	Imprime los contenidos de la ventana.
`setTimeout( )`	Llama una función o evalúa una expresión tras un determinado número de milisegundos.

Capítulo 27

Programación DOM

—Por Aaron Gustafson

El DOM (Modelo de Objetos del Documento) es una interfaz de programación de aplicaciones (API) para el trabajo con documentos estructurados o, en palabras más sencillas, un modo de acceder y manipular el contenido de un archivo HTML (o XML). El DOM es un lenguaje agnóstico y pueden acceder a él numerosos lenguajes, incluyendo C++, Java, Perl, PHP, Python y Ruby. Sin embargo, en este capítulo nos centraremos en el modo en el que JavaScript interactúa con el DOM. Aunque nuestro principal centro de atención será el trabajo con documentos (X)HTML, muchas de estas técnicas también valdrían para documentos XML.

Un pasado sórdido

Durante las "guerras de los navegadores" a finales de los noventa, los dos protagonistas del mundo de los navegadores, Netscape y Microsoft, permitieron a los desarrolladores manipular una página Web para crear lo que vino a denominarse "HTML Dinámico" (DHTML). El DHTML era, en esencia, una combinación de HTML para el marcado, CSS para estilo y JavaScript para manipular ambos (fundamentalmente en forma de validación de formularios y para crear efectos *mouseover*).

DHTML era bueno en teoría, pero las dos compañías que desarrollaban la tecnología elaboraron distintos modos de codificar el mismo comportamiento y de acceder a las mismas partes de un documento. Esto hizo que muchos desarrolladores siguieran "el lado oscuro", esto es, escribir el código para que haga lo mismo de dos formas distintas (al menos), para dar a cada navegador el código que solo él comprende a través de un intrincado (y a menudo frágil) sistema de *scripts* de detección de navegadores.

Por ejemplo, Netscape permitía interactuar con sus elementos de etiqueta propietarios al darles una ID única:

```
document.layers['myLayer'];
```

Microsoft permitía realizar el mismo acceso, pero con un método ligeramente distinto:

```
document.all['myLayer'];
```

Y las diferencias no terminaban ahí:

Programar en DHTML exigía mucho tiempo, no solo en el desarrollo inicial sino también en el mantenimiento. Los *scripts*, que deberían ser cortos, llenaban cientos de líneas de código. Era increíblemente ineficiente y frustrante para muchos. DHTML acabó convirtiéndose en una de las artes oscuras y no se hablaba del tema en los círculos de diseño Web "educados" A veces, oirá los métodos de acceso colectivo de este periodo de la historia del DOM referidos como "DOM Nivel 0".

El fin de la edad oscura

Octubre de 1998 vio la publicación de DOM Nivel 1 por parte del cuerpo de estándares Web, el W3C. DOM Nivel 1 fue resultado del esfuerzo colectivo de Microsoft, Netscape y muchos otros miembros del W3C, y permitió a DHTML avanzar en su promesa de aportar interactividad a la página Web a través de JavaScript. Lo que es más, proporcionó un medio de manipular cualquier documento estructurado utilizando cualquier lenguaje de programación. El W3C define el DOM como "una interfaz neutral de lenguaje y plataforma que permite que los programas y secuencias accedan de forma dinámica y actualicen el contenido, estructura y estilo de documentos Web".

Gracias en gran parte a los loables esfuerzos del Proyecto de Estándares Web (WaSP), el DOM se asentó en Internet Explorer 5 y Netscape 6, facilitando la tarea de los desarrolladores Web. Por desgracia, este cambio quedó durante mucho tiempo inadvertido por la comunidad Web y muchos desarrolladores siguieron ignorando DTHML por los estigmas que seguía acarreando.

Con la llegada de 2003, resurgió el interés en el DOM y se produjo un cambio terminológico: se abandonó el término DHTML y se adoptó el de "Programación DOM". El cambio en la nomenclatura fue un intento de distanciar la manipulación DOM basada en estándares de su oscuro pasado. "Programación DOM" subraya la independencia de los navegadores y la degradación con gracia. Parece mucho pedir, pero en realidad, más del 95 por 100 de los navegadores del mercado soportan al menos DOM Nivel 1 y muchos soportan el estándar actual, DOM Nivel 2.

El DOM

Probablemente, el modo más sencillo de pensar sobre el DOM sea echar un vistazo a la estructura del documento. Veamos el siguiente ejemplo de documento XHTML.

```
<!DOCTYPE html PUBLIC "-//W3C//DTD XHTML 1.0 Strict//EN"
   "http://www.w3.org/TR/xhtml1/DTD/xhtml1-strict.dtd">
<html xmlns="http://www.w3.org/1999/xhtml" xml:lang="en" lang="en">
<head>
   <title>Sample XHTML</title>
   <meta http-equiv="content-type"
      content="text/html; charset=iso-8859-1" />
   <meta http-equiv="Content-Language" content="en-us" />
</head>
<body>
   <h1>This is a heading, level 1</h1>
   <p>This is a paragraph of text with a
    <a href="/path/to/another/page.html">link</a>.</p>
<ul>
   <li>This is a list item</li>
   <li>This is another</li>
   <li>And another</li>
</ul>
</body>
</html>
```

Es una página Web bastante básica, que utiliza unos cuantos elementos diferentes. Si la visualizáramos su estructura sería algo parecido a la imagen de la figura 27.1.

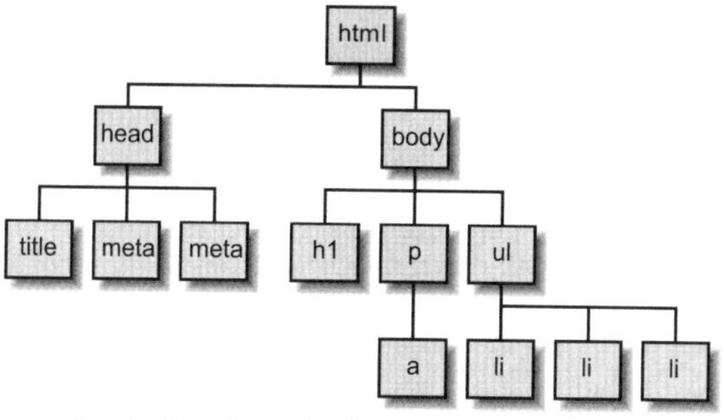

Figura 27.1. Un ejemplo de estructura de documento.

Una estructura de documento como ésta es aproximadamente parecida a una vista del árbol de nodos del DOM.

En esencia, el DOM es una colección de nodos. Estos nodos adoptan normalmente una de tres formas:

- Nodos de elemento.
- Nodos de atributo.
- Nodos de texto.

Estos nodos se organizan en una jerarquía a la que en ocasiones se hace referencia para utilizar un modelo familiar. En (X)HTML, la jerarquía comienza con el elemento `html`, que es el "elemento raíz", es decir, que no tiene "ancestros". En el ejemplo de arriba, `html` tiene dos "nodos hijo" (`head` y `body`). El elemento `head` tiene tres nodos hijo (un `title` y dos elementos `meta`), como `body` (`h1`, `p` y `ul`). La relación también va en dirección contraria: cada hijo tiene un "nodo padre". De igual modo, los elementos que comparten padre se denominan "nodos hermano".

Si está familiarizado con el uso de selectores en CSS, el modo de aludir a los nodos de elemento de una estructura familiar le resultará muy lógico. Hay, sin embargo, algunas diferencias entre la estructura de documento utilizada en CSS y el árbol de nodos del DOM.

La figura 27.1 es una vista a muy alto nivel del DOM porque solo muestra los nodos de elemento. Utilizando el DOM podemos profundizar más. La figura 27.2 examina el elemento de párrafo del ejemplo anterior.

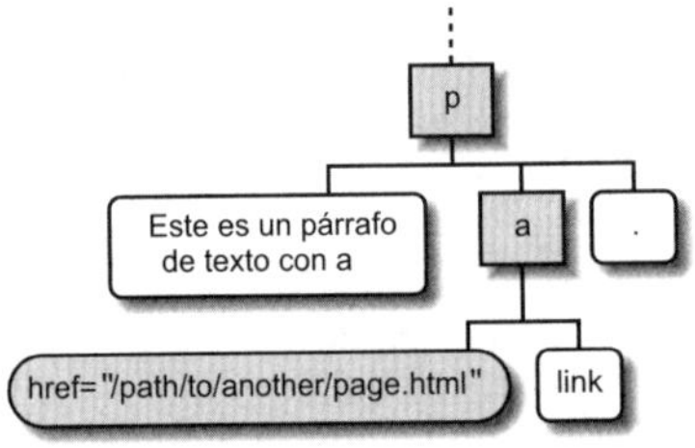

Figura 27.2. Examinando el elemento p de la figura 27.1.

Como puede apreciar, el párrafo contiene tres nodos hijo: dos nodos de texto (las cajas de color blanco) y un elemento ancla (`a`). El `a`, a su vez, tiene un nodo hijo que es un nodo de texto y tiene también un nodo de atributo: su `href` (la caja gris).

Utilizando DOM podemos aprovechar estas relaciones para hacer todo tipo de cosas con nuestros documentos.

Manipular documentos con el DOM

La mayoría de nuestro trabajo de programación DOM se centrará en la lectura y escritura del documento. Pero, antes de poder hacerlo, debe comprender cómo atravesar el árbol de nodos.

Abrirse un camino

El DOM ofrece muchas formas de moverse por el árbol de nodos y encontrar lo que busca. Como cualquier documento HTML o XML es, en esencia, una colección de elementos organizados en una determinada jerarquía, atravesamos el DOM utilizando los elementos como marcadores. De hecho, mucho de lo que hacemos en el DOM se parece a un trabajo de rastreo: utilizar elementos como postes indicadores que nos dejan saber dónde estamos y que nos ayudan a profundizar en los documentos sin perdernos.

Echemos un vistazo al siguiente fragmento de (X)HTML:

```
<div id="content">
   <h1>This is a heading</h1>
   <p>This is a paragraph.</p>
   <h2>This is another heading</h2>
   <p>This is another paragraph.</p>
   <p>Yet another paragraph.</p>
</div>
```

Si quisiera localizar el `h2` de este fragmento tendría que usar dos interfaces JavaScript del DOM: `getElementById( )` y `getElementsByTagName( )`:

```
var the_div = document.getElementById( 'content' );
var h2s = the_div.getElementsByTagName( 'h2' )
var the_h2 = h2s[0];
```

En la primera línea, utiliza el DOM para encontrar un elemento de la página con un `id` igual al contenido y lo asigna a la variable `the_div`.

Nota: Si aún no tiene una referencia de elemento con la que comenzar, utilice el objeto `document`, que se refiere a la página. `getElementById( )` siempre se utiliza con `document`.

Cuando tenga su `div` contenedor asignado a `the_div`, puede pasar a buscar el `h2`, utilizando `getElementsByTagName( )` (línea 2). Ese método devuelve un array de elementos (`h2s`) a los que se hace referencia como una "colección". Por último, sabe que el `h2` deseado es el primero en esa colección y que, como dijimos en el capítulo 26, el primer elemento de un array tiene un índice de 0, por tanto, el `h2` que buscamos en `h2s[0]`. Hay un modo más corto de escribir todo esto:

```
var the_h2 = document.getElementById(
      'content' ).getElementsbyTagName( 'h2' )[0];
```

Queremos señalar que si quiere una colección de todos los elementos de un determinado documento, puede utilizar el selector universal (`*`) junto con el método `getElementByTagName()`:

```
var everything = document.getElementsByTagName ( '*' );
```

Este método puede ser muy útil en determinados casos.

Los métodos `getElementById()` y `getElementsbyTagName()` son bastante útiles, pero en ocasiones tendrá que poder moverse por el árbol de nodos sin saber el `id` ni tal vez el tipo de elemento al que está accediendo. Por esta razón hay muchas propiedades para moverse por el documento: `parentNode`, `firstChild`, `lastChild`, `nextSibling` y `previousSibling`. Cada una hace lo que su nombre indica: permite acceder a cualquier elemento que cumpla el papel especificado. Para acceder al primer párrafo tras el `h2`, por ejemplo, debería escribir:

```
var the_el = document.getElementById(
      'content' ).getElementsByTagName ( 'h2' )[0].nextSibling;
```

Otra propiedad es `childNodes`, que es una colección de los hijos del elemento (nodos de texto y de elemento). En determinados casos, también puede ser útil hacer un test para buscar elementos hijo antes de intentar acceder a ellos programáticamente, utilizando el método `hasChildNodes()`.

Si se mueve por el DOM utilizando `parentNode`, `nextSibling` y quiere saber más sobre el elemento, hay algunas propiedades que le serán útiles. La primera es `nodeType`, que, como podría esperar, indica el tipo de nodo que está seleccionando. Estos son los tres `nodeTypes` más frecuentes:

1. Nodo de elemento.
2. Nodo de atributo.
3. Nodo de texto.

El problema de los nodos de texto vacíos

Es importante recordar la medida en la que la fuente (X)HTML afecta al DOM. Los navegadores con una interpretación estricta del DOM, como la familia Mozilla, incluirán espacios en blanco para sangrar los elementos como nodos de texto. Este comportamiento, aunque correcto, puede sembrar el caos en sus *scripts* si pretende utilizar propiedades como `firstChild`, `lastChild`, `nextSibling`, etc. Eche un vistazo a este ejemplo:

```
<ul>
   <li>This is a list item</li>
   <li>This is another list item</li>
</ul>
```

En el código, el DOM ve un `ul` y cinco hijos:

- Un nodo de texto con un salto de carro y dos espacios.
- Un elemento de lista (`li`).
- Otro nodo de texto con un salto de carro y dos espacios.
- Otro elemento de lista.
- Un último salto de carro.

Si no tomara esto en consideración y esperara obtener el primer elemento de lista con `firstChild`, se sorprendería de los resultados: no obtendría ningún elemento.

Para evitar este problema, puede eliminar todos los espacios en blanco innecesarios del documento o puede utilizar un pequeño *script* en los elementos a cuyos hijos quiere acceder utilizando este método:

```
function stripWS( el ){
   for(var i = 0; i < el.childNodes.length; i++){
      var node = el.childNodes[i];
      if( node.nodeType == 3 &&
         !/\S/.test(node.nodeValue) )
      node.parentNode.removeChild(node);
   }
}
```

Existe también una función similar llamada `cleanWhitespace( )` como un método de elemento en la librería Prototype (`prototype.conio.net`) que incluye varias funciones y métodos útiles.

También puede encontrar el nombre del nodo utilizando la propiedad `nodeName`. En el caso de los nodos de elemento y atributo, `nodeName` es el nombre de elemento o nombre de atributo, respectivamente. Aunque esté utilizando XHTML, que necesita etiquetas y nombres de atributos en minúsculas, el valor indicado por `nodeName` puede estar en mayúsculas, así que se considera una buena opción para convertir el valor indicado a mayúsculas o minúsculas al utilizarlo para una comparación. Utilizando el anterior ejemplo (X)HTML:

```
<div id="content">
   <h1>This is a heading</h1>
   <p>This is a paragraph.</p>
   <h2>This is another heading</h2>
   <p>This is another paragraph.</p>
   <p>Yet another paragraph.</p>
</div>
```

podría activar un `alert( )` utilizando `nodeType` y `nodeName` siempre que se localice un nodo de elemento, así podremos saber qué es:

```
var the_div, children, node, name;
the_div = document.getElementById( 'content' );
if( the_div.hasChildNodes( ) ){   children = the_div.childNodes;
   for( node in children ){
      if( children[node].nodeType == 1 ){
         name = children[node].nodeName.toLowerCase( );
         alert( 'Found an element named "'+name+' " ' );
      }
   }
} else {
   return;
}
```

Como puede ver, hay muchas formas de recorrer el DOM: el camino directo de `getElementById( )`, el atajo de `getElementsByTagName( )` y el método paso a paso de padre, hijo, hermano. También hay muchas herramientas para ayudarle a orientarse, como atributos `id` y tipos y nombres de nodo.

Leer y manipular la estructura del documento

Cuando ha terminado de recorrer el DOM es fácil reunir y modificar el contenido de los elementos de la página. El contenido que reúne puede estar en forma de otros elementos, valores de atributo o contenido de texto. La forma principal de hacerlo es utilizar `innerHTML`, `nodeValue`, `getAttribute()` y `setAttribute()`.

innerHTML

Si se compara con la precisión quirúrgica de otros métodos y propiedades DOM, `innerHTML` tiene la sutileza de un mazo. Originalmente era parte del DOM de Internet Explorer (y por tanto, no formaba parte del DOM W3C) pero ahora tiene un amplio soporte. Esa propiedad de elemento puede utilizarse para obtener y ajustar todo el marcado y contenido de un elemento. El problema principal de utilizar `innerHTML` para obtener contenido es que el contenido reunido se trata como si fuera un *string*, así que solo es bueno para mover cantidades grandes de contenido de un lugar a otro.

Siguiendo con el ejemplo anterior, podría reunir todos los contenidos del div de contenido escribiendo:

```
var contents = document.getElementById( 'content' ).innerHTML;
```

Igualmente, puede reemplazar el contenido de un div utilizando innerHTML igual que si se tratase de un *string* de texto que incluye código HTML.

```
var contents = 'This is a <em>new</em> sentence.';
document.getElementById( 'content' ).innerHTML = contents;
```

También se puede añadir contenido a un elemento utilizando innerHTML:

```
var div = document.getElementById( 'content' ).innerHTML;
div.innerHTML += '<p>This is a paragraph added using innerHTML.</p>';
```

nodeValue

Otra propiedad que puede utilizar para obtener y establecer el contenido del documento es nodeValue. Esta propiedad es el valor de un nodo de texto o atributo. Tomemos el siguiente fragmento de (X)HTML:

```
<a id="easy" href="http://www.easy-designs.net">Easy Designs</a>
```

Podría utilizar nodeValue para obtener el valor del nodo de texto del vínculo y asignarlo a una variable llamada text:

```
var text = document.getElementById( 'easy' ).firstChild.nodeValue;
```

Esta propiedad funciona también en dirección contraria:

```
document.getElementById(
   'easy' ).firstChild.nodeValue = 'Easy Designs, LLC';
```

En el ejemplo anterior, establecemos el texto del vínculo como Easy Designs, LLc, pero podríamos haber usado concatenación para añadir el , LLC al texto:

```
document.getElementById( 'easy' ).firstChild.nodeValue += ', LLC';
```

getAttribute()/setAttribute( )

Puede reunir el valor de los atributos de un elemento utilizando el método getAttribute( ). Siguiendo con el mismo ejemplo (X)HTML podría utilizar getAttribute para reunir el valor del atributo href del ancla y colocarlo en una variable llamada href:

```
var href = document.getElementById( 'easy' ).getAttribute( 'href' );
```

El valor indicado por `getAttribute( )` es el `nodeValue` del atributo llamado como el argumento.

De igual modo, puede añadir nuevos valores de atributo o cambiar los existentes utilizando el método `setAttribute( )`. Si quiere establecer el valor `href` de una determinada página de `easy-designs.net`, podría hacerlo utilizando `setAttribute( )`:

```
var link = document.getElementById( 'easy' );
link.setAttribute( 'href', 'http://www.easy-designs.net/index.php' );
```

También podría añadir un `title` al vínculo utilizando `setAttribute( )`:

```
link.setAttribute( 'title', 'The Easy Designs, LLC homepage' );
```

Y esto nos lleva al siguiente tema: crear la estructura de un documento utilizando el DOM.

HTML contra XML

Hay algunas diferencias entre el DOM HTML y el DOM XML que pueden crear cierta confusión. Ambas son opciones válidas, aunque se prefiere el DOM XML por razones de compatibilidad retroactiva.

Si utiliza el DOM HTML tiene acceso rápido a los atributos de elemento, disponibles como una propiedad de ese elemento:

```
link.href
```

Para leer el mismo atributo utilizando el DOM XML tendría que usar el método `getAttribute()`:

```
link.getAttribute( 'href' );
```

No solo eso, al acceder a atributos como propiedades en el DOM HTML, puede obtener ambos y establecer el valor del atributo:

```
var old_href = link.href;
link.href = '/new/file.html';
```

En determinados casos tendrá que utilizar el método DOM HTML para compatibilidad entre navegadores. Internet Explorer, por ejemplo, no permite leer/acceder al atributo `class` utilizando `getAttribute( )` o `setAttribute( )`. En lugar de ello debe utilizar la propiedad `className` de un atributo. Por fortuna, esta propiedad tiene buen soporte en otros navegadores.

Si accede al atributo `for` (utilizado para asociar elementos `label` con controles de formulario), está en una situación similar. IE no comprende `label.getAttribute('for')`, pero, en lugar de ello, le obliga a usar `label.htmlFor`.

Puede utilizar el DOM HTML y el DOM XML en documentos (X)HTML. Si planear servir sus archivos XHTML como XML, sin embargo, las propiedades DOM HTML (que también incluyen `innerHTML`) no funcionarán.

Crear la estructura del documento

JavaScript tiene muchos métodos para crear marcado al vuelo. Ya hemos visto que `setAttribute` puede utilizarse para añadir nuevos atributos, además de modificar los existentes. Pero al usar los métodos `createElement( )` y `createTextNode( )` podemos hacer mucho más.

createElement( )

Como podría esperar, el método `createElement( )` (que se utiliza en el objeto `document`) crea y devuelve un nuevo elemento. Para crear un `div`, haga esto:

```
var new_div = document.createElement( 'div' );
```

Así asigna el nuevo elemento a la variable new_div. Para ver el div recién creado en la página debería poner algo de contenido.

name y creación de elementos en Internet Explorer

Internet Explorer tiene algunas peculiaridades relacionadas con DOM, algunas de las cuales ya hemos explicado. Pero ésta es particularmente compleja. En IE, los elementos que se generan a través del DOM no pueden asignarse a un atributo `name` de forma estándar. El siguiente ejemplo *debería* funcionar (lo hace en todos los demás navegadores):

```
var input = document.createElement( 'input' );
input.setAttribute( 'name', 'fname' );
```

Podría pensar que es otro caso especial como el de `class` o `for`, pero el siguiente método DOM HTML tampoco funciona:

```
input.name = 'fname';
```

No suele ser un problema a menos que trabaje con formularios. Si está planeando utilizar un campo de formulario generado para reunir una respuesta que solo utilizará JavaScript, debería estar bien porque puede dirigirse a un campo dándole una `id`. Por otro lado, si está planeando que el formulario sea enviado al servidor, el valor del campo generado no será también enviado porque no tiene `name` que asociar con el valor.

¿Cuál es la solución? Una variación del método `createElement( )` que solo funciona en IE:

```
var input = document.createElement( '<input name="fname">' );
```

En un navegador adecuado a los estándares, esto no funcionaría porque intenta generar un elemento llamado `<input name="fname">` que no es válido. ¿Qué hacer?

El método `createNamedElement( )`, al añadirse al objeto `document` tal y como hemos visto aquí, le permite generar elementos con nombre con el DOM que funcionarán en cualquier parte:

```
document.createNamedElement = function( type,  name ){
   var element;
   try {
      element = document.createElement(
    '<' + type + ' name=" ' + name + ' ">');
   } catch( e ){}
   if( !element || !element.name ){
      element = document.createElement( type );
      element.name = name;
   }
   return element;
}
```

Éste es un pequeño análisis de lo que hace el *script*:

1. Crea la variable `element`.
2. Prueba `createElement( )` a la manera IE (utilizando `try...catch` para detectar cualquier error).
3. Si `element` o `element.name` es `false` cuando el *script* llega al condicional, el *script* genera el elemento de la forma correcta.
4. Indica `element`.

Para utilizarlo recurra a `document.creatNamedElement( )`, pasándole el elemento que quiere generar y el nombre que quiere darle:

```
input = document.createNamedElement( 'input', 'fname' );
```

Si desea más información consulte `easy-reader.net/archives/2005/09/02/death-to-bad-dom-implementations`.

createTextNode( )

Utilizando el método `createTextNode( )` (también en el objeto `document`), podemos generar un nodo de texto para vincularlo al `div` que acabamos de crear. Vamos a asignar el nuevo nodo de texto a la variable `text`.

```
var text = document.createTextNode( 'This is a new div' );
```

Ahora tenemos dos nodos recién creados, pero no están conectados. Para hacerlo tenemos que usar el DOM para convertir al nodo de texto en hijo del `div`. Lo podemos hacer de distintas formas.

appendChild( )

La forma más común de hacer un nodo hijo de otro es utilizar el método `appendChild( )`.

```
new_div.appendChild ( text );
```

`appendChild( )` es un método disponible para cualquier nodo de elemento y solo necesita un argumento: el nodo que quiere insertar. Con `appendChild( )` también puede saltarse el paso intermedio de asignar el nodo de texto a una variable, y vincular directamente el nuevo nodo de texto al `div`:

```
new_div.appendChild( document.createTextNode( 'This is a new div' ) );
```

Por supuesto esto reúne dos nodos, así que seguimos teniendo que poner nuestro `div` en el `body` del documento para que aparezca en el navegador. Utilizando `appendChild( )`, podemos añadir el `div` al cuerpo de la página, pero `appendChild( )` solo hace lo que dice: une el argumento al elemento seleccionado. El `div` se convertiría en el último elemento del cuerpo. ¿Qué ocurre si queremos que nuestro nuevo `div` sea el primer elemento del cuerpo?

Escalpelo o mazo

Como explicamos antes, `innerHTML` se originó del DOM IE, pero ahora es ampliamente aceptado. Si se compara con la precisión quirúrgica de los métodos de inserción y manipulación de contenido basados en nodos del W3C, `innerHTML` funciona bien, pero es impreciso.

Dicho esto, hay ocasiones en las que `innerHTML` puede facilitarle la vida. Tomemos por ejemplo la inserción de caracteres especiales. Digamos que queremos insertar comillas correctas gramaticalmente en el contenido de un párrafo. Utilizando el método basado en nodos, sería así:

```
var p, text;
p = document.createElement( 'p' );
text = "Here we have some \u201Cquotes.\u201D.';
p.appendChild( document.createTextNode( text ) );
```

Es posible que conozca las entidades HTML mucho mejor que conoce los códigos de caracteres Unicode, así que tendrá que consultarlos siempre que quiera utilizar un carácter especial, lo que puede ser algo molesto. Al utilizar `innerHTML` podría limitarse a establecer el contenido del `p` utilizando una sintaxis mucho más cómoda:

```
p.innerHTML = 'Here we have some &#8220;quotes.&#8221;';
```

De igual modo, añadir varios nodos de texto y elementos en línea como contenido en un elemento, como un párrafo, puede ser un proceso arduo. Incluso algo tan sencillo como crear frase enfatizada puede ser complejo:

```
p.appendChild( document.createTextNode( 'This content is ' ) );
var em = document.createElement( 'em' );
em.appendChild( document.createTextNode( 'emphasized' ) );
p.appendChild( em );
p.appendChild( document.createTextNode( '.' ) );
```

Este ejemplo utiliza muchos atajos, pero sigue teniendo demasiados pasos. Utilizando `innerHTML` el proceso sería mucho más fácil:

```
p.innerHTML += ' This content is <em>emphasized</em>.';
```

Por supuesto, una ventaja de utilizar el método DOM es que los nodos insertados, si están asignados a una variable, siguen siendo accesibles por esa variable aun después de haberse insertado en el documento. Así que si usáramos el ejemplo basado en nodos, podríamos cambiar el elemento `em` (asignado a la variable `em`) por otro nodo de texto:

```
em.parentNode.replaceChild(
document.createTextNode( 'no emphasized' ), em);
```

Elegir una u otra opción queda en sus manos. Las dos tienen ventajas, pero debería quedar claro, eso sí, que si quiere servir sus documentos como XML debe utilizar el método de nodos DOM.

insertBefore( )

Bien, en ese caso, podemos usar el método `insertBefore( )`:

```
var body = document.getElementsByTagName( 'body' )[0];
body.insertBefore( new_div, body.firstChild );
```

`insertBefore( )` toma dos argumentos: el primero es el nodo que quiere insertar y el segundo es el nodo delante del que lo quiere insertar. En nuestro ejemplo, estamos insertando el nuevo `div` delante del `firstChild` del elemento `body`.

replaceChild( )

Supongamos que, en lugar de insertar nuestro nuevo `div` antes del `firstChild` del elemento `body`, queremos que sustituya a `firstChild`.

Para hacerlo podríamos utilizar el método `replaceChild( )`:

```
body.replaceChild( new_div, body.firstChild );
```

Como `insertBefore( )`, `replaceChild( )` toma dos argumentos: el primero es el nodo que quiere insertar en lugar del nodo que es el segundo argumento.

removeChild( )

Como estamos viendo la manipulación de nodos, deberíamos echar un vistazo el método `removeChild( )`.

Al utilizar `removeChild( )` podemos eliminar un nodo o todo un árbol de nodos del documento. Este método toma un solo argumento: el nodo que quiere eliminar. Supongamos que queremos eliminar el nodo de texto de nuestro `div`. Podríamos hacerlo fácilmente utilizando `removeChild( )`:

```
div.removeChild( div.firstChild );
```

Incluso podríamos utilizar `removeChild( )` para eliminar todo el `body` de la página, algo no muy bueno pero que demuestra todo su poder:

```
body.parentNode.removeChild( body );
```

cloneNode( )

Otro método disponible al trabajar con nodos DOM es `cloneNode( )`. Al utilizar este método puede replicar un nodo (suministrando el método con un argumento `false`) o el nodo y todos sus nodos descendientes (indicándolo con un argumento `true`). Éste es un ejemplo de `cloneNode( )`:

```
var ul = document.createElement( 'ul' );
var li = document.createElement( 'li' );
li.className = 'check';
for( var i=0; i < 5; i++ ){
   var new_li = li.cloneNode( true );
   new_li.appendChild( document.createTextNode( 'list item ' +
         ( i + 1 ) ) );
   ul.appendChild( new_li );
}
```

Puede que las ventajas no se vean inmediatamente mirando a este ejemplo, pero hay una ventaja mucho mayor cuando se pone en práctica: clonar un nodo es un proceso mucho más rápido que crear uno desde cero.

Trabajar con estilo

Cuando ya ha dominado el arte de la manipulación estructural con el DOM debería centrar su atención en el trabajo con CSS. El DOM permite acceder a añadir, modificar y eliminar estilos CSS. La manipulación CSS basada en DOM funciona como la aplicación de estilos en línea utilizando el atributo `style`.

En casi todos los navegadores modernos, resulta posible utilizar el método `setAttribute( )` con objeto de asignar un valor determinado al atributo `style` de un elemento:

```
var div = document.getElementById( 'content' );
div.setAttribute( 'style', 'color': #f00; font-weight: bold;' );
```

Por desgracia, Internet Explorer (al menos hasta la versión 6) no tiene soporte para este método de aplicación de estilo. Aunque existe una convención DOM HTML disponible en todos los navegadores: la propiedad `style`.

```
div.style.color = '#f00';
div.style.fontWeight = 'bold';
```

Aunque no es tan eficiente como utilizar `setAttribute( )`, esta convención permite un control granular de estilos.

La propiedad `style` puede utilizarse para obtener o para establecer valores de estilo:

```
var old_color = div.style.color;    //rojo
div.style.color = '#f90';           //naranja
```

Hay disponibles propiedades CSS como propiedades de la propiedad `style`. Los nombres de propiedad con guiones se pasan a *camel case* para evitar conflictos con el operador de resta (`-`) en JavaScript. Por ejemplo, `font-weight` se convierte en `fontWeight`, `border-left-width` en `borderLeftWidth`, etc.

El DOM también permite deshabilitar y habilitar hojas de estilo completas. Para hacerlo solamente tiene que pasar a los elementos `link` de la cabecera de la página y utilizar `getAttribute( )` para encontrar la hoja de estilo que quiere habilitar/deshabilitar. Si la propiedad `disabled` del elemento `link` de una hoja de estilo se ajusta a `true`, se deshabilita. Si se ajusta a `false`, se volverá a habilitar.

Programación DOM en acción

Para apreciar mejor el poder de la programación DOM vamos a echar un vistazo a dos ejemplos relativamente simples. En lugar de dividir el JavaScript en bloques se han añadido comentarios que explican lo que hace el *script* en cada paso del proceso. Las razones para hacerlo son dos: le permite ver el *script* como un todo y le acostumbra a ver comentarios en el código (una costumbre muy útil para el mantenimiento a largo plazo).

Ejemplo 1: Switcher de hoja de estilo

Esta función es una simplificación extrema de la técnica que se utiliza en el artículo "Invasion of the Body Switchers" (`alistapart.com/articles/bodyswitchers`) de Andy Clarke y James Edwards. También utiliza la función `addEvent( )` de John Resig (`quirksmode.org/blog/archives/2005/10/_and_the_winner_1.html`) para la manipulación de eventos. Utiliza un archivo CSS externo para manipular tres tamaños de fuente distintos para el navegador. Vamos a cambiar el tamaño de fuente de la página cambiando un `class` del elemento `body`.

Comenzamos con la hoja de estilo externa (`switcher.css`):

```
body.normal {
   font-size: 80%;
}
body.large {
   font-size: 100%;
}
body.huge {
   font-size: 150%;
}
h1 {
   font-size: 2em;
}
p {
   font-size: 1em;
}
```

Ahora tenemos la página XHTML, con un `link` a nuestro archivo CSS, y un manejador de posición referido a nuestro archivo JavaScript (`switcher.js`):

```
<!DOCTYPE html PUBLIC "-//W3C//DTD XHTML 1.0 Strict//EN"
   "http://www.w3.org/TR/xhtml1/DTD/xhtml1-strict.dtd">
<html xmlns="http://www.w3.org/1999/xhtml" xml:lang="en" lang="en">
<head>
   <title>Switcher Example</title>
```

```
    <meta http-equiv="content-type" content="text/html;
       charset=iso-8859-1" />
    <meta http-equiv="Content-Language" content="en-us" />
    <link rel="stylesheet" type="text/css" media="screen"
       href="switcher.css" />
    <script type="text/javascript" src="switcher.js"></script>
 </head>
 <body class="normal">
    <div id="content">
       <h1>Title</h1>
       <p>This is a paragraph.</p>
       <p>This is another paragraph.</p>
    </div>
    <div>
       <form id="switcher_form= action="switch.php">
          <fieldset>
             <legend>Please choose a font size</legend>
             <select name="size">
                <option value="normal"selected="selected">Normal</option>
                <option value="large">Large</option>
                <option value="huge">Huge</option>
             </select>
             <input type="submit" value="Apply It" />
          </fieldset>
       </form>
    </div>
 </body>
 </html>
```

Antes de pasar al JavaScript, vamos a echar un vistazo al XHTML. Observe que el formulario *switcher* tiene un `action` (`switcher.php`). Aunque controlaremos este formulario con JavaScript, hemos indicado una alternativa del lado del servidor para los navegadores que no tengan habilitado JavaScript.

Ahora pasamos al JavaScript. Como este *script* solo tendrá un uso por página, vamos a crear una literal de objeto (consulte el capítulo 26):

```
var switcher = {
   body: false,    / / el elemento body de la página
   form: false     / / el formulario switcher
   controller: false,   / / el elemento de control del formulario
   init: function( ){   / / la función de inicialización
      /* comprueba la disponibilidad del método, vuelve si no tiene
      soporte o si los elementos id-ed en uso no están disponibles */
      if( !document.getElementById | |
         !document.getElementsByTagName | |
         !document.getElementById( 'switcher_form' ) ) return;
      / / asigna el cuerpo
      switcher.body = document.getElementsByTagName( 'body' )[0];
      / / asigna el formulario
      switcher.form = document.getElementById( 'switcher_form' );
```

```
        / / asigna el elemento select al controlador
        switcher.controller = switcher.form.getElementsByTagName
              ( 'select' )[0];
        / / añade un evento
        switcher.addEvent( switcher.controller, / / al controlador
              'change',   /* se activa con el evento onchange */
              function( ){   / / ejecuta esta función
                 /* establece la class de body igual al valor del
                 controlador*/
                 switcher.body.className = this.value;
              } );  / / obtiene la función submit
              var input = switcher.form.getElementByTagName( 'input' )[0];
/ / eliminarlo cuando nuestro evento onchange lo ha hecho redundante
              input.parentNode.removeChild( input );
           },
           addEvent: function( obj, type, fn ){ / / función añadir evento
              if (obj.addEventListener)
                 obj.addEventListener( type, fn, false );
              else if (obj.attachEvent) {
                 obj["e"+type+fn] = fn;
                 obj[type+fn] = function( ) {
                    obj["e"+type+fn](window.event );
                 };
                 obj.attachEvent( "on"+type, obj[type+fn] );
              }
           }
        };
     /*al utilizar la función integrada addEvent se activa este método
     init( ) del objeto cuando se carga la página */
     switcher.addEvent( window, 'load', switcher.init );
```

Ejemplo 2: Glosario de página

Este *script* es pageGlossary de Easy Designs (easy-designs.net/code/pageGlossary/). Atraviesa una determinada posición del documento (identificada por una id), reuniendo todos los elementos de definición, acrónimos y abreviatura, y los transcribe en la porción designada de la página (también identificada con una id) como un glosario de página. El *script* elimina entradas duplicadas y ordena los contenidos alfabéticamente:

```
var pageGlossary = {
   getFrom: false, / / de donde se reúnen los términos
   buildIn: false, / / donde irá el glosario
   glossArr:   [], / / el glosario de trabajo como un array
   usedArr: [],    / / términos que utilizamos (para rastrear duplicados)
   init: function( fromId, toId){   /* init( ) toma dos argumentos: *id
         del área de reunión, *id de la de destino */
      / / garantiza que los métodos necesarios están disponibles
      if( !document.getElementById | |
```

```
      !document.getElementsByTagName ||
      !document.getElementById( fromId) ||
      !document.getElementById( toId ) ) return;
    // establece el área de reunión
    pageGlossary.getFrom = document.getElementById( fromId );
    // establece el área de destino
    pageGlossary.buildIn = document.getElementById( toId );
    // ejecuta el método de colección (abajo)
    pageGlossary.collect( );
    // si el array del glosario no tiene miembros, para ahora
    if pageGlossary.usedArr.length < 1 ) return;
    //  reordena el array en orden alfabético utilizando ksort (abajo)
    pageGlossary.glossArr = pageGlossary.ksort ( pageGlossary.glossArr );
    // ejecuta el método build (abajo)
    pageGlossary.build( );
  },
  collect: function( ){  // el método de colección
    /* obtiene todos los elementos dfn, acronym y abbr del área de
    reunión */
    var dfns = pageGlossary.getFrom.getElementsByTagName( 'dfn' );
    var abbrs = pageGlossary.getFrom.getElementsByTagName( 'abbr' );
    var acros = pageGlossary.getFrom.getElementsByTagName( 'acronym' );
    var arr = [ ]; // un array temporal para reunir las colecciones
    // llena el array temporal
    arr = arr.concat( dfns, abbrs, acros );
    // se detiene si no reúne nada
    if( arr[0].length == 0 ) &&
      ( arr[1].length == 0 ) &&
      ( arr[2].lenth == 0 ) ) return;
    // ahorra tiempo de procesado almacenando la longitud del array
    var arrLength = arr.length;
    // se repite a lo largo del array
    for( var i=0; i < arrLength; i++ ){
      // almacena la longitud de array anidada
      var nestedLength = arr[i].lenght;
      // salta este array si no tiene miembros
      if( nestedLength < 1 ) continue;
      // se repite a través del array
      for( var j=0; j <nestedLenth; j++ ){
        // se asegura de que el elemento tiene hijos
        if( !arr[i][j].hasChildNodes( )   ) continue;
        // reúne el término
        var trm = arr[i][j].firstchild.nodeValue;
        // reúne la definición
        var dfn = arr[i][j].getAttribute( 'title' );
        // si este término no está en el array usado
        if( !pageGlossary.inArray( trm, pageGlossary.usedArr ) ){
          // lo pasa al array usado
          pageGlossary.usedArr.push( trm );
          /* y almacena su definición en el array del glosario
          utilizando el término como su valor clave */
          pageGlossary.glossArr[trm] = dfn;
```

```
            }
         }
      }
   },
   build:  function ( ){ / / el método builder
      / / crea una cabecera de nivel
      var h2 = document.createElement('h2');
      / / se lee "Page Glossary"
      h2.appendChild( document.createTextNode( 'Page Glossary' ) );
      / / crea la lista de definiciones
      var dl = document.createElement( 'dl' );
      / / le da una clase de pageGlossary
      dl.className = 'pageGlossary';
      / / se repite a través del array del glosario
      for( key in pageGlossary.glossArr ){
      / / crea un elemento de término de definición
      var dt = document.createElement( 'dt' );
      / / convierte el término en su texto
      dt.appendChild( document.createTextNode( key ) );
      / / lo añade a la lista
      dl.appendChild( dt );
      / / crea el elemento de datos de definición
      var dd = document.createElement( 'dd' );
      / / convierte la definición en su texto
      dd.appendChild( document.createTextNode(
pageGlossary.glossArr[key] ) );
      / / lo añade a la lista
      dl.appendChild( dd );
   }
   / / añade el h2 al elemento de destino
   pageGlossary.buildIn.appendChild( h2 );
   / / añade el dl al elemento de destino
   pageGlossary.buildIn.appendChild( dl );
},
addEvent:  function( obj, type, fn ){/ / la función añadir evento
   if (obj.addEventListener) obj.addEventListener( type, fn, false );
   else if (obj.attachEvent) {
      obj["e"+type+fn] = fn;
      obj[type+fn] = function( ) {
         obj["e"+type+fn]( window,event );
      };
      obj.attachEvent( "on"+type, obj[type+fn] );
   }
},
ksort:  function( arr ){ / / función key sorting
   var rArr = [], tArr = [], n=0, i=0, el;
   for( el in arr ) tArr[n++] = el + ' | ' + arr[el];
   tArr = tArr.sort( );
   var arLlength = tArr.length;
   for( var i=0; i < arrLenght; i++ ){
      var x = tArr[i].split( ' | ' );
      rArr[x[0]] = x[1];
```

```
      }
      return rArr;
   },
   inArray: function( n, h ){/ / el test inArray
      var l = h.length;
      for( var i=0; i < l; i++ ){
         if( h[i] === n ) return true;
      }
      return false;
      }
   };
   / / añade el método pageGlossary.init( ) al evento onload de la página
   pageGlossary.addEvent( window, 'load', function( ) { pageGlossary.init(
   'content', 'extras' );
         } );
```

Suplemento: una introducción a Ajax

El comienzo de 2005 asistió al surgimiento de una tecnología relativamente nueva, llamada "Ajax" (*Asynchronus JavaScript and XML*) de Jesse James Garret de Adaptive Path. En resumen, es el uso del objeto no estándar `XMLHttpRequest( )` para la comunicación con *scripts* del lado del servidor. Puede enviar y recibir información en muchos formatos, entre ellos XML, HTML e incluso archivos de texto. La característica más notable de Ajax, sin embargo, es su naturaleza "asincrónica", lo que significa que puede hacer todo esto sin tener que refrescar la página. Esto permite actualizar porciones de una página a partir de eventos del usuario y proporciona una de las piedras angulares de las RIA (Web 2.0).

El DOM juega distintos papeles en Ajax. El uso del DOM depende en buena medida del modo en el que se manipula el contenido devuelto desde el servidor. Puede tratar el contenido como un texto utilizando la propiedad `responseText` de la respuesta del servidor o como XML utilizando `responseXML`. Suponiendo que el contenido que obtiene del servidor es un fragmento (X)HTML y que lo ha obtenido como `responseText`, podría poner ese contenido en un determinado lugar de la página utilizando `innerHTML`. Por otro lado, si el contenido que obtiene es XML y lo ha obtenido como `responseXML`, puede atravesar su DOM realizando funciones en los elementos, atributos y nodos de texto.

Puede sonar algo confuso, pero le resultará muy sencillo cuando vea algunos ejemplos. En estos ejemplos hemos utilizado la librería XHConn para simplificar nuestra interacción con `XMLHttpRequest( )`. Esta librería está disponible de forma gratuita en `xkr.us/code/javascript/XHConn/` y permite acceder fácilmente a `XMLHttpRequest( )` creando un nuevo objeto `XHConn` e iniciando su método `connect( )` como enseguida veremos. Como con los ejemplos de programación DOM (arriba), lea los comentarios JavaScript.

Ejemplo 1: Ajax con innerHTML

Para ver un ejemplo sencillo de Ajax basado en `innerHTML` crearemos una aplicación de libreta de direcciones. Comenzaremos con la página XHTML:

```
<!DOCTYPE html PUBLIC "-//W3C//DTD XHTML 1.0 Strict//EN"
   "http://www.w3.org/TR/xhtml1/DTD/xhtml1-strict.dtd">
<html xmlns="http://www.w3.org/1999/xhtml" xml:lang="en" lang="en">
<head>
   <title>Ajax Address Book</title>
   <meta http-equiv="content-type" content="text/html;
       charset=iso-8859-1" />
   <meta http-equiv="Content-Language" content="en-us" />
   <script type="text/javascript" src="XHConn.js"></script>
   <script type="text/javascript" src="addressBook.js"></script>
</head>
<body>
   <h1>Simple Ajax Address Book</h1>
   <form action="getAddress.php" method="POST">
      <fieldset>
         <legend>Please Choose a Person</legend>
         <select id="person" name="person">
            <option value="">Choose Someone</option>
            <option value="1">Bob Smith</option>
            <option value="2">Janet Jones</option>
         </select>
         <input type="submit" id="submit" name="submit"
            value="Get the Address" />
      </fieldset>
   </form>
   <pre id="address"></pre>
</body>
</html>
```

Como puede ver, tenemos un `form` con un `select` desde el que se puede seleccionar una persona. De nuevo, estamos proporcionando una `action` alternativa para el formulario por si no se puede ejecutar JavaScript. Bajo el formulario tenemos un elemento `pre` que mostrará la información de la base de datos.

Y ahora pasamos al JavaScript. Básicamente comandaremos el `select` y utilizaremos su manejador de eventos onchange para activar un `XMLHttpRequest( )` para obtener la información del individuo seleccionado. El servidor devolverá la información en una cadena como ésta:

```
Bob Smith
123 School Street
Anytown, NY 12345
```

Tomaremos esta información y la pasaremos al elemento `pre` utilizando `innerHTML`. Eche un vistazo al código:

```
var addressBook = {
   myConn: false, / / el XMLHttpRequest
   body: false,   / / el elemento body
   target: false, / / el contenedor target
   loader: false, / / el loader
   init: function( controlID, sbmtBtnId, targetId ){
      /* init( ) toma tres argumentos:
         * el id del controlador (select)
         *el id del botón de envío
         *el id del contenedor de destino */
      / / comprueba la presencia de métodos y elementos
      if( !document.getElementById | |
         !document.getElementByTagName | |
         !document.getElementById( controlID ) | |
         !document.getElementById( sbmtBtnId ) | |
         !document.getElementById( targetId ) ) return;
      / / establece y prueba XHConn, deteniéndose si falla
      addressBook.myConn = new XHConn( );
      if( !addressBook.myConn ) return;
      / / obtiene el cuerpo
      addressBook.body = document.getElementsByTagName( 'body' )[0];
      / / obtiene el controlador
      var control = document.getElementById( controlId );
      / / obtiene el botón de envío
      var sbmtBtn = document.getElementById ( sbmtBtnId  );
      / / elimina el botón de envío
      sbmtBtn.parentNode.removeChild( sbmtBtn );
      / / obtiene el destino
      addressBook.target = document.getElementById( targetId );
      / / añade el evento onchange al controlador,
      addressBook.addEvent( control,
               'change',
               function( ){
                  if( this.value != ''){    /* si hay un valor, activa
                                            getAddress*/
                  addressBook.getAddres( this.value );
               } else { / / si no vacía el destino
                  addressBook.target.innerHTML = '';
               }
            } );
},
getAddress: function( id ){  / / la llamada Ajax
   / / vamos a dejar que el usuario sepa que algo está ocurriendo
        (ver abajo)
   addressBook.buildLoader( );
   / / ésta es la función que se ejecuta cuando se completa la llamada
   / / Ajax
   var fnWhenDone = function(oXML) {
      / / deshace el loader
      addressBook.killLoader( );
      / / inserta la información devuelta en el destino
      addressBook.target.innerHTML = oXML.responseText;
```

```
    },
    / / usa el método connect de XHConn
    addressBook.myConn.connect( 'index.php', 'POST', 'id='+id',
fnWhenDone );
},

buildLoader:  function( ){  / /crea un loader
    / /crea un nuevo div
    addressBook.loader = document.createElement( 'div' );
    / / le da estilo
    addressBook.loader.style.position  = 'absolute';
    addressBook.loader.style.top = '50%';
    addressBook.loader.style.left= '50%';
    addressBook.loader.style.width  = '300px';
    addressBook.loader.style.lineHeight  = '100px';
    addressBook.loader.style.margin = '-50px 0 0 -150px';
    addressBook.loader.style.textAlign = 'center';
    addressBook.loader.style.border = '1px solid #870108';
    addressBook.loader.style.background  = '#fff';
    / /le da un texto
    addressBook.loader.appendChild(
    document.createTextNode( 'Loading Data, please wait\u2026' ) );
    / / lo añade al cuerpo
    addressBook.body.appendChild( addressBook.loader );
    },

    killLoader: function( ){  / /elimina el loader
       / /elimina el loader del cuerpo
       addresssBook.body.removeChild( addressBook.loader );
    }
    addEvent:  function( obj, type, fn ){/ / la función añadir evento
       if (obj.addEventListener) obj.addEventListener( type, fn, false );
       else if (obj.attachEvent) {
          obj["e"+type+fn] = fn;
          obj[type+fn] = function( ) {
             obj["e"+type+fn]( window.event );
             };
             Obj.attachEvent( "on"+type, obj[type+fn] );
          }
       }
    };
    /* vuelve al método init() cuando la página se carga, pasándole los
          argumentos necesarios */
    addressBook.addEvent( window, 'load', function( ){
                   addressBook.init( 'person',
                         'submit',
                         'address' );
               } );
```

Para ver este *script* en acción visite `easy-designs.net/books/WDN3/27/Ajax1/index.php`.

Ejemplo 2: Ajax con nodos

Vamos a modificar el ejemplo, y en lugar de obtener una cadena del servidor esta vez lo haremos XML:

```
<file>
   <name>
      <first>Bob</first>
      <last>Smith</last>
   </name>
   <address>
      <street>123 School Street</street>
      <city>Anytown</city>
      <state>NY</state>
      <zip>12345</zip>
   </address>
</file>
```

La página XHTML no cambia pero tenemos que hacer algunos ejemplos en el JavaScript. Para destacar las diferencias veremos cada cambio por separado.

El primer cambio, en el manipulador de eventos `onchange` de `select`, es muy sencillo:

```
...
   addressBook.addEvent( addressBook.control,
            'change',
            function( ){
               if ( this.value != ' ' ){
                  addressBook.getAddress( this.value );
               } else {
                  addressBook.target.removeChild(
                     addressBook.target.firstChild );
               }
            } );
...
```

En lugar de establecer el contenido del destino como vacío utilizando `innerHTML`, el DOM elimina el nodo que es el primer hijo del destino.

El siguiente cambio es el método `getAddress( )`:

```
...
   getAddress: function( id ){
      addressBook.buildLoader( );
      var fnWhenDone = function(oXML) {
         addressBook.killLoader( );
         if( addressBook.target.hasChildNodes( ) ){
            addressBook.target.removeChild( addressBook.target.
            firstChild );
         }
```

```
            xml = oXML.responseXML;
            var name = addressBook.getNodeValue( xml, 'first' ) + ' ' +
                  addressBook.getNodeValue( xml, 'last' );
            var address = addressBook.getNodeValue( xml, 'street' );
            var csz  = addressBook.getNodeValue( xml, 'city' ) + ', ' +
                  addressBook.getNodeValue( xml, 'state' ) + ' ' +
                  addressBook.getNodeValue( xml, 'zip' );
            var txt = document.createTextNode( name+"\n"+address+"\n"+csz );
            addressBook.target.appendChild( txt );
         };
         addressBook.myConn.connect( 'getAddress.php', 'POST', 'id=' + id,
            fnWhenDone);
      },
   ...
```

Cuando estamos trabajando con XML podemos utilizar la propiedad `responseXML` para obtener la respuesta del servidor como un árbol de nodos. Podemos recorrer el árbol y reunir la información necesaria. En este ejemplo añadimos un nuevo método (`getNodeValue( )`) que facilita este trabajo:

```
   ...
      getNodeValue: function( tree, el ){
         return tree.getElementsByTagName( el )[0].firstChild.nodeValue;
      },
   ...
```

Este método toma dos argumentos: el árbol de nodos (`tree`) y el elemento (`el`) cuyo contenido queremos. Devuelve el `nodeValue` del `firstChild` del primer `el` en `tree`, o sea, el valor de texto del nodo solicitado del árbol de nodos.

Cuando reunimos todos los contenidos solicitados del XML, la cadena de texto se reconstruye y se genera con el DOM antes de ser añadida al destino. El resultado final puede verse en `easy-designs.net/books/WDN3/27/Ajax2/index.php`.

Quizás se pregunte por qué los dos ejemplos hacen lo mismo. Es para mostrar que puede trabajar con dos sistemas distintos y conseguir los resultados deseados. En Ajax, como con muchas otras cosas, la flexibilidad es fundamental.

Recursos Ajax

Si desea más información sobre Ajax, consulte:

- Los ejemplos de `XMLHttpRequest` de Fiftyfoureleven, que puede encontrar en `www.fiftyfoureleven.com/resources/programming/xmlhttprequest/examples`).
- El Blog Ajaxian (`ajaxian.com`).
- AHAH, un microformato para el trabajo con `XMLHttpRequest( )` e `innerHTML` (`microformats.org/wiki/ahah`).

Parte V

Gráficos Web

Capítulo 28

Una visión general sobre los gráficos Web

Los gráficos Web deben ser imágenes de mapa de bits a baja resolución almacenadas en formato GIF, JPEG o PNG. Esta afirmación puede llenarse de nuevos términos y acrónimos pero, no se preocupe, en este capítulo le ofrecemos una explicación de cada componente. También atiende a la forma en la que el color funciona en monitores y navegadores Web y cómo puede influir en sus decisiones sobre el diseño. Por último ofrece trucos sobre la producción de imágenes Web.

Formatos de archivo de las imágenes Web

Aunque hay docenas de formatos de archivo de imagen solo tres tienen soporte por los navegadores Web para páginas Web: GIF, JPEG y PNG. Los creadores de navegadores seleccionaron estos formatos para su uso en la Web porque pueden portarse fácilmente entre plataformas en una red.

Ahora sigue una breve introducción a cada uno de estos formatos. Encontrará descripciones más detalladas en los siguientes capítulos dedicados a cada uno de esos formatos por separado.

GIF (Graphic Interchange Format)

El formato GIF es el favorito de la Web. Fue el primer formato de archivo soportado por los navegadores Web, y hoy en día sigue siendo el formato de la mayoría de imágenes de la Web.

Los GIF son archivos de color indexado con una capacidad máxima de paleta de 8 bits, lo que quiere decir que un GIF puede contener un máximo de 256 colores de píxel. Como comprimen la información cromática en filas de píxeles, los archivos GIF son más adecuados para imágenes que contienen áreas de color plano, como logotipos, iconos y arte lineal. Los GIF no son eficaces para imágenes fotográficas.

Pero tienen otras ventajas. Puede tomar partes de un archivo GIF transparente que permitan mostrar su imagen o color de fondo a través de ellas. También pueden contener varias imágenes, lo que permite animaciones sencillas. La amplia mayoría de los banners animados de la Web son GIFs animados.

Consulte el capítulo 29 para obtener información detallada sobre este formato de archivo. En el capítulo 32 estudiaremos los GIF animados.

JPEG (Join Photographic Experts Group)

Los archivos JPEG contienen información cromática de 24 bits (eso son millones de colores, frente a los 256 del GIF). Utilizan lo que se denomina un esquema de compresión con pérdida (*lossy*, es decir, que se pierde cierta información en el proceso de compresión), pero, en la mayoría de los casos, la degradación de la imagen no se puede apreciar. Puede controlar la cantidad de compresión al guardar una imagen como JPEG, así que puede dar prioridad a tamaños pequeños o a una mejor calidad de imagen. JPEG ofrece una calidad de imagen excelente en archivos pequeños.

Es mejor guardar imágenes fotográficas o imágenes con gradaciones sutiles de color en este formato porque la compresión JPEG es más eficaz en tonos continuos de color. Los JPEG, sin embargo, no son una buena opción para imágenes planas porque el esquema de compresión puede hacer borrosos los bordes, manchar los colores y dar lugar a un archivo mucho mayor que la misma imagen guardada como un GIF.

Consulte el capítulo 30 si desea información completa sobre el formato JPEG.

PNG (Portable Network Graphic)

A diferencia de GIF y JPEG, PNG fue desarrollado específicamente para la Web. Puede soportar color indexado de 8 bits, escala de grises de 16 bits o imágenes true color de 24 bits, con un esquema de compresión sin pérdidas, lo que supone mayor calidad de imagen y, en algunos casos, archivos más pequeños que sus equivalentes GIF. No solo eso, los archivos PNG también tienen algunas funciones muy útiles como un control gamma integrado y niveles de transparencia variables (que le permiten tener un patrón de fondo visible a través de una sombra suave).

A pesar de la solidez de este formato de archivo, las herramientas gráficas y los navegadores no fueron demasiado rápidos en darle un soporte completo (los niveles de transparencia variables no tenían soporte en IE hasta la versión 7). Por esa razón tiene mucha menos popularidad que GIF y JPEG.

Consulte el capítulo 31 si desea obtener más información sobre este formato de archivo.

Elegir el formato adecuado

Un factor fundamental para que las imágenes Web se descarguen rápidamente es el formato de archivo. La tabla 28.1 ofrece un buen punto de partida.

Nota: Si utiliza Adobe Photoshop/Image Ready o Macromedia Fireworks, puede previsualizar la imagen y el tamaño de archivo resultante en los distintos formatos de archivo. Esto le ayudará a elegir el formato. También puede hacer comparaciones.

Tabla 28.1. Elegir el formato de archivo adecuado.

Si su imagen...	Utilice...	Porque...
Es gráfica, colores planos.	GIF o PNG de 8 bits	Excelente en la compresión de color plano.
Es fotográfica o contiene color graduado.	JPEG	La compresión JPEG es excelente con imágenes con color combinado y el formato puede mostrar millones de colores, lo que permite mejor calidad de imágenes a tamaños de archivo más pequeños.
Es una combinación de arte plano y fotográfico.	GIF o PNG de 8 bits	En la mayoría de los casos es preferible evitar vacilación en los colores planos y tolerar vacilación en las áreas fotográficas. JPEG es muy ineficaz en la compre sión de colores planos y puede emborronar el texto y los pequeños detalles.

Si su imagen...	Utilice...	Porque...
Necesita transparencia.	GIF o PNG	Solo estos formatos permiten áreas transparentes en la imagen.
Necesita animación.	GIF	GIF es el único formato de archivo que puede contener marcos de animación.

Resolución de imagen

Estos tres formatos son imágenes basadas en píxeles o con mapa de bits. Si las amplía, verá que las imágenes son como un mosaico compuesto de muchos píxeles (cuadrados pequeños y de un solo color). Son diferentes de las imágenes vectoriales que se componen de líneas suaves y áreas de relleno a partir de fórmulas matemáticas (véase la figura 28.1).

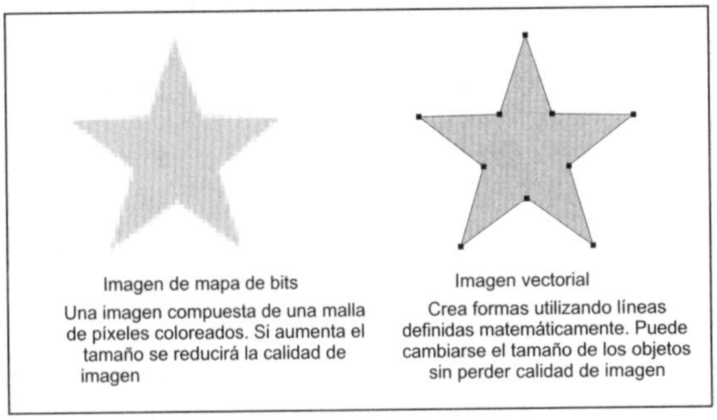

Figura 28.1. Mapa de bits versus imágenes vectoriales.

Al trabajar con imágenes de mapa de bits, debe tener cuidado con la resolución (normalmente medida en el número de píxeles por pulgada (*ppi*) de la imagen. En la Web, las imágenes siempre se muestran en monitores de baja resolución, así que las altas resoluciones típicas de la impresión son innecesarias. Los diseñadores Web suelen crear imágenes a una resolución de 72 ppi, frente a los 266 ó 600 ppi de la impresión.

El trabajo a baja resolución puede ser un cambio para un diseñador acostumbrado a trabajar con las imágenes de alta resolución de la impresión. La calidad de imagen es más baja porque no hay mucha información de imagen en un determinado espacio. Tiende a hacer que la imagen parezca más granulosa o pixelada y, por desgracia, esa es la naturaleza de las imágenes de la Web.

Tamaño de imagen

Cuando una imagen se muestra en una página Web, los píxeles de la imagen se mapean de uno en uno con la resolución del monitor. Los monitores con una resolución más alta utilizan píxeles más pequeños. Por tanto, una imagen que parece tener una pulgada cuadrada en su monitor de 72 ppi parecerá ser bastante más pequeña en un monitor con una resolución cercana a los 100 ppi (véase la figura 28.2).

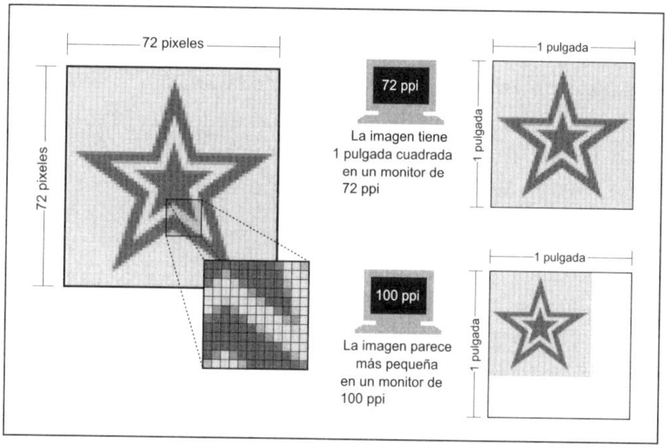

Figura 28.2. El tamaño de una imagen depende de la resolución del monitor.

Adiós pulgadas, hola píxeles

Como las dimensiones definitivas de una imagen dependen de la resolución del monitor, toda la idea de "pulgadas" o de "píxeles por pulgada" se hace irrelevante en el entorno Web. Así, mientras 72 ppi se ha convertido en el estándar de hecho, en realidad, la única medida significativa de una imagen Web es el número de píxeles.

Es fácil acostumbrarse a pensar en píxeles con naturalidad. Lo que es importante es el tamaño de la imagen en relación a otras imágenes de la página y al tamaño total de la ventana del navegador. Por ejemplo, si queremos una imagen de cabecera para un monitor de 800x600, nos aseguraríamos de que mide 760 píxeles de anchura, o algo menos (para dejar espacio para los márgenes y la barra de desplazamiento). Otras imágenes de la página se medirían en píxeles en relación a esa imagen.

Tras este ejemplo, debería estar bastante claro por qué las imágenes escaneadas o tomadas con una cámara digital a altas resoluciones (como 300 dpi) son inapropiadas para la Web. A altas resoluciones, las imágenes suelen extenderse en miles de píxeles. Con una ventana de navegador de 750 píxeles de ancho, todos esos píxeles son innecesarios y harían que la imagen se extendiera fuera de la ventana.

Color en la Web

En el diseño Web es indiscutible que no hay forma de garantizar que todos los usuarios verán los colores de su página como usted lo hace. Para algunos será más brillante, para otros más oscuros. Es la naturaleza del diseño para un medio que depende de los monitores para su muestra final.

Aunque no puede controlar la muestra final de los colores de la página, puede comprender las formas en las que los monitores manejan el color. Esta comprensión le ayudará a tomar decisiones en el diseño.

Color RGB

Los monitores de ordenador se basan en el modelo cromático conocido como RGB para mostrar los colores. El color RGB combina luz roja, verde y amarilla en cantidades variables para crear un espectro cromático que varía entre negro y blanco. El modelo es aditivo, es decir, cuanta más luz se añade, más se acerca el color al blanco.

Aunque todos los monitores utilizan este modelo cromático, los tonos reales de luz verde, roja o azul varían de monitor a monitor. Esto significa que incluso colores RGB específicos, identificados numéricamente, pueden ser muy distintos en distintos ordenadores. Como diseñador Web debe permitir cierta variación en el aspecto de los colores.

Profundidad de color

El número de colores del espacio cromático RGB que puede mostrar un monitor se conoce como su "profundidad de color". Más exactamente, esta profundidad es el número de bits de datos utilizados para representar el color de un píxel en la pantalla (también llamado *bits por píxel* o *bpp*).

La mayoría de los navegadores es dividen en tres categorías: True-color (millones de colores), HiColor (miles de colores) o color indexado (256 colores o menos). El modo en el que funcionan estos sistemas tiene un impacto directo en la calidad de los colores y en determinadas tareas como hacer que coincida el color de imágenes y fondos.

Truecolor (24 ó 32 bits)

Truecolor, o color verdadero, utiliza 24 bits de información por píxel, y dedica 8 bits a cada canal cromático (rojo, verde y azul). Ahora vamos a hacer algo de matemáticas. Ocho bits de datos pueden describir 256 colores ($2^8 = 256$), así que hay 256 variaciones de rojo, 256 de verde y 256 de azul. El número posible de colores combinados se calcula multiplicando 256 x 256 x 256, dando un total de 16.777.216 ("millones de colores").

Los colores específicos del espacio Truecolor se identifican por sus valores RGB numéricos. Cada valor es un número entero de 0 a 255, por ejemplo, los valores RGB para un determinado color naranja oscuro son R:198, G:83, B:52.

Los monitores de 32 bits muestran también Truecolor (16,7 millones de colores) pero incluyen 8 bits de espacio vacio que pueden utilizarse para representar un canal alfa. Los monitores de 32 bits se han popularizado porque muchos sistemas modernos funcionan en unidades de 32 bits, lo que permite optimizar mejor la muestra en pantalla de imágenes.

Los programas de edición de imagen de calidad profesional, como Photoshop, utilizan color de 48 bits (esto es 16 bits, o 65.536 tonos por canal) para rastrear internamente los colores de las imágenes. aunque los colores extra no se muestran en el monitor, el nivel más detallado de granularidad matemática es útil para que Photoshop maneje ajustes de imagen sutiles y repetitivos sin errores de redondeo.

Nota: En agosto de 2005, aproximadamente el 80 por 100 de los usuarios veían la Web con monitores de 24 ó 32 bits (datos de TheCounter.com).

Highcolor (15 ó 16 bits)

Los sistemas Highcolor pueden mostrar miles de colores. La variación más popular de monitor Highcolor es 16 bits, que asigna 5 bits de datos al canal rojo, 6 bits al verde (porque el ojo humano puede discernir más tonos de verde) y 5 al azul. Suele denominarse modelo 565. Si hace algunos cálculos tenemos un total de 32 x 32 x 64 (65.536 colores, "miles de colores).

Los monitores de 15 bits utilizan un modelo 555, con 5 bits de datos asignados a cada canal cromático, con un total de 32.768 colores. Estos monitores son bastante raros hoy en día, así que esta sección se centra en los monitores Highcolor de 16 bits.

Es importante comprender que el espectro cromático de 16 bits es esencialmente distinto del color de 24 bits. No es simplemente un subconjunto de los colores del espacio Truecolor. Es un conjunto de colores totalmente distinto. Para entenderlo mejor, piense sobre el canal cromático rojo. En color de 24 bits, el espectro de tonos de 0% (negro) a 100% (blanco) se divide en 256 incrementos. En Highcolor de 16 bits, el espectro de tonos de blanco a negro se divide en 32 incrementos. Aparte del blanco y negro, los tonos de las dos escalas no coinciden. Siempre son distintas. Aplique esta comparación a todos los canales cromáticos y debería quedar claro que obtiene un conjunto de colores totalmente distinto en los monitores de 16 bits.

Como diseñador Web todo esto supone que sea cual sea el color que especifica con valores cromáticos RGB en una escala de 1 a 255 (como es el caso de los programas de edición de imagen y en HTML) ese color siempre será cambiado al color más cercano disponible en los monitores de 16 bits. El que se haga más claro o más oscuro depende de la plataforma, del navegador y de si el color está en HTML, es una imagen en línea o de fondo. Más adelante veremos estos temas con más detalle.

Nota: En agosto de 2005, aproximadamente el 20 por 100 de los usuarios veían la Web con monitores de 16 bits (datos de TheCounter.com).

Color indexado (8 bits)

En los sistemas de color indexado de 8 bits, hay 8 bits de datos para manejar todo el color del monitor, lo que significa que el monitor solo puede mostrar 256 colores ($2^8 = 256$) a la vez. También hay monitores con menor profundidad de color como 1 bit (dos colores: blanco y negro) y 2 bits (cuatro colores) pero están desapareciendo.

El color indexado es, en esencia, distinto de los dos modelos anteriores. En lugar de asignar bits por canal, un sistema de color indexado mantiene un conjunto de colores (llamados paleta o mapa cromático) disponibles para mostrarse en pantalla de una sola vez. En las pantallas de 8 bits, cada color de la paleta tiene un número asignado, o un índice, de 0 a 255. El color de los píxeles se representa por su número de índice que corresponde al color respectivo de la paleta.

Las paletas de color indexado consisten en colores de todo el espacio cromático RGB (en otra palabras, el color de 8 bits es un subconjunto de Truecolor). Los 8 bits de datos limitan el número de colores que pueden mostrarse al mismo tiempo.

Nota: Comprender el color indexado en los monitores es útil para comprender el funcionamiento del color en las imágenes de formato GIF, que también utilizan color indexado de 8 bits.

Para las operaciones a nivel de sistema, los ordenadores utilizan un conjunto específico de 256 colores llamado "paleta del sistema". Los Mac y los PC utilizan conjuntos ligeramente distintos de 256 colores en sus paletas de sistema. Determinadas aplicaciones pueden utilizar sus propias paletas, por ejemplo, los navegadores tienen una paleta integrada conocida como paleta Web, que explicaremos en la siguiente sección.

Cuando un sistema de 8 bits o una aplicación da con un color que no está en la paleta actual hace todo lo posible para acercarse a él. Puede hacerlo de dos formas: remplazando o con el método *dithering* (o de tramado). A veces los colores simplemente se reemplazan o se cambian con el color de paleta disponible más cercano. Otra opción es que el monitor intente aproximarse a un color tramado, mezclando píxeles de colores parecidos disponibles en la paleta (método *dithering*).

Los dos métodos pueden dar grandes diferencias entre el renderizado de las imágenes y de las páginas en pantallas de 24 y de 8 bits.

Nota: En agosto de 2005 menos del 1 por 100 de los consumidores utilizaban monitores de 8 bits (de acuerdo a TheCounter.com). El porcentaje de monitores de 8 bits se ha ido reduciendo constantemente a medida que los ordenadores se han hecho más rápidos y potentes.

La paleta Web

Los navegadores Web en monitores de 8 bits reducen y cambian el mapeado de los colores de acuerdo a su propia paleta integrada conocida como paleta Web.

La paleta Web consiste en los 216 colores compartidos por las paletas de sistema Macintosh y Windows y, por tanto, los colores elegidos de la paleta Web se renderizarían adecuadamente en pantallas Mac y Windows. La paleta Web se optimizó para Mac y para Windows. Los ordenadores Unix utilizan un modelo cromático distinto para sus paletas de sistema, así que estos colores pueden ser ligeramente distintos en los sistemas Unix. Los otros 40 colores que componen la diferencia entre los 216 colores del navegador y los 256 colores que tiene como máximo una paleta se toman de la paleta del sistema.

Nota: Puede ver muestras de los 216 colores en la dirección de Internet `www.learingwebdesign.com/webpalette.html`.

La paleta Web se está quedando obsoleta

Es importante señalar que la paleta Web solo se utiliza en monitores de 8 bits. Como ya se dijo, los monitores de 24 y 16 bits no utilizan paletas y pueden mostrar colores sin tramado.

A mediados de los noventa, la mayoría de usuarios tenían monitores de 8 bits, por lo que era necesario que las páginas Web tuvieran un aspecto parecido en todos los sistemas de 8 bits.

En este momento, los monitores de 8 bits suponen menos del 3% del tráfico Web (o menos del 1 por 100, según las estadísticas que se utilicen), y esa tasa está reduciéndose constantemente. Muchos dispositivos de mano siguen utilizando pantallas de 8 bits, pero a ese tamaño tan pequeño, la preocupación de los diseñadores se orienta más hacia la reducción del tamaño de la imagen que hacia los cambios de color. Cuando las pantallas de 8 bits desaparezcan, también lo hará la utilidad de la paleta Web.

Nota: Encontrará una explicación técnica en profundidad sobre el color de monitores y los fallos de la paleta Web en el artículo "Death of the Websafe Color Palette?" de David Lehn y Hadley Stern en Webmonkey (en la dirección `hotwired.lycos.com/webmonkey/00/37/index2a.html`). Aunque fue escrito en 2000, sus conclusiones siguen siendo ciertas.

Pese a que la paleta Web está rumbo a su desaparición, el nombre suele oírse entre los clientes y en numerosas herramientas de autoría Web. Por esa razón será útil familiarizarse con la paleta y con su uso.

La paleta Web en números

En la producción Web, a menudo hay que manipular colores en la paleta Web por sus valores numéricos. La paleta Web reconoce 6 tonos de rojo, 6 de verde y 6 de azul, dando lugar a 216 valores cromáticos posibles (6x6x6=216). Por ello se hace referencia a ella como "cubo de color 6x6x6".

En los programas de edición de imagen, los colores se especifican por sus valores decimales RGB en una escalad de 0 a 255. Los colores de la paleta Web utilizan los siguientes seis valores: 0, 51, 102, 153, 204 y 255 (de negro a blanco) para cada canal cromático.

En HTML y CSS, los colores se identifican por los equivalentes hexadecimales (base-16) de los mismos valores RGB: 00, 33, 66, 99, CC y FF. Consulte el Apéndice D si desea más información sobre la notación hexadecimal.

La tabla 28.2 muestra los valores porcentuales, hexadecimales y decimales para cada uno de los seis valores componentes de la paleta Web.

Tabla 28.2. Valores numéricos para los colores de la paleta Web.

Decimal	Hexadecimal	Porcentual
0 (más oscuro)	00	0%
51	33	20%
102	66	40%

Decimal	Hexadecimal	Porcentual
153	99	60%
204	CC	80%
255 (más claro)	FF	100%

Diseñar con la paleta Web

La principal ventaja de diseñar con la paleta Web es que sabe que los colores de las imágenes (y elementos de página Web HTML) no cambiarán en los monitores de 8 bits. Si sigue preocupado por ese público, puede seleccionar colores de la paleta Web al crear sus imágenes y elementos de página Web. La paleta Web está disponible en todas las herramientas de autoría Web a través de una paleta emergente situada, generalmente, junto al espacio dedicado a la introducción de un valor cromático. En Photoshop puede cargar la paleta en las muestras para acceder a ella más fácilmente.

Gamma (brillo del monitor)

Con gamma se hace referencia al brillo global de la pantalla de un monitor. En términos técnicos, es un ajuste numérico para la relación no lineal entre voltaje e intensidad lumínica (pero puede pensar en ella como brillo). Los ajustes gamma por defecto varían entre plataformas. Las imágenes y páginas creadas en un Mac son algo más oscuras si se ven en un sistema Windows o Unix/Linux. Las imágenes creadas en un sistema Windows suelen parecer más claras en un Mac. Cuanto más alto sea el valor gamma, más oscura será su muestra en pantalla. La tabla 28.3 muestra los ajustes gamma estándar para la mayoría de las plataformas.

Tabla 28.3. Ajustes gamma por defecto más comunes

Plataforma	Gamma
Macintosh	1.8
PC	2.2
Unix	2.3-2.5

Como la mayoría de los usuarios ven la Web desde entornos Windows, las diferencias gamma son especialmente importantes para los que diseñan en un Mac. Sin embargo, si está diseñando en Windows y supone que su sitio va a tener un alto porcentaje de tráfico Mac (como un sitio para diseñadores gráficos), asegúrese de probar las páginas en condiciones gamma Macintosh.

Adobe Photoshop y Macromedia Fireworks tienen controles para simular el gamma en distintas plataformas. En Photoshop seleccione Vista>Ajuste de prueba>RGB para Windows/RGB para Macintosh. En Fireworks seleccione Vista>Gamma Windows si está en un Mac o viceversa. Estos ajustes sólo afectarán al modo en el que la imagen aparece en el monitor, no afectan al brillo real de la imagen. Si descubre que la página es demasiado clara o demasiado clara en los distintos ajustes gamma, deberá hacer ajustes manuales en el brillo de la imagen.

Consejos para la producción de imágenes Web

La naturaleza de la Web y de los navegadores Web exige ciertas consideraciones al producir imágenes. Quizás le lleve algún tiempo adaptarse a las limitaciones y técnicas específicas, especialmente si está acostumbrado a crear imágenes para la impresión.

Esta sección presenta varios consejos de producción que aplicar a las imágenes Web en general. En los capítulos dedicados a los formatos GIF, JPEG y PNG encontrará técnicas más específicas.

Utilice herramientas de imágenes Web

Casi todos los programas de imagen comerciales (editores de imagen de mapas de bits y programas de creación de imágenes vectoriales) incluyen alguna función para guardar o exportar imágenes en formato GIF o JPEG. Pero si está interesado en crear imágenes de alta cualidad con tamaños de archivo pequeños es conveniente invertir en una herramienta con funciones específicas para la Web como Adobe Photoshop e Image Ready o Macromedia Fireworks. Si trabaja en un PC y no dispone de mucho presupuesto, trabaje con Corel Paint Shop Pro, que comparte muchas funciones con Photoshop pero a un precio mucho más bajo.

Sin duda, el estándar de hecho para crear imágenes Web es Adobe Photoshop e Image Ready. Desde la versión 5.5, Photoshop ha incluido muchas funciones específicas para la Web, como una opción Guardar para Web que muestra imágenes previas de la imagen en distintos formatos de archivos y a distintas tasas de compresión.

El principal contrincante es Macromedia Fireworks, con funciones de imágenes Web similares a Image Ready, pero incluyendo herramientas de creación de imágenes vectoriales. En este momento, el destino de Fireworks es incierto por la adquisición de Macromedia por Adobe.

Una de las mayores ventajas de utilizar estas herramientas es que ofrecen vistas previas de los ajustes de optimización (incluso con comparaciones simultáneas), así que puede hacer ajustes mientras controla el tamaño de archivo resultante y la calidad global de imagen. Los dos tienen controles muy parecidos para el formato de archivo, profundidad de color, tramado de paleta y edición de paleta cromática.

Procure que el tamaño de los archivos sea pequeño

Ésta es la directriz más importante para un diseñador Web: ¡procure que el tamaño de archivo de las imágenes sea tan pequeño como sea posible!

La naturaleza de la publicación en una red crea una nueva responsabilidad para los diseñadores: el problema de los tiempos de descarga. De hecho, muchos clientes corporativos ajustarán un límite de kilobytes (límite-K) que no puede exceder la suma de todos los archivos de una página. Aunque esto no sea una prioridad para usted, sí puede serlo para sus clientes.

En los capítulos dedicados en exclusiva a cada uno de los formatos, incluiremos estrategias detalladas para minimizar el tamaño de archivo de las imágenes. Éstas son algunas estrategias generales que le ayudarán a acelerar el tiempo de carga de las imágenes:

- **Limite las dimensiones:** Aunque parece bastante obvio, es el modo más fácil de reducir el tamaño de archivo. No hay ningún número mágico, limítese a evitar que las imágenes sean más grandes de lo que es necesario.
- **Diseñe para el esquema de compresión:** Una de las claves para que los archivos sean pequeños es aprovechar al máximo las ventajas de sus esquemas de compresión. Por ejemplo, como sabe que la compresión GIF toma colores planos, no diseñe imágenes GIF con mezclas de colores gradientes cuando bastaría con un color plano. Y como los JPEG utilizan transiciones suaves y no bordes duros, puede intentar difuminar estratégicamente las imágenes que se guardarán en formato JPEG. Estas técnicas serán estudiadas con más detalle en los capítulos dedicados a cada uno de estos formatos.
- **Reutilice y recicle:** Un navegador almacena temporalmente los archivos que ha mostrado en un caché, por lo que están disponibles cuando la página vuelve a cargarse. Puede aprovecha este caché reutilizando imágenes siempre que sea posible. De ese modo, las imágenes solo se cargarán una vez, acelerando la muestra en pantalla de las páginas.

  El único truco consiste en que todos los casos de la imagen deben tener exactamente la misma URL en su elemento `<img>`, esto es, debe ser una sola imagen en un único directorio. Si hace copias de la imagen y las pone en distintos directorios, aunque el archivo sea el mismo, el navegador hará una nueva descarga cuando vea un nombre de ruta distinto.

Trabaje en modo RGB

Si está creando imágenes para la Web, es importante trabajar en el modo cromático RGB. El modo CMYK, aunque es común en la impresión, no es apropiado para las imágenes Web. Los JPEG en modo CMYK pueden no mostrarse en algunos navegadores.

Si trabaja en Adobe Photoshop/Image Ready o en Fireworks es fácil crear y guardar un original RGB y exportar JPEGs comprimidos y GIFs o PNGs de color indexado utilizando la función Guardar para Web o Exportar.

Si tiene que hacer un ajuste en un determinado GIF debería convertir el modo cromático a RGB antes de editarlo. Esto permite añadir colores de todo el espectro RGB para crear mezclas y suavizar bordes de texto. Si trabaja en modo de color indexado estará limitado a los colores de la paleta de color indexado de ese GIF (que puede ser tan solo un puñado de colores de píxel).

Las únicas excepciones a esta regla son las imágenes en blanco y negro que puede editar en modo escala de grises.

Cambie con cuidado el tamaño de las imágenes

Aunque sepa limitar las dimensiones de las imágenes, tenga cuidado al cambiar el tamaño. Estos son algunos consejos útiles:

- **Convierta a RGB antes de cambiar el tamaño:** Para cambiar el tamaño de una imagen, Photoshop (o cualquier herramienta de edición de imagen de mapa de bits) tiene que crear nuevas transiciones entre las áreas de color de la imagen. Las imágenes de color indexado (como los GIF) están limitadas a los colores de la tabla cromática de la imagen, lo que no da a Photoshop suficientes colores como para crear colores intermedios para esas transiciones.
- **No amplíe:** Por lo general suele ser una mala idea aumentar las dimensiones de una imagen de baja resolución (como las imágenes de 72ppi usadas típicamente n la Web). Las herramientas de edición de imagen no pueden añadir información de imagen al archivo (solo pueden "estirar" lo que está ahí). El resultado es una imagen pixelada y con manchas.
- **Reduzca el tamaño en incrementos:** Las imágenes pueden hacerse más pequeñas sin degradar la calidad de imagen. Sin embargo, un cambio de tamaño drástico suele dar como resultado una imagen borrosa e inaceptable. Al adquirir una imagen (sea escaneando o desde un CD-ROM) lo mejor es seleccionar una imagen que sea ligeramente mayor que el tamaño deseado. De este modo, no tiene que hacerla más grande y no tendrá

que reducirla demasiado. Si tiene que hacer una imagen grande mucho más pequeña, hágalo en distintos pasos, ajustando la calidad en cada paso.

- **Guarde un original:** Asegúrese de guardar una copia limpia de la imagen original por si tiene que corregir algo. Empezar desde cero es mejor que cambiar el tamaño de la imagen repetidamente.

Utilice texto con antialias

Por lo general, para crear imágenes profesionales para la Web debería utilizar texto con antialias. Es un ligero desenfoque utilizado en los bordes curvados para crear transiciones suaves entre colores. Los bordes sin antialias tienen escalones y son rígidos. La figura 28.3 muestra el efecto del antialias (a la derecha).

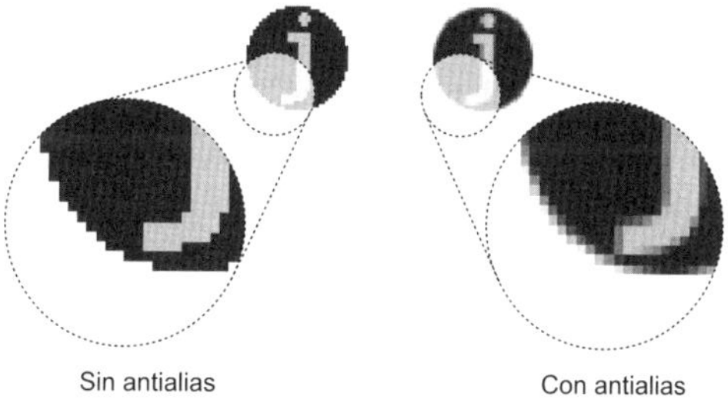

Figura 28.3. Bordes con y sin antialias.

Hay un caso en el que el antialias no es la mejor opción, al utilizar texto muy pequeño (10 ó 12, o menos, en función del diseño de fuente) para el que los bordes con antialias emborronarían los caracteres hasta llegar a hacerlos ilegibles. Deberá experimentar usted mismo.

La desventaja de las imágenes "con mejor aspecto" es el tamaño de archivo: el antialias se suma al número de colores de la imagen y puede dar tamaños de archivo bastante grandes. En este caso, la mejora de la calidad suele costar algunos bytes extra.

Combinar los colores Web

En el curso del diseño Web, suele tenerse que ajustar el color de una imagen a imágenes adyacentes, imágenes de fondo o un color HTML. Por desgracia esto no siempre es posible por el modo en el que los monitores y los formatos de imagen tienen a cambiar los colores RGB. Incluso las imágenes y los elementos HTML con idénticos valores numéricos RGB no coincidirán exactamente, como explicamos en los siguientes casos.

Colores de fondo y en línea en monitores de 16 bits

A menudo querrá que una imagen de primer plano se mezcle sin fisuras con el color HTML de fondo o con una imagen de fondo. Como ya se dijo, esto resulta problemático con los monitores de 16 bits porque todos los colores RGB deben volverse a mapear para el espacio cromático de 16 bits disponibles. Por desgracia, el mismo valor RGB puede cambiarse en distintas direcciones en función de si aparece como una imagen en línea o como una imagen de fondo. El resultado es que puede ver los bordes rectangulares de la imagen sobre el color de fondo. Puede ocurrir incluso cuando se utiliza el mismo archivo de imagen en primer plano y en el fondo. Los bordes pueden ser sutiles o muy llamativos. Es totalmente impredecible.

La solución a este problema es convertir la imagen en línea en un GIF o PNG transparente. De ese modo, el color de fondo se muestra a través de los bordes de la imagen, y el rectángulo desaparece.

GIFs y JPEGs adyacentes

En ocasiones querrá que imágenes GIF y JPEG colindantes se mezclen sin fisuras, como en el caso de una imagen que ha sido cortada y unida con una tabla. Por desgracia, no hay ningún modo de conservar determinados ajustes RGB numéricos en un JPG debido a su esquema de compresión con pérdidas. Así que aunque las imágenes pueden empezar teniendo el mismo color RGB en los bordes colindantes, en el JPEG, el color puede cambiar y llenarse de manchas mientras que en el GIF se conserva en una tabla de color de índice. La severidad de este efecto depende del tipo de imagen y del grado de compresión JPEG.

La única solución es convertir todas las imágenes adyacentes en GIFs o PNGs de 8 bits para que los valores RGB se mantengan. Otra opción es hacer pruebas con compresiones JPEG de alta calidad para minimizar la diferencia.

Para obtener más información

Uno de los mejores recursos en línea para los diseñadores es el sitio de Joe Gillespie, Web Page Design for Designers (`www.wpdfld.com`). Incluye explicaciones muy detalladas sobre el funcionamiento de imágenes y tipos en la Web.

Capítulo 29

Formato GIF

GIF (*Graphic Interchange Format* o Formato de Intercambio Gráfico) fue el primer formato gráfico que mostraron los primeros navegadores Web, y aún hoy continúa siendo uno de los formatos más populares y versátiles para distribuir imágenes en la Web. El formato GIF fue desarrollado en sus orígenes por CompuServe en 1987 para distribuir imágenes a través de red a diferentes plataformas (por eso, a veces el formato GIF es llamado "Compuserve GIF").

Los archivos GIF tienen las siguientes características:

- Son imágenes de colores indexados con 8 bits de información como máximo (256 colores).
- Utilizan compresión LZW, un algoritmo de compresión sin pérdida.
- Pueden ser entrelazadas, mostrándose en varias pasadas a medida que se descargan.
- Pueden contener áreas transparentes.
- Pueden contener varias imágenes, lo que permite elaborar animaciones simples.

Cualquier imagen puede guardarse como GIF pero el formato es más apropiado para imágenes con áreas de colores sólidos, planos, como logotipos, iconos, gráficas, etc (véase la figura 29.1). Incluso si la imagen contiene algunos elementos fotográficos, si la mayor parte de la imagen es de colores planos, el formato GIF será su mejor opción. El formato GIF es también una buena opción si desea que partes de su imagen sean transparentes, y es su mejor opción si desea una imagen animada.

El formato GIF no es especialmente bueno para imágenes fotográficas, ya que la calidad de imagen se degrada como resultado de la reducción a 256 colores y el algoritmo de compresión no puede trabajar de forma eficiente, obteniéndose archivos grandes. Para fotografías utilice JPEG.

Este capítulo comienza con una explicación en profundidad de cada uno de los puntos listados al comienzo del capítulo (exceptuando las animaciones, que se cubren en detalle en el capítulo 32). La segunda parte del capítulo proporciona consejos y pistas para crear GIF, minimizar el tamaño de archivo y trabajar con la paleta Web.

Figura 29.1. Ejemplos de imágenes adecuadas para el formato GIF.

Historia del GIF

CompuServe desarrolló el formato GIF para distribuir imágenes por su red. La primera versión, GIF87a, fue introducida en 1987 y contaba con compresión LZW y la opción de entrelazado. CompuServe publicó la versión mejorada GIF89a en 1989, dotada de soporte para transparencia y animación. Ambos formatos utilizan el prefijo `.gif` y están soportadas por todos los navegadores Web gráficos. Sin embargo el más moderno GIF89a es considerado el estándar dadas sus características mejoradas.

Controversia sobre la patente LZW

Cuando CompuServe se basó para el formato GIF en la compresión LZW, no eran conscientes de que ésta estaba cubierta por una patente propiedad de la corporación Unisys. En 1994 Unisys causó un gran revuelo al anunciar que pretendía endurecer la aplicación de la patente y cobrar royalties a todos los desarrolladores de software que soportasen el formato GIF. Temiendo la llegada de facturas y complicaciones legales, la población de

Internet se apresuró para encontrar alternativas no propietarias al formato GIF, motivando el desarrollo del formato PNG. La patente americana sobre la compresión LZW terminó en el año 2003, y lo hará a escala global a mediados del año 2006.

Color indexado de 8 bits

Los archivos GIF son imágenes de color indexado que contienen un máximo de 8 bits de información de color (también pueden ser guardados a tasas de bit inferiores). Esto significa que pueden contener hasta 256 colores, el número máximo que dé datos definibles por 8 bits de información ($2^8=256$). Los archivos GIF pueden guardarse con tasas de bit menores. Una menor tasa de bit supone menos colores y reduce el tamaño de archivo. Todo esto se discute más tarde en este mismo capítulo.

Color indexado significa que el conjunto de colores de una imagen, la paleta, se almacena en una tabla de color (o mapa de color). Cada píxel en la imagen contiene una referencia (o índice) a una posición en la tabla de color. La figura 29.2 muestra cómo una imagen de 2 bits se refiere a su tabla de color para ser mostrada. En Adobe Photoshop usted puede ver la tabla de color de una imagen de colores indexados seleccionando Imagen>Modo>Tabla de colores. La tabla de color también se muestra si escoge GIF en la ventana Guardar para Web en Photoshop o en el panel Optimizar de Adobe ImageReady y Macromedia Fireworks.

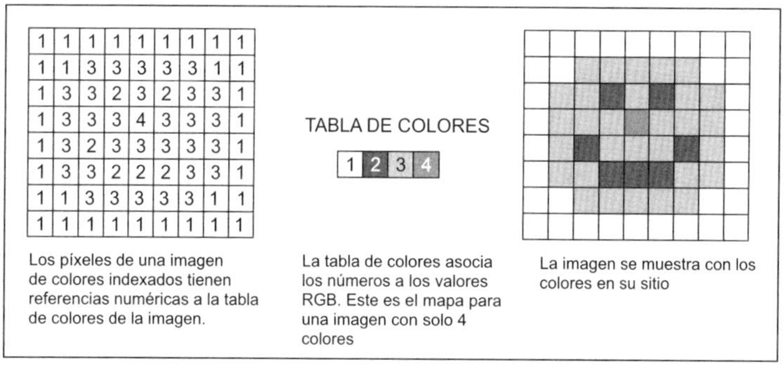

Figura 29.2. Una imagen de color de 2 bits y su tabla de colores.

Cuando convierte una imagen de 24 bits (millones de colores) al formato GIF, los colores en la imagen deben ser reducidos a una paleta de 256 colores o menos. En Photoshop y Fireworks la conversión a color indexado tiene lugar como parte de las funciones Guardar para Web o Exportar. Otros programas de edición de imágenes pueden pedirle que convierta la imagen a colores indexados de forma manual, antes de exportarla. En cualquier caso es habitual que usted pueda elegir una tabla de colores para la imagen final. En la nota "Paletas habituales" encontrará más información sobre las diferentes opciones disponibles en los programas más populares.

Compresión LZW

El formato GIF utiliza compresión LZW (*Lempel-Zev-Welch*), que aprovecha las repeticiones existentes en flujos de datos. Hablando en términos de gráficos, esto significa que la compresión LZW es extremadamente eficaz al condensar cadenas de píxeles del mismo color. Recurriendo a un ejemplo muy simple, cuando el patrón de compresión se topa con una fila de 15 píxeles azules idénticos crea un pequeño código que dice "15 píxeles azules". La próxima vez que se encuentre 15 píxeles azules recurrirá al código anterior. Por el contrario, cuando topa con una fila que presenta una gradación del azul al negro, tendrá que almacenar una descripción para cada uno de los píxeles en la fila, lo que necesitará una mayor cantidad de datos a almacenar. Por eso GIF es eficaz para guardar imágenes simples: las áreas de color plano son perfectas para la compresión LZW.

Una de las ventajas de la compresión LZW es que es "sin pérdida", lo que significa que en el proceso de compresión no se pierde información sobre la imagen y que la imagen descomprimida es idéntica a la original. A pesar de que algunos datos pueden perderse en la compresión de RGB a un formato de colores indexados, la compresión en si misma se produce sin pérdida alguna.

Paletas habituales

Una imagen de color indexado (como GIF o PNG-8) utiliza una paleta de colores para definir los colores de la imagen. Aquí se nombran las paletas estándar disponibles junto a su explicación. Algunas, como la paleta Adaptable, son métodos para producir paletas personalizadas basándose en los colores de la imagen. Otras, como las paletas Escala de grises o Web216, aplican una paleta preexistente a la imagen.

- **Exacta:** Si la imagen contiene menos de 256 colores la paleta Exacta creará una paleta de los colores existentes en la imagen.
- **Adaptable:** Ésta es una paleta personalizada que se genera con los colores más utilizados en la imagen. Permite reducir la profundidad de color sin perder el aspecto original de la imagen. Al reducirse

el número de colores se producirán fusiones y variaciones cromáticas.

- **Perceptual(sólo en Photoshop/Imageready):** Se creará una paleta personalizada dando prioridad a los colores para los que el ojo humano tiene mayor sensibilidad. Está basada en algoritmos, no en un recuento de píxeles como ocurría con la paleta Adaptable. Normalmente proporciona imágenes con una mayor integridad de colores que la paleta Adaptable.
- **Selectiva (sólo en Photoshop/Imageready):** Es similar a la paleta Perceptiva pero da preferencia a las zonas de colores fuertes y a la preservación de colores seguros para Web. Es la paleta preferida para imágenes para Web creadas con Photoshop/ImageReady.
- **Adaptable de Web (sólo en Fireworks):** Se trata de una paleta Adaptable en la cual los colores cuyo valor esté cercano al de un color de paleta Web son transformados en éste.
- **Restrictiva (sólo en Photoshop/Imageready) o Web216 (Fireworks):** Remapea todos los colores a la paleta de 216 colores seguros para Web.
- **Mac OS o Windows:** Al elegir una de estas paletas se convierte la imagen a la paleta de 256 colores definida en cada sistema operativo.
- **Uniforme:** Contiene un muestreo en intervalos fijos y regulares del espectro de colores RGB.
- **Personalizada:** Le permite cargar una paleta que haya creado anteriormente y aplicarla a la imagen. Si no hay paleta que cargar, conservará los colores de la paleta actual.
- **Corte medio optimizado (sólo en Paint Shop Pro):** Reduce la imagen a unos pocos colores utilizando algo parecido a una paleta Adaptable.
- **"Octree" optimizado:** Utilice esta paleta si la imagen original tiene solo unos pocos colores y quiere conservarlos con exactitud.

Entrelazado

Los GIF normales habitualmente se muestran en filas de píxeles que se cargan una tras otra, de arriba abajo, o todas de una vez cuando la imagen se ha descargado por completo. Con una conexión lenta esto puede suponer largas esperas con espacios vacíos e iconos genéricos en la pantalla.

Como alternativa puede guardar un GIF87a u 89a con entrelazado. Un GIF entrelazado se muestra en una serie de cuatro pasadas, con un primer esbozo de la imagen a descargar mostrándose cuando sólo se ha descargado un octavo (12.5 por ciento) del archivo. La primera pasada tiene el aspecto de un mosaico borroso. A medida que se cargan más datos, las áreas borrosas se rellenan con información real de la imagen, y ésta se vuelve más definida (véase la figura 29.3). Las tres pasadas posteriores rellenan el 25 por 100, 50 por 100 y 100 por 100 de la información de la imagen, respectivamente.

Los programas de edición de imágenes que soportan GIF ofrecen la opción de entrelazado (una casilla de verificación, normalmente) en la ventana de diálogo Guardar como o Exportar. Simplemente active o desactive la opción de entrelazado cuando guarde el GIF.

Figura 29.3. Los GIF entrelazados se muestran en una serie de pasadas.

La ventaja de utilizar entrelazado es que proporciona al usuario una idea rápida de la imagen que se va a mostrar. Este vistazo puede ser suficiente para tomar decisiones importantes. Por ejemplo, si la imagen es un mapa de imagen familiar, el usuario podrá utilizar el vínculo para ir a otra página Web antes de que la imagen se haya cargado por completo. En algunos casos la imagen parcialmente descargada puede ser suficiente para que el usuario decida no esperar a que finalice la descarga. Ahora que la banda ancha se ha popularizado, el entrelazado de imágenes es menos importante de lo que era antes.

La mayor desventaja del entrelazado es que incrementa ligeramente el tamaño de archivo de la imagen resultante. También hay consideraciones estéticas a tomar que dependerán del gusto personal de cada uno. Algunos usuarios preferirán no ver nada en absoluto antes que contemplar el caos visual que provoca un

GIF con entrelazado cuando se carga. Por estas razones deberá escoger utilizar entrelazado cuando hacerlo tenga sentido, como por ejemplo para grandes mapas de imagen, y no utilizarlo sistemáticamente para cada imagen en su página.

Transparencia

El formato GIF89a permite hacer que partes de la imagen sean transparentes. Será visible cualquier cosa que se ubique detrás de las áreas transparentes (normalmente el color de fondo de la página). La transparencia permite obtener imágenes con formas distintas a simples rectángulos.

Figura 29.4. La misma imagen GIF con transparencia (izquierda) y sin ella (derecha).

GIF ofrece únicamente transparencia binaria, lo que significa que un área es100 por 100 transparente o 100 por 100 opaca (PNG supera al GIF ofreciendo varios grados de transparencia). Para comprender cómo funciona la transparencia deberá acudir primero a la tabla de color de la imagen indexada (la tabla que contiene la paleta). En los GIF con transparencia una posición de la tabla de color estará marcada como "transparente", y el color de píxel que corresponde a dicha posición se denomina Índice de Transparencia de Color (normalmente, es gris por defecto) Todos los píxeles de la imagen que tengan ese color serán mostrados como transparentes cuando la imagen sea visualizada en un navegador.

Crear GIF transparentes

En programas de edición de imágenes que utilizan capas, como Photoshop o Fireworks, podrá elegir conservar las áreas transparentes en su archivo con capas cuando guarde o exporte el GIF. En otros programas de edición de imágenes, el área transparente es delimitada seleccionando un color de píxel específico de la imagen mediante un selector de transparencia especial, o herramienta de cuentagotas.

Prevenir la formación de "halos"

A veces, verá en la Web imágenes con transparencia que parecen tener muescas de colores claros alrededor de los bordes de la imagen, que no se funden adecuadamente con el color de fondo. Son los denominados "halos" (véase la figura 29.5).

Figura 29.5. Un efecto de "halo" creado por bordes con antialias en una imagen con transparencia.

Este efecto está producido por el antialias, el leve suavizado que afecta a los bordes redondeados para hacer menos abrupta la transición entre colores (como en la imagen que se muestra en la figura 29.6). Los bordes sin antialias, por el contrario, tienen el aspecto de bloques y peldaños de escalera (como se ve en la imagen de la izquierda). Las imágenes que se muestran a continuación han sido aumentadas para resaltar los detalles a nivel de píxeles.

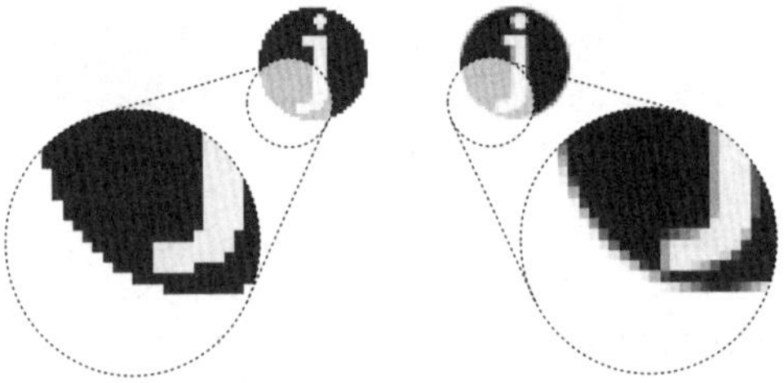

Figura 29.6. Con y sin antialias.

Cuando el color que rodea a un borde con antialias se hace transparente, el difuminado que rodea al borde permanece intacto, dejando a la vista los diversos sombreados de gris entre la imagen y el fondo, más oscuro. Las imágenes con halos tienen un aspecto borroso y poco profesional.

Desafortunadamente una vez que la imagen ha sido guardada como GIF, la única manera de arreglar un halo es borrar el borde con antialias píxel a píxel. Incluso una vez se haya desecho de todos los bordes le quedarán bordes con aspecto de bloques, y la calidad de la imagen se habrá degradado.

Los halos son, sin embargo, muy fáciles de evitar. A continuación se presentan una serie de técnicas para prevenir la formación de estos rebordes indeseados en imágenes con transparencia.

Utilice bordes sin antialias

Una manera de evitar los halos es mantener su imagen y bordes de texto sin antialias (véase la figura 29.7). De esta manera no hay píxeles descontrolados entre su imagen y el color de fondo.

Figura 29.7. Imagen con transparencia con bordes sin antialias (sin efecto de halo).

En Photoshop, las herramientas de selección Marco, Lazo y Varita mágica tienen todas la opción de activar o no el antialias en sus respectivas paletas de Opciones. También puede desactivar el antialias cuando cree texto.

Las ventajas de los bordes sin antialias es que son a prueba de halos y que requieren menos colores de píxel (lo que potencialmente significa tamaños de archivo menor). La desventaja es que los bordes con aspecto de bloques normalmente no son muy estéticos.

Utilice la herramienta de color Mate

Si está utilizando Photoshop/ImageReady o Fireworks, la mejor manera de evitar los halos es utilizar la herramienta de color Mate. La herramienta necesita que trabaje sobre una imagen con capas que contenga áreas transparentes. En otras palabras, la imagen no debe haber sido "acoplada". Las partes de la imagen que son transparentes seguirán siéndolo cuando ésta se exporte a formato GIF.

En la paleta de optimización haga que el color Mate coincida con el color de fondo de la página sobre la que la imagen GIF va a ser mostrada (véase la figura 29.8). Cuando el archivo GIF sea exportado con la Transparencia activada, los bordes con antialias de la imagen se fundirán con el color Mate seleccionado. Esto garantiza que no se producirán halos.

Minimizar el tamaño de archivo de un GIF

A la hora de diseñar y producir gráficos para Web es de lo más importante mantener los tamaños de archivo tan pequeños como sea posible. La guía estándar "mínimo común denominador" para calcular el tiempo de descarga para un módem es de un segundo por kilobyte. Por supuesto, las velocidades reales variarán enormemente, pero esto le proporciona una estimación aproximada que utilizar en sus comparaciones.

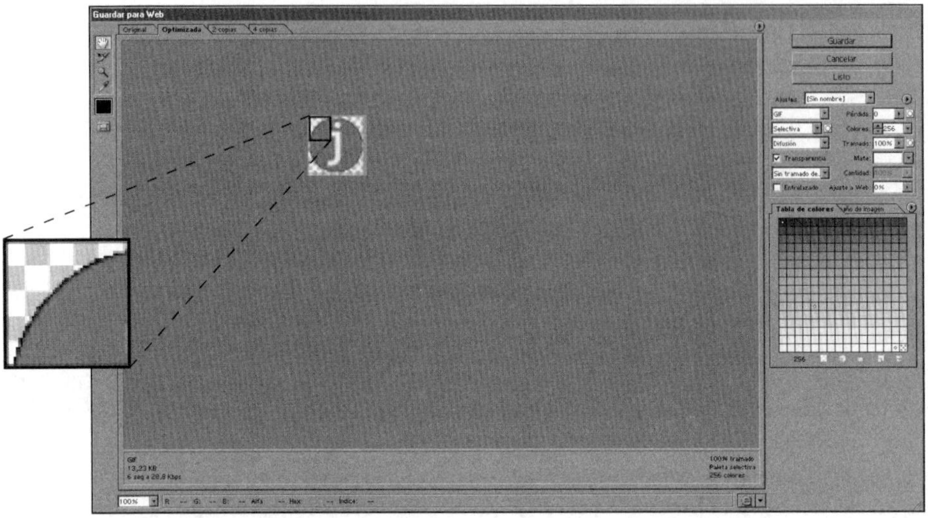

Figura 29.8. La herramienta de color Mate de Photoshop.

A continuación se muestran unas sencillas estrategias que puede seguir para minimizar el tamaño de sus archivos GIF a la vez que presta atención a la calidad de la imagen.

Diseñe con estrategia

Puede mantener el control sobre el tamaño de archivo gracias a las decisiones de diseño que tome. Al cabo de un tiempo desarrollará un talento natural para diseñar imágenes para Web.

Limite el tamaño

A pesar de lo obvio que pueda parecer, la manera más sencilla de obtener tamaños de archivo reducidos es limitar el tamaño de su imagen. No hay guías numéricas para esto: simplemente no haga las imágenes más grandes de lo necesario.

- Reduzca el tamaño de las imágenes grandes.
- Recorte el espacio extra alrededor de las áreas importantes de su imagen.
- Evite las imágenes grandes siempre que sea necesario.

Diseñe con colores planos

Si diseña desde el principio con colores planos estará proporcionándole a la compresión LZW el tipo de archivo prefecto: filas de colores de píxel repetidos.

- Rellene áreas con colores sólidos en lugar de gradientes (transiciones de un color a otro).
- Limite la cantidad de material fotográfico en sus GIF. Utilice JPEG para sus imágenes fotográficas.
- Fomente las líneas de color horizontales en sus diseños; las líneas horizontales se comprimen mejor que las líneas verticales.
- Desactive el antialias cuando no sea necesario. El difuminado que crea contornos suaves y sin escalones también añade un gran número de colores a la imagen.

Utilice herramientas de optimización

Photoshop/ImageReady y Fireworks ofrecen un arsenal parecido de herramientas para ajustar con precisión la optimización de archivos GIF. La mayoría de estos métodos tratan de hacer la compresión LZW lo más eficaz posible.

Reduzca el número de colores (profundidad de bit)

Aunque GIF puede soportar hasta 8 bits de información de color para un máximo de 256 colores, es probable que normalmente no necesito tanto. Puede reducir el tamaño de archivo considerablemente guardando la imagen con una profundidad de color menor, que corresponde a una menor cantidad de colores. Photoshop y Fireworks le permiten ajustar la cantidad de colores que quiere en una imagen. Otras herramientas le pedirán que escoja de entre una lista de profundidades de bit. El efecto es el mismo, pero en el último caso es conveniente saber a qué cantidad de colores corresponde cada profundidad de bit.

Tabla 29.1. Correspondencia entre profundidad de bit y número de colores.

Profundidad de bit	Número de colores
1-bit	2 (blanco y negro)
2-bit	4
3-bit	8
4-bit	16
5-bit	32
6-bit	64
7-bit	128
8-bit	256

El objetivo es encontrar el menor número de colores (menor profundidad de bit) que permita conservar la integridad y aspecto general de la imagen. Le sorprendería comprobar cuántas imágenes sobreviven a una reducción a solo 32 colores. Por supuesto la profundidad de bit a la cual la calidad de la imagen se vuelve inaceptable depende de cada imagen y de sus preferencias personales. Yo personalmente visualizo primero las imágenes a 32 bits y añado colores a partir de ahí si no estoy satisfecho con los resultados iniciales.

Reducir el número de colores disminuye el tamaño de archivo de dos maneras. Primero, profundidades de bit menores almacenan menos información en el archivo. Además, los grupos de píxeles de colores similares se vuelven del mismo color, creándose más sectores de píxeles repetidos sobre los que la compresión LZW puede trabajar. Por este motivo las imágenes con pocos colores sacan mayor provecho de los patrones de compresión del GIF, dando tamaños de archivo menores. Los verdaderos ahorros en tamaño de archivo aparecen cuando se tienen grandes áreas de color sólido. Incluso teniendo tan solo ocho bits de colores, si una imagen tiene muchas mezclas y gradientes no verá el ahorro significativo en el tamaño de archivo que correspondería a una reducción en el número de colores tan acusada.

Limite el tramado

El tramado es el patrón de puntos resultante al tratar de obtener un color por aproximación mezclando colores similares de una paleta limitada. El tramado afecta al tamaño de archivo de un GIF al interrumpir las áreas limpias de color simple que son decisivas para la eficacia de la compresión LZW, y pueden hacer que el tamaño de archivo sea mayor de lo necesario.

Casi todos los programas de edición de imágenes le permiten activar y desactivar el tramado. Las herramientas gráficas actuales (Photoshop/ImageReady y Fireworks) van un paso más allá al permitir seleccionar la cantidad de tramado permitida en una escala del 0 al 100. Podrá previsualizar los resultados para varios ajustes, y encontrar con facilidad el mejor equilibrio entre tamaño de archivo y calidad de imagen.

Tenga en cuenta, que el tramado es habitualmente beneficioso para la calidad de imagen en fotografía o áreas de tonos continuos, ya que previene la formación de bandas de colores en la imagen. El tramado puede incluso permitir que una imagen sea guardada a una profundidad de bit menor, lo que generalmente deriva en un menor tamaño de archivo, así que no es conveniente ponerla simplemente a cero desde el principio. Los ajustes óptimos dependen de cada imagen.

Juegue con el ajuste de "Pérdida"

Tal y como se explicó anteriormente en este capítulo, la compresión GIF es "sin pérdida", lo que significa que cada píxel de la imagen se conserva durante la compresión. Las herramientas gráficas actuales le permiten forzar la eliminación de algunos píxeles durante el proceso de conversión, mediante el ajuste de "Pérdida". Eliminar píxeles sueltos fomenta la aparición de bandas de colores de píxel repetidos, lo cual permite a la compresión LZW trabajar de una manera más eficaz. Dependiendo de la imagen, con una pérdida del 5 al 30 por ciento conservará la integridad de la imagen al mismo tiempo que reduce el tamaño de archivo significativamente. Esta técnica funciona mejor en imágenes con áreas de tonos continuos (colores fundidos) y contenido fotográfico.

Optimización sopesada (Photoshop/ImageReady)

Photoshop e ImageReady ofrecen una ventaja más para la optimización de imágenes. Su característica de optimización sopesada le permitirá aplicar diferentes grados de optimización a partes distintas de la imagen. Esto conserva la integridad de las partes más importantes a la vez que maximiza el ahorro en tamaño de archivo para el resto.

La optimización sopesada utiliza un canal alpha (llamado máscara) para seleccionar las áreas de la imagen sobre las que optimizar a distintos niveles. Las áreas blancas de la máscara corresponden al máximo nivel de calidad de imagen, mientras que las áreas negras corresponden a las áreas de calidad mínima (las áreas grises se sitúan en una escala lineal entre ambas). Los canales también pueden emplearse para controlar la reducción de colores, la cantidad de tramado y la pérdida en una imagen GIF.

Para acceder al cuadro de diálogo Modificar ajuste de tramado (véase la figura 29.9), haga clic en el botón **Usar un canal** que aparece junto a cada uno de los controles de la pestaña Optimizada. En el cuadro de diálogo, utilice los deslizadores para ajustar los niveles de optimización máximo (marcador blanco a la izquierda) y mínimo (marcador negro a la derecha).

En Photoshop, cree el canal alpha guardando una selección y dándole un nombre al canal (el canal será entonces accesible desde los cuadros de diálogo de Modificar). En ImageReady, puede crear un canal nuevo basándose en un área de la imagen que esté seleccionada simplemente haciendo clic en el botón **Canal**.

- **Reducción de color sopesada:** Cuando utilice el canal alpha para reducir el número de colores en partes de una imagen, las áreas blancas de la máscara determinarán las áreas más importantes. Los colores en estas áreas se valorarán más a la hora de calcular la tabla de colores para la imagen.
- **Tramado sopesado:** Cuando utilice el canal alpha con el grado de tramado, las áreas blancas de la máscara corresponderán a las áreas que recibirán un mayor grado de tramado. Las áreas negras tendrán tramado mínimo. Ajuste los porcentajes para cada una con los marcadores blanco

y negro del deslizador. Con el tramado sopesado es posible obtener tramado para las áreas fotográficas de una imagen a la vez que se conservan los colores planos en las áreas planas.

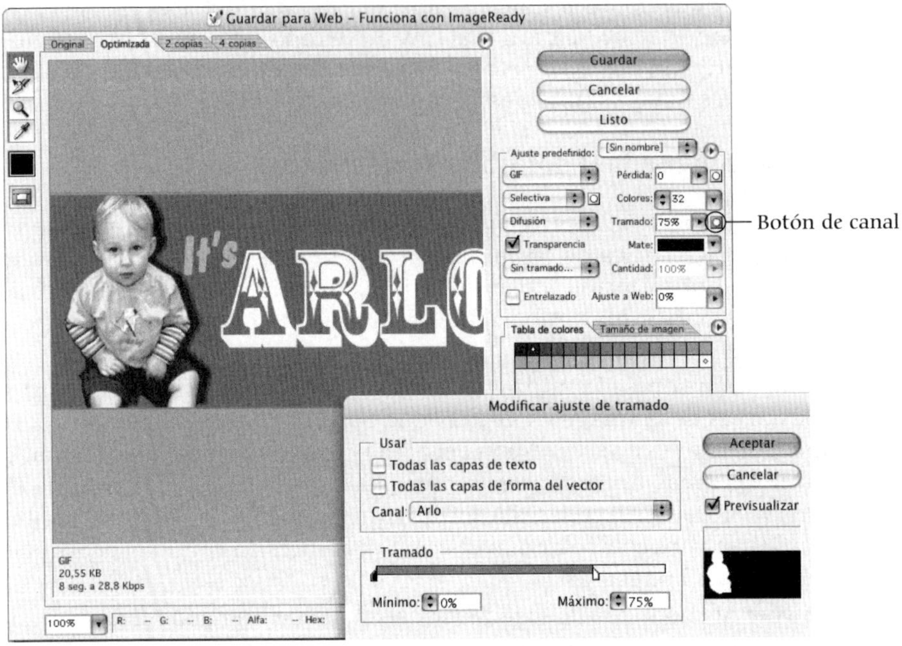

Figura 29.9. Cuadro de diálogo de Optimización sopesada en ImageReady.

- **Pérdida sopesada:** De forma similar, cuando utilice el canal alpha con la pérdida, las áreas blancas de la máscara corresponderán a las zonas de mayor calidad de imagen. Sin embargo, dado que a mayor pérdida, menor calidad, los ajustes están invertidos. Para ajustar el mayor nivel de calidad desplace el marcador blanco o introduzca un valor numérico en el cuadro de texto Mínimo. Para el menor nivel de calidad, desplace el marcador derecho (negro) o introduzca un valor numérico en el cuadro de texto Máximo.

Opción para optimizar a un tamaño de archivo (Photoshop/ImageReady)

En algunos casos sabrá por adelantado qué tamaño de archivo quiere para su GIF, por ejemplo al diseñar un banner publicitario con una limitación al tamaño de archivo.

Photoshop proporciona una función para Optimizar a tamaño de archivo que automáticamente optimiza la imagen al tamaño de archivo objetivo. Esto le permitirá conseguir el tamaño de archivo deseado sin tener que probar una gran variedad de diferentes configuraciones de tamaño de archivo. La función Optimizar a tamaño de archivo es accesible desde el cuadro de diálogo Guardar para Web como se muestra en la figura 29.10.

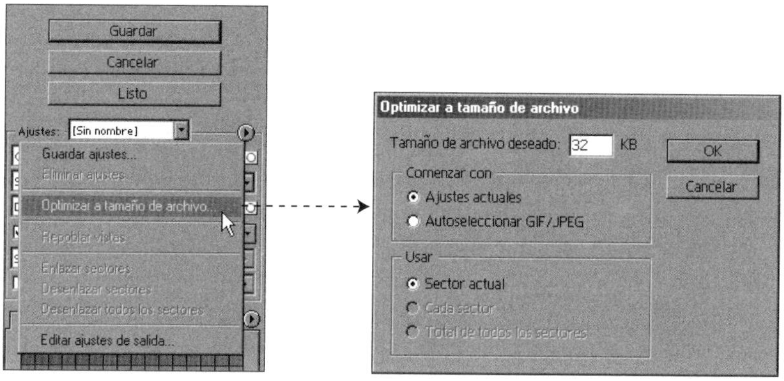

Figura 29.10. Optimizar a tamaño de archivo en Photoshop.

Diseñar GIF con una paleta Web

Cuando su GIF sea visualizado sobre un navegador en un monitor de 8 bits, los colores de la imagen serán remapeados a la paleta predefinida de colores seguros para Web de dicho navegador. Esto a menudo genera en fusiones indeseadas en las áreas de color sólido. Puede evitar el tramado en monitores de 8 bits si diseña con colores de la paleta de colores seguros para Web desde el principio. Esto requiere algo de esfuerzo extra, así como limitarse a una selección de colores limitada, pero tiene la ventaja de que es usted, y no el navegador, quien controla si la imagen sufre tramado y cómo lo hace. La figura 29.11 muestra como puede evitarse el tramado utilizando una paleta de colores seguros para Web durante el diseño.

¿Debería preocuparle la paleta Web?

Recuerde que la paleta Web solo entra en juego para monitores de 8 bits. Los monitores de 16 o 24 bits no utilizan paletas y son capaces de renderizar sus colores sin recurrir al tramado (aunque puedan encontrarse ligeras variaciones de color en los monitores de 16 bits). En el tráfico general de una Web, un pequeño 1 a 3 por ciento de los usuarios utilizan monitores de 8 bits, y seguramente se trata de usuarios acostumbrados a una baja calidad de imagen dada la limitada resolución de color de sus monitores.

Para un sitio Web orientado a un público genérico puede no merecer la pena sacrificar la libertad de elección de colores para obtener mejor rendimiento en monitores de 8 bits. Sin embargo, si sabe que un porcentaje significativo de sus usuarios usa estos viejos equipos (por ejemplo, escuelas), puede que quiere continuar usando la paleta Web en sus diseños y así evitar el tramado en las áreas de color plano.

Hay dos oportunidades para aplicar la paleta Web durante el proceso de creación de una imagen. La primera es elegir colores seguros para Web cuando se esté diseñando la imagen. Alternativamente puede aplicar la paleta Web directamente a la imagen cuando la esté reduciendo a color indexado, antes de guardar o exportar el archivo GIF o PNG de 8 bits.

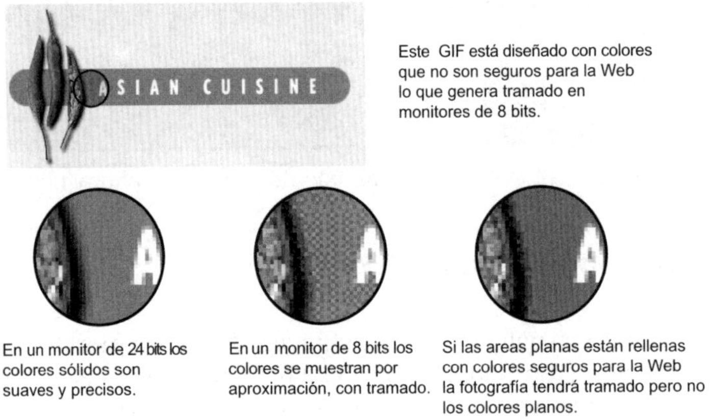

Figura 29.11. Diseñar con la paleta de colores seguros para Web evita la aparición de tramado.

Elegir colores seguros para Web

Si está creando imágenes desde cero, especialmente gráficos como logotipos o ilustraciones simples que contienen áreas de colores sólidos, puede utilizar la paleta de colores pare Web desde el primer momento. El mayor inconveniente es que con solo 216 colores donde elegir (30 de los cuales no querrá usar ni muerto) la selección resulta extremadamente limitada. El truco está en tener los colores de la paleta Web cargados en la pestaña Selector o en el dispositivo que su programa proporcione para hacer accesible la selección de colores. Tenga en cuenta que, incluso cuando utilice colores seguros para Web para los rellenados, cualquier tonalidad de color que aparezca como resultado de una sombra de relieve o de un borde con antialias entre dos áreas de colores diferentes probablemente no sea segura para Web.

Convertir a la paleta Web

Diseñar con colores Web es una opción. La otra es añadir (o conservar) colores seguros para Web durante el proceso de conversión de RGB a color indexado. Como parte de este proceso se le pedirá que seleccione una paleta de colores para el GIF.

Para convertir todos los colores de una imagen en colores seguros para Web utilizando las aplicaciones Photoshop o Image Ready, aplique la paleta Restrictiva (Web) cuando seleccione Guardar para web. En Fireworks, escoja la paleta Web216. Así se asegura de que todos y cada uno de los píxeles del GIF resultante sean seguros para Web.

Una alternativa mejor es asegurarse de que los colores en las áreas planas son seguros para Web, lo que previene el tramado, pero permitir que los colores en las áreas fotográficas o mezcladas se fusionen para conservar una buena calidad de imagen.

Para conseguirlo en Photoshop/ImageReady escoja la paleta Selectiva, que crea una paleta personalizada a la vez que conserva los colores Web y las áreas grandes de color. Puede utilizar el deslizador Ajuste a Web para controlar cuántos colores cambian a su vecino seguro para Web más cercano. Puede visualizar el resultado de sus elecciones de forma inmediata en la vista Optimizada, cuando seleccione Guardar para Web.

Estrategias para paleta Web

No existen reglas únicas para esto ya que cada imagen presenta sus propios requisitos específicos. Las que siguen son algunas directrices básicas para la paleta Web (o resistirse a ella), en el caso de que esté preocupado por los monitores de 8 bits.

Imágenes gráficas planas

Para conservar las áreas de colores planos sin tramado a la vez que preservamos la suavidad en los bordes con antialias, tendremos que utilizar colores de la paleta Web para las áreas de colores planos durante el diseño de la imagen. No aplique la estricta opción de paleta Web cuando desee almacenar o exportar el archivo, ya que perdería los degradados de color presentes en la opción de antialias. Es mejor seleccionar una paleta Adaptable mediante la opción Ajuste a Web activada. En Fireworks, aplique la paleta Adaptable de web. Esto conservará los colores seguros para Web en las áreas planas pero permitirá la existencia de colores no seguros para Web en las zonas con antialias u otras zonas de colores mezclados.

Imágenes fotográficas

Para mantener la claridad y fidelidad fotográficas de cara al mayor número de usuarios con una imagen totalmente fotográfica, considere primero guardarla como archivo JPEG. De otro modo, elija las paletas Selectiva o Adaptable para conservar rango de color de la imagen original. De esta manera la imagen tendrá el mejor aspecto posible para usuarios de monitores de 16 y 24 bits (la inmensa mayoría). Para usuarios de 8 bits la imagen se remapeará a la paleta Web, pero el tramado no es necesariamente malo para una imagen fotográfica. La única ventaja de aplicar la paleta Web a una imagen de tono continuo durante el proceso de guardado es que usted sabrá que la imagen se verá igual de mal para todos los usuarios.

Imágenes combinadas (áreas planas y fotográficas)

Para conservar las áreas planas sin tramado alguno y al mismo tiempo permitir que las zonas de tono continuo tenga tramado con una paleta Adaptable, utilice colores seguros para Web en las zonas planas durante el diseño de la imagen. Cuando llegue el momento de guardar o exportar a formato GIF, escoja la paleta Adaptable con la opción Ajuste a Web activada, si es posible. Elegir una paleta Adaptable o Selectiva ayuda a conservar la fidelidad de color en las áreas fotográficas, al mismo tiempo que la opción de Ajuste a Web conserva los colores seguros para Web en las áreas planas.

Capítulo 30

El formato JPEG

Desarrollado por el Grupo Conjunto de Expertos Fotográficos (*Joint Photographic Experts Group* en inglés), del que toma el nombre, el JPEG es un algoritmo de compresión utilizado en archivos de formato JFIF, comúnmente denominado "archivos JPEG". Los JPEG utilizan los sufijos *.jpg* o *.jpeg*. Al igual que el resto de formatos gráficos utilizados habitualmente en la Web, el formato JPEG no depende de la plataforma sobre la que se visualice.

Los JPEG tienen las siguientes características:

- Son imágenes de 24 bits.
- Utilizan la compresión con pérdida JPEG.
- Pueden ser progresivos (entrelazados) y mostrarse en una serie de pasadas mientras se descargan.

Cualquier imagen puede guardarse como JPEG. Sin embargo, dadas las capacidades de color verdadero y cómo trabaja la comprensión en este formato, es idóneo para imágenes fotográficas y cualquier otra imagen de tono continuo, como cuadros, ilustraciones de acuarela o imágenes en escala de grises con 256 tonalidades de gris (véase la figura 30.1). Los JPEG no soportan transparencia ni animación.

JPEG es especialmente inadecuado para comprimir imágenes con áreas grandes de color sólido, como logotipos, arte de línea, texto e ilustraciones de estilo "dibujos animados". Las imágenes resultantes no sólo tendrían un aspecto manchado sino que los archivos serían además mucho más pesados que los que obtendríamos con un GIF de la misma imagen. La compresión JPEG es igualmente inadecuada para bordes estilizados o tipografía ya que es habitual que deje artefactos de imagen que "ondulan" los bordes.

Figura 30.1. Ejemplos de imágenes apropiadas para formato JPEG.

Este capítulo comienza con una explicación en profundidad de las características del JPEG antes enunciadas. También presenta estrategias para conservar el tamaño de los archivos JPEG al mínimo.

Color de 24 bits

Las imágenes JPEG contienen 24 bits de información de color RGB, lo que significa que están compuestas por colores del espacio de millones de colores *Truecolor* o Color verdadero (véase en el capítulo 28 la descripción del color de 24 bits). Los archivos JPEG también pueden contener imágenes en escala de grises. El color de 24 bits permite una mayor calidad de imagen y mayor riqueza y sutilidad en las diferencias entre tonos. Al contrario de lo que ocurría con el GIF, JPEG no utiliza paletas para referenciar la información sobre los colores.

Tenga en cuenta que los valores RGB específicos de una imagen podrían no conservarse una vez comprimida ésta a JPEG. Así que a pesar de que rellene un área con un color utilizando su valor numérico RGB, dado el modo en que la compresión JPEG muestrea y comprime la imagen es posible que obtenga un color manchado o con una variación en el tono. El efecto es menos acusado a mayores calidades de imagen (utilizando menos compresión JPEG) pero, a pesar de todo, no hay garantía de que un color específico conserve su valor numérico exacto tras el proceso. Si necesita que un color se ajuste un valor concreto utilice el formato GIF y su tabla de colores.

El color de un JPEG puede también cambiar al visualizarse la imagen en un monitor de 8 bits. En estos monitores el navegador vuelve a mapear los colores en el JPEG para adaptarlos a su paleta preestablecida. La trama resultante generalmente es aceptable para la mayoría de imágenes fotográficas.

Compresión JPEG

JPEG utiliza una compresión con pérdida, lo que significa que parte de la información de imagen es descartada durante el proceso de compresión. Afortunadamente para imágenes fotográficas a casi todos los niveles de compresión la pérdida no es apreciable por el ojo humano, especialmente cuando la imagen se muestra en monitores con resolución de pantalla (e incluso aún menos para imágenes guardadas a resoluciones de imprenta).

Al utilizar algoritmos de compresión con pérdida, JPEG es capaz de obtener ratios de compresión de 10:1 a 20:1 sin pérdidas visibles de calidad. Por supuesto, el ahorro en tamaño de archivo a un nivel de compresión dado dependerá del contenido en sí de la imagen, y los resultados varían. Si conservar la calidad de imagen no es prioritario, pueden obtener ratios de compresión aún mayores.

La eficacia de la compresión JPEG se basa en la frecuencia espacial o concentración de detalle en una imagen. Las áreas de imagen con baja frecuencia (gradientes suaves, como un cielo azul) se comprimen mucho más que las áreas con frecuencias altas (con mucho detalle, como hierba). Incluso una única barrera bien definida entre dos colores, a pesar de no constituir un alto grado de detalle, representa un aumento acusado en la frecuencia espacial y, por ello, supondrá un problema para la compresión JPEG.

El algoritmo de compresión muestrea la imagen en cuadrados de píxeles de 8 x 8 y, a continuación, traduce los valores de color relativo y brillo a fórmulas matemáticas. Estos cuadrados pueden ser visibles cuando las imágenes han sido muy comprimidas (ajustes de menor calidad).

Quizás sea más revelador comparar la compresión JPEG con la GIF para imágenes fotográficas. Una imagen fotográfica rica en detalles que ocuparía 85K como imagen GIF, solo necesitaría 35K como JPEG. Una vez el grado de compresión dependerá de la imagen específica pero, en general, JPEG comprime una imagen fotográfica de dos a tres veces más que GIF. Para imágenes de color plano, sin embargo, GIF es mucho más eficaz que JPEG.

Pérdida de imagen

Cuando se pierde calidad de imagen tras la compresión JPEG ésta nunca puede volver a recuperarse. La pérdida de calidad es además acumulativa, lo que significa que perderá más información cada vez que descomprima y comprima la imagen. Cada vez que abra un archivo JPEG y lo guarde, estará degradando aún más la imagen. Y no solo eso, ya que puede estar añadiendo artefactos de imagen que impedirán a la segunda compresión trabajar tan eficazmente como la primera, lo que supondrá un mayor tamaño de archivo.

Es una buena idea conservar una copia del archivo original de una imagen digital si sabe que va a tener que realizar cambios sobre ésta, de modo que su imagen final solo sufra el proceso de recompresión una vez. También debería comenzar siempre con la imagen original cada vez que quiera experimentar con los niveles de compresión. Las aplicaciones de tratamiento de imágenes para Web actuales (Photoshop/Image Ready y Macromedia Fireworks) facilitan este proceso ya que siempre conservan la imagen original y le permiten exportar imágenes a partir de los ajustes que usted realice.

Niveles de compresión variables

Una ventaja del JPEG es que le permite controlar el grado de compresión que sufrirá la imagen. A mayor calidad de imagen, mayor tamaño de archivo. El objetivo será encontrar el menor tamaño de archivo que conserve una calidad de imagen aceptable.

La calidad de una imagen JPEG vendrá marcada por su ajuste "Q", generalmente en una escala de 0 a 100. En casi todas las aplicaciones, a menor número menor calidad de imagen, pero mejores tasas de compresión (y menores tamaños de archivo). Números mayores supondrán mayor calidad de imagen y archivos más pesados.

La mayoría de las veces el ajuste Q es un valor arbitrario sin un significado matemático concreto. Es simplemente una manera de especificar el nivel de calidad de imagen que se desea conservar. Cuando la compresión JPEG comienza a trabajar, comprimirá tanto como le sea posible ajustándose al parámetro Q seleccionado. La tasa de compresión dependerá, en cualquier caso, del contenido de la imagen.

Las escalas para especificar el ajuste Q o "Calidad" varían entre los muchos programas que generan JPEG. La mayoría utilizan escalas de 0 a 100. Sin embargo encontrará algunos escalas de 0 a 10 e incluso de 0 a 12. Los números no significan nada por sí mismos (un 30 en un programa concreto puede ser totalmente distinto de un 30 en otra aplicación). Lo único que importa es el aspecto de la imagen final y su tamaño de archivo.

Decompresión JPEG

Los JPEG necesitan ser decomprimidos para ser mostrados. Por ello al navegador le cuesta más descodificar y ensamblar un JPEG que un GIF que tengan el mismo tamaño de archivo. Tenga en cuenta, por tanto, que una parte del tiempo de descarga que se ahorra al utilizar JPEG en lugar de GIF se perderá si tiene en cuenta que tardarán más en ser mostrados (en cualquier caso no es mucho tiempo, no sufra).

> **JPEG en navegadores AOL**
>
> Los usuarios de America Online generalmente utilizan alguna variación de Internet Explorer para visualizar la Web. Sin embargo, algunas de las páginas que visitan han pasado por el servidor de Proxy de AOL antes de llegar a la ventana de su navegador.
>
> En su camino hacia los usuarios de AOL, todas las imágenes de una página Web pasan por el software de compresión Johnson & Grace para acelerar las descargas. La compresión J&G puede hacer pedazos la calidad de una imagen y tiene algunos problemas especialmente peliagudos con las imágenes JPEG. Aunque los usuarios de AOL pueden desactivar la opción Usar Gráficos Comprimidos en sus Preferencias, no confíe en que lo vayan a hacer. Por desgracia, no hay nada que usted puede hacer al respecto como desarrollador.

JPEG progresivo

Los JPEG progresivos son como cualquier otro JPEG, salvo porque se muestran en una serie de pasadas (como hacen los GIF con entrelazado). Cada pasada aporta información más detallada, hasta que toda la imagen ha quedado renderizada con claridad. Las aplicaciones gráficas le permiten seleccionar el número de pasadas que necesitará la imagen para mostrarse por completo (3, 4 ó 5 pasadas). Tenga en cuenta que con una conexión rápida a Internet la imagen podría cargarse y renderizarse tan rápido que no se apreciase pasada alguna.

La ventaja de utilizar Pro-JPEG es que, al igual que ocurría con los GIF entrelazados, proporcionan al usuario una estimación del aspecto final de la imagen sin que éste tenga que esperar a que toda la imagen se descargue. Los archivos JPEG progresivos, además, suelen ser algo más pequeños que los archivos JPEG estándar.

Una desventaja de los JPEG Progresivos es que necesitan una mayor capacidad de procesador para ser mostrados. A mayor número de pasadas, la imagen requerirá mayor potencia para renderizarse al ordenador del usuario. Otra desventaja es que esta característica del JPEG no está soportada por Internet Explorer, de modo que la mayor parte de su público no se aprovechará de ella.

Crear JPEG

JPEG es un formato de archivo estándar y está soportado por todas las aplicaciones populares. Adobe Photoshop/ImageReady, JASC Paint Shop Pro y

Macromedia Fireworks proporcionan todos opciones similares para guardar como JPEG. Todas estas aplicaciones le permitirán ajustar los niveles de calidad/compresión y guardar las imágenes como JPEG Progresivos.

Asegúrese de que el archivo tiene formato RGB o Escala de grises. Puede aplicar compresión JPEG a archivos CMYK en algunas aplicaciones, pero estos archivos no son compatibles con los navegadores web. Asegúrese de que nombra a su archivo con el sufijo `.jpg` o `.jpeg`. Esto es necesario para que el navegador pueda reconocer el tipo de archivo JPEG.

Minimizando el tamaño de archivo de un JPEG

Como ocurre con todos los archivos destinados a ser transmitidos a través de la Web, es importante optimizar sus JPEG para que tengan el menor tamaño de archivo posible. Ya que los JPEG tienen siempre 24 bits por su propia naturaleza, no será posible reducir su profundidad de bits. La mayor parte de las veces todo lo que podrá hacer es jugar con el ajuste de Calidad, aunque sí es posible preparar una imagen antes de la compresión. Existen algunas estrategias y herramientas para hacer que sus JPEG sean tan pequeños como sea posible, sin perder la capacidad de tomar decisiones sobre la calidad de la imagen.

Ratios de compresión agresivos

La manera más directa de optimizar un archivo de imagen JPEG es ajustar su ajuste de Calidad. Si su imagen tiene una gran cantidad de tonos continuos o gradientes de color, puede ser bastante agresivo con el nivel de compresión y no preocuparse mucho por la posible pérdida de calidad. Incluso a los niveles de menor calidad, la imagen seguirá teniendo un aspecto aceptable para ser mostrada en páginas web. Por supuesto, esto depende de cada imagen en particular. Un ajuste de baja calidad (por ejemplo, 30 en Photoshop) normalmente genera una imagen de aspecto manchado o en bloques, que puede resultar inaceptable para usted.

Cada herramienta proporciona deslizadores para controlar los ratios de compresión/calidad, aunque utilicen sistemas numéricos diferentes. Fireworks utiliza un porcentaje de 0 a 100 por 100. Paint Shop Pro usa una escala de 0 a 100, pero funciona de manera inversa a una escala normal: las cifras menores corresponden a calidades más altas y menor compresión.

Photoshop utiliza una escala de 0 a 12 cuando selecciona JPEG en el cuadro de diálogo Guardar como. Cuando seleccione Guardar para Web en Photoshop o Guardar optimizado en ImageReady, el ajuste de calidad apareceré en una escala que va de 0 a 100. Hay que tener en cuenta que Photoshop es mucho menos agresivo con su numeración: un 0 en la escala de Photoshop equivale a un 30 en la escala estándar.

La mejor manera de obtener un equilibrio entre compresión y calidad de imagen es observar el efecto de diferentes ajustes en la previsualización de imagen disponible en Photoshop/ImageReady y Fireworks.

JPEG "optimizados"

Los archivos en formato JPEG estándar utilizan una tabla de compresión precalculada de propósito general (llamada tabla Huffman). Algunas aplicaciones ofrecen la posibilidad de crear una tabla de compresión "optimizada", a medida para cada imagen. El resultado es una mayor fidelidad de color y tamaños de archivo ligeramente menores. Para optimizar un JPEG en Photoshop/ImageReady, simplemente marque la casilla de Optimizar en las paletas Guardar para Web u Optimizar.

Suavizando la imagen para mejorar la compresión

La compresión JPEG hace un trabajo admirable a la hora de condensar imágenes fotográficas sin requerir mucha atención extra. Sin embargo, si realmente se toma en serio hacer sus JPEG lo más compactos posible, puede interesarle tratar de maximizar los puntos fuertes de la compresión JPEG proporcionándole el tipo de imágenes que más le gustan: una imagen con gradientes sutiles, pocos detalles y sin bordes acusados. Si aplica un ligero desenfocado a toda la imagen o a parte de ella, estará permitiendo al mecanismo de compresión trabajar de una manera más eficaz.

Si está usando Photoshop/ImageReady o Fireworks encontrará un ajuste junto a las opciones de optimización que desenfoca la imagen. En Photoshop se llama Desenfoque, y en Fireworks Suavizado. Si aplica un desenfoque leve, la compresión JPEG trabajará mejor, obteniéndose menores tamaños de archivo. Si carece de dichas herramientas puede desenfocar la imagen manualmente utilizando el Desenfoque gaussiano (u otro similar). Compare los tamaños de archivo de la imagen original (izquierda) y de la imagen desenfocada levemente (centro) en la figura 30.2.

Un acercamiento más sofisticado a esta técnica es aplicar un desenfoque agresivo en las áreas menos importantes de la imagen, mientras se dejan intocadas las áreas de mayor detalle. Por ejemplo, si está trabajando en un retrato, podría aplicar el desenfoque al fondo mientras conserva el detalle de la cara, tal y como se muestra en la figura 30.2.

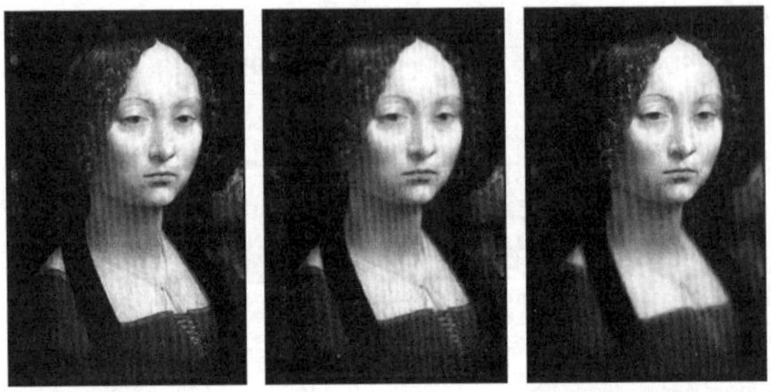

Calidad: 20, Desenf.: 0 (8.7 K)

Calidad 20, Desenf.: 5 (6.9 K)

Calidad: 20, Desenf.: 0 (6.6 K) (desenf. aplicado manualmente con filtro de desenfoque gaussiano)

Figura 30.2. Aplique desenfoque sobre toda una imagen o sobre partes de ella para obtener menores tamaños de archivo.

Optimización sopesada (Photoshop/ImageReady)

Photoshop e ImageReady ofrecen la función de Optimización sopesada que le permitirá variar sutilmente los ajustes de optimización sobre una imagen, utilizando para ello un canal alpha (también llamado máscara). Así podrá indicarle a Photoshop en qué áreas de la imagen debería conservarse la mayor calidad y en cuáles la calidad puede sacrificarse para obtener menores tamaños de archivo.

Para guardar un JPEG con Optimización sopesada en Photoshop, elija primero la parte de la imagen para la que quiere conservar la mayor calidad. Guarde dicha selección (utilizando el menú Selección) y nómbrela. Esto creará un canal alpha al que podrá referirse cuando esté optimizando la imagen.

En el cuadro de diálogo Guardar para web seleccione el botón de canal a la derecha de la pestaña de Calidad (véase la figura 30.3). En el cuadro de diálogo Modificar ajuste de calidad que aparece, seleccione el canal antes nombrado en el menú de selección. Utilice los deslizadores para escoger los valores de calidad mínimo (aplicado a las zonas negras de la máscara) y máximo (aplicado a las áreas blancas de la máscara). Los resultados de sus ajustes pueden verse en la Previsualización.

Calidad selectiva

Fireworks tiene una función denominada Calidad selectiva que funciona de modo similar a la Optimización sopesada de Photoshop, y que permite comprimir áreas independientes de un JPEG a niveles diferentes.

Para comprimir las áreas seleccionadas de un JPEG, seleccione un área de la imagen y acceda a Modificar>JPEG selectivo>Guardar selección como máscara

JPEG. En el panel Optimizar haga clic en el icono de edición junto a Calidad selectiva e introduzca el valor de compresión. Introduciendo un valor de compresión bajo comprimirá el área seleccionada más que el resto de la imagen. Introduciendo un valor alto comprimirá el área seleccionada menos que el resto de la imagen. También puede optar por conservar la calidad de los elementos de texto y/o la calidad de los botones, lo que los exportará automáticamente a un nivel de calidad superior.

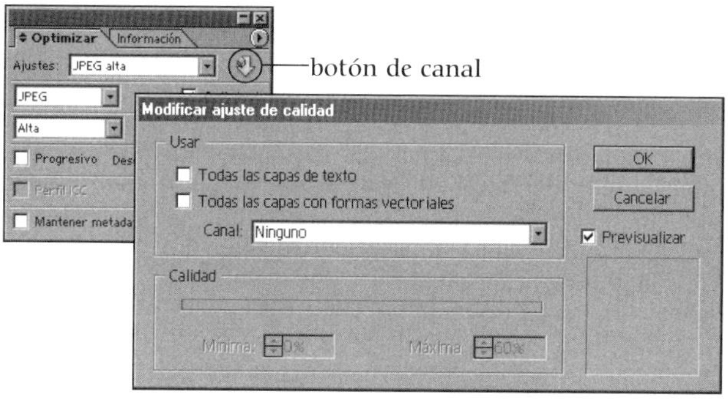

Figura 30.3. Optimización sopesada para JPEG en ImageReady.

Optimizar a tamaño de archivo (Photoshop/ImageReady)

Si conoce por adelantado el tamaño de archivo que quiere para su JPEG, pruebe a utilizar la funcionalidad Optimizar a tamaño de archivo en Photoshop/ImageReady. Optimizar a tamaño de arhivo (disponible en el cuadro de diálogo Guardar para Web) le permite lograr un tamaño de archivo concreto de forma automática, sin tener que probar un montón de ajustes de optimización diferentes. La función Optimizar a tamaño de archivo en su aplicación sobre archivos GIF se explica en el capítulo 29 (véase la figura 29.10).

Capítulo 31

El formato PNG

El formato PNG (*Portable Network Graphic*) es un formato de archivo gráfico muy versátil y completo. Pese a incluir funciones atractivas y a pesar también de haber sido creado exclusivamente para la Web, el formato PNG ha sido adoptado lentamente en el mundo del desarrollo Web. Se debe, en parte, al escaso soporte que inicialmente ofrecían los navegadores y a la falta de herramientas capaces de crear archivos PNG tan pequeños como deberían ser. Pero todo esto está cambiando y PNG está desarrollando, poco a poco, todo su potencial.

Los PNG ofrecen un número impresionante de funciones:

- Pueden almacenar imágenes de color indexado de 8 bits, escala de grises de 16 bits o color de 24 ó 48 bits.
- Utilizan un esquema de compresión sin pérdida con una compresión mejor que los GIF para imágenes de color indexado y degradación no acumulativa como los JPEG.
- Ofrecen información de transparencia de canal alfa de 8 ó 16 bits, lo que significa que los píxeles pueden tener 256 o hasta 65.000 tonos de transparencia. También ofrecen transparencia binaria (on/off) como los GIF.
- Pueden utilizar muestra progresiva (similar, aunque más sofisticada al entrelazado GIF).
- Pueden contener ajustes gamma e información de corrección cromática.
- Pueden contener texto con información sobre el autor, copyright, etc.

Este capítulo presenta estas funciones y ofrece pautas básicas para crear y optimizar imágenes PNG.

Cuándo utilizar PNG

El formato PNG puede soportar tipos de imagen indexadas y Truecolor, no hay por tanto ninguna imagen con mapa de bits que no pueda manejar. Todos los navegadores actuales tienen soporte para PNG como imágenes en línea, aunque pueden no tener soporte para todas sus funciones, como veremos en este mismo capítulo.

Para fines de diseño Web, hay algunos criterios a tener en cuenta a la hora de seleccionar PNG frente a otros formatos de imagen.

La historia del formato PNG

PNG se desarrolló a comienzos de 1995 como un esfuerzo para encontrar una alternativa no propietaria al GIF. Era una respuesta a la decisión de Unisys de imponer su patente de la compresión LZW y comenzar a reunir licencias de los desarrolladores de los programas con soporte para GIF.

Tras este anuncio, Thomas Boutell publicó su primer borrador de la especificación PNG para el grupo de noticias comp.graphics. Una comunidad de programadores se unió a este esfuerzo por especificar e implementar la lista de funciones PNG. La clave fue que utilizaba un esquema de compresión sin patente, libre de restricciones de licencia.

El formato PNG se convirtió en una recomendación oficial del W3C en octubre de 1996 y se actualizó en una segunda edición en el 2003 (`www.w3.org/Graphics/PNG/`). También se ha convertido en un Estándar Internacional (ISO/IEC 15948:2003). Por desgracia, la falta de soporte en los navegadores y herramientas de edición de imagen, hizo que este formato todavía no haya podido sustituir al GIF como el principal formato de imágenes Web.

Sustituto en potencia del formato GIF

Para las imágenes con bordes duros y áreas de color plano que normalmente se guardarían en formato GIF, el PNG de 8 bits es una opción viable. Puede incluso trabajar con transparencia. Puede advertir que una versión PNG de una imagen tiene un tamaño de archivo más pequeño que su versión GIF, pero depende de la compresión PNG de la herramienta de edición de imágenes con la que esté trabajando. Adobe Photoshop/Image Ready y Macromedia Fireworks hacen un trabajo impresionante en la creación de PNG. Si utiliza la función de vista previa de estas herramientas puede comparar fácilmente los tamaños de archivo de cada formato. Si el PNG es más pequeño, utilícelo.

No sirve para sustituir a JPEG

Aunque PNG tiene soporte para color de 24 bits o más, su esquema de compresión sin pérdidas suele dar tamaños de archivo más grandes que los resultantes de la compresión con pérdida del formato JPEG. El soporte de alta profundidad de bits fue desarrollado para que los PNG pudieran sustituir a los archivos TIFF para guardar imágenes con mucho detalle y en los que es inaceptable la pérdida de información de imagen. Para la Web, donde es importante cada *byte*, es mejor guardar las imágenes fotográficas en formato JPEG.

Para varios niveles de transparencia

Si quiere que un patrón de fondo se muestre a través de una sombra suave, PNG es el único formato de archivo gráfico en ofrecer varios niveles de transparencia, y será, por tanto, su única elección. Desafortunadamente, no todos los navegadores ofrecen soporte para este tipo de transparencia (IE 6 y anteriores son los casos más notables). Las funciones de transparencia del formato PNG serán explicadas con detalle más adelante.

Funciones PNG

PNG es como un superhéroe del mundo del formato gráfico. Esta sección examina con detalle las capacidades de este formato.

Paleta de 8 bits, escala de grises y Truecolor

PNG fue diseñado para remplazar al formato GIF en la Web y al formato TIFF, de implementación inconsistente, para el almacenamiento e impresión de imágenes. Como resultado, hay tres tipos de archivos PNG: color indexado (imágenes de paleta), escala de grises y Truecolor.

Imágenes de paleta de 8 bits

Como los GIF, los PNG pueden guardarse como color indexado de 8 bits, conteniendo hasta 256 colores, el número máximo que pueden definir 8 bits de información. El color indexado es estudiado con detalle en el capítulo 29.

Aunque 8 bits es el máximo, los PNG pueden salvarse con profundidades de bits de 1, 2 y 4 bits, reduciendo así el número máximo de colores de la imagen (y el tamaño de archivo).

Escala de grises

Los PNG también pueden soportar imágenes en escala de grises de 16 bits (eso son 65.536 tonos de gris (2^{16}), permitiendo que se almacenen fotografías e ilustraciones en blanco y negro con una gran sutileza de detalles. Es útil para las imágenes médicas y para otro tipo de imágenes en las que debe mantenerse todo el detalle, pero no ofrece muchas ventajas para las imágenes Web por las limitaciones heredadas de las imágenes de baja resolución. Las imágenes de escala de grises también pueden tener profundidades de bits de 1, 2, 4 y 8 bits.

Truecolor

El formato PNG puede soportar imágenes Truecolor de 24 ó 48 bits. El término "Truecolor" se refiere a todo el rango cromático (millones de colores) que puede definirse por combinaciones de luz roja, verde y azul (RGB) de un monitor de ordenador (consulte el capítulo 28 si desea más información. Las imágenes Truecolor no utilizan tablas de colores y solo están limitadas por el número de bits disponible para describir los valores de cada canal cromático. En formato PNG, cada canal puede definirse por información de 8 ó 16 bits. Debería señalarse que las imágenes de 48 bits no son útiles para la Web. Incluso las de 24 bits deberían utilizarse con cuidado (JPEG suele ofrecer tamaños de archivo más pequeños con una calidad de imagen aceptable).

Compresión PNG

El aspecto más destacable de la compresión PNG es que es "sin pérdida", es decir, que no se pierde información en el proceso de compresión. Una imagen PNG descomprimida es idéntica al original.

Los PNG utilizan un esquema de compresión *deflate*o "deshinchado" (el mismo motor utilizado para los archivos zip con gzip, WinZip y programas similares). Como los GIF, la compresión PNG trabaja con filas de píxeles, aprovechando la repetición de bytes de información. Utilizando filtros internos, puede aprovechar también algunos patrones verticales. El motor de compresión del formato PNG suele comprimir las imágenes entre un 5 y un 25 por 100 mejor que el GIF (y hasta un 39 por 100 mejor bajo condiciones óptimas). No todas las herramientas implementan la compresión PNG aprovechando al máximo todo su potencial. Consulte el apartado "Crear archivos PNG" de este mismo capítulo.

Filtros

Antes de que PNG comprima una imagen, ejecuta los datos de imagen, fila a fila, a través de uno de cinco filtros (Sub, Up, Average, Paeth o Adaptive). Los filtros utilizan distintos métodos para encontrar patrones en la información de imagen que pueden ser condensados más eficazmente. El proceso es parecido al modo en el que la compresión LZW aprovecha la repetición horizontal en los GIF, pero PNG puede buscar también repeticiones verticales. En la mayoría de las aplicaciones, los filtros se aplican internamente y se ocultan del usuario. Si su herramienta tiene opciones de filtros, solo hay dos que debe recordar:

- Utilice None (Ninguno) para imágenes de color indexado (o imágenes de escala de grises con menos de 16 tonos).
- Utilice Adaptive (Adaptable) para otros tipos de imagen.

Transparencia

Los PNG de color indexado de 24 y 8 bits pueden tener distintos niveles de transparencia. Esta sofisticada función de transparencia permite transiciones suaves entre elementos de fondo y de primer plano (véase la figura 31.1). La transparencia también funciona con imágenes en escala de grises. Los PNG también soportan transparencia binaria simple (como los GIF transparentes) en la que un píxel puede ser o totalmente transparente o totalmente opaco.

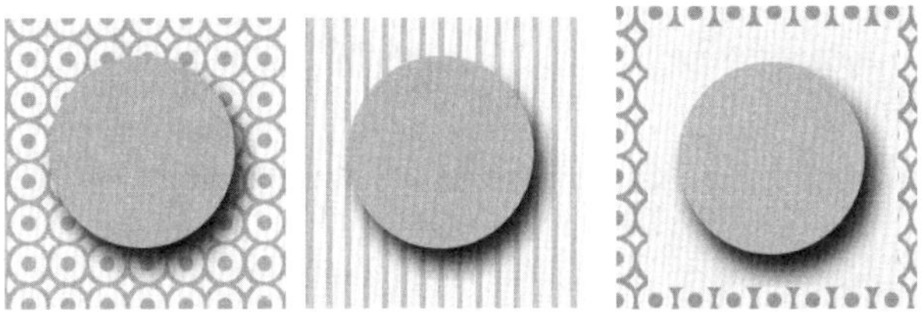

Sin soporte para transparencia canal alfa (visto en IE6)

Figura 31.1. Un PNG con transparencia variable y cómo se ve en un navegador (IE 6) sin soporte para canal alfa (derecha).

Los PNG utilizan dos métodos para tratar niveles de transparencia variables. El primero utiliza un canal alfa (piense en él como en una capa independiente) que sigue la pista de las áreas transparentes de la imagen). El otro método funciona para imágenes indexadas de 8 bits y utiliza la tabla de colores de índice para almacenar la información de transparencia.

Transparencia de canal alfa

Además de los canales estándares para los valores cromáticos RGB para las imágenes Truecolor, los PNG pueden contener otro canal alfa que se utiliza para la información de transparencia. Cada píxel se define por sus valores RGBA. En las imágenes de 24 bits, el canal alfa puede contener hasta 8 bits de información para 256 niveles de transparencia por cada uno de los píxeles de la imagen (dando lugar a una imagen de 32 bits). El canal alfa también puede contener información de transparencia binaria simple, como los GIF. Recuerde, sin embargo, que un archivo PNG RGB con canales alfa puede ser hasta un 20 por 100 mayor que uno sin canales alfa.

No todos los navegadores tienen soporte nativo para transparencia de canal alfa, el caso más destacable sería la versión 6 y anteriores de Internet Explorer (vea la siguiente nota). La figura 31.1 muestra lo que sucede cuando no hay soporte para transparencia. Es interesante saber que los PNG de 48 bits pueden contener un canal alfa con 16 bits de información (más de 65.000 niveles de transparencia). Las imágenes de 48 bits, sin embargo, son inadecuadas para la Web porque tienen poco soporte.

Transparencia alfa en Internet Explorer

Aunque IE 6 y anteriores no tienen soporte nativo para varios niveles de transparencia, hay soluciones que utilizan el filtro AlphaImageLoader, propietario de Microsoft y algo de JavaScript. Los detalles del proceso quedan fuera del alcance de este capítulo, pero estos recursos son un buen punto de partida si quiere garantizar el soporte en distintos navegadores para sus PNG transparentes.

Comience por la documentación del filtro AlphaImageLoader en el sitio del MSDN (*Microsoft Developers Network* o Red de desarrolladores de Microsoft) en `msdn.microsoft.com/workshop/author/filter/reference/filters/alphaimageloader.asp`.

Estos artículos presentan variaciones y técnicas alternativas:

- "PNG Behavior", `webfx.eae.net/dhtml/pngbehavior/pngbehavior.html`.
- "Cross-Browser Variable Opacity with PNG: A Real Solution", `www.alistapart.com/articles/pngopacity`.
- "Cross-browser semi-transparent backgrounds", `www.daltonlp.com/daltonlp.cgi?item_type=1&item_id=217`.

Transparencia de 8 bits

Los PNG de color indexado también pueden contener niveles variables de transparencia (hasta 256 niveles), pero esta información no se maneja en un canal alfa distinto, como en las imágenes de 24 bits. En lugar de ello, cada nivel de transparencia ocupa una posición en la tabla de colores de índice. Así, si tiene un área roja que se funde utilizando ocho niveles de transparencia, ese rojo se presentaría en ocho espacios de la tabla de colores, cada uno de ellos con su propio ajuste de transparencia. En otras palabras, cada espacio de la tabla de colores puede almacenar información RGBA. Así, aunque es parecido a un canal alfa (porque tiene niveles variables), no es una auténtica transparencia de canal alfa.

A diferencia de lo que sucede cuando se suma al número de colores de píxel en la tabla de colores, añadir transparencia a un PNG de 8 bits no aumenta significativamente su tamaño de archivo, por lo que es el método más adecuado para la Web. Por desgracia, se encuentra con un obstáculo: su escaso soporte en los navegadores y herramientas. Los PNG con transparencia de paleta pueden mostrarse como transparencia binaria (on/off) en los navegadores que no tienen soporte.

Nota: Más adelante, en este mismo capítulo, estudiaremos cómo guardar PNG transparentes en Fireworks y Photoshop.

Muestra progresiva (Entrelazado)

Como los GIF, los PNG pueden codificarse para una muestra entrelazada. Cuando se selecciona esta opción, la imagen se muestra en varios pases: el primero solo se muestra cuando se ha descargado una porción del archivo y todos los pases siguientes aumentan en detalle y claridad hasta que toda la imagen está renderizada.

Los PNG entrelazados se muestran a través de una serie de siete pases (utilizando un método conocido como Adam7, a partir de su creador Adam Costello). El primer renderizado de la imagen aparece cuando se ha descargado el 1/64 de la imagen (eso es ocho veces más rápido que un GIF). A diferencia del GIF, que se llena en filas horizontales de información, los PNG se llenan vertical y horizontalmente. El entrelazado puede aumentar el tamaño de archivo de los PNG, especialmente en el caso de las imágenes pequeñas (que realmente no necesitan ese entrelazado). Para no aumentar el tamaño de archivo deje desactivada la opción de entrelazado.

Corrección gamma

Gamma hace referencia a los ajustes de brillo de un monitor (si desea más información consulte el capítulo 28). Como estos ajustes varían entre plataformas (e incluso entre fabricantes), las imágenes que usted cree no siempre tendrán el aspecto que usted deseaba. Por lo general, las imágenes creadas en un Mac parecen más oscuras en los PC y las imágenes creadas en un PC se aclaran en un Mac.

Los PNG pueden etiquetarse con información relativa a los ajustes gamma de la plataforma en la que fueron creados. El software del usuario puede leer e interpretar esa información para hacer las compensaciones necesarias. Cuando se implementa en el lado del creador y del usuario, el PNG conserva su brillo e intensidad de color pretendidas. Por desgracia, en este momento, esta función tiene poco soporte.

Texto incrustado

Los PNG también pueden almacenar cadenas de texto. Es útil para adjuntar permanentemente un texto a una imagen, como información de copyright o una descripción de la imagen. Las únicas herramientas que permiten notaciones de texto en imágenes PNG son Corel Paint Shop Pro y el GIMP (un editor de imágenes gratuito para el sistema X Window en Unix). Fireworks conservará el texto incrustado en los PNG. En teoría, se podría acceder a la información meta del PNG pulsando con el botón derecho del ratón sobre la imagen en la ventana del navegador, pero esta función todavía no está implementada en los navegadores actuales.

Archivos PNG en movimiento

Una de las capacidades que PNG está perdiendo es la habilidad para almacenar múltiples imágenes para crear animaciones. El primer esfuerzo para proporcionar movimiento a archivos PNG fue el formato MNG (*Multiple-image Network Graphic*). Éste consiguió cierto soporte por parte de los navegadores, pero su popularidad disminuyó debido a que los MNG no eran compatibles con el formato PNG.

Si un navegador no soportaba MNG, se mostraría como vínculo a imagen perdido. Recientemente, se propuso una extensión del PNG llamado APNG (*Animated Portable Network Graphic*) que redirecciona el asunto de la compatibilidad. Si un navegador no soporta APNG, en vez del PNG se muestra el primer *frame* de la animación como imagen estática. Ambos formatos están en fase de desarrollo y no obtienen un buen soporte actualmente.

Soporte de navegadores y plataformas

PNG fue diseñado para la red, así que es reconocido y soportado en todas las plataformas. Afortunadamente, en este momento, los PNG pueden mostrarse como imágenes en línea en prácticamente todos los navegadores (inicialmente eran necesarios *plugins* como PNG Live). Sin embargo, no todas las funciones avanzadas, como la muestra progresiva y el texto incrustado, tienen soporte. De hecho, Internet Explorer no comenzó a soportar de manera nativa la transparencia de canal alfa hasta su versión 7.

La tabla 31.1 ofrece un listado de los navegadores más recientes que pueden mostrar PNG y las funciones que soportan. Observe que hay navegadores menos conocidos que quedan fuera de esta tabla pero que también soportan este formato. En la tabla se incluyen algunos navegadores más antiguos por razones de interés histórico. Puede encontrar un listado completo en el sitio oficial PNG (`www.libpng.org/pub/png/pngapbr.html`).

Tabla 31.1. Soporte para PNG en los navegadores.

Navegador	Muestra progresiva	Transparencia binaria	Transparencia canal alfa	Corrección gamma
Windows				
IE 7 (beta)	Sí	Sí	Sí	Sí
IE 6	Sí	Parcial	--	Sí
IE 5.5	Sí	Parcial	--	Sí
IE 4.0	Sí	Parcial	--	--
Mozilla/Firefox	Sí	Sí	Sí	Sí
NN 6	Sí	Sí	Sí	Sí
NN 4.x	Sí	--	--	--
Opera 5	Sí	Roto	--	Sí
Macintosh				
Mozilla/Firefox	Sí	Sí	Sí	Sí
Safari	Sí	Sí	Sí	Sí
IE 5	Sí	Sí	Sí	Sí
NN 6	Sí	Sí	Sí	Sí
NN 4.x	Sí	--	--	--
ICab	--	Sí	Sí	--
Unix				
Mozilla/Firefox	Sí	Sí	Sí	Sí
IE 6 beta	Sí	Parcial	--	Sí
NN 6	Sí	Sí	Sí	Sí

Crear archivos PNG

El soporte por parte de los navegadores jugó un papel determinante en la lenta adopción del formato PNG. Pero el problema tenía otro factor: la falta de herramientas de imagen que hicieran justicia a este formato. Durante un tiempo, solo se podían hacer PNG decentes con utilidades oscuras y misteriosas de líneas de comandos. Por fortuna, hoy en día la mayoría de programas de imagen profesionales incluyen soporte para este formato. Esta sección perfila los principios fundamentales para la creación de PNG en las dos herramientas de imagen Web profesional más populares, Photoshop/ImageReady y Fireworks.

Nota: Encontrará un listado exhaustivo de las herramientas de edición de imagen y conversores de archivos gráficos con soporte para compresión PNG (y sus fallos conocidos) en el sitio oficial PNG en `www.libpng.org/pub/png/pngaped.html`.

Adobe Photoshop/ImageReady

Adobe Photoshop introdujo soporte para leer y escribir PNG en su versión 4, pero por el escaso soporte para el motor de compresión PNG, los tamaños de archivo no podían competir con sus equivalentes GIF, lo que dejó fuera de la carrera al formato PNG. Desde entonces ha mejorado el soporte para compresión, y las últimas versiones de Photoshop (CS2 es la última en este momento) pueden hacer una imagen de 8 bits en formato PNG más pequeña que un GIF con los mismos ajustes.

Guardar como PNG

Para guardar una imagen como un PNG en Photoshop, seleccione PNG-8 o PNG-24 desde el menú desplegable de tipo de archivo del cuadro de diálogo Guardar para Web. En ImageReady seleccione PNG-8 o PNG-24 en el panel Optimizar. Crear un PNG-8 es lo mismo que hacer un GIF y se aplican las mismas herramientas de optimización y pautas. Los PNG de 24 bits pueden estar entrelazados o contener transparencia, pero no hay ajustes de optimización.

Transparencia PNG en Photoshop/ImageReady

Aparte del tamaño de archivo, la función que hizo que PNG aventajara a GIF fue la capacidad para contener varios niveles de transparencia (a lo que se suele hacer referencia como "transparencia de canal alfa"). Por desgracia, Photoshop CS2 y anteriores solo permiten aplicar auténtica transparencia de canal alfa a los

PNG de 24 bits. Para los GIF de 8 bits la única opción es la transparencia binaria (estilo GIF).

Para guardar un PNG con transparencia en Photoshop o ImageReady, comience con una imagen con capas que tenga las áreas transparentes que le gustaría conservar. Para la transparencia de canal alfa, seleccione **PNG-24** desde la ventana emergente de tipos de archivo y seleccione **Transparencia**. Para PNG-8 la interfaz para trabajar con colores mates y de transparencia funciona igual que para los GIF.

La figura 31.2 muestra las opciones de transparencia disponibles y las imágenes que resultan para PNG de 24 y 8 bits en ImageReady.

PNG de 8 bits (solo transparencia binaria) **PNG de 24 bits** (transparencia alfa)

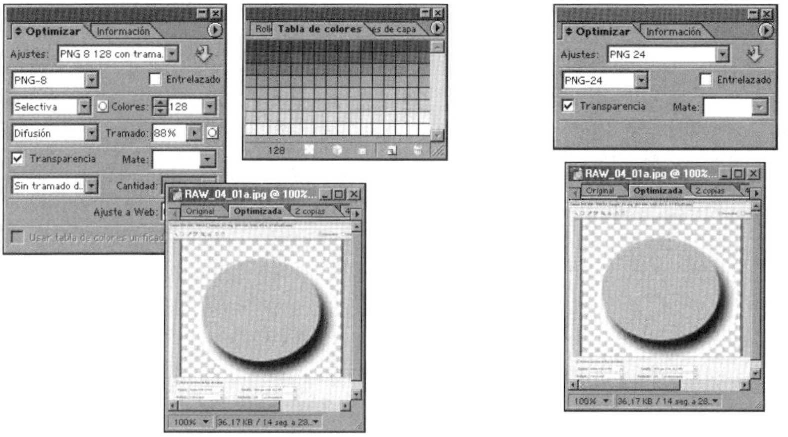

Figura 31.2. Opciones de transparencia PNG en ImageReady.

Macromedia Fireworks

Macromedia Fireworks es actualmente el mejor software comercial para crear imágenes PNG. No solo tiene la comprensión PNG más eficaz entre todos sus competidores, también tiene soporte para todas las variedades de transparencia PNG, incluyendo la codiciada transparencia de paleta de 8 bits multinivel. Fireworks también utiliza PNG como su formato de archivo fuente nativo por su compresión sin pérdida.

Exportar archivos PNG

Al crear un PNG en Fireworks, es importante utilizar la función de exportación y no limitarse a guardar el archivo (daría como resultado un archivo PNG nativo de Fireworks con muchos datos extra). El cuadro de diálogo de exportación le permite seleccionar entre formato PNG de 8, 24 ó 32 bits. La opción PNG de 8 bits le ofrece los mismos controles utilizados para la compresión GIF: selección de paleta, reducción de color, control de tramado y transparencia.

Transparencia PNG en Fireworks

Comience con una imagen con capas que tenga áreas transparentes. Para aplicar una auténtica transparencia de canal alfa a un PNG de 24 bits, seleccione PNG de 32 bits en la paleta Optimizar. Para guardar niveles variables de transparencia en un PNG de 8 bits, seleccione Transparencia y Transparencia alfa desde el menú desplegable. Si observa la tabla de colores de la imagen verá que está llena de colores marcados con áreas transparentes. Si selecciona Transparencia de índice se obtiene transparencia binaria (on/off) semejante a la transparencia GIF.

El GIMP

El GIMP (*GNU Image Manipulation Program*) es una herramienta de edición de imágenes, similar a Photoshop y gratuita para el sistema X Window en Unix. También hay disponible un puerto Microsoft Windows. El GIMP es prácticamente desconocido por los diseñadores gráficos profesionales, pero merece la pena hacer referencia a él por su excelente implementación del formato PNG.

El GIMP ofrece una compresión excelente, pleno soporte de transparencia, corrección gamma y entrada de texto incrustado. Puede aplicar compresión con incrementos utilizando el control de nivel de comprensión Deflate (una sofisticada herramienta que no ofrece ningún otro programa de imagen). Si desea más información visite la página `www.gimp.org`.

La figura 31.3 muestra las opciones de transparencia disponibles y las imágenes resultantes para PNG de 32 y 8 bits en Fireworks. Observe que las celdas de la tabla de colores indexados de 8 bits indican la información de transparencia.

Estrategias de optimización PNG

Éstas son algunas estrategias para que no aumente demasiado el tamaño de los archivos PNG.

- **Utilice PNGs de 8 bits (o menos):** Los PNG de color indexado son siempre más pequeños que sus equivalentes RGB.

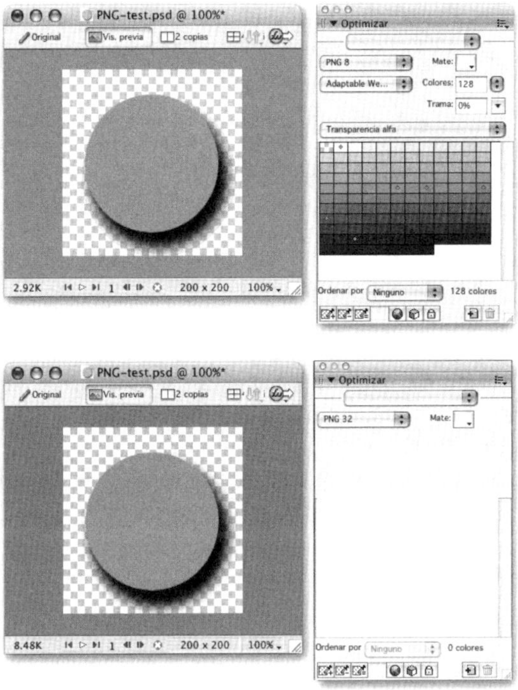

Figura 31.3. Opciones de transparencia PNG en Fireworks.

- **Utilice JPEG en lugar de PNG RGB (24 bits):** Lo mejor es guardar las imágenes fotográficas en formato JPEG para su uso en línea. Los tamaños de archivo son más pequeños (con una pérdida de calidad de imagen mínima) y más adecuados para el intercambio en la Web.
- **Utilice técnicas de optimización:** Los PNG de 8 bits se benefician de las mismas tácticas utilizadas para minimizar los GIF, incluyendo la limitación del tramado y la reducción del número de colores y de profundidad de bits. Consulte el capítulo 29 si desea más información sobre los métodos de optimización.
- **Evite el entrelazado:** El entrelazado siempre se suma al tamaño de un PNG. Normalmente, no es necesario para imágenes pequeñas o para imágenes a las que se accede a través de una conexión de banda ancha o local (como un disco o CD-ROM).
- **Utilice comprensión máxima (si está disponible) para las imágenes finales:** Si su herramienta de imágenes le da control sobre la compresión, utilice nivel 9 (o "máximo") para la última versión de la imagen. Utilice comprensión más baja (3 ó 6) para las copias intermedias. La mayoría de

los programas comerciales (como Fireworks y Photoshop) manejan la compresión y la aplicación de filtros internamente, así que no puede controlar los niveles.

Solo para frikis

Si se preocupa mucho por optimizar sus PNG debería descargar la aplicación *pngcrush* de Glenn Randers-Pehrson (*freeware*, disponible en `pmt.sourceforge.net/pngcrush/`). Es una aplicación DOS de línea de comandos pero puede ejecutarla en modo batch. *Pngcrush* toma PNG y los hace más pequeños, y sin pérdida.

Para convertir transparencia de canal alfa RGB (32 bits) en transparencia de paleta de 8 bits, intente la utilidad de línea de comando *pngquant* (escrita por Greg Roelofs, uno de los creadores del formato PNG). El PNG será significativamente más pequeño y más adecuado para la Web.

Para seguir leyendo

Si quiere aprender más sobre el formato PNG, estos son algunos recursos en línea:

- **Página PNG (`www.libpng.org/pug/png/`)**: Este sitio está escrito y mantenido por Greg Roelofs. Contiene una historia completa de este formato, descripciones de sus funciones y listados actualizados de las aplicaciones que soportan el nuevo formato. También incluye una copia de la especificación PNG y de las extensiones PNG oficiales (así como el borrador MNG Spec). Está escrita con tanto entusiasmo que no podrá evitar convertirse en un auténtico devoto de este formato.
- **Especificación PNG (`www.w3.org/TR/png.html`)**: Es la especificación PNG completa (versión 1.0), tal y como fue publicada por el W3C. Para ser un documento técnico es cómodo de leer y de comprender para los no programadores y ofrece información muy detallada sobre el funcionamiento de los PNG e información y tutoriales muy útiles. La versión 1.2 actualizada de la especificación está disponible en el sitio Web PNG en la dirección Web `www.libpng.org/pub/png/spec/`.

Capítulo 32

GIF animados

Resulta sencillamente imposible navegar por la Web sin ver alguna animación GIF. El GIF animado es omnipresente y hay muchas razones para su popularidad.

- **Los usuarios no necesitan ningún software o *plugin* especial.** Todo lo que necesitan es un navegador que soporte la animación GIF, condición que por supuesto cumplen casi todos los navegadores gráficos de hoy en día.
- **Es el formato de archivo estándar para la Web.** Los GIF animados no son un formato de archivo propio, pero se aprovechan de todas las ventajas que ofrece la especificación GIF89a. Aunque un navegador no pueda mostrar todos los fotogramas de una animación, el GIF será visible como imagen estática.
- **Son fáciles de crear.** Hay toneladas de herramientas de animación GIF disponibles (algunas están integradas en aplicaciones de imágenes Web) y son fáciles de aprender y utilizar.
- **No necesitan configuración de servidor.** Como son los archivos GIF estándar, no necesita definir un nuevo tipo de archivo en el servidor.
- **Utilizan tecnología *streaming*.** Los usuarios no tienen que esperar a que se descargue todo el archivo para ver algo. Los fotogramas se muestran tan pronto como se descargan.

El único inconveniente de los GIF animados es que pueden dar algo de trabajo extra al disco duro del usuario para refrescar las imágenes. Y pueden ser algo molestos. Pero veremos esto más adelante.

Cómo funcionan

Los GIF animados funcionan como la animación tradicional *cell*. El archivo contiene varios fotogramas organizados en capas una sobre otra. En las animaciones simples, cada fotograma es una escena completa. En las animaciones más sofisticadas, el primer fotograma proporciona el fondo y los fotogramas siguientes la porción de imagen que cambian.

Un archivo de animación GIF consiste en varias imágenes y en un conjunto de instrucciones que especifican el tiempo entre fotogramas así como otros atributos como transparencia y paletas.

Utilizar GIF animados

La animación GIF no ha tenido su mayor impacto en la publicidad. Las agencias publicitarias no son tontas, saben que añadir movimiento y luces en una página Web atraerá la atención del usuario. Y es cierto: añadir animación es un modo muy eficaz de atraer la mirada del usuario.

Pero tenga en cuenta que este método también funciona en su contra. Muchos usuarios se quejan de que la animación distrae demasiado e impide concentrarse en el contenido de la página. Aunque añade cierto atractivo a la página, un exceso de animación puede hacer que el usuario deje de disfrutar de la página.

Utilice los GIF animados con precaución. Éstas son algunas recomendaciones:

- Evita más de una animación por página.
- Utilice la animación para comunicar algo de forma muy clara e inteligente (no se limite a poner luces intermitentes).
- Evite las animaciones en páginas muy cargadas de texto que exijan concentración.
- Reflexione sobre si el ancho de banda que va a consumir la animación va a añadir valor a la página.
- Decida si la animación tiene que repetirse continuamente.
- Experimente con el tiempo. En ocasiones, una pausa larga entre bucles hace que la animación no distraiga tanto.

Herramientas

No hay que buscar demasiado para encontrar una herramienta de animación GIF. Sea cual sea la herramienta que elija, la interfaz será siempre la misma básicamente. Las herramientas tienden a distinguirse en el grado en el que pueden optimizar (reducir el tamaño de archivo) la imagen resultante. Estas secciones proporcionan una visión general de las herramientas más populares y/o recomendadas.

Aplicaciones que incluyen herramientas de animación GIF

Hay herramientas de animación GIF integradas en muchas aplicaciones de imagen, eliminando la necesidad de pasar de un paquete de software a otro.

- **Adobe ImageReady(Mac y Windows):** Adobe ImageReady es una herramienta (incluida con Photoshop 5.5 y posterior) específica para preparar y optimizar imágenes Web. Incluye una herramienta de animación GIF que convierte capas en fotogramas y permite una edición de capas muy sencilla. ImageReady ofrece métodos avanzados de optimización para hacer las animaciones lo más pequeñas posibles. Si desea más información visite el sitio de Adobe en `www.adobe.com`.
- **Macromedia Fireworks (Mac y Windows):** Macromedia Fireworks fue diseñado específicamente para la creación de imágenes Web. Soporta varias capas que pueden convertirse en fotogramas de animación. Entre otras funciones ofrece optimización de super-paleta y la capacidad de realizar optimización LZW. Si desea más información consulte el sitio de Macromedia en `www.macromedia.com/software/fireworks/`. En este momento su futuro es incierto porque Macromedia ha sido adquirido por Adobe.
- **Animation Shop (solo para Windows):** Animation Shop es una herramienta que complementa a Paint Shop Pro, una aplicación imprescindible y muy potente de creación de imagen (desarrollada originalmente por JASC Software, Inc.) Si desea más información visite el sitio de Corel en `www.corel.com`.

Utilidades de animación GIF

Éstas son solo algunas herramientas dedicadas para la creación de archivos GIF animados. Si desea un listado completo consulte el artículo "Optimizing Animated GIFs" de Andrew King en `www.webreference.com/dev/gifanim/index.html`.

- **GIFmation (Mac y Windows):** Este software comercial de BoxTop Software está muy recomendado entre los diseñadores Web. Ofrece opciones de manejo de paleta muy sofisticadas y un simulador de ancho de banda.

También utiliza un eficaz método de "diferenciación de marcos" (que luego estudiaremos) para optimizar las animaciones de forma mucho más eficaz que todos sus competidores. Está disponible en `www.boxtopsoft.com`.

- **Ulead GIF Animator 5.0 (solo para Windows):** El animador GIF de Ulead ofrece asistentes para crear muy fácilmente animaciones, 200 niveles de deshacer, optimización a nivel de píxel, efectos de animación y transición integrados, una arquitectura de *plugins* para añadir nuevos módulos de animación y soporte para vídeos AVI y QuickTime y archivos Photoshop con capas. Puede descargar una copia de prueba en `www.ulead.com`.

Crear GIF animados

Sea cual sea la herramienta que utilice, el proceso de creación de un GIF animado es prácticamente el mismo e implica la toma de decisiones sobre un grupo estándar de funciones y opciones. La terminología exacta puede variar entre herramientas, pero los conceptos y ajustes son los mismos.

Tiempo de retardo de los cuadros

Este ajuste especifica la cantidad de tiempo entre fotogramas. El tiempo de retardo es mide en centésimas de segundo. Puede aplicar distintos tiempos de retardo a cada fotograma de la animación para crear pausas y otros efectos de tiempo. Se distingue así de los formatos de vídeo digital, que tienen tiempo de retardo homogéneos.

Transparencia

Puede ajustar la transparencia de cada fotograma de una animación. Los fotogramas anteriores se mostrarán a través del área transparente del fotograma posterior si los ajustes son correctos.

Si el fotograma de fondo es transparente, aparecerá el color de fondo del navegador.

No se sorprenda si el área transparente especificada en las imágenes originales se ignora cuando las importa en una utilidad de animación GIF. Puede tener que ajustar la transparencia en el paquete de animación. Algunas de las opciones de transparencia estándar incluyen:

- **Ninguna:** Sin transparencia.
- **Blanco:** Todos los píxeles blancos de la imagen se hacen transparentes.

- **Según el primer píxel:** El color del primer píxel (esto es el píxel del extremo superior izquierdo y el que está en las coordenadas 0.0) es transparente. Es una opción muy útil porque a menudo tendrá la imagen en el centro y las cuatro esquinas serán transparentes.
- **Otro:** Permite seleccionar cualquier color de la paleta como transparente.

Métodos de eliminación

Los métodos de eliminación indican lo que hacer con el fotograma anterior cuando aparece uno nuevo.

La mayoría de las utilidades de animación ofrecen "optimización", un proceso reductor del tamaño que aprovecha el hecho de que numerosos fotogramas se mostrarán a través de las áreas transparentes del fotograma posterior. Para que funcione este proceso, el método de eliminación debe ajustarse a No eliminar (como dijimos, la terminología dependerá de la herramienta, éste es el término de ImageReady). Con este método, las áreas de los fotogramas anteriores seguirán apareciendo a menos que sean cubiertas con un área en el fotograma siguiente.

Éstas son las opciones de métodos de eliminación, pero no están disponibles en todas las herramientas de animación:

- **Sin especificar (Nada):** Utilice esta opción para sustituir un fotograma no transparente y a tamaño completo con otro.
- **No eliminar:** En esta opción seguirán mostrándose todos los píxeles que no sean cubiertos en el siguiente fotograma. Utilice esta opción si quiere que un fotograma siga mostrándose a través de la animación.
- **Restaurar a fondo:** El color o patrón de fondo aparece a través de los píxeles transparentes del nuevo fotograma (sustituyendo las áreas de imagen del fotograma anterior).
- **Restaurar a anterior:** Esta opción restaura el estado del fotograma anterior. Por ejemplo, si tiene un fondo estático ajustado a No eliminar, esa imagen reaparecerá en las áreas que deja un fotograma remplazado.

  Este método de eliminación no tiene buen soporte en Netscape Navigaotr (se trata como No eliminar), haciendo que todos los fotogramas sean visibles y amontonándolos. Aunque puede hacer archivos de animación mejor optimizados, no es seguro usarlo.
- **Automático (ImageReady):** Selecciona el método de eliminación automáticamente según haya áreas transparentes en los fotogramas.

En la siguiente página, la figura 32.1 muestra los efectos de estos métodos de eliminación.

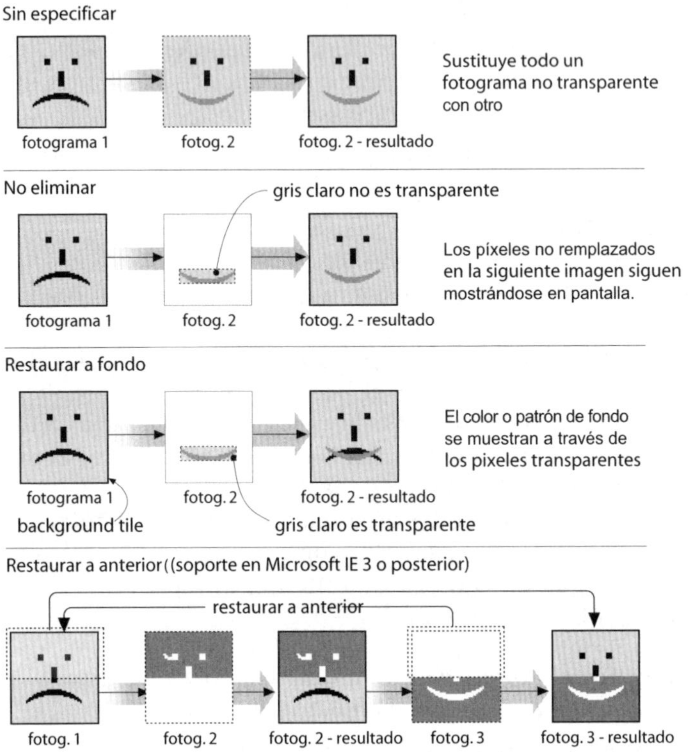

Figura 32.1. Comparación de los distintos métodos de eliminación.

En ImageReady resulta posible acceder a los métodos de eliminación haciendo clic con el botón derecho del ratón en la plataforma Windows o haciendo clic mientras se mantiene presionada la tecla **Control** en Mac para mostrar las opciones de eliminación (Automático, No eliminar, Restaurar a fondo). En Fireworks, acceda a estos ajustes a través del icono en forma de cubo de basura en el panel Animación de la vista previa de exportación. Seleccione el fotograma y a continuación uno de los métodos de eliminación.

Paleta de colores

Los GIF animados, como los GIF estáticos, utilizan un listado de hasta 256 colores que pueden utilizarse en la imagen. Pueden tener varias paletas (una por fotograma) o una paleta maestra o global. La elección de la paleta afecta al modo en el que las imágenes aparecerán en los distintos sistemas y configuraciones de monitor.

Uno de los problemas del empleo de varias paletas, específicas de fotograma, es que pueden generar un efecto "flash", de parpadeo, en algunas de las primeras versiones de Netscape Navigator (el navegador no puede cargar los marcos y sus respectivas paletas a la vez). En cualquier caso, esta opción aumenta drásticamente el tamaño de archivo resultante. Se recomienda utilizar una paleta maestra para toda la animación. GIFMation y Ulead GIF Animator le permiten crear una paleta global personalizada. De hecho cualquier editor de imagen puede utilizarse para crear una paleta global. Tan solo tenemos que colocar todas las imágenes en un documento e indexarlo. La paleta resultante será la paleta global de toda la animación.

Otras opciones

La siguiente lista muestra algunas descripciones de otros aspectos relativos a los archivos GIF animados que pueden ajustarse en la mayoría de los programas de animación.

- **Repetición:** Puede especificar el número de veces que se repite una animación (una vez, infinito, o un número concreto). Como ya se dijo, no todos los navegadores soportan un número determinado de repeticiones (la animación se repite o no). Una solución a este problema es integrar la repetición en el archivo repitiendo la secuencia de fotogramas cierto número de veces (aunque así aumenta, evidentemente, el tamaño de archivo y el tiempo de descarga).
- **Entrelazado:** Como las imágenes GIF89a normales, puede establecer que los GIF animados tengan entrelazado. Así aparecerán en una serie de pases. Se recomienda dejar desactivada esta opción porque los fotogramas están en la pantalla durante poco tiempo.
- **Profundidad de color:** Esta opción le permite limitar la profundidad de bits de la imagen a un número menor a 8 (el valor predeterminado para GIF). En el capítulo 28 estudiamos con detalle la profundidad de bits y sus efectos. Tenga en cuenta que si selecciona la paleta Web (6x6x6) tendrá que dejar la profundidad de bits ajustada a 8.
- **Tramado:** El tramado es un modo de simular tonos intermedios. Debería utilizarse en imágenes de tono continuo.
- **Color de fondo:** Sea cual sea el color que se seleccione en la opción color de fondo correspondiente, Navigator e Internet Explorer mostrarán el color o imagen de fondo que especifique en su página HTML. Así que esta opción no afecta a la muestra en pantalla del GIF en un navegador, solo en la herramienta.

Puntos de partida

Estos ajustes son un buen punto de partida para crear animaciones:

- **Paleta de colores:** Global, paleta adaptable.
- **Entrelazado:** Desactivado.
- **Tramado:** Activado para imágenes fotográficas. Desactivado para dibujos con pocos colores.
- **Tamaño de imagen:** Mínimo.
- **Color de fondo:** Negro.
- **Repetición:** Ninguna o Infinito.
- **Transparencia:** Desactivado.
- **Método de eliminación:** No eliminar.

Optimizar GIF animados

Como con cualquier otro archivo para la Web es importante que los GIF animados sean tan pequeños como sea posible. Le recomendamos leer el artículo "Optimizing Animated GIFs" de Andrew King en WebReference.com, del que se han tomado muchos de los siguientes consejos (con permiso del autor). Puede encontrarlo en `www.webreference.com/dev/gifanim/index.html`. El artículo no es demasiado actual, pero es un buen punto de partida para saber cómo funcionan las animaciones GIF y las herramientas disponibles para optimizarlas.

Compresión de imagen

Comience aplicando las mismas tácticas de reducción de imagen utilizadas en archivos GIF estáticos a las imágenes de sus cuadros de animación. Si desea más información, consulte el capítulo 29. Estas medidas incluyen:

- Reducir el número de profundidad de bits/colores.
- Eliminar tramado innecesario.
- Aplicar la función "pérdida" disponible en ImageReady y Macromedia Fireworks. ImageReady le permite hacer optimización sopesada en la que puede aplicarse la pérdida de forma más agresiva en determinadas áreas de la imagen. Si su herramienta no incluye esta función, puede eliminar manualmente píxeles de áreas que si no serían sólidas.

Métodos de optimización

Además de los métodos estándar de compresión de imagen, las herramientas de animación GIF optimizan las animaciones eliminando la repetición de píxeles en áreas de imagen en las que no hay cambios. Solo se registran los píxeles con cambios. Las distintas herramientas utilizan distintos métodos de optimización, que no son igual de eficaces. Estos métodos, en orden de menor a mayor compresión, incluyen:

- **Rectángulo delimitador**: En este método se guarda la porción que cambia de la imagen, pero siempre en el área rectangular más pequeña que pueda contener los píxeles que han cambiado.
- **Eliminación de píxeles redundantes:** Para hacer transparentes todos los píxeles de un cuadro que no han cambiado desde el cuadro anterior. Es un método más eficaz que el del rectángulo delimitador que incluye mucha información de píxeles innecesaria para componer el rectángulo.
- **Optimización LZW entre fotogramas:** Este método de optimización utiliza el esquema de compresión LZW para minimizar la frecuencia de los cambios en los patrones de píxeles entre fotogramas. Este método de compresión, si se utiliza con el anterior, es capaz de producir los menores tamaños de archivo. Macromedia Fireworks, SuperGIF 1.0 y WebPainter 3 aprovechan las ventajas de la compresión LZW para las animaciones.

Parte VI

Medios

Capítulo 33

Sonido en la Web

Los archivos de sonido más simples encontraron su camino en la Web durante los primeros días, cuando pudieron ser enlazados y descargados como cualquier otro archivo. El inconveniente de esta técnica es que los archivos de sonido tradicional son generalmente muy pesados y descargarlos puede llevar un tiempo prohibitivo. A medida que la Web evolucionó se realizaron algunos progresos significativos en lo concerniente a sonido para Web. Primero apareció el sonido en *stream*, archivos que se reproducen a medida que son descargados, lo que permitió emisiones de sonido de larga duración e incluso retransmisiones en directo. Después apareció el formato MP3, cuyo éxito estalló en 1999, haciéndose tremendamente popular. Su capacidad para reducir el tamaño de los archivos de sonido a una décima parte manteniendo una calidad de sonido muy buena lo convertía en la solución perfecta para compartir música a través de Internet.

Evidentemente el del sonido, incluso específicamente el del sonido para Web, es un tema muy denso y complejo que no puede tratarse en un sencillo capítulo de un libro de referencia como éste. En este capítulo se presentan los conceptos generales sobre sonido, así como una serie de formatos populares en la Web como MP3, QuickTime, RealAudio, Windows Media, sonido en Flash, MIDI y AAC. También se valoran las diferentes maneras de introducir sonido en una página Web. Se comienza con una introducción básica a la terminología del sonido que resultará útil cuando llegue el momento de crear y optimizar archivos de sonido.

Conceptos básicos de sonido

Para distribuir diálogos hablados o música a través de Internet, una señal analógica debe ser convertida en información digital (descrita en bits y *bytes*).

Este proceso se denomina codificación. Es similar a escanear una fotografía y convertirla a un formato digital de mapa de bits., y muchos de los conceptos sobre calidad y tamaño de archivo se aplican a la codificación de modo similar. Algunos formatos de sonido (como el MPEG) suponen la compresión de tamaño mediante un algoritmo de compresión especializado que ahorra espacio de almacenamiento. Durante el proceso de codificación puede tener que ajustar diferentes preferencias sobre algunos aspectos del archivo de sonido.

- **Tasa de muestreo:** Para convertir una onda de sonido analógico en su trascripción digital se toman una serie de muestras de la onda a intervalos de tiempo regulares (véase la figura 33.1). A mayor número de muestras por segundo, mayor será la fidelidad de la descripción digital con respecto a la forma original de la onda de sonido, y, por tanto, mejor calidad tendrá el archivo de sonido. En este aspecto la tasa de muestreo es similar a la resolución de una imagen digital.

  Las tasas de muestreo se suelen medir en kilohercios (kHz). A máximo nivel se sitúa el sonido de calidad de CD con una tasa de muestreo de 44,1 kHz (o 44100 muestras por segundo). En el nivel mínimo, 8 kHz producen un sonido de calidad granulosa como el de los transistores de radio. Tasas de muestreo estándar son 8 kHz, 11,025 kHz, 11,127 kHz, 22,05 kHz, 44,1 kHz y 48 kHz. El estándar de gama alta es de 96 K, que podemos encontrar en sonido para DVD pero no para la Web. A mayor tasa de muestreo mayor información contenida en el archivo y, por tanto, mayor tamaño de archivo.

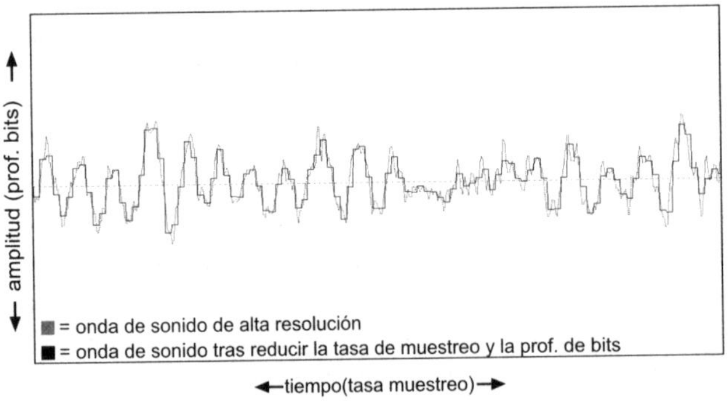

Figura 33.1. Onda de sonido después de disminuir la tasa de muestreo y la profundidad de bit.

- **Profundidad de bit:** Al igual que ocurre con las imágenes, los archivos de sonido se miden en términos de profundidad de bit (también denominada resolución de muestreo o longitud de palabra). La profundidad de bit corresponde a la resolución de la amplitud (o volumen) de un archivo de sonido. A más bits, mejor será la calidad del sonido y, por supuesto, mayor será el tamaño de archivo. Todo esto es muy semejante a la profundidad de bit en imágenes; a más bits que haya, mayor número de colores podrá contener la imagen.

Algunas profundidades de bit habituales son 8 bits (que puede tener un sonido agudo, como el de una señal telefónica) y 16 bits, necesario para registrar música con calidad de CD. El sonido digital de gama alta puede registrarse a 20, 24, 32 y 48 bits de profundidad. A mayor profundidad de bit, mayor será el tamaño de archivo.

- **Canales:** Los archivos de sonido contienen uno o más canales de información de sonido. Las configuraciones de canales más habituales son mono (un solo canal) y estéreo (dos canales), pero algunos archivos soportan sonido envolvente multicanal como 5.1, 6.1 y 7.1. La mayoría de formatos de archivo soportan únicamente mono y estéreo, pero en los próximos años irá viendo más y más formatos que soporten sonido envolvente multicanal. Aquí, de nuevo, a mayor número de canales mayor cantidad de información, y mayores tamaños de archivo.
- **Tasa de bit:** Todo lo anterior se junta para determinar la tasa de bit, el número de bits por segundo empleados para almacenar información de sonido. La tasa de bit va en función de la profundidad de bit, la tasa de muestreo y el número de canales, así que puede reducir la tasa de bit reduciendo cualquiera de los otros ajustes. La tasa de bit se mide en kilobits por segundo (Kbps) y se puede calcular dividiendo el tamaño de archivo por la longitud del clip de sonido en segundos. Normalmente es recomendable que una emisión de sonido en *stream* tenga una tasa de bit menor que la tasa de bit de la conexión a Internet del usuario. Así se asegura una reproducción adecuada. Resulta muy práctico que la mayoría de las conexiones a Internet se miden también en Kbps, lo que facilita decidir cómo crear sonido destinado a conexiones de módem de 56 Kbps y cómo hacerlo para conexiones ADSL de 256 Kbps.

Es evidente que antes de colocar sus propios archivos de sonido en la Web debe crearlos. Las alternativas son encontrar recursos de sonido ya existentes (por ejemplo, un CD sin royalties) o grabarlos usted mismo.

Utilizar sonido existente

La manera más simple de añadir sonido a un sitio es utilizar música, efectos de sonido u otros recursos que se hayan encontrado. Pero antes de que se ponga a añadir música y efectos de sonido de su colección personal de CD, es importante que sea consciente de los asuntos relativos al copyright.

Restricciones de copyright

Con algunas excepciones, es ilegal reproducir, distribuir o retransmitir una grabación de sonido sin el permiso del dueño del copyright. Los temas relacionados con el copyright han saltado a la palestra a medida que se ha popularizado la distribución de MP3 a través de redes *peer to peer*, aunque, en realidad, son aplicables a todo el sonido que se publique en Internet. Para conseguir los permisos es habitual que tenga que pagar una serie de licencias.

Tenga en cuenta que simplemente publicar la música de alguien o la grabación de un CD-ROM sin el permiso expreso y escrito de los dueños de los derechos de copyright constituye una violación del mismo. Las compañías de discos, las corporaciones de entretenimiento y la RIAA (*Recording Industry Association of America*, Asociación de la Industria Discográfica de Estados Unidos) toman medidas para perseguir los usos ilegales de material con copyright. Sea astuto y asegúrese de que tiene todos los derechos sobre el sonido que planea utilizar en su sitio.

Recursos de sonido libres de royalties

Afortunadamente existen colecciones de efectos de sonido pregrabados y música disponibles para su uso en multimedia y Web. Muchos están libres de royalties, lo que significa que una vez adquiridos puede utilizarlos como quiera sin tener que pagar licencia alguna. Busque en Google "*royaltie-free audio*" y encontrará una lista de distribuidores.

Preparando su propio sonido

Grabar y producir su propio sonido puede requerir una inversión significativa en hardware, software y tiempo de aprendizaje. Si necesita poner en su sitio sonido de calidad profesional pero no ve plausible realizar esa inversión en tiempo y equipo usted mismo, valore la posibilidad de encargar el trabajo a profesionales.

El producto final puede ir de un simple saludo personal a la retransmisión en directo de un concierto. La preparación del sonido original requiere de una serie de pasos estándar: grabación, edición básica del sonido y optimización para la distribución a través de Web.

Grabación

Es el primer paso a la hora de grabar música, locuciones o efectos de sonido para su sitio. Como para la mayoría de cosas, en cuanto a la calidad del sonido uno consigue lo que paga. Es posible capturar sonido con los recursos disponibles (por ejemplo, el micrófono que venía con su ordenador), pero la calidad no será suficiente para un sitio profesional. Los costes de un equipo de grabación se escalan rápidamente para cada nivel de calidad. Una inversión de 800 a 4000 euros en equipo (sin contar el ordenador) es suficiente para comenzar a montar un estudio casero o para una empresa pequeña. Montar un estudio y ponerlo a funcionar requiere una inversión en tiempo, esfuerzo y formación.

A pesar de que ésta puede ser una buena elección para un negocio, resultaría demasiado cara para muchos aficionados y bandas de garaje. Contratar los servicios de un estudio profesional puede resultar más rentable para una única persona o para una organización con un presupuesto ajustado o fechas de entrega apretadas. En función del equipo de que disponga un estudio los costes pueden variar entre 30 y 250 euros por hora, o aún más.

Edición básica de sonido y efectos

Una vez haya grabado el sonido en bruto, el siguiente paso es limpiar la grabación. Esto puede suponer eliminar sonidos no deseados, ajustar el comienzo y final del archivo y hacer bucles. Puede que quiera aplicar efectos al sonido, como reverberación o retardo.

Valore la posibilidad de emplear técnicas de procesado del *master* como la normalización o la compresión, que equilibrarán su sonido para que no haya unas partes más altas que otras.

Hay una enorme variedad de software para editar sonido y realizar conversiones entre formatos. Los programas varían desde las utilidades para una única función disponibles de forma gratuita a través de descargas de Internet a paquetes profesionales de edición de sonido digital que pueden costar miles de euros. A continuación se presentan algunas herramientas de nivel profesional.

Herramientas de sonido multi-plataforma.

Estas herramientas están disponibles para varios sistemas operativos.

- **Audacity** (`audacity.sourceforge.net/`): Audacity es una aplicación de código abierto para grabar y editar sonido, disponible para Windows, Mac y Linux. Tiene muchos efectos integrados y herramientas de edición, y por su precio nadie da más (es gratuito).

- **Cubase (Steinberg, `www.steinberg.net`)**: Este entorno de grabación multicanal ofrece tanto MIDI como edición de sonido, con multitud de efectos, *plugins*, instrumentos virtuales y herramientas de edición que forman juntas un completo estudio virtual en el interior de su ordenador. Cubase está disponible para Windows y Mac. A precio de calle puede encontrarse por 600 euros, aunque existe una versión de funcionalidad reducida "SE" disponible alrededor de 100 euros.
- **ProTools (Digidesign, `www.digidesign.com`)**: Durante mucho tiempo el estándar para grabación por ordenador multicanal, ProTools le ofrece todo lo que pueda necesitar para grabar sonido de calidad profesional con su ordenador. Los sistemas de gama alta "Mix" de la compañía, que incluyen tanto software como hardware, empiezan en los 7000 euros, pero Digidesign ha comenzado recientemente a desarrollar soluciones para el nivel del consumidor, como el Digi001 y el MBox, que ofrecen el software de ProTools y una caja de hardware de entrada/salida por unos 900 y 400 euros respectivamente.

Herramientas de sonido para Windows

Las siguientes herramientas están disponibles para Windows:

- **Sound Forge (Sony, `www.sonicfoundry.com`)**: Sound Forge se limita a la edición de archivos estéreo pero incluye numerosos *plugins* de efectos como *chorus*, retardo, distorsión, reverberación y compresión. Su precio en la calle es de 250 euros.
- **Audition (Adobe, `www.adobe.com/products/audition/`)**: En 2003 Adobe compró Syntrillium Software y transformó Cool Edit en Adobe Audition, un completo entorno de grabación multicanal y mezclado con numerosos efectos incluidos, procesadores y herramientas para cualquier cosa, desde restauración de sonido a codificación de sonido envolvente y grabación de CD. Adobe Audition se vende a 300 euros.

Herramientas de sonido para Mac

Estas herramientas pueden utilizarse en sistemas Mac:

- **Peak (Bias, `www.bias-inc.com`)**: Con procesado en lotes incorporado y un precio en la calle de 400 euros, esta aplicación ha sido el estándar para Mac en edición estéreo. Bias además ofrece el aún más ajustado Peak LE por 99 euros. Esta "edición limitada" puede ser más que suficiente para la mayoría de usuarios.
- **Garage band (Apple, `www.apple.com/ilife/garageband/`)**: Apple ofrece varios niveles de software de edición de sonido y Garage Band es su

aplicación multicanal para usuarios de nivel básico. Viene gratis con la mayoría de los Mac o como parte del paquete de iLife de 60 euros. Garage Band incorpora varios instrumentos virtuales y efectos, como el emulador de amplificador de guitarra. Para su precio, no tiene rival.

- **Digital Performer (MOTU, `www.motu.com`):** El software de Performer ha evolucionado desde una aplicación de secuenciador MIDI hasta un completo entorno de grabación digital que ofrece *plugins* de efectos de gama alta y edición de sonido. Los músicos pueden hacer sus grabaciones con este software, que también es capaz de añadir sonido y vídeo o de mezclar programas de radio. Su precio es de 550 euros.
- **Logic (Apple, `www.apple.com/logicpro/`):** La aplicación de gama alta para sonido de Apple es Logic. Ofrece la mayoría de las capacidades que encontrará en ProTools o Digital Performer e incorpora una enorme cantidad de efectos digitales e instrumentos virtuales. Logia se vende por unos 1000 euros.

Optimizar para la Web

Después de haber grabado y editado los archivos de sonido, llega el momento de convertirlos en su formato de destino para Web, haciéndolos lo más pequeños posible para su distribución vía Web. Las herramientas que utilizará dependerán del formato de archivo. Existen también diversas herramientas especializadas en la creación de MP3. Estas herramientas se explicarán más adelante en este capítulo junto a sus respectivos formatos de archivo.

Una aplicación "todoterreno" excelente es Cleaner de Autodesk, disponible para sistemas Mac y Windows. Este programa está diseñado para lograr la mayor calidad en el tamaño de archivo más pequeño, en cualquier formato que utilice. Cleaner puede comprimir diversos formatos de archivo, incluyendo QuickTime y RealMedia. También puede hacer procesado por lotes. El programa se vende por 500 euros. Utilice el programa que utilice, existen maneras estándar para reducir el tamaño de su archivo de sonido para que sea válido para distribuirlo desde una página Web. Normalmente esto supone sacrificar calidad de sonido. Las características de un archivo de sonido que usted puede controlar son:

- **Tamaño del clip de sonido:** Puede parecer evidente pero debería mantener la muestra de sonido lo más pequeña posible. Por ejemplo, plantéese utilizar solo una parte de una canción en lugar de la canción entera. Si está grabando un mensaje de bienvenida haga que sea breve.
- **Número de canales:** Un archivo de sonido mono ocupa la mitad de espacio en disco que un archivo estéreo, y puede ser suficiente para determinados usos.

- **Profundidad de bit:** Los archivos de sonido para la Web suelen estar guardados en 8 bits, lo que supone un tamaño de archivo de la mitad con respecto a un archivo de 16 bits. Los MP3 pueden manejar 16 bits gracias a su eficaz sistema de compresión.
- **Tasa de muestreo:** Reducir a la mitad la tasa de muestreo también reduce el tamaño de archivo a la mitad (por ejemplo, una tasa de muestreo de 22,05 kHz necesita la mitad de información que una de 44,1 kHz). Como regla general, los archivos de sonido que son voz únicamente pueden reducirse a 8 kHz. Los efectos de sonido trabajan entre los 8 kHz y los 11.025 kHz. La música tiene un sonido aceptable a partir de los 22 kHz.

Siguiendo estas guías, si comienza con un minuto de muestra de música con calidad de CD (10 Mb) y lo transforma a un archivo WAV mono, 8 bits, 22 kHz., habrá reducido su tamaño a 1,25 Mb, algo mucho más razonable a la hora de descargarlo. Si utiliza compresión MP3 puede conservar la calidad de ese minuto a 16 bits, 44,1 kHz estéreo (similar a la calidad de un CD), conservando un tamaño final de archivo inferior a 1 Mb. Si combina estos métodos (un MP3 mono, de 8 bits y 22 kHz), puede ofrecer clips de un minuto con una calidad de sonido aceptable que solo ocupan un par de cientos de K.

Evidentemente dependerá de cada archivo de sonido individual lo puntilloso que pueda ponerse con sus ajustes conservando a la vez una mínima calidad. Debe realizar varias pruebas para ver cuánto puede reducir el tamaño de su archivo sin sacrificar demasiada calidad.

Sonido en stream

Hubo un tiempo en que la única manera de reproducir sonido desde una página Web era proporcionar un vínculo al archivo y esperar a que se descargara al disco duro, desde donde sería reproducido. Con este método, una vez el archivo ha sido descargado, el navegador o bien abre un reproductor externo o bien utiliza un *plugin* (o control *ActiveX* en Internet Explorer de Windows) para la reproducción del sonido. Los reproductores más populares son QuickTime, Windows Media Player y Real Player, estando todos disponibles para plataformas Mac y Windows.

El sonido descargado tiene una serie de desventajas. En primer lugar, el archivo necesita descargarse por completo al disco duro antes de poder ser reproducido; los usuarios pueden encontrarse con una larga espera durante la descarga antes de comenzar a escuchar nada. Además, dado que el archivo de sonido se copia al disco duro, resulta más complicado para artistas y editores limitar la distribución y proteger los *copyrights*.

Aunque todavía es habitual distribuir archivos de sonido estático con este método, es más efectivo utilizar alguna de las tecnologías de *streaming* disponibles. El material en *stream* (ya sea sonido o vídeo) se reproduce casi de inmediato tras ser solicitado por el usuario, y continúa reproduciéndose a medida que la información va siendo transferida. La tecnología de *streaming* de sonido se desarrolló para solucionar el problema de las descargas demasiado lentas. Puede utilizarse incluso para retransmitir programas en directo, como conciertos o partidos de fútbol.

Las ventajas de un *stream* de sonido son:

- El sonido comienza a reproducirse en cuanto comienza el stream.
- Al utilizar las últimas tecnologías y formatos, la calidad de sonido no se sacrifica en exceso.
- Los artistas y editores pueden controlar mejor la distribución y proteger el *copyright*, ya que el usuario nunca llega a obtener una copia complete del archivo de sonido.

Tenga también en cuenta las siguientes desventajas:

- Los costes potenciales del software de servidor pueden ser prohibitivos.
- Algunos formatos necesitan un servidor dedicado o preconfigurado, lo que puede causar algunos problemas con ciertos servicios de alojamiento.
- La calidad de sonido y continuidad de un *stream* pueden resentirse de una conexión a Internet lenta o poco consistente.

Formatos de archivos de stream

Antes si se quería hacer *stream* de sonido debía utilizar la tecnología de RealAudio. Ya no es así. A medida que se hizo evidente que el *streaming* de sonido era la mejor manera de distribuir sonido en la Web, la competencia ha desarrollado numerosas tecnologías propietarias, así como soluciones para hacer *stream* de formatos de archivo estándar como MP3 o QuickTime. Los siguientes formatos tienen capacidades de *stream*:

- RealMedia y RealAudio, de RealNetwork.
- QuickTime, de Apple.
- Windows Media, de Microsoft.
- MP3 en Stream (mediante un servidor de *streaming* de MP3 como SHOUTcast).
- Macromedia Flash.

Estos formatos de archivo se explicarán con mayor detenimiento más adelante en este capítulo.

Software de servidor y protocolos

El auténtico *streaming* depende de un software de servidor que permita la emisión ininterrumpida de datos. La información de una canción se divide en pequeños paquetes y se envía a través de la línea. Estos paquetes son reensamblados en el extremo del usuario. El reproductor de sonido recoge una cierta cantidad de paquetes antes de comenzar la reproducción (un proceso denominado *buffering*) para asegurar una reproducción sin interrupciones.

El material en *streaming* se sirve del UDP (*User Datagram Protocol*), RTS (*RealTime Streaming Protocol*) o del RTP (*RealTime Transfer Protocol*) para la transmisión de datos. Lo que hace efectivos para el *streaming* estos protocolos es que si un paquete de información se pierde, la transmisión de datos continúa sin él. Esto contrasta con el HTTP, el protocolo tradicional de la Web, el cual se detiene y reenvía los paquetes perdidos, lo que potencialmente detendría un *stream*.

UDP fue el primer protocolo utilizado para hacer *stream* de medios, dado que era una mejora significativa con respecto al HTTP. El más moderno RTSP es más eficaz que el UDP. RTSP es un protocolo de *streaming* de dos direcciones, que permite al usuario enviar mensajes de vuelta al servidor (algo similar a rebobinar una cinta). El RTP (utilizado por el QuickTime de Apple), sin embargo, es un protocolo de una dirección (parecido al HTTP en este aspecto), aunque el archivo nunca llega a descargarse por completo al disco duro del usuario como ocurre con una transmisión HTTP o FTP.

El software comercial de servidor para *streaming*, como Windows Media y Helix Server, puede manejar miles de *streams* simultáneos. Incorpora robustas herramientas de administración y ofrece funciones avanzadas como negociación de ancho de banda (por la cual se suministra material a una tasa de bit adecuada para cada velocidad de conexión). El conjunto de software y hardware para implementar un servidor de *streaming* dedicado puede ser algo realmente costoso. Además, algunos servicios cargan tasas en función del número de *streams* emitidos.

Pseudostreaming

Algunos formatos están diseñados para comenzar la reproducción antes de haber sido completamente descargados, lo que provoca un efecto de *streaming* a medida que los archivos son enviados por el servidor HTTP. Esto se denomina HTTP-streaming o "*pseudostreaming*".

La ventaja del *pseudostreaming* es que no necesita de un costoso software de servidor especial. Los archivos se colocan en el servidor como se hace normalmente con un GIF o un JPEG. Es una buena solución para retransmisiones de pistas de sonido relativamente cortas a unos pocos usuarios simultáneos.

Hay ciertas limitaciones importantes a la retransmisión de material mediante *streaming* desde un servidor Web. El servidor no podría manejar una carga intensa, ni múltiples conexiones simultáneas. También se pierden las herramientas de avanzadas de administración y la negociación de ancho de banda (los usuarios tendrán que seleccionar el archivo apropiado ellos mismos). Este método tampoco permite la retransmisión en directo, ya que el archivo completo debe estar disponible para su descarga antes de iniciar el *pseudostreaming*.

Con un reproductor apropiado en el extremo del usuario, los archivos Windows Media, RealMedia, QuickTime, MP3 y Flash pueden emitirse en *pseudostream* desde un servidor HTTP.

Advertencia: Existen diferencias de *copyright* entre los formatos de *streaming* y de *pseudostreaming*. La diferencia se centra en si el medio transmitido se "fija" a su disco duro o no lo hace. En este sentido, los métodos de descarga total de archivo y de *pseudostreaming* se consideran una manera de entregar al usuario una grabación de sonido, mientras que el *streaming* se considera como una emisión, sujeta a términos de *copyright* muy diferentes.

Formatos de sonido

Finalmente llegamos al corazón del sonido para Web: los diferentes formatos de archivo. Esta sección aporta una introducción a algunos de los más habituales formatos de sonido para Web.

WAV/AIFF (.wav, .aif, .aiff)

Los formatos de sonido WAV y AIFF son muy similares en cuanto a rendimiento y actualmente no resultan los más adecuados para el sonido en Web. Sin embargo, estos formatos continúan siendo el estándar para sonido sin comprimir de alta calidad antes de ser convertido para su uso en la Web. El *Waveform Audio Format* o .wav (Formato de Sonido de Forma de Onda) se desarrolló inicialmente como el formato de sonido estándar para el sistema operativo Microsoft Windows, aunque ahora lo soporta Macintosh también. Los archivos WAV pueden soportar tasas de muestreo y profundidades de bit arbitrarias, aunque para uso en la Web lo más habitual es 8 kHz y 11,025 kHz a 8 ó 16 bits.

El *Audio Interchange File Format*, .aif o .aiff, (Formato de Archivo de Intercambio de Sonido) se desarrolló como el formato estándar para sonido para las plataformas Macintosh, aunque ahora está soportado por Windows, entre otras plataformas. Soporta hasta seis canales y tasas de muestreo y profundidades de bit arbitrarias, siendo los 8 kHz y 11,127 kHz a 8 y 16 bits los más habituales en línea.

Los archivos WAV y AIFF rara vez se utilizan ahora para Web como se hacía antes, al existir formatos de sonido mucho más apropiados para la distribución por este medio (MP3) o diseñados específicamente para Web (formatos de *streaming*). Suenan bien si no están comprimidos pero sufren una drástica pérdida de calidad si se comprimen. Por eso, solo son útiles para clips de sonido muy pequeñas, descargables, como saludos cortos. Normalmente se los añade a una página Web mediante un vínculo para su descarga.

A continuación, se resumen los formatos WAV y AIFF:

Buenos para...	Almacenar sonido de alta calidad antes de convertirlo a un formato para Web, distribución de clips cortos para los cuales no sea necesaria una alta calidad de sonido, obteniendo el mínimo común denominador (ya que todo el mundo podrá reproducirlos).
Distribución	Descarga.
Herramientas de producción	La mayoría de los editores de sonido pueden guardar archivos en formato WAV y AIFF.
Reproductor	Los archivos WAV y AIFF normalmente se reproducen mediante la función predeterminada de reproducción de sonido del navegador (por ejemplo, los *plugins* Windows Media Player o QuickTime).

MP3 (.mp3)

La explosión de la popularidad del MP3 ha sido poco menos que un fenómeno y ha cambiado la manera en que utilizamos y vemos Internet. La clave del éxito del MP3 es su capacidad para conservar una excelente fidelidad de sonido con tamaños de archivo muy reducidos. En realidad, este mecanismo de compresión puede reducir una fuente de sonido a una décima parte de su tamaño original. Por ejemplo, cuatro minutos de sonido de alta calidad en formato WAV ocupan 40 Mb de espacio en disco; como MP3, el mismo archivo pesaría únicamente 3,5 Mb. Con el descubrimiento del MP3 se hizo de pronto posible transferir canciones a través de Internet sin enfrentarse a tiempos de descarga prohibitivos. El resto es historia.

Compresión MPEG

Los MP3 que tanto amamos son, técnicamente, archivos MPEG-1, Capa-III. MPEG es, en realidad, una familia de estándares multimedia creados por la *Moving Picture Experts Group* (Grupo de Expertos en Imagen en Movimiento). Soporta tres tipos de datos: vídeo, audio y *streaming* (que, en el contexto de la compresión MPEG, es vídeo y audio sincronizados).

MPEG utiliza una compresión con pérdida basada en la percepción humana. Los sonidos que no son discernibles por el oído humano se descartan durante el proceso de compresión. El archivo resultante suena prácticamente igual, pero contiene mucho menos información que el original.

Hay una serie de estándares MPEG: MPEG-1 se desarrolló inicialmente para la transferencia de vídeo con calidad VHS y es el formato utilizado por los MP3; MPEG-2 es un estándar de mayor calidad que se desarrolló para emisiones de televisión; otras variaciones del MPEG están actualmente en desarrollo de cara a solucionar diferentes necesidades (como el MPEG-7).

Los MPEG se comprimen de acuerdo a tres patrones diferentes: Capa-I, Capa-II y Capa-III (el "3" de MP3 se refiere a la capa de su patrón de compresión). Para saber más sobre MPEG, visite el sitio Web `www.mpeg.org`.

Crear MP3

Cualquier archivo de sonido fuente (generalmente, un archivo WAV o AIFF) puede convertirse en un MP3 utilizando un codificador MP3 como Xing AudioCatalyst, iTunes (Mac) o Music Match Jukebox. Puede encontrar una lista completa de herramientas de creación de MP3 en `www.mp3-converter.com`.

Para hacer un MP3 debe comenzar con sonido en bruto en formato WAV o en formato AIFF. Si el sonido viene de un CD deberá "ripearlo" primero (extraerlo del formato del CD y grabarlo con un formato que el ordenador reconozca). El siguiente paso será codificar el sonido en bruto al formato MP3. Muchas herramientas MP3 pueden hacer la extracción y codificación de pistas de sonido en un único paso.

Cuando codifique tendrá que seleccionar un nivel de calidad, o tasa de bit. La configuración de calidad estándar para poner música en Internet es de 128 Kbps (calidad cercana a la de un CD) a 44,1 kHz. Para uso personal (para reproducir desde su ordenador o desde un reproductor portátil de MP3), puede utilizar niveles superiores (160 ó 192 Kbps). Para mantener los tamaños de archivo pequeños, escoja 112 Kbps o aún menos, aunque espere apreciar una notable pérdida de calidad. Para hacer *stream* de MP3 a tasas aceptables para un usuario con un módem de 28,8, muchas radios MP3 en línea utilizan archivos mono de 22,05 kHz comprimidos a tan solo 24 Kbps.

Al codificar también tendrá que seleccionar si desea CBR (*Constant Bit Rate* o Tasa de Bit Constante) o VBR (*Variable Bit Rate* o Tasa de Bit Variable). La tasa de bits variables de un MP3 ajusta la tasa de bits basándose en la complejidad del sector de sonido que se está reproduciendo en cada momento. Los MP3 con tasa de bit variable pueden tener un espectacular aumento de calidad para tasas de bits iguales pero, dado que el VBR no está universalmente soportado por todos los reproductores, la elección más fiable sigue siendo el CBR. La mayoría de los reproductores de MP3 modernos soportan VBR, de modo que permanezca atento al creciente soporte que VBR recibirá en los años venideros.

Servir MP3

Los MP3 pueden ser servidos desde servidores tradicionales HTTP o FTP. También pueden ser retransmitidos por *stream* mediante soluciones de servidor como SHOUTcast (que se explica más adelante en este capítulo). Junto a las principales ventajas del *stream*, esto significa que el archivo MP3 realmente no se descarga a la computadora del usuario, lo que supone una mejor protección del *copyright*.

Y hablando de *copyright*, recuerde que, aunque no hay ningún problema en que cree MP3 para su uso personal, sí es ilegal subir y distribuir sonido del que no se posee el *copyright*.

Uno de los paquetes de software más populares empleado para *streaming* de MP3 es SHOUTcast, de Nullsoft. Posibilita la retransmisión de sonido a través de conexiones de cualquier velocidad, desde ordenadores personales y con un mínimo de hardware y conocimientos (aunque un buen ancho de banda ciertamente ayuda). Puede retransmitir MP3 a usuarios individuales o a muchos usuarios al mismo tiempo si redirecciona su *stream* a un servidor de banda ancha. Para escuchar el *stream* de un servidor SHOUTcast, abra Winamp, iTunes o cualquier otro reproductor de MP3 con capacidades para reproducir *streaming* y busque el cuadro de diálogo Abrir localización. Introduzca el URL del servidor que desea escuchar y presione **Intro**. Si quiere consultar una lista de servidores SHOUTcast (o recibir más información) visite `www.shoutcast.com`. Las licencias de servidor SHOUTcast son gratuitas.

A continuación se resume el formato MP3:

Bueno para...	Distribución y venta de sonido de alta calidad (como pistas de música), transmisiones a bajas tasas de bit del estilo de la radio.
Distribución	*Streaming*, descarga.
Herramientas de producción	Cualquiera de entre una docena de programas de codificación de MP3. Consulte `www.mp3-converter.com` para ver la lista completa.

Reproductor	Cualquiera de entre una docena de reproductores de MP3 gratuitos, como WinAmp (Windows) o iTunes; los navegadores pueden soportar sonido MPEG mediante los reproductores QuickTime o Windows Media Player. Puede seleccionar un programa para reproducción de MP3 en las preferencias de su navegador.

Apple Quicktime Audio (.mov)

A pesar de que QuickTime es más conocida como una tecnología de vídeo, también es posible crear películas QuickTime (.mov) que solo contengan sonido. QuickTime es un formato contenedor, lo que significa que puede contener una gran variedad de medios. En realidad el formato QuickTime puede almacenar imágenes fijas (JPEG, BMP, PICT, PNG y GIF), una serie de formatos de vídeo, incluyendo el MPEG-1, imágenes panorámicas de 360 grados, películas Flash, sonido MP3 y otros formatos de sonido. Una vez que haya empaquetado algo en un archivo .mov de QuickTime, podrá aprovechar sus capacidades, como su rendimiento multiplataforma, su excelente compresión y su capacidad para *streaming* auténtico.

Aunque se necesita la extensión de sistema de QuickTime para reproducir un archivo con extensión .mov, ésta se encuentra fácilmente disponible tanto para sistemas Windows como para sistemas Mac. Además, mediante el *plugin* de QuickTime se puede incrustar un reproductor de sonido QuickTime directamente en una página Web. Y dado que QuickTime ha demostrado ser un formato fiable, puede asumir que la mayoría de los usuarios tienen el reproductor o *plugin* apropiado.

QuickTime es explicado en mayor profundidad en el capítulo 34. Para mayor información sobre QuickTime, visite `www.apple.com/quicktime/`.

A continuación se resume el formato QuickTime:

Bueno para...	Sonido de reproducción continua (música, narración...).
Distribución	*Streaming* auténtico a través de RTS o RTSP (mediante el Servidor QuickTime para servidores Mac OS X o mediante el servidor de código abierto Darwin Streaming Server para Unix y NT), *pseudostreaming* para servidores HTTP, descarga.
Herramientas de creación	QuickTime Pro, desde 29,95 euros.
Reproductor	Plugin QuickTime para reproducir desde el navegador Web o Quicktime Player (reproductor independiente).

MIDI (.mid)

MIDI (*Musical Instrument Digital Interface*, Interfaz Digital de Instrumento Musical) es un tipo diferente de formato de sonido. Se desarrolló inicialmente en los primeros años 80 como una manera estándar para que los instrumentos musicales electrónicos se comunicaran entre ellos.

Un archivo MIDI no contiene en realidad ninguna información de sonido (la representación digital de un sonido analógico), sino una serie de órdenes numéricas que disparan una serie de notas (con instrucciones sobre la duración y el volumen de cada nota). Estas notas se reproducen en un reproductor MIDI a través de los sonidos de instrumento disponibles en el ordenador. El funcionamiento es similar al de un rollo de pianola, que crea una canción cuando es aplicado sobre una pianola mecánica.

Como consecuencia de esto, los archivos en formato MIDI resultan increíblemente compactos e idóneos para su distribución con anchos de banda limitados. Pueden almacenar un minuto de música en tan solo 10 Kb, aproximadamente 1000 veces menos que lo que ocuparía un archivo en formato WAV sin comprimir (unos 10 Mb).

QuickTime y la mayoría de los manejadores de archivos MIDI instalan un conjunto de sonidos (*soundset*) General MIDI (GM), con instrumentos como el piano, los tambores, bajo, cuerdas de orquesta e incluso "¡ohs!" y "¡ahs!" vocalizados, colocados en localizaciones MIDI estandarizadas. Aunque estos sonidos pueden variar en timbre y calidad entre diferentes reproductores, los archivos General MIDI pueden estar seguros de obtener un sonido de piano si envían información al canal 1 del programa 1 del Reproductor GM (incluido en QuickTime, etc...). Estos conjuntos de sonidos pueden ser realmente buenos, pero no pueden competir con grabaciones de estudio. En general, los archivos MIDI siempre "suenan a ordenador".

A pesar de sus limitaciones, los archivos MIDI son una manera muy atractiva y alternativa de añadir música instrumental a un sitio Web con tiempos de descarga muy pequeños.

A continuación se resumen las características del formato MIDI:

Bueno para...	Música de fondo y bucles. Melodías para teléfonos móviles.
Distribución	Descarga.
Herramientas de producción	Requiere un software secuenciador MIDI especial, como Vision, Cakewalk o Digital Performer. Crear y editar archivos MIDI puede resultar complicado. Valore la posibilidad de utilizar un archivo MIDI ya existente si no tiene experiencia en composición musical y sonido digital.

Reproductor	El *plugin* de QuickTime o Windows Media Player. Los motores de sonido MIDI están incluidos en la mayoría de los navegadores Web.

Nota: Dados los tamaños de descarga increíblemente pequeños y la disponibilidad y bajo coste de los chips de sonido GM, el formato MIDI es muy popular para las melodías de los teléfonos móviles.

RealMedia/RealAudio (.rm, .ra)

RealNetworks fue pionera en producir una tecnología viable para llevar *streaming* de sonido a la Web. A pesar de la dura competencia, aún continúa liderando en cuanto a disponibilidad y popularidad, y se ha convertido en el estándar para hacer *streaming* de audio, incluso de emisiones en directo.

RealAudio es una solución de *streaming* de sonido basada en un servidor. El servidor Helix de Real ofrece capacidades avanzadas para distribuir sonido en *streaming*, incluyendo negociación de ancho de banda (se emite la tasa de bit apropiada para cada velocidad de conexión), transmisión RTSP para una reproducción continua, así como herramientas de administración para medir la utilización y minimizar la carga sobre el servidor. A través de la característica SureStream, el ancho de banda puede ajustarse al vuelo (mientras se está emitiendo el *stream*) para acomodarse a las fluctuaciones de tasa de bit.

Un sistema Helix robusto permite tener miles de oyentes simultáneos. El software de servidor necesita una gran inversión, y RealNetworks cobra una serie de tasas de licencia en función del número de *streams*. En cualquier caso existe una versión gratuita que permite tener cinco oyentes simultáneos. Para más información, visite el sitio Web de RealNetworks `www.realnetworks.com`.

Si aún no se siente preparado para Helix, puede recurrir al *pseudostreaming* de archivos RealMedia y RealAudio desde servidores HTTP normales, suficiente para sitios Web con un tráfico modesto.

Para escuchar archivos RealAudio, los usuarios deben tener instalado el reproductor RealPlayer, disponible para sistemas Windows, Mac y Unix. El *plugin* RealPlayer viene instalado con la mayoría de los sistemas y permite incrustar un reproductor RealMedia en una página Web.

RealNetworks también ofrece una serie de herramientas para crear archivos RealAudio y RealMedia. La última versión es RealProducer Plus, que proporciona una completa gama de herramientas para convertir sonido y vídeo a formatos para *streaming*. El sonido puede guardarse en el formato actual, RealMedia (.rm) o en el viejo formato RealAudio (.ra) soportado por las versiones más antiguas de RealPlayer.

El proceso de añadir RealAudio a una página Web se cubre en detalle más adelante en este mismo capítulo. Para más información, visite el sitio Web de RealNetworks, `www.realnetworks.com`. Para recibir información como usuario y acceder a las descargas, visite `www.real.com`.

A continuación se resume el formato RealAudio:

Bueno para...	Sonido de reproducción continua y retransmisiones en directo para grandes audiencias.
Distribución	*Streaming* (con RTSP), *pseudostreaming* (con HTTP).
Herramientas de creación	Cualquiera de los codificadores de RealNetworks (como RealProducer Plus) o una herramienta de otra compañía como el Cleaner de Autodesk.
Reproductor	RealPlayer, disponible de forma gratuita, la versión comercial RealPlayer Plus (con funcionalidad adicional), *plugin* RealPlayer.

Windows Media (.wma, .asf)

Windows Media de Microsoft es un sistema de *streaming* parecido a RealMedia. Al igual que RealMedia, incluye los componentes estándar para crear, reproducir y servir archivos Windows Media. Windows Media envuelve todos los elementos en un único archivo *Active Streaming File* (.asf) o Archivo de Streaming Activo, el formato propietario de Microsoft para *streaming*. El sonido también puede almacenarse en el formato estático *Windows Media Audio* (.wma). Dado que Media Player es parte del sistema operativo Windows, su distribución está muy extendida y es totalmente estable para plataformas Windows. Existe una versión del Media Player para Mac, aunque normalmente lleva un retraso con respecto a la versión para Windows y no suele soportar los últimos *codecs*.

Los archivos Windows Media Audio se codifican utilizando el *códec* especial Windows Media Audio (actualmente en su versión 9), ideal para todo tipo de sonido con tasas de bit de los 16 Kbps a los 192 Kbps. Para sonido únicamente de voz a tasas de bit bajas (8 Kbps) utilice el *códec* alternativo ACELP.

El sistema Windows Media tiene sus ventajas y sus inconvenientes. En el lado bueno, el software de servidor viene gratis con Windows NT Server 4.0, y no hay tasas por *stream* como las hay con RealMedia. Las herramientas de administración hacen que sea sencillo controlar el rendimiento y cobrar por visionado o minuto de reproducción. Las desventajas de Windows Media son que el servidor solo puede ejecutarse bajo Windows NT, y no soporta Flash o SMIL (*Synchronized Multimedia Inegration Language*, Lenguaje de Integración Multimedia Sincronizada), como sí hace RealMedia.

Para más información sobre Windows Media, visite www.microsoft.com/windows/windowsmedia/es/default.aspx. La página de FAQ es un buen punto de partida. A continuación se resume el formato Windows Media:

Bueno para...	Reproducción de sonido continuo y retransmisiones en directo.
Distribución	*Streaming*, descarga.
Herramientas de creación	Windows Media Encoder para convertir a formato Windows Media, Windows Media Author para crear presentaciones multimedia sincronizadas. Visite el sitio Web de Windows Media para ver la lista completa de herramientas de creación en www.microsoft.com/windows/windowsmedia/forpros/AudioProd.aspx.

Flash (.swf)

Desarrollado por Macromedia, Flash (.swf) es un formato perfecto para añadir impactante interactividad y animación a las páginas Web. Se puede incrustar sonido (desde pequeños clips a sonidos de larga duración) en una película Flash y activarlo mediante las acciones del usuario. Las versiones recientes de Flash también pueden incrustar *streaming* y *pseudostreaming* de sonido en MP3 (así como vídeo). La popularidad y potencia de Flash es una alternativa viable para reproductores a medida y para sonido interactivo. Crear reproductores de sonido Flash puede suponer un desafío, pero las ventajas serán impresionantes reproductores a medida, solo limitados por la imaginación. Flash está cubierto en profundidad en el capítulo 35. Para más información, visite el sitio Web de Macromedia www.adobe.es. A continuación se resumen los formatos de Flash:

Bueno para...	Efectos de sonido interactivos, aplicaciones Web especializadas con sonidos de larga duración incrustados.
Distribución	*Streaming* (mediante QuickTime 8 o RealServer), *pseudostreaming* (a través de HTTP), descarga.
Herramientas de creación	Macromedia Flash, Adobe LiveMotion.

AAC (.m4a, m4p, mp4)

El formato *Advanced Audio Coding* (AAC), o Codificación Avanzada de Sonido, fue desarrollado por el grupo MPEG como una mejora del MP3 y de otros formatos de sonido MPEG anteriores. Este formato de sonido es el núcleo del nuevo estándar MPEG-4, y ofrece mejoras significativas sobre el MP3. Probablemente la más notable sea que ofrece una mayor calidad de sonido a menores tasas de bit que un MP3. El formato soporta sonido envolvente multicanal y requiere menos potencia de computación para su decodificación. En 2003, Apple añadió soporte AAC a su iPod, y desde entonces ha utilizado el formato con protección de copia AAC (.m4p) para distribuir sonido desde su iTunes Store. Observe cómo este formato releva al MP3 en los próximos años.

Elegir un formato de sonido

El formato de sonido o sistema que elija dependerá de sus objetivos de comunicación, del tamaño de su sitio Web y de su presupuesto. La tabla 33.1 aporta sugerencias para la mayoría de casos. Téngalos en cuenta como puntos de referencia a la hora de investigar la solución que mejor se adecue a sus necesidades.

Tabla 33.1. Formatos de sonido sugeridos.

Necesidades de sonido	Formatos sugeridos
Saludo de voz corto.	QuickTime (a través de un servidor normal HTTP), MP3, AAC.
Narración (retransmisión de noticias, entrevistas y otros tipos de material de voz).	Soluciones de *streaming* como RealAudio, Windows Media o QuickTime para grandes audiencias. RealAudio o QuickTime a través de un servidor HTTP para tráfico limitado y pocos oyentes simultáneos.
Música de fondo (bucles de sonidos de ambiente).	MIDI, WAV.
Efectos de sonido cortos interactivos (como sonidos de botones y efectos de transición).	Flash.
Muestras musicales para audiencias limitadas.	MP3, AAC, RealMedia o Quicktime a través de un servidor HTTP.
Muestras musicales para sitios grandes con mucho tráfico.	Real Helix, *streaming* de MP3 (a través de un servidor de *streaming* como SHOUTcast), Windows Media Player.
Distribución y venta de sonido de calidad CD.	MP3, AAC.

Necesidades de sonido	Formatos sugeridos
Retransmisiones en directo.	Real Helix, QuickTime, Windows Media System.
Tarjeta musical electrónica de bienvenida.	Flash, MIDI o sonido de fondo WAV.
Aplicaciones de sonido especializadas (como reproductores virtuales de CD, mezcladores, etc.).	Flash, QuickTime.

Añadir sonido a una página Web

Hay una serie de maneras de añadir sonido a una página Web. Esta sección cubre la mayoría de estas técnicas.

Un simple vínculo

Puede vincular un archivo de sonido directamente de una página Web utilizando el elemento ancla (a), como se describe a continuación:

```
<a href="audio/song.mp3">Play the song (3.5 MB)</a>
<a href="groovy.mp3"><img src="buttons/playme.gif"></a>
```

Cuando el usuario haga clic en el texto o imagen vinculada, el navegador descargará el archivo de sonido desde el servidor y lanzará la aplicación de ayuda para reproducirlo (o un *plugin*, si el navegador está así configurado). Los archivos a los que se accede de esta manera quedan descargados al disco duro del usuario (almacenados en la memoria caché).

Si el navegador utiliza un reproductor externo, se abrirá una nueva ventana pequeña de la aplicación de ayuda con los controles para reproducir el sonido. Si el navegador está configurado para utilizar un reproductor de *plugin* (como el popular *plugin* de QuickTime), se cargaría un panel de control en la misma ventana del navegador, reemplazando la página Web original. Se considera cortés en la Web advertir a los usuarios del tamaño de cualquier archivo de sonido para que puedan decidir si desean emplear su tiempo en descargarlo.

Sonido de fondo

Aunque es posible incrustar un archivo de sonido en un página Web de modo que se reproduzca automáticamente cuando la página se cargue, ésta no es una técnica recomendable. El problema con los sonidos de fondo es que los usuarios no pueden desactivarlos si no les gustan. Además, si el archivo de sonido es grande estará obligando al usuario a realizar una lenta descarga. En cualquier caso, la música de fondo es algo muy raramente necesario en una página Web.

Si realmente necesita añadir sonido de fondo a una página Web, puede hacerlo mediante el siguiente marcado no estándar. Tenga en cuenta que este elemento hará que su documento no sea validado.

```
<embed src="audio/song.mid" autostart="true" hidden="true"></embed>
```

Añadir RealMedia

Los archivos RealMedia (que incluye RealAudio) pueden añadirse a una página Web a través de dos métodos. El primero y más directo hace que el navegador lance el reproductor RealPlayer como una aplicación externa (lo que Real denomina "entorno de tres paneles"). La segunda manera reproduce el archivo en un reproductor incrustado directamente en la ventana del navegador, a través del *plugin* RealPlayer.

Nota: RealNetworks proporciona extensos tutoriales para producir, manejar y servir RealMedia. Comience con estas guías en línea:

- `service.real.com/help/library/guides/realone/IntroGuide/HTML/prodintro.htm`
- `service.real.com/help/library/guides/realone/ProductionGuide/HTML/realpgd.htm`

Real recomienda mostrar el contenido RealMedia en el entorno de tres paneles, ya que eso permite aprovechar todas las capacidades y no necesita del complejo marcado y codificación que puede requerir incrustar medios respetando las compatibilidades entre navegadores.

En cualquier caso, usted no crea un vínculo directo al archivo RealMedia en sí, sino una referencia especial denominada "metarchivo". El metarchivo es un simple documento de texto que contiene el URL del archivo RealMedia. Estos archivos de referencia suelen guardarse en los mismos directorios que los documentos HTML, aunque no es un requisito indispensable.

Hay tres pasos entre el clic y la reproducción. Primero, al hacer clic en el vínculo HTML se descarga el metarchivo desde el servidor al navegador. Una vez llega al navegador, el metarchivo le dice al navegador que lance RealPlayer y le proporciona al reproductor la información URL. Para finalizar, el reproductor emplea dicho URL para requerir el archivo del servidor y comienza a reproducirlo en *stream*.

Los metarchivos resultan prácticos para labores de mantenimiento y control. Para cambiar un sonido, todo lo que necesita hacer es cambiar un pequeño metarchivo, en lugar de tener que buscar en todo el código HTML. También puede hacer cosas como requerir varios *streams* de medios desde un único metarchivo. Un solo vínculo al metarchivo los reproducirá todos.

Este procedimiento de vínculo indirecto queda demostrado en los siguientes dos ejemplos.

Vincular a RealMedia (reproductor externo)

Cuando el usuario accede a RealMedia a través de un vínculo (utilizando el elemento `a`), el navegador lanza la aplicación externa RealPlayer.

En el documento HTML, cree un vínculo al metarchivo que apunte al archivo RealMedia, como se muestra:

```
<a href="song.ram">Link to the song</a>
```

Cuando haga un vínculo a RealMedia, el metarchivo utilizará el sufijo *.ram*. El metarchivo es un archivo pequeño de texto que contiene la dirección URL que apunta al archivo RealMedia (sufijo *.rm* o *.ra*):

```
rtsp://domainname.com/song.rm
```

Incrustar RealPlayer en una página Web

La manera más habitual de incrustar RealMedia en una página Web es utilizar la combinación del elemento `object`, que cumple con los estándares y que funciona bien para Internet Explorer 5+ para Windows, con el elemento `embed`, para navegadores que utilizan la arquitectura de *plugins* de Netscape.

Hay que tener en cuenta que el sonido dejará de reproducirse en cuanto el usuario abandone la página. Además, es más difícil lograr un rendimiento multiplataforma cuando el reproductor está incrustado. Por estas razones resulta preferible generalmente vincular el sonido y recurrir a un reproductor externo.

El ejemplo de esta sección utiliza el elemento no estándar `embed`, que impedirá que los documentos (X)HTML sean validados. En un mundo ideal para incrustar objetos en una página Web solo sería necesario el elemento estándar `object`, pero a día de hoy el elemento `embed` aún resulta necesario para lograr la máxima funcionalidad multiplataforma. Anímese a explorar la posibilidad de que el objeto `object` resulte suficiente para sus necesidades.

El siguiente fragmento de código utiliza ambos elementos, el `object` (con parámetros) y el `embed`, para incrustar el reproductor en la página. Cuando

RealMedia queda incrustado, el sufijo del metarchivo debe ser *.rmp*. Eso le dice al navegador que debe ejecutar el archivo en la misma pantalla del navegador.

```
<object
   classid="clsid:CFCDAA03-8BE4-11cf-B84B-0020AFBBCCFA"
   height="150" width="250" border="0">
<param name="SRC" value="realmedia/oakshoes.rpm">
<param name="CONTROLS" value="all">
<param name="AUTOSTART" value="true">

   <embed src="realmedia/oakshoes.rpm" height="150" width="250"
   autostart="false" controls="all" border="0">
   <noembed>You need the RealPlayer plugin to play this song.</noembed>
   </embed>
</object>
```

El elemento `embed` contiene los atributos que apuntan al metarchivo (`src`), especificando el tamaño del reproductor incrustado (`width`, `height`), si el archivo comienza su reproducción automáticamente (`autostart`), si aparecen botones de control (`control`) y si aparece un borde (`border`).

Se hacen estos mismos ajustes para la etiqueta `object`, utilizando atributos y parámetros adicionales (que se indican mediante el parámetro `param`). Es importante que el atributo `classid` quede especificado exactamente como se muestra en el ejemplo, ya que es el único identificador para el *plugin* de RealAudio. No puede cambiarse.

La manera más sencilla de crear el código HTML para manejar RealAudio es utilizar la herramienta RealProducer o RealPublisher, que harán el trabajo por usted. El proceso de nombrar y acceder a RealAudio ha cambiado varias veces desde los últimos años, así que asegúrese de acudir a la documentación actualizada para estar al tanto de las instrucciones más recientes.

Añadir Windows Media

Antes de vincular los archivos Windows Media (*.asf* o *.wma*), asegúrese de que están guardados en el directorio ASFROOT en el NT Server que esté ejecutando el Windows Media Administrator.

Para vincular un archivo Windows Media (*.wma*) descargable (no de *streaming*), utilice un simple vínculo directamente hacia el archivo de sonido:

```
<a href="song.wma">Link to the song</a>
```

Vincular material Windows Media para *streaming* es similar a lo descrito anteriormente para RealAudio. Windows Media para *streaming* utiliza un archivo de referencia como intermediario, denominado *active stream redirector* (*.asx*) o redirector activo del *stream*, muy similar al metarchivo de RealAudio. El archivo ASX contiene la información URL que dirige al reproductor hacia el archivo a reproducir. Este método para proporcionar un único archivo a un único usuario se denomina *unicasting* o monoemisión. En el documento HTML, cree un vínculo al archivo redirector tal y como se muestra en el ejemplo:

```
<a href="streamingsong.asx">Stream the song</a>
```

El contenido del archivo *.asx* tiene este aspecto:

```
<ASX version="3">
   <Entry>
      <ref href="path/streamingsong.asf" />
   </Entry>
</ASX>
```

Cambie la ruta en el elemento `ref` de modo que apunte hacia su archivo Windows Media. El archivo *.asx* debe guardarse en el mismo directorio que el archivo Windows Media.

Otro método para distribuir contenido Windows Media es el *multicasting* o multiemisión, mediante el cual se emite un único *stream* (a la hora que determine el editor) y varios usuarios lo comparten. Se puede hacer multiemisión de material pregrabado o en directo. Para añadir multiemisión a su sitio Web es recomendable utilizar el conjunto de herramientas y elementos de ayuda que proporciona el programa Windows Media Services. Para más información, visite la Librería MSDN que se encuentra en `msdn.microsoft.com/library/default.asp`.

Capítulo 34

Vídeo en la Web

Al igual que ocurre con el sonido, los clips de vídeo pueden vincularse también a páginas Web desde los primeros días de la concepción de Internet. Distribuir vídeo a través de la Web es un problema especialmente problemático dada la enorme cantidad de datos que se necesitan para describir los componentes de sonido y vídeo de estos archivos que, en consecuencia, generan archivos extremadamente pesados.

Muchas de las tecnologías que han mejorado la experiencia de enviar y recibir sonido a través de la Web se han aplicado también a la retransmisión de archivos de vídeo. Como ocurría con el sonido, el desarrollador tiene la opción de vincular simplemente un vídeo a su página Web para que el usuario lo descargue y lo reproduzca, o escoger de entre una amplia selección de soluciones de *streaming*. Por *streaming* se entiende la capacidad de un archivo para reproducirse tan pronto como ha comenzado a recibirse en el cliente, y de continuar reproduciéndose mientras se completa su descarga; el archivo nunca llega a quedar almacenado en el ordenador del usuario. Acuda al capítulo 33 para encontrar una explicación en profundidad sobre las diferencias entre retransmisión en *stream* y retransmisión estática.

Muchos de los principios para el desarrollo y distribución del contenido de vídeo a través de la Web son los mismos que se aplican a la distribución de archivos de sonido. En realidad, algunos de los formatos son también los mismos. En este capítulo se le proporcionará una introducción básica a la tecnología del vídeo y a sus conceptos, incluyendo los formatos de vídeo QuickTime, Windows Media, RealMedia, AVI y MPEG. Si está interesado en producir vídeo para la Web, los libros listados al final de este capítulo podrán resultarle un buen punto de partida.

Conceptos básicos de vídeo digital

A continuación se presenta una lista de los parámetros del vídeo digital que pueden manipularse con una herramienta de edición estándar. Es importante que se familiarice con estos términos cuando cree vídeo optimizado para su distribución a través de Internet.

- **Duración de la película:** Se trata de un principio sencillo: limitar la longitud de su clip de vídeo limita igualmente el tamaño de archivo resultante. Los vídeos que duran más de un minuto o dos pueden provocar tiempos de descarga prohibitivamente largos. Si tiene que emitir vídeos largos, valore la posibilidad de utilizar una de las soluciones de *streaming* disponibles.
- **Tamaño de fotograma:** Evidentemente el tamaño del fotograma tiene repercusión en el tamaño de archivo. Los vídeos "a pantalla completa" tienen 640 x 480 píxeles. La cantidad de información necesaria para proporcionar una imagen de tal tamaño resulta prohibitiva para la gran mayoría de aplicaciones Web. El tamaño de fotograma más habitual para vídeos para Web es de 320 x 240 píxeles. Algunos productores llegan a bajar a 160 x 120 píxeles.
- **Tasa de fotogramas:** La tasa de fotogramas es una medida del número de fotogramas por segundo. El vídeo estándar con calidad de TV tiene una tasa de fotogramas de 30 fotogramas por segundo aproximadamente, lo que crea un efecto de continuidad. Para la Web, una tasa de fotogramas de 15 o incluso 10 fps resulta más apropiada y resulta suficiente para obtener una reproducción de continuidad aceptable. Para tomas de "cabeza parlante" y otras tomas con poco movimiento, una tasa de fotogramas aún menor puede ser suficiente. Las emisiones comerciales por Internet suelen hacerse a niveles tan bajos como 0,5, 0,25 o incluso 0,05 fotogramas por segundo (lo que produce un efecto de presentación de diapositivas, más que de vídeo).
- **Calidad:** Muchos programas de edición de vídeo le permiten ajustar la calidad general de la imagen del vídeo. Este ajuste de calidad deseada es lo que determina hasta qué punto los algoritmos de compresión comprimen y descartan datos del vídeo. Un ajuste de Bajo o Medio supone una compresión considerable, y es apropiado para la distribución a través de Internet. La tasa de fotogramas, el tamaño de fotograma y la calidad son frecuentemente sacrificados en distintas proporciones unos respecto a otros, en función del uso que se vaya a hacer del vídeo, para reducir las necesidades de ancho de bando de la emisión.

- **Profundidad de bit de color:** El tamaño de un vídeo depende del número de píxeles de color en cada fotograma. Al reducir el número de colores de color de 24 bits a color de 8 bits, reducirá drásticamente el tamaño de archivo del vídeo, exactamente como ocurría con imágenes estáticas. Por supuesto, también estará sacrificando calidad de imagen.
- **Tasa de transferencia (tasa de bit):** La tasa a la que la información del vídeo debe transferirse para que éste se reproduzca sin interrupciones. La tasa de transferencia de una película (también denominada tasa de bit) se mide en *kilobytes* por segundo (K/s o Kbps). Se puede calcular dividiendo el tamaño de archivo (en K) por la longitud de la película (en segundos). Por ejemplo, una película muy comprimida que pese 1900 K (1,9 Mb) y dure 40 segundos tendrá una tasa de bit de 47,5 K/s.

  Para emitir un vídeo en*streaming* resulta más importante la tasa de transferencia que el tamaño total del archivo. Esto es así ya que el ancho de banda total para el intercambio puede estar muy limitado, como ocurre en particular con la conexión de módem. Por ejemplo, una línea ISDN a 128 Kbps permite enviar tan solo 16 K por segundo.

Compresión

El vídeo digital no sería posible sin métodos para comprimir la enorme cantidad de información necesaria para describir el sonido y las imágenes de los fotogramas. Los archivos de vídeo se comprimen de varias maneras. En esta sección se describe una serie de mecanismos de compresión y se presentan los métodos que siguen para obtener tasas de compresión. El comprender de qué opciones dispone le ayudará a tomar mejores decisiones a la hora de optimizar sus archivos de vídeo.

Comprensión con pérdida frente a compresión sin pérdida

La compresión puede ser sin pérdida, lo que significa que no se pierde información y el archivo final es idéntico al original.

La mayoría de los mecanismos de compresión son con pérdida. La compresión con pérdida sacrifica información de archivo para lograr tasas de compresión mucho mayores. Los mecanismos de compresión con pérdida, como el MPEG, utilizan complicados algoritmos que descartan información de detalles de sonido e imagen que no resultan discernibles para el ojo o el oído humanos. El archivo descomprimido es extremadamente parecido al original, pero no idéntico. Este proceso es muy similar a como el JPEG trabaja con imágenes estáticas.

Compresión espacial frente a compresión temporal

La compresión espacial (o intra-fotograma) tiene lugar en cada uno de los fotogramas individuales, comprimiendo la información de píxel como si se tratase de una imagen fija.

La compresión temporal (o inter-fotogramas) tiene lugar a lo largo de una serie de fotogramas, y se aprovecha de las áreas de imagen que permanecen inalteradas entre fotograma y fotograma, eliminando la información concerniente a esos píxeles repetidos.

La compresión temporal depende de la ubicación de fotogramas clave intercalados a lo largo de la secuencia de fotogramas. Los fotogramas clave se utilizan como *master* o copia maestra con respecto a los cuales el resto de fotogramas (denominados fotogramas delta) son comparados. Es recomendable colocar un fotograma clave a intervalos de entre 3 y 10 segundos. Los vídeos con poco movimiento, como clips de cabezas parlantes, sacan el mayor provecho de la compresión temporal. Los vídeos con panorámicas y otros movimientos se comprimen mucho menos eficazmente.

Codecs de vídeo

Existe una serie de *codecs* (algoritmos de compresión/descompresión) que pueden utilizarse para comprimir archivos de vídeo para Web. La mayoría de estos *codecs* pueden aplicarse a varios formatos (esto se explica en profundidad en la próxima sección del capítulo).

Los paquetes de software para edición de vídeo a menudo ofrecen extensas listas de *codecs* en sus opciones de compresión. La lista que se presenta a continuación se centra únicamente en aquellos relevantes para el vídeo destinado a la distribución por Internet.

- **Sorenson:** El *codec* de vídeo Sorenson se diseñó para aplicaciones de poco ancho de banda y es capaz de producir (si escoge la opción Limit data rate) archivos con una tasa de transferencia menor a la de Cinepak, conservando una calidad de imagen excelente. Dado que utiliza algoritmos de compresión complejos, requiere una gran cantidad de capacidad de proceso y puede no ejecutarse de forma fluida en ordenadores antiguos.
- **H.264/AVC:** Este *codec* (también denominado MPEG-4, Parte 10) fue diseñado para proporcionar una buena calidad de vídeo y reducir drásticamente las tasas de transferencia, lo que lo convierte en un excitante y novedoso *codec* para el vídeo para Web. Fue creado por ITU-T en colaboración con el grupo que desarrolló el MPEG (conocidos en conjunto como el *Joint Video Team*). El estándar H.264 y el estándar MPEG-4, Parte

10 son técnicamente idénticos, y la tecnología es también conocida como AVC, *Advanced Video Coding*, Codificación de Vídeo Avanzada. Además de ser útil para las transmisiones por Internet, es capaz de trabajar a mayores tasas de transferencia para retransmisiones, DVD y telefonía.

Apple Computer integró soporte para la compresión H.264 en su sistema operativo OS X 10.4 (Tiger), así como en QuickTime 7, ambos desarrollados en 2005.

- **Windows Media Video Codec:** Microsoft utiliza sus propios *codecs* propietarios de sonido y vídeo en su Windows Media System (que va por la versión 9). Es la base para el *codec* de vídeo VC-1, en proceso de estandarización. Para obtener más información sobre los *codecs* de vídeo de Windows Media visite la página `www.microsoft.com/windows/windowsmedia/es/9series/codecs/video.aspx`.
- **MPEG:** El *codec* MPEG puede utilizarse únicamente cuando un archivo de vídeo final vaya a estar en formato MPEG (no es compatible con otros formatos de archivo). Utiliza una compresión con pérdida (aunque puede ser sin pérdida configurado para alta calidad) y compresión espacial y temporal. Algunos otros *codecs* (H.264 y Windows Media Video) están basados en la compresión MPEG.
- **Intel Indeo:** El *cdec* Indeo proporciona tasas de compresión muy similares a las de Cinepak, mediante compresión espacial y temporal y un mecanismo de compresión con pérdida a niveles de calidad bajos. Su principal desventaja es que no mantiene la calidad a tasas de transferencia tan bajas como las de Cinepak. Además, necesita ordenadores muy potentes para funcionar a máximo rendimiento.
- **Radius Cinepak:** Cinepak proporciona una tasa de compresión/descompresión aceptable. Emplea compresión tanto espacial como temporal y un mecanismo de compresión con pérdida a bajos niveles de calidad. Cinepak cuenta con un gran soporte, pero dada la calidad granulosa de imagen que produce y la disponibilidad de mecanismos de compresión alternativos resulta una opción desfasada y rara vez utilizada.
- **Animación:** Si su clip de vídeo está compuesto íntegramente por gráficos generados por ordenador (que no han sido grabados en una cinta de vídeo), puede que quiera utilizar el compresor de animación.

Formatos de vídeo

Al igual que ocurría con el sonido, durante los primeros días de Internet añadir vídeo a una página Web significaba utilizar uno de los formatos de vídeo disponibles entonces (como QuickTime o AVI) y vincularlo a la página para su descarga. La evolución de los medios de *streaming* ha cambiado eso, y ahora añadir contenido de vídeo como tráileres de películas, retransmisiones de noticias e incluso programación en directo a sitios Web es algo mucho más práctico y extendido.

En esta sección se tratan los formatos de vídeo más habituales en la emisión a través de Internet.

Windows Media (.wmv o .asf)

Windows Media es el nuevo estándar de audio y vídeo, creado por Microsoft y, por tanto, totalmente integrado en el sistema operativo Windows. El Windows Media Player puede reproducir los formatos propietarios de Microsoft, Windows Media Video (.wmv) y Advanced Streaming Format (.asf), así como otros muchos formatos como AVI, MPEG, MP3 y QuickTime.

Las películas Windows Media están codificadas utilizando el *codec* propietario Windows Media Video, diseñado especialmente para el Windows Media System. Además, pueden incorporar funcionalidad DRM (*Digital Rights Management*, Supervisión de derechos digitales).

Además del reproductor, la plataforma Windows Media 9 incluye Windows Media Encoder, Windows Media Rights Manager 9 Series SDK, Windows Media Services y una colección de *codecs* de sonido y vídeo.

Para recibir más información sobre Windows Media, visite el sitio Web `www.microsoft.com/windows/windowsmedia/es/`. Puede acceder a recursos relacionados específicamente con *codecs* (de sonido y de vídeo) en `www.microsoft.com/windows/windowsmedia/es/9series/codecs.aspx`.

A continuación se resume el formato Windows Media:

Bueno para...	Distribuir vídeo a grandes audiencias (muy buen soporte).
Distribución.	*Streaming* o descarga.
Herramientas de creación.	Windows Media Encoder para convertir al formato Windows Media, Windows Movie Maker para hacer películas sencillas en su PC. Un número creciente de editores de vídeo de otros desarrolladores está soportando Windows Media, incluyendo Avid, Adobe Premiere, Autodesk Cleaner XL y Sorenson Squeeze.
Reproductor.	Windows Media Player (incluido con el sistema operativo Windows) también está disponible para descarga para Mac, así como para una gran variedad de dispositivos portátiles.

QuickTime Movie (.mov)

QuickTime es un formato muy versátil y con gran soporte. A pesar de haber sido desarrollado originalmente como formato de vídeo, ha evolucionado hasta convertirse en un formato contenedor capaz de almacenar toda clase de medios (imágenes estáticas, sonido, vídeo, Flash y presentaciones SMIL).

QuickTime, una extensión del sistema que permite reproducir información de sonido y vídeo en el ordenador, fue introducido por Apple Computer en 1991. Aunque se desarrolló para Macintosh, también está soportado por PC a través de QuickTime para Windows. QuickTime ha crecido hasta convertirse en el estándar de la industria para el desarrollo multimedia, y raro es el elemento de hardware o software que no ofrece soporte para QuickTime.

Streaming

Las películas QuickTime pueden descargarse (a través de HTTP) o distribuirse en *streaming* mediante una serie de paquetes de *streaming*, como el QuickTime Streaming Server de Apple para Mac OS X o su alternativa de código abierto Darwin Streaming Server para Unix, Linux y Windows. Para generar la ilusión de hacer *streaming* desde un servidor HTTP (*pseudostreaming*), cree películas FastStart QuickTime, que se reproducen a medida que el archivo se descarga.

Crear películas QuickTime

Para realizar operaciones rudimentarias de edición de vídeo, como cortar y reordenar, puede utilizar el QuickTime Player de Apple, gratuito. La versión QuickTime Pro (29,95 euros) ofrece más capacidades y resulta más que suficiente para la mayoría de operaciones básicas. Para edición de vídeo avanzada utilice un herramienta de edición de vídeo profesional como Final Cut Pro de Apple, Adobe Premiere o Adobe After Effects (la mayoría de editores de vídeo soportan QuickTime). También puede utilizar un conversor de archivo, como Cleaner de Autodesk (`www.autodesk.es`) o Sorenson Squeeze de Sorenson Communications (`www.sorenson.com`), para convertir archivos existentes al formato QuickTime.

Un paso importante a recordar cuando se esté guardando una película es hacerla auto-contenedora. Este procedimiento resuelve todas las referencias de datos y prepara el archivo para salir a Internet por sí solo. También se le pedirá seleccionar un *codec*. QuickTime soporta varios *codecs*, entre ellos el avanzado H.264 (ver la descripción anterior) introducido con QuickTime 7.

Películas de referencia

Otra funcionalidad interesante de QuickTime es su soporte para películas de referencia. Las películas de referencia se emplean como punteros a versiones alternativas (o "pistas") de una película, estando cada una de ellas optimizada para una velocidad de conexión diferente. Cuando un usuario descarga una película de referencia, el *plugin* se asegura de que se ejecute la mejor pista para esa determinada velocidad de conexión.

Para más información

El proceso de añadir QuickTime a una página Web se explica con profundidad más adelante en este capítulo. Para recibir información general sobre QuickTime, visite el sitio Web de Apple `www.apple.com/es/quicktime`.

A continuación se resume el formato QuickTime:

Bueno para...	Distribuir vídeo a una gran audiencia (muy buen soporte).
Distribución.	*Streaming* auténtico a través de RTP o RTSP (mediante Quicktime Server o Mac OS X o la versión de código abierto Darwin Streaming Server para Unix y Windows), *pseudostreaming* desde servidores HTTP, descarga.
Herramientas de creación.	La mayoría de editores y conversores de vídeo soportan QuickTime. También puede utilizar la herramienta de edición básica de Apple, QuickTime Pro, por 29,95 euros.
Reproductor.	Plugin QuickTime (parte del Netscape Navigator y de Internet Explorer) para visualizar dentro del propio navegador Web o bien QuickTime Player (aplicación independiente).

RealMedia (.rm)

RealNetworks (antes Progressive Networks) publicó sus funciones de vídeo en *stream* en la versión 3.0 de su línea de productos RealMedia (de la que RealAudio es el componente estrella). Los archivos RealMedia (*.rm*) se visualizan utilizando el reproductor RealPlayer. La amplia distribución de RealPlayer hace de RealMedia una elección muy popular para añadir medios en *stream* a un sitio Web.

Los componentes del sistema RealMedia (RealPlayer para la reproducción, Helix Server para servir *streams* simultáneos y RealProducerPlus para crear archivos *.rm*) son los mismos que para RealAudio. Las películas RealMedia se codifican utilizando un *codec* propietario integrado en RealProducer y RealPlayer.

Si desea más información visite el sitio de RealNetworks en la dirección Web `www.realnetworks.com`. Encontrará información orientada al consumidor y descargas en `http://spain.real.com`. En la siguiente página puede ver una tabla con un resumen del formato RealAudio:

Bueno para...	Clips de vídeo de larga duración y emisiones en directo para muchas personas.
Distribución.	*Streaming* (vía RTSP), *pseudostreaming* (vía HTTP).
Herramientas de creación.	Uno de los codificadores RealNetworks (como RealProducer Plus o Basic) o una herramienta de otro desarrollador como Autodesk Clear. Hay disponible un *plugin* para Final Cut Pro, Adobe After Effects y Avid Xpress para exportar a formato RealMedia.
Reproductor.	RealPlayer gratuito y RealPlayer Enterprise comercial.

AVI (.avi)

AVI (*Audio/Video Interleaved*, Audio y Vídeo Entrelazado) se introdujo por Microsoft en 1992 como formato estándar para películas para su arquitectura multimedia VFW (*Video for Windows*) para Windows 95. En los archivos AVI, la información de sonido y vídeo está intercalada en cada fotograma, lo que en teoría produce una reproducción más suave. El formato AVI ha sido sustituido por Windows Media como formato de medios estándar para Windows. Los usuarios de Macintosh pueden visualizar los archivos AVI utilizando QuickTime.

Con la creciente popularidad (bien merecida) de los sistemas de medios en *stream*, las películas AVI se han hecho cada vez más escasas en la distribución Web. A menudo sirven como el archivo fuente de alta calidad que se convierte en un formato más adecuado para la Web.

Esto es un resumen del formato AVI:

Bueno para...	Clips de vídeo cortos para la Web, archivos fuente de alta calidad.
Distribución.	Descarga.
Herramientas de creación.	La mayoría de las herramientas de edición de vídeo tienen soporte para AVI.
Reproductor.	Windows Media Player, QuickTime Player.

MPEG (.mpg o .mpeg)

MPEG es un conjunto de estándares multimedia creado por el grupo *Moving Picture Experts*. Tiene soporte para tres tipos de información: vídeo, sonido y *streaming* (que, en el contexto de la compresión MPEG, es vídeo y sonido sincronizado).

En origen, MPEG fue muy popular como formato Web porque era el único formato que podía producirse en el sistema Unix.

Los archivos MPEG ofrecen unas tasas de compresión extremadamente altas con muy poca pérdida de calidad. Lo logran utilizando una técnica de compresión sin pérdidas que recorta datos no discernibles para el ojo u oído humanos.

Hay varios estándares MPEG. MPEG-1 se desarrolló originalmente para la transmisión de vídeo a calidad VHS. MPEG-2 es un estándar de mayor calidad desarrollado para la emisión televisiva y la autoría de DVD. El estándar más reciente es MPEG-4, popularizado por su soporte en QuickTime (aunque el soporte de MPEG-4 no se limita a este reproductor).

Los MPEG pueden comprimirse utilizando uno de tres esquemas, Capa-I, II o III. La complejidad de la codificación (y, por tanto, la potencia del procesador necesaria para codificar y descodificar) sube con cada nivel. Debido a esta complejidad necesita herramientas de codificación especiales para producir vídeos en formato MPEG.

MPEG-1 (que utiliza los sufijos *.mpg* o *.mpeg*) es el formato más adecuado para la Web. Los archivos MPEG-2 son bastante raros, excepto en los estudios de emisión y en DVD, y no son adecuados para la Web. MPEG-4 se está mostrando como una opción muy atractiva para el vídeo Web.

Si desea aprender más sobre este formato visite el sitio Web MPEG (en la dirección `www.mpeg.org`).

Éste es un resumen del formato MPEG:

Bueno para...	Vídeo de alta calidad.
Distribución.	*Streaming*, descarga.
Herramientas de creación.	QuickTime 7 Pro, software de edición de vídeo profesional como Adobe Premiere y After Effects, Apple Final Cut Pro.
Reproductor.	Windows Media Player, QuickTime Player.

Qué formato elegir

Para distribuir vídeo de larga duración (como el tráiler de una película) o para emisiones de vídeo en vivo, debería utilizar una de las soluciones de medios en *stream* (Windows Media, QuickTime o RealMedia). La elección de uno u otro dependerá de los requisitos concretos de su sitio. Si espera mucho tráfico y muchos *streams* simultáneos, invierta en un sistema de *stream* dedicado.

Si solo tiene que compartir unos pocos clips cortos para un número limitado de visitantes, puede optar por RealMedia pseudostreaming o películas FastStart QuickTime en su servidor Web.

Como todos los formatos de vídeo en *stream* pueden soportar varios formatos de archivo y son bastante estables, la decisión deberá basarse en la mejor adecuación con su experiencia o prioridades.

Nota: Si desea consultar artículos y noticias relacionados con estos temas, consulte `www.StreamingMedia.com`.

Añadir vídeo a un documento HTML

Esta sección estudia las formas en las que pueden vincularse o incrustarse archivos de vídeo en un documento HTML.

Un vínculo simple

Como el sonido, los archivos de vídeo descargables (AVI, MPEG, Windows Media y QuickTime) pueden vincularse a los documentos HTML utilizando el elemento estándar ancla (`a`):

```
<a href="video.mov">Check out the video (1.3MB)</a>
```

Si el usuario pulsa sobre el vínculo, el navegador mira el tipo de archivo (definido en el sufijo del nombre de archivo) y ejecuta una aplicación externa o utiliza un *plugin* para reproducir la película en la misma ventana del navegador. El reproductor que utilice dependerá del formato de archivo y de la configuración que haya dado el usuario al navegador, así que está fuera del control por parte del diseñador de la página Web.

Cuando se vincula a medios, es conveniente indicar el tamaño de archivo para que los usuarios con conexiones más lentas puedan decidir si pulsar o no.

Vídeo en stream

Como con el sonido, los formatos RealMedia (*.rm*) y Windows Media (*.asf*) se añaden a las páginas Web a través de archivos de referencia incrustados (también llamados "metaarchivos") o vinculados. El proceso, estudiado con detalle al final del capítulo 33, es exactamente el mismo que para el sonido.

Windows Media

Para vincular un archivo Windows Media Video para descarga y reproducción, cree un vínculo directamente al archivo de vídeo.

```
<a href="movie.wmv">See the movie</a>
```

Para vincular un archivo Windows Media en *stream* para *unicasting* (un solo *stream* activado a petición del usuario) cree un vínculo a un archivo redirector (*.asx*).

```
<a href="streamingmovie.asx">See a streaming movie</a>
```

El contenido del archivo *.asx* es la localización (URL) de la película, y se escribiría así:

```
<ASX version="3">
   <Entry>
      <ref href="path/streamingmovie.asf" />
   </Entry>
</ASX>
```

Para *multicasting* (emisión de un solo *stream* visto por muchos usuarios simultáneamente controlada por el emisor), se recomienda generar código utilizando las herramientas y asistencias proporcionados por el programa Windows Media Services.

RealMedia

En resumen, para vincular a una película RealMedia, cree un víncul a un "metaarchivo" RealMedia (*.ram*) como muestra este ejemplo:

```
<a href="movie.ram">Link to the streaming movie</a>
```

El "metaarchivo" es un archivo pequeño de texto con el URL del archivo RealMedia (sufijo *.rm*). Cuando el usuario pulsa sobre el vínculo, el navegador accede al "metaarchivo", que ejecuta el reproductor y le pasa el URL del archivo de medios:

```
pnm://domainname.com/movie.rm
```

Películas QuickTime incrustadas

Además de vincular a una película QuickTime, puede colocar el reproductor en la propia película Web como una imagen. Se necesitan los *plugins* QuickTime para reproducir archivos *.mov* en línea, pero están incluidos en IE, Netscape y Safari y tiene soporte en Firefox, Opera y la mayoría del resto de navegadores, convirtiéndolo en un método relativamente seguro y multiplataforma para poner un vídeo en una página.

Para colocar una película QuickTime en una página Web de modo que tenga soporte en todos los navegadores (incluyendo a IE), es necesario utilizar los elementos `object` y `embed`. Recuerde que `embed` no es un elemento estándar y no se validará el documento. Desgraciadamente, en este momento, para aprovechar toda la funcionalidad del reproductor *plugin* QuickTime, la única opción es el elemento `embed` porque no hay ningún método para pasar parámetros al reproductor utilizando solo el elemento `object`.

Nota: Si solo necesita ajustes de reproducción por defecto, hay un método adecuado a los estándares para incrustar películas QuickTime utilizando elementos `object` animados en algo de CSS. El proceso queda fuera del alcance de este capítulo, pero puede leer un tutorial en la dirección Web `realdev1.realise.com/rossa/rendertest/quicktime.html`.

Éste es el marcado que se utiliza generalmente para emplazar un archivo *.mov* de 240x180 píxeles en una página Web con compatibilidad multinavegador. Algún día habrá un método de incrustación adecuado a los estándares que funcione con el reproductor *plugin* QuickTime, pero hasta entonces, es necesario el elemento `embed` para todos los ajustes de reproductor que no sean por defecto. Por defecto, la película se muestra con un pequeño controlador en el borde inferior para controlar la reproducción. La película comenzará a reproducirse automáticamente a menos que `autoplay` esté ajustado a `false`, tal y como muestra este ejemplo. El marcado necesario está señalado en negritas:

```
<object classid="clsid:02BF25D5-8C17-4B23-BC80-D3488ABDDC6B" width="240"
height="196" codebase="http://www.apple.com/qtactivex/qtplugin.cab">
<param name="SRC" value="movies/vacation.mov" />
<param name="AUTOPLAY" value="false" />
<embed src="movies/vacation.mov" width="240" height="196"
autoplay="false"
pluginspage ="http://www.apple.com/quicktime/download/">
</embed>

</object>
```

El atributo `classid` del elemento `object` llama a un control ActiveX en IE que reproduce películas QuickTime. Los atributos `codebase` y `pluginspage` funcionan igual, indicando la localización del *plugin* QuickTime.

Advertencia: Es importante añadir 16 píxeles a la altura real de la película en el atributo `height` para acomodar el controlador.

Atributos y parámetros

`embed` tiene varios atributos para controlar distintos aspectos de la reproducción y muestra en pantalla. Todos los navegadores que soporten el elemento `embed` reconocen estos atributos y tienen también soporte en el *plugin* QuickTime.

Estos atributos y sus valores son indicados por el elemento `object` utilizando parejas nombre/valor en los elementos `param`. Observe en el ejemplo que el valor `false` del atributo `autoplay` en `embed` se repite como un elemento `param` donde `name="autoplay"` y `value="false"`. Éste es un listado de los atributos que son parte de la definición del elemento `embed`. Se describen según se aplican a las películas QuickTime. Pueden tener otras funciones para otros medios.

`src="url"`
: *Necesario*. Indica el archivo de vídeo que quiere reproducir.

`width="número de píxeles" height="número de píxeles"`
: *Necesario*. Establecen la anchura y altura del marco de vídeo en píxeles. Es importante que los valores de `width` y `height` sean al menos de 2, aunque el reproductor esté oculto. Un valor de menos de 2 bloquearía algunos navegadores. Añada 16 píxeles a la altura de la película si ha ajustado a `true` la etiqueta `controller` para reservar espacio para el controlador.

`hidden="true|false"`
: Si es `true`, el reproductor no aparecerá en pantalla. Asegúrese de que la altura y anchura estén ajustadas a 2 aunque el reproductor esté oculto. Este atributo está en la lista por un afán completacionista, pero es más adecuado para sonido QuickTime (como sonido de fondo) que para vídeo.

`pluginspage="http://www.apple.com/quicktime/download/"`
: Proporciona un vínculo desde el que adquirir el *plugin* QuickTime si el navegador no puede encontrarlo en el sistema.

`loop="true|false|palindrome"`
: `true` hace que el vídeo se repita continuamente. `false` (predeterminado) hace que el vídeo se reproduzca una sola vez. `palindrome` hace que el vídeo se reproduzca, después a la inversa, después desde el comienzo, etc.

`href="url"`
: Este atributo convierte la película en un vínculo a otra página.

`type="tipo MIME"`
: Tipo MIME del archivo (como `video/quicktime` o `image/x-quicktime`) si no está seguro de que el servidor Web lo indicará (normalmente lo hace).

Atributos especiales QuickTime

Hay docenas de atributos especializados reconocidos por el *plugin* QuickTime. Esta lista solo incluye algunos de los más comunes. Encontrará un listado completo en `www.apple.com/quicktime/tutorials/embed.html`.

`autoplay="true|false"`
: El vídeo comenzará a reproducirse automáticamente si este atributo es `true`. El valor por defecto depende de los ajustes del usuario pero suele ser `false` (el usuario tendrá que iniciar el vídeo con el botón de reproducción).

`controller="true|false"`

Si es `true` se verá una barra de control del vídeo. Aunque es posible desactivar los controles suele ser recomendable dejarlos visibles y disponibles.

`volume="porcentual" (%0 a %300)`

Por defecto, el audio se reproduce a volumen total (100%). Puede hacerlo más bajo para compensar una pista de sonido especialmente alta. No se recomienda ajustarlo a más de 100 por 100, porque causa distorsión y reduce la calidad del sonido.

`playeveryframe="true|false"`

Si es `false` (por defecto) permite que el vídeo salte fotogramas para garantizar una reproducción suave. No ajuste este atributo a `true` si tiene sonido con la película porque podría silenciarse durante la reproducción.

Incrustar Windows Media

Las películas Windows Media también pueden incrustarse en una página Web. El marcado mínimo para incrustar Windows Media es sencillo, pero puede complicarse al aprovechar funciones de programación, botones personalizados, etc. Esta sección solo atiende a los principios básicos. Las películas incrustadas se reproducen en IE (Windows) utilizando un control ActiveX y en otros navegadores utilizando el *plugin* Windows Media Player. Los navegadores basados en Gecko más recientes (Netscape Navigator 7.1 y Firefox 1.0) también tienen soporte para el control ActiveX. Éste es el marcado básico para incrustar Windows Media:

```
<object id="Player" height="280" width="320" classid="clsid:6BF52A52-
394A-11d3-B153-00C04F79FAA6">
   <param name="URL" value="movies/europe.wmv" />
   <param name="autoStart" value="false" />
   <param name="UIMode" value="full" />
</object>
```

El atributo `classid` del elemento `object` especifica el control ActiveX por su número de identificación. El valor que comienza con `clsid:6BF...` se utiliza con Windows Media Player, versión 9 y 7. Es compatible con versiones anteriores que utilizan un `clsid` distinto.

Este ejemplo utiliza tres parámetros comunes:

`URL (value="url")`

Especifica la localización del archivo. Este parámetro sustituye al nombre de archivo utilizado en versiones anteriores.

`autoStart (value="true | false")`

Especifica si la película comienza a reproducirse automáticamente. El valor por defecto es `true`.

`UIMode (value="invisible|none|mini|full|custom")`
Especifica si se muestran los controles (o qué versión). El valor predeterminado es `full`.

Nota: Puede encontrar un listado completo de parámetros Windows Media Player en la librería MSDN (`www.microsoft.com/spanish/msdn/spain/default.mspx`) y ejecutando una búsqueda "PARAM Tags".

Soporte de navegadores

El inconveniente de incrustar Windows Media es que tiene que resolver muchos problemas para que funcione en todos los navegadores y plataformas. Algunas soluciones implican detectar el navegador y la programación (incluso *applets* Java), por lo que quedan fuera del alcance de este capítulo.

Advertencia: En este momento, el *plugin* Windows Media Player para Mac no tiene soporte para los *codecs* más recientes de Windows Media.

La mayoría de los sitios que proporcionan películas WM incrustadas utilizan en este momento el elemento `embed` para indicar los parámetros de reproducción al *plugin* Windows Media Player. No es adecuado a los estándares e impedirá la validación de la página. Le recomendamos experimentar con el uso del elemento estándar `object` (o elementos `object`) anidados para ver si responde por sí solo a todas sus necesidades. El elemento `embed` se anida dentro del elemento `object`, tal y como muestra este ejemplo:

```
<object id="Player" height="280" width="320" classid="clsid:6BF52A52-
394A-11d3-B153-00C04F79FAA6" type="application/x-oleobject"
codebase="HTTP://ACTIVEX.MICROSOFT.COM/ACTIVEX/CONTROLS/MPLAYER/EN/
NSMP2INF.CAB#VERSION=6,4,7,1112">
   <param name="URL" value="movies/europe.wmv" />
   <embed type="application/x-mplayer2" name="MediaPlayer" width="320"
         height="280" src="movies/europe.wmv">
   <noembed><a href="streamingmovie.asx">See a streaming movie</a>
   </noembed>
   </embed>
</object>
```

Los navegadores que pueden utilizar el control ActiveX obtendrán sus instrucciones de los elementos `object` y `param`. Los navegadores que no entienden el elemento `object` buscarán dentro de ese `object` contenido alternativo (el elemento `embed`). Los navegadores sin soporte para el elemento `embed` mostrarán el contenido del elemento `noembed`, que es un vínculo para reproducir la película en el reproductor externo Windows Media Player.

Capítulo 35

La plataforma Flash

—Por Todd Marks

Flash ha recorrido un largo camino desde su niñez como FutureSplash a finales de los años 90. "Flash" comenzó como un medio para añadir animación e interacción a un página Web, pero desde entonces se ha convertido en una plataforma muy sólida. Flash ha visto mejoras muy importante, no solo en su capacidad de entrega e intercambio de contenido (como la adición de vídeo y un lenguaje de programación orientada a los objetos) sino también en su capacidad para permitir comunicaciones vivas y el desarrollo RIA (*Rich Internet Applications*). En el núcleo de todas estas funciones está el auténtico protagonista, Flash Player.

El reproductor Flash permitió a Flash imponerse en la Web por su pequeño tamaño y por el uso de gráficos vectoriales y de formas reutilizables. Los gráficos vectoriales fueron una gran mejora respecto a las imágenes rasterizadas tradicionales porque tenían un tamaño más pequeño y permitían a los usuarios animar las imágenes con mayor facilidad. Pero la mayor contribución del reproductor Flash y de los archivos Flash fue que introdujeron en la Web formas gráficas reutilizables. Flash permite duplicar imágenes botones y objetos de código una y otra vez en un archivo Flash, pero sin añadir tamaño de archivo a la página. Este cambio permitió a los diseñadores y desarrolladores empezar a crear mundos para explorar en la Web en la era anterior a la banda ancha.

Tradicionalmente, el nombre "Flash" se refería siempre al entorno de autoría Macromedia Flash, que produce archivos `.swf` y al Macromedia Flash Player, que reproduce esos archivos en la Web. Ahora este nombre se refiere a una plataforma, que tiene en su centro al reproductor Flash y con él a distintas aplicaciones que aumentan el poder de ese reproductor.

El entorno de autoría Flash sigue siendo la principal aplicación que utiliza el reproductor Flash. Flash incluye herramientas para ilustración, animación, interacción, edición de sonido, vídeo y trabajo con este lenguaje procedural, ActionScript. Macromedia Flash 8, la versión más reciente en este momento, ofrece una interfaz mejorada, nuevas plantillas para dispositivos de mano y móviles, un nuevo *codec* y codificador de vídeo y muchos otros "componentes", en forma de objetos de código personalizables que pueden utilizarse para añadir funcionalidades sólidas a una página o aplicación Web. Estas funciones hacen de Flash uno de los formatos más versátiles y poderosos para multimedia Web.

Este capítulo se centra en el uso e implementación de Flash a través del entorno de autoría y del reproductor Flash para la Web, pero también toca otras aplicaciones que afianzan el reproductor Flash para darle una imagen más precisa de todas las piezas que constituyen la "plataforma Flash".

Utilizar Flash en páginas Web

Las películas Flash pueden colocarse en una página Web o pueden utilizarse como una página Web. Además, con la programación avanzada presente desde Flash 5, y con la inclusión de aplicaciones del lado del servidor como Flash Media Server 2, Breeze y Flex, los usos de las películas Flash solo están limitados por la imaginación. Éstas son algunas posibilidades:

- Imágenes artísticas y animaciones.
- Animación y dibujo de historietas.
- Viñetas página, *intros* y anuncios.
- Interacción y navegación.
- Sitios Web multimedia.
- Reproductores de vídeo y audio.
- Comercio electrónico.
- Aplicaciones de medios.
- Aplicaciones estadísticas.
- Instrucción a través de la Web.
- Aprendizaje a distancia.
- Comunicación en vivo.

Flash introduce muchas mejoras importantes sobre lo que podía lograrse utilizando HTML y programación en el navegador, pero hay algunos inconvenientes. Vamos a ver los pros y los contras del uso de Flash en un sitio.

Ventajas

Muchos aspectos del formato de archivo Flash lo hacen idóneo para añadir contenido interactivo en las páginas Web:

- **Pequeños tamaños de archivo:** Flash permite reutilizar imágenes, botones, y objetos de código sin añadir bytes adicionales. Las películas Flash también utilizan gráficos vectoriales que confían en las matemáticas para designar líneas y colores frente al almacenamiento de los colores de cada píxel como en las imágenes rasterizadas. Así se ahorra mucho espacio.
- **Puede ampliarse:** Las imágenes y animaciones Flash pueden cambiar de tamaño sin perder detalle, facilitando que se llene toda la ventana del navegador con una interfaz Flash sin aumentar el tamaño de archivo. Flash puede usarse para crear imágenes estáticas, como mapas, en las que se conviene aumentar para ver la imagen con más detalle.
- **Alta calidad de imagen:** El antialias en tiempo real suaviza los bordes de las imágenes y del texto, sea cual sea el tamaño de muestra en pantalla. Los usuarios pueden ampliar una imagen vectorial sin perder calidad de imagen.
- **Utiliza tecnología *stream*:** Los archivos Flash comienzan a reproducirse rápidamente y siguen reproduciéndose mientras se descargan, así pueden ser servidos en*pseudostream* desde un servidor HTTP. El reproductor Flash puede utilizar esta tecnología para servir audio y vídeo, incluyendo archivos de vídeo Flash y MPEG.
- **Audio y vídeo integrados:** Flash es un buen modo de incluir efectos de sonido activados por el usuario y sonido de fondo a un sitio Web. Con la llegada de Flash MX también puede importar archivos del tipo `.mov` (QuickTime), AVI y `.mpg` (MPEG), y con la versión profesional de Flash MX 2004 puede editar y cortar el vídeo antes de añadirlo a la línea de tiempo. Con Flash 8 puede utilizar el *códec* VP6 para vídeo de muy alta resolución.
- **El formato Flash tiene buen soporte:** El reproductor Flash, necesario para reproducir archivos Flash (`.swf`), se encuentra disponible para plataformas Windows, Mac OS, Linux y Sun Solaris. En este momento, la versión actual es Flash 8 Player. Más del 98 por 100 de los navegadores actuales tienen soporte para Flash, y el reproductor está en los nuevos ordenadores.
- **Es programable:** Flash utiliza el lenguaje de programación ActionScript para controlar los comportamientos Flash (en este capítulo estudiaremos con detalle ActionScript). Además, puede utilizar comandos JavaScript

desde el archivo HTML para controlar un elemento Flash de una página. También al contrario: utilizando FSCommands en la película Flash puede activar comandos JavaScript desde dentro del archivo Flash para controlar elementos de la página Web.

- **Tiene un formato abierto:** Macromedia ha puesto a disposición general el formato de archivo Flash por lo que otros desarrolladores de software pueden construir soporte para Flash en sus aplicaciones.
- **Grupos de fuentes transferibles:** Cualquier fuente que se utilice en un archivo Flash `.swf` puede leerse en cualquier sistema, se encuentre o no en el sistema.
- **Consistencia:** Aunque los distintos tipos de navegadores tienen distintas implementaciones de JavaScript e incluso de HTML y CSS, los reproductores Flash proporcionan consistencia entre navegadores.

Desventajas

Existen, por supuesto, ciertas desventajas del uso de Flash:

- **Se necesita un *plugin*:** Los archivos Flash estándar necesitan que se instale el reproductor Flash en el ordenador del usuario, aunque casi todos los navegadores incluyen alguna versión del reproductor. Pero muchos usuarios, al ver las palabras "se necesita un *plugin*", rechazan el contenido sin pensarlo un segundo. Aunque Flash llega al 98 por 100 de los navegadores, su cliente puede tener un reproductor más antiguo sin soporte para las nuevas funciones que está intentando utilizar, así que compruebe siempre con el cliente antes de comenzar el desarrollo.

Resistencia anti-plugin

¿Cómo responde si los clientes no quieren ni oír hablar de *plugins*? Para este caso, Macromedia se anticipó a esta resistencia y ha respondido con nuevas estrategias. Por ejemplo, la función Publish de Flash 4 y posteriores (anteriormente la utilidad Aftershock) facilita generar código que detecta la versión específica del reproductor. Flash 8 ha facilitado aún más la detección actualización, que ahora puede darse en el fondo.

Además, hay alternativas, Flash Player Java Edition permite que los archivos Flash se reproduzcan en cualquier navegador que tenga Java habilitado. La herramienta de autoría Flash también le permite exportar la animación como un GIF animado, aunque puede tener que optimizarla en una utilizada de animación GIF dedicada.

- **Los reproductores Flash más antiguos y los archivos .swf no se adecuan al 508:** Utilizar películas Flash para cabeceras del documento y para la navegación introduce los mismos programas que el utilizar imágenes estáticas en lugar de texto para navegadores no gráficos y lectores de pantalla. Los contenidos de la película Flash son una caja negra para estos usuarios, `alt text` ayuda, pero está limitado. Afortunadamente, con la llegada del reproductor Flash 6 (la versión actual es Flash 8 Player), los lectores de pantalla como JAWS y Windows-eyes pueden acceder al contenido de la película Flash.
- **Siempre comienza en la primera página de la película:** Otros sitios Web no pueden vincularse a determinada página o escena de una película Web que esté en otro sitio.
- **El soporte en Unix es limitado:** Aunque hay un *plugin* de Netscape disponible para Linux, Red Hart 6 y posteriores y Solaris, el resto de usuarios Linux no pueden acceder a archivos Flash. Una solución es el Flash Player Java Edition. No hay versión Unix de la herramienta de autoría Flash.
- **Se necesita software de autoría:** Flash MX cuesta unos 500 euros (200 si se actualiza desde una versión anterior) y la versión profesional cuesta unos 700 euros (300 la actualización). Hay herramientas de otros desarrolladores como Swish (SWISHzone.com) y Wildform que permiten crear archivos Flash (`.swf`) a mucho menor precio pero, por supuesto, no incluyen todas las funciones de Flash.

Nota: Estudiantes y profesores pueden comprar Flash a un precio mucho más reducido (unos 100 euros).

Crear películas Flash

Aunque queda fuera del contenido de este libro enseñar detalladamente los aspectos de la autoría Flash, esta sección le da una visión general de la creación de películas Flash, revisando formatos de archivo, principios básicos de interfaz, optimización, configuración de servidor, programación de acciones o adición de películas Flash a una página Web. Lo mejor es crear las películas Flash utilizando el software Flash de Macromedia, pero también le mostraremos otros productos que le permiten crear tipos específicos de archivos `.swf` y que siguen utilizando el reproductor Flash. Si desea información más detallada sobre la creación de películas le recomendamos utilizar los tutoriales que acompañan al software así como la documentación proporcionada por Macromedia en la dirección Web `www.macromedia.com/support/flash/`.

Formatos de archivo

La herramienta de autoría Flash guarda información sobre una película en un archivo fuente `.fla` (también conocido como "documento Flash" o "documento de edición Flash"). Este archivo contiene todos los elementos que componen la película y la información de línea de tiempo en un formato completamente editable.

Cuando una película está lista para la Web, debe exportarse al formato `.swf`. El sufijo equivalía originalmente a Shockwave Flash, pero llevaba a confusión con el formato Shockwave for Director de Macromedia.

Elementos básicos de la interfaz Flash

Para comprender mejor el modo en el que Macromedia Flash maneja el contenido multimedia, es muy útil estar familiarizado con el entorno de autoría de la aplicación. La figura 35.1 muestra las funciones centrales de la interfaz Flash en Windows XP.

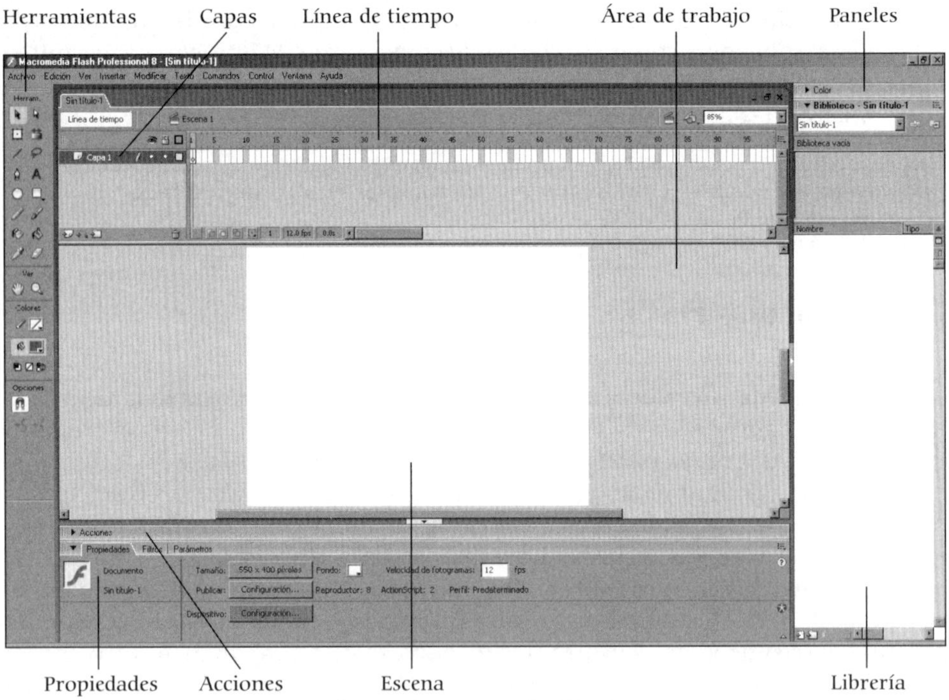

Figura 35.1. Interfaz Flash.

- **Herramientas:** La caja de herramientas contiene todas las herramientas de dibujo, pintura, selección, vista y modificación.
- **Escena:** Es el área donde compone y previsualiza la película.
- **Capas:** Los elementos en una línea de tiempo pueden almacenarse en capas separadas (como las capas de las herramientas de edición de imagen). Las capas de Flash controlan la disposición de los objetos de fondo a primer plano, soportan máscaras, habilitan movimiento y cambio de formas y contienen elementos guía, etiquetas de fotograma y acciones.
- **Línea de tiempo:** En ella controla el tiempo de la animación y reúne los elementos de capas separadas.
- **Fotogramas:** Como en el cine, las películas Flash dividen el tiempo en fotogramas separados. Un fotograma clave es un fotograma en el que define un cambio en la animación. Los marcos estáticos no reflejan ningún cambio y se limitan a repetir el contenido del fotograma anterior. Se añaden efectos de animación cambiando el contenido a lo largo de una serie de fotogramas.
- **Librería:** La librería es donde almacena todos los elementos importados (como imágenes y audio), símbolos nativos (objetos Flash que quiere utilizar repetidamente en la misma película, como botones, por ejemplo) y componentes (objetos Flash que puede utilizar repetidamente en varias películas). Cuando coloca un objeto en la escena, crea un caso de ese objeto.
- **Propiedades:** El inspector de propiedades es donde accede y modifica todos los atributos de un determinado objeto seleccionado en la escena.
- **Acciones:** El panel de acciones le permite crear nuevos objetos a través del código y manipularlos en el escenario o dentro de la librería durante el tiempo de ejecución a través del lenguaje de programación nativo, ActionScript.
- **Paneles:** Hay varios paneles además de la librería que aparecen en el mismo área de interfaz de la aplicación. Entre ellos está el panel Accesibilidad que le permite hacer una película Flash adecuada a la sección 508 y el panel Componentes que le permite reutilizar objetos Flash entre películas, entre otros efectos.

Optimizar películas Flash

Hay varias medidas que puede tomar para asegurarse de sus archivos `.swf` se comprimen al menor tamaño posible. Estos son tan solo algunos trucos:

- Procure que las ilustraciones sean lo más sencillas posibles.
- Elimine puntos innecesarios en las imágenes vectoriales (desde el menú Modificar).

- Limite el número de gradientes (seleccione rellenos de color plano).
- Limite el número de fuentes y la cantidad de texto.
- Utilice capas de guía de movimiento para la animación en lugar de fotogramas clave extra.
- Minimice el uso de mapa de bits y evite establecer imágenes de mapa de bits en movimiento.
- Utilice símbolos y símbolos anidados siempre que sea posible. Sin embargo, evite que los símbolos sean demasiado grandes porque podrían ralentizar la reproducción.
- Optimice medios importados (imágenes, audio, etc.) antes de su ubicación en Flash.
- Utilice compresión MP3 para audio siempre que sea posible. Puede seleccionar compresión MP3 en la librería para los distintos eventos de audio o seleccionarlo en Publicar>Configuración para todos los eventos de audio.

Es conveniente utilizar la funcionalidad Probar película de Flash para comprobar el resultado de la película. El Visor de ancho de banda simula distintas velocidades de conexión. También puede generar informes de tamaño para comprobar el tamaño de los componentes de medios en la película (puede mostrar elementos que podrían optimizarse mejor).

Configurar el servidor

Aunque no se necesita ningún software de servidor especial para servir archivos Flash estándar, tendrá que configurar el servidor para reconocer un nuevo tipo MIME. Esta información responde a las necesidades de la mayoría de los servidores:

- Tipo/subtipo: `application/x-shockwave-flash`.
- Extensión para Flash: `.swf`.

La sintaxis específica de configuración varía entre servidores, así que consulte a sus administrador de sistema y el sitio de Macromedia para obtener información más detallada.

ActionScript

Flash utiliza el lenguaje de programación ActionScript para añadir comportamientos e interactividad avanzada a las películas Flash. ActionScript es un lenguaje orientado a los objetos basado en una versión de ECMAScript (la especificación para el ECMA-262 Edition 4), así que, aunque comporte características con el JavaScript que tanto queremos, no son compatibles al cien por cien.

ActionScript se introdujo en Flash 4 y se desarrolló en una herramienta potente y muy útil con Flash 5 y aún más con ActionScript 2.0 en Flash MX 2004 y Flash 8 que se adherían con más fidelidad a los estándares ECMAScript. No solo es responsable de controlar reproducción básica y comportamientos activados por el usuario, también permite que Flash se integre con JavaScript, XML, servicios Web y otra tecnología de servidor. Si está listo para convertirse en un usuario experto de Flash, tendrá que aprender ActionScript 2.0. Encontrará una excelente visión general de este tema en las guías de estudio de Macromedia (`www.macromedia.com/devnet/flash/actionscript/actionscript.html`). Esto es una visión general de sus distintas funciones.

ActionScript 1.0

ActionScript arrancó con comandos sencillos para controlar la línea de tiempo como `play` y `stop`. Además podía controlar las líneas de tiempo de objetos dentro del entorno Flash, llamados Movie Clips, y controlar su ubicación `x` e `y`, su anchura (`width`) y altura (`height`). También podía ajustar y extraer variables, utilizar bucles y comunicarse con bases de datos utilizando PHP, ASP, ColdFusion, etc.; prácticamente todo lo que se necesita para explorar Flash. Los desarrolladores pronto añadieron código para crear hélices de ADN, animaciones complejas, juegos y aplicaciones Web como carros de compra y galerías multimedia.

ActionScript 1.0, con la publicación de Flash MX, evolucionó para incluir varios objetos más y métodos disponibles y permitía programación orientada a los objetos, pero estaba limitado por su implementación de clases. No transcurrió mucho hasta la publicación de ActionScript 2.0 con la siguiente versión de Flash, Flash MX 2004, aunque ActionScript siguió proporcionando una programación sencilla para los no programadores. Flash 8 vuelve a incluir un asistente de *scripts* que ayuda a los no programadores, que estaba en las versiones anteriores de Flash pero fue omitido en la última versión, Flash MX 2004.

ActionScript 2.0

ActionScript 2.0 vio la luz con Flash MX 2004 para resolver algunas deficiencias con las estructuras de clases. Gran parte del lenguaje todavía refleja la sintaxis de ActionScript 1.0, pero para los usuarios más avanzados hay algunas diferencias.

La estructura de clases de ActionScript 2.0 soporta ahora miembros de clase públicos, privados y estáticos, así como herencia e interfaces. ActionScript 2.0 también permite tipado fuerte y retorno de función.

Si desea información más detallada sobre las nuevas funciones de ActionScript 2.0, consulte `www.flash-mx.com/flash/actionscript_lott.cfm`. Macromedia también mantiene un diccionario ActionScript con un listado de todos los objetos disponibles y sus métodos, incluyendo algunos ejemplos de código, en `www.macromedia.com/support/flash/action_scripts/actionscript_dictionary/`.

Añadir Flash a una página Web

Las películas Flash se exportan por el entorno de autoría Flash utilizando una combinación de los elementos `object` y `embed` con parámetros y atributos para controlar la muestra en pantalla y la reproducción. Estos dos elementos se utilizan para acomodar las incompatibilidades de los distintos navegadores Web, al tiempo que sigue proporcionando tantos ajustes de atributos como sea posible.

Internet Explorer para Windows utiliza el elemento `object` que también le permite descargar automáticamente los controles ActiveX para reproducir medios Flash. Netscape para PC y Mac, IE y Safari para Mac no ofrecen soporte para ActiveX, así que utilizan información incrustada proporcionada por el elemento `embed`. No olvide que el elemento `embed` no es adecuado a los estándares y duplica mucha de la información, si no toda, del elemento `object`.

Puede generar el HTML utilizando la función Publicar de Flash, escribiéndola a mano, o añadir un elemento Flash a la página utilizando un editor WYSIWYG (*What You See Is What You Get*) como Macromedia Dreamweaver MX 2004. Las siguientes secciones atienden al primero de estos dos métodos.

Utilizar los ajustes Publicar de Flash

El modo más sencillo de poner sus archivos SWF en la Web es dejar que la herramienta de autoría Flash haga el trabajo por usted. Flash 4 introdujo la función Publicar para exportar películas con HTML generados automáticamente para colocar el archivo Flash (`.swf`) en un documento HTML.

El cuadro de diálogo Configuración de publicación de Flash le permite seleccionar el formato de exportación de la película (película Flash, proyector, formato de imagen estática, etc.) y controlar las variables de la exportación. Por ahora nos centraremos en los ajustes HTML importantes para colocar una película SWF en una página.

La función más útil de Configuración de publicación es la colección de plantillas preformateadas que generan elementos `object` y `embed` diseñados para usos específicos. La plantilla Sólo Flash (predeterminada) genera un código mínimo. Otras plantillas generan código HTML con funcionalidades extra, entre ellas:

- Flash para Pocket PC 2003.
- HTTPS de Flash.
- Sólo Flash.
- Seguimiento de Flash con AICC.
- Flash con FSCommand.
- Flash con anclajes con nombre.
- Seguimiento de Flash con SCORM 1.2.
- Seguimiento de Flash con SCORM 2004.
- Mapa de imágenes.
- QuickTime.

La Configuración de publicación HTML también le permiten ajustar varios parámetros y atributos en el código con unas casillas y opciones de menú muy sencillas. Sobre la exportación, el archivo HTML resultante puede pasarse a un editor HTML o herramienta de autoría para integrarlo con el resto de la página o para seguir haciendo cambios a mano.

Utilizar object y embed

Para marcar su página de modo que sea accesible para el mayor número de usuarios, utilice una combinación de los elementos `object` y `embed`. Los atributos de estos dos elementos se describen más adelante. No olvide que el elemento `embed` duplica gran parte de los parámetros del elemento padre `object`. Estas dos etiquetas se incluyen para los navegadores que no pueden leer con éxito el elemento `object` (si desea más información sobre estos navegadores lea la sección "Añadir Flash a una página Web). El elemento `embed` no es adecuado a los estándares, pero sigue siendo la norma para los objetos Flash.

Las plantillas de Flash utilizan código XHTML adecuado a los estándares. Observe que las tecnologías evolucionan muy deprisa y que Macromedia revisa sus instrucciones de marcado de vez en cuando. Consulte las páginas de soporte de Macromedia (`www.macromedia.com/support/flash/`) para las actualizaciones.

El elemento object

El elemento `object` elemento indica a IE (3.0 y posterior) que descargue e instale el reproductor ActiveX para archivos Flash y le permite ajustar muchos de los atributos de la película Flash. Esto es un ejemplo de los principios básicos del elemento `object`.

```
<object classid="clsid:d27cdb6e-ae6d-11cf-96b8-444553540000"
codebase="http://fpdownload.macromedia.com/pub/shockwave/cabs/flash/
swflash.cab#version=8,0,0,0" width="550" height="400" id="file"
align="middle">
   <param name="allowScriptAccess" value="sameDomain" />
   <param name="movie" value="path/file.swf" />
   <param name="quality" value="high" />
   <param name="bgcolor" value="#ffffff" />
</object>
```

El parámetro `classid` identifica el control Flash ActiveX y `codebase` indica al navegador la dirección de descarga. El valor del atributo `classid` debería aparecer en su archivo HTML tal y como aparece arriba y vale para todas las versiones Flash. Tenga en cuenta que el atributo `codebase` señala la versión 8 del reproductor. Con este método pueden indicarse otras versiones ajustando el número de versión.

Los atributos `width` y `height` son necesarios. Observe que también puede especificar las dimensiones y porcentajes (de acuerdo al porcentaje de ventana del navegador que ocupa la película).

Por defecto, los atributos estándar `id` y `align` se exportan también desde la herramienta de autoría (si desea más información sobre la publicación con Flash consulte la sección anterior).

Hay varios parámetros (`param`) que pueden añadirse como nodos hijos al elemento `object`:

`param name="allowScriptAccess" value="always|never| sameDomain"`
: Este atributo controla la capacidad de la película Flash para acceder a JavaScript o VBScript en la página HTML que contenga la película Flash. Flash puede acudir a JavaScript o VBScript utilizando funciones que utilicen `fscommand()` o `getURL()` dentro de la película Flash. Un valor de `sameDomain` permite a la película Flash acceder a cualquier *script* de la página, siempre que los archivos HTML y `.swf` residan en el mismo dominio. Un valor de `always` permite a la película Flash acceder a cualquier *script* de la página sea cual sea el dominio, y un valor de `never` evita que la película Flash acceda a ningún *script*.

`param name="movie" value="ruta/archivo.swf"`
: El parámetro `movie` es probablemente el atributo más importante, ya que lo necesitaremos para indicar al reproductor Flash cuál es el archivo multimedia que deseamos reproducir. De otra forma, lo único que obtendría sería un rectángulo coloreado en la pantalla.

`param name="quality" value="low | autolow | autohigh | high | medium | best"`

Controla la calidad del antialias. `autolow` comienza la animación a baja calidad (sin antialias) y pasa a alta calidad (con antialias) si el ordenador del usuario es suficientemente rápido. `autohigh` comienza la animación con alta calidad y pasa a calidad normal si el ordenador es muy lento, `high` aplica antialias a la animación, sea cual sea la velocidad del ordenador. `medium` (nuevo desde Flash 5) muestra la animación más suavizada que `low` pero no tanto como `high`. `best` va un paso más allá que `high`, aplicando antialias a todos los mapas de bits. Exige más del procesador.

`param name="bgcolor" value="#rrggbb"`

Utilice este ajuste para ignorar el color de fondo del marco de la película Flash, por ejemplo, para hacer que coincida con el color de fondo de una página Web. El valor es un valor RGB hexadecimal (consulte el Apéndice D para ver una explicación de las formas de especificar colores RGB en HTML).

`param name="play" value="true | false"`

Si `play` está ajustado a `true`, la película comenzará a reproducirse de forma automática. Si el ajuste es `false`, el usuario tendrá que iniciar la película. El valor por defecto es `true`.

`param name="loop" value="true | false"`

Especifica si la película se reproduce en un bucle continuo.

`param name="menu" value="true | false"`

Si se hace clic en el botón derecho del ratón (en Windows; **Control; clic** en Mac) sobre una película Flash, se abre un menú emergente de controles. Si `menu` se ajusta a `false`, se reducen las opciones de este menú a Información sobre Flash Player, eliminando los ajustes de reproducción de zoom, calidad, reproducción, bucle, rebobinado, adelantado e impresión.

`param name="scale" value="showall | noborder | exactfit"`

Se usa con valores porcentuales `width` y `height` para definir el modo en el que la animación se ajusta en el marco del reproductor. `showall` (por defecto) ajusta la película en el marco y mantiene la proporción de la imagen (el fondo del marco puede ser visible junto con uno o dos bordes de la película). `noborder` amplía o reduce la película para llenar el marco y mantiene la relación de aspecto de la película (pueden recortarse uno o dos bordes). `exactfit` ajusta la imagen al marco con exactitud pero la imagen puede distorsionarse si el tamaño descrito y el de la película son inconsistentes.

`param name="salign" value="l | t | r | b"`

Este atributo posiciona la película dentro del marco y se utiliza junto con el atributo `scale`. Las letras `l`, `t`, `r` y `b` corresponden a izquierda (*left*), arriba (*top*), derecha (*right*) y abajo (*bottom*) respectivamente. Puede utilizar cualquier combinación. Por ejemplo, `lt` alinea la película en la esquina superior izquierda de la ventana del navegador. Si se selecciona el atributo `showall`, el espacio superior izquierdo aparece por debajo y a la derecha de la película.

`param name="wmode" value="window | opaque | transparent"`
Este atributo le permite ajustar la transparencia de la capa de color de fondo de la película Flash. El valor por defecto de `window` tendrá un fondo de color sólido con el color del marco de la película Flash o el valor del parámetro `bgcolor`. El valor de `opaque` le permite tener capas DHTML en la película Flash sin tener que cubrir esa capa, y `transparent` le permite ocultar el fondo para que pueda ver otro contenido HTML por debajo de sus animaciones. Tenga en cuenta que esta función solo funciona en IE 3 y posteriores con todos los reproductores Flash, pero en la mayoría del resto de navegadores solo lo hace con la versión 6.045 o superior del reproductor Flash.

`param name="devicefont" value="true | false"`
Especifica si utilizar o no fuentes del dispositivo para todo el texto incrustado en la película Flash. Observe que las fuentes incrustadas no pueden tener algunos efectos aplicados en el entorno de autoría Flash, y esta función solo funciona con ordenadores Windows. El valor por defecto es `false`.

`param name="flashvars" value="nombre-valor"`
Este atributo le permite pasar variables a la película Flash. Como el paso de variables en una cadena URL, puede tasar pares nombre/variable que estarán disponibles en la línea de tiempo raíz de la película Flash.

Los mismos controles adicionales perfilados para la etiqueta `object` (`quality`, `loop`, `play`, etc.) pueden utilizarse también con la etiqueta `embed`. De nuevo, recuerde que esta etiqueta no está adecuada a los estándares, pero sigue siendo recomendada porque proporciona la mayor funcionalidad al mayor número de navegadores. Si quiere intentar proporcionar una película Flash adecuada por completo a los estándares le recomendamos leer este artículo: `alistapart.com/articles/flashsatay/` que describe el éxito y dificultades para eliminar la etiqueta `embed` para la reproducción de películas Flash.

El elemento embed

La etiqueta `embed` básica es así:

```
<embed src="path/file.swf" quality="high" bgcolor="#ffffff" widht=
"550" height="400" name="file" align="middle" allowScriptAccess=
"sameDomain" type="application/x-shockwave-flash" pluginspage=
"http://www.macromedia.com/go/getflashplayer" />
```

El atributo `src` indica al reproductor Flash dónde está situado el archivo a cargar, igual que el parámetro `movie` de la etiqueta `object`. Las etiquetas `width` y `height` especifican de nuevo las dimensiones de la imagen o película en píxeles. El atributo `pluginspage` proporciona un URL hasta la página donde el usuario puede descargar el reproductor Flash si no está en su ordenador (utilice el URL de este ejemplo). Es un atributo recomendado, pero no obligatorio.

Hay varios atributos (algunos específicos de Flash) que pueden añadirse en la etiqueta `embed`. Este listado detalla los atributos disponibles. Observe que muchos de ellos duplican los parámetros de la etiqueta `object`. Si no se da explicación de un atributo consulte su equivalente en la etiqueta `object` descrita antes.

`src="path/file.swf" quality="low|autolow|autohigh|high|medium|best" id="text"` *o* `name="text"`

> El atributo `name` asigna un nombre a la película, necesario si va llamarse desde un JavaScript o en un formulario. Es una práctica general utilizar el mismo nombre que para el archivo `.swf` omitiendo el sufijo.

`bgcolor="#rrggbb"`

`width="`*`(número de píxeles)`*`"`

`height="`*`(número de píxeles)`*`"`

`align="left|right|top|bottom|middle"`

> El atributo `align` le permite determinar dónde colocar el reproductor Player dentro de sus límites. El valor por defecto es `middle` y suele considerarse mejor permitir que una etiqueta `td` determine este ajuste.

`allowScriptAccess="always|never|sameDomain"`

`type="application/x-shockwave-flash"`

`pluginspage=" http://www.macromedia.com/go/getflashplayer"`

`loop="true|false"`

`play="true|false"`

`menu="true|false"`

`align="left | right | top | bottom"`

`scale="showall | noborder | exactfit"`

`salign="l | r | t | b"`

`base="url"`

> `base` establece el URL base y el directorio utilizado para nombres de ruta relativos en la película Flash.

`swLiveConnect="true | false"`

> Esta etiqueta habilita la función LiveConnect de Netscape, que permite que los *plugins* y *applets* Java se comuniquen con JavaScript. Ajuste a

`true` este atributo si tiene FSCommands en su película. Si no es así, conviene ajustarla a `false` (por defecto) porque puede causar retardo en la muestra en pantalla.

`scale="showall|noborder|exactfit"`

`wmode="window|opaque|transparent"`

`devicefont="true|false"`

Reunirlo todo para todos los navegadores

Para hacer que su contenido Flash esté disponible para el máximo número de usuarios, es recomendable utilizar los elementos `object` y `embed`. Es importante mantener el elemento `embed` dentro de los elementos `object` para que los usuarios de IE no acaben con dos copias de la película. Para colocar una animación Flash 8 con antialias en la página con una anchura de 550 y una altura de 400 que se reproduzca y repita en bucle continuamente, podría utilizar este código:

```
<object classid="clsid:d27cdb6e-ae6d-11cf-96b8-444553540000"
codebase="http://fpdownload.macromedia.com/pub/shockwave/cabs/flash/
swflash.cab#version=8,0,0,0" width="550" height="400" id="animation"
align="middle">
   <param name="allowScriptAccess" value="sameDomain" />
   <param name="movie" value="animation.swf" />
   <param name="quality" value="autohigh" />
   <param name="play" value="true" />
   <param name="loop" value="true" />
   <param name="bgcolor" value="#ffffff" />
<embed src="test.swf" quality="autohigh" bgcolor="#ffffff" widht="550"
height="400" name="test" align="middle" play="true" loop="true"
allowScriptAccess="sameDomain" type="application/x-shockwave-flash"
pluginspage="http://www.macromedia.com/go/getflashplayer" />
</object>
```

Integrar Flash con otras tecnologías

Flash ha demostrado ser tan popular como formato multimedia para la Web que ahora puede integrarse con otras tecnologías de medios Web como QuickTime y RealMedia. Además los archivos Flash pueden utilizarse en Macromedia Director y Macromedia Dreamweaver.

Flash y QuickTime

QuickTime es un formato contenedor multipista. Tradicionalmente esto significaba pistas para audio y vídeo. En la evolución de QuickTime se ha añadido soporte para otras pistas como texto, código de tiempo y (desde QuickTime 4) contenido Flash.

Para añadir una pista Flash a una película QuickTime utilice la herramienta de autoría Flash y exporte el archivo a formato QuickTime (`.mov`). El archivo resultante es una película QuickTime que puede reproducir simultáneamente vídeo, audio y elementos de medios Flash.

Se necesita el reproductor QuickTime 4 o superior para ver Flash QuickTime. QuickTime 5 tiene soporte para la mayoría de las funciones de Flash 4. QuickTime 6 tiene soporte para ActionScript y para la mayoría de las funciones del reproductor Flash 5.

Otra opción, en lugar de utilizar la herramienta de autoría Flash, es importar un archivo `.swf` ya existente en el reproductor QuickTime (o Player Pro) y guardarlo como una película QuickTime. Además, como ya se dijo anteriormente en la sección "Ventajas", puede importar y recortar películas QuickTime en el entorno de autoría Flash 8 Professional y producirlas como archivos FLV utilizando el nuevo *codec* On2 VP6.

Flash y Director

Macromedia Director puede importar archivos Flash y hacer que esos elementos Flash se reproduzcan en la línea de tiempo. Al incluir elementos Flash en Director, el *plugin* Flash Assets Xtra se incluye automáticamente en la lista de *plugins* dependientes añadidos a la película.

Aunque hay un reproductor Shockwave para películas Director publicado para la Web, Director se ha convertido en un producto para el desarrollo de presentaciones en CD-ROM interactivas. Si desea más información sobre Flash y Director, consulte el sitio Web de Macromedia en `www.macromedia.com/software/director/resources/integration/`.

Flash y Dreamweaver

Macromedia Dreamweaver le permite añadir elementos Flash a una página Web utilizando una interfaz gráfica. Dreamweaver tiene un Inspector de propiedades que le permite editar las propiedades de la película Flash.

A partir de la versión MX de Dreamweaver, también es posible vincular al archivo fuente que se ha utilizado para producir la película Flash, lo que nos permite ejecutar el entorno de autoría Flash para editar el objeto directamente desde el propio Dreamweaver. Dreamweaver también dispone de algunos objetos integrados Flash que podremos editar sin necesidad de disponer del entorno de autoría Flash.

El reproductor Flash

Hay algunas aplicaciones que apoyan el reproductor Flash como Macromedia Flash Media Server 2 para comunicaciones de audio y vídeo en tiempo real, Macromedia Breeze para conferencia Web y educación a distancia, Macromedia Captivate para creación de simulaciones, Macromedia Flex Builder y Macromedia Zorn para desarrollo de aplicaciones Web, y varias aplicaciones de otros desarrolladores como Swift 3D (Electric Rain) y 3ds Max (Autodesk) para arte en tres dimensiones, y Swish y Wildform para producir efectos de texto y animaciones a menos coste que Flash 8.

El reproductor Flash, además, se ha apartado completamente de sus raíces como *plugin* de navegadores Web con distintas clases. El reproductor autónomo ha dado un gran paso adelante con el aprovechamiento de Macromedia Central para combinar el poder de la Web con aplicaciones de escritorio.

El reproductor Flash también se ha adentrado en el mundo de los dispositivos móviles y de mano. Para ellos además del reproductor Flash para Pocket PC existe la nueva solución del lado de cliente Flash Lite y Macromedia FlashCast para suministrar servicios de datos ricos a teléfonos móviles. Flash también está disponible en muchos otros sistemas electrónicos como sistemas de control de hogar, juguetes, refrigeradores, teclados electrónicos, etc. Lo mejor de todo es que todas estas plataformas pueden seguir desarrollándose utilizando el entorno de autoría Flash.

Para mantenerse al día de todas estas innovaciones consulte el sitio Web de Macromedia en `www.macromedia.com`. Puede buscar cualquiera de las aplicaciones o reproductores mencionados y el sitio le llevará a distintos recursos incluyendo foros, centros de desarrolladores, sitios de descarga y tutoriales.

Versiones del reproductor Flash

En cuanto la navegación Web pasó de los PC a los dispositivos de mano y a los teléfonos móviles, el reproductor Flash se metamorfoseó en nuevas versiones que ofrecieran soporte para las distintas plataformas. Las versiones disponibles en este momento de este reproductor son:

- **Flash Player:** El reproductor estándar utilizado con un navegador Web. En este momento el reproductor Flash 8 es la versión más reciente, con soporte en IE, Safari, Netscape, Firefox, Mozilla y Opera para los sistemas operativos de PC, Mac y Linux. Si desea información más detallada sobre las versiones específicas de los navegadores y reproductores con soporte, visite el sitio Web de Macromedia en `www.macromedia.com/shockwave/download/alternates/`.

- **Stand-Alone Flash Player:** Este reproductor se utiliza para contenido Flash autónomo. Puede interactuar con el sistema de archivos del ordenador, aunque la interacción es limitada. El reproductor no necesita un navegador Web para visualizar el contenido Web.
- **Flash para Pocket PC:** Este reproductor se utiliza con Pocket PC 2002 y 2003. El reproductor tiene soporte en la mayoría de los PDA actuales con Pocket Windows Explorer. Actualmente ofrece soporte para Flash 6.
- **Flash Lite:** Este reproductor se utiliza con dispositivos móviles. El reproductor Flash Lite 1.0 tiene soporte para objetos Flash 5 y Flash 4 ActionScript. Flash Lite 2.0 tiene soporte para Flash Player 7 y ActionScript 2.0. Si desea más información sobre Flash para dispositivos móviles consulte el sitio Web de Macromedia en `www.macromedia.com/devnet/devices/`.

Herramientas Flash

Le ofrecemos una visión general de las distintas herramientas que apoyan al reproductor Flash. Cada una de estas herramientas pueden ser desarrolladas para utilizar Flash MX 2004 o Flash MX Professional 2004.

- **Macromedia Flash Media Server 2 (`www.macromedia.com/software/flashmediaserver/production/features/`):** Flash Media Server 2 permite que las películas Flash tengan audio y vídeo en *stream* a tiempo real para colaboraciones, vídeo de encargo o educación a distancia.
- **Macromedia Breeze (`www.macromedia.com/software/flashcom/`):** Macromedia se vale de Flash Media Server 2 y Power Point de Microsoft para llevar la instrucción en línea, mercadeo, ventas y las conferencias Web a un nivel totalmente nuevo. Tras instalarlo y añadirlo a los reproductores Flash 6 ó 7, los usuarios pueden compartir aplicaciones de escritorio y controlar las aplicaciones compartidas de otros usuarios a través de la Web.
- **Macromedia Flex (`www.macromedia.com/software/flex/`):** Flex es un servidor de presentaciones y una interfaz de usuario gráfica (conocida como "Flex Builder") para crear aplicaciones RIA (*Rich Internet Applications*) siguiendo una metodología de programación basada en los estándares. El Flex Builder crea MXML que puede leer y mostrar en pantalla una película Flash. Por ejemplo, un sistema de llegadas y partidas de un aeropuerto podría beneficiarse de Flex. El sistema podría tener un tablero frontal Flash para permitir advertencias de vídeo y animaciones ricas, pero necesitaría una infraestructura informática robusta con mucha comuni-

cación de datos con el tablero de presentación para manejar la información de los vuelos.

- **Macromedia Flash Central (`www.macromedia.com/software/central`)**: Flash Central lleva el poder de las aplicaciones Web al escritorio aprovechando el reproductor Flash en su cliente de escritorio. Flash Central apoya servicios AOL AIM e ICQ para el envío de mensajes, y ayuda a crear aplicaciones de escritorio robustas y multiplataforma.
- **Macromedia FlashCast (`www.macromedia.com/software/flashcast/`)**: FlashCast es una solución del lado del cliente que permite a los dispositivos móviles mostrar datos ricos. FlashCast apoya al reproductor Flash Lite y puede desarrollarse utilizando Flash MX Professional 2004.

Recursos Flash

Además de todos los libros que pueda encontrar en una librería, estos son algunos recursos para Flash en línea:

- Página Flash de Macromedia: `www.macromedia.com/software/flash`.
- Centro de desarrolladores de Macromedia: `www.macromedia.com/desdev/mx/flash/`.
- Flash Kit: `www.flashkit.com`.
- Buscador de servidor de listas Chattyfig: `chattyfig.figleaf.com`.
- Ultrashock: `www.ultrashock.com/`.
- Flash Magazine: `www.flashmagazine.com/`.
- ActionScripts.Org: `www.actionscripts.org/`.

Capítulo 36

Imprimir desde la Web

La Web es una innegable fuente de recursos de información, pero no es el medio de lectura más cómodo ni "móvil". Por esta razón, la mayoría de los usuarios imprimen las páginas Web para leerlas fuera de sus escritorios o para guardarlas para su posterior uso.

La capacidad para imprimir los contenidos de la ventana ha sido integrada en los navegadores desde el comienzo. El uso de CSS para personalizar la presentación del documento para la página impresa supuso un gran avance en el control de esas versiones impresas. Así se reducía la necesidad de separar los documentos o plantillas Web que proporcionaban versiones adecuadas para la impresión de todas las páginas de un sitio.

La Web se ha probado como un medio eficaz para proporcionar documentos impresos en forma de archivos PDF (*Portable Document Format*). Las películas Flash también ofrecen algunas posibilidades muy interesantes para la impresión. Este capítulo explora estos métodos para traer contenido desde la Web hasta la página impresa.

Mecanismos de impresión de los navegadores

Todos los navegadores gráficos tienen unos controles de impresión y de configuración de páginas básicos que interactúan con la impresora como cualquier otra aplicación. En el cuadro de diálogo Configuración de página, los usuarios pueden seleccionar si la página se imprimirá con una orientación normal (vertical) o apaisada (horizontal) y también pueden especificar el número de copias.

Además, la mayoría de los navegadores tienen una vista previa de impresión que muestra el aspecto de la página impresa. Esta vista previa también permite añadir cabeceras y pies con el URL y distinta información sobre la página, decidir si van a imprimirse las imágenes y si se conserva el fondo o colores de texto.

En la mayoría de los casos, los navegadores hacen un trabajo relativamente bueno al imprimir páginas Web. Suelen intentar "encoger" el contenido para ajustarlo al área de impresión y también son lo suficientemente sofisticados como para conservar los colores de fondo y texto. Pero si quiere estar completamente seguro de que las páginas se imprimirán de un modo totalmente predecible, puede decidir tomar ciertas medidas.

CSS para la impresión

En el pasado, para proporcionar una versión de una página Web adecuada para la impresión, era común crear una versión alternativa de todas las páginas de un sitio. Por lo general, las páginas adecuadas para la impresión eran versiones "reducidas" del documento, que contenían el contenido estrictamente imprescindible que presentaban en una sola columna con el marcado mínimo (véase la siguiente nota).

Advertencia: Su cliente puede tener ideas concretas sobre el aspecto que debería tener la versión impresa de su sitio. Algunos clientes querrán que esa versión impresa sea exactamente igual a la pantalla. Asegúrese de tener una conversación sobre este tema con sus clientes antes de pasar a producir la hoja de estilo de impresión.

Ahora que CSS tiene un soporte prácticamente universal, se puede crear una versión del documento personalizada para la impresión sin tener que crear un documento separado. Un documento (X)HTML con un marcado bien estructurado y semánticamente correcto proporciona el contenido (otra buena razón para comenzar a hacer buen marcado) y CSS hace el resto. El método implica la creación de dos hojas de estilo (una para la muestra en pantalla y otra para la impresión) y utilizar el atributo `media` o la regla `@media` para ajustar la hoja de estilo a su medio. A continuación, le ofrecemos una explicación más detallada.

¿Sigue siendo necesaria una versión adecuada para la impresión?

En ocasiones, puede decidir crear un documento fuente (X)HTML alternativo para la impresión. Por ejemplo, si su historia se ha dividido en fragmentos que aparecen en distintos documentos HTML, tendrá que volver a reunir las piezas en HTML para que toda la historia esté junta para la impresión.

Si se encuentra creando una versión adecuada para la impresión, muchas de las consideraciones enumeradas para las hojas de estilo con CSS también se aplicarán a las páginas HTML alternativas, como, por ejemplo, personalizar el contenido, utilizar texto negro en fondos blancos y eliminar las imágenes de fondo. Si la página tiene tamaño fijo, asegúrese de que tiene menos de 750 píxeles para que el extremo derecho no se recorte en la impresión.

Crear las hojas de estilo

El ejemplo simplificado de esta sección demuestra los principios básicos de la creación de un documento fuente "multiuso" y hojas de estilo orientadas. En la práctica, los documentos y hojas de estilo serían sin duda más largos y complejos pero los conceptos centrales son los mismos.

Este documento XHTML sencillo, pero adecuadamente marcado (`sample.html`) es la fuente para la versión en pantalla y para la versión impresa que puede ver en la figura 36.1. Se han omitido los elementos `html` y `head` para ahorrar espacio, pero su presencia es implícita.

```
<body>
<div id="printonly">
   <p><strong>LITTLECHAIR, Inc.</strong> | For more information, visit
   us at www.littlechair.com</p>
</div>

<div id="masthead">
   <img src="masthead.png">
</div>

<h1>Style Guides and Documentation</h1>
<p> I have found...</p>
<!-- sigue el contenido --->
</body>
```

La hoja de estilo utilizada para la pantalla añade un color de fondo a la página y da formato al texto de forma adecuada para los navegadores Web, utilizando medidas relativas (*ems* y porcentajes). También utiliza la propiedad `display` para ocultar el `div` etiquetado como `printonly` que contiene información de cabecera identificativa no necesaria para la página Web. La información de estilo se guarda en una hoja de estilo externa llamada `screen.css`.

```
#printonly {display: none;}
body {background: #CCC; color: #333; font: 95%;}
```

```
h1 {font: 1.5em Futura, Verdana, sans-serif; color: #C03;}
p {font: 1em/1.5em Verdana }
```

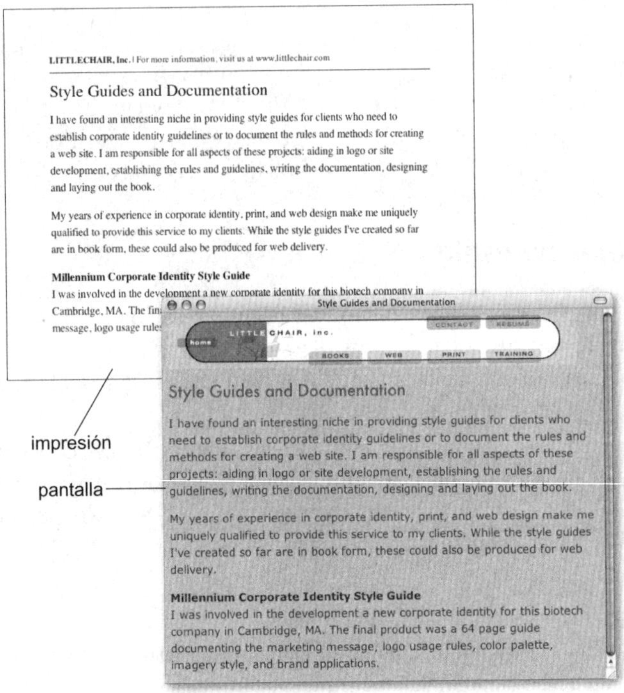

Figura 36.1. Hojas de estilo específicas para medios en funcionamiento.

Una segunda hoja de estilo (`print.css`) incluye información de estilo para la impresión. Tiene algunos puntos de interés. En primer lugar, la propiedad `display` se utiliza para ocultar la cabecera principal y la cabecera `printonly` gana un borde inferior para separarla del contenido. Se establece que el contenido aparezca en negro, texto con serifas sobre fondo blanco, adecuado para la impresión (aunque las versiones impresas no tienen que ser, necesariamente, en blanco y negro). Por último, el tamaño de texto se define en puntos. ¿Puntos? Sí, aunque deberían evitarse estas medidas para la presentación en pantalla, son las más adecuadas para la impresión. Las fuentes especificadas en píxeles pueden ser demasiado pequeñas.

```
#masthead {display: none; }
#printonly {
   padding-bottom: 10px;
   border-bottom: 1px solid;
   font-size: 10pt;}
```

```
body {background: white; color: black;
   width: auto; }
h1 {font: 18pt Times bold;}
p {font: 12pt/18pt Times; }
```

Todavía no hemos terminado: aún tenemos que vincular las hojas de estilo al documento XHTML.

Seleccionar medios con hojas de estilo

En el capítulo 16 estudiábamos con detalle los distintos métodos para vincular hojas de estilo a documentos (X)HTML. Esta sección atiende a los mecanismos para aplicar hojas de estilo a medios específicos.

El medio definido como objetivo puede ser uno de nueve tipos de medios definidos en la especificación CSS 2.1: `all`, `screen`, `print`, `projection`, `braille`, `embossed`, `aural`, `tv` y `tty`. En el capítulo 16 encontrará una definición de estos valores de medios. Aquí nos centraremos en los valores importantes para la impresión: `all` (predeterminado), `screen` y `print`, que, casualmente, son los valores que los navegadores actuales soportan con mayor fiabilidad.

El medio seleccionado se especifica utilizando el atributo `media` en los elementos `link` o `style` o utilizando las reglas `@media` o `@import` en la hoja de estilo. Vamos a ver todos estos métodos.

Vincular a hojas de estilo dependientes del medio

Cuando se vincula una hoja de estilo externa a un documento utilizando el elemento `link`, el atributo `media` proporciona el nombre del medio. En este ejemplo, las dos hojas de estilo vinculadas se diferencian por los valores de sus atributos `media`:

```
<head>
<link rel="stylesheet" type="text/css"
   href="screen.css" media="screen" />
<link rel="stylesheet" type="text/css"
   href="print.css" media="print" />
</head>
```

Al especificar que el `media` de `print.css` es `print`, solo se utilizará cuando se imprima el documento.

Utilizar dos hojas de estilo incrustadas

Un documento puede contener dos hojas de estilo orientadas a distintos medios. Los estilos se diferencian utilizando el atributo `media` en el elemento `style`.

```
<head>
<style type="text/css" media="screen">
   #printonly {display: none;}
   body {background: #CCC; color: #333; font: 95%;}
   h1 {font: 1.5em Futura, Verdana, sans-serif; color: #C03;}
   p {font: 1em/1.5em Verdana }
</style>
<style type="text/css" media="print">
   #masthead {display: none; }
   #printonly {padding-bottom: 10px; border-bottom: 1px solid;
      font-size: 10pt;}
   body {background: white; color: black; width: auto; }
   h1 {font: 18pt Times bold;}
   p {font: 12pt/18pt Times; }
</style>
</head>
```

Regla @import

Una hoja de estilo externa puede importarse en función del medio de muestra utilizando la regla `@import` en una hoja de estilo. Añada el valor de medio de destino al final de la regla, tal y como muestra este ejemplo:

```
<style>
<!--
@import url(screen.css) screen;
@import url(print.css) print;
-->
</style>
```

Regla @media

Esta regla permite que se coloquen instrucciones de estilo para distintos medios dentro de una hoja de estilo. Cada regla `@media` puede interpretarse como "si el medio va a ser éste, utiliza estas instrucciones de estilo". Utilizando la misma información de hoja de estilo del ejemplo original, la hoja de estilo sería así:

```
<style>
@media screen {
   #printonly {display: none;}
   body {background: #CCC; color: #333; font: 95%;}
   h1 {font: 1.5em Futura, Verdana, sans-serif; color: #C03;}
   p {font: 1em/1.5em Verdana }
}
@media print {
   #masthead {display: none; }
   #printonly {padding-bottom: 10px; border-bottom: 1px solid;
      font-size: 10pt;}
   body {background: white; color: black; width: auto; }
   h1 {font: 18pt Times bold;}
```

```
    p {font: 12pt/18pt Times; }
}
</style>
```

Pantalla vs. Todo

La primera hoja de estilo de este ejemplo se orienta específicamente a la muestra en pantalla. Si el medio quedara inespecificado para la hoja de estilo, se aplicaría a todos los medios (porque `all` es el valor predeterminado).

Una hoja de estilo que se orienta a todos los medios puede utilizarse estratégicamente si hay mucha información redundante entre las versiones para impresión y para muestra en pantalla. La hoja de estilo solo contendría estilos que ignoran los ajustes generales.

Al utilizar este método tenga cuidado y evite que estilos no deseados se apliquen a "todo", entrometiéndose en la versión impresa. Puede ser necesario aumentar la especificidad de los selectores en la hoja de estilo para la impresión o utilizar `!important` para asegurar que se ignoran adecuadamente determinados estilos.

Puede ser más sencillo mantener las hojas de estilo de impresión y de pantalla totalmente separadas para evitar este tipo de problemas.

Consideraciones sobre las hojas de estilo para la impresión

La sección anterior solo proporciona el ejemplo más rudimentario de lo que puede hacerse para personalizar una página para la impresión utilizando hojas de estilo específicas para los medios. Hay que recordar muchos aspectos del documento impreso al crear la hoja de estilo para impresión.

Nota: Muchos de estos conceptos se inspiran de estos artículos publicados por Eric Meyer en A List Apart. Los artículos reúnen los detalles de la creación de una hoja de estilo para la impresión de A List Apart:

- "CSS Design: Going to Print" (`www.alistapart.com/articles/goingtoprint`).
- "ALA's New Print Styles" (`www.alistapart.com/articles/alaprintstyles/`).

Reflexione sobre el contenido

Como muestra el ejemplo anterior, CSS le permite ocultar y mostrar elementos de página, lo que le permite no solo cambiar el estilo para la versión impresa de la página Web sino también modelar el contenido para que se adecue al medio. Hay probabilidades de que la gente solo quiera el contenido para leerlo o archivarlo más tarde. Para ahorrar tinta, piense en ocultar elementos como barras de navegación, casillas de búsqueda, cabeceras decorativas, etc. Si muestra anuncios puede ser más una decisión u orden de *marketing* que una cuestión de diseño, pero por lo general déjelos fuera.

También puede querer incluir información en la versión impresa que no aparece en el navegador. Si la versión impresa va a darse a otra persona o va a ser almacenada, puede ser útil que incluya el URL de la página. También puede incluir un mensaje de *marketing*.

Mejore sus imágenes

El contenido de la página no es lo único que puede ocultarse o mostrarse con los estilos de impresión CSS. Puede utilizarse una técnica parecida para servir una imagen a baja resolución adecuada para la pantalla y otra a alta resolución para la impresión. Ross Howard presentó esta técnica en su artículo "High-Resolution Image Printing" en A List Apart (véase la dirección Web `www.alistapart.com/articles/hiresprinting`).

Texto y fondos

Cuando se define el estilo para la impresión, lo mejor es especificar tipos oscuros sobre fondo claro. No solo es más legible, ahorra tinta. La mayoría de los navegadores no imprimen, por defecto, imágenes de fondo, pero no está de más desactivarlo con una hoja de estilo para asegurarse de que nada reduzca la legibilidad del texto

También, como se dijo en el ejemplo, lo mejor es especificar los tamaños de fuente en puntos porque se manejan de modo mucho más predecible que los píxeles.

Advertencia: Las imágenes de fondo no se imprimen por defecto (aunque los usuarios pueden cambiar esta configuración en la sección de preferencias de su propio navegador). Esto significa que el texto sustituido por imágenes de fondo de acuerdo a las técnicas de sustitución por imágenes CSS (para más información, consulte el capítulo 24) puede conseguir que el contenido se pierda. Si utiliza sustitución por imagen, asegúrese de que esos estilos solo se seleccionan para pantalla y no a todo por defecto. La otra opción es volver a escribir los estilos para ignorar las técnicas en la hoja de estilo de impresión.

Anchos y márgenes

Aunque no es estrictamente necesario, tal vez quiera deshacerse del formato multicolumna (si lo hay) y mostrar el contenido en una sola columna que llene todo el ancho de la página. Si cambia la posición de los elementos con posicionamiento estático y el flotamiento de los elementos flotados a ninguno (`none`) debería deshacer las columnas. La mejor opción es ajustar el ancho de todos los elementos a `auto` para asegurarse de que ocuparán todo el ancho de la página cuando se apliquen márgenes (por el navegador o por la hoja de estilo).

Advertencia: Si su página Web utiliza flotamiento para elementos grandes, asegúrese de que la hoja de estilo para impresión restablece el valor de `float` a `none`. Hay un fallo en los navegadores basados en Gecko que hace que estos flotamientos se recorten tras la segunda o tercera página. Este problema se resuelve estableciendo `float: none` para los elementos grandes. Si desea más información consulte el artículo de A List Apart "Going to Print" citado antes.

Manipule el hipertexto

Una diferencia obvia entre las versiones Web e impresas de sus documentos es que los vínculos de hipertexto pierden su utilidad en la impresión. Decidir que un texto vinculado destaque en la versión impresa (utilizando negrita y/o distinto color) o eliminar todos los estilos para que los vínculos no se diferencien del resto del texto dependerá de sus preferencias y de las exigencias del contenido. Haga lo que haga, asegúrese de que es una decisión consciente y meditada.

También puede querer aprovechar las capacidades de texto generado de CSS 2 para que aparezca impreso el URL de los vínculos. De este modo, si los visitantes quieren seguir los vínculos desde la versión impresa sabrán a dónde ir.

Los URL pueden incluirse utilizando los selectores `:after` o `:before` y la propiedad `content` que extrae el valor del atributo `href` de los elementos `a`. En este ejemplo, los URL de los vínculos y los vínculos visitados de una sección etiquetada como `maincontent` se escribirán entre paréntesis después del texto vinculado.

```
#maincontent a:link:after, #maincontent a:visited:after {
   content: " (" attr(href) ") ";
   }
```

En el capítulo 23 estudiamos con detalle el contenido generado, con ejemplos y tomas de pantalla de URL escritos tras los vínculos con este método.

Por desgracia, el contenido generado no tiene soporte en Internet Explorer así que no funcionará para todos los usuarios. La buena noticia es que será ignorado por los navegadores que no lo soporten, así que no causa ningún daño y presta un mejor servicio a un sector muy importante de usuarios.

Nota: Si tiene un documento con muchos vínculos, mostrar todos los URL en pantalla puede hacer que su texto sea incómodo de leer. Aaron Gustafson describe un método para convertir los URL en notas al pie utilizando JavaScript en su artículo "Improving Link Display for Print", en A List Apart (`www.alistapart.com/articles/improvingprint/`). Aaron también contribuyó en los capítulos 24, 25 y 26 de este libro.

PDF (Portable Document Format)

PDF es una tecnología desarrollada por Adobe para compartir documentos electrónicos. Lo más destacable de los archivos PDF es que conservan las fuentes, colores, formato e imágenes del documento fuente original. En teoría, un documento PDF tiene el mismo aspecto que cuando fue diseñado, sea cual sea la plataforma, hardware y entorno de software del usuario. Puede verse en pantalla o imprimirse en una copia de alta calidad.

PDF existía antes de la Web, pero se convirtieron en grandes compañeros (PDF es el formato de archivo ideal para compartir documentos y la Web proporciona una red muy accesible para distribuirlos). Puede convertir cualquier documento en un archivo PDF y hacerlo disponible en una página Web. La ventaja, por supuesto, es que tiene un control preciso sobre fuentes y diseño.

Formatos, documentación y otros materiales que se basan en el formato específico son buenos candidatos para archivos PDF.

Los archivos PDF no son necesariamente estáticos. Pueden contener vínculos a material en línea o a otros archivos PDF. Con Adobe Acrobat, los autores pueden incluso crear formularios PDF interactivos que pueden rellenarse, actualizarse automáticamente y enviarse en línea. Los PDF también pueden generarse dinámicamente con entradas del usuario.

Con el control que PDF ofrece sobre la presentación es tentador utilizarlo para todo el material en línea. Pero es importante comprender que PDF no es un sustituto para HTML y CSS, ni pretende serlo. Es, eso sí, una poderosa herramienta para compartir cualquier tipo de documento electrónicamente.

Ver archivos PDF

Los PDF se visualizan e imprimen a través del Acrobat Reader, gratuito y con una gran distribución. Acrobat Reader también está disponible como un plugin

(PDFViewer) o con un control ActiveX con soporte en todos los navegadores más populares (IE, Netscape, Firefox/Mozilla, Safari, Opera) en distintas plataformas (Windows, Mac y Unix).

Si un usuario pulsa un vínculo a un archivo PDF desde una página Web, lo que sucede depende de la configuración del navegador. Si el navegador tiene el plugin PDFViewer, el documento aparece en la propia ventana del navegador y el plugin añade una barra de herramientas en la ventana del navegador para navegar por el documento PDF. Si el navegador está configurado para utilizar Acrobat Reader como aplicación auxiliar, se ejecutará el lector y el PDF aparecerá en la ventana de la aplicación.

Sin el lector o el plugin, cuando el navegador se encuentre con un archivo PDF solicitará la instalación del plugin, seleccione una aplicación con la que abrir el archivo o guardarlo en disco.

Crear archivos PDF

Crear archivos PDF es muy sencillo. Como es fuente abierta, se ha integrado soporte para PDF en muchas herramientas de creación de documentos. Por ejemplo, Microsoft Word permite guardar sus documentos en formato PDF desde el cuadro de diálogo Imprimir (Adobe PDF) del programa. Macintosh OS X incluye soporte nativo para PDF, así que cualquier documento puede salvarse como un PDF desde el cuadro de diálogo de impresión. Si guarda el PDF asegúrese de añadir el sufijo `.pdf`.

Adobe Acrobat

La aplicación comercial para crear archivos PDF es Adobe Acrobat, que está en la versión 7 en este momento. Acrobat da el mayor control sobre la creación de PDF, incluyendo la posibilidad de hacer PDF interactivos, un solo PDF a partir de varios documentos, firma electrónica y otras funciones avanzadas que no solo sirven para la impresión.

Si Acrobat está instalado en un ordenador, los PDF pueden crearse desde Adobe, Microsoft Office y seleccionados desde otras aplicaciones haciendo clic tan solo en un botón. En aplicaciones no de Adobe, como QuarkXPress, el documento se imprime en un archivo PostScript y se convierten a PDF utilizando Acrobat Distiller, parte del paquete Acrobat.

Cuando se ha creado el archivo PDF, puede abrirse en Acrobat para realizar cambios más precisos y ajustes más avanzados. Consulte el sitio Web de Adobe (`www.adobe.com/products/acrobat/main.html`) o la documentación del porpio Acrobat si desea obtener más información sobre la creación y ajuste de los archivos PDF.

Vista Fast Web

También puede optimizar los documentos para vista Fast Web. Permite la entrega, página a página, de los documentos PDF largos. Cuando los PDF no están optimizados hay que descargar todo el documento antes de poder visualizarlo. Consulte con su administrador de servidor para asegurarse de que el servidor tiene soporte para este tipo de descarga.

Alternativas a Acrobat

Acrobat no es la única opción para crear archivos PDF. Como PDF es una tecnología de fuente abierta, Adobe ha abierto sus puertas a desarrolladores que quieran ofrecer soporte para la creación de documentos PDF.

El mejor lugar para buscar este tipo de herramientas es PlanetPDF (`www.planetpdf.com`), "el hogar de la comunidad PDF". Mantiene el listado más completo y actualizado de herramientas y servicios PDF.

Conversores PDF en línea

Hay servicios de conversión PDF en línea que convierten documentos en PDF a cambio de una pequeña cuota de suscripción. Adobe tiene su propio servicio de conversión llamado "Create Adobe PDF Online" a cambio de una cuota mensual, pero con cinco conversiones gratuitas. Está disponible en `createpdf.adobe.com`. Una opción aún mejor es visitar PDF Online (`www.gohtm.com`), que convierte gratuitamente muchos formatos de archivo en PDF.

Estos servicios son una buena alternativa si solo necesita crear PDF muy ocasionalmente. Si planea hacer este tipo de archivo en una parte integral de su proceso de creación y publicación, Acrobat es una buena inversión por sus funciones avanzadas.

Añadir archivos PDF a las páginas Web

Hay dos formas de acceder a un archivo PDF desde una página Web: vincularlo (o vincular la página que lo contien) o incrustarlo en la página como imagen.

Vincular a un archivo PDF

Crear un vínculo a un archivo PDF es como vincular a cualquier otro documento. Incluya el nombre de archivo en el URL, tal y como muestra este ejemplo:

```
<a href="documentation.pdf">Link to documentation (PDF)</a>
```

El PDF reside en el servidor como cualquier otro archivo de medios. La mayoría del software de servidor actual está preconfigurado para reconocer el tipo MIME PDF (`type application/pdf`, extensión `.pdf`).

Consejos para vincular a archivos PDF

Como con cualquier archivo de medios grande, es conveniente indicar de algún modo a qué vamos a acceder cuando se abre un archivo con un vínculo PDF. El formato de archivo puede mostrarse con un pequeño icono PDF, escribiendo el nombre del archivo con su sufijo `.pdf` o identificando el tipo de archivo junto al vínculo entre paréntesis, por ejemplo, "vínculo (PDF)".

También puede dar una muestra de cortesía incluyendo un vínculo al sitio de descarga de Acrobat Reader, en este momento: `www.adobe.com/products/acrobat/readermain.html`.

Incrustar un archivo PDF

También puede incrustar archivos PDF en una página Web como imagen. El marcado estándar para incrustar un PDF es:

```
<object type="application/pdf" data="directions.pdf" width="450"
      height="600">
</object>
```

Los navegadores que utilizan la arquitectura de plugins de Netscape pueden necesitar el elemento no estándar `embed` para mostrar el PDF en línea. Se añade el atributo `href` para que los archivos PDF se abran en el lector si se pulsa la imagen (en IE, se accede a los PDF multipágina utilizando los controles Acrobat Reader incrustados para navegar por el archivo). Los autores Web suelen combinar elementos `object` y `embed` para cubrir todas las bases, de este modo:

```
<object type="application/pdf" data="directions.pdf" width="450"
      height="600">
   <embed src="directions.pdf" width="450" height="400"
         href="directions.pdf">
      <noembed><a href="directions.pdf">Link to the documentation
            (PDF)</a></noembed>
   </embed>
</object>
```

Advertencia: Tenga en cuenta que `embed` es un elemento no estándar que impedirá la validación del documento (X)HTML. Estamos avanzando hacia una Web fiel a los estándares en la que el elemento `object` será suficiente, pero hasta entonces, el elemento `embed` sigue utilizándose para asegurar el soporte entre navegadores de medios incrustados.

Impresión Flash

Otra interacción entre el navegador y la impresión vino de la mano de Macromedia. Flash 4.0 introdujo una nueva función que permite controlar la impresión del contenido Flash. Antes de la versión 4, cuando se imprimía una película Flash desde un navegador, la versión impresa solo contenía el primer fotograma o absolutamente nada. Para resolver esto, Flash Player puede imprimir cualquier contenido especificado por el diseñador.

Esta función puede utilizarse para imprimir el fotograma más significativo de la película, pero ¿por qué dejarlo ahí? Como puede indicarse cualquier contenido para la impresión, la película Flash puede servir como una interfaz interactiva para todo tipo de documentos. Un anuncio puede "escupir" un cupón que los clientes pueden llevar a la tienda. Un programa de dibujo para niños podría imprimir el dibujo final u otras páginas parecidas a un libro de dibujo. Un pequeño esquema podría imprimir páginas con especificaciones detalladas. La impresión Flash ofrece poderosas posibilidades para mejorar la interactividad en línea con los componentes de impresión.

Los usuarios imprimen el contenido Flash a través de un menú sensible al contexto al que se accede al pulsar **Alt-clic** en Windows o **Control-clic** en Mac sobre el contenido Flash o utilizan un botón diseñado en la propia película Flash. La función de impresión del navegador no imprime el contenido Flash alternativo.

El comando de impresión Flash activa un ActionScript (el lenguaje de programación utilizado en Flash) que detecta la versión del plugin, localiza el plugin compatible e imprime el contenido Flash especificado. El contenido que imprime se almacena en un archivo independiente en formato Flash (SWF). Podría ser una imagen seleccionada de la película Flash o cualquier documento creado en Macromedia Flash, Freehand, Adobe Illustrator o cualquier otro programa que soporte archivos Flash (SWF).

Como no hay vista previa de impresión disponible para el contenido Flash, se recomienda etiquetar su botón de impresión Flash con una explicación muy clara de lo que ocurrirá cuando se pulse. Esto es de gran importancia si hay una gran diferencia entre lo que se ve en la pantalla y lo que aparecerá en la impresora (como un anuncio que imprime un folleto de 12 páginas).

Parte VII

Apéndices

Apéndice A

Elementos y atributos de HTML

Este apéndice contiene un listado de todos los elementos y atributos de las recomendaciones HTML 4.01 y XHTML, así como varios elementos no estándar soportados por los navegadores actuales. Los elementos y atributos marcados como "depreciados" han sido eliminados de los DTD estrictos de (X)HTML y se desaconseja su uso, normalmente en favor de elementos CSS. Los atributos "requeridos" deben incluirse en la etiqueta del elemento para que el código sea válido.

Atributos y eventos comunes

Hay unos cuantos atributos en las recomendaciones HTML 4.01 y XHTML, comunes a casi todos los elementos. Para ahorrar espacio, se han abreviado en este apéndice de la misma manera que en las recomendaciones. Esta sección explica brevemente cada atributo y sirve como referencia para el resto del apéndice.

Cuando se hace referencia al núcleo, se refiere al conjunto de atributos que forman el núcleo y que se aplican a la mayoría de elementos.

`id`
: Asigna un nombre identificador único al elemento.

`class`
: Asigna uno o más nombres de clase al elemento.

`style`
: Información de estilo asociada.

`title`
: Título.

Cuando la palabra *Internacionalización* aparece en la lista de atributos, significa que el elemento acepta el conjunto de atributos correspondiente a la especificación del lenguaje y de dirección de lectura.

`lang`
: Especifica el lenguaje del elemento mediante un código de lenguaje.

`xml:lang`
: Exclusivo de XHTML. Es el atributo encargado de especificar el lenguaje de los elementos en los documentos XHTML.

`dir`
: Especifica la dirección del elemento (de izquierda a derecha o de derecha a izquierda).

Cuando se lista la palabra *Eventos* relativa a un elemento, indica que los eventos de núcleo usados por los lenguajes de script son aplicables al elemento. Es posible también aplicar eventos adicionales que no forman parte del núcleo y que se incluyen en una lista específica para el elemento en cuestión.

`onclick`
: Ocurre cuando se hace clic sobre un botón o elemento.

`ondblclick`
: Ocurre cuando se hace doble clic sobre el botón o elemento.

`onmousedown`
: Ocurre cuando se hace clic con el puntero encima del elemento.

`onmouseup`
: Ocurre cuando se levanta el botón del ratón con el puntero encima del elemento.

`onmouseover`
: Ocurre cuando se mueve el puntero y se sitúa sobre un elemento.

`onmousemove`
: Ocurre cuando se mueve el puntero mientras se encuentra situado sobre el elemento.

`onmouseout`
: Ocurre cuando se mueve el puntero para que deje de estar situado sobre el elemento.

`onkeypress`
: Ocurre cuando se pulsa y libera una tecla encima del elemento.

`onkeydown`
: Ocurre cuando se pulsa una tecla encima de elemento.

`onkeyup`

Ocurre cuando se libera una tecla encima del elemento.

a

`<a>...</a>`

Define un ancla dentro del documento. Este ancla puede usarse para crear un hipervínculo a otro documento o recurso de Internet. También puede servir para etiquetar un fragmento dentro de un documento (también llamada ancla nominal), lo que permite enlazar a un punto específico del documento.

Atributos

Núcleo (`id, class, style, title`), *Internacionalización, Eventos* (más `onfocus, onblur`)

`accesskey="`*`carácter`*`"`

Asigna una tecla de acceso (atajo de teclado) al vínculo. Las teclas de acceso pueden usarse también para los campos de un formulario. Su valor es un único carácter. Los usuarios pueden acceder al elemento pulsando **Alt-tecla** (PC) o **Control-tecla** (Mac).

`charset="`*`charset`*`"`

Especifica la codificación de caracteres del documento de destino. Ver capítulo 6 para más información sobre los conjuntos de caracteres.

`coords="`*`coordenadas x e y`*`"`

Especifica las coordenadas x e y de un área en un mapa de imagen. La recomendación HTML 4.01 propone que los mapas de lado de cliente se reemplacen por un elemento objeto que contenga la imagen junto con un conjunto de elementos ancla para definir las áreas "calientes" (con formas y atributos). Este sistema no ha sido implementado aún por los navegadores.

`href="`*`URL`*`"`

Especifica la URL del documento o recurso de destino (como una imagen, audio, PDF u otros medios).

`id="`*`texto`*`"`

Proporciona un enlace a un nombre de identificación (similar al atributo `name`) para poder ser referenciado desde un enlace, código u hoja de estilos. Es más versátil que `name`, pero no lo soportan todos los navegadores. En XHTML, el atributo `id` es necesario en todos los fragmentos de documento.

`hreflang="`*`código de idioma`*`"`

Especifica el idioma base del documento de destino. Ver capítulo 6 para una lista de códigos de idioma.

`name="`*`text`*`"`

Exclusivo de HTML; los documentos XHTML usan `id` *para los fragmentos.* Coloca un identificador de fragmento dentro de un documento HTML.

`rel="`*`relaciones`*`"`

Establece una o más relaciones entre el documento actual y el documento de destino. Las relaciones más comunes incluyen `stylesheet`, `next`, `prev`, `copyright`, `index` y `glossary`.

`rev="`*`relaciones`*`"`

Especifica una o más relaciones desde el documento de destino hacia el de origen (en dirección opuesta al atributo `rel`).

`shape="rect|circle|poly|default"`

Define la forma de un área caliente en un mapa de imagen. Se usa únicamente dentro del elemento `a` como parte de la proposición HTML 4.01 para reemplazar los mapas de imagen del lado del cliente con una combinación de objetos y elementos. Este sistema no ha sido todavía implementado por los navegadores.

`tabindex="`*`número`*`"`

Especifica la posición del elemento dentro del orden de tabulación del documento actual. El valor debe estar entre 0 y 32767. Se usa para tabular a través de los enlaces de una página (o campos de un formulario).

`target="`*`texto`*`"`

Especifica el nombre de la ventana o marco en la que debería mostrarse el documento de destino.

`type="`*`tipo de medio`*`"`

Especifica el tipo de medio o contenido (tipo MIME) del destino. Por ejemplo, `text/html`.

Ejemplos de enlaces

A un archivo local:

```
<a href="nombreArchivo.html">...</a>
```

A un archivo externo:

```
<a href="http://servidor/ruta/archivo.html">...</a>
```

A un ancla:

```
<a href="http://servidor/ruta/archivo.html#fragmento">...</a>
```

A un ancla dentro del documento actual:

```
<a href="#fragmento">...</a>
```

Para enviar un correo electrónico:

```
<a href="mailto:nombreUsusario@dominio">...</a>
```

A un archivo en un servidor FTP:

```
<a href="ftp://servidor/ruta/nombreArchivo">...</a>
```

abbr

```
<abbr>...</abbr>
```

Identifica el texto encapsulado como una abreviatura.

Atributos

Núcleo (`id, class, style, title`), *Internacionalización, Eventos*

`title="`*`texto`*`"`

Proporciona una expresión completa sobre la abreviatura. Puede resultar útil para navegadores no visuales, sintetizadores de voz, sistemas de traducción y mecanismos de búsqueda.

Ejemplo

```
<abbr title="Massachusetts">Mass.</abbr>
```

acronym

```
<acronym>...</acronym>
```

Indica un acrónimo.

Atributos

Núcleo (`id, class, style, title`), *Internacionalización, Eventos*

`title="`*`texto`*`"`

Provee una expresión completa para un acrónimo. Puede resultar útil para navegadores no visuales, sintetizadores de voz, sistemas de traducción y mecanismos de búsqueda.

Ejemplo

```
<acroynym title="World Wide Web">WWW</acronym>
```

address

```
<address>...</address>
```

Proporciona la información de contacto del autor, por lo general al principio o final de un documento.

Atributos

Núcleo (`id, class, style, title`), *Internacionalizacion*, *Eventos*

applet

`<applet>...</applet>`

Depreciado. Este elemento fue introducido por Netscape en Navigator 2.0 para colocar un applet Java en una página. El elemento `applet` ha quedado depreciado en favor del objeto `element`, pero aún se le da soporte y sigue en uso. Algunos applet requieren la etiqueta `applet`. Y lo que es más, Navigator 4 e inferiores e Internet Explorer 4 no soportan *applet* Java mediante el uso de elemento `object`.

Atributos

Núcleo (`id, class, style, title`)

`align="left|right|top|middle|bottom"`

Alinea el applet y permite que el texto se adapte a sus contornos (de la misma manera que el alineamiento de una imagen).

`alt="`*`texto`*`"`

Proporciona un texto alternativo en caso de que no pueda mostrarse el applet.

`archive="`*`URLs`*`"`

Proporciona una lista separada por espacios con URL con las clases que se deben cargar de antemano.

`code="`*`clase`*`"`

Obligatorio. Especifica el nombre de la clase del código que va a ejecutarse.

`codebase="`*`URL`*`"`

URL desde la que se carga el applet.

`height="`*`número`*`"`

Altura del área inicial del applet en píxeles.

`hspace="`*`número`*`"`

Número de píxeles de margen a izquierda y derecha de la ventana del applet.

`name="`*`texto`*`"`

Depreciado en XHTML 1.0. Nombra el applet para referencia desde cualquier otro sitio en la página.

`object="`*`texto`*`"`

Este atributo nombra el recurso que contiene la representación serializada del estado de un applet. Puede usar tanto `code` como `object` para un elemento `applet`, pero no los dos.

`vspace="`*`número`*`"`

`Número` de píxeles de margen por encima y por debajo de la ventana del applet.

`width="`*`número`*`"`

Ancho del área original del applet en píxeles.

area

`<area />`

El elemento área se usa dentro del elemento mapa de un mapa de imagen de lado del cliente para definir un área caliente.

Atributos

Núcleo (`id, class, style, title`), *Internacionalización, Eventos, Focus*

`alt="`*`texto`*`"`

Obligatorio. Especifica una descripción breve de la imagen que se muestra cuando ésta no está disponible.

`coords="`*`valores`*`"`

Especifica una lista separada por comas con coordenadas de píxel que definen un área caliente en un mapa de imagen.

`href="`*`url`*`"`

Especifica la URL del documento o archivo al que se accede haciendo clic sobre el área definida.

`nohref`

Define un área sensible al ratón en un mapa de imagen para la cual no hay establecida ninguna acción cuando el usuario hace clic sobre ella.

`shape="rect|circle|poly|default"`

Define la forma de un área activa caliente.

`target="`*`texto`*`"`

Especifica el nombre de una ventana o marco en el que deberá mostrarse el documento de destino.

b

`<b>...</b>`

El texto encapsulado se muestra en negrita. Es uno de los elementos de presentación que se han mantenido en los DTD de XHTML 1.0 Estricto y XHTML 1.1.

Atributos

Núcleo (`id, class, style, title`), *Internacionalización, Eventos*

base

`<base />`

Especifica la base de la ruta para todas las URL relativas en el documento. Debe colocar este elemento en la cabecera del mismo.

Atributos

`href="`*`url`*`"`

Obligatorio. Especifica la URL que se usará.

`target="`*`nombre`*`"`

Define la ventana de destino por defecto para todos los enlaces del documento. A menudo se utiliza para referirse a los marcos.

basefont

`<basefont />`

Depreciado. Especifica unos ciertos atributos de fuente para el contenido que se muestra a continuación. Puede usarse dentro de la cabecera de un documento para que afecte a la totalidad del mismo o dentro del cuerpo del documento para aplicarlo al texto que lo sigue.

Atributos

`id="`*`texto`*`"`

Este atributo asigna un nombre a un elemento. El nombre debe ser único dentro del documento.

`color="`*`#rrggbb`*`" o "`*`nombre del color`*`"`

Depreciado. Establece el color del texto siguiente usando valores hexadecimales RGB.

`face="`*`fuente`*`"` (o lista de fuentes)

Depreciado. Establece la fuente del texto que sigue.

`size="`*`número`*`"`

Depreciado. Establece el tamaño base de la fuente usando los valores de tamaño de HTML del 1 al 7 (o valores relativos partiendo del valor 3 por defecto). Los cambios de tamaño que se sucedan a continuación estarán basados en este valor.

bdo

`<bdo>...</bdo>`

Es el diminutivo de "acarreo bi-direccional"(*bi-directional override*) y se usa para indicar una selección de texto que se lee en dirección opuesta al texto que lo rodea. Por ejemplo, en un documento que se lee de izquierda a derecha, puede usarse el elemento `bdo` para señalar una selección de texto de hebreo que se lee de derecha a izquierda.

Atributos

Núcleo (`id, class, style, title`)

Events (XHTML sólo)

`dir="ltr|rtl"`

Obligatorio. Indica si la selección debe leerse de izquierda a derecha (`ltr`) o de derecha a izquierda (`rtl`).

`lang="`*`código de idioma`*`"`

Este atributo especifica el lenguaje del elemento usando un código abreviado (ver capítulo 6 para una lista de códigos de lenguaje).

`xml:lang="`*`texto`*`"`

Exclusivo de XHTML. Es el método usado para especificar los idiomas en los documentos XML usando códigos abreviados de idioma (ver capítulo 6 para una lista de códigos de idioma).

big

`<big>...</big>`

Por defecto, `big` establece un incremento de tipo de la fuente tipográfica en el texto encapsulado. Es un ejemplo de HTML de presentación que debería evitarse en favor de un marcado semántico con hojas de estilos para ocuparse de la presentación.

Atributos

Core (`id, class, style, title`), *Internacionalización, Eventos*

blockquote

`<blockquote>...</blockquote>`

El texto encapsulado es una cita que se encuentra compuesta por uno o varios párrafos.

Atributos

Núcleo (`id, class, style, title`), *Internacionalización, Eventos*

`cite="`*`URL`*`"`

Proporciona información acerca de la fuente desde la que se ha extraído la cita.

body

`<body>...</body>`

El cuerpo de un documento donde se encuentra el contenido, que puede presentarse visualmente (como en una ventana de un navegador visual) o de otra manera (como mediante un lector de pantalla en voz alta).

Atributos

Núcleo (`id, class, style, title`), *Internacionalización, Eventos* (plus `onload, onunload`)

`alink="#rrggbb"` o `"nombre de color"`

Depreciado. Establece el color de los enlaces activos (el color que se muestra mientras el botón del ratón permanece pulsado durante un clic). El color debe ir especificado en valores hexadecimales RGB o con el nombre estándar del color.

`background="URL"`

Depreciado. Proporciona la localización de un archivo gráfico para su uso como gráfico de mosaico para el fondo del documento.

`bgcolor="#rrggbb"` o `"nombre de color"`

Depreciado. Establece el color del fondo del documento. El color debe especificarse en valores RGB en hexadecimal o por el nombre estándar del color.

`link="#rrggbb"` o `"nombre de color"`

Depreciado. Establece el color por defecto para todos los enlaces del documento. El color viene especificado por valores RGB en hexadecimal o por el nombre estándar del color.

`text="#rrggbb"` o `"nombre de color"`

Depreciado. Establece el color por defecto para todo el texto sin estilo (y que no se trate de enlaces) dentro del documento. El color viene especificado por valores RGB en hexadecimal o por el nombre estándar del color.

`vlink="#rrggbb"` o `"nombre de color"`

Depreciado. Establece el color de los enlaces visitados (enlaces que ya se han seguido). El color viene especificado por valores RGB en hexadecimal o por el nombre estándar del color.

br

`<br />`

Inserta un cambio de línea en el contenido. Es uno de los elementos de presentación que se han mantenido en los DTD para XHTML 1.0 Estricto y XHTML 1.1.

Atributos

Núcleo (`id`, `class`, `style`, `title`)

`clear="none|left|right|all"`

Depreciado. Especifica dónde debería aparecer la siguiente línea después del salto en relación a los elementos flotantes (como una imagen flotante sobre el margen izquierdo o derecho). El valor por defecto, `none`, hace que la siguiente línea empiece en el lugar en que lo haría normalmente. El valor `left` hace que empiece por debajo del siguiente elemento flotante hacia la izquierda. De la misma manera, `right` hace que la siguiente línea comience por debajo de los objetos flotantes sobre el margen derecho. El valor `all` hace que la siguiente línea comience por debajo de los elementos flotantes a ambos lados.

button

`<button>...</button>`

Define un botón que funciona de manera similar a los botones que se crean mediante los elementos de entrada pero que permite un número mayor de posibilidades. Este tipo de botones pueden contener texto o imágenes (pero no mapas de imagen).

Atributos

Núcleo (`id`, `class`, `style`, `title`), *Internacionalización*, *Eventos*, *Focus* (`accesskey`, `tabindex`, `onfocus`, `onblur`)

`disabled="disabled"`

Indica que el botón está deshabilitado inicialmente.

`name="`*`texto`*`"`

Obligatorio. Asigna un nombre de control para el elemento.

`value="`*`texto`*`"`

Asigna un valor para controlar el botón. El comportamiento del botón viene determinado por el atributo `type`.

`type="submit|reset|button"`

Identifica el tipo de botón: botón de envío (*submit*), de restablecimiento (*reset*) o personalizado (*custom*, para su uso con JavaScript).

caption

`<caption>...</caption>`

Proporciona un breve resumen de la tabla de contenidos o propósito. El texto debe incluirse inmediatamente después de la etiqueta de inicio de la tabla y preceder a todos los elementos restantes. Su posición en la ventana del navegador puede controlarse mediante el atributo `align`.

Atributos

Núcleo (`id, class, style, title`), *Internacionalización, Eventos*

`align="top|bottom|left|right"`

Depreciado. Coloca el texto en relación a la tabla. El valor por defecto es `top`.

center

`<center>...</center>`

Depreciado. Centra su contenido horizontalmente en el ancho disponible del elemento contenedor. Ha quedado depreciado en favor de las hojas de estilos.

Atributos

Núcleo (`id, class, style, title`), *Internacionalización, Eventos*

cite

`<cite>...</cite>`

Denota una cita o referencia a otro documento, en especial a libros, revistas, artículos, etc.

Atributos

Núcleo (`id, class, style, title`), *Internacionalización, Eventos*

code

`<code>...</code>`

Denota la inclusión de un fragmento de código de un programa. Por defecto, se muestra en el navegador con una fuente tipográfica monoespacio (por lo general, Courier).

Atributos

Núcleo (`id, class, style, title`), *Internacionalización, Eventos*

col

`<col />`

Especifica las propiedades de una columna (o grupo de columnas) dentro de un conjunto (`colgroup`). Las columnas pueden compartir atributos (como la alineación del texto) sin ser parte de una estructura formal.

Atributos

Núcleo (`id`, `class`, `style`, `title`), *Internacionalización*, *Eventos*

`span="número"`

Especifica el número de columnas de las que se compone el elemento `col`. El valor por defecto es 1. Todas las columnas se formatean de acuerdo a los atributos propios de `col`.

`width="pixels, porcentage, n*"`

Especifica el ancho de cada columna del elemento `col`. El ancho puede medirse en píxeles o por porcentaje, o venir definido por un tamaño relativo (*). Por ejemplo, 2* establece una columna el doble de ancha que el resto de columnas; 0* define el ancho de una columna al mínimo necesario para mostrar su contenido. El atributo `width` del elemento `col` sobreescribe este valor.

colgroup

`<colgroup>...</colgroup>`

Crea un grupo de columnas: una división estructural dentro de una tabla. Una tabla puede estar compuesta por más de un grupo de columnas. El número de columnas en un grupo viene especificado bien por el atributo `span` o por las columnas (`col`) que se añadan al grupo.

Los grupos de columnas resultan útiles para acelerar el tiempo de cálculo de una tabla por el navegador y que así se muestre más rápido (por ejemplo, las columnas pueden mostrarse incrementalmente sin tener que esperar a que se carguen todos los contenidos de la tabla), y de esta manera proporcionar un sistema para los agentes no visuales como los navegadores por audio o los basados en Braille.

Atributos

Núcleo (`id`, `class`, `style`, `title`), *Internacionalización*, *Eventos*

`span="número"`

Especifica el número de columnas de las que se compone un grupo de columnas. Si no se especifica un valor para span, se asignará el valor por defecto 1.

`width="pixels, porcentaje, n*"`

Especifica un ancho por defecto para cada una de las columnas que se encuentran dentro del grupo actual. El ancho puede medirse en píxeles, porcentajes o venir definido por un número relativo (*). 0* establece el ancho de columna al mínimo para que pueda mostrarse la información contenida.

dd

`<dd>...</dd>`

Denota un elemento dentro de una lista de definición.

Atributos

Núcleo (`id, class, style, title`), *Internacionalización, Eventos*

del

`<del>...</del>`

Señala un texto borrado. Puede ser útil para documentos legales y cualquier instancia donde resulta necesario mantener un registro de los cambios efectuados. Su antagonista es la etiqueta `<ins>` para texto insertado. Ambas pueden usarse sobre elementos de línea o de bloque.

Atributos

Núcleo (`id, class, style, title`), *Internacionalización, Eventos*

`cite="`*`URL`*`"`

Puede usarse para apuntar a un documento fuente que explique por qué el documento ha cambiado.

`datetime="`*`YYYY-MM-DDThh:mm:ssTZD`*`"`

Especifica la fecha y hora en la que se hizo el cambio. Las fechas y la hora se rigen por el formato arriba especificado con años de cuatro dígitos (`YYYY`), meses de dos dígitos (`MM`), día (`DD`), hora (`hh` entre 00 y hasta 23), minutos (`mm` desde 00 hasta 59) y segundos (`ss` desde 00 hasta 59). Las siglas TZD se refieren a *Time Zone Designator* (designador de la zona horaria) y su valor puede ser `Z` (para indicar UTC o *Coordinated Universal Time*), un indicador del número de horas y minutos por delante de UTC (como +03:00) o un indicador del número de horas y minutos por detrás de UTC (como -02:20).

Éste es el formato estándar para fecha y hora eh HTML. Para más información, visite `www.w3.org/TR/1998/NOTE-datetime-19980827`.

dfn

`<dfn>...</dfn>`

Indica una definición del término encapsulado. Puede usarse para llamar la atención sobre palabras y frases importantes y que necesiten aclaración.

Atributos

Núcleo (`id, class, style, title`), *Internacionalización, Eventos*

dir

`<dir>...</dir>`

Depreciado. Crea una lista a modo de directorio que está formada por elementos de lista (`li`). Las listas de directorio se diseñaron para mostrar listas de archivos con nombres cortos de arcjvop, pero han quedado desfasadas con la recomendación de emplear listas no ordenadas (`ul`) para este cometido. La mayoría de navegadores muestran estas listas de directorio de la misma manera que las listas no ordenadas (con viñetas), aunque algunas utilizan un formato con varias columnas.

Atributos

Núcleo (`id`, `class`, `style`, `title`), *Internacionalización*, *Eventos*

`compact`

Depreciado. Hace que la lista se muestre tan pequeña como sea posible. Pocos navegadores soportan este atributo.

div

`<div>...</div>`

Se refiere a una división genérica dentro del documento. Este elemento se usa para añadir un bloque personalizable cuyo contenido se obtiene mediante el atributo `class` o `id` y que se formatea usando hojas de estilos.

Atributos

Núcleo (`id`, `class`, `style`, `title`), *Internacionalización*, *Eventos* `align="center|left|right"`

Depreciado. Alinea el texto dentro del elemento hacia la izquierda, derecha o centro de la página.

Ejemplo

```
<div id="barraLateral">Contenido de barraLateral...</div>
```

dl

`<dl>...</dl>`

Especifica una lista de definiciones que está formada por términos (`dt`) y definiciones (`dd`).

Atributos

Núcleo (`id`, `class`, `style`, `title`), *Internacionalización*, *Eventos*

`compact`

Depreciado. Hace que la lista se muestre tan pequeña como sea posible. Pocos navegadores soportan este atributo.

dt

`<dt>...</dt>`

Especifica la porción correspondiente a un término dentro de una lista de definición.

Atributos

Núcleo (`id`, `class`, `style`, `title`), *Internacionalización*, *Eventos*

em

`<em>...</em>`

Señala un texto enfatizado. El usuario normalmente verá este texto en fuente cursiva por defecto.

Atributos

Núcleo (`id`, `class`, `style`, `title`), *Internacionalización*, *Eventos*

embed

`<embed>...</embed> o <embed />`

No estándar. Encapsula un objeto dentro de la página. Los objetos encapsulados suelen ser archivos de tipo multimedia que requieren plugin especiales para poder reproducirse (como por ejemlpo películas Flash, QuickTime, etc). Además de los atributos que se detallan a continuación, ciertos tipos de archivo y sus plugin correspondientes hacen uso de atributos propios para controlar la reproducción. La etiqueta de cierre no es siempre necesaria, pero se recomienda su uso.

W3C recomienda el uso del elemento `object` para encapsular estos archivos, pero la etiqueta `embed` sigue siendo de uso común para garantizar la compatibilidad. Si quiere que el navegador pida los plugin cuando sea necesario y no estén instalados, tendrá que desoír la recomendación y utilizar la etiqueta `embed`. Muchos desarrolladores utilizan ambas etiquetas para incluir un mismo archivo.

Atributos

`align="left | right | top | bottom"`

Esta propiedad es exclusiva de Netscape Navigator 4-0+ y de Microsoft Internet Explorer 4.0+. Controla la alineación del objeto relativa al texto que lo rodea. La opción por defecto es `bottom`. Mientras que `top` y `bottom` representan alineaciones verticales, `left` y `right` colocan el objeto en el margen izquierdo o derecho y permiten que el texto adyacente se adapte a su contorno.

`height="`*`número`*`"`

Especifica la altura del objeto en número de píxeles. Algunos tipos de archivo requieren conocer este atributo.

`hidden="yes|no"`

Oculta el archivo o reproductor cuando se elige la opción `yes`. Por defecto viene activada la opción `no`.

`name="`*`texto`*`"`

Especifica el nombre del objeto encapsulado. Resulta particularmente útil para referenciarlo desde un código.

`palette="foreground|background"`

Esta propiedad es exclusiva de Netscape Navigator 4.0+ y de Microsoft Internet Explorer 4.0+. Este atributo se aplica bajo la plataforma Windows únicamente. El valor `foreground` (primer plano) convierte la paleta del plugin en la paleta del primer plano. De manera inversa, el valor `background` (fondo) hace que la paleta del plugin use la del fondo; ésta es la opción por defecto.

`pluginspage="`*`URL`*`"`

Exclusivo de NN 4.0+ y MSIE 4.0+. Especifica la URL a la que se pedirá información para la instalación del plugin apropiado.

`src="`*`URL`*`"`

Obligatorio. Proporciona la URL del archivo u objeto que debe colocarse en la página.

`width="`*`número`*`"`

Especifica el ancho del objeto en número de píxeles. Algunos tipos de archivo necesitan que este atributo esté presente.

Exclusivo de Internet Explorer

`alt="`*`texto`*`"`

Proporciona un texto alternativo para utilizar en caso de que no pueda mostrarse el archivo multimedia (de la misma manera que se hace con el elemento `img`).

`code="`*`nombreArchivo`*`"`

Especifica el nombre de la clase a la que pertenece el código Java que se va a ejecutar.

`codebase="URL"`

Especifica la URL base para la aplicación.

`units="pixels | en"`

Define las unidades de medida que se usarán para definir el ancho y alto. La opción por defecto es `pixels`. Las unidades En miden la mitad del tamaño de punto del texto en el cuerpo del documento.

Exclusivo de Netscape Navigator

`border="número"`

Especifica el ancho del borde (en píxeles) alrededor el objeto.

`frameborder="yes | no"`

Activa o desactiva el borde.

`hspace="número"`

Usado en conjunción con el atributo `align`, el espacio horizontal especifica (en píxeles) la cantidad de espacio que debe quedar limpia a la derecha e izquierda del objeto.

`pluginurl="URL"`

Especifica una fuente para la instalación del plugin apropiado. Netscape recomienda la utilización de `pluginurl` en lugar de `pluginspage`.

`type="tipo (MIME)"`

Especifica el tipo MIME del objeto para cargar el plugin correspondiente. Navigator puede utilizar bien el valor del atributo `type` o bien la extensión del archivo que se da como fuente para determinar que plugin se utilizará.

`vspace="número"`

Usado en conjunción con el atributo `align`, el espacio vertical especifica (en píxeles) la cantidad de espacio que debe quedar en blanco por encima y por debajo del objeto.

fieldset

`<fieldset>...</fieldset>`

Agrupa los controles y etiquetas de un formulario. Los elementos *fiedlset* se colocan dentro del formulario de manera similar al objeto `div`, pero específico para el agrupamiento de campos. Se introdujo para mejorar la accesibilidad de formularios para los usuarios con navegadores alternativos.

Atributos

Núcleo (`id, class, style, title`), *Internacionalización, Eventos*

font

`<font>...</font>`

Depreciado. Se usa para afectar al estilo (color, fuente y tamaño) del texto.

Atributos

Núcleo (`id, class, style, title`), *Internacionalización*

`color="#RRGGBB"` o `"nombre de color"`

Depreciado. Especifica el color del texto dentro de la etiqueta. Para información acerca de cómo especificar el color, vea el Apéndice D.

`face="fuente"` (`o lista de fuentes`)

Depreciado. Especifica la fuente tipográfica para el texto. La fuente especificada se usa únicamente si se encuentra en la máquina del usuario. Es posible especificar una lista de fuentes (separadas por comas) para que el navegador use la primera que encuentre disponible.

`size="valor"`

Depreciado. Establece el tamaño de la fuente en valor absoluto en una escala de 1 a 7 (3 es el valor por defecto), o usando un valor relativo de la forma `+n` o `-n` (basándose en el valor por defecto o en el ajuste `basefont`).

form

`<form>...</form>`

Introduce un formulario interactivo que contiene controles con el objetivo de recoger información introducida por el usuario y sobre diversos contenidos de la página. Puede haber más de un formulario en un documento HTML, pero no se pueden anidar unos dentro de otros y es importante que no se solapen.

Atributos

Núcleo (`id, class, style, title`), *Internacionalización, Eventos,* (más `onsubmit` y `onblur`)

`accept="lista de tipos"`

Incluye una lista separada por comas con los tipos de archivo (tipos MIME) que el servidor acepta y es capaz de procesar. Tal vez algún día los navegadores sean capaces de filtrar archivos cuando se le pide al usuario que envíe un fichero al servidor, pero de momento esta característica no está implementada.

`accept-charset="lista de conjuntos de caracteres"`

Especifica la lista de conjuntos de caracteres que el servidor acepta para los campos en los que se pide información de texto (nombre, apellido, etc).

Se debe introducir el valor en forma de lista de conjuntos ISO separada por espacios y/o comas. El valor por defecto es `unknown` (desconocido). Esta característica no está plenamente implementada de momento.

`action="`*`URL`*`"`

Obligatorio. Especifica la URL de la aplicación que procesará el formulario. La dirección por defecto es la URL de la página actual.

`enctype="`*`tipo de contenido`*`"`

Especifica la manera en que los controles del formulario serán codificados cuando se envíe el formulario con método `post`. El valor por defecto es el de Internet Media File (`application/x-www-form-urlencoded`). El valor `multipart/formdata` es para el uso con el elemento `file`.

`method="get | post"`

Especifica el método HTTP que se usará para enviar los datos del formulario. Con el valor `get` (por defecto), la información se añade a la dirección URL de destino.

`name="`*`texto`*`"`

Depreciado en XHTML 1.0; debería usarse `id` *en su lugar*. Asigna un nombre al formulario.

`target="`*`nombre`*`"`

Especifica un destino para enviar los resultados del formulario actual de manera que puedan mostrarse en otra ventana o marco. Pueden usarse valores de destino especiales como `_bottom`, `_top`, `_parent` y `_self`.

frame

`<frame />`

Define un marco dentro de un `conjunto de marcos`.

Atributos

Núcleo (`id, class, style, title`)

`bordercolor="`*`#rrggbb`*`"` o `"`*`nombre de color`*`"`

No estándar. Establece el color de los bordes de un marco (si la opción de borde está activada). El soporte a este atributo se limita a Netscape 3.0+ e Internet Explorer 4.0+.

`frameborder="1 | 0"` (*IE 3+ y W3C Rec.*); `"yes | no"` (*NN 3+*)

Determina si debe haber un separador 3D entre el marco actual y los que lo rodean. Un valor de 1 activa esta característica, mientras que el valor 0 la desactiva. El valor por defecto es 1 (activado). Netscape también acepta los valores 1 y 0.

`longdesc="URL"`

Especifica un enlace a un documento con una descripción larga sobre el marco y sus contenidos. A pesar de que `longdesc` está incluido en las recomendaciones HTML 4.01 y XHTML 4.0, ningún navegador la implementa.

`marginwidth="número"`

Especifica la cantidad de espacio (en píxeles) entre los bordes izquierdo y derecho del marco y el contenido. El valor mínimo según la especificación HTML es de 1 píxel. Puede configurar este valor a 0 para forzar a que los objetos se adapten al borde del marco sin dejar ningún espacio, pero esto no funciona en todos los navegadores y puede producir resultados inestables.

`marginheight="número"`

Especifica la cantidad de espacio (en píxels) entre los bordes superior e inferior del marco y su contenido. El valor mínimo según la especificación HTML es de 1 píxel. Puede configurar este valor a 0 para forzar a que los objetos se adapten al borde del marco sin dejar ningún espacio, pero esto no funciona en todos los navegadores y puede producir resultados inestables.

`name="texto"`

Depreciado en XHTML 1.0; debería usarse `id` *en su lugar*. Asigna un nombre a un marco para poder ser referenciado por los enlaces, de manera que se pueda ordenar que un documento se cargue en el marco deseado.

`noresize="noresize"`

Evita que los usuarios puedan cambiar el tamaño del marco. Por defecto, excepto cuando se usan ciertas configuraciones de tamaño de marco, los usuarios pueden cambiar el tamaño arrastrando sus bordes con el puntero.

`scrolling="yes | no | auto"`

Especifica si deben aparecer barras de desplazamiento en el marco. Un valor de `yes` significa que siempre deben aparecer estas barras; `no` indica que las barras nunca deben aparecer; el valor `auto` (la opción por defecto) significa que las barras aparecerán automáticamente cuando los contenidos no quepan en el marco.

`src="URL"`

Especifica la localización del archivo HTML inicial que debe mostrarse en un marco.

frameset

`<frameset>...</frameset>`

Permite definir un grupo de marcos o una agrupación formada por otros grupos de marcos.

Atributos

Núcleo (`id`, `class`, `style`, `title`), `onload`, `onunload`

`border="`*`número`*`"`

No estándar. Establece el grosor del borde (en píxeles) existente entre todos los marcos del grupo (cuando el atributo `border` se encuentra activado). Los navegadores Mozilla no soportan este atributo.

`bordercolor="`*#rrggbb*`"` o `"`*`nombre de color`*`"`

No estándar. Establece un color para todos los bordes de un conjunto. Mozilla y Opera no soportan este atributo.

`cols="`*`lista de longitudes`*`"` (*número, porcentaje, o* *)

Establece el número y tamaño de las columnas (marcos verticales) de un conjunto. El número de columnas viene determinado por el número de valores de la lista. Las especificaciones de tamaño pueden ser valores absolutos medidos en píxeles, porcentajes o valores relativos (*) basados en el espacio disponible.

`frameborder="1 | 0"; "yes | no"`

No estándar. Determina si deben dibujarse separadores 3D entre los marcos de un conjunto. Un valor de 1 (o `yes`) activa los bordes; el valor 0 (o `no`) los desactiva. Netscape también soporta los valores 1 y 0. El DTD Frameset no incluye el atributo `frameborder` para el elemento `frameset`.

`rows="`*`lista de longitudes`*`"` (*número, porcentaje, o* *)

Establece el número y tamaño de las filas (marcos horizontales) de un marco. El valor debe ser una lista separada por comas con medidas de longitud. El número de filas viene determinado por el número de valores de la lista. Las especificaciones de tamaño pueden ser valores absolutos medidos en píxeles, porcentajes o valores relativos (*) basados en el especio disponible.

h1, h2, h3, h4, h5, h6

`<hn>...</hn>`

Introduce una cabecera que describe brevemente la sección que presenta. Hay seis niveles de cabecera que van desde la `h1` (la más importante) hasta la `h6` (la menos importante).

Atributos

Núcleo (`id`, `class`, `style`, `title`), *Internacionalización, Eventos*

`align="center | left | right"`

Depreciado. Se usa para alinear la cabecera hacia la izquierda, derecha o centrada en la página. Microsoft Internet Explorer 3.0 e inferiores no soportan la alineación a la derecha.

head

`<head>...</head>`

Define la cabecera del documento y contiene además información sobre el propio documento que no se considera contenido en sí. El elemento cabecera sirve como contenedor de otros elementos de cabecera tales como `title`, `base`, `link` y `meta`.

Atributos

Internacionalización (`lang, xml:lang, dir`)

`profile="`*`URLs`*`"`

Proporciona la localización de uno o más perfiles de metadatos separados por espacios en blanco que se usan para definir las propiedades y valores a los que pueden referenciar los metaelementos de la cabecera del documento, atributos `rel` y `rev` y nombres de clase. Este atributo no se encuentra implementado, de momento, en los navegadores.

hr

`<hr />`

Añade una línea horizontal a la página que puede usarse como divisor entre secciones de contenido. Es un ejemplo de elemento de presentación en HTML a pesar de que una línea entre secciones podría implementarse más eficazmente mediante un borde en la parte superior o inferior de cualquier elemento de bloque.

Atributos

Núcleo (`id, class, style, title`), *Internacionalización*, *Eventos*

`align="center | left | right"`

Depreciado. Si la línea es horizontal más corta que el ancho de la ventana, este atributo controla su alineación en sentido horizontal. La opción por defecto es `center`.

`noshade="noshade"`

Depreciado. Muestra la línea con un estilo sólido y sin sombra.

`size="`*`número`*`"`

Depreciado. Especifica el grosor de la línea en píxeles.

`width="`*`número`*`"` o `"`*`número%`*`"`

Depreciado. Especifica la longitud de la línea en píxeles o como porcentaje sobre el ancho de la página. Por defecto, las líneas se muestran sobre todo el ancho de la página.

html

`<html>...</html>`

Éste es el elemento raíz de un documento HTML, lo que significa que todos los demás elementos están contenidos en él. El elemento `html` no tiene elementos padre. Se coloca al principio y al final del documento para indicar que se trata de un documento HTML o XHTML.

Atributos

Internacionalización (`lang`, `xml:lang`, `dir`)

`xmlns="http://www.w3.org/1999/xhtml"`

Obligatorio; exclusivo de XHTML. En un documento XHTML, declara el nombre de espacio para el documento.

`version="-//W3C//DTD HTML 4.01//EN"`

Depreciado en HTML 4.01. Eh HTML, el valor de la versión conforma un Identificador Público Formal (FPI) que especifica la versión de HTML que usa el documento (en el ejemplo de arriba se está referenciado a la versión 4.01). En HTML 4.01, el atributo `version` ha quedado depreciado porque su información es redundante con la contenida en la declaración DOCTYPE. En XHTML 1.0, el valor de la versión no queda definido.

i

`<i>...</i>`

El texto dentro de la etiqueta se muestra en cursiva. Se desaconseja su uso en favor del elemento semántico `em` (énfasis). Éste es uno de los elementos de presentación que se han conservado en los DTD XHTML 1.0 Estricto y XHTML 1.1.

Atributos

Núcleo (`id`, `class`, `style`, `title`), *Internacionalización*, *Eventos*

iframe

`<iframe>...</iframe>`

Define un marco interno (flotante) dentro del documento. Un *iframe* muestra el contenido de un documento externo y puede presentar barras de desplazamiento si el contenido no cabe en el área de la ventana especificada. Los marcos internos se posicionan de manera similar a las imágenes.

Atributos

Núcleo (`id`, `class`, `style`, `title`)

`align="top | middle | bottom | left | right"`

Depreciado. Alinea el marco interno en la página con relación al flujo de texto. Los alineamientos left y right permiten que el texto se coloque alrededor del marco.

`frameborder="1 | 0"`

Activa o desactiva el borde en 3D del marco. La opción por defecto es 1, que muestra el borde.

`height="`*`número`*`"`

Especifica el alto del marco en píxeles o como porcentaje sobre el tamaño de la ventana. Internet Explorer y Navigator utilizan una altura por defecto de 150 píxeles.

`hspace="`*`número`*`"`

No estándar. Se utiliza en conjunción con el alineamiento a izquierda o derecha. Este atributo permite especificar la cantidad de espacio (medida en píxeles) que deben quedar en blanco a la izquierda y a la derecha del marco interno.

`longdesc="`*`URL`*`"`

Especifica un enlace a un documento en el que se contiene una descripción larga del marco interno y sus contenidos. Esta adición a HTML 4.01 puede resultar útil para navegadores no visuales.

`marginheight="`*`número`*`"`

Especifica la cantidad de espacio (en píxeles) entre los bordes superior e inferior del marco interno y su contenido.

`marginwidth="`*`número`*`"`

Especifica la cantidad de espacio (en píxeles) entre los bordes izquierdo y derecho del marco interno y su contenido.

`name="`*`texto`*`"`

Depreciado en XHTML 1.0. Asigna un nombre al marco interno para poder referenciarlo desde enlaces.

`scrolling="yes | no | auto"`

Especifica si deben aparecer barras de desplazamiento dentro del marco. El valor `yes` significa que siempre deben aparecer las barras; el valor `no` significa que estas barras nunca deben aparecer; el valor `auto` (la opción por defecto) significa que las barras aparecerán automáticamente si el contenido no cabe en el marco.

`src="`*`URL`*`"`

Especifica la URL del documento HTML que se mostrará inicialmente en el marco interno.

`vspace="número"`

No estándar. Usado en conjunción con la alineación a izquierda o derecha, especifica la cantidad de espacio (en píxeles) que debe quedar libre por encima y por debajo del marco.

`width="número"`

Especifica el ancho del marco interno en píxeles o un porcentaje sobre el tamaño de la ventana. Internet Explorer y Navigator utilizan un ancho por defecto de 300 píxeles.

img

`<img />`

Coloca una imagen en la página.

Atributos

Núcleo (`id, class, style, title`), *Internacionalización, Eventos*

`align="tipo"`

Depreciado. Especifica la alineación de una imagen usando uno de los siguientes valores:

Tipo	Alineamiento resultante
`bottom`	Alinea la parte inferior de la imagen con la línea base del texto. Es la alineación vertical por defecto.
`left`	Alinea la imagen con el margen izquierdo y permite que el texto adyacente se adapte a su contorno.
`middle`	Alinea la línea base del texto con el punto medio de la imagen.
`right`	Alinea la imagen con el margen derecho y permite que el texto adyacente se adapte a su contorno.
`top`	Alinea la parte superior de la imagen con el objeto más alto existente en esa línea.

`alt="texto"`

Obligatorio. Proporciona un texto alternativo que aparece cuando la imagen no puede mostrarse. Internet Explorer 4.0+ y Netscape 6 para Windows muestran este texto en forma de "consejo emergente" cuando el ratón pasa por encima de la imagen.

`border="número"`

Depreciado. Especifica el ancho (en píxeles) del borde que rodea una imagen que sirve como vínculo.

`height="número"`

Especifica el alto de la imagen en píxeles. No es obligatorio, pero se recomienda para acelerar el proceso de mostrar la página Web.

`hspace="número"`

Depreciado. Especifica (en número de píxeles) la cantidad de espacio en blanco a la izquierda y derecha de la imagen.

`ismap`

Indica que la imagen se está usando como fuente para un mapa de imagen de lado del servidor (una imagen que contiene varios vínculos de hipertexto).

`longdesc="URL"`

Especifica un enlace a una descripción larga del contenido de la imagen o mapa. Puede usarse para hacer accesible la información para navegadores no visuales. De momento sólo está implementado por Navigator 6.

`lowsrc="URL"`

No estándar. Especifica una imagen (por lo general, más pequeña en tamaño de archivo) que se cargará primero, seguida de la imagen definitiva especificada por el atributo `src`.

`name="texto"`

Depreciado en XHTML 1.0; se debe usar `id` *en su lugar*. Asigna al elemento imagen un nombre, de modo que pueda ser referenciada por un código o por una hoja de estilos.

`src="URL"`

Obligatorio. Proporciona la localización del archivo gráfico que se mostrará.

`usemap="URL"`

Especifica el mapa que contiene las coordenadas y enlaces para una imagen de mapa de lado del cliente (imagen que contiene varios enlaces de hipertexto).

`vspace="número"`

Depreciado. Especifica (en número de píxeles) la cantidad de espacio que debe quedar en blanco por encima y por debajo de la imagen.

`width="número"`

Especifica el ancho de una imagen en píxeles. No es obligatorio, pero se recomienda para acelerar el proceso de mostrar la página Web.

input

```
<input />
```

El elemento `input` se usa para crear una variedad de controles de entrada a un formulario. El tipo de control viene definido por el atributo `type`. A continuación, se detalla una lista completa de atributos (con descripciones) que pueden usarse con el elemento `input`. No todos los atributos pueden usarse con todos los tipos de control. Se especifican también los atributos específicos de ciertos tipos de control.

Atributos

Núcleo (`id, class, style, title`), *Internacionalización*, *Eventos* (`onfocus, onblur, onselect, onchange`)

`alt="`*`texto`*`"`

Especifica un texto alternativo en los casos en los que se usa una imagen como botón.

`accept="`*`tipo MIME`*`"`

Especifica una lista separada por comas con los tipos de archivo que el servidor es capaz de procesar. Puede usarse para filtrar archivos inadecuados cuando se le pide al usuario que envíe un fichero al servidor.

`accesskey="`*`carácter`*`"`

Asigna una tecla de acceso (atajo de teclado) a un elemento para permitir un acceso más rápido al mismo.

`checked="checked"`

Cuando se incluye este atributo, la casilla de confirmación aparecerá marcada por defecto.

`disabled="disabled"`

Deshabilita el control de entrada. Sólo puede alterarse por medio de un *script*. Los navegadores pueden mostrar los controles deshabilitados con un estilo diferente (en color gris, por ejemplo), lo que puede resultar útil para disimular ciertos controles hasta que se haya proporcionado cierta información necesaria.

`maxlength="`*`número`*`"`

Especifica el número de caracteres máximo que el usuario puede introducir en el elemento.

`name="`*`texto`*`"`

Obligatorio para todos los tipos de control excepto para `submit` *y* `reset`. Asigna un nombre al control para permitir que un *script* pueda acceder a él.

`readonly="readonly"`

Indica que el control de entrada no puede modificarse.

`size="`*`número`*`"`

Especifica el tamaño de una caja de texto (medida en número de caracteres). Los usuarios pueden introducir cadenas más largas que el espacio del que dispone la caja de texto, provocando que la cadena se desplace hacia la derecha.

`src="`*`URL`*`"`

Proporciona la URL de la imagen que se usará para un botón.

`tabindex="`*`número`*`"`

Especifica la posición en el orden de tabulación. La navegación por tabulación permite al usuario rotar entre los campos activos usando la tecla **Tab**.

`type="text | password | checkbox | radio | submit | reset | file | hidden | image | button"`

Especifica el tipo de control.

`value="`*`texto`*`"`

Especifica el valor del control.

<input type="button" />

Crea un botón personalizable. Los botones personalizables no tienen un comportamiento específico pero pueden usarse para iniciar funciones creadas con JavaScript. Los datos generados por el uso del control `type="button"` nunca se envían al servidor cuando se procesa el formulario; son botones específicos para su uso con programas de *script* en el navegador.

Atributos

Núcleo (`id, class, style, title`), *Internacionalización, Eventos, Focus* (`accesskey, tabindex, onfocus, onblur`).

`align="left | middle | right | top | bottom"` (*Depreciado*)

`disabled="disabled"`

`name="text"` (*Obligatorio*)

`value="text"`

<input type="checkbox" />

Crea un elemento de casilla de verificación dentro de un formulario. Las casillas de verificación son como interruptores que pueden estar encendidos o apagados dependiendo de la opción que elija el usuario. Es posible seleccionar varias casillas de un mismo grupo de casillas a la vez. Cuando se envía el formulario, sólo se transmiten los valores de las casillas que se encontraran activadas.

Atributos

Núcleo (`id, class, style, title`), *Internacionalización, Eventos, Focus* (`accesskey, tabindex, onfocus, onblur`)

align="left | middle | right | top | bottom" (*Depreciado*)
checked="checked"
disabled="disabled"
name="*texto*" (*Obligatorio*)
readonly="readonly"
value="*texto*" (*Obligatorio*)

<input type="file" />

Permite a los usuarios enviar varios archivos externos junto con el formulario.

Atributos

Núcleo (id, class, style, title), *Internacionalización*, *Eventos*, *Focus* (accesskey, tabindex, onfocus, onblur)
accept="*tipo MIME*"
disabled="disabled"
maxlength="*número*"
name="*texto*" (*Obligatorio*)
readonly="readonly"
size="*número*"
value="*texto*"

<input type="hidden" />

Crea un control que no se muestra en el navegador. Los controles ocultos pueden usarse para pasar información especial al servidor sin que el usuario pueda verla o alterarla.

Atributos

accesskey="carácter"
tabindex="*número*"
name="*texto*" (*Obligatorio*)
value="*texto*" (*Obligatorio*)

<input type="image" />

Permite usar una imagen como sustitución de un botón de envío. Cuando se pulsa el botón type="image", se envía el formulario.

Atributos

Núcleo (id, class, style, title), *Internacionalización*, *Eventos*, *Focus* (accesskey, tabindex, onfocus, onblur)

`align="left | middle | right | top | bottom"` (*Depreciado*)
`alt="`*`texto`*`"`
`disabled="disabled"`
`name="`*`texto`*`"` (*Obligatorio*)
`src="`*`URL`*`"`

<input type="password" />

Crea un elemento de entrada de texto (igual que `<input type="text">`), pero el texto que se introduce se escribe ocultando los caracteres, bien mostrando asteriscos (*) o bien círculos en negro (•). Recuerde que esto no quiere decir que se esté cifrando la información y no debería considerarse como una medida de seguridad real.

Atributos

Núcleo (`id, class, style, title`), *Internacionalización, Eventos, Focus* (`accesskey, tabindex, onfocus, onblur`)
`disabled="disabled"`
`maxlength="`*`número`*`"`
`name="`*`texto`*`"` (*Obligatorio*)
`readonly="readonly"`
`size="`*`número`*`"`
`value="`*`texto`*`"` (*Obligatorio*)

<input type="radio" />

Crea un botón de radio que puede estar activado o desactivado. Cuando un grupo de botones de radio comparte el mismo nombre, sólo uno de ellos puede estar activado cada vez, mientras que los demás permanecen desactivados. Esto es lo que los diferencia de las casillas de verificación, que permiten múltiples selecciones dentro de un mismo grupo. Sólo la información del botón de radio que se encuentre activado se envía al servidor junto con el formulario.

Atributos

Núcleo (`id, class, style, title`), *Internacionalización, Eventos, Focus* (`accesskey, tabindex, onfocus, onblur`)
`checked="checked"`
`disabled="disabled"`
`name="`*`texto`*`"` (*Obligatorio*)
`readonly="readonly"`
`value="`*`texto`*`"` (*Obligatorio*)

<input type="reset" />

Crea un botón de *reset* o de restablecimiento que limpia los contenidos del formulario (o los devuelve a sus valores por defecto).

Atributos

Núcleo (`id, class, style, title`), *Internacionalización, Eventos, Focus* (`accesskey, tabindex, onfocus, onblur`)

`disabled="disabled"`

`name="`*`texto`*`"`

`value="`*`texto`*`"`

<input type="submit" />

Crea un botón de envío; pulsar este botón hace que la información se envíe inmediatamente al servidor para ser procesada.

Atributos

Núcleo (`id, class, style, title`), *Internacionalización, Eventos, Focus* (`accesskey, tabindex, onfocus, onblur`)

`disabled="disabled"`

`name="`*`texto`*`"`

`value="`*`texto`*`"`

<input type="text" />

Crea un elemento de entrada de texto. Éste es el tipo de control de entrada por defecto, así como el más común y útil.

Atributos

Núcleo (`id, class, style, title`), *Internacionalización, Eventos, Focus* (`accesskey, tabindex, onfocus, onblur`)

`disabled="disabled"`

`maxlength="`*`número`*`"`

`name="`*`texto`*`"` (*Obligatorio*)

`readonly="readonly"`

`size="`*`número`*`"`

`value="`*`texto`*`"`

ins

```
<ins>...</ins>
```

Indica que el texto ha sido insertado en el documento. Puede resultar útil para documentos legales y cualquier caso en el que sea necesario mantener un registro de las modificaciones que se hacen sobre el texto. Su antagonista es `del`, para texto que se ha eliminado. Ambos pueden utilizarse sobre líneas o elementos de bloque.

Atributos

Núcleo (`id, class, style, title`), *Internacionalización, Eventos*

`cite="`*`URL`*`"`

Puede usarse para apuntar a un documento fuente que explique por qué el documento ha cambiado.

`datetime="`*`YYYY-MM-DDThh:mm:ssTZD`*`"`

Especifica la fecha y hora en la que se hizo el cambio. Las fechas y la hora se rigen por el formato arriba especificado con años de cuatro dígitos (`YYYY`), meses de dos dígitos (`MM`), día (`DD`), hora (`hh` entre 00 y hasta 23), minutos (`mm` desde 00 hasta 59) y segundos (`ss` desde 00 hasta 59). Las siglas TZD se refieren a *Time Zone Designator* (designador de la zona horaria) y su valor puede ser Z (para indicar UTC o *Coordinated Universal Time*), un indicador del número de horas y minutos por delante de UTC (como `+03:00`) o un indicador del número de horas y minutos por detrás de UTC (como `-02:20`).

Este es el formato standard para fecha y hora eh HTML. Para más información, visite `www.w3.org/TR/1998/NOTE-datetime-19980827`.

isindex

`<isindex />`

Depreciado. Marca el documento para indicar que se puede buscar en él. El servidor en el que se aloja el documento debe disponer de un mecanismo de búsqueda para este efecto. El navegador muestra una caja de texto con una etiqueta que indica que se trata de un índice de búsqueda e invitando al usuario a introducir una cadena de texto para hacer una búsqueda. Este método ha quedado desfasado con la aparición de mecanismos de búsqueda más sofisticados controlados por formularios y *scripts* CGI.

El elemento `isindex` no forma parte del sistema de formularios y no es necesario incluirlo dentro de los mismos.

Atributos

Núcleo (`id, class, style, title`), *Internacionalización*

`prompt="`*`texto`*`"`

Proporciona un texto alternativo (no el texto por defecto) para acompañar al campo de búsqueda.

kbd

`<kbd>...</kbd>`

Es una abreviatura de "teclado" (*keyboard*) e indica que se trata de texto introducido por el usuario.

Atributos

Núcleo (`id, class, style, title`), *Internacionalización, Eventos*

label

`<label>...</label>`

Se usa para adjuntar información a los controles. Cada elemento `label` está asociado exactamente con un control del formulario.

Atributos

Núcleo (`id, class, style, title`), *Internacionalización, Eventos*, `onfocus, onblur`

`accesskey="`*`carácter`*`"`

Asigna una tecla de acceso (atajo de teclado) al elemento.

`for="`*`texto`*`"`

Asocia explícitamente la etiqueta con el control haciendo que coincidan el valor del atributo `for` de *label* con el de `id` en el elemento de control.

Ejemplo

```
<label for="apellido">Apellido: </label>
<input type="text" id="apellido" size="32" />
```

legend

`<legend>...</legend>`

Asigna un texto al conjunto de campos (debe estar contenido en un elemento `fieldset`). De esta manera se mejora la accesibilidad cuando el conjunto de campos no se muestra visualmente.

Atributos

Núcleo (`id, class, style, title`), *Internacionalización, Eventos*

`accesskey="`*`carácter`*`"`

Asigna una tecla de acceso (atajo de teclado) a un elemento para hacer más rápido su acceso.

`align="top|bottom|left|right"`

Depreciado. Alinea el texto en relación al conjunto de campos.

li

`<li>...</li>`

Define un elemento en una lista. Se usa dentro de listas de elementos `ol`, `ul`, `menu` (depreciado) y `dir` (depreciado).

Atributos

Núcleo (`id, class, style, title`), *Internacionalización, Eventos*

`type="`*`formato`*`"`

Depreciado . Cambia el formato de los números o viñetas que se generan automáticamente para separar los elementos de la lista.

Con listas no ordenadas (`ul`), el atributo `type` puede usarse para especificar el estilo de viñeta (`disc, circle` o `square`) de un elemento en concreto.

En una lista ordenada (`ol`), el atributo `type` especifica el estilo de numerado (ver opciones de listado de `ol`) de un elemento en particular.

`start="`*`número`*`"`

No estándar. En una lista ordenada, puede especificarse el primer número de la secuencia.

`value="`*`número`*`"`

Depreciado. En una lista ordenada, puede especificar el número de un elemento concreto. Los elementos que se sucedan después de ése, se numerarán de acuerdo a la nueva numeración.

link

`<link />`

Define la relación entre el documento actual y otro documento. Aunque puede referirse a relaciones como "índice", "siguiente" y "anterior", la mayoría de las veces se utiliza para direccionar un documento u hoja de estilos externo.

Atributos

Núcleo (`id, class, style, title`), *Internacionalización, Eventos*

`charset="`*`conjunto de caracteres`*`"`

Especifica la codificación de caracteres del documento de destino. Ver el capítulo 6 para más información sobre los conjuntos de caracteres.

`href="`*`URL`*`"`

Identifica el documento de destino.

`hreflang="`*`código de idioma`*`"`

HTML 4.01. Especifica el lenguaje del documento de destino. Ver capítulo 6 para una lista de códigos de idioma.

`media="all | screen | print | handheld |projection |tty |tv |projection |braille | aural"`

Identifica el medio del documento de destino de manera que se pueda acceder a una hoja de estilos diferente. El atributo `media` se explica con más detenimiento en los capítulos 16 y 36.

`rel="`*`relaciones`*`"`

Describe una o más relaciones entre el documento actual y el documento de destino. Las relaciones más comunes incluyen `stylesheet`, `next`, `prev`, `copyright`,

`index` y `glossary`.

`rev="`*`relaciones`*`"`

Especifica una o más relaciones entre el documento de destino y el actual (en dirección inversa al atributo `rel`).

`target="`*`nombre`*`"`

Define la ventana de destino predeterminada para todos los enlaces del documento. A menudo se utiliza para abrir enlaces en marcos.

`type="`*`recurso`*`"`

Muestra el tipo de archivo del enlace. El valor `text/css` indica que el documento referenciado es una hoja de estilos en cascada externa.

map

`<map>...</map>`

Especifica un mapa de imagen de lado del cliente. Contiene unos cuantos elementos de área que establecen las regiones calientes sobre las que se puede hacer clic dentro del mapa. Se debe aplicar un nombre al mapa usando el atributo `name` de HTML, el atributo `id` de XHTML o ambos para asegurar la compatibilidad con navegadores antiguos.

Atributos

Núcleo (`id, class, style, title`), *Internacionalización, Eventos*

`id="`*`texto`*`"`

Obligatorio. Otorga al mapa un nombre único de manera que pueda ser referenciado desde un enlace, código y hoja de estilos. El atributo es obligatorio para las recomendaciones XHTML 1.0 y 1.1.

`name="`*`texto`*`"`

Depreciado únicamente en XHRML 1.0; se debe utilizar `id` *en su lugar*. Da al mapa un nombre que se asigna desde el elemento `img`. Es un atributo obligatorio en HTML.

menu

`<menu>...</menu>`

Depreciado. Introduce una lista de tipo menú consistente de elementos `li`. Los menús fueron creados con la intención de mostrar listas con diferentes opciones a modo de menú de enlaces hacia otros documentos. Raramente se usa y ha quedado depreciado en favor de `ul`.

Atributos

Núcleo (`id`, `class`, `style`, `title`), *Internacionalización*, *Eventos*

`compact`

Depreciado. Muestra la lista tan pequeña como sea posible (no está implementado en la mayoría de navegadores).

meta

`<meta />`

Proporciona información adicional acerca del documento. Debe colocarse dentro de la cabecera del mismo. Se suele utilizar para identificar el tipo de archivos y el conjunto de caracteres del documento. También puede contener palabras clave, información sobre el autor, descripciones y otros tipos de meta-información.

Atributos

Internacionalización (`lang`, `xml:lang`, `dir`)

`content="`*`texto`*`"`

Obligatorio. Especifica el valor del elemento `meta` y se utiliza siempre en conjunción con `name` o `http-equiv`.

`http-equiv="`*`texto`*`"`

La información especificada se trata como si estuviese incluida en una cabecera HTTP que el servidor envía por delante del documento. Se usa en conjunción con el atributo `content` (en lugar del atributo `name`).

`name="`*`texto`*`"`

Especifica un nombre para la propiedad `meta`.

`scheme="`*`texto`*`"`

Proporciona información adicional para la interpretación de los meta datos.

noembed

`<noembed>...</noembed>`

No *estándar*. El texto o elemento incluido dentro de las etiquetas `noembed` aparece cuando no se puede mostrar un objeto encapsulado (por ejemplo, cuando no se encuentra disponible un cierto plugin). Este elemento se inserta dentro o al lado del elemento encapsulado.

noframes

`<noframes>...</noframes>`

Define el contenido que se mostrará en el navegador si éste no puede mostrar marcos. Los navegadores que sí que soportan marcos ignoran el contenido de este elemento.

Atributos

Núcleo (`id, class, style, title`), *Internacionalización, Eventos*

noscript

`<noscript>...</noscript>`

Proporciona un contenido alternativo cuando no se puede ejecutar cierto *script*. El contenido de este elemento se mostrará si el agente usuario no soporta *scripts*, si se ha desactivado la opción de ejecutar *scripts* o si el navegador no reconoce el lenguaje en que fue codificado el *script*.

Atributos

Núcleo (`id, class, style, title`), *Internacionalización, Eventos*

object

`<object>...</object>`

Se trata de un elemento genérico usado para colocar un `objeto` (como puede ser una imagen, *applet*, o archivo multimedia) en una página Web. Los atributos necesarios dependen del tipo de objeto que se esté insertando. El elemento `object` puede contener también una lista de elementos `param` (parámetros) para pasar información importante al objeto y afectar así a su reproducción. No todos los objetos necesitan parámetros adicionales. Los atributos `declare`, `standby` y `tabindex` no están implementados universalmente. Tampoco todos los navegadores soportan los elementos `object` en la misma medida.

Atributos

Núcleo (`id, class, style, title`), *Internacionalización, Eventos*

`align="baseline|center|left|middle|right|textbottom|textmiddle|texttop"`

Depreciado. Alinea el objeto en relación con el texto adyacente. Ver elemento `img` para una explicación de los diferentes valores.

`archive="`*`URL`*`"`

Especifica una lista separada por espacios con URL de recursos que tienen relación con el objeto.

`border="`*`número`*`"`

Depreciado. Establece el ancho del borde en píxeles si el objeto es un enlace.

`classid="`*`URL`*`"`

Identifica la colocación de la implementación del objeto. Se usa conjuntamente o sustituyendo al atributo `data`. La sintaxis depende del tipo de objeto. No está implementado en navegadores Gecko.

`codebase="`*`URL`*`"`

Identifica la URL base que se usará para resolver las direcciones relativas en el objeto (parecido a `base`). Por defecto, `codebase` adopta el valor del documento actual.

`codetype="`*`codetype`*`"`

Especifica el tipo de archivo contenido. Es necesario sólo si el navegador no puede determinar el tipo MIME del *applet* partiendo del atributo `classid` o si el servidor no envía correctamente el tipo MIME cuando se descarga el objeto.

`data="`*`URL`*`"`

Especifica la URL de la información que usa el objeto. La sintaxis depende del objeto.

`declare="declare"`

Declara un objeto pero impide que el navegador lo descargue y procese. Se usa en conjunción con el atributo `name` y tiene una funcionalidad similar a la de una declaración adelantada (*forward declaration*) en los lenguajes de programación convencionales, lo que le permite retrasar la descarga hasta que el objeto haya sido usado.

`height="`*`número`*`"`

Especifica el alto del objeto en píxeles.

`hspace="`*`número`*`"`

Depreciado. Mantiene un cierto número de píxeles en blanco a la izquierda y derecha del objeto.

`name="`*`texto`*`"`

Especifica el nombre del objeto para poder ser referenciado por los *scripts* de la página. Ha sido eliminado de la recomendación XHTML 1.1 en favor del atributo `id`.

`standby="`*`mensaje`*`"`

Especifica el mensaje que se mostrará mientras se está cargando el objeto.

`tabindex="`*número*`"`

Especifica la posición del elemento actual en el orden de tabulación para el documento actual. El valor debe estar entre 0 y 32767. Se utiliza para recorrer los enlaces de una página (o campos en un formulario).

`type="`*tipo*`"`

Especifica el tipo de archivo de los datos.

`usemap="`*URL*`"`

Especifica el mapa de imagen que se usará con el objeto.

`vspace="`*número*`"`

Depreciado. Mantiene un cierto número de píxeles en blanco por encima y por debajo del objeto.

`width="`*número*`"`

Especifica el ancho del objeto en píxeles.

ol

`<ol>...</ol>`

Define una lista ordenada (numerada) consistente de elementos de lista (`li`). El navegador insertará los números de lista automáticamente.

Atributos

Núcleo (`id, class, style, title`), *Internacionalización, Eventos*

`compact`

Depreciado. Muestra la lista tan pequeña como sea posible (no está implementado en la mayoría de navegadores).

`start="`*número*`"`

Depreciado. Comienza la numeración de la lista con un número distinto al 1.

`type="1|A|a|I|i"`

Depreciado. Define el sistema de numeración basándose en la siguiente tabla.

Type value	Generated style	Sample sequence
1	Numeración arábica (predeterminado).	1, 2, 3, 4.
A	Letras mayúsculas.	A, B, C, D.
a	Letras minúsculas.	a, b, c, d.
I	Numeración romana en mayúsculas.	I, II, III, IV.
i	Numeración romana en minúsculas.	i, ii, iii, iv.

optgroup

`<optgroup>...</optgroup>`

Define un grupo lógico de elementos de opción. Los navegadores pueden utilizar este tipo de etiquetas para mostrar menús jerárquicos. Un elemento `optgroup` no puede contener otro elemento `optgroup` dentro de él (no pueden anidarse).

Atributos

Núcleo (`id, class, style, title`), *Internacionalización, Eventos*

`disabled="disabled"`

Indica que el grupo de opciones no es funcional. Puede reactivarse mediante *script*.

`label="`*`texto`*`"`

Obligatorio. Especifica la etiqueta para el grupo de opciones.

option

`<option>...</option>`

Define una opción dentro de un elemento `select` (un menú que presenta múltiples opciones o bien una lista con desplazamiento). El contenido del elemento `option` es lo que se envía a la aplicación que se encargará de procesar el formulario (a no ser que se especifique un valor alternativo utilizando el atributo `value`).

Atributos

Núcleo (`id, class, style, title`), *Internacionalización, Eventos*

`disabled="disabled"`

Indica que la selección es inicialmente no funcional. Puede reactivarse por medio de un *script*.

`label="`*`texto`*`"`

Permite al autor proporcionar una etiqueta más corta que el contenido de la opción. Este atributo no se encuentra implementado.

`selected="selected"`

Hace que el elemento aparezca seleccionado cuando se muestra el formulario inicialmente.

`value="`*`texto`*`"`

Define el valor que se asignará al elemento `option` dentro de `select` para que sea usado en lugar del contenido de la opción.

p

`<p>...</p>`

Señala un párrafo. Los navegadores ignoran la aparición de varios elementos `p` vacíos.

Atributos

Núcleo (`id, class, style, title`), *Internacionalización, Eventos*

`align="center|left|right"`

Depreciado. Alinea el texto del elemento hacia la izquierda, derecha o centro de la página.

param

`<param />`

Proporciona un parámetro dentro de un elemento `applet` u `object`.

Atributos

`id="`*`texto`*`"`

Proporciona un nombre (similar al atributo `name`) de manera que pueda referenciarse desde un enlace u hoja de estilos. Es más versátil que `name`, pero no está implementado tan ampliamente.

`name="`*`texto`*`"`

Obligatorio. Define el nombre del parámetro.

`value="`*`texto`*`"`

Define el valor del parámetro.

`valuetype="data|ref|object"`

Indica el tipo del valor: `data` significa que el parámetro es un dato (opción por defecto); `ref` indica que su valor es una URL; `object` indica que el valor es la URL de otro objeto dentro del documento.

`type="`*`tipo de contenido`*`"`

Exclusivo de HTML 4.01. Especifica el tipo de archivo del recurso sólo cuando el atributo `valuetype` está marcado como `ref`.

pre

`<pre>...</pre>`

Delimita un texto preformateado, lo que significa que las líneas se muestran de la manera en que fueron tecleadas, recogiendo los espacios en blanco y cambios de línea. Por defecto, el texto incluido dentro del elemento `pre` se muestra en una fuente mono-espacio como Courier.

Atributos

Núcleo (`id, class, style, title`), *Internacionalización, Eventos*

`width="`*`número`*`"`

Depreciado. Este atributo opcional determina el número de caracteres que deben incluirse dentro de una misma línea dentro de un bloque `pre`.

q

`<q>...</q>`

Delimita una cita breve que puede incluirse dentro de la misma línea como "ser o no ser". Se distingue de `blockquote` en que no es un elemento de bloque. Algunos navegadores insertan automáticamente comillas. Cuando se usa con el atributo `lang` (idioma), el navegador puede incluir signos de comillas específicos del idioma.

Atributos

Núcleo (`id, class, style, title`), *Internacionalización, Eventos*

`cite="`*`url`*`"`

Designa el documento fuente del que se extrajo la cita.

s

`<s>...</s>`

Depreciado. El texto encapsulado dentro de las etiquetas se muestra como texto en formato tachado (igual que `strike` pero utilizado por navegadores más modernos).

Atributos

Núcleo (`id, class, style, title`), *Internacionalización, Eventos*

samp

`<samp>...</samp>`

Delimita un texto que representa el resultado obtenido por un programa, *script* o similar. Suele mostrarse en fuente mono-espacio.

Atributos

Núcleo (`id, class, style, title`), *Internacionalización, Eventos*

script

`<script>...</script>`

Coloca un *script* en un documento (por lo general, en JavaScript en documentos Web). Puede aparecer varias veces en la cabecera y cuerpo del documento. Puede incluirse como elemento de *script* o en un archivo externo (con el atributo `scr`).

Atributos

`charset="`*`conjunto de caracteres`*`"`

Indica la codificación de caracteres de un archivo de *script* externo (no es relevante para el elemento `script`).

`defer="defer"`

Indica al agente usuario que el *script* no generará ningún documento, permitiéndole seguir cargando la página.

`language="`*`texto`*`"`

Depreciado. Proporciona el nombre del lenguaje de *script*, pero puesto que no está estandarizado, ha quedado depreciado en favor del atributo `type`.

`src="`*`url`*`"`

Proporciona la localización del *script* externo.

`type="`*`tipo de contenido`*`"`

Obligatorio. Especifica el lenguaje de *script* empleado. Este valor sobreescribe el que se haya asignado por defecto para los *scripts* del documento. Debe introducirse un tipo de contenido, por lo general `text/javascript`.

select

`<select>...</select>`

Define un menú con múltiples elecciones o una lista con desplazamiento. Es el contenedor para uno o más elementos `option`. Este elemento también puede alojar uno o varios elementos `optgroup`.

Atributos

Núcleo (`id, class, style, title`), *Internacionalización*, *Eventos*, `onfocus`, `onblur`, `onchange`

`disabled="disabled"`

Indica que el elemento `select` es, inicialmente, no funcional. Puede reactivarse por medio de un *script*.

`multiple="multiple"`

Permite al usuario seleccionar más de una opción de la lista. Cuando este atributo no se haya presente, sólo se permite una única elección.

`name="texto"`

Obligatorio. Define el nombre del control; cuando se envía el formulario a la aplicación que lo procesa, se envía también este nombre junto con el valor de cada una de las opciones elegidas.

`size="número"`

Especifica el número de filas que se muestran en la lista de opciones. Para valores mayores que 1, se usará una lista con desplazamiento con el número de opciones visibles que se haya especificado. Cuando se elige `size=1`, la lista se muestra con forma de menú *pop-up*.

El valor por defecto cuando no se elige la opción `multiple` es 1. Cuando se activa la opción `multiple`, el valor por defecto puede variar, pero suele ser de 4.

`tabindex="número"`

Especifica la posición en el orden de tabulación. La navegación por tabulación permite al usuario rotar a través de los campos activos usando la tecla **Tab**.

small

`<small>...</small>`

El texto encerrado se muestra más pequeño que el que lo rodea.

Atributos

Núcleo (`id`, `class`, `style`, `title`), *Internacionalización*, *Eventos*

span

`<span>...</span>`

Identifica un elemento de línea genérico. Puede usarse en conjunción con los atributos `class` y/o `id` para recibir formato con hojas de estilos.

Atributos

Núcleo (`id`, `class`, `style`, `title`), *Internacionalización*, *Eventos*

strike

`<strike>...</strike>`

Depreciado. El texto incluido dentro de las etiquetas se muestra como tachado (cruzado por una línea horizontal). Ha quedado depreciado en favor del uso de hojas de estilos.

Atributos

Núcleo (`id, class, style, title`), *Internacionalización, Eventos*

strong

`<strong>...</strong>`

El texto entre las etiquetas se muestra enfatizado. El usuario agente suele mostrar los elementos `strong` en negrita.

Atributos

Núcleo (`id, class, style, title`), *Internacionalización, Eventos*

style

`<style>...</style>`

Permite insertar reglas de hojas de estilos dentro de la cabecera de un documento. El código mínimo que es necesario utilizar para incluir una hoja de estilos CSS es:

```
<style type="text/css">...</style>
```

Atributos

Internacionalización (`lang, dir, xml:lang`)

`media="all|aural|braille|handheld|print|projection|screen|tty|tv"`

Especifica el medio de destino elegido para la información de estilos. Puede ser una única palabra o una lista separada por comas. La opción por defecto es `screen`.

`title="`*`texto`*`"`

Otorga a la hoja de estilos un título.

`type="`*`tipo de contenido`*`"` (`text/css`)

Obligatorio. Especifica el lenguaje que se emplea en la hoja de estilos. Para las hojas de estilos en cascada (la única opción en la actualidad), el valor es `text/css`.

sub

`<sub>...</sub>`

Formatea el texto con forma de *subscript*.

Atributos

Núcleo (`id, class, style, title`), *Internacionalización, Eventos*

sup

`<sup>...</sup>`

Formatea el texto con forma de superíndice.

Atributos

Núcleo (`id, class, style, title`), *Internacionalización, Eventos*

table

`<table>...</table>`

Introduce una tabla. La etiqueta de final es obligatoria, y su omisión puede provocar que la tabla no se muestre en algunos navegadores.

Atributos

Núcleo (`id, class, style, title`), *Internacionalización, Eventos*

`align="left | right | center"`

Depreciado. Alinea la tabla con respecto al flujo de texto (una alineación idéntica al del elemento `img`). La alineación por defecto es hacia la izquierda. No todos los navegadores soportan la alineación central.

`bgcolor="`*`#rrggbb`*`"` o `"`*`nombre de color`*`"`

Depreciado. Especifica el color de fondo para la tabla entera. Su valor viene especificado en valores RGB hexadecimales o por el nombre del color (ver apéndice D para más información para los nombres de color en HTML).

`border="`*`número`*`"`

Especifica el ancho (en píxeles) del borde alrededor de la tabla y sus celdas. Asignando un valor de 0 (cero), se eliminan por completo los bordes. El valor por defecto es 1. Añadir la palabra `border` sin ningún valor resulta en un borde de 1 píxel, aunque no es una nomenclatura válida en XHTML.

`cellpadding="`*`número`*`"`

Establece la cantidad de espacio, en número de píxeles, entre el borde de la celda y su contenido. El valor por defecto es 1.

`cellspacing="`*`número`*`"`

Establece la cantidad de espacio (en número de píxeles) entre las celdas de la tabla. El valor por defecto es 2.

`frame="void|above|below|hsides|lhs|rhs|vsides|box|border"`

Indica al navegador dónde debe dibujar los bordes alrededor de la tabla. Los valores son los que se especifican en la tabla de la siguiente página:

Valor	Descripción
`void`	No aparece ningún borde (opción por defecto).
`above`	Sólo el borde superior.
`below`	Sólo el borde inferior.
`hsides`	Sólo los bordes superior e inferior.
`vsides`	Sólo los bordes izquierdo y derecho.
`lhs`	Sólo el borde izquierdo.
`rhs`	Sólo el borde derecho.
`box`	Los cuatro bordes.
`border`	Los cuatro bordes.

Cuando se establece un atributo `border` con un valor mayor que cero, el atributo `frame` adquiere el valor `border` a no ser que se especifique lo contrario.

`height="`*`número, porcentaje`*`"`

No estándar. Especifica la altura mínima de la tabla. Puede especificarse por el número de píxeles o por un porcentaje en relación con el elemento en que debe estar contenida.

`rules="all|cols|groups|none|rows"`

Indica al navegador cómo debe dibujar los bordes dentro de la tabla. Los valores son:

Valor	Descripción
`none`	Sin bordes (valor por defecto).
`groups`	Aparecen bordes entre los grupos de filas (`thead`, `tfoot`, y `tbody`) y de columnas.
`rows`	Aparecen bordes sólo entre las filas.
`cols`	Aparecen bordes sólo entre las columnas.
`all`	Aparecen bordes entre todas las filas y columnas.

Cuando se cambia el atributo `border` a un valor mayor que cero, el atributo `rules` adopta el valor por defecto, a no ser que se especifique lo contrario.

Este atributo se introdujo por primera vez en Internet Explorer 3.0 y ahora aparece en la especificación HTML 4.01. Netscape lo soporta únicamente en la versión 6t.

`summary="texto"`

Proporciona un resumen del contenido de la tabla para su uso en navegadores no visuales.

`width="número, porcentaje"`

Especifica el ancho de la tabla. Puede especificarse mediante píxeles o por un porcentaje en relación con el elemento en el que está contenida la tabla.

tbody

`<tbody>...</tbody>`

Define un grupo de filas como "cuerpo" para la tabla. Debe contener como mínimo un elemento fila (`tr`). Los elementos de grupo de filas (`tbody`, `thead` y `tfoot`) pueden ayudar a acelerar el cálculo de la tabla por parte del navegador independientemente de su cabecera y pie. Los atributos `char` y `charoff` no están implementados por los navegadores actuales.

Atributos

Núcleo (`id, class, style, title`), *Internacionalización, Eventos*

`align="left|right|center|justify|char"`

Especifica la alineación horizontal del texto en una celda o en todas ellas. El valor por defecto es `left`. El atributo `align` ya sea aplicado a toda la tabla o a celdas individuales, no ha sido depreciado y aparece en el módulo de tablas de la recomendación XHTML 1.1.

`char="carácter"`

Especifica un carácter alrededor del cual se alinea el contenido de la celda si se cambia el tributo `align` a `char`. El carácter por defecto es un punto decimal. Este atributo no se encuentra en la mayoría de los navegadores.

`charoff="longitud"`

Especifica la distancia de relleno al primer carácter de cada línea. No se encuentra implementado en la mayoría de navegadores.

`valign="top|middle|bottom|baseline"`

Especifica la alineación vertical de las celdas de una columna. El atributo `valign`, ya sea para su uso sobre celdas individuales o sobre toda una tabla, no ha sido depreciado y aparece en la recomendación XHTML 1.1.

td

`<td>...</td>`

Define una celda dentro de una tabla. En HTML no es obligatorio incluir la etiqueta de cierre, pero se recomienda hacerlo para evitar comportamientos extraños en el navegador, en especial si la celda contiene algún tipo de imagen. En XHTML sí que es obligatorio incluir la etiqueta de cierre para que el documento sea un documento válido. La celda puede albergar cualquier contenido, incluyendo otras tablas.

Atributos

Núcleo (`id, class, style, title`), *Internacionalización, Eventos*

`abbr="`*`texto`*`"`

Proporciona un resumen del contenido de la celda.

`align="left|right|center|justify|char"`

Especifica la alineación horizontal de una celda o celdas. El valor por defecto es `left`. No se ha depreciado el atributo `align` para su aplicación sobre las celdas de una tabla en el módulo de tablas de la recomendación XHTML 1.1.

`axis="`*`texto`*`"`

Coloca una celda dentro de una categoría conceptual, que puede utilizarse para organizar o realizar búsquedas sobre la tabla de diversas maneras.

`background="`*`url`*`"`

No estándar. Especifica una imagen para usarla como mosaico de fondo en la celda.

`bgcolor="`*`#rrggbb`*`" o "`*`nombre de color`*`"`

Depreciado. Especifica el color de la celda. El color de fondo de una celda se impone al que haya podido especificarse a nivel de fila o tabla.

`char="`*`carácter`*`"`

Especifica un carácter alrededor del cual se alineará el contenido de la celda en caso de que se asigne el valor `char` al atributo `align`. El carácter por defecto es un punto decimal. Este atributo no está implementado en la mayoría de navegadores.

`charoff="`*`longitud`*`"`

Especifica la distancia de relleno que se mantendrá sobre el primer carácter de alineación de cada línea. No se encuentra implementado en la mayoría de navegadores.

`colspan="`*`número`*`"`

Especifica el número de columnas que debe ocupar la celda actual. El valor por defecto es 1. De acuerdo a la especificación HTML 4.01, el valor cero (0) significa que la celda actual debe ocupar todas las celdas desde la columna actual hasta la última; en la realidad, sin embargo, esta característica no se encuentra implementada en la mayoría de navegadores.

`headers="`*`referencia id`*`"`

Enumera una lista de celdas de cabecera (por su `id`) que proporcionan información acerca de la celda actual. Tiene el objetivo de mejorar la accesibilidad para los navegadores no visuales.

`height="`*`píxeles, porcentaje`*`"`

Depreciado. Especifica la altura de la celda en número de píxeles o mediante un porcentaje relativo a la altura de la tabla. La altura especificada en la primera columna se aplicará al resto de celdas de la fila. Los valores de altura deben ser consistentes para las celdas de una misma fila. Las medidas especificadas en píxeles son más fiables que los porcentajes, que funcionan únicamente cuando la altura de la tabla se ha especificado ya en píxeles.

`nowrap="nowrap"`

Depreciado. Desactiva el *text wrapping* de la celda actual. Hay que añadir cambios de línea con la etiqueta `<br>` o iniciando un nuevo párrafo.

`rowspan="`*`número`*`"`

Especifica el número de filas que ocupará la celda actual. El valor por defecto es 1. De acuerdo a la especificación HTML 4.01, el valor cero (0) significa que la celda actual debe ocupar todas las filas desde la fila actual hasta la última; en la realidad, sin embargo, esta característica no se encuentra implementada en la mayoría de navegadores.

`scope="row|col|rowgroup|colgroup"`

Especifica las celdas de la tabla para las que la celda actual proporciona información de cabecera. El valor `col` indica que la celda actual es la cabecera de todas las celdas situadas por debajo. `colgroup` indica que la celda actual es la cabecera para el grupo de columnas que la contiene. El valor `row` significa que la celda actual es la cabecera del resto de la fila. El valor `rowgroup` significa que la celda actual es la cabecera del grupo de filas que la contiene. Es una característica ideada para mejorar la accesibilidad en los navegadores no visuales.

`valign="top|middle|bottom|baseline"`

Especifica la alineación vertical del texto contenido en las celdas de una columna. No se ha depreciado el atributo `valign` en su aplicación al contenido de las celdas y aparece en el módulo de tablas de la recomendación XHTML 1.1.

`width="`*`píxeles, porcentaje`*`"`

Depreciado. Especifica el ancho de la celda en número de píxeles o mediante un porcentaje relativo al ancho de la tabla. El ancho especificado en la primera fila se aplica al resto se celdas de la columna, y los valores deben ser consistentes para las celdas de una misma columna.

textarea

`<textarea>...</textarea>`

Define una entrada de control de texto con más de una línea. El contenido del elemento `textarea` se muestra visible cuando se carga la página.

Atributos

Núcleo (`id`, `class`, `style`, `title`), *Internacionalización*, *Eventos*, `onselect`, `onchange`, *Focus* (`accesskey`, `tabindex`, `onfocus`, `onblur`)

`cols="`*`número`*`"`

Obligatorio. Especifica el ancho visible del campo de entrada, medido en número de caracteres. Los usuarios pueden introducir líneas de texto mayores, en cuyo caso el texto se desplazará a la derecha.

`disabled="disabled"`

Deshabilita el control por parte del usuario. Sólo puede modificarse utilizando algún *script*. Los navegadores muestran los controles desactivados con un estilo diferente (en color gris, por ejemplo), lo que puede resultar útil cuando se quiere reservar un cierto control hasta que el usuario haya introducido cierta información.

`name="`*`texto`*`"`

Obligatorio. Especifica el nombre del campo. Este nombre se enviará junto con el contenido del campo a la aplicación que se encargue de procesar el formulario.

`readonly="readonly"`

Indica que el campo de entrada no puede modificarse.

`rows="`*`number`*`"`

Obligatorio. Especifica la altura del campo de entrada en unidades de número de líneas de texto. Si el usuario introduce más líneas de las que se pueden mostrar, el texto se desplaza hacia abajo para acomodar las nuevas líneas.

tfoot

`<tfoot>...</tfoot>`

Define el pie de una tabla. Es uno de los elementos pertenecientes al grupo de filas. El elemento `tfoot` debe contener como mínimo una línea (`tr`).

Atributos

Veáse también la descripción de `tbody` para más información y una lista de atributos soportados.

th

`<th>...</th>`

Define una celda de cabecera para una tabla. Las celdas de cabecera de la tabla proporcionan información importante y un contexto para las celdas de la fila o columna que preceden. Son una herramienta clave para conseguir que la información de las tablas sea más accesible. En términos de marcado, funcionan de la misma manera que las celdas de datos (`td`).

Atributos

El elemento `th` acepta los mismos atributos que el elemento `td`.

thead

`<thead>...</thead>`

Define la cabecera de una tabla sobre la que debe recoger información relevante. Se utiliza para duplicar las cabeceras cuando debe dividirse la tabla en varias páginas o para cabeceras estáticas que aparecen varias veces a lo largo del cuerpo de la tabla. Debe contener al menos una línea (`tr`). El elemento `thead` es uno de los pertenecientes al grupo de filas.

Atributos

Ver `tbody` para más información y una lista de atributos soportados.

title

`<title>...</title>`

Obligatorio. Especifica el título de un documento. El título suele aparecer en la barra superior de la ventana del navegador. De acuerdo a las especificaciones HTML 4.01 y XHTML, todos los documentos deben contener un título representativo dentro de su cabecera.

Atributos

Internacionalización (`lang`, `xml:lang`, `dir`)

tr

`<tr>...</tr>`

Define una fila de celdas dentro de una tabla. El elemento `row` de una tabla no debe contener otra cosa que una sucesión de celdas (`td`). La configuración que se aplica sobre el elemento `tr` afecta a todas las celdas de la fila, pero el valor de los atributos de cada celda puede sobreescribir esta configuración.

Atributos

Núcleo (id, class, style, title), *Internacionalización, Eventos*

align="left|right|center|justify|char"

Especifica la alineación horizontal del texto en una o varias celdas. El valor por defecto es left. El atributo align para su aplicación sobre el contenido de una celda no ha sido depreciado y aparece en el módulo de tablas de la recomendación XHTML 1.1.

bgcolor="*#rrggbb*" o "*nombre de color*"

Depreciado. Especifica el color de la fila. El color de fondo de una fila se impone sobre el que se elige a nivel de tabla.

char="*carácter*"

Especifica el carácter con respecto al que se alineará el resto de contenidos de la celda en los casos en los que el atributo align tenga el valor char. El carácter por defecto es un punto decimal. Este atributo no se encuentra implementado en la mayoría de navegadores actuales.

charoff="*longitud*"

Especifica el espacio de relleno hasta el primer carácter de cada línea. No se encuentra implementado en los navegadores actuales.

valign="top|middle|bottom|baseline"

Especifica la alineación vertical del texto en las celdas de una columna. El atributo valign en su aplicación sobre una celda no ha sido depreciado y aparece en el módulo de tablas de la recomendación XHTML 1.1.

tt

<tt>...</tt>

Formatea el texto a modo de teletipo. El texto encapsulado por el elemento tt se suele mostrar con una fuente mono-espacio como Courier.

Atributos

Núcleo (id, class, style, title), *Internacionalización, Eventos*

u

<u>...</u>

Depreciado. El texto se muestra subrayado. La especificación HTML 4.01 recomienda el uso de hojas de estilo para conseguir este efecto.

Atributos

Núcleo (id, class, style, title), *Internacionalización, Eventos*

ul

`<ul>...</ul>`

Inserta una lista no ordenada en el que los elementos de lista (`li`) no se rigen por ninguna secuencia. Por defecto, los navegadores insertan viñetas precediendo a cada elemento de la lista, aunque se pueden escoger otros estilos (incluyendo en forma de elementos de navegación en horizontal) usando propiedades de CSS.

Atributos

Núcleo (`id, class, style, title`), *Internacionalización, Eventos*

`compact="compact"`

Depreciado. Muestra el bloque de lista tan pequeño como sea posible. Pocos navegadores soportan este atributo.

`type="disc|circle|square"`

Depreciado. Define la forma de las viñetas que preceden cada elemento de la lista.

var

`<var>...</var>`

Introduce una instancia o argumento a modo de variable y se suele mostrar en letra cursiva.

Atributos

Núcleo (`id, class, style, title`), *Internacionalización, Eventos*

Apéndice B

Propiedades de CSS 2.1

Este apéndice proporciona una lista alfabética de todas las propiedades y valores incluidos en la especificación Cascading Style Sheets 2.1. Se ha organizado en las categorías visual, página y medio aural. Para obtener información actualizada, visite el sitio de *World Wide Web Consortium* (W3C) en `www.w3.org/Style/CSS`.

Medio visual

background

Propiedad de conjunto para especificar todos los aspectos del fondo de un elemento.

Valores: [<'background-color'> || <'background-image'> || <'background-repeat'> || <'background-attachment'> || <'background-position'>] |inherit

Valor inicial: Ver propiedades individuales.

Se aplica a: Todos los elementos.

Heredado: No.

Porcentajes: Permitidos para la posición de fondo.

Valor calculado: Ver propiedades individuales.

background-attachment

Especifica si la imagen de fondo debe desplazarse con el documento o si está fija.

Valores: scroll | fixed | inherit

Valor inicial: scroll

Se aplica a: Todos los elementos.

Hredado: No.

Valor calculado: Especificado.

background-color

Especifica un color de fondo sólido para el elemento que aparece detrás del área de contenidos, relleno y borde.

Valores: <color> | transparent |i nherit

Valor inicial: transparent

Se aplica a: Todos los elementos.

Heredado: No.

Valor calculado: Especificado.

background-image

Especifica la imagen que se usará para el fondo de un elemento.

Valores: <uri> | none | inherit

Valor inicial: none

Se aplica a: Todos los elementos.

Heredado: No.

Valor calculado: URI absoluto.

background-position

Establece la posición de origen de la imagen de fondo en relación al elemento.

Valores: [[<percentage> | <length> | left | center | right] [<percentage> |<length> | top | center | bottom]? | [[left | center |right] || [top | center | bottom]] | inherit

Valor inicial: 0% 0% /* igual que la esquina superior izquierda */

Se aplica a: Todos los elementos.

Heredado: No.

Porcentajes: Referidos al tamaño de la propia caja.

Valor calculado: Desplazamiento de la longitud absoluta o sobre el porcentaje especificado.

background-repeat

Controla el patrón de mosaico de la imagen de fondo. Los fondos pueden repetirse en ambas direcciones, verticalmente, horizontalmente o de ninguna manera.

Valores: `repeat | repeat-x | repeat-y | no-repeat | inherit`

Valor inicial: `repeat`

Se aplica a: Todos los elementos.

Heredado: No.

Valor computado: Especificado.

border

Propiedad de conjunto para especificar el estilo del borde, grosor y color que se aplicará a las aristas del elemento.

Valores: `[ <border-style> || <border-width> || <border-color> ] | inherit`

Valor inicial: Ver propiedades individuales.

Se aplica a: Todos los elementos.

Heredado: No.

Valor calculado: Especificado.

border-bottom

Propiedad de conjunto para especificar el estilo, grosor y color de la arista inferior de un elemento.

Valores: `[ <border-style> || <border-width> || <border-color> ] | inherit`

Valor inicial: Ver propiedades individuales.

Se aplica a: Todos los elementos.

Heredado: No.

Valor calculado: Ver propiedades individuales.

border-bottom-color

Especifica un color para el borde de la arista inferior de un elemento.

Valores: `<color> | transparent | inherit`

Valor inicial: El valor de la propiedad `color` del elemento.

Se aplica a: Todos los elementos.

Heredado: No.

Valor calculado: Especificado (se usa el color del primer plano en caso de que no se especifique un color para el borde).

border-bottom-style

Especifica el estilo del borde de la arista inferior del elemento. El valor debe ser diferente a none para que se pueda apreciar el borde.

Valores none | dotted | dashed | solid | double | groove | ridge | inset | outset

Valor inicial: none

Se aplica a: Todos los elementos.

Heredado: No.

Valor calculado: Especificado.

border-bottom-width

Especifica el grosor del borde de la arista inferior de un elemento.

Valores: thin | medium | thick | <length> | inherit

Valor inicial: medium

Se aplica a: Todos los elementos.

Heredado: No.

Valor calculado: Especificado.

border-collapse

Especifica el modelo de borde de casillas para un elemento table.

Valores: collapse | separate | inherit

Valor inicial: separate

Se aplica a: table y los elementos de la misma línea.

Heredado: Sí.

Valor calculado: Especificado.

border-color

Atributo de conjunto para especificar el color del borde para todas las aristas de un elemento.

Valores: [<color> | transparent]{1,4} | inherit

Valor inicial: Ver propiedades individuales.

Se aplica a: Todos los elementos.

Heredado: No.

Valor calculado: Ver propiedades individuales.

border-left

Propiedad de conjunto para especificar el estilo, grosor y color del borde izquierdo del elemento.

Valores: `[ <border-style> || <border-width> || <border-color> ] | inherit`

Valor inicial: Ver propiedades individuales.

Se aplica a: Todos los elementos.

Heredado: No.

Valor calculado: Ver propiedades individuales.

border-left-color

Permite especificar un color para el borde situado en la arista izquierda de un elemento.

Valores: `<color> | transparent | inherit`

Valor inicial: El valor de la propiedad `color` del elemento.

Se aplica a: Todos los elementos.

Heredado: No.

Valor calculado: Especificado (se usa el color del primer plano si no se especifica un color).

border-left-style

Especifica el estilo del borde de la arista izquierda del elemento. El valor debe ser diferente a `none` para que el borde se haga visible.

Valores: `none | dotted | dashed | solid | double | groove | ridge | inset| outset`

Valor inicial: `none`

Se aplica a: Todos los elementos.

Heredado: No.

Valor calculado: Especificado.

border-left-width

Especifica el grosor del borde en la arista izquierda del elemento.

Valores: thin | medium | thick | <length> | inherit

Valor inicial: medium

Se aplica a: Todos los elementos.

Heredado: No.

Valor calculado: Longitud absoluta; 0 si se ha especificado un estilo none o hidden.

border-right

Propiedad de conjunto para especificar el estilo, grosor y color del borde sobre el lado derecho del elemento.

Valores: [<border-style> || <border-width> || <border-color>] | inherit

Valor inicial: Ver propiedades individuales.

Se aplica a : Todos los elementos.

Heredado: No.

Valor calculado: Ver propiedades individuales.

border-right-color

Especifica un color para el borde sobre el lado derecho del elemento.

Valores: <color> | transparent | inherit

Valor inicial: El valor de la propiedad color del elemento.

Se aplica a: Todos los elementos.

Heredado: No.

Valor calculado: Especificado (se aplica el color del primer plano en caso de que no se especifique un color de borde).

border-right-style

Especifica el estilo del borde sobre el lado derecho del elemento. El valor debe ser diferente a none para que el borde se haga visible.

Valores: none | dotted | dashed | solid | double | groove | ridge | inset | outset

Valor inicial: none

Se aplica a: Todos los elementos.

Heredado: No.

Valor calculado: Especificado.

border-right-width

Especifica el grosor del borde en el lado derecho del elemento.

Valores: `thin | medium | thick | <length> | inherit`

Valor inicial: `medium`

Se aplica a: Todos los elementos.

Heredado: No.

Valor calculado: Longitud absoluta; 0 si el estilo del borde es `none` o `hidden`.

border-spacing

Especifica el especio de relleno entre los bordes de las celdas cuando se ha elegido el modelo de bordes separados.

Valores: `<length> <length>? | inherit`

Valor inicial: 0

Se aplica a: `Table` y los elementos en la misma línea.

Heredado: Sí.

Valor calculado: Especificado.

border-style

Valor de conjunto para especificar el estilo del borde de cada arista de un elemento. El valor debe ser diferente a `none` para que el borde se haga visible.

Valores: `[none|dotted|dashed|solid|double|groove|ridge|inset|outset]{1,4}|inherit`

Valor inicial: Ver propiedades individuales.

Se aplica a: Todos los elementos.

Heredado: No.

Valor calculado: Ver propiedades individuales.

border-top

Propiedad de conjunto para especificar el estilo, grosor y color para el borde de la arista superior del elemento.

Valores: [<border-style> || <border-width> || <border-color>] | inherit

Valor inicial: Ver propiedades individuales.

Se aplica a: Todos los elementos.

Heredado: No.

Valor calculado: Ver propiedades individuales.

border-top-color

Especifica un color para el borde de la arista superior de un elemento.

Valores: <color> | transparent | inherit

Valor inicial: El valor de la propiedad `color` del elemento.

Se aplica a: Todos los elementos.

Heredado: No.

Valor calculado: Especificado (se usa el color del primer plano si no se especifica un color de borde).

border-top-style

Especifica el estilo del borde en la arista superior del elemento. El valor debe ser diferente de `none` para que el borde se haga visible.

Valores: none | dotted | dashed | solid | double | groove | ridge | inset | outset

Valor inicial: `none`

Se aplica a: Todos los elementos.

Heredado: No.

Valor calculado: Especificado.

border-top-width

Especifica el grosor del borde en la arista superior del elemento.

Valores: thin | medium | thick | <length> | inherit

Valor inicial: `medium`

Se aplica a: Todos los elementos.

Heredado: No.

Valor calculado: Longitud en valor absoluto; 0 si el estilo del borde es `none` o bien `hidden`.

border-width

Propiedad de conjunto para especificar el grosor del borde en cada arista del elemento.

Valores: `[thin | medium | thick | <length> ]{1,4} | inherit`

Valor inicial: Ver propiedades individuales.

Se aplica a: Todos los elementos.

Heredado: No.

Valor calculado: Ver propiedades individuales.

bottom

Especifica el relleno entre la arista inferior de un elemento y la arista inferior del bloque en el que está contenido.

Valores: `<length> | <percentage> | auto | inherit`

Valor inicial: `auto`

Se aplica a: Elementos dentro de otros elementos (donde el valor `position` es `relative`, `absolute`, o `fixed`).

Heredado: No.

Porcentajes: Referidos al la altura del bloque contenedor.

Valor calculado: Para elementos estáticos, `auto`. Para valores de longitud, la longitud absoluta. Para valores porcentuales, el valor especificado. Para elementos con posición relativa, si tanto `bottom` como `top` son `auto`, sus valores calculados serán 0 para ambos; si uno de ellos es `auto`, el otro adopta el valor complementario; si ninguno es `auto`, se asignará a `bottom` el valor complementario de `top`. En cualquier otro caso, `auto`.

caption-side

Especifica si el título de la tabla debe aparecer encima o debajo de la misma.

Valores: `top | bottom | inherit`

Valor inicial: `top`

Se aplica a: Elementos `table-caption` (`caption` en HTML).

Heredado: Sí.

Valor calculado: Especificado.

clear

Especifica si se debe permitir la existencia de elementos flotantes a los lados de un elemento (más precisamente, los lados en los que no se aceptan elementos flotantes). none significa que se permiten elementos flotantes (aunque no se exigen) a ambos lados.

Valores: left | right | both | none | inherit

Valor inicial: none

Se aplica a: Elementos de bloque.

Heredado: No.

Valor calculado: Especificado.

clip

Especifica las dimensiones de un rectángulo de recorte que se aplicará sobre el contenido de un elemento.

Valores: rect(*top, right, bottom, left*) | auto | inherit

Valor inicial: auto

Se aplica a: Elementos en posición absoluta.

Heredado: No.

Valor calculado: Cuatro longitudes que representan los lados del rectángulo de recorte.

color

Se usa para describir el color de primer plano (color de texto de todos los elementos HTML) de un elemento.

Valores: <color> | inherit

Valor inicial: Depende del agente usuario.

Se aplica a: Todos los elementos.

Heredado: Sí.

Valor calculado: Especificado.

content

Define el contenido generado que se colocará delante o detrás de un elemento.

Valores: normal | [<string> | <uri> | <counter> | attr(<identifier>) | open-quote | close-quote | no-open-quote | no-close-quote]+ |inherit

Valor inicial: normal

Se aplica a: pseudoelementos :before y :after.

Heredado: No.

Valor calculado: Especificado.

counter-increment

Especifica la cantidad de incremento de un contador (acepta valores positivos y negativos).

Valores: `[<identifier> <integer>? ]+ | none | inherit`

Valor inicial: `none`.

Se aplica a: Todos los elementos.

Heredado: No.

Valor calculado: Especificado.

counter-reset

Devuelve el contador al valor elegido (positivo o negativo).

Valores: `[<identifier> <integer>? ]+ | none | inherit`

Valor inicial: Depende del agente usuario.

Se aplica a: Todos los elementos.

Heredado: No.

Valor calculado: Especificado.

cursor

Especifica la forma que adoptará el cursor cuando pase por encima de el elemento

Valores: `[[<uri>,]* [auto | default | pointer | crosshair | move | e-resize | ne-resize | nw-resize | n-resize | se-resize | sw-resize | s-resize | w-resize | text | wait | help | progress]] | inherit`

Valor inicial: `auto`

Se aplica a: Todos los elementos.

Heredado: Sí.

Valor calculado: Para valores <uri>, una URI absoluta; En cualquier otro caso, el valor especificado.

direction

Especifica la dirección de escritura del texto en el documento (de izquierda a derecha o de derecha a izquierda).

Valores: `ltr` | `rtl` | `inherit`

Valor inicial: `ltr`

Se aplica a: Todos los elementos.

Heredado: Sí.

Valor calculado: Especificado.

display

Define el tipo de caja que el elemento genera al mostrarse en el navegador.

Valores: `inline` | `block` | `list-item` | `run-in` | `inline-block` | `table` | `inline-table` | `table-row-group` | `table-header-group` | `table-footer-group` | `table-row` | `table-column-group` | `table-column` | `table-cell` | `table-caption` | `none` | `inherit`

Valor inicial: `inline`

Se aplica a: Todos los elementos.

Heredado: No.

Valor calculado: Especificado (varía para los elementos flotantes, posicionados y de raíz).

empty-cells

Especifica si el fondo y bordes de una celda vacía deben mostrarse cuando se ha elegido el modelo de borde separado.

Valores: `show` | `hide` | `inherit`

Valor inicial: `show`

Se aplica a: elementos de celda en una tabla.

Heredado: Sí.

Valor calculado: Especificado.

float

Define la dirección en la que un elemento flota (permitiendo que el elemento siguiente se adapte a su contorno).

Valores: `left` | `right` | `none` | `inherit`

Valor inicial: `none`

Se aplica a: Todos los elementos.

Heredado: No.

Valor calculado: Especificado.

font

Propiedad de conjunto para especificar (como mínimo) la familia y tamaño de la fuente, así como su estilo, variante, peso y altura de la línea. Las palabras clave adicionales añaden fuentes procedentes de distintos sistemas operativos.

Valores: [[<'font-style'> || <'font-variant'> || <'font-weight'>]?<'font-size'> [/<'line-height'>]? <'font-family'>] | caption | icon | menu | message-box | small-caption | status-bar | inherit

Valor inicial: Usa los valores por defecto de las diferentes propiedades individuales.

Se aplica a: Todos los elementos.

Heredado: Sí.

Valor calculado: Ver propiedades individuales.

font-family

Especifica una fuente (o lista de fuentes separadas por comas) para un elemento de texto. Recuerde, sin embargo, que la fuente debe estar presente en la máquina del usuario para poder mostrarse.

Valores: [[<family-name> | <generic-family>] [,<family-name> | <generic-family>]*] | inherit

Valor inicial: Depende del agente usuario (la fuente por defecto en el navegador del cliente).

Se aplica a: Todos los elementos.

Heredado: Sí.

Valor calculado: Especificado.

font-size

Especifica el tamaño de la fuente de un elemento de texto.

Valores: xx-small | x-small | small | medium | large | x-large | xx-large | smaller | larger | <length> | <percentage> | inherit

Valor inicial: medium

Se aplica a: Todos los elementos.

Heredado: Sí.

Porcentajes: Referidos al tamaño de texto del elemento superior.

Valor calculado: Longitud absoluta.

font-style

Especifica el formato de la fuente en un elemento de texto (normal, cursiva u oblicua).

Valores: `normal` | `italic` | `oblique` | `inherit`

Valor inicial: `normal`

Se aplica a: Todos los elementos.

Heredado: Sí.

Valor calculado: Especificado.

font-variant

Especifica el uso de mayúsculas o minúsculas en un elemento de texto.

Valores: `normal` | `small-caps` | `inherit`

Valor inicial: `normal`

Se aplica a: Todos los elementos.

Heredado: Sí.

Valor calculado: Especificado.

font-weight

Especifica el peso (cantidad de negrita) de la fuente en un elemento de texto.

Valores: `normal` | `bold` | `bolder` | `lighter` | `100` | `200` | `300` | `400` | `500` |`600` | `700` | `800` | `900` | `inherit`

Valor inicial: `normal`

Se aplica a: Todos los elementos.

Heredado: Sí.

Valor calculado: El valor numérico o el valor numérico más uno de los valores relativos (`bolder` o `lighter`) si se han especificado.

height

Especifica la altura del área de contenidos del elemento. A este valor se añaden los rellenos, bordes y márgenes. No se permiten valores negativos.

Valores: `<length>` | `<percentage>` | `auto` | `inherit`

Valor inicial: `auto`

Se aplica a: Elementos a nivel de bloque (como imágenes); es ignorado por los elementos de línea de texto.

Heredado: No.

Porcentajes: Referidos a la altura del bloque contenedor. Si la altura del bloque no ha sido especificada de forma explícita y la posición del elemento no es una posición absoluta, el valor de la propiedad se calcula como `auto`. Un porcentaje sobre la altura del elemento raíz se hace relativa al bloque contenedor original.

Valor calculado: Especificado (a no ser que la propiedad no se aplique al elemento, en cuyo caso se cambia a auto).

left

Especifica el relleno entre la arista izquierda de un elemento posicionado y la arista izquierda del bloque en el que está contenido.

Valores: `<length>` | `<percentage>` | `auto` | `inherit`

Valor inicial: `auto`

Se aplica a: Elementos posicionados (donde el valor `position` es `relative`, `absolute` o `fixed`).

Heredado: No.

Porcentajes: Referidos al ancho del bloque contenedor.

Valor calculado: Para elementos estáticos, auto. Para valores de longitud, la longitud absoluta. Para valores porcentuales, el valor especificado. Para elementos de posición relativa, el valor calculado de `left` se iguala con el de `right`. En cualquier otro caso, `auto`.

letter-spacing

Especifica una cantidad de especio que debe añadirse entre las letras de un elemento de texto.

Valores: `normal` | `<length>` | `inherit`

Valor inicial: `normal`

Se aplica a: Todos los elementos.

Heredado: Sí.

Valor calculado: Longitud absoluta si ha sido especificada; en cualquier otro caso, `normal`.

line-height

Especifica la cantidad de espacio mínima entre las líneas base de líneas de texto adyacentes. No admite valores negativos.

Valores: normal | <number> | <length> | <percentage> | inherit

Valor inicial: normal

Se aplica a: Todos los elementos.

Heredado: Sí.

Porcentajes: Relativos al tamaño de la fuente del propio elemento.

Valor calculado: Para valores de longitud y porcentuales, el valor absoluto; si no, lo especificado.

list-style

Propiedad de conjunto para especificar el tipo, imagen y posición de las viñetas de una lista.

Valores: [<list-style-type> | | <list-style-image> | | <list-styleposition>] | inherit

Valor inicial: Ver propiedades individuales.

Se aplica a: Elementos cuyo valor display es list-item (en HTML, los elementos ul, ol y li).

Heredado: Sí.

Valor calculado: Ver propiedades individuales.

list-style-image

Especifica una imagen que se usará como viñeta para una lista.

Valores: <uri> | none | inherit

Valor inicial: none

Se aplica a: Elementos cuyo valor display es list-item (en HTML, los elementos ul, ol y li).

Heredado: Sí.

Valor calculado: La URI absoluta (cuando se proporciona) o none.

list-style-position

Especifica la posición de la viñeta en relación al área de contenido de la lista. Por defecto, la viñeta se coloca a cierta distancia del borde. Si se cambia para que se coloque en el interior del contenido provoca que la viñeta se comporte como un elemento de línea de texto al principio del elemento de la lista.

Valores: inside | outside | inherit

Valor inicial: outside

Se aplica a: Elementos cuyo valor `display` es `list-item` (en HTML, el elemento `li`, por defecto).

Heredado: Sí.

Valor calculado: Especificado.

list-style-type

Define el tipo de viñeta o sistema de numeración que se usará en la lista. El valor `none` suprime el uso de viñeta, pero no impide que se recuente el elemento.

Valores: `disc` | `circle` | `square` | `decimal` | `decimal-leading-zero` | `lower-roman` | `upper-roman` | `lower-greek` | `lower-latin` | `upper-latin` | `lower-alpha` | `upper-alpha` | `none` | `inherit`

Valor inicial: `disc`

Se aplica a: Elementos cuyo valor `display` es `list-item` (en HTML, el elemento `li` por defecto).

Heredado: Sí.

Valor calculado: Especificado.

margin

Propiedad de conjunto para especificar la cantidad de margen que debe aparecer a cada lado de un elemento. Se permite el uso de valores negativos.

Valores: `[<length> | <percentage> | auto]{1,4} | inherit`

Valor inicial: Ver propiedades individuales.

Se aplica a: Todos los elementos (excepto elementos con tipos de `display` de tabla diferentes de `table` e `inline-table`).

Heredado: No.

Porcentajes: Referidos al ancho del bloque contenedor.

Valor calculado: Ver propiedades individuales.

margin-bottom

Especifica el ancho del margen inferior de un elemento. Se permite el uso de valores negativos.

Valores: `<length> | <percentage> | auto | inherit`

Valor inicial: `0`

Se aplica a: Todos los elementos (excepto elementos con tipos de `display` de tabla diferentes de `table` e `inline-table`).

Heredado: No.

Porcentajes: Referidos al ancho del bloque contenedor.

Valor calculado: Valores porcentuales o longitud absoluta dependiendo de la opción elegida.

margin-left

Especifica el ancho del margen izquierdo de un documento. Se permite el uso de valores negativos.

Valores: `<length> | <percentage> | auto | inherit`

Valor inicial: `0`

Se aplica a: Todos los elementos (excepto elementos con tipos de `display` de tabla diferentes de `table` e `inline-table`).

Heredado: No.

Porcentaje: Referido al ancho del bloque contenedor.

Valor calculado: Valores porcentuales o longitud absoluta dependiendo de la opción elegida.

margin-right

Especifica el ancho del margen derecho de un elemento. Se permite el uso de valores negativos.

Valores: `<length> | <percentage> | auto | inherit`

Valor inicial: `0`

Se aplica a: Todos los elementos (excepto elementos con tipos de `display` de tabla diferentes de `table` e `inline-table`).

Heredado: No.

Porcentajes: Referidos al ancho del bloque contenedor.

Valor calculado: Valores porcentuales o longitud absoluta dependiendo de la opción elegida.

margin-top

Especifica el ancho del margen superior de un elemento. Se permite el uso de valores negativos.

Valores: `<length> | <percentage> | auto | inherit`

Valor inicial: `0`

Se aplica a: Todos los elementos (excepto elementos con tipos de `display` de tabla diferentes de `table` e `inline-table`).

Heredado: No.

Porcentajes: Referidos al ancho del bloque contenedor.

Valor calculado: Valores porcentuales o longitud absoluta dependiendo de la opción elegida.

max-height

Especifica la altura máxima de un elemento. No se permite el uso de valores negativos.

Valores: `<length>` | `<percentage>` | `none` | `inherit`

Valor inicial: `none`

Se aplica a: Todos los elementos con la excepción de los elementos de línea sin reemplazo (por ejemplo, elementos de línea de texto), columnas de tabla y grupos de columnas.

Heredado: No.

Porcentajes: Referidos a la altura del bloque contenedor; si no se ha especificado la altura del bloque contenedor y la posición del elemento no es absoluta, se asigna un cero (0) al valor del porcentaje.

Valor calculado: Valores porcentuales o longitud absoluta dependiendo de la opción elegida; en otro caso, `none`.

max-width

Especifica el ancho máximo de un elemento. No se permite el uso de valores negativos.

Valores: `<length>` | `<percentage>` | `none` | `inherit`

Valor inicial: `none`

Se aplica a: Todos los elementos con la excepción de los elementos de línea sin reemplazo (por ejemplo, elementos de línea de texto), filas de tabla y grupos de filas.

Heredado: No.

Porcentajes: Referidos al ancho del bloque contenedor.

Valor calculado: Valores porcentuales o longitud absoluta dependiendo de la opción elegida.

min-height

Especifica la altura mínima de un elemento. No se permite el uso de valores negativos.

Valores: `<length>` | `<percentage>` | `none` | `inherit`

Valor inicial: `none`

Se aplica a: Todos los elementos con la excepción de los elementos de línea sin reemplazo (por ejemplo, elementos de línea de texto), columnas de tabla y grupos de columnas.

Heredado: No.

Porcentajes: Referidos a la altura del bloque contenedor; ni no se ha especificado la altura del bloque contenedor y la posición del elemento no es absoluta, el porcentaje recibe el valor de cero (0).

Valor calculado: Valores porcentuales o longitud absoluta dependiendo de la opción elegida.

min-width

Especifica el ancho mínimo de un elemento. No se permite el uso de valores negativos.

Valores: `<length>` | `<percentage>` | `none` | `inherit`

Valor inicial: `none`

Se aplica a: Todos los elementos con la excepción de los elementos de línea sin reemplazo (por ejemplo, elementos de línea de texto) y elementos de tabla.

Heredado: No.

Porcentajes: Referidos al ancho del bloque contenedor.

Valor calculado: Valores porcentuales o longitud absoluta; en otro caso, `none`.

outline

Propiedad de conjunto para especificar la línea exterior de un elemento.

Valores: `[<outline-color> || <outline-style> || <outline-width>] | inherit`

Valor inicial: Ver propiedades individuales.

Se aplica a: Todos los elementos.

Heredado: No.

Valor calculado: Ver propiedades individuales.

outline-color

Establece el color de las partes de línea exterior visibles en un elemento.

Valores: `<color>` | `invert` | `inherit`

Valor inicial: `invert`, o valores específicos del navegador en aquellos que no soporten el valor `invert`.

Se aplica a: Todos los elementos.

Heredado: No.

Valor calculado: Especificado.

outline-style

Establece el estilo de la línea exterior de un elemento. El valor debe ser diferente a `none` para que la línea se haga visible.

Valores: `none | dotted | dashed | solid | double | groove | groove | ridge | inset | outset | inherit`

Valor inicial: `none`

Se aplica a: Todos los elementos.

Heredado: No.

Valor calculado: Especificado.

outline-width

Establece el grosor de la línea exterior de un elemento. Si el valor del estilo es `none`, el parámetro `width` adoptará el valor 0 (cero) en la práctica.

Valores: `thin | medium | thick | <length> | inherit`

Valor inicial: `medium`

Se aplica a: Todos los elementos.

Heredado: No.

Valor calculado: Longitud absoluta; 0 si `style` es `none` o `hidden`.

overflow

Especifica lo que ocurre en el caso de que el contenido no quepa en el área de contenido de un elemento.

Valores: `visible | hidden | scroll | auto | inherit`

Valor inicial: `visible`

Se aplica a: Elementos a nivel de bloque y elementos de reemplazo.

Heredado: No.

Valor calculado: Especificado.

padding

Propiedad de conjunto que permite especificar la cantidad de relleno que se desea aplicar a cada lado de un elemento. No se permite la utilización de valores negativos.

Values: `[<length> | <percentage> ]{1,4} | inherit`

Valor inicial: Ver propiedades individuales.

Se aplica a: Todos los elementos.

Heredado: No.

Porcentajes: Referidos al ancho del bloque contenedor.

Valor calculado: Ver propiedades individuales.

padding-bottom

Especifica la cantidad de relleno que se aplicará a la parte inferior de un elemento. No se permite el uso de valores negativos.

Valores: `<length> | <percentage> | inherit`

Valor inicial: `0`

Se aplica a: Todos los elementos, excepto aquellos con valores de display de tabla distintos de `table`, `inline-table` y `table-cell`.

Heredado: No.

Porcentajes: Referidos al ancho del bloque contenedor.

Valor calculado: Valores porcentuales o longitud absoluta dependiendo de la opción elegida.

padding-left

Especifica la cantidad de relleno que se aplicará al lado izquierdo de un elemento. No se permite el uso de valores negativos.

Valores: `<length> | <percentage> | inherit`

Valor inicial: `0`

Se aplica a: Todos los elementos, excepto aquellos con valores de display de tabla distintos de `table`, `inline-table` y `table-cell`.

Heredado: No.

Porcentajes: Referidos al ancho del bloque contenedor.

Valor calculado: Valores porcentuales o longitud absoluta dependiendo de la opción elegida.

padding-right

Especifica la cantidad de relleno que se aplicará al lado derecho de un elemento. No se permite el uso de valores negativos.

Valores: `<length>` | `<percentage>` | `inherit`

Valor inicial: `0`

Se aplica a: Todos los elementos, excepto aquellos con valores de display de tabla distintos de `table`, `inline-table` y `table-cell`.

Heredado: No.

Porcentajes: Referidos al ancho del bloque contenedor.

Valor calculado: Valores porcentuales o longitud absoluta dependiendo de la opción elegida.

padding-top

Especifica la cantidad de relleno que se aplicará a la parte superior de un elemento. No se permite el uso de valores negativos.

Valores: `<length>` | `<percentage>` | `inherit`

Valor inicial: `0`

Se aplica a: Todos los elementos, excepto aquellos con valores de display de tabla distintos de `table`, `inline-table` y `table-cell`.

Heredado: No.

Porcentajes: Referidos al ancho del bloque contenedor.

Valor calculado: Valores porcentuales o longitud absoluta, dependiendo de la opción elegida.

position

Especifica el método de posicionamiento de un elemento.

Valores: `static` | `relative` | `absolute` | `fixed` | `inherit`

Valor inicial: `static`

Se aplica a: Todos los elementos.

Heredado: No.

Valor calculado: Especificado.

quotes

Especifica el tipo de comillas que se usarán en una lista anidada. Las comillas se insertan con la propiedad `content`.

Valores: `[<string> <string> ]+` | `none` | `inherit`

Valor inicial: Depende del agente usuario.

Se aplica a: Todos los elementos.

Heredado: Sí.

Valor calculado: Especificado.

right

Especifica el margen que debe haber entre el borde derecho de un elemento y el borde derecho del bloque que lo contiene.

Valores: `<length>` | `<percentage>` | `auto` | `inherit`

Valor inicial: `auto`

Se aplica a: Elementos dentro de otros elementos (donde el valor `position` es `relative`, `absolute`, o `fixed`).

Heredado: No.

Porcentajes: Referidos al ancho del bloque contenedor.

Valor calculado: Para elementos estáticos, `auto`. Para valores de longitud, la longitud absoluta. Para valores porcentuales, el valor especificado. Para elementos con posición relativa, el valor del atributo `right` se iguala al de `left`.

table-layout

Elige el algoritmo que se seguirá para dibujar las celdas, filas y columnas de una tabla.

Valores: `auto` | `fixed` | `inherit`

Valor inicial: `auto`

Se aplica a: Elementos `table` y `inline-table`.

Heredado: No.

Valor calculado: Especificado.

text-align

Especifica la alineación horizontal del texto contenido en elementos a nivel de bloque y celdas de tabla.

Valores: `left` | `right` | `center` | `justify` | `inherit`

Valores iniciales: `left` para lenguajes que se leen de izquierda a derecha y `right` para lenguajes que se leen de derecha a izquierda.

Se aplica a: elementos a nivel de bloque y celdas de una tabla.

Heredado: Sí.

Valor calculado: Especificado.

text-decoration

Especifica efectos de texto que dibujan líneas por debajo, por encima o a través del texto.

Valores: `none | [ underline || overline || line-through || blink ] | inherit`

Valor inicial: `none`

Se aplica a: Todos los elementos.

Heredado: No, pero la "decoración" se aplicará también a los elementos contenidos en un nivel inferior.

Valor calculado: Especificado.

text-indent

Especifica una cantidad de indentación para la primera línea de texto de un elemento a nivel de bloque.

Valores: `<length> | <percentage> | inherit`

Valor inicial: `0`

Se aplica a: Elementos a nivel de bloque y celdas de una tabla.

Heredado: Sí.

Porcentajes: Referidos al ancho del bloque contenedor.

Valor calculado: Valores porcentuales o longitud absoluta dependiendo de la opción elegida.

text-transform

Especifica el esquema de capitalización (aplicación de mayúsculas y minúsculas) de un elemento de texto.

Valores: `none | capitalize | lowercase | uppercase | inherit`

Valor inicial: `none`

Se aplica a: Todos los elementos.

Heredado: Sí.

Valor calculado: Especificado.

top

Especifica el margen entre la parte superior de un elemento contenido en otro elemento y la parte superior del elemento contenedor.

Valores: `<length>` | `<percentage>` | `auto` | `inherit`

Valor inicial: `auto`

Se aplica a: Elementos dentro de otros elementos (donde el valor `position` es `relative`, `absolute`, o `fixed`).

Heredado: No.

Porcentajes: Referidos a la altura del bloque contenedor.

Valor calculado: Para elementos estáticos, `auto`. Para valores de longitud, la longitud absoluta. Para valores porcentuales, el valor especificado. Para elementos con posición relativa, si tanto `top` como `bottom` tienen el valor `auto`, se adopta valor 0 (cero); si sólo uno es `auto`, adopta el complementario del otro; si ninguno de los dos es `auto`, `bottom` se convierte en el complementario de `top`.

unicode-bidi

Permite al autor generar diferentes niveles de encapsulamiento dentro del algoritmo de encapsulamiento Unicode.

Valorees: `normal` | `embed` | `bidi-override` | `inherit`

Valor inicial: `normal`

Se aplica a: Todos los elementos.

Heredado: No.

Valor calculado: Especificado.

vertical-align

Especifica la alineación vertical de un elemento de línea en relación con la línea de base o con el elemento contenedor en el que reside. Cuando se usa sobre celdas de una tabla, sólo son válidos los valores `baseline`, `top`, `middle` y `bottom`.

Valores: `baseline` | `sub` | `super` | `top` | `text-top` | `middle` | `text-bottom` | `bottom` | `<percentage>` | `<length>` | `inherit`

Valor inicial: `baseline`

Se aplica a: Elementos de línea y celdas de una tabla.

Heredado: No.

Porcentajes: Referidos a la altura de la línea del elemento mismo.

Valor calculado: Para valores porcentuales y de longitud, la longitud absoluta; de otra manera, el valor especificado.

visibility

Especifica si un elemento debe mostrarse o no. Los bloques invisibles siguen afectando al resultado que se muestra en el navegador.

Valores: `visible` | `hidden` | `collapse` | `inherit`

Valor inicial: `visible`

Se aplica a: Todos los elementos.

Heredado: Sí.

Valor calculado: Especificado.

white-space

Especifica de qué manera se manejará el espacio en blanco al mostrarse en el navegador.

Valores: `normal` | `pre` | `nowrap` | `pre-wrap` | `pre-line` | `inherit`

Valor inicial: `normal`

Se aplica a: Todos los elementos (desde CSS 2.1); elementos a nivel de bloque (CSS 1 y CSS 2).

Heredado: Sí.

Valor calculado: Especificado.

width

Define el ancho del área de contenido de un elemento. A este valor se le suman los de relleno, bordes y márgenes. No se permite el uso de valores negativos.

Valores: `<length>` | `<percentage>` | `auto` | `inherit`

Valor inicial: `auto`

Se aplica a: Elementos a nivel de bloque y elementos de reemplazo (como imágenes, por ejemplo).

Heredado: No.

Porcentajes: Referidos al ancho del bloque contenedor.

Valor calculado: El valor del porcentaje o `auto` dependiendo de la opción elegida; `auto` en caso de que la propiedad no sea adecuada.

word-spacing

Especifica la cantidad de espacio que se inserta entre las palabras en un elemento de texto. Se permite el uso de valores negativos.

Valores: `normal` | `<length>` | `inherit`

Valor inicial: `normal`

Se aplica a: Todos los elementos.

Heredado: Sí.

Valor calculado: Para `normal`, la longitud absoluta 0; en otro caso, la longitud absoluta.

z-index

Especifica el nivel de apilamiento de un elemento colocado dentro de otro.

Valores: `<integer>` | `auto` | `inherit`

Valor inicial: `auto`

Se aplica a: Elementos dentro de otros elementos.

Heredado: No.

Valor calculado: Especificado.

Paged Media

orphans

Especifica el mínimo número de líneas que debe tener un párrafo para dejarlo al fondo de la página.

Valores: `<integer>` | `inherit`

Valor inicial: `2`

Se aplica a: Elementos a nivel de bloque.

Heredado: Sí.

Valor calculado: Especificado.

page-break-after

Especifica si se puede colocar un salto de página después de un elemento.

Valores: `auto` | `always` | `avoid` | `left` | `right` | `inherit`

Valor inicial: `auto`

Se aplica a: Elementos a nivel de bloque.

Heredado: No.

Valor calculado: Especificado.

page-break-before

Especifica si se puede colocar un salto de página antes de un elemento.

Valores: `auto | always | avoid | left | right | inherit`

Valor inicial: `auto`

Se aplica a: Elementos a nivel de bloque.

Heredado: No.

Valor calculado: Especificado.

page-break-inside

Especifica si se puede colocar un salto de página dentro de un elemento.

Valores: `auto | always | avoid | left | right | inherit`

Valor inicial: `auto`

Se aplica a: Elementos a nivel de bloque.

Heredado: No.

Valor calculado: Especificado.

widows

Define el número de líneas de un párrafo para dejarlo al principio de a página.

Valores: `<integer> | inherit`

Valor inicial: `2`

Se aplica a: Elementos a nivel de bloque.

Heredado: Sí.

Valor calculado: Especificado.

Estilos aurales

Recuerde que los estilos aurales son sólo "informativos" en CSS 2.1.

azimuth

Define el ángulo horizontal desde el que el sonido parecerá emanar.

Valores: `<angle> | [[ left-side | far-left | left | center-left | center | center-right | right | far-right | right-side ] | | behind] | leftwards | rightwards | inherit`

Valor inicial: `center`

Se aplica a: Todos los elementos.

Heredado: Sí.

Valor calculado: Ángulo normalizado.

cue

Propiedad de conjunto para especificar `cue-before` y `cue-after`.

Valores: `[ <'cue-before'> || <'cue-after'> ] | inherit`

Valor inicial: Ver propiedades individuales.

Se aplica a: Todos los elementos.

Heredado: No.

Valor calculado: Ver propiedades individuales.

cue-after

Especifica un icono de audición que se reproducirá después del contenido.

Valores: `<uri> | none | inherit`

Valor inicial: `none`

Se aplica a: Todos los elementos.

Heredado: No.

Valor calculado: URI absoluto o `none`.

cue-before

Especifica un icono de audición que se reproducirá antes que el contenido.

Valores: `<uri> | none | inherit`

Valor inicial: `none`

Se aplica a: Todos los elementos.

Heredado: No.

Valor calcuado: URI absolut o `none`.

elevation

Especifica el ángulo vertical desde el que parecerá emanar un sonido.

Valores: `<angle> | below | level | above | higher | lower | inherit`

Valor inicial: `level`

Se aplica a: Todos los elementos.

Heredado: Sí.

Valor calculado: Ángulo normalizado.

pause

Especifica si se realizará una pausa antes o después de un elemento (o antes y después).

Valores: `[ [<time> | <percentage>]{1,2} ] | inherit`

Valor inicial: Ver propiedades individuales.

Se aplica a: Todos los elementos.

Heredado: Sí.

Porcentajes: Referidos a la inversa del valor de la propiedad `speech-rate`.

Valor calculado: Tiempo.

pause-after

Especifica una pausa que se llevará a cabo después de la reproducción de un elemento.

Valores: `<time> | <percentage> | inherit`

Valor inicial: `0`

Se aplica a: Todos los elementos.

Heredado: No.

Porcentajes: Referidos a la inversa del valor de la propiedad `speech-rate`.

Valor calculado: Tiempo.

pause-before

Especifica una pausa que se realizará antes de reproducir un elemento.

Valores: `<time> | <percentage> | inherit`

Valor inicial: `0`

Se aplica a: Todos los elementos.

Heredado: No.

Porcentajes: Referidos a la inversa del valor del a propiedad `speech-rate`.

Valor calculado: Tiempo.

pitch

Especifica el tono medio (frecuencia) de la voz.

Valores: `<frequency> | x-low | low | medium | high | x-high | inherit`

Valor inicial: `medium`

Se aplica a: Todos los elementos.

Heredado: Sí.

Valor calculado: Frecuencia.

pitch-range

Especifica la variación del tono medio. Por ejemplo, cuánto se puede desviar la frecuencia fundamental del tono medio.

Valores: `<number> | inherit`

Valor inicial: `50`

Se aplica a: Todos los elementos.

Heredado: Sí.

Valor calculado: Especificado.

play-during

Especifica un sonido que se reproducirá en segundo plano mientras se lee el contenido de un elemento.

Valores: `<uri> [ mix || repeat ]? | auto | none | inherit`

Valor inicial: `auto`

Se aplica a: Todos los elementos.

Heredado: No.

Valor calculado: URI absoluto; el resto queda especificado.

richness

Especifica la riqueza o brillo de la voz lectora. Una voz "rica" se podrá oír en toda la habitación, mientras que una voz suave, no.

Valores: `<number> | inherit`

Valor inicial: `50`

Se aplica a: Todos los elementos.

Heredado: Sí.

Valor calculado: Especificado.

speak

Especifica la manera en que se hará audible un elemento.

Valores: `normal | none | spell-out | inherit`

Valor inicial: `normal`

Se aplica a: Todos los elementos.

Heredado: Sí.

Valor calculado: Especificado.

speak-header

Especifica si se leerá el contenido de las cabeceras de una tabla antes de cada celda o únicamente al cambiar de columna.

Valores: `once` | `always` | `inherit`

Valor inicial: `once`

Se aplica a: Elementos que contengan cabeceras.

Heredado: Sí.

Valor calculado: Especificado.

speak-numeral

Especifica la manera en la que se leerán los números.

Valores: `digits` | `continuous` | `inherit`

Valor inicial: `continuous`

Se aplica a: Todos los elementos.

Heredado: Sí.

Valor calculado: Especificado.

speak-punctuation

Especifica cómo se leerán los signos de puntuación.

Valores: `code` | `none` | `inherit`

Valor inicial: `none`

Se aplica a: Todos los elementos.

Heredado: Sí.

Valor calculado: Especificado.

speech-rate

Especifica la velocidad a la que se leerán las palabras.

Valores: `<number>` | `x-slow` | `slow` | `medium` | `fast` | `x-fast` | `faster` | `slower` | `inherit`

Valor inicial: `medium`

Se aplica a: Todos los elementos.

Heredado: Sí.

Valor calculado: Un número absoluto.

stress

Especifica la altura de los "picos locales" en el contorno de entonación de la voz.

Valores: `<number>` | `inherit`

Valor inicial: `50`

Se aplica a: Todos los elementos.

Heredado: Sí.

Valor calculado: Especificado.

voice-family

Especifica una lista de familias de voz que pueden usarse para leer el contenido de un elemento (comparable a `font-family`). Las voces genéricas son `male`, `female` y `child`.

Valores: `[[<specific-voice> | <generic-voice> ],]* [<specific-voice> | <generic-voice>`
`] | inherit`

Valor inicial: Depende del agente usuario.

Se aplica a: Todos los elementos.

Heredado: Sí.

Valor calculado: Especificado.

volume

Especifica el nivel de volumen medio.

Valores: `<number>` | `<percentage>` | `silent` | `x-soft` | `soft` | `medium` | `loud` | `x-loud` | `inherit`

Valor inicial: `medium`

Se aplica a: Todos los elementos.

Heredado: Sí.

Valor calculado: Especificado.

Apéndice C

Entidades de carácter

En este apéndice se incluye una lista de las referencias numéricas de cada carácter (tanto en formato decimal como en hexadecimal), así como las entidades de carácter predefinidas que se recogen en las recomendaciones HTML 4.01 y XHTML.

Conjunto de caracteres ASCII

Los documentos HTML y XHTML usan el conjunto de caracteres ASCII estándar de 7 bits. Los primeros caracteres en ASCII (no listados) son elementos de control como el carácter de borrado (`&#08;`) o el retorno de carro (`
`) y su uso no es apropiado en documentos HTML.

HTML 4.01 define sólo cuatro entidades en su rango de caracteres: menor que (`<`, `<`), mayor que (`<`, `>`), ampersand (`&`, `&`) y comillas (`"`, `"`), que son necesarios para incluir caracteres de escape que, de otra manera, serían interpretados como signos de marcado. XHTML incluye también la entidad `'` común a todos los lenguajes XML. En los documentos XHTML, el signo ampersand (&) debe incluirse siempre con caracteres de escape. Para garantizar la compatibilidad con los correctores XML, es recomendable usar referencias numéricas a carácter en lugar de referencias nominales para todas las demás entidades de carácter.

Decimal	Hex	Entidad	Símbolo	Descripción
				Espacio.
!	!		!	Signo de exclamación.
"	"	"	"	Comillas dobles.

Decimal	Hex	Entidad	Símbolo	Descripción
`#`	`#`		#	Almohadilla.
`$`	`$`		$	Símbolo de dólar.
`%`	`%`		%	Símbolo de porcentaje.
`&`	`&`	&	&	Ampersand.
`'`	`'`	Exclusivo de XML/XHTML: '	'	Apóstrofo (comilla simple)
`(`	`(`		(	Paréntesis izquierdo.
`)`	`)`		)	Paréntesis derecho.
`*`	`*`		*	Asterisco.
`+`	`+`		+	Signo más.
`,`	`,`		,	Coma.
`-`	`-`		-	Guión alto.
`.`	`.`		.	Punto.
`/`	`/`		/	Barra inclinada.
`0`- `9`	`0`- `9`		0-9	Dígitos 0–9.
`:`	`:`		:	Dos puntos.
`;`	`;`		;	Punto y coma.
`<`	`<`	<	<	Menor que.
`=`	`=`		=	Signo de igualdad.
`>`	`>`	>	>	Mayor que.
`?`	`?`		?	Signo de interrogación.
`@`	`@`		@	Arroba.
`A`- `Z`	`A`- `Z`		A–Z	Letras A–Z.
`[`	`[`		[	Corchete izquierdo.
`\`	`\`		\	Barra invertida.
`]`	`]`		]	Corchete derecho.
`^`	`^`		^	Signo de potencia.
`_`	`_`		_	Guión bajo.
``	```		`	Acento grave (sin letra).
`a`-	`a`-		a-z	Letras a-z.

Decimal	Hex	Entidad	Símbolo	Descripción
`z`	`z`			
`{`	`{`		{	Llave izquierda.
`|`	`|`		|	Barra vertical.
`}`	`}`		}	Llave derecha.
`~`	`~`		~	Tilde.

Entidades no estándares (‚–Ÿ)

Las referencias numéricas a carácter, numeradas del 130 al 159, no están definidas en HTML y son, por lo tanto, caracteres inválidos y no deberían ser usados. Los navegadores soportan algunas de la entidades numéricas de este rango (como `&151;` para guión largo), sin embargo, existen referencias estándares equivalentes recogidas en la sección "Puntuación general" de este apéndice. Si necesita incluir un guión largo, lo mejor es usar `&8212;` o `&mdash.`.

Latin-1 (ISO-8859-1)

Decimal	Hex	Entidad	Símbolo	Descripción
				Espacio sin ruptura.
¡	¡	¡	¡	Signo de cierre de exclamación.
¢	¢	¢	¢	Símbolo de céntimo.
£	£	£	£	Símbolo de la libra.
¤	¤	¤	¤	Símbolo monetario general.
¥	¥	¥	¥	Símbolo del yen.
¦	¦	¦	¦	Broken vertical bar.
§	§	§	§	Signo de sección.
¨	¨	¨	¨	Diéresis.
©	©	©	©	Símbolo de *copyright*.
ª	ª	ª	ª	Ordinal femenino.
«	«	«	«	Signo de apertura de cita.
¬	¬	¬	¬	Signo de negación.

Decimal	Hex	Entidad	Símbolo	Descripción
			–	Guión virtual.
®	®	®	®	Marca registrada.
¯	¯	¯	¯	Acento largo.
°	°	°	°	Signo de grado.
±	±	±	±	Signo de más menos.
²	²	²	^{2}	Superíndice 2.
³	³	³	^{3}	Superíndice 3.
´	´	´	´	Acento agudo (sin letra).
µ	µ	µ	μ	Signo de micro.
¶	¶	¶	¶	Signo de párrafo.
·	·	·	·	Punto medio.
¸	¸	¸	¸	Cedilla.
¹	¹	¹	^{1}	Superíndice 1.
º	º	º	º	Ordinal masculino.
»	»	»	»	Signo de cierre de cita.
¼	¼	¼	¼	Fracción un cuarto.
½	½	½	½	Fracción un medio.
¾	¾	¾	¾	Fracción tres cuartos.
¿	¿	¿	¿	Signo de interrogación de cierre.
À	À	À	À	A mayúscula con acento grave.
Á	Á	Á	Á	A mayúscula con acento agudo.
Â	Â	Â	Â	A mayúscula con acento circunflejo.
Ã	Ã	Ã	Ã	A mayúscula con tilde.
Ä	Ä	Ä	Ä	A mayúscula con diéresis.
Å	Å	&Aring	Å	A mayúscula con anillo superior.
Æ	Æ	Æ	Æ	AE mayúscula.
Ç	Ç	Ç	Ç	C mayúscula con cedilla.
È	È	&Egrave	È	E mayúscula con acento grave.

Decimal	Hex	Entidad	Símbolo	Descripción
É	É	É	É	E mayúscula con acento agudo.
Ê	Ê	Ê	Ê	E mayúscula con acento circunflejo.
Ë	Ë	Ë	Ë	E mayúscula con diéresis.
Ì	Ì	Ì	Ì	I mayúscula con acento grave.
Í	Í	Í	Í	I mayúscula con acento agudo.
Î	Î	Î	Î	I mayúscula con acento circunflejo.
Ï	Ï	Ï	Ï	I mayúscula con diéresis.
Ð	Ð	Ð	Ð	Eth mayúscula.
Ñ	Ñ	Ñ	Ñ	Ñ mayúscula.
Ò	Ò	Ò	Ò	O mayúscula con acento grave.
Ó	Ó	Ó	Ó	O mayúscula con acento agudo.
Ô	Ô	Ô	Ô	O mayúscula con acento circunflejo.
Õ	Õ	Õ	Õ	O mayúscula con tilde.
Ö	Ö	Ö	Ö	O mayúscula con diéresis.
×	×	×	×	Signo de multiplicación.
Ø	Ø	Ø	Ø	O mayúscula con barra diagonal.
Ù	Ù	Ù	Ù	U mayúscula con acento grave.
Ú	Ú	Ú	Ú	U mayúscula con acento agudo.
Û	Û	Û	Û	U mayúscula con acento circunflejo.
Ü	Ü	Ü	Ü	U mayúscula con diéresis.
Ý	Ý	Ý	Ý	Y mayúscula con acento agudo.
Þ	Þ	Þ	Þ	Thorn mayúscula.

Decimal	Hex	Entidad	Símbolo	Descripción
ß	ß	ß	ß	sz minúscula.
à	à	à	à	a minúscula con acento grave.
á	á	á	á	a minúscula con acento agudo.
â	â	â	â	a minúscula con acento circunflejo.
ã	ã	ã	ã	a minúscula con tilde.
ä	ä	ä	ä	a minúscula con diéresis.
å	å	å	å	a minúscula con anillo superior.
æ	æ	æ	æ	ae minúscula.
ç	ç	ç	ç	c minúscula con cedilla.
è	è	è	è	e minúscula con acento grave.
é	é	é	é	e minúscula con acento agudo.
ê	ê	ê	ê	e minúscula con acento circunflejo.
ë	ë	ë	ë	e minúscula con diéresis.
ì	ì	ì	ì	i minúscula con acento grave.
í	í	í	í	i minúscula con acento agudo.
î	î	î	î	i minúscula con acento circunflejo.
ï	ï	ï	ï	i minúscula con diéresis.
ð	ð	ð	ð	eth minúscula.
ñ	ñ	ñ	ñ	ñ minúscula.
ò	ò	ò	ò	o minúscula con acento grave.
ó	ó	ó	ó	o minúscula con acento grave.
ô	ô	ô	ô	o minúscula con acento circunflejo.

Decimal	Hex	Entidad	Símbolo	Descripción
õ	õ	õ	õ	o minúscula con tilde.
ö	ö	ö	ö	o minúscula con diéresis.
÷	÷	÷	÷	Signo de división.
ø	ø	ø	ø	o minúscula con barra diagonal.
ù	ù	ù	ù	u minúscula con acento grave.
ú	ú	ú	ú	u minúscula con acento agudo.
û	û	û	û	u minúscula con acento circunflejo.
ü	ü	ü	ü	u minúscula con diéresis.
ý	ý	ý	ý	y minúscula con acento agudo.
þ	þ	þ	þ	thorn minúscula.
ÿ	ÿ	ÿ	ÿ	y minúscula con diéresis.

Latin Extended-A

Decimal	Hex	Entidad	Símbolo	Descripción
Œ	Œ	Œ	OE	OE mayúscula.
œ	œ	œ	oe	oe minúscula.
Š	Š	Š	Š	S mayúscula con acento circunflejo.
š	š	š	š	s minúscula con acento circunflejo.
&#376	Ÿ	Ÿ	Ÿ	Y mayúscula con diéresis.

Latin Extended-B

Decimal	Hex	Entidad	Símbolo	Descripción
ƒ	ƒ	ƒ	ƒ	f minúscula con gancho.

Letras modificadoras de espacio

Decimal	Hex	Entidad	Símbolo	Descripción
ˆ	ˆ	ˆ	^	Acento circunflejo.
˜	˜	˜	~	Tilde.

Griego

Decimal	Hex	Entidad	Símbolo	Descripción
Α	Α	Α	Α	Alpha mayúscula.
Β	Β	Β	Β	Beta mayúscula.
Γ	Γ	Γ	Γ	Gamma mayúscula.
Δ	Δ	Δ	Δ	Delta mayúscula.
Ε	Ε	Ε	Ε	Epsilon mayúscula.
Ζ	Ζ	Ζ	Ζ	Zeta mayúscula.
Η	Η	Η	Η	Eta mayúscula.
Θ	Θ	Θ	Θ	Theta mayúscula.
Ι	Ι	Ι	Ι	Iota mayúscula.
Κ	Κ	Κ	Κ	Kappa mayúscula.
Λ	Λ	Λ	Λ	Lambda mayúscula.
Μ	Μ	Μ	Μ	Mu mayúscula.
Ν	Ν	Ν	Ν	Nu mayúscula.
Ξ	Ξ	Ξ	Ξ	Xi mayúscula.
Ο	Ο	Ο	Ο	Omicron mayúscula.
Π	Π	Π	Π	Pi mayúscula.
Ρ	Ρ	Ρ	Ρ	Rho mayúscula.
Σ	Σ	Σ	Σ	Sigma mayúscula.
Τ	Τ	Τ	Τ	Tau mayúscula.
Υ	Υ	Υ	Υ	Upsilon mayúscula.
Φ	Φ	Φ	Φ	Phi mayúscula.
Χ	Χ	Χ	Χ	Chi mayúscula.

Decimal	Hex	Entidad	Símbolo	Descripción
Ψ	Ψ	Ψ	Ψ	Psi mayúscula.
Ω	Ω	Ω	Ω	Omega mayúscula.
α	α	α	α	alpha minúscula.
β	β	β	β	beta minúscula.
γ	γ	γ	γ	gamma minúscula.
δ	δ	δ	δ	delta minúscula.
ε	ε	ε	ε	epsilon minúscula.
ζ	ζ	ζ	ζ	zeta minúscula.
η	η	η	η	eta minúscula.
θ	θ	θ	θ	theta minúscula.
ι	ι	ι	ι	iota minúscula.
κ	κ	κ	κ	kappa minúscula.
λ	λ	λ	λ	lambda minúscula.
μ	μ	μ	μ	mu minúscula.
ν	ν	ν	ν	nu minúscula.
ξ	ξ	ξ	ξ	xi minúscula.
ο	ο	ο	ο	omicron minúscula.
π	π	π	π	pi minúscula.
ρ	ρ	ρ	ρ	rho minúsucla.
ς	ς	ς	ς	sigma final minúscula.
σ	σ	σ	σ	sigma minúscula.
τ	τ	τ	τ	tau minúscula.
υ	υ	υ	υ	upsilon minúscula.
φ	φ	φ	φ	phi minúscula.
χ	χ	χ	χ	chi minúscula.
ψ	ψ	ψ	ψ	psi minúscula.
ω	ω	ω	ω	omega minúscula.
ϑ	ϑ	ϑ	ϑ	Símbolo theta minúscula.
ϒ	ϒ	ϒ	ϒ	Upsilon con gancho.
ϖ	ϖ	ϖ	ϖ	Símbolo pi.

Puntuación general

Decimal	Hex	Entidad	Símbolo	Descripción
				Espacio corto.
				Espacio largo.
				Espacio fino.
‌	‌	‌	Sin representación.	Espacio no unificador de longitud cero.
‍	‍	‍	Sin representación.	Espacio unificador de longitud cero.
‎	‎	‎	Sin representación.	Marca de izquierda a derecha.
&#8207	‏	‏	Sin representación.	Marca de derecha a izquierda.
–	–	–	–	Guión corto.
—	—	—	—	Guión largo.
‘	‘	‘	‘	Comilla simple de apertura.
’	’	’	’	Comilla simple de cierre.
‚	‚	‚	‚	Comilla simple y baja.
“	“	“	“	Comillas dobles de apertura.
”	”	”	”	Comillas dobles de cierre.
„	„	„	„	Comillas dobles y bajas.
†	†	†	†	Cruz.
‡	‡	‡	‡	Cruz doble.
•	•	•	•	Viñeta.
…	…	&hellep;	…	Puntos suspensivos.
‰	‰	‰	‰	Signo de por mil.
′	′	′	′	Prima.
″	″	″	″	Doble prima.
‹	‹	‹	‹	Comilla en ángulo simple de apertura (no estándar).
›	›	›	›	Comilla en ángulo simple de cierre (no estándar).

Decimal	Hex	Entidad	Símbolo	Descripción
‾	‾	‾	‾	Línea alta.
⁄	⁄	⁄	⁄	Barra de fracción.
€	€	€	€	Símbolo del euro.

Símbolos de carta

Decimal	Hex	Entidad	Símbolo	Descripción
ℑ	ℑ	ℑ	ℑ	I mayúscula *blackletter*.
℘	℘	℘	℘	P mayúscula *power set*.
ℜ	ℜ	ℜ	ℜ	R mayúscula *blackletter*.
™	™	™	™	Marca registrada.
ℵ	ℵ	ℵ	ℵ	Símbolo alef.

Flechas

Decimal	Hex	Entidad	Símbolo	Descripción
←	←	←	←	Flecha izquierda.
↑	↑	↑	↑	Flecha arriba.
→	→	→	→	Flecha derecha.
↓	↓	↓	↓	Flecha abajo.
↔	↔	↔	↔	Flecha a izquierda y derecha.
↵	↵	↵	↵	Flecha abajo con dirección izquierda.
⇐	⇐	⇐	⇐	Flecha doble izquierda.
⇑	⇑	⇑	⇑	Flecha doble arriba.
⇒	⇒	⇒	⇒	Flecha doble derecha.
⇓	⇓	⇓	⇓	Flecha doble abajo.
⇔	⇔	⇔	⇔	Flecha doble izquierda-derecha.

Operadores matemáticos

Decimal	Hex	Entidad	Símbolo	Descripción
∀	∀	∀	∀	Para todo.
∂	∂	∂	∂	Diferencial.
∃	∃	∃	∃	Existe.
∅	∅	∅	∅	Conjunto vacío.
∇	∇	∇	∇	Diferencia.
∈	∈	∈	∈	Elemento de.
∉	∉	∉	∉	No es elemento de.
∋	∋	∋	∋	Contiene como miembro.
∏	∏	∏	∏	Signo de producto N-ario.
∑	∑	∑	∑	Signo de suma N-aria.
−	−	−	−	Signo de resta.
∗	∗	∗	∗	Operador asterisco.
√	√	√	√	Signo de raíz cuadrada.
∝	∝	∝	∝	Proporcional.
∞	∞	∞	∞	Símbolo de infinito.
∠	∠	∠	∠	Ángulo.
∧	∧	∧	∧	Y lógica.
∨	∨	∨	∨	O lógica.
∩	∩	∩	∩	Intersección.
∪	∪	∪	∪	Unión.
∫	∫	∫	∫	Integral.
∴	∴	∴	∴	Por lo tanto.
∼	∼	∼	∼	Similar a.
≅	≅	≅	≅	Aproximadamente igual a.
≈	≈	≈	≈	Casi igual a.
≠	≠	≠	≠	No igual a.
≡	≡	≡	≡	Idéntico a.
≤	≤	≤	≤	Menor o igual que.
≥	≥	≥	≥	Mayor o igual que.
⊂	⊂	⊂	⊂	Subconjunto de.
⊃	⊃	⊃	⊃	Superconjunto de.

Decimal	Hex	Entidad	Símbolo	Descripción
⊄	⊄	⊄	⊄	No subconjunto de.
⊆	⊆	&sube	⊆	Subconjunto o igual a.
⊇	⊇	&supe	⊇	Superconjunto o igual a.
⊕	⊕	⊕	⊕	Suma directa.
⊗	⊗	⊗	⊗	Producto vectorial.
⊥	⊥	⊥	⊥	Perpendicular.
⋅	⋅	⋅	•	Operador punto.

Símbolos técnicos varios

Decimal	Hex	Entidad	Símbolo	Descripción
⌈	⌈	⌈	⌈	Techo izquierda.
⌉	⌉	⌉	⌉	Techo derecha.
⌊	⌊	⌊	⌊	Suelo izquierda.
⌋	⌋	&rfloor	⌋	Suelo derecha.
〈	〈	⟨	<	Ángulo hacia la izquierda.
〉	〉	⟩	>	Ángulo hacia la derecha.

Formas geométricas

Decimal	Hex	Entidad	Símbolo	Descripción
◊	◊	◊	◊	Rombo.

Símbolos varios

Decimal	Hex	Entidad	Símbolo	Descripción
♠	♠	♠	♠	Palo de picas negro.
♣	♣	&clubs	♣	Palo de tréboles negro.
♥	♥	♥	♥	Palo de corazones negro.
♦	♦	&diams	♦	Palo de diamantes negro.

Apéndice D

Especificaciones de color

Este apéndice contiene información básica acerca de la especificación de color aplicable tanto a las propiedades en CSS como a los atributos de HTML.

Hay dos métodos válidos para la especificación de colores en los documentos Web: valores RGB y nombres de color.

Especificación de color mediante valores RGB

La manera más común y precisa para especificar un color es utilizando sus valores RGB numéricos. De esta manera podemos elegir cualquier color de entre el espacio "color verdadero" (millones de colores). Para una explicación sobre el color RGB, vea el capítulo 28.

Cuando usamos una herramienta de edición de imágenes como Adobe Photoshop, podemos determinar los valores RGB (en una escala de 0 a 255) para elegir un color. Estos serían los calores para un verde luminoso de primavera:

Rojo: 212

Verde: 232

Azul: 119

La mayoría de las veces se opta por introducir los valores en forma hexadecimal con dos dígitos (base-16) en lugar de en su forma decimal, aunque estos valores se pueden introducir directamente con el formato de color de CSS.

La numeración hexadecimal queda cubierta con detalle en la siguiente sección. Los mismos valores que utilizamos anteriormente para conseguir un verde luminoso quedarán de la siguiente manera tras convertirlos a formato numérico hexadecimal:

Rojo: D4
Verde: E8
Azul: 77

En los documentos CSS y HTML, la manera más común de representar estos valores es dentro de una cadena de seis caracteres precedida por el símbolo de almohadilla #:

```
#D4E877
```

que responde al formato:

```
#RRGGBB
```

Donde `RR` se refiere al valor hexadecimal para el componente rojo, `GG` para el valor hexadecimal del componente verde (*green* en inglés) y `BB` para el componente azul (*blue* en inglés). CSS dispone de otros formatos para los valores RGB, como se explica en la sección "Colores RGB en CSS". Afortunadamente, Adobe Photoshop facilita los valores hexadecimales de un color automáticamente en la parte inferior del selector de color al lado del símbolo "#". Estos valores hexadecimales pueden copiarse y pegarse sobre una hoja de estilos o documento HTML.

Si normalmente usa una herramienta de edición de imágenes que no muestra os valores hexadecimales, tendrá que realizar la conversión manualmente. La siguiente sección le explica cómo.

El sistema hexadecimal

La numeración hexadecimal es un sistema de base-16 (el sistema decimal es de base-10). Utiliza los siguiente caracteres:

0, 1, 2, 3, 4, 5, 6, 7, 8, 9, A, B, C, D, E, F

Los caracteres de la A a la F representan los valores decimales del 10 al 15.

Conversión de decimal a hexadecimal

Puede calcular valores hexadecimales en un rango de 0 a 255 dividiendo el número por 16 para obtener el primer dígito y usando el resto de la división como segundo dígito. Por ejemplo, si dividimos el número decimal 203 por 16 conseguimos un resultado de 12 con un resto de 11. El valor hexadecimal de 12 ed C, mientras que el de 11 es B. Por lo tanto tenemos que el equivalente hexadecimal de 203 es CB.

Afortunadamente, existen métodos más sencillos para convertir números a valor hexadecimal:

- Utilizando una calculadora hexadecimal. Los usuarios de Windows pueden encontrar esta herramienta usando la vista Científica de la calculadora standard del sistema operativo. Los usuarios de Mac con OS X 10.4 (Tiger) pueden descargarse el widget gratuito Hex Calculator en `www.apple.com/downloads/dashboard/calculate_convert/hexcalculatorwidget`.html.
- Usando la tabla D.1, que traduce valores decimales de 0 a 255.

Tabla D.1. Equivalencias entre decimal y hexadecimal.

dec = hex	dec = hex	dec = hex	dec = hex	dec = hex	dec = hex
0 = 00	20 = 14	40 = 28	60 = 3C	80 = 50	100 = 64
1 = 01	21 = 15	41 = 29	61 = 3D	81 = 51	101 = 65
2 = 02	22 = 16	42 = 2A	62 = 3E	82 = 52	102 = 66
3 = 03	23 = 17	43 = 2B	63 = 3F	83 = 53	103 = 67
4 = 04	24 = 18	44 = 2C	64 = 40	84 = 54	104 = 68
5 = 05	25 = 19	45 = 2D	65 = 41	85 = 55	105 = 69
6 = 06	26 = 1A	46 = 2E	66 = 42	86 = 56	106 = 6A
7 = 07	27 = 1B	47 = 2F	67 = 43	87 = 57	107 = 6B
8 = 08	28 = 1C	48 = 30	68 = 44	88 = 58	108 = 6C
9 = 09	29 = 1D	49 = 31	69 = 45	89 = 59	109 = 6D
10 = 0A	30 = 1E	50 = 32	70 = 46	90 = 5A	110 = 6E
11 = 0B	31 = 1F	51 = 33	71 = 47	91 = 5B	111 = 6F
12 = 0C	32 = 20	52 = 34	72 = 48	92 = 5C	112 = 70
13 = 0D	33 = 21	53 = 35	73 = 49	93 = 5D	113 = 71
14 = 0E	34 = 22	54 = 36	74 = 4A	94 = 5E	114 = 72
15 = 0F	35 = 23	55 = 37	75 = 4B	95 = 5F	115 = 73
16 = 10	36 = 24	56 = 38	76 = 4C	96 = 60	116 = 74
17 = 11	37 = 25	57 = 39	77 = 4D	97 = 61	117 = 75
18 = 12	38 = 26	58 = 3A	78 = 4E	98 = 62	118 = 76
19 = 13	39 = 27	59 = 3B	79 = 4F	99 = 63	119 = 77

dec = hex	dec = hex	dec = hex	dec = hex	dec = hex	dec = hex
120 = 78	143 = 8F	166 = A6	189 = BD	212 = D4	235 = EB
121 = 79	144 = 90	167 = A7	190 = BE	213 = D5	236 = EC
122 = 7A	145 = 91	168 = A8	191 = BF	214 = D6	237 = ED
123 = 7B	146 = 92	169 = A9	192 = C0	215 = D7	238 = EE
124 = 7C	147 = 93	170 = AA	193 = C1	216 = D8	239 = EF
125 = 7D	148 = 94	171 = AB	194 = C2	217 = D9	240 = F0
126 = 7E	149 = 95	172 = AC	195 = C3	218 = DA	241 = F1
127 = 7F	150 = 96	173 = AD	196 = C4	219 = DB	242 = F2
128 = 80	151 = 97	174 = AE	197 = C5	220 = DC	243 = F3
129 = 81	152 = 98	175 = AF	198 = C6	221 = DD	244 = F4
130 = 82	153 = 99	176 = B0	199 = C7	222 = DE	245 = F5
131 = 83	154 = 9A	177 = B1	200 = C8	223 = DF	246 = F6
132 = 84	155 = 9B	178 = B2	201 = C9	224 = E0	247 = F7
133 = 85	156 = 9C	179 = B3	202 = CA	225 = E1	248 = F8
134 = 86	157 = 9D	180 = B4	203 = CB	226 = E2	249 = F9
135 = 87	158 = 9E	181 = B5	204 = CC	227 = E3	250 = FA
136 = 88	159 = 9F	182 = B6	205 = CD	228 = E4	251 = FB
137 = 89	160 = A0	183 = B7	206 = CE	229 = E5	252 = FC
138 = 8A	161 = A1	184 = B8	207 = CF	230 = E6	253 = FD
139 = 8B	162 = A2	185 = B9	208 = D0	231 = E7	254 = FE
140 = 8C	163 = A3	186 = BA	209 = D1	232 = E8	255 = FF
141 = 8D	164 = A4	187 = BB	210 = D2	233 = E9	
142 = 8E	165 = A5	188 = BC	211 = D3	234 = EA	

Valores hexadecimales para los colores de la paleta Web

La paleta Web es un conjunto de 216 colores que se muestran sin cambios ni manchas en los navegadores con un monitor de 8 bits (para una descripción más detallada, vea el capítulo 29). Todos los colores de la paleta Web se pueden crear con una combinación de los valores hexadecimales: 00, 33, 66, 99, CC y FF.

Colores RGB en CSS

Los colores RGB pueden especificarse en las hojas de estilos usando cualquiera de los métodos incluidos en la tabla D.2.

Tabla D.2. Métodos para especificar valores RGB.

Metodo	Sintaxis	Ejemplo
Hexadecimal de seis dígitos.	#RRGGBB	color: #0033FF
Atajo RGB de tres dígitos. Puede usarse este método cuando cada uno de los valores RGB está formado por dígitos repetidos.	#RGB (interpretado como #RRGGBB)	color: #03F (interpretado como color: #0033FF)
Tres valores decimales.	rgb(n, n, n)	color: rgb(0,51,255)
Tres valore porcentuales (calculados como porcentaje sobre 255).	rgb(%, %, %)	color: rgb(0%, 20%, 100%)

Colores RGB en HTML

Puesto que el color es un elemento de la presentación, siempre debería especificarse desde las hojas de estilos, pero si necesita asignar un color desde un documento HTML, debe hacerlo siempre usando la sintaxis de seis dígitos en hexadecimal:

```
#RRGGBB
```

Por ejemplo:

```
<td bgcolor="#2D1F60">...</td>
```

Especificación de colores por nombre

Es posible, también, identificar los colores usando nombres ya predefinidos. Esta técnica es menos común como práctica habitual. La sintaxis para el uso de nombres de color es extremadamente sencilla.

```
color: green
<body link="navy">
```

Nombres de color standard

En HTML 4.01, XHTML, CSS 1 y CSS 2, hay sólo 16 nombres de color válidos que puede encontrar en la tabal D.3 con sus valores RGB equivalentes.

Tabla D.3. Nombres de color válidos y su valor RGB equivalente.

Nombre de color	Valor RGB	Nombre de color	Valor RGB
black	#000000	green	#008000
silver	#C0C0C0	lime	#00FF00
gray	#808080	olive	#808000
white	#FFFFFF	yellow	#FFFF00
maroon	#800000	navy	#000080
red	#FF0000	blue	#0000FF
purple	#800080	teal	#008080
fuchsia	#FF00FF	aqua	#00FFFF

CSS 2.1 añade orange (`#FFA500`) lo que suma un total de 17 colores válidos.

Nombres de color en CSS Extended

Históricamente, muchos navegadores han soportado un conjunto de 140 nombres de color no standard originalmente desarrollados para X WindowSystem. Estos nombres de color han sido finalmente estandarizados en en módulo de color de CSS 3 (`www.w3.org/TR/css3-color`). Debe tener cuidado, ya queno todos los navegadores soportan todos estos colores (ni todas las posibles maneras de escribirlos, como con `gray` y `grey`) por lo que es recomendable usar los equivalentes numéricos. Se han incluido en este apéndice con el objetivo de cubrir este tema en profundidad y como valor histórico. La lista completa aparece en la tabla D.4, ordenada alfabéticamente con sus valores numéricos.

Tabla 4.D. Nombres de color no standard y su valor numérico.

Nombre de color	Valores RGB	Hexadecimal
aliceblue	240 - 248 - 255	F0F8FF
antiquewhite	250 - 235 - 215	FAEBD7
aqua	0 - 255 - 255	00FFFF
aquamarine	127 - 255 - 212	7FFFD4
azure	240 - 255 - 255	F0FFFF
beige	245 - 245 - 220	F5F5DC
bisque	255 - 228 - 196	FFE4C4
black	0 - 0 - 0	000000
blanchedalmond	255 - 235 - 205	FFEBCD

Nombre de color	Valores RGB	Hexadecimal
blue	0 - 0 - 255	0000FF
blueviolet	138 - 43 - 226	8A2BE2
brown	165 - 42 - 42	A52A2A
burlywood	222 - 184 - 135	DEB887
cadetblue	95 - 158 - 160	5F9EA0
chartreuse	127 - 255 - 0	7FFF00
chocolate	210 - 105 - 30	D2691E
coral	255 - 127 - 80	FF7F50
cornflowerblue	100 - 149 - 237	6495ED
cornsilk	255 - 248 - 220	FFF8DC
crimson	220 - 20 - 60	DC143C
cyan	0 - 255 - 255	00FFFF
darkblue	0 - 0 - 139	00008B
darkcyan	0 - 139 - 139	008B8B
darkgoldenrod	184 - 134 - 11	B8860B
darkgray (darkgrey)	169 - 169 - 169	A9A9A9
darkgreen	0 - 100 - 0	006400
darkkhaki	189 - 183 - 107	BDB76B
darkmagenta	139 - 0 - 139	8B008B
darkolivegreen	85 - 107 - 47	556B2F
darkorange	255 - 140 - 0	FF8C00
darkorchid	153 - 50 - 204	9932CC
darkred	139 - 0 - 0	8B0000
darksalmon	233 - 150 - 122	E9967A
darkseagreen	143 - 188 - 143	8FBC8F
darkslateblue	72 - 61 - 139	483D8B
darkslategray (darkslategrey)	47 - 79 - 79	2F4F4F
darkturquoise	0 - 206 - 209	00CED1
darkviolet	148 - 0 - 211	9400D3
deeppink	255 - 20 - 147	FF1493
deepskyblue	0 - 191 - 255	00BFFF
dimgray (dimgrey)	105 - 105 - 105	696969
dodgerblue	30 - 144 - 255	1E90FF

Nombre de color	Valores RGB	Hexadecimal
firebrick	178 - 34 - 34	B22222
floralwhite	255 - 250 - 240	FFFAF0
forestgreen	34 - 139 - 34	228B22
fuchsia	255 - 0 - 255	FF00FF
gainsboro	220 - 220 - 220	DCDCDC
ghostwhite	248 - 248 - 255	F8F8FF
gold	255 - 215 - 0	FFD700
goldenrod	218 - 165 - 32	DAA520
gray (grey)	128 - 128 - 128	808080
green	0 - 128 - 0	008000
greenyellow	173 - 255 - 47	ADFF2F
honeydew	240 - 255 - 240	F0FFF0
hotpink	255 - 105 - 180	FF69B4
indianred	205 - 92 - 92	CD5C5C
indigo	75 - 0 - 130	4B0082
ivory	255 - 255 - 240	FFFFF0
khaki	240 - 230 - 140	F0E68C
lavender	230 - 230 - 250	E6E6FA
lavenderblush	255 - 240 - 245	FFF0F5
lawngreen	124 - 252 - 0	7CFC00
lemonchiffon	255 - 250 - 205	FFFACD
lightblue	173 - 216 - 230	ADD8E6
lightcoral	240 - 128 - 128	F08080
lightcyan	224 - 255 - 255	E0FFFF
lightgoldenrodyellow	250 - 250 - 210	FAFAD2
lightgreen	144 - 238 - 144	90EE90
lightgray (lightgrey)	211 - 211 - 211	D3D3D3
lightpink	255 - 182 - 193	FFB6C1
lightsalmon	255 - 160 - 122	FFA07A
lightseagreen	32 - 178 - 170	20B2AA
lightskyblue	135 - 206 - 250	87CEFA
lightslategray (lightslategrey)	119 - 136 - 153	778899
lightsteelblue	176 - 196 - 222	B0C4DE

Nombre de color	Valores RGB	Hexadecimal
lightyellow	255 - 255 - 224	FFFFE0
lime	0 - 255 - 0	00FF00
limegreen	50 - 205 - 50	32CD32
linen	250 - 240 - 230	FAF0E6
magenta	255 - 0 - 255	FF00FF
maroon	128 - 0 - 0	800000
mediumaquamarine	102 - 205 - 170	66CDAA
mediumblue	0 - 0 - 205	0000CD
mediumorchid	186 - 85 - 211	BA55D3
mediumpurple	147 - 112 - 219	9370DB
mediumseagreen	60 - 179 - 113	3CB371
mediumslateblue	123 - 104 - 238	7B68EE
mediumspringgreen	0 - 250 - 154	00FA9A
mediumturquoise	72 - 209 - 204	48D1CC
mediumvioletred	199 - 21 - 133	C71585
midnightblue	25 - 25 - 112	191970
mintcream	245 - 255 - 250	F5FFFA
mistyrose	255 - 228 - 225	FFE4E1
moccasin	255 - 228 - 181	FFE4B5
navajowhite	255 - 222 - 173	FFDEAD
navy	0 - 0 - 128	000080
oldlace	253 - 245 - 230	FDF5E6
olive	128 - 128 - 0	808000
olivedrab	107 - 142 - 35	6B8E23
orange	255 - 165 - 0	FFA500
orangered	255 - 69 - 0	FF4500
orchid	218 - 112 - 214	DA70D6
palegoldenrod	238 - 232 - 170	EEE8AA
palegreen	152 - 251 - 152	98FB98
paleturquoise	175 - 238 - 238	AFEEEE
palevioletred	219 - 112 - 147	DB7093
papayawhip	255 - 239 - 213	FFEFD5
peachpuff	255 - 218 - 185	FFDAB9

Nombre de color	Valores RGB	Hexadecimal
peru	205 - 133 - 63	CD853F
pink	255 - 192 - 203	FFC0CB
plum	221 - 160 - 221	DDA0DD
powderblue	176 - 224 - 230	B0E0E6
purple	128 - 0 - 128	800080
red	255 - 0 - 0	FF0000
rosybrown	188 - 143 - 143	BC8F8F
royalblue	65 - 105 - 225	4169E1
saddlebrown	139 - 69 - 19	8B4513
salmon	250 - 128 - 114	FA8072
sandybrown	244 - 164 - 96	F4A460
seagreen	46 - 139 - 87	2E8B57
seashell	255 - 245 - 238	FFF5EE
sienna	160 - 82 - 45	A0522D
silver	192 - 192 - 192	C0C0C0
skyblue	135 - 206 - 235	87CEEB
slateblue	106 - 90 - 205	6A5ACD
slategray (slategrey)	112 - 128 - 144	708090
snow	255 - 250 - 250	FFFAFA
springgreen	0 - 255 - 127	00FF7F
steelblue	70 - 130 - 180	4682B4
tan	210 - 180 - 140	D2B48C
teal	0 - 128 - 128	008080
thistle	216 - 191 - 216	D8BFD8
tomato	253 - 99 - 71	FF6347
turquoise	64 - 224 - 208	40E0D0
violet	238 - 130 - 238	EE82EE
wheat	245 - 222 - 179	F5DEB3
white	255 - 255 - 255	FFFFFF
whitesmoke	245 - 245 - 245	F5F5F5
yellow	255 - 255 - 0	FFFF00
yellowgreen	154 - 205 - 50	9ACD32

Apéndice E

Microformatos: Extender (X)HTML

—Por Tantek elik

XHTML responde a las siglas de *Extensible HyperText Markup Language*. HTML 4 también se diseñó para ser extensible, aunque de una manera mucho más sutil. En los últimos años, ha resurgido el interés por extender HTML y XHTML. Originalmente, XHTML está pensado para extenderse con otros elementos XML en otros *namespaces*, aunque en la práctica estas extensiones todavía no han entrado con paso firme en la Web.

En lugar de usar los mecanismos de extensión introducidos en HTML 4 como los atributos `class`, `id` y `rel`, los diseñadores, desarrolladores y técnicos han continuado extendiendo la semántica de sus documentos HTML y XHTML. En el último par de años han emergido patrones y convenciones para el uso de estos mecanismos como son los microformatos, en un esfuerzo por estandarizar estas convenciones, facilitando su uso por los desarrolladores y aligerando estándares de interoperabilidad. De esta manera, los microformatos permiten compartir un contenido Web aún más semántico sin necesidad de aprender un nuevo lenguaje o duplicar contenidos (ya sea como comentarios o en archivos separados).

Este apéndice introduce algunos de los estándares abiertos de microformato que están siendo desarrollados por esta comunidad. Para aprender más, visite `microformats.org`.

Extender HTML 4 y XHTML

Siguiendo las técnicas que se recomiendan en este libro, ya habrá sido capaz de extender HTML para sus propios propósitos sin siquiera tener conciencia de ello. El capítulo 10 explica cómo proporcionar descripciones más semánticas del contenido usando los atributos `class` e `id`. Cada uno de los nombres de clase e ID extiende la semántica expresada por sus documentos HTML.

HTML 4 tiene tres mecanismos de extensión propios. Además del uso de los atributos semánticos `class` e `id`, los desarrolladores Web pueden crear sus propias relaciones de enlace con los atributos `rel` y `rev`, así como nombres de propiedades y valores para su uso mediante la etiqueta `meta`. Dos de estos mecanismos, `class/id` y `rel/rev` están siendo incluidos en los microformatos. El tercero, `meta`, parece menos prometedor, como se explica en el recuadro "Nombres y valores meta".

Nombres y valores meta

La especificación HTML 4 explica la manera de extender la información-meta que se proporciona en un documento definiendo y utilizando los nuevos nombre y valores meta. Ha habido algunos esfuerzos de estandarización (por ejemplo, Dublin Core). Pero debido a que la información invisible contenida en la cabecera del documento suele separarse del contenido visible del mismo, estos métodos resultan problemáticos en la práctica, especialmente cuando es necesario actualizar los documentos por varios desarrolladores. Incluso las palabras clave `meta`, que en sus tiempos fueron usadas por todos buscadores, hoy en día son ignoradas por Google y muchos otros mecanismos de búsqueda. De hecho, la mayoría de autores han dejado de malgastar su tiempo y ancho de banda incluyéndolos en sus documentos. De manera similar, deberían evitarse otros métodos para la inclusión de metainformación invisible como mediante el uso de comentarios HTML o etiquetas de código para ocultar contenidos o etiquetas de marcado, puesto que son también invisibles y por lo tanto ignorados tanto por los usuarios humanos como por los mecanismos de búsqueda.

Nombres de clase semántica

HTML dispone de un conjunto limitado de semánticas propias. En 2004, unos cuantos desarrolladores descubrieron que, escogiendo de forma cuidadosa nombres de clase basados en comportamientos de publicación y estándares de Internet, podían extender el lenguaje HTML para publicar información sobre contactos, eventos, críticas y otros tipos de datos de la Web. Esta sección introduce los microformatos creados para el control de información de contacto y eventos.

Publicación de información de contacto con hCard

La mayoría de los sitios Web publican información sobre el autor o empresa propietaria del sitio por ejemplo de esta manera:

```
<div>
<div>O'Reilly</div>
<div>1005 Gravenstein Highway North</div>
<div>Sebastopol, CA 95472</div>
<div>USA</div>
<div>T: (707) 827-7000</div>
<div>F: (707) 829-0104</div>
<div><a href="http://www.oreilly.com">www.oreilly.com</a></div>
</div>
```

Al marcarlo con el microformato hCard (basado en el estándarde información de contacto en Internet vCard), los visitantes pueden añadir esta información de contacto fácilmente a su aplicación de agenda usando un servicio proxy hCard-a-vCard.

```
<div class="vcard">
<div class="fn org">O'Reilly</div>
<div class="adr">
<div class="street-address">1005 Gravenstein Highway North</div>
<span class="locality">Sebastopol</span>, <span class="region">CA</span>
<span class="postal-code">95472</span>
<div class="country-name">USA</div>
</div>
<div class="tel"><abbr class="type" title="work">T:</abbr> (707) 827-7000
</div>
<div class="tel"><abbr class="type" title="fax">F:</abbr> (707) 829-0104
</div>
<div><a class="url" href="http://www.oreilly.com">www.oreilly.com</a>
</div>
</div>
```

Se trata de una hCard porque usa nombres de clase específicos establecidos como parte del microformato hCard. Los elementos específicos carecen de importancia a excepción del elemento `abbr` para abreviar el tipo de cada número de teléfono y la adición de unos cuantos `span` y `div` para marcar las propiedades de hCard. Para ver una lista completa de nombres de clase en hCard, más información sobre hCard y servicios hCard-a-vCard, visite `microformats.org/wiki/hcard`.

Publicación de eventos con hCalendar

De manera similar a hCard, hCalendar (abreviado como hCal) se basa en el estándar de calendario de Internet iCalendar y puede usarse para publicar información sobre eventos, de manera que los usuarios puedan copiarla o suscribirse usando un servicio proxy hCalendar-a-iCalendar:

```
<div class="vevent">
<div class="summary">O'Reilly Emerging Technology Conference</div>
<abbr class="dtstart" title="20050306">Mar 6</abbr>-
<abbr class="dtend" title="20050310">9, 2006</abbr>
<div class="location">Manchester Grand Hyatt, San Diego, CA</div>
<a class="url" href="http://events.oreilly.com/pub/e/403">Permalink</a>
</div>
```

Fíjese en el uso del elemento abbr para introducir una fecha abreviada legible por el usuario al tiempo que se conserva una fecha ISO 8601 más precisa y legible por la máquina en el atributo title. Para ver una lista completa de nombres de clase hCalendar, más detalles sobre hCalendar y los servicios proxy hCalendar, visite la especificación hCalendar en microformats.org/wiki/hcalendar.

Relaciones de enlace

El uso más común de relaciones de enlace en HTML es para enlazar una hoja de estilos (como ya se explicó en el capítulo 16). Al hacerlo, el usuario usa el atributo rel para comunicar que el recurso existente en "ese sitio" (referenciado mediante el atributo href) es una "hoja de estilos" para el documento actual. HTML 4 permite y anima a los desarrolladores a crear y usar sus propios valores de relación de enlace, y sugiere un perfil para definirlos. De esta manera, han surgido nuevos y populares valores de relación de enlace para describir, por ejemplo, las relaciones sociales entre la gente, licencias sobre documentos y "etiquetas" para los *blogs*. Muchos de estos valores se están convirtiendo rápidamente en estándares "de facto" y han sido recogidos como microformatos.

Red de amigos en XHTML

Desde la edición anterior de este libro, el fenómeno *blog* ha tomado por completo la Web creando un enorme revuelo. En la actualidad existen alrededor de 22,6 millones de *blogs* de acuerdo con el mecanismo de búsqueda en tiempo real Technorati (technorati.com). Muchos de estos autores publican listas de los *blogs* que ellos mismos leen llamadas *blogrolls*. Algunos indican la relación entre autores en su *blogroll* por medio de símbolos como asteriscos (*) al lado de las personas a las que conocen. Un *blogroll* típico se compone de hipervínculos:

```
<ul>
<li><a href="http://molly.example.com">Molly*</a></li>
<li><a href="http://jeff.example.com">Jeff*</a></li>
</ul>
```

En 2003, unos cuantos desarrolladores Web propusieron un estándar llamado XHTML Friends Network (XFN) para indicar explícitamente relaciones sociales usando nuevos valores para el atributo `rel` en los enlaces de un *blogroll*.. En el ejemplo anterior, para indicar que Molly es una colega y Jeff es un amigo, simplemente se deben añadir unos valores XFN a los atributos `rel`:

```
<ul>
<li><a rel="colleague met" href="http://molly.example.com">Molly</a></li>
<li><a rel="friend met" href="http://jeff.example.com">Jeff</a></li>
</ul>
```

Para ver una lista completa de valores de relación XFN y más información sobre el uso de XFN, visite la página de XFN en `gmpg.org/xfn/`.

Otras relaciones de enlace

XFN fue la primera extensión popular al atributo `rel`, pero otros han seguido sus pasos. Creative Commons es una organización sin ánimo de lucro que anima a autores y artistas a compartir sus trabajos digitales usando un conjunto de licencias *online* estándar. Los autores pueden indicar que un documento ha sido publicado bajo una licencia Creative Commons enlazando el documento a la licencia y añadiendo un atributo `rel` con el valor `license`:

```
<a rel="license" href="http://creativecommons.org/licenses/by/2.5/">...
</a>
```

Los mecanismos de búsqueda, incluyendo Yahoo y Google, reconocen dichos enlaces de licencia y ofrecen la posibilidad de buscar contenidos incluidos bajo tales licencias.

La práctica de etiquetar visiblemente el contenido de la Web (en particular, enlaces y fotos) ha inspirado la creación del valor de relación `tag` para indicar que el destino de un vínculo representa una etiqueta para el presente documento o una porción del mismo. Un artículo en un *blog* puede etiquetarse para indicar que trata el tema de las CSS incluyendo la siguiente etiqueta de enlace visible dentro de los contenidos del artículo:

```
<a rel="tag" href="http://technorati.com/tag/css">CSS</a>
```

Los mecanismos de búsqueda más modernos como Technorati y Ice Rocket reconocen estas etiquetas de enlace y han incorporado contenido etiquetado en sus resultados de búsqueda y otros servicios.

Para ayudar a combatir el spam, los publicadores y las empresas de mecanismos de búsqueda han desarrollado la extensión `nofollow`. Muchos hipervínculos automáticos y generados por terceros se publican con `rel="nofolow"`, que permite que los mecanismos de búsqueda no investiguen a fondo esos vínculos.

XFN y los nuevos enlaces de relación fueron el comienzo de un movimiento mucho más grande de desarrolladores con la intención de conseguir contenidos más semánticos que resulten fáciles de aprender, escribir y dar estilo con CSS. Por ejemplo, los enlaces con relaciones pueden recibir estilos con el atributo selector de CSS de la manera que se describe en el capítulo 17.

Más microformatos

El sitio `microformats.org` contiene una lista de microformatos de uso general, así como de nuevos microformatos que están siendo diseñados todavía. La tabla E.1 proporciona un resumen de diversos tipos de contenido y los microformatos que se han desarrollado para representarlos.

Tabla E.1. Ejemplos de microformatos

Microformato	Contenido
hCard	Personas, empresas, contactos.
adr, geo	Direcciones y localización por latitud/longitud.
hCalendar	Calendarios y eventos.
hReview	Críticas y puntuaciones.
XOXO	Listas y directivas.
XFN	Relaciones sociales.
rel-license	Licencias.
rel-tag	Etiquetas, temas, categorías.
xFolk	Enlaces etiquetados.
rel-directory	Inclusión de directorios.
rel-enclosure	Descargas.
VoteLinks	Votos.
rel-nofollow, Robots Exclusion	Exclusión y filtrado robotizado.
hAtom	Contenido sindicado.
hResume	Currículum.
XMDP	Perfiles de metainformación en (X)HTML.

Más importante aún que los microformatos en sí mismos es la comunidad de desarrolladores y diseñadores Web de la que `microformats.org` es centro, con canales IRC muy activos, listas de correo y páginas *wiki*, lo que lo convierten en el sitio ideal para aprender más sobre el uso de microformatos.

Glosario

accesibilidad

Dícese de la creación de sitios Web, aplicaciones y páginas de forma que exista el menor número de barreras posible para cualquier usuario, independientemente de su habilidad o del dispositivo que se esté usando.

AIIF

Audio Interchange File Format (Formato de Intercambio de Archivos de Audio en castellano). Un estándar para archivos de audio inicialmente propuesto para Macintosh pero que también los PC soportan en la actualidad. Es uno de los formatos que se suelen utilizar para la distribución de audio en la Web.

Ajax

Una técnica de desarrollo de aplicaciones Web interactivas usando una mezcla de (X)HTML, CSS, DOM y el objeto no estándar XMLHttpRequest para el intercambio asíncrono de datos con el servidor. Puesto que la página no necesita actualizarse con cada actuación del usuario, Ajax consigue que las aplicaciones Web se sientan más como aplicaciones de escritorio.

alpha channel

En los formatos gráficos, un canal adicional que almacena información sobre la imagen. El canal alpha actúa como una máscara capaz de aplicar diferentes propiedades (como transparencia, por ejemplo) a cada píxel de la imagen. Los demás canales suelen incluir información sobre el color, como los canales rojo, verde y azul de una imagen RGB.

Apache

Un servidor Web gratuito (*open source*) de gran popularidad.

applet

Un programa "autocontenido" y "miniejecutable" que suele estar escrito en lenguajes como Java.

árbol del documento

La estructura jerárquica de un documento establecida por la colocación de sus elementos y la relación entre los mismos.

Archivos binarios

Archivos creados a partir de datos compilados (unos y ceros), como pueden ser programas ejecutables, imágenes, películas, etc. Algunos programas se refieren a los binarios con nombres como "datos en crudo" (*raw data*) o "imagen de datos".

ASCII

American Standard Code for Information Interchange (Código Estándar Americano para el Intercambio de Información en castellano). Un conjunto de 128 caracteres, principalmente de aquellos pertenecientes al alfabeto romano y que se usan en el idioma inglés moderno.

ASP

Active Server Pages (Servidor de Páginas Activas en castellano). La parte de *Microsoft Internet Information Server* que permite la creación de código activo de lado del servidor para generar páginas dinámicas con acceso a bases de datos. Las páginas creadas con ASP suelen tener la extensión .ASP.

AVI

Audio/Video Interleaved (Audio y Video Entrelazado en castellano). Un formato de video desarrollado por Microsoft en el que la información de audio y video se entrelazan en cada *frame* para conseguir una reproducción más suave.

bien formado

Describe un documento de marcado sujeto a las estrictas reglas de XML.

cabecera HTTP

La información sobre un documento que envía el servidor Web al agente usuario junto con el documento mismo.

capa de comportamiento

Término referido a la interactividad que se añade a una página Web vía código (por lo general, en JavaScript). Ver *capa de estructura* y *capa de presentación*.

capa de estructura

Término usado para describir el contenido marcado en un documento fuente que proporciona estructura y sirve como base para las instrucciones de presentación (gracias a las hojas de estilos) y de comportamiento (añadido por un lenguaje de codificación como JavaScript). Ver *capa de presentación y capa de comportamiento*.

capa de presentación

Término usado para referirse al estilo aplicado a los elementos de un documento. En el caso de los documentos Web, la presentación viene controlada por CSS. Ver *capa de estructura y capa de comportamiento*.

carácter escapado

Un carácter representado por su referencia de carácter. La referencia de caracteres puede ser numérica o una entidad de caracteres predefinida. En los documentos XML, XHTML y HTML, los caracteres escapados van precedidos por & y terminan con ; (por ejemplo, &). En CSS, los caracteres escapados se indican con una barra invertida (\) y terminan con un espacio (por ejemplo, \C7).

cascada

En CSS, se refiere al sistema jerárquico en que se manejan las hojas de estilos que se solapan.

CGI

Common Gateway Interface (o "Interfaz de Pasarela Común" en castellano). Es el mecanismo de comunicación entre el servidor Web y otros programas (*scripts* CGI) que se ejecutan en el mismo servidor.

cliente

Una aplicación software que extrae los servicios de un servidor para que sean usados en otro punto de la red. Un navegador Web es un cliente que interpreta y muestra documentos existentes en servidores remotos.

CMYK

Un modelo de color compuesto por cuatro canales correspondientes al cian, magenta, amarillo y negro. Las imágenes CMYK no son apropiadas para su uso como gráficos Web, siendo el modo RGB más apropiado.

codec

Algoritmo de compresión/descompresión aplicado a archivos multimedia.

codificación (audio)

El proceso de convertir una fuente analógica (como puede ser una señal de audio analógica) a un formato digital. El codificador es el software que realiza la conversión.

codificación de caracteres

El método usado para transformar el flujo de caracteres de un documento en un flujo de bytes para poder ser interpretado por otros agentes.

color indexado

En gráficos, un sistema de interpretación de colores en imágenes de 8 bits. Los archivos de color indexados, como los GIF, contienen un índice (también llamado paleta o tabla de referencia) de colores y números de índice asociados, que se usan para interpretar el color de la imagen.

combinador

En CSS, un carácter específico que se usa para referirse al tipo de relación existente entre los elementos de un selector.

compresión con pérdida

Método para reducir el tamaño de un archivo en el que una parte de la información (generalmente indiscernible por la percepción humana) es eliminada para conseguir una mayor compresión.

compresión espacial

Concentración de detalles en una imagen. Por ejemplo, una imagen de un cielo azul sería de baja frecuencia, mientras que una imagen con más detalles, como un plano corto de un campo de hierba, es de alta frecuencia.

compresión sin pérdida

Método para reducir el tamaño de un archivo sin perdida de información, eliminando únicamente la información redundante.

compresión temporal

En vídeo, la compresión temporal ocurre a lo largo de una serie de *frames*, eliminando la información que se repite en todos ellos (también llamada compresión *interframe*).

conjunto de caracteres del documento

En los documentos SGML, se trata del conjunto de caracteres básico que se utilizará para interpretar las referencias a caracteres.

conjunto de caracteres

Colección de caracteres compilados para una función en particular. Muchos conjuntos de caracteres están estandarizados, como Latin-1 (ISO-8859-1) o Unicode.

CSS (Cascading Style Sheets)

Un lenguaje de hojas de estilos usado para describir la presentación de los documentos escritos en HTML, XHTML y otros lenguajes XML.

declaración DOCTYPE

Especifica el DTD que se va a usar en un documento HTML o XHTML. La declaración DOCTYPE es necesaria para la validación.

declaración XML

La primera línea de un documento XML que especifica la versión de XML usada. Puede especificarse también la codificación de caracteres. Las declaraciones XML son opcionales, pero recomendadas. Ejemplo `<?xml version="1.0" encoding="UTF-8"?>`.

declaración

En CSS, la porción de una regla de estilos que contiene la propiedad y valor que debe aplicarse a un elemento o conjunto de elementos.

depreciado

En las recomendaciones de HTML 4.0 y 4.01, se refiere a una etiqueta correspondiente a un elemento o atributo que ha caído en desuso y que se recomienda evitar para sustituirlo por construcciones más modernas (a menudo basándose en CSS).

DHTML

Abreviatura de *Dynamic HTML* a modo de campaña de marketing para describir la integración de JavaScript, CSS y DOM. El término "DHTML" ha caído en desuso por su asociación con una era en la que los navegadores implementaban las especificaciones de lenguaje en modos inexactos, haciendo difícil el desarrollo de páginas. En la actualidad se usa con más propiedad el término "*codificación DOM*".

***dithering* o tramado**

La aproximación a un color a base de mezclar píxeles de colores semejantes que se encuentren disponibles en la paleta en uso. El resultado del *dithering* en la imagen es un patrón de puntos aleatorio a modo de ruido.

DOM (*Document Object Model*)

En castellano, Modelo de Objetos de Documento. Es una interfaz independiente de las distintas plataformas y lenguajes que permite a los programas y códigos acceder y actualizar dinámicamente sobre los contenidos, estructuras y estilos de los documentos HTML y XML.

dpi

Puntos por pulgada o *dots per inch*. En los gráficos se refiere a la medida de la resolución de una imagen impresa. A menudo se usa (aunque erróneamente) para referirse a la resolución de pantalla de los gráficos Web, que debería medirse en ppi (píxeles por pulgada). Ver *ppi*.

DTD (*Document Type Definition*)

Definición de Tipo de Documento. Un documento que define los elementos, atributos y entidades así como las reglas a las que se sujetan en un lenguaje de marcado. De un documento que se adapta a las reglas de su DTD se dice que es válido. La sintaxis de las definiciones DTD siguen las reglas de SGML.

Ecma (*European Association for Standarizing Information and Communication Systems*)

La Ecma controla los estándares de la tecnología de la información, incluyendo ECMAScript, la versión estandarizada de JavaScript.

elemento de reemplazo

En CSS, un elemento cuyo contenido no viene incluido en el documento fuente, sino que funciona a modo de "recipiente" de contenido para una fuente externa (como un img) o que debe interpretarse por el agente usuario (como un formulario de control).

elemento no reemplazable

En CSS, un elemento cuyo contenido de texto viene incluido en el documento fuente, como una cabecera o un párrafo.

elemento raíz

El elemento que contiene a todos los demás elementos, llamado raíz porque no tiene antecesores. En los documentos HTML y XHTML, el elemento raíz es html.

elementos a nivel de bloque

Elementos que comienzan una nueva línea y con tendencia a apilarse a modo de bloque dentro del documento. Los elementos de bloque conforman los componentes principales de la estructura de un documento.

elementos alineados

Se dice de los elementos que concurren en el flujo del texto y no causan cambios de línea por defecto.

entidad de carácter

El nombre abreviado para los caracteres que viene predefinido en un DTD para su uso en un lenguaje de marcado (*markup language*). Se usan como recurso para los desarrolladores porque son más fáciles de recordar que la referencia numérica para un cierto carácter.

espacio de nombre (*namespace*)

Un grupo de elementos con nombre identificativo y con nombres de atributo propios. Los documentos XML se utilizan los espacios de nombres para evitar la confusión entre nombres de elementos.

esquema XML

Un método para definir los elementos, atributos y entidades de un lenguaje de marcado XML. Es el equivalente a un DTD, pero escrito de acuerdo a la sintaxis de XML (los DTD son propios de SGML).

flujo normal

El método de lectura de contenidos de izquierda a derecha y de arriba a abajo en (X)HTML. La única manera de eliminar un elemento del flujo normal es haciendo que "flote" o aplicándole reglas de estilo. El flujo normal en los lenguajes de lectura de derecha a izquierda es de derecha a izquierda y de arriba a abajo.

***frames* maestros**

En vídeo, se trata de*frames* específicos colocados a lo largo de un vídeo contra los que se comparan los *frames* siguientes (para su uso en compresión temporal o *interframe*).

frecuencia de datos

En vídeo, la frecuencia a la que deben transferirse los datos para que el vídeo se reproduzca con suavidad y sin interrupciones. La frecuencia de datos (también llamada *data rate* o *bit rate)* para una película se mide en kilobytes por segundo (K/s o KB/s) y se calcula dividiendo el tamaño del archivo (en K) partido por la longitud de la película (en segundos).

frecuencia de *frame*

En vídeo, *frames* por segundo. Se usa como medida de la calidad de un vídeo.

frecuencia de muestreo

En un archivo de audio digital, el número de muestras tomadas por segundo.

FTP

File transfer Protocol o Protocolo para transferencia de archivos en castellano. Es un protocolo usado para transferir archivos a lo largo de Internet desde un ordenador a otro. FTP es un sistema cliente/servidor, una máquina debe ejecutar el cliente FTP y otra el servidor.

gamma

Se refiere al brillo del monitor de un ordenador. En términos técnicos, se trata de un ajuste numérico para la relación no lineal entre el voltaje y la intensidad de la luz emitida.

GIF animado

Un GIF 89a que contiene varios *frames* y un bloque de control para manejar la animación.

GIF

Grafic Interchange Format o Formato gráfico de intercambio. Es un formato común para la presentación de gráficos Web basado en una paleta de 8 bits que comprime las imágenes con el esquema de compresión sin pérdida LZW. El formato GIF es el más apropiado para imágenes con áreas de color plano y con alto contraste. Ver *LZW*.

herencia

En CSS, el concepto consistente en que los estilos pasan hacia abajo desde un elemento a sus descendientes. Un elemento hijo hereda los valores de propiedades de su padre.

hexadecimal

Un sistema de numeración de base 16 consistente en los caracteres 0, 1, 2, 3, 4, 5, 6, 7, 8, 9, A, B, C, D, E y F donde las letras de la A a la F representan los valores decimales del 10 al 15. Se usa en (X)HTML y XML para introducir valores de color RGB y referencias numéricas a carácter usando puntos de código hexadecimal Unicode.

HTML

Hypertext Markup Language o Lenguaje marcador de hipertexto en castellano. El lenguaje de marcado usado en los documentos Web.

HTTP

Hypertext Transfer Protocol o Protocolo de transferencia de hipertexto en castellano. Es el protocolo que define la manera en que se piden y transmiten las páginas Web entre servidores y navegadores.

i18n

La abreviatura de W3C para "internationalization" ("i", 18 letras y luego "n"), relativa a los esfuerzos para garantizar que los formatos y protocolos definidos por la W3C puedan usarse en todo el mundo y con todos los lenguajes y sistemas de escritura.

IETF (*The Internet Engineering Task Force*)

Es una comunidad internacional de diseñadores, operadores vendedores e investigadores sobre las redes que estudian la Internet como un todo. Publica peticiones de comentario que definen la manera en que se hacen las cosas en Internet, incluyendo FTP, TCP/IP, HTTP y el correo electrónico.

ISO (*International Organization for Standarization*)

La organización de estándares que controla más de 10.000 estándares internacionales para todo tipo de áreas desde sistemas de información hasta especificaciones de manufacturación. Su sello de aprobación ayuda a mantener la compatibilidad de los sistemas de información y comercio a nivel mundial.

Java

Un lenguaje de programación orientado a objetos e independiente de las plataforma desarrollada por Sun Microsystems. Puede usarse para crear aplicaciones enteras, aunque su principal contribución a la Web ha sido la de permitir la construcción de Java applets.

JavaScript

Un lenguaje de programación del lado del cliente desarrollado originalmente por Netscape y posteriormente estandarizado como ECMAScript, que añade interactividad y comportamiento condicional a las páginas Web. Tiene muy pocos puntos en común con Java.

JPEG

Un algoritmo de compresión con pérdidas desarrollado por Joint Photographic Experts Group. Se usa en archivos con formato JFIF, que reciben el nombre de archivos JPEG. Es la elección más eficiente para comprimir imágenes con degradados de tono y sin contrastes definidos. Las imágenes fotográficas suelen guardase en formato JPEG.

Linux

Una versión de Unix diseñada para ejecutarse en PC.

LZW

Abreviatura de Lempel-Zev-Welch, el nombre de los inventores de esta tecnología. Se trata de un esquema de compresión sin pérdida que se aprovecha de la recepción de flujos de datos (como puede ser una fila de píxeles del mismo color). Es el esquema de compresión utilizado por los archivos gráficos en formato GIF.

mapa de imagen

Una única imagen que contiene múltiples enlaces de hipertexto.

marcado válido

En una aplicación XML, el marcado que usa apropiadamente los elementos y atributos especificados en la definición DTD.

MathML

Math Markup Language (o lenguaje de marcado matemático en castellano). Es una aplicación para la descripción de notación matemática que permite capturar su estructura y contenido.

MIDI

Musical Instrument Digital Interface. Este formato de audio utiliza comandos numéricos para describir el tono y duración de las notas que "tocan" los instrumentos digitales.

MIME

En inglés, abreviatura de *Multimedia Internet Mail Extensions*. Se trata de un protocolo que define una serie de tipos y subtipos de contenido que permiten a programas como navegadores Web, lectores de noticias y clientes de correo, reconocer los diferentes tipos de archivos que deben manejar. El tipo MIME especifica qué tipo de contenido se encuentra en un archivo, ya sea audio, vídeo o imagen, así como el subtipo que precisa el formato en que se encuentra el fichero.

minimización de atributos

Una práctica SGML en la que se reducen los atributos a únicamente el valor del mismo. XML no soporta minimización, así que es necesario declarar explícitamente todos los atributos (por ejemplo, checked = "checked").

MP3

Formato de audio digital (MPEG I, level-III) capaz de una compresión máxima con poca pérdida de calidad discernible. Se ha convertido en el estándar para el intercambio de archivos de audio a través de Internet.

MPEG

Una familia de estándares multimedia creada por Motion Picture Experts Group, y usado comúnmente para referirse a los archivos de audio y vídeo que han sido guardados usando los esquemas de compresión MPEG.

paleta Web

El conjunto de 216 colores que no se "manchan" ni cambian cuando se ven a través de un navegador en monitores de 8 bits.

paleta

Una tabla en un fichero de color indexado de 8 bits (como por ejemplo un archivo de imagen en formato GIF) que proporciona información de color acerca de los píxeles de una imagen.

PDF

Portable Document Format o Formato de Documento Exportable. Un formato de archivo desarrollado por Adobe Systems usado para la distribución de páginas con formato. Los documentos PDF pueden verse con el lector Adobe Acrobat Reader.

PHP

Preprocesador de hipertexto. Una herramienta de código abierto y operativa de lado del servidor para la creación de páginas generadas dinámicamente (similar a ASP de Microsoft).

plano básico multilenguaje (*Basic Multilungual Plane* o BMP)

Los primeros 15 bits o 65.535 posiciones en Unicode que incluyen la mayoría de caracteres más usados en el mundo, incluyendo caracteres de los alfabetos latino, griego, cirílico, hirgana, katakana y otros, así como caracteres matemáticos.

PNG

Portable Network Graphic o Gráficos Portables en Red. Un formato gráfico versátil que proporciona soporte tanto para imágenes indexadas de 8 bits (PNG8) como para imágenes de 24 bits (PNG24). PNG también incluye niveles de transparencia controles de corrección automática de color y un esquema de compresión sin pérdida muy eficiente.

ppi

Píxeles por pulgada. La medida de resolución de las imágenes por pantalla.

presentación

El modo en que se muestra o envía un documento al usuario, ya sea a través del monitor de un ordenador, una pantalla de teléfono móvil o leída en voz alta por un lector de pantallas.

profundidad de bit de audio

El número de bits utilizados para definir la amplitud (o volumen) de una onda de audio digital; cuantos más bits se empleen, mejor será la interpretación de la onda original y mayor será el tamaño del archivo resultante. Algunas de las resoluciones más usadas son la de 8 bits, que proporciona una calidad similar a la de un micrófono, y la de 16 bits, similar a la de un CD.

punto de código

La posición numérica de un carácter dentro de un conjunto numerado como puede ser Unicode.

QuickTime

Una extensión de sistema que hace posible ver información de audio y vídeo en un ordenador. Fue originalmente desarrollado para Macintosh, pero en la actualidad se encuentra disponible también para Windows y ha sido adoptado como estándar por ISO para el desarrollo de MPEG-4. El término también se refiere al formato de archivo.

RDF

Resource Description Framework o entorno de descripción de recursos. Una aplicación XML usada para definir la estructura de los metadatos del documento, como pueden ser os datos útiles para la indexación, navegación y búsqueda del sitio.

RGB

Un sistema de color que describe los colores basándose en una combinación de rojo, azul y verde.

rollover

La acción de pasar el puntero del ratón sobre el espacio de un elemento o los eventos que se desencadenan tras esa acción (cambio de estilo, de imagen o mensajes *pop-up*).

selector

En CSS, la porción de una regla de estilo que se centra en un elemento o conjunto de elementos para aplicar propiedades de estilos.

semántica

Relativo al significado. En términos de desarrollo Web, los documentos deberían ir marcados de manera semántica o, lo que es lo mismo, escogiendo elementos (X)HTML que describan con precisión el significado de sus contenidos.

servidor

Cualquier ordenador en red que ejecute software que le permita responder a las peticiones de documentos y otros datos.

SGML

Standard Generalized Markup Language o Lenguaje de Marcas Generalizado y Estandarizado. Un metalenguaje que proporciona un conjunto de reglas de sintaxis para el marcado de estructuras de documentos y datos. HTML es un subconjunto de SGML.

sIFR

Synchronized Multimedia Integration Language, un lenguaje basado en XML para la creación de presentaciones multimedia basadas en tiempo. SIL combina audio, vídeo, texto animaciones y gráficos de una manera precisa y sincronizada.

SSI (*Server Side Includes*)

Includes del lado del servidor. Se trata de "recipientes" especiales en un documento HTML que el servidor debe reemplazar con datos reales antes de enviar el documento final al navegador. Extended SSI (XSSI) a partir de Apache 1.2 y superiores, proporciona comandos para funciones avanzadas, incluyendo comportamientos condicionales.

SVG

Standarized Vector Graphics. Un lenguaje XML para la definición de gráficos vectoriales en dos dimensiones.

Telnet

Un protocolo de Internet para el acceso a cuentas y sistemas remotos a través de la Red. Telnet es un sistema cliente/servidor que requiere la ejecución de un software servidor en una máquina y del software cliente en otra.

transparencia *alpha-channel*

El método de transparencia usado por los PNG de 24 bits, que utiliza un canal adicional (alpha) para almacenar niveles variables de transparencia (hasta 256) para cada píxel de la imagen.

UCS (*Universal Character Set*)

Conjunto de caracteres universal. Es el conjunto de caracteres usado por los documentos HTML, XHTML y XML. Está definido por los estándares Unicode e ISO/IEC 10646.

Unix

Un sistema operativo multiusuario y multitarea desarrollado por Bell Laboratories. Proporciona programas para edición de textos, enviar correo electrónico, preparación de tablas, cálculos y muchas otras tareas específicas que por lo general suelen requerir de aplicaciones independientes.

validador (*parser*)

Programa de comprobación que compara un documento con su DTD asociado.

W3C

World Wide Web Consortium. Un consorcio compuesto por varias empresas y organizaciones que "existen para desarrollar estándares comunes para la evolución de la World Wide Web".

WAI

Web Accessibility Initiative (iniciativa de accesibilidad Web). El comité de W3C que garantiza que las tecnologías Web son accesibles a usuarios con discapacidad.

WAV

Waveform Audio File Format. Este formato fue desarrollado para PC, pero en la actualidad también se puede utilizar en Macintosh.

WML

Wireless Markup Language o lenguaje de marcado inalámbrico. Un lenguaje basado en XML para la creación de aplicaciones para dispositivos inalámbricos. Forma parte de *Wireless Application Protocol* (WAP). WML ha quedado ya obsoleto.

XHTML

Una actualización de la especificación HTML 4.01 que se ciñe a las reglas y sintaxis de XML.

XML

Extensible Markup Language o Lenguaje de Marcas Extensible. Un nuevo estándar para el marcado de documentos y datos basado en SGML pero con un conjunto de características reducido y más apropiado a la distribución a través de la Web. XML permite a los desarrolladores la creación de lenguajes de marcado personalizados.

XSL

Extensible Style Language. Un sistema para controlar la presentación de documentos XML complejos y datos estructurados. Es más robusto que CSS.

XSLT (*Extensible Stylesheet Language for Transformations*)

Es un subconjunto de XSL. Es necesaria una hoja de estilos XSLT cuando un documento debe transformarse antes de mostrarse, como ocurre cuando debe traducirse un documento XML a otro lenguaje, o para reemplazar los contenidos.

Índice alfabético

A

B

C

D

E

F

G

H

I

J

K

L

M

N

Q

R

S

T

U

V

W

X

Y

Z